宋代沿海地域社会史研究
──ネットワークと地域文化──

岡　元　司　著

汲古書院

著　者

目　次

口　絵

刊行の辞　　　　　　　　　　　　　　　　　　　　　　　iii

第1部：地域社会史研究と方法論　　　　　　　　　　　3
　第1章　地域社会史研究 ……………………………………　5
　第2章　宋代の地域社会と知
　　　　　──学際的視点からみた課題── ………………　29
　第3章　宋代地域社会史研究と空間・コミュニケーション …　43

第2部：エリートの活動と地域社会　　　　　　　　　　51
　第4章　南宋期における科挙──試官の分析を中心に── …　53
　第5章　南宋期温州の名族と科挙 …………………………　87
　第6章　南宋期温州の地方行政をめぐる人的結合
　　　　　──永嘉学派との関連を中心に── ………………　121
　第7章　南宋期の地域社会における知の能力の形成と家庭
　　　　　環境　──水心文集墓誌銘の分析から── ………　151
　第8章　南宋期の地域社会における「友」 …………………　185
　第9章　南宋期温州の思想家と日常空間
　　　　　──東南沿海社会における地域文化の多層性── …　223
　第10章　南宋期浙東における墓と地域社会
　　　　　──対岸社会の一断面── …………………………　257
　第11章　宋代明州の史氏一族と東銭湖墓群 ………………　289
　第12章　宋代における沿海周縁県の文化的成長
　　　　　──温州平陽県を事例として── …………………　313

目　次

第3部：基層社会の変容と信仰
　　　　　——地域社会から東アジア海域まで——　　325
　第13章　沿海地域社会を歩く
　　　　　——南宋時代温州の地域文化が育まれた空間——　327
　　　　　附録　宋元時代の浙東沿海地域社会とマニ教 ……　338
　第14章　疫病多発地帯としての南宋期両浙路
　　　　　——環境・医療・信仰と日宋交流—— …………　359
　第15章　中世日本における疫病・信仰と宋文化
　　　　　——"海の道"がつなぐ東アジア—— …………　387
　第16章　海をとりまく日常性の構造 …………………………　401

第4部：地域社会と環境　　425
　第17章　南宋期浙東海港都市の停滞と森林環境 ……………　427
　第18章　周防から明州へ——木材はなぜ運ばれたか—— ……　453
　第19章　中国の森林環境を考える旅 …………………………　461
　第20章　地中海と東アジア海域の環境に関する覚書 ………　467
　第21章　環境問題の歴史からみた中国社会
　　　　　——森林・伝染病・食文化—— …………………　485

　　岡元司略歴・業績目録 ……　501
　　後序1　山根直生 ……　513
　　後序2　寺地　遵 ……　517
　　あとがき ……　521
　　索　　引 ……　523

『宋代沿海地域社会史研究』刊行の辞

　本書は，2009年10月に急逝された岡元司先生の遺稿集である。同年11月，総勢200人余を集めた「岡元司先生を偲ぶ会」の席上にて，本書編集の発起がなされ，満場の賛意で迎えられた。それから約2年半，多くの方々からの資金的・学術的援助を得，三回忌をすぎてようやくその刊行は現実のものとなった。

　本書全21章を通観すれば，生前の先生がどれほど精力的に研究に邁進されていたか，改めて実感することができよう。病に罹られた後も，先生は所謂「にんぷろ」の指揮を執る総括班の一員の役割を担い，江南に台北に或いはアメリカにと飛び回っておられた。御逝去直前の先生が広島大学の同僚に宛てたメールには「ちょっとお腹が張っているので，病院で水を抜いてきます」とあった。あくまで生きることにこだわり，研究にこだわる最期であった。その先生の研究の全体像が本書を通してようやく公になったことは，生かされた者のこの上なき喜びである。

　親しみやすい人柄と幅広い交遊で知られた先生には，多くの年若い研究者が勇気づけられ，また，様々に機会を与えられてきた。すでに先生は天上の人となったが，本書が今後はよすがとなり後進を励ますであろうことを信じている。

　　　　　　　　2012年5月
　　　　　　　「岡元司先生遺稿集」編集委員会・実行委員会

凡例

（１）書名については，岡元司氏が生前に自身の博士論文の枠組みについて書き留めていた「博士論文構想」の中からそのまま付した。

（２）収録論文は編集委員会で選定し，第1部には地域社会史研究と方法論，第2部にはエリートの活動と地域社会，第3部には基層社会の変容と信仰，第4部には地域社会と環境，にそれぞれ関わる文章を収めた。こうした分類は編集委員会によるものであり，発表年順とはなっていないことを予めお断りしておく。なお書評などは収録対象からはずした。収録論文の発表年や掲載雑誌は本書末尾の「岡元司略歴・業績目録」を参照していただきたい。

（３）収載論文は基本的に既発表のものであるが，第13章附録の「宋元時代の浙東沿海地域社会とマニ教」のみ未発表で，研究会で配布されたレジュメを収録した。

（４）漢字は新体字とし，旧体字・略字・俗字・簡体字は改めた。また初出時に縦書きであったものは横書きに改めた。

（５）註の形式は，基本的に初出時のままとし，特に統一性を持たせるようなことはしなかった。明らかな誤字や誤記，欠落箇所などは加筆・訂正を加えた。

（６）本書のなかの研究者および関係の方々の所属・肩書きは，各論文初出時のものである。

宋代沿海地域社会史研究
――ネットワークと地域文化――

第1部：地域社会史研究と方法論

第1章　地域社会史研究

1．地域社会史研究の意義

　日本における宋代史研究の現状と課題を論じる本書（『日本宋史研究の現状と課題』―編者註，以下同）の中で，本章が扱う「地域社会史」は，本書が重点を置く1980年代以降の日本の宋史研究において，顕著な進展を見せた分野の一つである。

　地域社会史研究の最大の特色は，歴史を国家や首都の側から見るのではなく，基層社会の側から見ることである。中国古代史の史料，とくに国家によって編纂された史料は，政治動向や政治制度に詳しいため，宋代史においても政治史や制度史が先行的に研究されたことは自然な成り行きであった。しかし，現代で言えば首都の国営放送局が日々送り出すニュースを見ていても，日常的な社会のあり方が十分に把握できないのと同様に，歴史学においても，各種の史料を博捜することによって，地域という場において，政治だけでなく，経済・宗教・文化などの諸要因がどのようにまじりあって社会が動いていたのかを明らかにすることは，たいへん重要である。「地域」に場を設定するということは，決して視野を狭めることを意味するのではなく，逆に，一つの場を通して，さまざまな複合的な要因の関連性の中で歴史を考察することを目指すものである。たとえば文化にしても，単に士大夫に関わる"Elite Culture"のみを研究対象とするのではなく，"Popular Culture"との相互作用がどのように現れていたのかを考察することは，地域社会のように一つの場を事例として具体的に分析していくことによって，検討がしやすくなる。また，こうした定点観測による分析は，単に宋代史のみに問題を限定させずに，長期的な歴史の中で，宋代がもっていた意味を考察することにもつながることがしばしばある。こうした作業を通して，中国の社会がもっていた「内発的変化」の過程と要因とを探り出していくことが可能となると考える。

　地域社会史のもう一つの意義は，面積がヨーロッパに匹敵する広さをもつ中国の歴史を考えるうえで，「地域偏差」を重視する必要性である。中国の地域区分

については，米国のG. W. Skinnerによって"Macroregion"論として提出され，Robert Hartwellが宋代およびその前後の時代について具体化しており，日本においても斯波義信らに大きな影響を与えている。東アジアの気候は，安定的な西岸海洋性気候や地中海気候を主とするヨーロッパとは異なり，強い季節風に影響されているため，農牧業のあり方が地域によって大きく異なり，また地形的な相違にも左右されて，地域経済の周期循環も地域ごとに独自の運動性を示す（〔Skinner 1977〕，〔Hartwell 1982〕）。そのため，斯波義信が「ここで当面に求められているものは，将来に整序された社会内比較，社会間比較に益するような，周到な手続きを踏んでなされた地域的事例の積み上げである」〔斯波義信 1988：34〕と警告しているように，地域ごとの分析は，中国史を考察するうえで不可欠の視角となる。

また，筆者はここまで「中国」という語を無前提に使用したが，宋朝の版図は当然ながら現在の中華人民共和国の国土ともまったく異なる。宋代においても，地域によっては，北方の遊牧民族と文化・民俗的に近い地域もあれば，高麗，日本，あるいは東南アジアとの密接な関係が見られる地域もあり，地域的な個性はそうした点にもあらわれる。「地域」の発想とは，当たり前に考えがちな「中国」という枠組みを，より広く柔軟なものとして位置づけることにもつながると思う。

そうした「地域社会史」という学問的手法のメリットが，日本の宋代史研究においてどこまで実現されているのかを本章では振り返ってみたい。

2．1970年代までの宋代地域社会史研究の流れ

第二次世界大戦以前から加藤繁らによって本格的に分析が進みつつあった宋代社会経済史研究を，中国史の焦点の一つにクローズアップさせたのは，戦後における地主―佃戸関係についての論争であった。宋代が「中世」か「近世」かという時代区分の問題に関わるこの論争は，東京大学の周藤吉之と京都大学の宮崎市定との間で，佃戸の性格をいかに把握するかをめぐっておこなわれたものであった。これらの論争による研究深化の中で，周藤吉之は南宋時代の農業の地域性を重視して，とりわけ両浙路の進歩に注目し，他方，宮崎も「健訟」の地として江

西に着目し，宋代社会の地域的相違にもしだいに関心が広がってきた（〔周藤吉之 1954・1962・1965・1969〕，〔宮崎市定 1954〕）。さらに柳田節子は，両浙路を中心とする長江下流つまり江南デルタ地帯を先進地帯とし，荊湖南北路・四川を辺境と捉え，地主―佃戸関係のあり方を地域的相違と関わらせる見解を提示した〔柳田節子 1963〕。

こうした中で，宋代の官僚と科挙・大土地所有との関係を分析した周藤吉之は，皇帝時期ごとの宰相・執政の出身路についてのデータ整理もおこない，後のエリート研究への基礎を築いた〔周藤吉之 1950〕。続いて青山定雄は，華北および江西の官僚の家系と婚姻について具体的に分析をおこない〔青山定雄 1963b・1965a・1965b・1967a・1967b〕，さらに伊原弘は，明州・婺州を事例として南宋期両浙路の官戸の婚姻関係を分析した〔伊原弘 1971・1974a・1976〕。ほぼ同時期には，松井秀一が北宋初期の石介を，愛宕元が五代宋初の麻氏を，衣川強が河南呂氏を分析するなど，各地の名族についての論文もしだいに増えてきた（〔松井秀一 1968〕，〔愛宕元 1973〕，〔衣川強 1973〕）。

同時にこの間に，歴史地理研究に長期的な視野で取り組んだ日比野丈夫の研究が1冊の著書にまとめられ，そこには宋代京東路・福建路についての論考も含まれており〔日比野丈夫 1977〕，青山定雄による宋代の地方志・地図・交通に関する研究も進展を見せた〔青山定雄 1963a〕。また，戦前以来の曾我部静雄や柳田節子らによって郷村制度に関する基礎的研究が進行した（〔曾我部静雄 1963〕，〔柳田節子 1986〕[*1]）。さらに，蘇州のクリーク，杭州の運河について詳細に論じた戦前の池田静夫の研究に続いて〔池田静夫 1940〕，戦後も，吉岡義信が宋代黄河の治水政策を分析し〔吉岡義信 1978〕，長瀬守が宋元時代の華北および江南の水利開発を分析するなど〔長瀬守 1983〕，水利史研究が継続的に推進された。

3．1980年代以後の宋代地域社会史研究の流れ

1980年代に入ると，水利史を含め，地域経済史に関する優れた著書・論文が目

[*1]　〔柳田節子 1986〕には，1950年代後半から1980年代初期に発表された論文が収録されている。

立つようになる。宋元時代から明清時代の水利史研究の成果を踏まえて，さらに比較史的視点で総合化を試みたのが，京都大学東南アジア研究センターで開催された「江南デルタ・シンポジウム」をもとに刊行された著書である。このシンポジウムには，中国史・農業史・地形学・作物学・生態学などのさまざまな専門の研究者が参加し，アジア各地のデルタとの比較の視点から，宋元時代の圩田・囲田や占城稲をめぐって活発な学際的討論がおこなわれた〔渡部忠世・桜井由躬雄 1984〕。さらに農業生産力による地域的相違については，大澤正昭・足立啓二が両浙の稲作の生産力について通説を批判し，囲田における生産の不安定性を主張した（〔大澤正昭 1985〕，〔足立啓二 1985〕）。両氏の農業史に関する業績は，近年，明清時代に関して視野の広い成果を発表している李伯重にも影響を与えており，宋代社会の地域差を長期的視点で考察する際に参考とすべき重要な成果となっている。

さらに，水利史・開発史を含めて経済地理学的手法による地域研究を最もまとまった形で公刊したのが，斯波義信である。本書は，宋代の長江下流域および寧波・紹興を主な分析対象とし，時間・空間の区分を明確にしたうえで，農業生産性，地域開発，流通，都市化などの問題を体系的に考察しており〔斯波義信 1988〕，斯波の業績は海外でも高く評価されている。

水利史については，その後，本田治が婺州や温州の水利開発・移住について着実な論文を多数著し，小野泰も明州の湖田開発，台州の都市水利について好論文を発表した（〔本田治 1975・1979・1981・1982・1984・1994・1996・2000・2003・2005〕，〔小野泰 1987・1990・1995〕）。また，西岡弘晃が1970年代から2000年までの間に宋代の両浙路の都市水利・農業水利について著した多数の論文は，2004年に刊行した西岡の論文集に収録されている〔西岡弘晃 2004〕。

こうした地域経済史・水利史に関する実証の深まりとあわせて地域社会史についての論文もしだいに増加の傾向が見られた。1980年代には，渡辺紘良が史料の丹念な読み込みをもとにして，湖南・福建の在郷士大夫に関する実像の解明を試みた〔渡辺紘良 1982・1984・1986〕。さらに1990年代に入ると，寺地遵が，紹興府や台州黄巌県を事例として，地域の開発に果たした在地有力指導者層のあり方を，中央政権との関係も踏まえつつ分析し，「地域」からの視点の有効性を提示

した〔寺地遵 1992・1993・1996〕。

　そしてこの1990年代は，同時に，士大夫を中心としたエリート研究について，若い世代での関心が高まった時期でもあった。1960〜70年代の青山定雄・伊原弘らによる官僚研究は，米国の宋代史研究にも影響を及ぼし，なかでも Robert Hymes は，江西撫州を事例として，移住・婚姻関係・社会活動といった地域エリートの姿を多角的に分析して，本格的な地域社会史研究の嚆矢となった〔Hymes 1986〕。また，1978年の日中平和友好条約締結以後，日本の中国史研究者が留学によって若いうちに中国各地の社会を実際に体験することができるようになり，とくに上田信・菊池秀明をはじめとする明清時代の地域社会史研究者によって，現地感覚を身につけ，或いは現地での史料調査をともなった優れた業績が生み出されることとなった。こうした内外の研究状況の刺激を受け，日本の宋代史研究においても，1990年代から2000年代にかけて，エリートを軸として地域社会を扱う論文が増加する傾向を見せた。

　具体的な論文については次節で言及するが，この流れを支える基盤となったのは，1976年に当時の若手宋代史研究者が中心となって創設した宋代史研究会であった。これによって出身大学を問わずに宋代史研究者の交流が促進され，年数の積み重ねによって世代層も広がりをもつようになると同時に，「東洋史」「中国哲学」「中国文学」に分かれて所属している宋代研究者の分野間交流を活発にした。本研究会がその後，2〜5年おきに出版している宋代史研究会研究報告において〔宋代史研究会編 1993・1995・1998・2001・2006〕，歴史学だけでなく哲学・文学関係の論考が含まれていることは，そうした活動の特色の表れであり，そのことはエリート研究にとって，プラスの効果を及ぼしたと言える。すなわち，日本の宋代士大夫研究において，地域社会史の問題と思想史の問題とが相互に関連づけて考察されることが多く，またそれに関わることとして，科挙を通して地域社会のエリートと国家との関係が米国での宋代エリート研究以上に強く意識されていることは，そうした相互交流が多かれ少なかれ関連していると言えよう。たとえば，朱子学研究者の市來津由彦は，福建の地域社会において思想家たちがいかなる次元で思索活動をおこなっていたか，地域をこえた広域の講学ネットワークと関わらせながら重厚に論じた〔市來津由彦 2002〕。また近藤一成は，科挙が唐

宋変革によって出現した新しい中国世界の統合システムとして機能したことに着目し，士大夫政治出現の歴史的意義を考察した〔近藤一成 1999〕。

さらにこうした宋代史研究会の活動から，宋代史を中国史の問題だけに限定せずに，日本史・西アジア史・西洋史などと対照させた「比較史」の視点が打ち出されていることも，本研究会が生みだした積極的方向性として評価することができよう。「知」を基軸とした社会秩序のあり方は，地域的差異にもかかわらず中華帝国が維持された構造を考察するうえでも重要な問題であり，この点についてはなお継続的な考察が期待されるところである。

地域社会史に関わる史料分析については，一つは石刻史料に関する史料学的分析が進んでいることを挙げておきたい（〔近藤一成 1997〕，〔須江隆 2002・2007〕）。これについては，本書の中で「石刻史料」について須江隆が紹介しているので，そちらを参照してほしい。また，『名公書判清明集』などの法制史料の分析については，高橋芳郎・大澤正昭・青木敦・小川快之・戸田裕司・大島立子らが積極的に成果を挙げており[*2]，これについても本書の「法制史」に小川快之が紹介をおこなっているので参照されたい。なお，法制史料の使用を通じて，中国伝統社会における「法共同体」の存在・不存在について論じられることが多いが，このことについて川村康が，「官司の手を煩わさずに解決してしまった紛争が判語で語られることも，まずありえないであろう。要するに，紛争なく過ぎ去った日々の生活，そして官司に持ち込まれずに宗族団体や地域社会だけで解決されてしまった紛争は，判語という史料には記録され難い。…（中略）…判語のみに依拠してこれを結論づけ，さらに社会全体を論ずることの危険性は厳しく認識されなければならない」〔川村康 1998：144〕と述べていることにも留意が必要である。

4．各地域別の成果——1980年以降の業績を中心に——

以上のように，1980年代に入り，地域経済史の目立った成果が現れたのに続い

[*2] 『清明集』の記事について，大澤正昭は定量分析をおこない，地名の3分の1が江東路によって占められ，福建では7割が建寧府に集中するなど，地名頻度の偏在性を指摘し〔大澤正昭 1997〕，地域社会史研究にとって一定の示唆を与えている。

て，90年代には，各地域を事例とした地域のエリートに関する研究が増加するに至った。以下，これらの成果を地域別に整理してみたい。「五代十国史」・「遼金史」については本書の中で山崎覚士・飯山知保が整理し，また開封・杭州（臨安）については「都市史」として久保田和男が整理しているので，ここでは取り上げていない。また地域経済史については，すべてを網羅することは紙幅の関係で困難なため，地域社会史との関係が深い地域開発史・水利史に限定して含めることとさせていただく。

地域別に概観すると，華北・華中・華南に分けると，宋代の地域社会史研究のかなりの多数は，その史料状況にも左右されて，華中に集中している。なかでも研究が多いのは，両浙路についてである。両浙路全体に関わるものとしては，宮澤知之が両浙路の階層構成を土地所有の状況，階層構成の分布についての統計資料から定量的に捉えようと試みている〔宮澤知之 1985〕。

両浙路の各府州別にみると，明州（慶元府）のエリートについては，伊原弘が官戸の婚姻関係を明らかにし〔伊原弘 1971〕，石田肇が高氏一族の学問・家系と南宋政治の関係を分析している〔石田肇 1985〕。また，森田憲司は，宋元交替期に慶元で活動した知識人の相互関係を碑記の撰述を材料として検討し〔森田憲司 1999〕，近藤一成は科挙合格者数を分析して，南宋後半の慶元府における学術の傾向とも絡めた考察をおこなっている〔近藤一成 2006〕。

明州の地域開発については，前掲の斯波義信の研究以外に，小野泰が，明州における廃湖派と守湖派の対立を通して，水利開発の時代的変化を論じている〔小野泰 1987〕。また，寺地遵が「権力中心の眼」「在地の眼」が寧波出身の思想家にどのようにあらわれているのかを論じている〔寺地遵 1992〕のは，明州・慶元・寧波の地域文化史を考察するうえで参考となる視点であろう。

紹興府については，寺地遵が湖田開発をめぐる利害対立を通して，在地郷村と中央政権との相互関係を探っている〔寺地遵 1986・1989〕。また，近藤一成は『紹興十八年同年小録』の分析に関連して，山陰陸氏の科挙合格者および政治との関係に言及し〔近藤一成 2005〕，山口智哉は，新昌県における石氏などの有力一族の検討を中心に，地域社会において教育施設が果たした役割を丹念に論じている〔山口智哉 2007〕。

台州については，小野泰が台州の都市水利および黄巌県開発への在地社会の構成員との関わりを分析した〔小野泰 1990・1995〕。伊藤正彦は，義役に地方官の強い指導力が見られることを論じ，社会的結合の脆弱性を強調した〔伊藤正彦 1992〕が，これに対して寺地遵は，義役・社倉・郷約を通して黄巌県における民レベルの社会集団・社会活動を活写し，官サイドの領導力・主導性を評価する伊藤への批判をおこなった〔寺地遵 1993・1996〕。

　温州については，本田治が1980年代以来，温州への移住と水利開発について詳細な分析をおこなっている。また永嘉の学問を支えたエリートたちについては，伊原弘が都市を舞台とした知識人の視点から考察をおこない〔伊原弘 1991〕，岡元司が温州のエリートをめぐる婚姻関係や人的結合を分析するとともに，マニ教や南戯など温州における"Popular Culture"も含めた地域文化を「空間」の視点から検討している。

　婺州については，本田治が婺州における溜池の普及と農業生産力の限界を指摘している〔本田治 1975〕。婺州のエリートについては，伊原弘が官戸の婚姻関係を明らかにし〔伊原弘 1974a〕，戸田裕司が金華の唐仲友一族とその弾劾事件を分析している〔戸田裕司 2007〕。また，早坂俊廣は「婺学」という「物語」がいかに語られてきたのかを中国思想史の立場から独自の視点で論じている〔早坂俊廣 2001〕。

　長江下流デルタ地域に移ると，蘇州のエリートについては，伊原弘が都市士大夫の活動の視点から論じ〔伊原弘 1980〕，范仲淹一族については遠藤隆俊や小林義廣が分析をおこなっている（〔遠藤隆俊 1993a・1993b・1998・2006〕，〔小林義廣 2007〕）。遠藤・小林については，本書「家族宗族史」を参照されたい。また，塩卓悟は，蘇州の経済・商品流通の問題を扱った〔塩卓悟 1998〕。

　その他，常州については，伊原弘が常州の都市エリートの活動と都市の発展・限界を論じている〔伊原弘 1990〕。また江南の各鎮については，前村佳幸が嘉興府烏青鎮の秩序維持構造を分析している〔前村佳幸 2001〕。

　宗教史の立場からは，金井徳幸が浙西の村社・土地神と郷村社会の関係を論じている〔金井徳幸 1985〕。また須江隆は，両浙に分布していた徐偃王廟を取り上げ，地域社会の庶民層や指導者層との関わりを考察し，地方神と地域社会との関

わりについて魅力的に提示している〔須江隆 1993〕。須江は宋代湖州南潯鎮の祠廟をめぐる宋朝と在地社会との関係についても分析をおこなった〔須江隆 2001〕。

　華中のなかで両浙路に次いで多いのが，江南東西路に関する研究である。この地域については，家族史・宗族史と関わる論考が多い。たとえば佐竹靖彦は，唐宋変革期の江南東西路における義門の成長を明らかにし，また，贛州の社会をフロンティアとしての地域的性格の視点から論じている〔佐竹靖彦 1973・1974〕。徽州の地域開発については，小松恵子・山根直生・中島楽章が地域開発と宗族の形成とを関連づけて考察している（〔小松恵子 1993〕，〔山根直生 2005〕，〔中島楽章 2006〕）。小林義廣は吉州の欧陽氏一族と学問・科挙との関係や婚姻関係について分析している〔小林義廣 1996〕。また，青木敦が取り上げた婺州の楽氏一族は，組織的な活動をおこない得なかった事例である〔青木敦 2005〕。

　それ以外の論文としては，戸田裕司が広徳軍の社倉，南康軍の荒政について分析をおこない〔戸田裕司 1990・1993〕，小川快之は江西地域で多かった健訟を当地の産業との関係の視点から考察している〔小川快之 2001a・2001b・2006〕。また，近藤一成は，王安石撰の墓誌から王氏一族と王氏をとりまく人間関係を明らかにしており，その中で江東・江西との関わりにも言及されている。この論文は，墓誌史料論としても必読の好篇である〔近藤一成 1997〕。

　両浙路・江南東西路以外の華中の路を扱った研究は，日本では多くない。荊湖南北路については，渡辺紘良が潭州湘潭県の黎氏を事例として，新興商人階層が「聴訟」（在地裁判権の掌握）の役割を担っていたことを論じる〔渡辺紘良 1984〕。また，上西泰之が宋朝の「渓峒蛮」地の開拓策を検討している〔上西泰之 1996〕。淮南東西路については，山根直生が海域史との関連性を意識しつつ，通州の姚氏同族集団を取り上げた〔山根直生 2006〕。また，小野泰は，淮南における運河の整備を分析し，沿線都市の変遷にも言及している〔小野泰 2007〕。四川については，伊原弘が宋朝政治機構に強く依存していた呉氏勢力を分析し〔伊原弘 1974b〕，森田憲司は『成都氏族譜』の検討から官僚の家系について論じている〔森田憲司 1977〕。

　華北については，久保田和男が本書で紹介している開封の研究，および飯山知保が紹介する金代を除くと，1980年前後以降の研究は決して多くはない。木田知

生は洛陽に集まった士人たちの姿について耆英会を軸に論じており，政治状況との関連や彼らの理財観の限界についても論及するなど，必読の優れた論考となっている〔木田知生 1979〕。また木田は，相州の韓琦と欧陽脩・蔡襄・司馬光との交遊について，碑文の現地調査を踏まえて分析している〔木田知生 1989〕。韓氏については，小林義廣も韓億（真定府）・韓琦（相州）の一族の再生産を明らかにしている〔小林義廣 2005〕。政治史を専門とする平田茂樹も，元祐党人のネットワークを検討する中で，生まれ故郷（河北東路）と生活の拠点（京東東路）とに密接な人脈を形成している状況を論じている〔平田茂樹 2005〕。また，伊原弘は黄河沿いの滑州・陝州における都市の社会構成や社会救済事業などについて碑文・磚文を用いて解析をおこなっている〔伊原弘 1998・2001・2004〕。

華南については，福建路の地域社会史が科挙や思想との関連性を含めて盛んに研究されている。まず科挙との関わりでは，佐竹靖彦が，建州の科挙合格者の分布を里レベルで詳細に分析している〔佐竹靖彦 1998〕。在郷士大夫については，渡辺紘良が，南宋初の范汝為の乱を鎮定しようとして逆に反乱軍に荷担してしまうこととなる陸棠の分析を通して，在郷士大夫の実態の一面を描く〔渡辺紘良 1986〕。道学と福建との関係については，近藤一成が，楊時の経済政策を論じ，他地域からの流入者が多く，科挙志向が強いことを閩学興隆の基盤として指摘し〔近藤一成 1980〕，また，福州出身の黄榦をめぐる家族・姻戚，学者官僚ネットワークを分析している〔近藤一成 1996〕。思想史研究の立場からは，市來津由彦が朱熹思想の形成と地域社会との関係を考察し〔市來津由彦 2002〕，小島毅が福建沿海部における俗習と儒教経学とのずれを指摘している〔小島毅 1996〕。

福建路の中では，興化軍莆田県についての事例研究が進んでおり，中砂明徳は南宋後半の劉克荘と政界・地域社会の関係を論じ〔中砂明徳 1994〕，須江隆が莆田の方氏一族の戦略と宋朝との関係を考察している〔須江隆 1998〕。また，小林義廣は，地域社会における劉克荘の日常活動と行動範囲とを明らかにしている〔小林義廣 2001〕。また，福建と海上交易・海上勢力との関わりについては，1980年代に大崎富士夫が研究を進めている〔大崎富士夫 1986・1989〕。

広南東路については，森田健太郎が，知広州による州城修築と州学建設について論じ，南海商人の劉富と蕃坊居留民の辛押陀羅の強い発言力に注目している

〔森田健太郎 2001〕。森田は広州と関わりの深い南海神廟についても考察をおこなった〔森田健太郎 2003〕。こうした森田健太郎の論文は，広南地域の独自性を検討するうえで，たいへん有益な成果となっている。

広南西路に関しては，河原正博が宋朝の少数民族羈縻政策やベトナムとの関係を検討し〔河原正博 1984〕，岡田宏二が広南西路における非漢民族の社会と宋朝の政策とを論じている〔岡田宏二 1993〕。

5．今後への課題

以上のように，1980年代以降の日本の宋代史研究においては，地域社会史に関する研究が増加し，海外の研究者との交流も活発におこなわれるようになった。外国の研究動向に積極的な目配りをしている英語圏や台湾の中国史研究者によって，こうした日本の宋代地域社会史研究について引用される頻度が近年高まってきており，また中国の宋代史研究者との交流の機会が徐々に増えてきているのも，たいへん喜ばしいことである。さらに，本文中で述べたように，歴史学だけに籠もらずに思想史や文学との学際的な問題意識が形成され，また比較史的な視点でのシンポジウムが試みられていることも，日本の宋代地域社会史研究に見られる傾向と言えるだろう。

そこで本章では最後に，本文の冒頭で述べた地域社会史研究の意義という観点にもう一度戻って，今後の更なる課題を提起しておきたい。

第一に，"Elite Culture"と"Popular Culture"との両方を同時に視野に入れる必要性である。これまでの思想史研究・文学研究との連携は，士大夫の文化を中心にしたものであり，仏教・道教・民間信仰なども含めた連携は必ずしも十分ではない点である。竺沙雅章の宋代仏教社会史研究〔竺沙雅章 1982・2000〕，松本浩一の宋代道教史研究〔松本浩一 2006〕をはじめとする宗教史研究の成果を，地域社会史としていかに生かしていくことができるかが問われる。この点で，石川重雄・金井徳幸・大塚秀高・古林森廣・須江隆らが，基層社会との関わりを意識しつつ宋代信仰史に関わる論考を次々に公にしている（〔石川重雄 1993〕，〔金井徳幸 1993・2003〕，〔大塚秀高 1995〕，〔古林森廣 1995a・1995b〕，〔須江隆

1998・2001〕）のは，地域社会史の幅を広げる可能性を示したものである。また地域的偏差の問題をより意識的に扱ううえでは，水越知が解明を試みているような信仰圏の問題〔水越知 2002・2003・2006〕も，より積極的に俎上に載せられるべきであろう。明清史に比べて宋代史では史料的に詳細な検討が相対的に困難な"Popular Culture"の問題にいかに接近できるかは，宋代地域社会史が「全体史」を構成できるかどうかの鍵を握っているように思う。

　第二に，地域経済史と地域社会史研究との有機連関性を，より高めることである。1990年代以降，地域エリートに関する事例研究が盛んにおこなわれてきたが，それらにおいて取り上げられた地域が，どのような個性をもった地域であるのかは，十分に明確にはされて来なかった。しかし，一定の事例研究が進んだ段階に入ったからこそ，地域の社会経済史的特色とも関連づけ，より体系的に問題を構築していく必要があるだろう。そのためには，1点目として述べたエリート研究と通俗文化研究の総合化と同時に，宋代に限定されない長期的な視点[3]を強く意識する必要があろう。その意味で，優れた成果を生み出してきた地域開発史・水利史の成果，さらには近年徐々に関心が高まりつつある生態環境史の動向をも踏まえた考察が求められてくるように思う。

　第三に，上記の地域開発・生態環境は，行政区画や国境とは異なった地域的特色を帯びることも少なくないため，地域史研究の目指すところには，単にミクロな地域社会だけでなく，国家を超えた地域的空間も視野に入ってくることになる。近年話題となることの多い「海域」の歴史との関わりでいえば，東アジア海域世界の歴史研究の一環として，「沿海」地域[4]の役割や社会変容を環境や独自の地域発展サイクルの視点も絡めて観察することもできるであろう[5]。また，北アジアや中央アジアとの関係についても，近年環境史的視野で国境とは別の考察が進

---

[3]　宋代に限定されない長期的な視点ということについては，近年，英語圏で注目されている宋元明移行期（Song-Yuan-Ming Transition）は日本でも話題となっており（〔Smith & Glahn 2003〕，〔中島楽章 2005〕），地域社会史の立場からこの問題をいかに論じていくかも重要な課題である。

[4]　最近，日本においても「沿海」を標題に含む論文が徐々に見られるようになってきている（〔深澤貴行 2003・2005〕，〔岡元司 2005・2006〕）。

んでいることが，宋金代華北の地域社会史にどのように展開されるかも，大いに注目してみたいところである。

　第四に，冒頭で述べたように地域社会史研究という研究手法自体，社会の「内在的発展」を重視する立場と深く関わっており，そのことを明確にするためには西洋・日本を含めて他の地域とは異なった「共同性」がいかに形成されていたのかを追究する必要がある。その意味で，斯波義信が「「郷評」とか「公心好義」とかは，またパブリック，マインデッドと直訳できないかもしれないが，コミュニティーのコンセンサスに支えられた行為の実質を帯びていた。上から科挙官僚やその文化が定着してきたためともみられるし，下から社会の自律性が成長してきたためとも受けとれる。エリート層がこれらを「義」とか「公」と称した含意は，より深く究めてみる必要がある。」〔斯波義信 1996：202〕と述べて，南宋における「中間領域」の登場を強調した視点は，今後の地域社会史研究においても考察を深める余地があるように思う。また，その中間領域を支える価値観は，当時の史料の用語一つ一つにも目配りして見出す必要があろう。たとえば，寺地遵は社倉・郷約から見出される兄弟相友のヨコの関係としての「仁」を指摘し〔寺地遵 1996〕，山口智哉は「同年」のつながりに注目し〔山口智哉 2002〕，岡元司は地域社会における「友」の関係を分析している〔岡元司 2003〕。こうした思考論理――もちろん他にもいろいろな例を挙げ得るであろう――を，通俗社会も含めた地域社会の中に位置づけて考察し，さらにマクロな社会文化の枠組みといかに連接したものとして提示し得るかは，今後の更なる解明に委ねられている。

　最後にもう一点加えるならば，地域社会史研究は国家の役割を基層社会の側から逆照射して考察する役割も担うことができる。国家が基層社会にどのように浸透し，それに対して基層社会の側がどのような対応や抵抗を示してきたのか，そうした視点において歴史的に宋代史を位置づけていくためには，地域社会史研究と同時に，国家制度における地方統治のシステムについての研究が同時に進めら

＊5　東アジア海域史については東京大学の小島毅を領域代表として多くの宋代史研究者が参加している日本文部科学省科学研究費補助金特定領域研究「東アジアの海域交流と日本伝統文化の形成――寧波を焦点とする学際的創生――」の構成員によって次第に分析が進みつつある。

れることも不可欠である。近年，若手研究者によって宋代の地方統治に関する研究も進行しつつあり（たとえば〔小林隆道 2004〕，〔前村佳幸 2000〕など），とりわけ元明清までの長期的な変化も視野に入れた成果が期待されよう。

　長期的視野という点で言えば，日本における地域社会史研究は，以前は明清史を中心にウェーブが起きていたが，最近では明清史研究においては地域社会史関係の論文の数が減少しつつあり〔大野晃嗣 2007〕，むしろ宋代史の側から社会史に関する長期的な視点での問題提起を活発におこなう傾向さえあるように感じられる（たとえば〔小川快之 2007〕）。その意味でも，日本の宋代史研究者の間で若いうちに中国留学を経験して現地調査に必要な語学力を身につけた研究者がますます増加しつつあることは頼もしいことである。現地の社会を体験し，地域の多様な姿に触れ，細分化された一分野だけに籠もることなく「全体史」を常に意識して，より柔軟な発想によって社会史を構築していくための舞台として今後も地域社会史研究が展開されることを期待したい。

〔参考文献〕

青木　敦　1999　「健訟の地域的イメージ――11～13世紀江西社会の法文化と人口移動をめぐって――」（『社会経済史学』第65巻第3号）

　同　　　2005　「宋元代江西撫州におけるある一族の生存戦略」（井上徹・遠藤隆俊編『宋―明宗族の研究』，汲古書院）

青山　定雄　1963a　『唐宋時代の交通と地誌地図の研究』（吉川弘文館）

　同　　　1963b　「宋代の華北官僚の系譜について」（『聖心女子大学論叢』第21号）

　同　　　1965a　「宋代の華北官僚の系譜について（2）」（『聖心女子大学論叢』第25号）

　同　　　1965b　「宋代における華北官僚の婚姻関係」（『中央大学創立八十周年記念論文集』）

　同　　　1967a　「宋代の華北官僚の系譜について（3）」（『中央大学文学部紀要（史学科）』第12号）

　同　　　1967b　「宋代における江西出身の高官の婚姻関係」（『聖心女子大学論叢』第29号）

足立　啓二　1985　「宋代両浙における水稲作の生産力水準」（『熊本大学文学部論叢』第17号）

池田　静夫　1940　『支那水利地理史研究』（生活社）

第1章　地域社会史研究

石川　重雄　1993　「宋元時代における接待・施水庵の展開——僧侶の遊行と民衆教化活動——」（宋代史研究会研究報告第4集『宋代の知識人——思想・制度・地域社会——』，汲古書院）

石田　肇　1985　「南宋明州の高氏一族について——高閌・高文虎・高似孫のこと——」（宋代史研究会研究報告第2集『宋代の社会と宗教』，汲古書院）

市來津由彦　2002　『朱熹門人集団形成の研究』（創文社）

伊藤　正彦　1992　「"義役"——南宋期における社会的結合の一形態——」（『史林』第75巻第5号）

井上徹・遠藤隆俊編　2005　『宋—明宗族の研究』（汲古書院）

伊原　弘　1971　「宋代明州における官戸の婚姻関係」（『中央大学大学院研究年報』創刊号）

　同　　　1974a　「宋代婺州における官戸の婚姻関係」（『中央大学大学院論究（文学研究科編）』第6巻第1号）

　同　　　1974b　「南宋四川における呉氏の勢力——呉曦の乱前史——」（『青山博士古稀記念宋代史論叢』省心書房）

　同　　　1976　「宋代官僚の婚姻の意味について——士大夫官僚の形成と変質——」（『歴史と地理』第254号）

　同　　　1977　「南宋四川における定居士人——成都府路・梓州路を中心として——」（『東方学』第54輯）

　同　　　1980　「宋代浙西における都市と士大夫」（『中嶋敏先生古稀記念論集（上巻）』汲古書院）

　同　　　1990　「中国宋代の都市とエリート——常州の発展とその限界——」（『史潮』新28号）

　同　　　1991　「中国知識人の基層社会——宋代温州永嘉学派を例として——」（『思想』第802号）

　同　　　1998　「宋代史研究の新視点——現地調査の過程において——」（『史叢』第59号）

　同　　　2001　「河畔の民——北宋末の黄河周辺を事例に」（『中国水利史研究』第29号）

　同　　　2004　「宋代都市における社会救済事業——公共墓地出土の磚文を事例に」（長谷部史彦編著『中世環地中海圏都市の救貧』，慶應義塾大学出版会）

伊原弘・小島毅編　2001　『知識人の諸相——中国宋代を基点として』（勉誠出版）

上西　泰之　1996　「北宋期の荊湖路「渓峒蛮」地開拓について」（『東洋史研究』第54巻第4号）

遠藤　隆俊　1993a　「宋代蘇州の范氏義荘について——同族的土地所有の一側面——」（宋代史研究会研究報告第4集『宋代の知識人——思想・制度・地域社会

　　　　　　　　　　　　──』，汲古書院）
　　同　　　1993 b　「宋代蘇州の范文正公祠について」（『柳田節子先生古稀記念　中国伝
　　　　　　　　　　統社会と家族』汲古書院）
　　同　　　1998　　「宋代における「同族ネットワーク」の形成──范仲淹と范仲温──」
　　　　　　　　　　（宋代史研究会研究報告第6集『宋代社会のネットワーク』，汲古書院）
　　同　　　2006　　「北宋士大夫の寄居と宗族──郷里と移住者のコミュニケーション──」
　　　　　　　　　　（平田茂樹・遠藤隆俊・岡元司編『宋代社会の空間とコミュニケーショ
　　　　　　　　　　ン』，汲古書院）
大崎富士夫　1986　　「瀕江地域の自衛態勢──とくに福建の瀕江地域を中心として──」
　　　　　　　　　　（『史学研究』第173号）
　　同　　　1989　　「南宋期，福建における擾乱──とくに走私貿易との相関において──」
　　　　　　　　　　（『修道商学』第29巻第2号）
大澤　正昭　1985　　「"蘇湖熟天下足"──「虚像」と「実像」のあいだ──」（『新しい歴
　　　　　　　　　　史学のために』第179号）
　　同　　　1997　　「『清明集』の世界──定量分析の試み──」（『上智史学』第42号）
大島　立子　2006　『宋─清代の法と地域社会』（東洋文庫）
大塚　秀高　1995　　「瘟神の物語──宋江の字はなぜ公明なのか──」（宋代史研究会研究
　　　　　　　　　　報告第5集『宋代の規範と習俗』，汲古書院）
大野　晃嗣　2007　　「2006年の歴史学界──回顧と展望──明・清」（『史学雑誌』第116編
　　　　　　　　　　第5号）
岡　　元司　1995　　「南宋期温州の名族と科挙」（『広島大学東洋史研究室報告』第17号）
　　同　　　1996　　「南宋期温州の地方行政をめぐる人的結合──永嘉学派との関連を中心
　　　　　　　　　　に──」（『史学研究』第212号）
　　同　　　1998 a　「南宋期科挙の試官をめぐる地域性──浙東出身者の位置づけを中心
　　　　　　　　　　に──」（宋代史研究会研究報告第6集『宋代社会のネットワーク』，
　　　　　　　　　　汲古書院）
　　同　　　1998 b　「南宋期浙東海港都市の停滞と森林環境」（『史学研究』第220号）
　　同　　　2001 a　「南宋期の地域社会における知の能力の形成と家庭環境」（宋代史研
　　　　　　　　　　究会研究報告第7集『宋代人の認識──相互性と日常空間──』，汲古
　　　　　　　　　　書院）
　　同　　　2001 b　「宋代の地域社会と知──学際的視点からみた課題──」（伊原弘・
　　　　　　　　　　小島毅編『知識人の諸相──中国宋代を基点として』，勉誠出版）
　　同　　　2003　　「南宋期の地域社会における「友」」（『東洋史研究』第61巻4号）
　　同　　　2005　　「宋代における沿海周縁県の文化的成長──温州平陽県を中心として
　　　　　　　　　　──」（『歴史評論』第663号）

同	2006	「南宋期温州の思想家と日常空間——東南沿海社会における地域文化の多層性——」（平田茂樹・遠藤隆俊・岡元司編『宋代社会の空間とコミュニケーション』、汲古書院）
岡田　宏二	1993	『中国華南民族社会史研究』（汲古書院）
小川　快之	2001a	「宋代信州の鉱業と「健訟」問題」（『史学雑誌』第110編第10号）
同	2001b	「宋代饒州の農業・陶瓷器業と「健訟」問題」（『上智史学』第46号）
同	2006	「宋代明州（寧波）における社会経済状況と法文化——研究上の課題——」（2006年度科学研究費補助金「中国の法文化の特質、変化、および地域的差異に関する研究」Working and Discussion Paper Series No.1）
同	2007	「「健訟」に関する基礎的な史料と研究：伝統中国法秩序システムを解明するための基盤構築の試み」（桃木至朗編『近代世界システム以前の諸地域システムと広域ネットワーク』平成16—18年度科学研究費補助金（基盤研究(B)）研究成果報告書）
愛宕　元	1974	「五代宋初の新興官僚——臨淄の麻氏を中心として——」（『史林』第57巻第4号）
小野　泰	1987	「宋代明州における湖田問題——廃湖をめぐる対立と水利——」（『中国水利史研究』第17号）
同	1990	「宋代浙東の都市水利——台州城の修築と治水対策——」（『中国水利史研究』第20号）
同	1995	「宋代浙東における地域社会と水利——台州黄巌県の事例について——」（森田明編『中国水利史の研究』、国書刊行会）
同	2007	「宋代運河政策の形成——淮南路を中心に——」（『東洋史苑』第69号）
金井　徳幸	1979	「宋代の村社と社神」（『東洋史研究』第38巻第2号）
同	1985	「宋代浙西の村社と土神——宋代郷村社会の宗教構造——」（宋代史研究会研究報告第2集『宋代の社会と宗教』、汲古書院）
同	1993	「南宋の祠廟と賜額について——釈文珦と劉克荘の視点——」（宋代史研究会研究報告第4集『宋代の知識人——思想・制度・地域社会——』、汲古書院）
同	2003	「宋代寺院の成立基盤——住持と行遊僧」（『立正大学東洋史論集』第15号）
川上　恭司	1984	「宋代の都市と教育——州県学を中心に——」（梅原郁編『中国近世の都市と文化』、京都大学人文科学研究所）
同	1987	「科挙と宋代社会——その下第士人問題」（『待兼山論叢（史学篇）』第21号）

河原　正博　1984　『漢民族華南発展史研究』（吉川弘文館）
川村　　康　1998　「宋「法共同体」初考」（宋代史研究会研究報告第6集『宋代社会のネットワーク』，汲古書院）
木田　知生　1979　「北宋時代の洛陽と士人達——開封との対立のなかで——」（『東洋史研究』第38巻第1号）
　同　　　　1989　「韓琦相州昼錦堂記碑考」（『龍谷大学論集』第434・435号）
衣川　　強　1973　「宋代の名族——河南呂氏の場合——」（『神戸商科大学人文論集』第19巻第1・2号）
小島　　毅　1996　『中国近世における礼の言説』（東京大学出版会）
小林　隆道　2004　「北宋期における路の行政化——元豊帳法成立を中心に——」（『東洋学報』第86巻第1号）
小林　義廣　1996　「宋代吉州の欧陽氏一族について」（『東海大学紀要（文学部）』第64輯）
　同　　　　2001　「南宋時期における福建中部の地域社会と士人——劉克荘の日常活動と行動範囲を中心に——」（『東海史学』第36号）
　同　　　　2005　「宋代の二つの名族——真定韓氏と相韓韓氏——」（井上徹・遠藤隆俊編『宋—明宗族の研究』，汲古書院）
　同　　　　2007　「宋代蘇州の地域社会と范氏義荘」（『名古屋大学東洋史研究報告』第31号）
小松　恵子　1993　「宋代以降の徽州地域発達と宗族社会」（『史学研究』第201号）
近藤　一成　1980　「道学派の形成と福建——楊時の経済政策をめぐって——」（早稲田大学文学部東洋史研究室編『中国前近代史研究』，雄山閣出版）
　同　　　　1996　「宋代の士大夫と社会——黄榦における礼の世界と判語の世界——」（佐竹靖彦・斯波義信・梅原郁・植松正・近藤一成編『宋元時代史の基本問題（中国史の基本問題3）』，汲古書院）
　同　　　　1997　「王安石撰墓誌を読む——地域，人脈，党争——」（『中国史学』第7号）
　同　　　　1999　「宋代士大夫政治の特色」（『岩波講座 世界歴史9 中華の分裂と再生』，岩波書店）
　同　　　　2005　「宋代の修譜と国政——青木報告によせて——」（井上徹・遠藤隆俊編『宋—明宗族の研究』，汲古書院）
　同　　　　2006　「南宋地域社会の科挙と儒学——明州慶元府の場合——」（土田健次郎編『近世儒学研究の方法と課題』，汲古書院）
佐竹　靖彦　1973　「唐宋変革期における江南東西路の土地所有と土地政策——義門の成長を手がかりに——」（『東洋史研究』第31巻第4号）
　同　　　　1974　「宋代贛州事情素描」（『青山博士古稀記念宋史論叢』，省心書房）
　同　　　　1990　『唐宋変革の地域的研究』（同朋舎）

第 1 章　地域社会史研究　　　　　　　　　　　　　　　　　　　　23

　　同　　　　1998　「唐宋期福建の家族と社会——閩王朝の形成から科挙体制の展開まで
　　　　　　　　　　——」（中央研究院歴史語言研究所編『中国近世家族与社会学術研討会
　　　　　　　　　　論文集』）
塩　　卓悟　　1998　「南宋代における蘇州の経済的性格と商品流通構造」（『千里山文学論集』
　　　　　　　　　　第59号）
斯波　義信　　1988　『宋代江南経済史の研究』（汲古書院）
　　同　　　　1996　「南宋における「中間領域」社会の登場」（佐竹靖彦・斯波義信・梅原
　　　　　　　　　　郁・植松正・近藤一成編『宋元時代史の基本問題（中国史の基本問題
　　　　　　　　　　3）』，汲古書院）
須江　　隆　　1993　「徐偃王廟考——宋代の祠廟に関する一考察——」（『集刊東洋学』第69
　　　　　　　　　　号）
　　同　　　　1998　「福建莆田の方氏と祥応廟」（宋代史研究会研究報告第6集『宋代社会
　　　　　　　　　　のネットワーク』，汲古書院）
　　同　　　　2001　「祠廟の語る「地域」観」（宋代史研究会研究報告第7集『宋代人の認
　　　　　　　　　　識——相互性と日常空間——』，汲古書院）
　　同　　　　2002　「作為された碑文——南宋末期に刻まれたとされる二つの祠廟の記録」
　　　　　　　　　　（『史学研究』第236号）
　　同　　　　2005　「祠廟と「地域社会」——北宋末期以後の宗族の動向を中心に——」
　　　　　　　　　　（井上徹・遠藤隆俊編『宋—明宗族の研究』，汲古書院）
　　同　　　　2007　「宋代石刻の史料的特質と研究手法」（『唐宋史研究』第10号）
周藤　吉之　　1950　『宋代官僚制と大土地所有（社会構成史体系第二部 東洋社会構成の発
　　　　　　　　　　展）』（日本評論社）
　　同　　　　1954　『中国土地制度史研究』（東京大学出版会）
　　同　　　　1962　『宋代経済史研究』（東京大学出版会）
　　同　　　　1965　『唐宋社会経済史研究』（東京大学出版会）
　　同　　　　1969　『宋代史研究』（東洋文庫）
宋代史研究会　1993　『宋代の知識人——思想・制度・地域社会——（宋代史研究会研究報
　　　　　　　　　　告第4集）』（汲古書院）
　　同　　　　1995　『宋代の規範と習俗（宋代史研究会研究報告第5集）』（汲古書院）
　　同　　　　1998　『宋代社会のネットワーク（宋代史研究会研究報告第6集）』（汲古書院）
　　同　　　　2001　『宋代人の認識——相互性と日常空間——（宋代史研究会研究報告第7
　　　　　　　　　　集）』（汲古書院）
　　同　　　　2006　『宋代の長江流域——社会経済史の視点から——（宋代史研究会研究報
　　　　　　　　　　告第8集）』（汲古書院）
曾我部静雄　　1963　『中国及び古代日本における郷村形態の変遷』（吉川弘文館）

竺沙　雅章　1982　『中国仏教社会史研究』（同朋舎）
　同　　　　2000　『宋元仏教文化史研究』（汲古書院）
寺地　　遵　1986　「湖田に対する南宋郷紳の抵抗姿勢──陸游と鑑湖の場合──」（『史学研究』第173号）
　同　　　　1989　「南宋期，浙東の盗湖問題」（『史学研究』第183号）
　同　　　　1992　「地域発達史の視点──宋元代，明州（慶元府）をめぐって──」（今永清二『アジア史における地域自治の基礎的研究』，平成3年度科学研究費補助金総合研究（A）研究成果報告書）
　同　　　　1993　「南宋末期台州黄巌県事情素描」（吉岡真編『唐・宋間における支配層の構成と変動に関する基礎的研究』，平成3・4年度科学研究費補助金（一般研究C）研究成果報告書）
　同　　　　1996　「義役・社倉・郷約（南宋期台州黄巌県事情素描，続篇）」（『広島東洋史学報』創刊号）
戸田　裕司　1990　「黄震の広徳軍社倉改革──南宋社倉制度の再検討」（『史林』第73巻第1号）
　同　　　　1993　「朱熹と南康軍の富家・上戸──荒政から見た南宋社会」（『名古屋大学東洋史研究報告』第17号）
　同　　　　2007　「唐仲友弾劾事件の社会史的考察──南宋地方官の汚職と係累──」（『名古屋大学東洋史研究報告』第31号）
中島　楽章　2005　「宋元明移行期論をめぐって」（『中国─社会と文化』第20号）
　同　　　　2006　「累世同居から宗族形成へ──宋代徽州の地域開発と同族結合──」（平田茂樹・遠藤隆俊・岡元司編『宋代社会の空間とコミュニケーション』，汲古書院）
中砂　明徳　1994　「劉後村と南宋士人社会」（『東方学報（京都）』第66冊）
長瀬　　守　1983　『宋元水利史研究』（国書刊行会）
西岡　弘晃　2004　『中国近世の都市と水利』（中国書店）
早坂　俊廣　2001　「「婺学」・場所の物語」（宋代史研究会研究報告第7集『宋代人の認識──相互性と日常空間──』，汲古書院）
日比野丈夫　1977　『中国歴史地理研究』（同朋舎）
平田　茂樹　2005　「劉摯『忠粛集』墓誌銘から見た元祐党人の関係」（井上徹・遠藤隆俊編『宋─明宗族の研究』，汲古書院）
平田茂樹・遠藤隆俊・岡元司編　2006　『宋代社会の空間とコミュニケーション』（汲古書院）
深澤　貴行　2003　「南宋沿海地域における海船政策──孝宗朝を中心として──」（『史観』第149冊）

第 1 章　地域社会史研究

同	2005	「南宋沿海地域社会と水軍将官」(『中国―社会と文化』第20号)
古林　森廣	1995 a	「宋代の長江流域における水神信仰」(森田明編『中国水利史の研究』、国書刊行会)
同	1995 b	「宋代の海神廟に関する一考察」(『吉備国際大学研究紀要』第5号)
同	1995 c	『中国宋代の社会と経済』(国書刊行会)
本田　治	1975	「宋代婺州の水利開発――陂塘を中心に――」(『社会経済史学』第41巻第3号)
同	1979	「宋・元時代浙東の海塘について」(『中国水利史研究』第9号)
同	1981	「唐宋時代・両浙淮南の海岸線について」(布目潮渢『唐・宋時代の行政・経済地図の作製　研究成果報告書』)
同	1982	「宋元時代の濱海田開発について」(『東洋史研究』第40巻第4号)
同	1984	「宋元時代温州平陽県の開発と移住」(中国水利史研究会編『佐藤博士退官記念　中国水利史論叢』、国書刊行会)
同	1994	「宋代の湖税について」(『立命館文学』第537号)
同	1996	「宋代温州における開発と移住補論」(『立命館東洋史学』第19号)
同	2000	「南宋時代の災害と復元のシステム――乾道2年温州を襲った台風の場合――」(『立命館文学』第563号)
同	2003	「宋代の溜池灌漑について」(『中国水利史研究』第31号)
同	2005	「北宋時代の唐州における水利開発」(『立命館東洋史学』第28号)
前村　佳幸	2000	「南宋における新県の成立――江西・江浙・広東を中心として――」(『史林』第83巻第3号)
同	2001	「烏青鎮の内部構造――宋代江南市鎮社会分析」(宋代史研究会研究報告第7集『宋代人の認識――相互性と日常空間――』、汲古書院)
松井　秀一	1968	「北宋初期官僚の一典型――石介とその系譜を中心に――」(『東洋学報』第51巻第1号)
松本　浩一	2006	『宋代の道教と民間信仰』(汲古書院)
水越　知	2002	「宋代社会と祠廟信仰の展開――地域核としての祠廟の出現――」(『東洋史研究』第60巻第4号)
同	2003	「宋元時代の東嶽廟――地域社会の中核的信仰として――」(『史林』第86巻第5号)
同	2006	「伍子胥信仰と江南地域社会――信仰圏の構造分析――」(平田茂樹・遠藤隆俊・岡元司編『宋代社会の空間とコミュニケーション』、汲古書院)
宮崎　市定	1954	「宋元時代の法制と裁判機構」(『東方学報(京都)』第24冊)
宮澤　知之	1985	「宋代先進地帯の階層構成」(『鷹陵史学』第10号)

森田　憲司　1977　「『成都氏族譜』小考」（『東洋史研究』第36巻第3号）
　同　　　　1999　「碑記の撰述から見た宋元交替期の慶元における士大夫」（『奈良史学』第17号）
　同　　　　2004　『元代知識人と地域社会』（汲古書院）
森田健太郎　2001　「劉富と辛押陀羅——北宋期広州統治の諸相——」（『史滴』第23号）
　同　　　　2003　「宋朝四海信仰の実像——祠廟政策を通して——」（『早稲田大学大学院文学研究科紀要』第49輯第4分冊）
柳田　節子　1963　「宋代土地所有にみられる二つの型」（『東洋文化研究所紀要』第29冊）
　同　　　　1986　『宋元郷村制の研究』（創文社）
山口　智哉　2002　「宋代「同年小録」考——「書かれたもの」による共同意識の形成——」（『中国－社会と文化』第17号）
　同　　　　2007　「宋代地方都市における教育振興事業と在地エリート——紹興新昌県を事例として——」（『都市文化研究』第9号）
山根　直生　2005　「唐宋間の徽州における同族結合の諸形態」（『歴史学研究』第804号）
　同　　　　2006　「静海・海門の姚氏——唐宋間，長江河口部の海上勢力——」（宋代史研究会研究報告第8集『宋代の長江流域——社会経済史の視点から——』，汲古書院）
吉岡　義信　1978　『宋代黄河史研究』（御茶の水書房）
　同　　　　1995　『宋元社会経済史研究』（創文社）
渡辺　紘良　1966　「宋代福建・浙東社会小論——自耕農をめぐる諸問題——」（『史潮』第97号）
　同　　　　1979　「陸棠伝訳注」（『独協医科大学教養医学科紀要』第2号）
　同　　　　1982　「宋代福建社会の一面——陸棠伝訳注補——」（『独協医科大学教養医学科紀要』第5号）
　同　　　　1984　「宋代潭州湘潭県の黎氏をめぐって——外邑における新興階層の聴訟——」（『東洋学報』第65巻第1・2号）
　同　　　　1986　「宋代在郷の士大夫について」（『史潮』新19号）
渡部忠世・桜井由躬雄編　1984　『中国江南の稲作文化——その学際的研究』（日本放送出版協会）

Hartwell, Robert M. 1982 "Demographic, Political, and Social Transformation of China, 750-1550", *Harvard Journal of Asiatic Studies*, 42-2.
Hymes, Robert P. 1986 *Statesmen and Gentlemen: the Elite of Fu-chou, Chiang-Hsi, in Northern and Southern Sung*, Cambridge University Press.
Skinner, G. William. 1977 "Regional Urbanization in Nineteenth-Century China", G.

William Skinner ed., *The City in Late Imperial China*, Stanford University Press.
Smith, Paul Jakov, and Von Glahn, Richard, eds.　2003　*The Song-Yuan-Ming Transition in Chinese History*, Harvard University Press.

（遠藤隆俊・平田茂樹・浅見洋二編『日本宋史研究の現状と課題
　　　──1980年代以降を中心に──』汲古書院，2010年）

第2章　宋代の地域社会と知
―― 学際的視点からみた課題 ――

1．「地域社会」へのアプローチ

　1980年代から90年代にかけての中国史研究において，新たに注目される研究動向の一つは，「地域社会史」研究の活性化であると言ってよいであろう。明清史研究者の論文を集めた山本英史編『伝統中国の地域像』の序章において触れられているように，80年代に入って，中国の「生活文化」を体得した世代の研究者の登場は，こうした地域社会への関心を大いに高めた。そして，宋代史研究者にあっても，近年では，留学，在外研修，学会発表，史料調査などのために中国に渡航する機会は格段に増えており，抽象的にではなく，具体的な地域を通して問題意識を醸成した研究も増えてきつつあるように思われる。

　さて，これまでの宋代地域社会史研究は，階級関係や水利史の研究が比較的早くから「地域」を取り上げていたものの，「地域社会史」としての分析は，1970年代の青山定雄氏，伊原弘氏らの官戸の婚姻関係についての研究によってようやく着手され始めたと言える。その後，1986年に米国で刊行されたロバート・ハイムズ氏の江西撫州のエリートについての著書は，日本の学界にも少なからぬ影響を与え，90年代に入り，日本でも地域社会史の研究が本格化し，さまざまな角度での分析がおこなわれるようになった[*1]。

[*1]　詳しくは, Endô Takatoshi, Oka Motoshi and Sue Takashi, "Updates on Song History Studies in Japan: Social History," in *Bibliography of Song History Studies in Japan (1982~2000)*, Research Report of the Song History Studies Group, 2000. (36th International Congress of Asian and North African Studies, Montreal, Canada, From August 27 to September 2, 2000にて配布の資料)，および，勝山稔・小島毅・須江隆・早坂俊廣・岡元司「総論　相互性と日常空間―「地域」という起点から―」(宋代史研究会研究報告第7集『宋代人の認識―相互性と日常空間―』，汲古書院，2001年)を参照していただきたい。

ところで,「地域社会」をとらえるということは,単に対象をミクロな範囲で詳細に把握することを意味するのではない。社会学においても「地域社会学」という分野があるが,そこでは,「既成の農村社会学や都市社会学の研究によっては,解明しえない問題群があり,しかもそれらの重要性が急速に増大してきているという認識」(青井和夫監修・蓮見音彦編『地域社会学(ライブラリ社会学3)』,サイエンス社,1991年,5頁)が出発点となっている。ちょうど歴史学においても,西洋中世史研究で,「都市と農村の分岐的な発展を一方的に強調する姿勢は後退し,社会経済をはじめさまざまな次元での相互関係が前面におしだされてきた」のと並行して,「地域史」が前面にでてきた(田北廣道「都市と農村」,朝治啓三・江川温・服部良久編著『西洋中世史〔下〕』,ミネルヴァ書房,1995年,所収,138頁)との指摘がなされている。

　そして,地域社会学の研究において,従来の問題意識では取り上げられなかった多様な問題があつかわれるようになり,さまざまな集団やネットワーク,公共性,地域的なアイデンティフィケーションなどといった新たな問題についても関心が高まっているのと重なるかのように,宋代史においても,近年では,地域におけるインフォーマルな人的結合や多様なコミュニケーション,そしてまたそこに暮らしていた人々の意識などを取り上げる研究が出てきている[*2]。

　本章では,こうした宋代地域社会史研究について,比較史的な観点や社会科学の発想から示唆を得つつ,今後の研究の可能性を模索してみたい。あくまでも問題提起の次元にとどまる小文ではあるが,「学際的」な視点から宋代史の新たな方向性を探る試みの一つとして捉えていただければと願っている。

2. 地域社会におけるエリート

　ところで,1970年代以降の宋代地域社会史研究において,一つの柱となっていたのが,エリートのさまざまな役割についての分析であると言えよう。その中で,

---

[*2] 本書(『知識人の諸相』──編者註)とほぼ同じ時期に刊行される註1の宋代史研究会研究報告第7集『宋代人の認識──相互性と日常空間──』も,そうした近年の地域社会史研究の潮流の延長線上にあるものと考えている。

既に1冊の著書のかたちでまとめられた成果が，先にも触れたロバート・ハイムズ氏の Statesmen and Gentlemen: The Elite of Fu-chou, Chiang-hsi, in Northern and Southern Sung, Cambridge University Press, 1986. である。本書は，宋代の江西路撫州の地域エリートの活動について，統計的手法を随所に織り込み，また思想史との連関性にも関心を示しつつ，宋代の地域社会におけるエリートのあり方を総合的かつ詳細に分析したものである。本書の論点として注目すべきであるのは，社会的流動性の問題に関してエリートの地位の継続性を明らかにしたことと，とくに南宋期の地域社会において社会活動が活発におこなわれていたことを豊富なデータから裏付けたことにあると思う。

エリートの家族が，婚姻関係などを利用してそのステータスを次の世代へと維持していくことを明確にしたハイムズ氏の成果は，明清史のベンジャミン・エルマン氏の研究を通して社会学者ピエール・ブルデュー氏の「再生産」理論への関心が高まったこと[3]とも重なり，近年の日本の宋代地域社会史研究において，エリートどうしの婚姻関係をさらに掘り下げていく流れにもつながった[4]。その意味では，青山・伊原両氏が先駆的に進めていた婚姻関係研究の意義を，社会史全体の中で再びクローズアップさせる役割を果たしたと言えよう。

ただし，ハイムズ氏が南宋におけるエリートの活動の地域重心化を指摘したことに対して，以後の研究の中では，批判も提出されている。とくに婚姻関係については，江西路吉州の事例をもとに，小林義廣氏が婚姻パターンの変化に関するハイムズ説を批判し，また，両浙路婺州の事例からビバリー・ボズラー氏が，「ローカル・エリート」の存在が南宋になって新たなものとしてではなく，徐々に継続的に登場してきたことを指摘している[5]。

[3] ベンジャミン・エルマン（秦玲子訳）「再生産装置としての明清期の科挙」（『思想』810，1991年），平田茂樹著『科挙と官僚制』（山川出版社，1997年）。
[4] 小林義廣「宋代吉州の欧陽氏一族について」（『東海大学紀要文学部』64，1996年。のち『欧陽脩　その生涯と宗族』，創文社，2000年に収録），拙稿「南宋期温州の名族と科挙」（『広島大学東洋史研究室報告』第17号，1995年）など。
[5] 註4小林論文，および，Beverly J. Bossler, Powerful Relations: Kinship, Status, & the State in Sung China (960-1279), Harvard University Press, 1998.

もちろん，ハイムズ氏自身が著書の中で，「北宋と南宋の相違を強調しすぎてはならない」*6と述べているように，両時期の相違は「相対的」なものであると言えよう。とするならば，地域社会史研究を進展させていこうとする場合，南宋期における「国家とエリートの分離」として分析を棚上げするのではなく，地域社会においてさえさまざまな形で存在した国家とエリートとの関係を，さらに多くの事例をもとに検討していく必要があろう。

　この課題を解き明かすために鍵となるのが，エリートどうしの人的なつながりである。先に紹介したビバリー・ボズラー氏が，南宋期にローカルなエリートの存在だけでなく，帝国の文化的統合を可能ならしめた，「地域外のネットワーク」(extra-local networks) の存在を示唆しているのは，今後の地域社会史研究にとって不可欠な課題の一端を示したものと言えよう。また，思想家どうしのネットワークについては，既に市來津由彦氏が，南宋期における講学結合をめぐって「官僚，科挙システム等を含む中央の王朝統治システムに参与することに由来する結合」と「地域社会における結合」という二つの結びつきが存在したことを論じている*7。こうした興味深い成果を，思想史の枠内にとどめることなく，地域社会におけるエリート層，地方官界，そしてまた中央政界とも結びつけて社会史全体の中へといかに位置づけていくかが，地域社会史研究をハイムズ氏の研究の次元からさらに発展的に展開させていく一つの途になるものと思う*8。

---

*6　ハイムズ著書94頁。
*7　市來津由彦「朱熹・呂祖謙講学試論」(宋代史研究会研究報告第6集『宋代社会のネットワーク』，汲古書院，1998年)，参照。なお，ハーバード大学でのシンポジウムにおいて，ハイムズ氏のコメントの中で，市來氏のこの論考に対する関心が示された。
*8　以上のハイムズ氏の研究の意義などについての記述には，2000年9月5日にハーバード大学でおこなわれたシンポジウムにおける伊原弘氏および筆者の報告，およびそれに対するハイムズ氏自身のコメントなど，当日の討論内容を反映させて書いた部分がある。貴重なご意見をいただいたハイムズ氏に，この場をかりて謝意を表したい。当日の日本側ペーパーは，*Symposium: Middle-period Chinese History and Its Future*, The Research Group of Historical Materials in Song China, September, 2000. に収録されている。

3．宋代社会と「ネットワーク」

　さて，人的結合については，二宮宏之編『結びあうかたち　ソシアビリテ論の射程』(山川出版社，1995年) などに見られるように，歴史学全体においても関心が高まっている問題だと言える。そして，地域社会史に限らず，宋代史研究全般の問題としても，宋代史研究会研究報告第6集『宋代社会のネットワーク』(汲古書院，1998年) が，「眼にははっきりと映らぬ諸関係に焦点を定め，柔構造社会としての宋代社会の側面を解明する」(序言，4頁) ことを目指し，政治的ネットワーク，思想・文化的ネットワーク，社会的ネットワーク，流通ネットワークを取り上げた諸論文を収録した。そこには，「他の時代とは異なるネットワークの特質，或いは多種多様なネットワークの存在を提示することによって，中国独特の社会結合原理の一端が明らかにしうるのではないかという問題提起の意味」(序言，6頁) が込められていた。

　しかし，ここで一つ注意しておきたいことは，この「ネットワーク」という用語が，宋代史研究だけでなく，たとえばイスラム史，地中海世界などの分野で近年しばしば耳にするし，また，中国史に関連するところでも近代史，華僑・華人史などの分野でさかんに用いられていることである。とするならば，「ネットワーク」を言うだけでは，宋代はおろか中国伝統社会の独自性さえも，必ずしも明確に表していないことになりかねない。

　この点を踏まえると，「ネットワーク」への着目を今後に建設的に活かしていくためには，たとえば華人研究において陳天璽氏が，ヒエラルキーとネットワークの二分論を批判して，「それぞれの社会において，これらの用語が持つ意味」の違いを問うていくことを提唱している[*9]のと同様に，宋代史に関しても，それがどのような特色をもったネットワークであるのかを更に明確にしていく必要があろう。

　この課題を考察するために，『アジア遊学』第7号 (勉誠出版，1999年) の特集

[*9] 陳天璽「華人研究とネットワーク論」(飯島渉編『華僑・華人史研究の現在』，汲古書院，1999年)。

「宋代知識人の諸相――比較の手法による問題提起」を参考にすると，イスラム史研究の三浦徹氏は，イスラム社会の知識人であるウラマーについて，「ウラマーであることの認定が，公的な制度や機関によって行われなかったこと」を挙げ，「科挙のような国家による資格・任用試験が存在しないばかりか，11世紀以降，イスラム世界の都市に建設されたマドラサ（高等学院）においても，学校として卒業資格を授与するのではなく，個々の師によって，修了免許状が授与されるだけであった」(112頁)と述べている。

またイタリア中世史の德橋曜氏は，「科挙によって官僚エリートが形成された中国とは異なり，イタリアでは立身出世に知が直結した訳ではない」(123頁)，あるいは，「宋代の中国社会においては，エリートとしての知識人＝士大夫層が官僚エリートを再生産した。14，15世紀のイタリアでは，政治的・社会的エリートが知識人を再生産したのである」(128頁)と述べる。

つまり，ここに引用した両氏の指摘からあらためて確認できるのは，宋代社会は，「知」が国家を通して地位や資格へと変換されるシステムを有しているのであって，知識を得ることが官僚になることとは直接には結びつかない他の社会と対照的な特色を有していることである。一見当然のごとき示唆に思われるかもしれないが，宋代社会において「知」の重要性や「知」のあり方をこうした点で意識的に問題として設定した研究は，これまで，決して多いわけではないように思う。

4．「知」の性格

ところで，近年の宋代以降の研究において，士大夫・士人についての関心はようやく高まりを見せていると言えるが，「知」をめぐる人的結合を考察するためには，地域社会において，知識人がいかなる存在であり，またどのような行動や活動をおこなっていたかを踏まえておかねばならない。その意味で，たとえば森田憲司氏が，公私の碑記の文を撰述することなどの活動に注目し，「書く」という行為から宋元時代の地域社会における士大夫の営みを見直しつつある作業[10]などは，注目に値する研究であろう。

また明清史研究においても，昨年，ベンジャミン・エルマン氏が公刊した科挙の文化史的研究の大作[11]においては，識字・暗記能力から八股文を書く能力に至るまでが分析され，出世の階梯においてリテラシー（literacy，読み書き能力）の形成がもった意味が論じられた。

　それでは，中国社会においては，他の社会に比べて，なぜこのように「知」を機軸とした階層構成が可能となったのであろうか。その理由は多々挙げることができようが，少なくともその一つの理由として，漢民族の社会における「知」を成り立たしめている「漢字」そのものの性格にも注目する必要があるように思う。ウォルター・J・オングによる *Orality and Literacy*（日本語訳『声の文化と文字の文化』，藤原書店，1991年）と題する書物では，だれにでも簡単に覚えられる表音アルファベットに比べて，漢字で書かれたものが，「これまで世界であったなかでもっとも複雑な書体系 writing system となっている」（日本語訳182頁）ことを述べ，「それを完全に身につけるためには，ヒマにヒマをかさねなければならない」という意味で「エリート主義的」（ともに日本語訳191頁）であると指摘している。

　しかも，中国古典文学は，単に漢字を覚えれば理解できるというものではなく，「典故」などの高度な技法が存在した。前野直彬氏は，このことについて，「知っているかいないかは，読書量の差・教養の差である。典故を用いた文章は，広く万民に読ませるためのものではない。作者と同等以上の教養を持つ人を，読者として期待しているのである」として，これを「古典文学を少数の知識階級の独占物とするための，最も有効な手段の一つ」であると述べている[12]。中国史学はこのことの意味を，とくに社会史としてこれまで十分に展開させて考えてきたわけではないように思う。

---

[10]　森田憲司「碑記の撰述から見た宋元交替期の慶元における士大夫」（『奈良史学』第17号，1999年）。

[11]　Benjamin Elman, *A Cultural History of Civil Examinations in Late Imperial China*, University of California Press, 2000.

[12]　前野直彬「修辞論」（鈴木修次他編『中国文化叢書　4　文学概論』，大修館書店，1967年）。

5．宋代文化と人的結合

　このように宋代社会において「知」の果たした役割を考慮することは，中国史の独自的な社会構造とも深く関わる重要な課題となっているのだが，しかし，こうした「知」のもたらす意味を人的結合の場で考えるとき，それは決して閉鎖的な要素ばかりがあるのではない。むしろ，「知」が本来的にもつ普遍性・開放性も同時に見出すことができる。

　ひとまず地域社会における文化・教育に範囲をしぼって考えてみると，宋代という時代は，各地で書院をはじめ，私塾，義塾，村塾などのさまざまな教育施設が増加した時代であった。しかも注目したいのは，科挙における四書解釈が朱子学に依拠することとなって，朱熹の説く課程にしたがって学習することが普及した元代などとは異なり，南宋においては，朱熹・陸九淵の学問だけでなく，婺学，永嘉学をはじめとして，地域によってさまざまな学派が存在し，独自の思想を展開していた。

　宋代における「知」と言えば，科挙試験対策の暗誦ばかりを思い浮かべる向きもあるかもしれないが，吉川幸次郎氏は，(a)古典の暗誦，(b)作文作詩の能力のうち，士人と非士人を分かつ最も具体的な基準が(b)の作文作詩能力の方であると指摘している[*13]。また，試験のために暗誦能力が必要であったとは言え，その重要度には時期的に変化もあったと見られ，佐野公治氏が指摘するように，伝記資料における記誦能力に対する称賛が，陽明学の影響の著しかった晩明期に比較的乏しくなるという興味深い指摘もある[*14]。筆者自身も，南宋の地域社会で「知」が当時の知識人においてどのように形成されていったかを墓誌銘を材料に分析したが，南宋においても，やはり単に暗誦能力だけではなく，作文・作詩能力，またそれ以外に，議論する力までもが，称賛の対象となっていた[*15]。

　儒教の枠内であるとは言え学派の地域的な分立状況が顕著であった南宋期を，

[*13] 吉川幸次郎「士人の心理と生活」（吉川幸次郎編『講座中国Ⅱ〈旧体制の中国〉』，筑摩書房，1967年），14頁。

[*14] 佐野公治著『四書学史の研究』（創文社，1988年）。

第 2 章　宋代の地域社会と知

温州陳氏の清明節。テーブルを囲んで会話がはずむ。

　社会史的に見た場合に興味深いのは、そうした思想の相違性が、まさに討論というものに重要性を持たせていたことである。思想家たちが直接出会って討論することは、有名な「鵝湖の会」[*16]だけにとどまらず、南宋の多くの思想家たちによって活発におこなわれていた。「会講」「講会」がさかんにおこなわれていたことは、元代などと比べれば、やはり南宋の思想界の一つの特色と言ってよいであろう[*17]。

　また、こうした交流のおこなわれる場は、教育施設だけに限られなかった。宋代において家は、本来、家族・親族による直接的教育、あるいは師を招いての指導がおこなわれる場であった。そして当時の家においても、暗誦ばかりがおこなわれていたのではない。思想家が招かれた際には、地域の知識人たちがその家に集まり、交流の場となっていた。当時の墓誌銘[*18]を読んでいると、友人や親戚が

[*15] 拙稿「南宋期の地域社会における知の能力の形成と家庭環境——水心文集墓誌銘の分析から——」（宋代史研究会研究報告第7集『宋代人の認識——相互性と日常空間——』、汲古書院、2001年）。
[*16] 南宋の淳熙2年（1175）に、江南東路信州の鵝湖寺において、呂祖謙の仲介によって、思想上対立していた朱熹と陸九淵が直接会い、論争をおこなった。
[*17] 苗春徳主編『宋代教育』（河南大学出版社、1992年）。

訪れると，ふだん豊かではない家庭の場合でも，けちらずに食事や酒を大盤振る舞いするという情景をよく見かけることができる[*19]。現代中国における，客を歓迎し，にぎやかで口数の多い家庭での食事の光景は，宋代社会にもしばしば見られていたのである。

　こうした人的結合や議論について考察する際に，関連して言及しておきたいのは，社会学者ユルゲン・ハーバーマスの"Public Sphere"という概念のもつ意義である。前掲の『アジア遊学』第7号所収の拙稿では，中国史の立場からこの概念に言及した。誤解のないように，いま一度言っておくと，そこで私が強調したかったのは，この概念と同じものを中国史にあてはめることではない。むしろ，ハーバーマスが幅広い分野で注目されている背景は，コミュニケーション，議論や，人間どうしの結びつきなどが人文・社会科学全体において関心を高めているということであり，故にこそ，政治的な議論や多様な人的結合を古代以来特色としてきた中国史には，今後さらに分析を要する課題が多々残されているであろうことを述べた。しかも，西欧における"Public Sphere"自体にしても，当初から政治的「批判」の傾向を色濃く帯びていたのではなく，宮廷や貴族の影響から解放されない段階の「文芸的公共性」を前駆としていたことに着目し，中国史研究においても文化・文芸をめぐる社会史の重要度が高いことを指摘しておいた[*20]。

　つまり，社会科学の理論を参照するというのは，西欧の歴史をもとにかなり理想化されたモデルを措定して，同様のものが見出せるか否かという発想で中国史を眺めるための道具にするということではない。細かな概念に拘泥せずに，その理論が課題となっている全体的な学問潮流を理解するならば，中国史なりの特色をもった議論の場やコミュニケーションのあり方に注目して，その時代的な変化

＊18　士大夫の文集には，墓誌銘，行状などが収録されている。それらには，執筆者が故人とどのような間柄にあったかが記されていることも多く，書簡などと並んで，執筆者の人間関係の一端をうかがうことができる。たとえば，南宋期温州出身の思想家である葉適の場合，後掲の《表》のような相手に墓誌銘等を執筆していた。

＊19　註15の拙稿参照。

＊20　拙稿「宋代地域社会における人的結合——Public Sphereの再検討を手がかりとして——」（『アジア遊学』第7号，勉誠出版，1999年）。

を丹念に明らかにしていくことが今後必要となってくるように思う[*21]。宋代の知識人の議論の内容が，儒教の思想的な枠組みを大きくは逸脱するものではなかったとしても，ともかくも議論がなされ，そのあり方が時代によって次第に変化してくるという点が肝心なのである。

　その意味では，先にも触れたように，書院をはじめとする教育施設や家庭を，交流の場として再度捉え直していくことは，中国社会史にとっても重要なテーマの一つとなってくるであろう。また，これに関連するものとして，書院の園林の役割も見逃せない。侯迺慧氏によれば，宋代に書院の園林へ遊びに来るのはやはり主として文人であったが，四方の士の参観に開放されていたことは，やはり交流の場としての役割を考えるうえで興味深い[*22]。

　これ以外に，教育的機能を次第に乏しくしていた州県学でも，郷飲酒礼などがおこなわれており，川上恭司氏が指摘するように，「地方名士同士，或いは地方名士と地方官のコミュニケーションの場」としての性格があったとされている[*23]。また，詩社の活動などは，宋代に各地でおこなわれ，舟を水上に浮かべるのをはじめとして，時に応じてさまざまな場所でおこなわれていた[*24]。

　そして，もう一点，こうしたさまざまな形での知識人の交流の背後にある意識がどのようなものであったかを，彼ら自身の言葉から探し出していく作業も，中国独自の人的結合を考えていくうえで，きわめて重要であると思う。歴史学畑の私にとって，その問題を全面的に論じる力はないが，たとえば，「朋友」という

[*21]　たとえば，最近出版された日本上海史研究会編『上海——重奏するネットワーク』（汲古書院，2000年）所収の熊月之「清末上海における「私園公用」と公共空間の拡張」，鈴木将久「「公論」の可能性——抗戦前夜上海の〈文学〉の位相——」などのような視角は，中国史なりの議論やコミュニケーションの場のあり方を考えていくうえで，前近代史研究者にとっても参照すべき成果と言えるように思う。
[*22]　侯迺慧著『唐宋時期的公園文化』（東大図書公司，1997年）。
[*23]　川上恭司「宋代の都市と教育——州県学を中心に——」（梅原郁編『中国近世の都市と文化』，京都大学人文科学研究所，1984年）。郷飲酒礼についての先行研究としては，伊原弘「中国庶民教育研究のための序章——特に宋代を中心にして——」（『東洋教育史研究』11，1988年）がある。
[*24]　欧陽光著『宋元詩社研究叢稿』（広東高等教育出版社，1996年）。

用語について簡単に触れておきたい。もともと「朋友」とは，孟子の「五倫」として，「父子有親，君臣有義，夫婦有別，長幼有序，朋友有信」に数えられるものであったが，五倫の中では唯一，横向きの水平的な関係を示していた。この概念は，清末に戊戌変法で刑死した譚嗣同の『仁学』で注目され，また，遡れば，明末の東林党や復社の知識人たちによっても重視されていた[*25]。

宋代においては，地域社会における書院ネットワークが，明末のような形で政治的運動にまで有効に機能したわけではないと言ってよいであろう。しかし，「五倫」は，「白鹿洞書院学規」（朱熹）の冒頭に引用されており[*26]，またその中の「朋友」という言葉は，朱熹・呂祖謙による『近思録』にも，「義理に疑あれば，旧見を濯い去って以て新意を来せ。心中に開くところあれば，すなわち箚記せよ。思わざればすなわち環た塞がらん。更にすべからく朋友の助を得べし。一日の間にても朋友と論ずれば，一日の間，意思差別あらん。すべからく日日かくのごとく議論すべし。久しければすなわちおのずから進むを覚えん」（『近思録』第3巻・致知篇[*27]）とあるように，議論してお互いを高めあうことと関連して用いられている事は注目に値する。

「朋友」に限らず，「友」「親友」「畏友」などをはじめ，友人関係を示す言葉は，各知識人の文集の墓誌銘などにも頻出する言葉である。こうした用語が，どのような間柄でつかわれ，いかなる感情が込められ，また，具体的にどのような行動をともにする関係をともなっているかなどを，今後，私自身，実証的に明らかにしていきたいと思っている。

なお，近年の社会学では，「公共圏」の発生源としての「親密圏」（intimate sphere）の役割を重視しようとする立場の見解も見られる[*28]。現実に「言説の空

[*25] 小川晴久「朋友論ノート」（東京大学教養学部『人文科学科紀要』第74輯，1982年），小野和子著『明季党社考——東林党と復社——』（同朋舎出版，1996年），ジョゼフ・P・マクデモット「明末における友情観と帝権批判」（『史滴』第18号，1996年）。

[*26] 林友春著『書院教育史』（学芸図書，1989年），参照。

[*27] 書き下しは，朱子学大系第9巻『近思録』（明徳出版社，1974年）によった。

[*28] 齋藤純一著『公共性』（岩波書店，2000年）。なお，ハーバーマスが「親密圏」をいかに位置づけているかについては，花田達朗著『公共圏という名の社会空間』（木鐸社，1996年）第1章が参考になる。

第2章　宋代の地域社会と知

	A 進士	B 特奏名	C 恩蔭	D 進納武挙他不明	E 贈官	F1 無官（血縁に任官者あり）	F2 無官（血縁に任官者なし）	合計
温州	28	0	9	3	3	3	8	54
	A〜D：74.1%							
	A〜F1：85.2%							
両浙東路（温州以外）	24	0	4	8	5	13	2	56
	A〜D：64.3%							
	A〜F1：96.4%							
他路	25	1	6	1	3	4	0	40
	A〜D：82.5%							
	A〜F1：100%							
不明	1	0	1	1	0	0	1	4
合計	78	1	20	13	11	20	11	154
	A〜D：72.7%							
	A〜F1：92.9%							

《表》葉適『水心文集』墓誌銘等の執筆対象者の階層（註15の拙稿より）

間」が形成されていく際に，それが同時に「感情の空間」としての性格も伴っていることが多いとすれば，宋代社会において，人々の議論やコミュニケーションが，いかなる「感情」をともなっているものであったかは，「朋友」も含めてさまざまな角度から分析される必要があるだろう。そうした分析を通して，西欧近代とは異なった議論・コミュニケーションのあり方を浮かび上がらせていくことにもつながるものと思う。

（伊原弘・小島毅編『知識人の諸相——中国宋代を基点として』，
勉誠出版，2001年）

第3章　宋代地域社会史研究と
空間・コミュニケーション

1．「地域」への関心の高まり

　戦後の日本における中国史学が，社会経済を考察するにせよ，制度を考察するにせよ，最終的には「近代国家」「国民国家」の成立にいたる過程を，意識的あるいは無意識的な前提としてとらえていたとするならば，それに対して近年においては，さまざまな形での「地域」論の隆盛の影響を受け，また中国学研究者が実地を訪れる機会が増えたことにともなって，「国家」を相対的にとらえ，むしろ「地域」からの発想をおこなう研究が増えているといえるだろう。その動きを大きく二つの方向性としてまとめるならば，一つは，具体的な「地域社会」，それを通して「基層社会」への関心の高まり，そしてもう一つは，「境界」や「中心」をあいまいなもの，相対的なものとしてとらえる動きである。

　前者については，論者によって重点のおきかたは異なるが，「地域社会」「基層社会」の分析を通して，伝統中国社会における内発的な変化を重視し，あるいは，地域に生きる人々の深層的な行動パターンの解明を志向している[*1]。そして，「地域」それぞれの事例の研究が蓄積されてくることによって，しだいに，地域どうしの差異や相互関係，そしてまた地域をこえた後者のタイプの考察も見られるようになっており，「境界」のあいまいさ[*2]，そして「中心」のあいまいさ[*3]，さ

[*1]　P．A．コーエン（佐藤慎一訳）『知の帝国主義——オリエンタリズムと中国像』（平凡社，1988年），岸本美緒「時代区分論」（『岩波講座　世界歴史　1　世界史へのアプローチ』，岩波書店，1998年）参照。

[*2]　James W. Tong, *Disorder Under Heaven: Collective Violence in the Ming Dynasty*, Stanford University Press, 1991., 唐立宗『在「盗区」与「政区」之間——明代閩粤贛湘交界的秩序変動与地方行政演化』（国立台湾大学文学院，2002年），甘利弘樹「明末清初期，広東・福建・江西交界地域における広東の山寇——特に五総賊・鍾凌秀を中心として」（『社会文化史学』第38号，1998年）参照。

らにはまた「漢族」「中国」といった概念自体のあいまいさ[*4]までをも視野に入れた考察が見られるようになってきている。このようにミクロな尺度からマクロな尺度に至るまで，範囲はさまざまだが，いずれも共通して，従来の前提とされてきた「国家」からの視点とは異なった分析をおこない，それを通して，「国家」そのものを長期的スパンから客観的に位置づけることが目指されているように思う。

　この第3部（『宋代社会の空間とコミュニケーション』──編者註，以下同）では，総論に示した「空間」と「コミュニケーション」の視点を地域社会に即して分析をおこなうこととし，そうした本来あいまいなものであるはずの地域社会が，具体的にどのように統合され，またそこにどのような不均衡が存在し，そしてまた地域における文化圏の相違が文化のあり方自体にどのような影響を及ぼしたのかといった問題を検討したい。

　さて，宋代地域社会史研究に関するこれまでの内外の代表的な著作については，既に整理をしたことがある[*5]ので，ここでは，近年の傾向を簡単にのべるにとどめたいが，まず注目されるのは，中国（大陸）において地域史関係の著作・論文が大量に執筆され始めていることである。たとえば，それぞれの地域の経済，科挙合格者，思想，宗教など，さまざまな分野について分析をおこなった著書が盛んに出版されている。また，大陸の経済発展を反映して，各地方の通史のシリーズ本[*6]

[*3]　吉開将人「嶺南史における秦と南越」（『東洋学報』第84巻4号，2003年），平勢隆郎『よみがえる文字と呪術の帝国』（中央公論新社，2001年），譚其驤「中国文化的時代差異和地区差異」（『長水集 続編』，1994年；もと1986年討論会）参照。

[*4]　笠井直美「〈われわれ〉の境界──岳飛故事の通俗文芸の言説における国家と民族（上・下）」（『言語文化論集（名古屋大学言語文化部）』23:2, 24:1, 2002年），青木敦「南宋女子分法再考」（『中国−社会と文化』第18号，2003年），王明珂『華夏辺縁──歴史記憶与族群認同』（允晨文化，1997年），片山剛「"広東人"誕生・成立史の謎をめぐって：言説と史実のはざまから」（『大阪大学大学院文学研究科紀要』44, 2004年）参照。

[*5]　岡元司・勝山稔・小島毅・須江隆・早坂俊廣「相互性と日常空間──「地域」という起点から──」（宋代史研究会研究報告第7集『宋代人の認識──相互性と日常空間──』，汲古書院，2001年）参照。

[*6]　たとえば山東省に関するだけでも，『山東通史』全10巻（山東人民出版社，1993～95年），『斉魯文化通史』全8巻（中華書局，2004年），『山東教育通史』全2巻（山東人民出版社，2001年）などが出版されている。

や，地域の歴史文化に関する叢書[*7]，地方文献の叢書[*8]なども，各地であいついで出版されている。こうした研究成果は玉石混淆ではあるものの，地元の研究者ならではの独自の視点が示されているものや，史料的に有用な情報も増加している。これらのなかには，日本の中国関係書店を通してでは入手不可能なものもあり，最近では，われわれのような外国の研究者といえども，研究対象地域の書店や博物館などに足を運んで関連書籍を入手しておくこと自体が，研究上不可欠な作業の一環となりつつあるといえる。この点，ここ数年で地域史研究をとりまく状況は激変しつつあると言ってよい。さらに，程民生『宋代地域経済』（河南大学出版社，1992年），同『宋代地域文化』（同，1997年）のように，各地域を総合的に俯瞰する研究書が出てきていることも注目される。

　他方，ロバート・ハートウェル氏，ロバート・ハイムズ氏以後，宋代地域社会史研究の体系的な著書をあいついで世に問うてきた英語圏においては，近年では，ピーター・ボル氏が宋代以後の婺州（金華）について，地域社会における道学の普及という視点から，長期的な展望を示す論文を発表している[*9]のが注目されよう。また，福建を焦点とした沿海地域研究も蓄積を増しており，ビリー・ソー（蘇基朗）氏の単著[*10]や，アンゲラ・ショッテンハンマー氏編による論文集[*11]など

[*7] たとえば，筆者の手近な範囲で見ることのできるものだけでも，『保定歴史文化叢書』（方志出版社，2002年〜），『蘇州文化叢書』（蘇州大学出版社，1998年〜），『寧波文化叢書』（寧波出版社，2002年），『甌越文化叢書』（作家出版社，1998年），『晋江文化叢書』（廈門大学出版社，第2輯，2002年），『廈門文化叢書』（鷺江出版社，1993年〜）などがある。

[*8] たとえば，現在刊行中の『温州文献叢書』（上海社会科学出版社）は第1輯・第2輯だけでも10種ずつの史料（温州出身者の文集・年譜・日記類や経籍志・碑刻集・史料集など）が収録されている。

[*9] ピーター・K・ボル（鈴木弘一郎訳）「地域史と後期帝政国家について――金華の場合――」（『中国－社会と文化』第20号，2005年）に，近年のボル氏自身の研究が紹介されている。

[*10] Billy K. L. So, *Prosperity, Region, and Institutions in Maritime China: The South Fukien Pattern, 946-1368*, Harvard University Press, 2000. なお本書については，筆者による書評（『広島東洋史学報』第8号，2003年）も参照されたい。

[*11] Angela Schottenhammer ed., *The Emporium of the World: Maritime Quanzhou, 1000-1400*, Brill, 2001.

は，必読の文献であろう。同時に，道教や民間信仰を具体的な地域社会と絡めながら考察する研究も多くなっている。

　台湾では，「基層社会」への関心が高まっている[*12]と同時に，本書第1部で平田茂樹氏が言及しているように，墓誌についての史料講読会が定期的に開催されており，そうした活動を通じて，地域社会・基層社会を分析する優れた若手研究者が育つ環境が，大学の垣根をこえて整えられていることも注目されよう。

　近年の日本での動きについては，総論で触れた宋代史研究会研究報告第6集・第7集以外に，とくに若手・中堅の世代で，現地に足を運び石刻史料を実見する研究者が増えつつあり，その調査をもとにした地域社会史の論文もしだいに多くなっていることが挙げられる[*13]。現物確認のために現地に赴くことは，単に碑文をテクストとして見るだけでなく，周囲のさまざまな遺跡や景観——もちろん地形にも歴史的変化は伴うが——に触れる機会にもなり，そこでの意図せざる邂逅が，関心を広げ，地域社会を「全体」として捉えることにもつながる。また同時に，「地域社会」を漠然と州や県として捉えるだけでなく，よりミクロな郷や里などのレベルで分析する[*14]ためにも，現地の実見は不可欠である。それらの意味を含めて，地域史・社会史の研究者が今後さらに現地を訪れる機会を積極的にもつことを望みたい[*15]。

[*12] 呉雅婷「回顧一九八〇年代以来宋代的基層社会研究——中文論著的討論」（『中国史学』第12巻，2002年）は，きわめて詳細かつ有用なレビューである。
[*13] 飯山知保「金元代華北社会研究の現状と展望」（『史滴』第23号，2001年）参照。なお，石刻史料については，地元の研究者によって雑誌などに紹介されている場合が多いが，釈文に誤りが含まれている場合があり，論文における使用の際には現物による対校作業をしておくことが望ましい。
[*14] 水利史だけでなく，近年では社会史でも郷・里などのレベルで分析が進んでいる。たとえば，佐竹靖彦「唐宋期福建の家族と社会——閩王朝の形成から科挙体制の展開まで」（『中央研究院歴史語言研究所会議論文集』5，1998年），山根直生「唐宋間の徽州における同族結合の諸形態」（『歴史学研究』804号，2005年），拙稿「宋代における沿海周縁県の文化的成長——温州平陽県を事例として——」（『歴史評論』第663号，2005年）など参照。
[*15] 中国史研究に関する現地調査については，片山剛「中国近世・近現代史のフィールドワーク」（須藤健一編『フィールドワークを歩く——文科系研究者の知識と経験——』，嵯峨野書院，1996年）参照。

2．第3部「宋代の地域社会における空間とコミュニケーション」のねらい

　さて，宋代地域社会史に関するこうした研究動向の中で，なぜあらためて「空間」と「コミュニケーション」の視点から考察しなければならないのであろうか。そのねらいを説明しておきたい。

　近年の宋代地域社会史研究の一つの大きな柱となっていたのは，士大夫層を中心としたエリート研究であったといってよい。これはある意味で自然な流れであった。というのは，宋代の地域社会史について，細かな地名をともなった具体的な記述を探すとすると，入手・閲覧が比較的容易であり，また量的にもまとまっているのが，地方志・文集や石刻史料である。それらの撰者のほとんどは，官員や知識人などのエリート層であり，記述される内容も，彼らにとって関心の高いものが中心となる。とくに明清時代のように，より多様な史料を利用して社会史研究をおこなうことが可能な時代とくらべた場合，ハンディがあることは確かであろう。しかし，エリート層の諸活動についての研究が一定の蓄積を見せてきたからこそ，やはりその幅を徐々に拡げ，地域社会の多様な問題と関わらせて考察するためにも，次の一歩へと進む努力を示す必要があろう。

　では，その次の一歩とはなにか。そこにわれわれは，「空間」と「コミュニケーション」という視点を持ち込んでみたい。すなわち，エリート層による多数の史料記述が残されている地域の空間とは，そもそもどのような地理的空間であり，そこにはどのような交通路があり，そこを人々がどのように往来・活動し，そしてどのような共同性が形成されていたのか。とりわけ，近現代とは異なり交通・通信の手段に制約の大きかった前近代社会において，移動や伝達をするためには，距離や地形的要因によって左右される程度がより高くなる。このため，当時，実際の空間においてどのようにコミュニケーションがなされたのかを踏まえながら，人々の相互関係が形成されていたのかを分析する必要がある。

　とくに宋代になって各地で整備が進んだ水上交通路，平野や山地などの地形によって自然にあるいは人為的につくりだされる陸上交通路，それらによって形成

されるネットワーク，あるいは逆に，距離の差異が生み出す不均衡性，そして信仰圏・言語圏などの多様な文化圏，こうしたものが実体としての地域社会でどのように交差し，そのことが地域社会においてどのように表面化していたのだろうか。すなわち，「空間」を「さまざまな連続性と分断をともなった実体的な場」としてとらえ，たとえば経済と政治の関係を，また経済と文化の関係を，あるいはエリート文化と通俗文化を，地域の「空間」という一つの場の中で有機連関的に考察しようというのが，この第3部のねらいである。

　収録した3本の論文のうち，まず，ビリー・ソー（蘇基朗）論文は，交通路を具体的に示したうえで，閩南地域の経済的統合，そして政治的統合がいかに形成されたかを明らかにしている。これらが閩南地域の中長期的経済波動の中でどのように位置づけられるかについては，同氏の前掲著書もあわせてお読みいただければと思う。つづく拙稿は，宋代温州のエリート層についての筆者自身の論文を踏まえつつも，さらに宋代温州の地域文化を多層的なものとしてとらえ，エリート層の具体的な活動空間を，マニ教や南戯などの通俗文化の状況と対比させるかたちで分析したものである。そして水越知論文は，宋元時代の祠廟信仰を経済や地域社会の視点から多角的に論じてきた氏が，伍子胥信仰を事例として，その信仰圏と江南諸地域の文化圏のあり方とを関わらせて論じるとともに，宋代における信仰圏拡大の特色を探ったものである。つまり，それぞれ地域は異なるが，一つの具体的な「空間」を設定することによって，単なる交通史研究としてのみでもなく，エリート研究としてのみでもなく，また単に宗教史研究としてのみでもない，諸要素の相互関係ないしは「全体」を浮かび上がらせようとしたのが，これらの論文ということになる。

　第3部におけるこうした「空間」の含意は，宋代史研究会研究報告第7集『宋代人の認識——相互性と日常空間——』（汲古書院，2001年）における「さまざまな思惑や視線が絡み合った複合体」（16頁）としての日常空間が，「認識」の側面に重心をおいていたのと比較すると，より実体的な側面を示すものとして考えている。ただし，第7集において「認識」の共同体が「地域」という起点から考察されていたのとちょうど表裏重なるがごとく，本書第3部においては，地域の具体的な空間から思想・信仰などのあり方まで範囲にいれて考察しようとしており，

一見相反するかにみえる両者の「空間」というものは，むしろ相互補完的な観点ということになるであろう。

　なお，「地域は異なる」と言いつつも，これらの3論文が扱う地域は，「中国」全体からみればかなり偏った配置で，いずれも東南沿海地域や江南を対象としている。そのねらいは，地域研究にとって古典的論文の一つともいうべき桑原隲蔵「歴史上より観たる南北支那」（『白鳥博士還暦紀念東洋史論叢』，1925年；のちに『桑原隲蔵全集』第2巻，岩波書店，1968年）が夙に指摘したごとく，これらがとくに南宋以後，思想文化の鍵となった地域であり，その地域における「空間」と「コミュニケーション」を多角的に扱ってみようとの意図をこめたのである。今後の展望としては，そうした地域が，さらに「海域」を通して，日本や東南アジア，そしてまた南・西南アジアなどともどのように「地域」としてつながりを持っていたのかも考察の視野に入ってくるであろうし，総論で述べたごとくそのプロジェクトも既に開始することができた。

　と同時に，当然のことながら，そうした作業を「海へ」「南へ」といった方向性のみで排他的に進めるつもりは毛頭ない。幸いなことに近年では宋代から金元代にかけての華北について地域社会史の視点からの研究も，とくに若手研究者の努力によって進展を見つつある。さらには，そのこととも関わるが，宋から元をへて明代までを地域の視座からどのように見通していくかは，今後の中国史研究において重要な検討課題となりつつある[16]。地域を対象として研究をおこなう重要なメリットは，「長期」的な視点を提供し得ることにもあり[17]，そのメリットを生かす余地は，さらに大きく残されているように思う。

〔付記〕本稿は，2005年1月9日におこなわれた国際シンポジウム「伝統中国の日常空間」

---

[16] 中島楽章「宋元明移行期論をめぐって」（『中国－社会と文化』第20号，2005年）は，この時期に関する日本および英語圏の研究動向を，わかりやすくかつ的確に整理している。
[17] フェルナン・ブローデル（浜名優美訳）『地中海』全5巻（藤原書店，1991～95年），E. ル・ロワ・ラデュリ（和田愛子訳）『ラングドックの歴史』（白水社，1994年）参照。なお，ビリー・ソー論文の長期的視点での位置づけについては，前掲同氏著書をあわせて参照されたい。

第2部「宋代以降の集団とコミュニケーション」パネル3「地域社会の空間とコミュニケーション」において，司会の青木敦氏（大阪大学＝当時）とパネリストの岡が共同で作成した「〔序論〕宋代地域社会史研究の課題」というレジュメをもとに，当日の議論などを踏まえて大幅に加筆したものである。本稿執筆にあたっては，時間的制約の関係で，文責は岡とするが，レジュメ準備の段階で，また執筆までの間に，青木氏から多くのご意見・示唆をいただけたことに，厚く御礼申し上げたい。

(平田茂樹・遠藤隆俊・岡元司編『宋代社会の空間とコミュニケーション』，汲古書院，2006年)

＃ 第 2 部：エリートの活動と地域社会

第4章　南宋期における科挙
―― 試官の分析を中心に ――

1．問題の所在

　宋代社会における人的結合をいかに捉えるかという問題は，戦後50年のわが国の宋代史研究において精力的に取り組まれてきた社会経済史の成果を，中国社会の特色という点を加味しながら，より立体的なものとして理解していくうえで，欠かすことのできない視点であるように思う。本書（『宋代社会のネットワーク』――編者註）の共通主題である「ネットワーク」という言葉を，本章においては，この人的結合という面にしぼって考察をおこなってみたい。

　中国史におけるこうした人的結合について，イスラム史からの比較の観点で論及をおこなったのが，中東史研究者のラピダス氏である。氏は，イスラム社会が"informal and unstructured interconnections"によったものであるとして，水平的なネットワークをその特色として措定している。それに対し，中国社会については，"formal hierarchy and order"によっているとして，垂直的なヒエラルヒーとしての特徴を強調している〔Lapidus 1975〕。

　ところが，ラピダス氏のネットワーク論の功罪を論じている三浦徹氏によれば，中国史においてもネットワーク社会の側面のあることが示唆されている〔三浦 1991・1995〕。実際のところ，たとえば清代社会の実証的な研究においても，瞿同祖氏のように，地方行政をめぐる地方官と在地有力者とのインフォーマルな人的結合を論じた実証研究〔Chü 1962〕があり，同様の点については，筆者も最近，宋代の地方行政について論じたことがある〔岡 1996〕。こうした点を踏まえると，社会の特色のヒエラルヒーかネットワークかといった割り切り方は，あまり容易ではないようである。

　しかし，それとはまた別の角度から，中国史における人的結合に何らかの特色を見出そうとする時，参考になるのが，中国学のさまざまな分野で近年盛んになっ

てきた現地調査による成果である。とりわけ，人的結合という点で言えば，石田浩氏の現地調査にもとづく中国農村社会研究においては，伝統社会以来の社会組織原理が今なお強固に存在していることが注目されている。その具体的な組織原理として挙げられているのが，「同郷」・「同族」，すなわち地縁・血縁の原理である〔石田浩 1994〕[*1]。

　人的結合におけるこうした地縁や血縁の要素は，実際の社会では相互に絡み合い，しかも血縁関係は婚姻関係とも結びついて，より広い意味での親族関係として現れがちなものであるが，これらは，唐代までの貴族制社会から大きな社会転換を見せた宋代社会においても，さまざまな次元で見出すことができる。ただし，史料の比較的豊富に残っている士大夫層に関してさえ，そうした側面についての研究は，周藤吉之氏の先駆的研究〔周藤 1950〕を除くと，かつて，本格的な研究は少なく，地主─佃戸，国家─小農民など階級関係についての研究が，戦後の宋代史学界において精力的に進められたのとは対照をなしていた。

　ところが，近年の宋代地域社会史研究の波は，漸くにしてこうした人的結合をも重要な分析対象に含み込み始めるようになった。とくに地方志などの史料が北宋期に比べて多い南宋期について言えば，溯ると伊原弘氏の官戸の婚姻関係についての研究〔伊原 1971・1974・1976〕の影響も受けつつ，英語圏ではそれが地域社会のエリート研究として展開されていった。その代表作とも言うべきロバート・ハイムズ氏の江西撫州のエリート研究〔Hymes 1986〕が逆にまた日本の研究者に強烈な刺激を与えたかのように，1990年代になって，日本においても，地域の名族に関する事例研究が相次いでおこなわれるようになってきた。

　浙西路常州についての伊原弘氏の研究〔伊原 1990〕，浙東路温州についての同氏および筆者による研究（〔伊原 1991〕，〔岡 1995・1996〕），同路台州黄巖県についての寺地遵氏の研究〔寺地 1993〕，江西路吉州についての小林義廣氏の研究

[*1]　石田浩氏は，「同郷」「同族」という社会組織形成の二原理とともに，派生組織原理として「同学」「同姓」「同業」も機能していると論じている。これとは別に，「関係主義」社会として，①家族（血縁）および出身地域（地縁）によって強く規定される，②外部に対する排斥力および無関心が強い，③「自我」を中心に同心円状のネットワーク，という特徴を指摘した園田茂人氏の中国社会論〔園田 1991〕も興味深い。

〔小林 1996〕，福建路莆田県等についての小島毅氏・中砂明徳氏・小林義廣氏による研究（〔小島 1993〕，〔中砂 1994〕，〔小林 1995〕）などは，そうした地域の名族を直接に扱った研究と言えよう[*2]。それ以外に，思想史の分野から福建路崇安県における朱熹の姻戚・学縁関係を分析した市來津由彦氏の研究〔市來 1990〕なども，同様の流れに位置づけることができるように思う[*3]。

　さて，こうした地縁や，血縁ないし親族関係による人的結合が，先にも述べたように中国伝統社会の人的結合に共通して色濃く見出せるものであるとしても，その中で，宋代の位置づけや独自性を何処に見定めればよいのであろうか。この点に対して，パトリシア・イーブリー氏は，「宋代は，文官試験制度が官吏登用において支配的位置を占めるようになった時代として知られているが，高度に競争的な政治環境の下でも，特権やコネクションが大きな重要性を残存させていた。」〔Ebrey 1993：73〕と指摘している。この言葉は，イーブリー氏が参照したジョン・チェーフィー氏による科挙研究〔Chaffee 1985〕を念頭において考えるならば，単に宋代における恩蔭の幅広い存在のみならず，宋代の科挙試験そのものの合格者の中にも，表裏さまざまな手段で特権の恩恵に与かった者がかなり含まれていることも，併せて意識しておく必要があろう。

　近年の宋代地域名族研究において，フランスの社会学者ピエール・ブルデュー氏の「再生産」という概念──支配的階級・集団をめぐる力関係が直接にあらわれるのではなく，「相対的自律性」をもった教育的権威によってそれらが正統化される──〔ブルデュー＆パスロン 1991〕が時折引用される[*4]ようになっているのは，唐代までのような確固とした貴族制の存在する社会ではなく，まさに宋

[*2] 『成都氏族譜』を扱った森田憲司氏の研究は，南宋期のこうした地域の名族の再生産についての先駆的な研究と言えよう〔森田 1977〕。

[*3] 以上に掲げた日本の近年の研究の中には，婚姻関係などを通して社会的流動性（social mobility）を分析するハイムズ氏の基本的視角に大きな影響を受けつつも，北宋から南宋にかけての社会的変化の捉え方については，より慎重な捉え方が提出されている。婚姻関係の変化についての批判は，小林義廣氏によってなされている〔小林 1996〕。また筆者自身も，ハイムズ氏の手法に多くを学びつつも，地域社会と国家との関係を，より重視する立場からの批判をおこなっており〔岡 1995・1996〕，繰り返しは避けるが，本論もその延長の問題意識から立論をおこなっている。

代のように社会的流動性が増した中にあって，支配的集団をめぐる地縁や親族関係による人的結合が，再び新たな形態として現れてきたことを意識してのことにほかならない。

そして，それ故にこそ，人的結合の宋代におけるあり様を，さらに明確化させた形で提示するために，いま最も求められているのは，「再生産」の重要な鍵となる科挙をめぐる人的結合についての実証研究の深化であるように思う。科挙を単に制度史的に明らかにするのではなく，多様な角度から扱う必要性とその意義については，寺地遵氏や市來津由彦氏の近作（〔寺地 1996〕，〔市來 1993〕）からも窺うことができるが，筆者もここであらためて科挙の社会史的研究の重要性を強調したうえで，以下の作業内容の提示に移りたい。

2．南宋期の試官の出身地

さて，前節でも触れたチェーフィー氏の宋代科挙研究は，宋代の科挙が，北宋期から南宋期にかけて，しだいに不公平性が拡大する過程として，鋭敏な視点で捉えた研究である。そこでは，高官の親戚や皇族が，別頭試などのように，通常の解試・省試とは別途での試験（国子監解試ないし太学解試も含む）を利用することによって，一般受験者に比べて合格が相対的に容易であったこと，しかもそうした別途からの合格者が南宋期に増大していたことが明らかにされている。

また，南宋期においては，科挙合格者数の地域的差異も顕著となり，福建・両浙・江東西や四川の成都府路・潼川府路のような"成功した路"（the successful circuits）と，京西南路・広南・荊湖・淮南や四川の利州路・夔州路のような"不成功の路"（the unsuccessful circuits）とに分かれていたとされている。後者の地域は，家族関係にも，豊富な書物にも，一流の教師にも恵まれない，文化的後進地域であるとされ，他方，前者の成功的な路からは，上にも挙げたような太学を

＊4　フランス社会学のブルデュー氏の説が，中国史の科挙とどのように重なってくるかについては，平田茂樹氏のわかりやすい整理がある〔平田茂樹 1997〕。なお，最近日本語訳の出版された〔ブルデュー＆パスロン 1997〕も，特権階級のもつ文化的特権が「個人の功績」へと変貌するなどの指摘をおこなっている。

経由して科挙を受験するなどのルートを用いる者が増加し，これによって，地域間の不均等は更に拡大されていたのである。

　すなわち，以上のようなチェーフィー氏の成果を，宋代科挙をめぐる人的結合の問題に引き付けて捉えるならば，北宋から南宋に移るにしたがって，進士合格の結果の中に，家族関係や地域性の要素がより多く含有されるようになっていたとすることができよう。

　そこで本章では，こうした科挙をめぐる人的結合の状況を，さらに具体的に明らかにするために，宋代科挙の試官を取り上げ，分析をおこないたい。従来，宋代科挙の試官と受験者に関しては，唐代までの座主―門生の結びつきが強かったのに対し，北宋初に座主門生の称が禁止されたことが，殿試の創設と併せ，宋代における君主独裁制の確立に関連づけて論じられることが多い。しかし，顧炎武『日知録』巻17「座主門生」によれば，こうした結びつきによる「朋党の禍」が，唐代に比べて減っていないことが指摘されており，『日知録』のこの条を一部紹介した荒木敏一氏も，「前朝来の弊風が一片の禁令により一朝にして掃去されたと考えることは勿論出来ない」と述べている〔荒木 1969：277〕。

　そして，科挙試験場においては，言うまでもなく，さまざまな形での不正がおこなわれていたのであるが，実際のところ，劉子健氏によれば，試官とのつながりを利用した不正は，北宋よりも南宋になって増加していたとされている〔劉 1987〕。

　そうした試官とのつながり，すなわちこれも一種の人的結合と言えようが，それがいかなる契機にもとづいて形成されたものであるかを示す史料は，事の性質上，きわめて限られたものとなる。しかし，同時代人による次の発言からは，単なる偶然的・個別的なつながり以上の，構造的な関係が，試官をめぐる人的結合の中に生み出されていたことを窺うことができるように思う。すなわち，『宋会要輯稿』（以下，『宋会要』と略す）選挙20-11（試官）・紹興26年（1156）正月9日の条に載せられている，「近年，試官は私を容れ，公道は行われず。故に孤寒遠方の士子は，高甲に預かるを得ず，而るに富貴の家の子弟は，常に巍科を窃む」とする殿中侍御史・湯鵬挙の言葉である。

　人的結合の観点から見た場合，ここには試官をめぐる二つの構造的関係が示さ

れているように思う。一つは，「富貴の家」に対する「孤寒」，もう一つは「遠方」，それらの条件の士子が，いずれも科挙において不利益をこうむっているわけである。裏を返せば，生家が経済的ないし社会的に好条件を有し，また都から比較的近い地域の受験生が，試官との人的関係を形成しやすい立場にいたということになる。あえて単純化して言ってしまうならば，まさに血縁と地縁とが，試官の「私を容れ」る対象となるための，重要な契機となっていたということにもなるのである。

ところが，この試官をめぐる人的結合について，分析を進めようとする場合，一つの大きな障壁が待ち構えることになる。なぜならば，科挙の進士合格者に関しては，ほとんどの地方志の中にその人名リストを見ることができ，正確な数字がまだ確定されていないにしても，おおよその地域的分布の傾向を把握することは可能である。しかし，試官に関しては，『宋会要』にその人名と官職が記載されているのみであって，これまで何ら分析がなされてこなかった。

そこで本節では，まず基礎作業として，試官の出身地を調査し，そのデータ化をおこないたい。

分析対象となる試官の人名であるが，『宋会要』選挙19〜22に，北宋末の徽宗期から南宋後期の寧宗期までが掲載されている。本章では，その大部分を占める南宋期について取り扱うこととした[*5]。

この『宋会要』選挙19〜22の中には，省試の考官（知貢挙・同知貢挙・参詳官・点検試巻官・別試所考試官・別試所点検試巻官）および四川地域でおこなわれた四川類省試の考官の人名・官職名や，国子監発解の監試官・考試官・点検試巻官・別試所考試官・別試所点検試巻官の人名・官職名が掲載されている。国子監解試も併せて分析対象としたのは，進士合格者の地域的分布の偏りに重要な意味をもっていたとするチェーフィー氏の所説を重く見たためである。

掲載人数は，省試の考官が，紹興5年（1135）〜嘉定16年（1223）の間の計30回で，のべ1092人，四川類省試が紹興29年（1159）〜淳熙13年（1186）の間の計9回で，のべ32人，両者を合わせると合計のべ1124人となる。国子監発解の方は，

[*5] 南宋に入ってすぐ，建炎2年（1128）および紹興2年（1132）の2回の科挙がおこなわれているが，この時の試官の人名は，『宋会要』の当該箇所に記載がない。

紹興14年（1144）～嘉定15年（1222）の間の計27回で，のべ338人となる。したがって，これら全てを合わせ，合計のべ1462人を分析対象とした。
　なお，この対象には，上にも記したように，たとえば省試考官で言えば，上は知貢挙から下は点検試卷官に至るまでをすべて含めている。当然，知貢挙と参詳官・点検試卷官では，結果に及ぼす影響力に差はあるであろう。しかし，荒木敏一氏によれば，「点検官は試卷が程式に合致せるやを点検し，且つその優劣をつけて之を参詳官に送る。参詳官はまた独自に試卷を審査し，畢れば知貢挙に回送する」〔荒木 1969：206〕とされており，単なる封彌官・謄録官などの外廉官とは異なり，内廉官として成績判定に多かれ少なかれの影響を及ぼし得る立場にあったものとして捉えられよう*6。
　つぎに，これらの人物の出身地がどこであるかを確定する作業の方法について説明しておきたい。筆者が最初におこなったのは，『宋人伝記資料索引』全6冊（鼎文書局，1984年）および『宋人伝記資料索引補編』全3冊（四川大学出版社，1994年）を引くことであった。これによって，1462名中，およそ7割前後の人名について，その出身地を確かめ得た。しかし，これらの資料索引に見当たらない残り3割の人名の出身地をリストアップし，諸地方志中にその人名をひたすら探し求めるのが，次なる作業であった。手順としては，まず，清代から民国期にかけての全国の省レベルの通志の選挙志に登場する人名との付き合わせ作業をおこなった。ついで州県レベルに関しては，最初に『宋元地方志叢書』所収の地方志にすべてあたった後で，州レベルに関して，南宋の版図にあたる明清の府志の選挙志によって付き合わせをした。また県レベルに関しては，『中国方志叢書』所収の県志のうち，華中地方・華南地方の既刊部分をほとんど閲覧し，その選挙志で人名の確認をおこなった*7。したがって，県志レベルでは，『方志叢書』に含まれ

---

*6　また，村上哲見氏は，「知貢挙は，参詳官が水準以上としてすくい上げた試卷だけしか実際はみなかったのではないか」と述べている〔村上 1980：118〕。
*7　『中国方志叢書』など，明清の地方志の閲覧については，国立国会図書館支部東洋文庫，大阪大学附属図書館，同大文学部東洋史研究室，広島大学中央図書館を利用した。大阪大学文学部東洋史研究室助手の沈中琦氏にはとりわけお世話になったので，ここに記して謝意を表したい。

ていない一部の県については確認していないことになるが，州志レベルでは華中・華南の全地域をカバーしたことになる。なお，この作業と併せて，『紹興十八年同年小録』や梅原郁編『建炎以来繋年要録人名索引』の利用によっても，若干名の出身地確定を補うことができた。

　作業の中で生じた問題もある。それは，同一の試官の名が，複数の地方志に登場する場合のあったことである。本貫の地と実際に住んでいた場所との双方が自州・自県の出身者として名を収録している場合などであろうが，地方志等にその人物の伝記がある時は，それを参考にして，科挙受験の際に住んでいたと判断できる方の州・県に入れて計算した。また，判断するに足る史料の見つからなかった者については，残念ながら確定の数からは除外せざるを得ず，そうした人物の計6例は，「不明」の数に入っている。さらに，試官の名と同じ名が，地方志中に見つかった場合でも，あまりに年代が隔たっていて，同一の人物とは看做しがたい者についても，計算から除外した[*8]。

　以上のような作業をおこなった結果が，《表1》である。省試・四川類省試・国子監解試を合わせ，のべ1462名の試官のうち，計1355名の人物について，その出身地を確定することができた。判明率は，約92.7%ということになる。まだ若干の不明者がいるが，試官の出身地の基本的な傾向を窺うには十分な材料たり得ると考えたい。

　さて，《表1》の結果をもとに，まずは各路出身の試官数を算出したのが，《表2》である。最も多いのが両浙東路で370名を数える。全体（不明者も含めた）の25.3%にあたるから，試官の4分の1以上が浙東の出身者であったことになる。2番目に多いのが福建路の286名，3番目が両浙西路の264名であり，両浙および福建だけで計920名となるから，この3路のみで1462名の62.9%を占めていることになり，非常な集中度であると言えよう。

[*8]　年代が隔たっていたために除外したのは，たとえば次のような場合である。すなわち，嘉定10年（1217）に点検試卷官を務めた国子正の「王珪」と同じ名が，『光緒撫州府志』巻42・選挙志「進士」および『同治臨川県志』巻36・選挙志「進士」に，建炎2年（1128）進士として記載されていた。進士合格して89年後に試官をつとめる可能性はきわめて低いと判断して除外した。

第4章　南宋期における科挙

《表1》南宋期試官の出身地（☆＝附郭県）

（1）両浙西路

◇臨安府

	(省試)	(国子監)	(計)
☆銭塘県	11	6	17
☆仁和県	1	1	2
余杭県	3	0	3
臨安県	3	0	3
於潜県	1	0	1
富陽県	2	0	2
新城県	1	0	1
計	22	7	29

◇平江府

☆呉　　県	17	2	19
☆長洲県	6	2	8
呉江県	2	1	3
崑山県	9	3	12
常熟県	6	1	7
？	2	0	2
計	42	9	51

◇江陰軍

☆江陰県	9	4	13
計	9	4	13

◇常州

☆武進県	23	1	24
☆晉陵県	3	1	4
無錫県	7	4	11
宜興県	4	0	4
？	2	0	2
計	39	6	45

◇鎮江府

☆丹徒県	7	2	9
丹陽県	7	1	8
金壇県	6	0	6
？	1	0	1
計	21	3	24

◇嘉興府

☆嘉興県	15	6	21
海塩県	3	1	4
崇徳県	4	2	6
華亭県	3	0	3
？	3	0	3
計	28	9	37

◇湖州

☆烏程県	6	4	10
☆帰安県	16	6	22
長興県	9	3	12
武康県	2	0	2
安吉県	1	1	2
徳清県	4	4	8
計	38	18	56

◇厳州

☆建徳県	2	0	2
淳安県	5	0	5
寿昌県	1	0	1
遂安県	1	0	1
計	9	0	9

（2）両浙東路

◇紹興府

☆山陰県	11	4	15
☆会稽県	2	1	3
諸曁県	5	1	6
新昌県	4	0	4
上虞県	4	2	6
余姚県	3	3	6
計	29	11	40

◇明州

☆鄞　県	29	10	39
慈渓県	3	2	5
象山県	1	0	1
計	33	12	45

◇台州

☆臨海県	18	4	22
黄巌県	5	3	8
仙居県	2	0	2
天台県	2	2	4
寧海県	6	1	7
計	33	10	43

◇温州

☆永嘉県	33	12	45
楽清県	2	2	4
瑞安県	11	2	13
平陽県	15	3	18
計	61	19	80

◇処州

☆麗水県	12	6	18
縉雲県	6	3	9
青田県	14	7	21
遂昌県	3	0	3
龍泉県	12	6	18
計	47	22	69

◇婺州

☆金華県	22	1	23
蘭渓県	7	3	10
武義県	7	0	7
永康県	6	1	7
義烏県	3	3	6
浦江県	1	0	1
東陽県	8	4	12
？	1	0	1
計	55	12	67

◇衢州

☆西安県	7	7	14
龍游県	4	1	5
江山県	2	2	4
開化県	3	0	3
計	16	10	26

（3）福建路

◇福州

☆閩県	28	9	37
☆侯官県	17	3	20
懐安県	3	2	5
長楽県	8	2	10
福清県	7	7	14
連江県	5	0	5
閩清県	6	2	8
古田県	3	3	6
羅源県	5	0	5
寧徳県	2	1	3
長渓県	6	3	9
計	90	32	122

◇興化軍

☆莆田県	27	12	39
仙游県	5	3	8
興化県	3	1	4
計	35	16	51

◇泉州

☆晋江県	18	2	20
南安県	1	0	1
恵安県	1	0	1
永春県	8	3	11
同安県	2	0	2
計	30	5	35

◇漳州

☆龍渓県	7	2	9
計	7	2	9

◇建寧府

☆建安県	8	3	11
☆甌寧県	5	1	6
建陽県	5	2	7
崇安県	2	1	3
浦城県	6	4	10
計	26	11	37

◇邵武軍

☆邵武県	6	4	10
光沢県	1	0	1
泰寧県	3	2	5
？	2	0	2
計	12	6	18

◇南剣州

☆剣浦県	3	2	5
沙県	4	1	5
順昌県	1	0	1
将楽県	2	1	3
計	10	4	14

（4）江南東路

◇建康府

☆江寧県	6	4	10
☆上元県	2	2	4
句容県	2	1	3
溧水県	3	1	4
溧陽県	3	0	3
計	16	8	24

◇太平州

☆当塗県	2	1	3
蕪湖県	1	0	1
計	3	1	4

◇広徳軍

☆広徳県	6	3	9
計	6	3	9

◇寧国府

☆宣城県	2	1	3
寧国県	4	0	4
南陵県	1	0	1
涇県	0	1	1
旌徳県	1	0	1
計	8	2	10

◇池州

☆貴池県	2	1	3
青陽県	2	1	3
石埭県	1	0	1
建徳県	1	1	2
計	6	3	9

◇徽州

☆歙県	3	1	4
休寧県	14	2	16
黟県	5	0	5
婺源県	4	2	6
計	26	5	31

◇饒州

☆鄱陽県	6	0	6
余干県	4	0	4
浮梁県	9	1	10
楽平県	4	1	5
徳興県	4	0	4
計	27	2	29

◇南康軍

☆星子県	0	0	0
都昌県	3	1	4
計	3	1	4

第4章 南宋期における科挙

◇信州

☆上饒県	8	0	8
玉山県	5	3	8
鉛山県	1	0	1
弋陽県	6	0	6
貴渓県	2	1	3
計	22	4	26

（5）江南西路

◇隆興府

☆南昌県	2	0	2
☆新建県	5	3	8
豊城県	4	1	5
武寧県	2	1	3
?	1	0	1
計	14	5	19

◇江州

☆徳化県	0	0	0
徳安県	1	0	1
計	1	0	1

◇興国軍

?	1	0	1
計	1	0	1

◇撫州

☆臨川県	7	6	13
金渓県	0	2	2
崇仁県	2	1	3
宜黄県	1	0	1
計	10	9	19

◇建昌軍

☆南城県	2	2	4
南豊県	0	1	1
?	1	0	1
計	3	3	6

◇筠州

☆高安県	0	0	0
新昌県	3	1	4
計	3	1	4

◇臨江軍

☆清江県	0	0	0
新淦県	4	0	4
新喩県	6	1	7
計	10	1	11

◇袁州

☆宜春県	2	3	5
萍郷県	1	0	1
計	3	3	6

◇吉州

☆廬陵県	4	0	4
吉水県	4	0	4
永豊県	1	1	2
永新県	1	0	1
龍泉県	3	1	4
計	13	2	15

◇贛州

☆贛県	0	0	0
興国県	4	0	4
会昌県	0	1	1
計	4	1	5

（6）淮南東路

◇揚州

☆江都県	1	0	1
?	1	0	1
計	2	0	2

◇真州

☆揚子県	4	0	4
計	4	0	4

◇通州

☆静海県	1	0	1
計	1	0	1

◇泰州

☆海陵県	2	3	5
?	1	1	2
計	3	4	7

◇滁州

☆清流県	0	0	0
全椒県	2	0	2
計	2	0	2

（7）淮南西路

◇和州

☆歴陽県	0	0	0
烏江県	0	1	1
?	1	0	1
計	1	1	2

◇安豊軍

☆寿春県	1	1	2
計	1	1	2

◇無為軍

☆無為県	0	0	0
廬江県	2	0	2
計	2	0	2

◇舒州（安慶府）

?	2	1	3
計	2	1	3

◇蘄州

☆蘄春県	0	0	0
広済県	0	1	1
計	0	1	1

（8）京西南路
◇襄陽府

☆襄陽県	0	0	0
穀城県	1	2	3
計	1	2	3

◇光化軍

☆光化県	1	0	1
計	1	0	1

（9）荊湖北路
◇常徳府

☆武陵県	0	0	0
桃源県	1	0	1
計	1	0	1

◇岳州

☆巴陵県	0	0	0
平江県	1	0	1
計	1	0	1

◇荊門軍

?	1	0	1
計	1	0	1

（10）荊湖南路
◇潭州

☆長沙県	1	1	2
☆善化県	1	1	2
寧郷県	2	0	2
湘陰県	1	0	1
醴陵県	1	0	1
衡山県	1	0	1
計	7	2	9

◇衡州

☆衡陽県	0	0	0
茶陵県	1	0	1
計	1	0	1

◇全州

?	2	1	3
計	2	1	3

（11）広南東路
◇広州

☆番禺県	1	0	1
計	1	0	1

◇恵州

☆帰善県	0	0	0
博羅県	1	0	1
計	1	0	1

◇潮州

☆海陽県	0	1	1
計	0	1	1

（12）広南西路
◇静江府

☆臨桂県	0	0	0
永福県	1	0	1
計	1	0	1

（13）成都府路
◇成都府

☆華陽県	8	2	10
☆成都県	6	2	8
双流県	7	1	8
広都県	1	0	1
?	1	1	2
計	23	6	29

◇簡州

☆陽安県	2	0	2
?	1	0	1
計	3	0	3

◇蜀州（崇慶府）

☆晋源県	2	0	2
?	1	0	1
計	3	0	3

◇綿州

☆巴西県	1	0	1
計	1	0	1

◇邛州

☆臨邛県	3	0	3
蒲江県	1	0	1
計	4	0	4

◇眉州

☆眉山県	8	1	9
青神県	6	1	7
丹稜県	6	3	9
計	20	5	25

◇隆州

☆仁寿県	4	1	5
井研県	1	2	3
計	5	3	8

◇彭州

?	1	0	1
計	1	0	1

◇漢州

☆雒　県	0	0	0
綿竹県	4	1	5
?	2	1	3
計	6	2	8

◇嘉定府

☆龍游県	0	0	0
夾江県	2	0	2
?	1	1	2
計	3	1	4

第4章　南宋期における科挙

(14) 潼川府路
◇潼川府

☆郪　県	0	1	1
塩亭県	2	0	2
計	2	1	3

◇懐安軍

☆金水県	0	0	0
金堂県	1	0	1
計	1	0	1

◇普州

☆安岳県	3	2	5
計	3	2	5

◇資州

☆盤石県	1	0	1
資陽県	2	0	2
内江県	2	0	2
計	5	0	5

◇昌州

☆大足県	0	0	0
昌元県	2	0	2
計	2	2	2

◇遂寧府

☆小渓県	2	1	3
?	9	0	9
計	11	1	12

◇渠州

?	2	0	2
計	2	0	2

(15) 夔州路
◇施州

☆清江県	5	0	5
計	5	0	5

(16) 利州東路
◇閬州

?	1	0	1
計	1	0	1

◇隆慶府

☆普安県	0	0	0
普成県	1	0	1
計	1	0	1

◇巴州

☆化城県	0	0	0
通江県	1	0	1
計	1	0	1

(17) 利州西路
◇階州

☆福津県	2	0	2
計	2	0	2

※四川（路・府州・県とも不明）

	1	0	1

(18) 華北（金領）

計	23	2	25

(1)～(18)計　| 1036 | 319 | 1355 |

(19) 不明　　計107

人数計　　　　　　1462
∴判明率　　　　92.68%

《表2》南宋期各路の試官数

	省　試	国子監	計
両浙西路	208	56	264
両浙東路	274	96	370
福 建 路	210	76	286
江南東路	117	29	146
江南西路	62	25	87
淮南東路	12	4	16
淮南西路	6	4	10
京西南路	2	2	4
荊湖北路	3	0	3
荊湖南路	10	3	13
広南東路	2	1	3
広南西路	1	0	1
成都府路	69	17	86
潼川府路	26	4	30
夔 州 路	5	0	5
利州東路	3	0	3
利州西路	2	0	2
（四川）	1	0	1
華　　北	23	2	25
総　　計	1036	319	1355

《表3》南宋期各府州軍の試官数
（上位30府州軍）

順位	府州軍名	人数
1	福　州（福　建　路）	122
2	溫　州（兩浙東路）	80
3	處　州（兩浙東路）	69
4	婺　州（兩浙東路）	67
5	湖　州（兩浙西路）	56
6	平江府（兩浙西路）	51
	興化軍（福　建　路）	51
8	常　州（兩浙西路）	45
	明　州（兩浙東路）	45
10	台　州（兩浙東路）	43
11	紹興府（兩浙東路）	40
12	嘉興府（兩浙西路）	37
	建寧府（福　建　路）	37
14	泉　州（福　建　路）	35
15	徽　州（江南東路）	31
16	臨安府（兩浙西路）	29
	饒　州（江南東路）	29
	成都府（成都府路）	29
19	衢　州（兩浙東路）	26
	信　州（江南東路）	26
21	眉　州（成都府路）	25
22	鎮江府（兩浙西路）	24
	建康府（江南東路）	24
24	隆興府（江南西路）	19
	撫　州（江南西路）	19
26	邵武軍（福　建　路）	18
27	吉　州（江南西路）	15
28	南劍州（福　建　路）	14
29	江陰軍（兩浙西路）	13
30	遂寧府（潼川府路）	12

《表4》南宋期各県の試官数
（上位30県）

順位	県名	人数
1	溫　州永嘉県（兩浙東路）	45
2	明　州鄞　県（兩浙東路）	39
	興化軍莆田県（福　建　路）	39
4	福　州閩　県（福　建　路）	37
5	常　州武進県（兩浙西路）	24
6	婺　州金華県（兩浙東路）	23
7	湖　州帰安県（兩浙西路）	22
	台　州臨海県（兩浙東路）	22
9	嘉興府嘉興県（兩浙西路）	21
	處　州青田県（兩浙東路）	21
11	福　州侯官県（福　建　路）	20
	泉　州晉江県（福　建　路）	20
13	平江府呉　県（兩浙西路）	19
14	溫　州平陽県（兩浙東路）	18
	處　州麗水県（兩浙東路）	18
	處　州龍泉県（兩浙東路）	18
17	臨安府銭塘県（兩浙西路）	17
18	徽　州休寧県（江南東路）	16
19	紹興府山陰県（兩浙東路）	15
20	衢　州西安県（兩浙東路）	14
	福　州福清県（福　建　路）	14
22	江陰軍江陰県（兩浙西路）	13
	溫　州瑞安県（兩浙東路）	13
	撫　州臨川県（江南西路）	13
25	平江府崑山県（兩浙西路）	12
	湖　州長興県（兩浙西路）	12
	婺　州東陽県（兩浙東路）	12
28	常　州無錫県（兩浙西路）	11
	泉　州永春県（福　建　路）	11
	建寧府建安県（福　建　路）	11

つぎに，試官数の多い府州軍を見てみると，《表3》に示したように，1位の福州（福建路），2位の温州（両浙東路）などをはじめとして，14位までが，すべて福建路・両浙東路・両浙西路によって独占されている。しかも，福州の122名，温州の80名という数字は，それぞれ1州のみで，江南西路全体の87名を超える，もしくはそれに迫るほどの多さである。

同様に，試官数を県別で見ても，《表4》に示したように，1位の温州永嘉県，同数2位の明州鄞県と興化軍莆田県，4位の福州閩県が圧倒的な多さを見せている。両浙と福建，なかでも両浙東路から福建沿岸部にかけての地域に，試官の数の多い州県が列なるように存在していると言える。

このような試官の多い地域は，実際の進士合格者数の多い地域とも，おおむね重なっているように思われる。《表5》は，宋代

《表5》宋代各路の進士数（華中・華南）

	北宋	南宋	南宋÷北宋
両浙西路	1444	2202	152%
両浙東路	911	3923	431%
福建路	2600	4525	174%
江南東路	958	1738	181%
江南西路	1225	2636	215%
淮南東路	188	106	56%
淮南西路	124	104	84%
京西南路	7	2	29%
荊湖北路	81	80	99%
荊湖南路	200	416	208%
広南東路	124	259	209%
広南西路	71	175	246%
成都府路	788	1133	144%
潼川府路	445	1228	276%
利州路	76	95	125%
夔州路	30	73	243%
合計	9272	18695	202%

※《表5》・《表6》の進士合格者数は，チェーフィー氏著書の巻末資料に基づいている〔Chaffee 1985〕が，温州のみに関しては，筆者自身の調査〔岡 1995〕に基づき，チェーフィー氏の数字よりも若干加えられている。

の各路の進士合格者数を示したものであるが，試官数の多い両浙や福建といった地域は，実際の合格者においても，非常に多数にのぼっている。また，《表6》からわかるように，府州軍レベルで見ても，福州・温州・明州といった福建や浙東の州が，多数の進士合格者を生み出している。山が多く土地が瘦せ〔日比野 1939〕，農業条件に決して恵まれているとは言えない福建が，1路のみで南宋期に4500名以上の合格者を出していること，あるいは，江南東西路よりも戸数・口数の少ない両浙東西路（《表7》からわかるように，紹興32年（1162），嘉定16年（1223），いずれの戸数・口数も，江南東西路の合計の方が，両浙をうわまわっている）が南宋期の進士合格者の合計数で逆にうわまわっていること，などから考えれば，科挙の結果が，経済条件や戸口数に単純に比例する性質のものではないことが窺えるの

《表6》南宋期各府州軍の進士数
(上位30州)

順位	府州軍名	人数
1	福　州（福　建　路）	2249
2	温　州（両浙東路）	1148
3	明　州（両浙東路）	746
4	吉　州（江南西路）	643
5	饒　州（江南東路）	621
6	泉　州（福　建　路）	582
7	眉　州（成都府路）	567
8	興化軍（福　建　路）	558
9	建寧府（福　建　路）	509
10	処　州（両浙東路）	506
11	臨安府（両浙西路）	493
12	婺　州（両浙東路）	466
13	建昌軍（江南西路）	452
14	撫　州（江南西路）	445
15	常　州（両浙西路）	394
16	台　州（両浙東路）	377
17	隆興府（江南西路）	375
18	衢　州（両浙東路）	359
19	嘉興府（両浙西路）	352
20	紹興府（両浙東路）	321
21	平江府（両浙西路）	317
22	南剣州（福　建　路）	315
23	湖　州（両浙西路）	298
24	徽　州（江南東路）	278
25	遂寧府（潼川府路）	255
26	成都府（成都府路）	251
27	臨江軍（江南西路）	234
28	南康軍（江南東路）	223
29	厳　州（両浙西路）	222
30	信　州（江南東路）	217

《表7》南宋期各路の戸数（上段）
口数（下段）

	紹興32年 (1162)	嘉定16年 (1223)
両　浙　路	224万3548	222万0321
	432万7322	402万9989
福　建　路	139万0566	159万9214
	280万8851	323万0578
江　南　東　路	96万6428	104万6272
	172万4137	240万2038
江　南　西　路	189万1392	226万7983
	322万1538	495万8291
淮　南　東　路	11万0897	12万7369
	27万8954	40万4261
淮　南　西　路	5万2174	21万8250
	8万2681	77万9612
荊　湖　北　路	25万4101	36万9820
	44万5844	90万8934
荊　湖　南　路	96万8931	125万1202
	213万6767	288万1506
広　南　東　路	51万3711	44万5906
	78万4074	77万5628
広　南　西　路	48万8655	52万8220
	134万1572	132万1207
成　都　府　路	109万7787	113万9790
	315万5039	317万1003
潼　川　府　路	80万5364	84万1129
	263万6476	214万3728
利　州　路	37万1097	40万1174
	76万9853	101万6111
夔　州　路	38万6978	20万7999
	113万4398	27万9989

〔梁 1980〕による

第4章　南宋期における科挙　　　　　　　　　　69

《表8》南宋期省元・状元の出身地

年	区分	氏名	路	府州	県	年	区分	氏名	路	府州	県
建炎2年(1128)	省元	－				開禧元年(1205)	省元	林執善	福建路	福州	閩県
	状元	李易	淮南東路	揚州	江都県		状元	毛自知	両浙東路	衢州	西安県
紹興2年(1132)	省元	－				嘉定元年(1208)	省元	朱俛		?	
	状元	張九成	両浙西路	臨安府	銭塘県		状元	鄭自誠	福建路	福州	侯官県
5年(1135)	省元	樊光遠	両浙西路	臨安府	銭塘県	4年(1211)	省元	周端朝	両浙東路	温州	永嘉県
	状元	汪応辰	江南東路	信州	玉山県		状元	趙建大	両浙東路	温州	永嘉県
8年(1138)	省元	黄公度	福建路	興化軍	莆田県	7年(1214)	省元	姚宏中	広南東路	潮州	海陽県
	状元	〃					状元	袁甫	両浙東路	明州	鄞県
12年(1142)	省元	何溥	両浙東路	温州	永嘉県	10年(1217)	省元	陳塤	両浙東路	明州	鄞県
	状元	陳誠之	福建路	福州	閩県		状元	呉潛	江南東路	建康府	溧水県
15年(1145)	省元	林機	福建路	福州	長楽県	13年(1220)	省元	邱大発	福建路	建寧府	建安県
	状元	劉章	両浙東路	衢州	龍遊県		状元	劉渭	両浙東路	婺州	金華県
18年(1148)	省元	徐履	両浙東路	温州	瑞安県	16年(1223)	省元	王青	福建路	泉州	晉江県
	状元	王佐	両浙東路	紹興府	山陰県		状元	蔣重珍	両浙西路	常州	無錫県
21年(1151)	省元	鄭聞		(開封府)		宝慶2年(1226)	省元	王会龍	両浙東路	台州	臨海県
	状元	趙逵	潼川府路	資州	資陽県		状元				
24年(1154)	省元	秦塤	江南東路	建康府	江寧県	紹定2年(1229)	省元	陳松龍	福建路	福州	閩県
	状元	張孝祥	淮南西路	和州	歷陽県		状元	黄朴	福建路	福州	侯官県
27年(1157)	省元	張宋卿	広南東路	恵州	博羅県	5年(1232)	省元	葉大有	福建路	興化軍	仙遊県
	状元	王十朋	両浙東路	温州	楽清県		状元	徐元杰	江南東路	信州	上饒県
30年(1160)	省元	劉朔	福建路	興化軍	莆田県	端平2年(1235)	省元	楊茂子	江南西路	建昌軍	南城県
	状元	梁克家	福建路	泉州	晉江県		状元	呉叔告	福建路	興化軍	莆田県
隆興元年(1163)	省元	木待問	両浙東路	温州	永嘉県	嘉熙2年(1238)	省元	繆烈	福建路	福州	長渓県
	状元	〃		〃	〃		状元	周坦	両浙東路	温州	平陽県
乾道2年(1166)	省元	何澹	両浙東路	処州	龍泉県	淳祐元年(1241)	省元	劉自	福建路	福州	長渓県
	状元	蕭国梁	福建路	福州	永福県		状元	徐儼夫	両浙東路	温州	平陽県
5年(1169)	省元	方括	江南東路	徽州	歙県	4年(1244)	省元	徐霖	両浙東路	衢州	西安県
	状元	鄭僑	福建路	興化軍	莆田県		状元	留夢炎	両浙東路	衢州	西安県
8年(1172)	省元	蔡幼学	両浙東路	温州	瑞安県	7年(1247)	省元	馬廷鸞	江南東路	饒州	楽平県
	状元	黄定	福建路	福州	永福県		状元	張淵微	江南西路	建昌軍	新城県
淳熙2年(1175)	省元	章穎	江南西路	臨江軍	新喩県	10年(1250)	省元	陳応雷	福建路	泉州	安渓県
	状元	詹騤	両浙東路	紹興府	会稽県		状元	方逢辰	両浙西路	厳州	淳安県
5年(1178)	省元	黄渙	福建路	邵武軍	光沢県	宝祐元年(1253)	省元	丁応奎	荊湖南路	潭州	醴陵県
	状元	姚穎	両浙東路	明州	鄞県		状元	姚勉	江南西路	筠州	新昌県
8年(1181)	省元	兪烈	両浙西路	臨安府	銭塘県	4年(1256)	省元	彭方迥	江南西路	吉州	吉水県
	状元	黄由	両浙西路	平江府	長洲県		状元	文天祥	江南西路	吉州	吉水県
11年(1184)	省元	邵康	両浙東路	婺州	金華県	開慶元年(1259)	省元	李雷応	江南東路	饒州	浮梁県
	状元	衛涇	両浙西路	嘉興府	華亭県		状元	周震炎	江南東路	太平州	当塗県
14年(1187)	省元	湯璹	荊湖南路	潭州	瀏陽県	景定3年(1262)	省元	李玨(珪)		?	
	状元	王容	荊湖南路	潭州	湘陰県		状元	方山京	両浙東路	明州	慈渓県
紹熙元年(1190)	省元	銭易直	両浙東路	温州	楽清県	咸淳元年(1265)	省元	阮登炳	両浙西路	平江府	崑山県
	状元	余復	福建路		寧徳県						
4年(1193)	省元	徐邦憲	両浙東路	婺州	義烏県	4年(1268)	省元	胡躍龍	荊湖南路	永州	零陵県
	状元	陳亮	両浙東路	婺州	永康県		状元	陳文龍	福建路	興化軍	莆田県
慶元2年(1196)	省元	莫子純	両浙東路	紹興府	山陰県	7年(1271)	省元	劉夢薦	江南西路	吉州	安福県
	状元	鄒応龍	福建路	邵武軍	泰寧県		状元	張鎮孫	広南東路	広州	南海県
5年(1199)	省元	蘇大璋	福建路	福州	古田県	10年(1274)	省元	李大同	荊湖北路	鄂州	嘉魚県
	状元	曾従龍	福建路	泉州	晉江県		状元	王龍澤	両浙東路	婺州	義烏県
嘉泰2年(1202)	省元	傅行簡	両浙東路	明州	鄞県						
	状元	〃		〃	〃						

※明州・慶元府は、「明州」に統一して表記した。

《表9》南宋期各路の省元・状元数（のべ人数）

両浙西路	9
両浙東路	32
福建路	26
江南東路	8
江南西路	7
淮南東路	1
淮南西路	1
荊湖北路	1
荊湖南路	4
広南東路	3
広南西路	0
四川	1
華北	1
計	94

である。

そして，こうした進士合格者の数だけでなく，進士合格の際の優秀成績者にも，同様の地域的偏りを見出すことができる。すなわち，南宋期の省元や状元の人物[*9]の出身地を調べ（《表8》），それによって路ごとに整理したのが《表9》であるが，ここからわかるように，試官の数の最も多い両浙東路，次に多い福建路が，省元・状元の数でも，両浙東路32名，福建路26名，と1位，2位を占めているのである。府州軍レベルで見ても，省元・状元の最も多いのが福州（12名），ついで温州（11名），興化軍（7名），明州（6名），婺州（5名）と続き（のべ人数），《表3》で試官数の多かった府州軍が，多くの省元・状元を輩出していることが明らかとなる。

このように見てくると，南宋期の試官は，両浙路および福建路，中でも浙東から福建沿海地域にかけての出身者が非常に多く，またそうした地域では，単に合格者数が多いのみでなく，好成績での合格者も多かったことが，以上の分析によって確認できたように思う。

3．浙東出身者の人脈

さて，このように一部の地域が試官を圧倒的に多く輩出していたということは，先に引いた湯鵬挙の発言に照らせば，その地域で省元・状元や進士合格者数が非常に多かったことの一つの大きな要因となっていたものと見られる。その点について，もう少し鮮明な理解を得るために，地域をしぼって具体的な分析をおこなうのが，本節の目指すところである。

以下，取り上げて分析をおこなうのは，試官の非常に多い両浙東西路・福建路のうちでも，1路としては最も多い試官数の両浙東路についてであり，とくに南

[*9] 省元・状元の人名は，何忠礼氏の一覧表に拠った〔何 1992〕。

第4章　南宋期における科挙

宋期に全国第2位の進士合格者数を出した温州と，南宋期に全国第3位の明州（南宋中期から慶元府と改称されるが，以下，便宜的に明州の呼称で統一する）に着目してみたい。《表10》には，この両州出身の試官の全人名を掲げておいた。

温州は，《表3》に示したように，『宋会要』に掲げられた試官の中で，両浙東路で最も多い80名の試官を出した州であり，南宋期にのべ11名もの省元・状元を生み出している。また明州は，州全体の試官数では温州・婺州・処州を下回るものの，1県としては両浙東路内で温州永嘉県の45名に続く39名もの明州鄞県出身の試官の名が記されており，また1県のみでのべ5名の省元・状元がいたなど，附郭の1県にたいへん集中した人的結合を示した例として注目される場所である。

従来，この浙東地域に関しては，江南の経済開発や海港都市の発達から，経済的に進んだ地域としてのイメージが抱かれがちかもしれないが，近年の研究では，やや異なった観点での説明もおこなわれるようになっている。たとえば明州に関しては，「都市的発達と農村的停滞との不均衡」〔斯波 1988：479〕であるとか，「海港としての明州は北宋末から南宋半ば頃までの極く限られた期間に，一定の条件下で繁栄したに過ぎなかった」〔寺地 1992：11〕との分析が見られるようになっている。また温州についても，温州経済を支えた諸産業の南宋末期における衰退が指摘されている〔周 1987〕。

それにもかかわらず，明州が南宋後期に史彌遠・史嵩之や鄭清之らの宰相を送り込んで政権中枢を占め続け，また温州が南宋末期に至るまで進士合格者の多さを誇っていたことを考えると，進士合格者や高級官僚の輩出という現象は，決して経済的要因ばかりで説明することはできないであろう。溯らせて言えば，南宋初期の秦檜政権の中に王次翁のごとき明州の新名門層が入り込んでいたり〔寺地 1988〕，また温州に滞在したことのある趙鼎や秦檜との縁によって南宋初期に温州出身者の登用が相次いで〔岡 1995〕以来，これらの地域と中央政権とのパイプは，おおむね太いままに継続的に存在していた。いったん形成された繋がりが，その後の政争にもかかわらず，いかにして維持され，「再生産」されていくかを考える際，地域の教育文化の状況などの要因と併せて，科挙自体をめぐる人間関係・人的結合が果たした役割を把握しておく必要があるように思う。

また，北宋期から進士合格者を既に多数輩出していた福建路と異なり，《表5》

《表10》温州・明州出身の試官

(1) 温州

A. 永嘉県

			試官担当時の官職
方雲翼	紹興5年(1135)	点検試巻官	枢密院計議官
林季仲	紹興5年(1135)	別試所点検試巻官	司勲員外郎
張闡	紹興12年(1142)	点検試巻官	秘書省正字
	紹興30年(1160)	点検試巻官	御史台検法官
楊邦彦	紹興14年(1144)	(国子監発解)点検試巻官	太学博士
王墨卿	紹興15年(1145)	点検試巻官	枢密院編修官
孫仲鼇	紹興15年(1145)	別試所点検試巻官	国子監書庫官
	紹興17年(1147)	(国子監発解)点検試巻官	秘書省正字
	紹興20年(1150)	(国子監発解)点検試巻官	秘書省校書郎
	紹興21年(1151)	参詳官	〃
宋敦樸	紹興17年(1147)	(国子監発解)監試官	監察御史
何溥	紹興18年(1148)	点検試巻官	臨安府府学教授
	紹興21年(1151)	点検試巻官	〃
	紹興27年(1157)	参詳官	監察御史
	紹興30年(1160)	同知貢挙	右諫議大夫
林仲熊	紹興21年(1151)	点検試巻官	左奉議郎
胡襄	紹興23年(1153)	(国子監発解)監試官	監察御史
	乾道5年(1169)	参詳官	司農少卿
何逢原	紹興29年(1159)	(四川類省試)考試官	知嘉州
	紹興32年(1162)	(四川類省試)監試官	成都府路転運判官
	乾道元年(1165)	(四川類省試)監試官	権潼川府路転運副使
呉亀年	隆興元年(1163)	参詳官	吏部員外郎
劉貢	乾道元年(1165)	(国子監発解)別試所考試官	秘書丞
鄭伯熊	乾道4年(1168)	(国子監発解)考試官	吏部員外郎
盧傅霖	乾道5年(1169)	点検試巻官	国子監主簿
宋敦書	乾道5年(1169)	点検試巻官	御史台主簿
陳自修	乾道8年(1172)	点検試巻官	太学正
劉甄夫	淳熙2年(1175)	点検試巻官	太学博士
何伯謹	淳熙5年(1178)	参詳官	兵部員外郎
張叔椿	淳熙10年(1183)	(国子監発解)点検試巻官	宗正丞
	淳熙11年(1184)	参詳官	宗正寺丞
	淳熙13年(1186)	(国子監発解)考試官	宗正少卿
毛崈	淳熙14年(1187)	点検試巻官	主管尚書礼兵部架閣文字
許及之	淳熙14年(1187)	別試所点検試巻官	宗正寺簿
李唐卿	紹熙元年(1190)	別試所点検試巻官	司農寺主簿
	紹熙4年(1193)	参詳官	秘書省著作佐郎
王柟	嘉定元年(1208)	参詳官	吏部郎中

第 4 章　南宋期における科挙

徐自明	嘉定 3 年(1210)	(国子監発解)点検試卷官	監都進奏院
趙建大	嘉定 9 年(1216)	(国子監発解)点検試卷官	秘書省校書郎
盧祖皋	嘉定12年(1219)	(国子監発解)点検試卷官	秘書省正字
	嘉定13年(1220)	点検試卷官	〃
	嘉定16年(1223)	参詳官	将作少監権直学士院
周端朝	嘉定13年(1220)	点検試卷官	太学博士
宋 倚	嘉定13年(1220)	点検試卷官	太社令
戴 栩	嘉定16年(1223)	点検試卷官	監草料場門

B．楽清県

劉敦義	隆興元年(1163)	点検試卷官	武学博士
	乾道 7 年(1171)	(国子監発解)別試所考試官	知大宗正丞
孫元卿	紹熙 4 年(1193)	点検試卷官	主管尚書戸部架閣文字
銭文子	嘉定 3 年(1210)	(国子監発解)考試官	吏部員外郎

C．瑞安県

周之翰	紹興12年(1142)	点検試卷官	詳定一司勅令所刪定官
	紹興24年(1154)	点検試卷官	左従政郎
邱 鐸	乾道 2 年(1166)	点検試卷官	国子監丞
木待問	乾道 8 年(1172)	点検試卷官	国子博士
	嘉泰 2 年(1202)	知貢挙	礼部侍郎
陳 棣	紹熙元年(1190)	点検試卷官	宣教郎
	紹熙 3 年(1192)	(国子監発解)点検試卷官	太常博士
	紹熙 4 年(1193)	点検試卷官	〃
蔡幼学	紹熙 4 年(1193)	点検試卷官	秘書省正字
	嘉定元年(1208)	同知貢挙	中書舎人
陳 武	嘉定 3 年(1210)	(国子監発解)別試所考試官	軍器少監兼礼部郎官
	嘉定 4 年(1211)	別試所考試官	軍器少監
趙元儒	嘉定10年(1217)	点検試卷官	主管官告院

D．平陽県

陳 桷	紹興 5 年(1135)	別試所考試官	太常少卿
呉蘊古	乾道元年(1165)	(国子監発解)点検試卷官	太学博士
黄 石	乾道 2 年(1166)	参詳官	著作佐郎
林信厚	乾道 2 年(1166)	点検試卷官	左承議郎
薛 鳳	乾道 5 年(1169)	点検試卷官	国子正
徐 誼	淳熙 8 年(1181)	点検試卷官	枢密院編修官
	紹熙 3 年(1192)	(国子監発解)考試官	吏部員外郎
彭仲剛	淳熙11年(1184)	点検試卷官	国子監丞
陳 峴	紹熙 4 年(1193)	点検試卷官	秘太社令
	慶元元年(1195)	(国子監発解)点検試卷官	秘書省正字
	慶元 2 年(1196)	点検試卷官	秘書省校書郎
	嘉泰元年(1201)	参詳官	秘書少監

74　　　　　　　　　第2部：エリートの活動と地域社会

孔 煒	嘉定元年(1208)	点検試巻官	前紹興府観察推官
	嘉定 7 年(1214)	点検試巻官	太学博士
	嘉定10年(1217)	参詳官	太常丞兼兵部郎官
徐 宏	嘉定 4 年(1211)	別試所監試官	監察御史
林 栞	嘉定13年(1220)	点検試巻官	浙西安撫司幹辦公事
高熙績	嘉定16年(1223)	点検試巻官	国子正

（2）明州（慶元府）

　A．鄞 県

高 閌	紹興 5 年(1135)	点検試巻官	秘書省正字
	紹興 8 年(1138)	参詳官	祠部員外郎
林 保	紹興12年(1142)	参詳官	比部郎中
呉秉信	紹興12年(1142)	点検試巻官	太常博士
史 才	紹興21年(1151)	点検試巻官	国子監主簿
楼 璵	紹興27年(1157)	点検試巻官	諸王宮大小学教授
史 浩	紹興27年(1157)	点検試巻官	太学正
汪大猷	乾道 2 年(1166)	参詳官	吏部員外郎
	乾道 5 年(1169)	参詳官	秘書少監
王伯庠	乾道 2 年(1166)	参詳官	戸部員外郎
楼 鍔	乾道 5 年(1169)	点検試巻官	太学正
	淳熙元年(1174)	(国子監発解)別試所考試官	太学録
趙粹中	乾道 7 年(1171)	(国子監発解)点検試巻官	太常寺主簿
楼 鑰	淳熙 4 年(1177)	(国子監発解)点検試巻官	詳定一司勅令所刪定官
	紹熙元年(1190)	別試所点検試巻官	考功郎中
	嘉定元年(1208)	知貢挙	吏部尚書兼翰林院学士
史彌大	淳熙11年(1184)	参詳官	宗正少卿
張 遜	淳熙11年(1184)	点検試巻官	司農寺主簿
高文虎	淳熙 4 年(1177)	(国子監発解)点検試巻官	国子正
	慶元元年(1195)	(国子監発解)考試官	軍器少監
	慶元 2 年(1196)	参詳官	国子司業
王 煇	慶元 5 年(1199)	点検試巻官	宗正寺主簿
	嘉泰元年(1201)	(国子監発解)点検試巻官	太府寺丞
高文善	嘉泰元年(1201)	(国子監発解)点検試巻官	国子監書庫官
	嘉泰 2 年(1202)	別試所点検試巻官	〃
	開禧元年(1205)	点検試巻官	太常寺主簿
楼 昉	嘉定元年(1208)	点検試巻官	贍軍酒庫所籮場門
	嘉定10年(1217)	点検試巻官	武学諭
史彌謹	嘉定元年(1208)	別試所点検試巻官	監贍軍激賞酒庫
袁 韶	嘉定 7 年(1214)	参詳官	太常寺主簿
袁 燮	嘉定10年(1217)	同知貢挙	礼部侍郎
胡剛中	嘉定12年(1219)	(国子監発解)別試所点検試巻官	監贍軍南外酒庫

第4章 南宋期における科挙

皇甫曄	嘉定12年(1219)	(国子監発解)点検試巻官	監左蔵庫中門
	嘉定13年(1220)	点検試巻官	国子監書庫官
宣 繒	嘉定13年(1220)	知貢挙	礼部侍郎
臧 格	嘉定13年(1220)	参詳官	太常丞兼支郎官
鄭清之	嘉定15年(1222)	(国子監発解)点検試巻官	国子監書庫官
范 楷	嘉定16年(1223)	別試所点検試巻官	諸王宮大小学教授
繆師皋	嘉定16年(1223)	別試所点検試巻官	文林郎

B．慈渓県

羅仲舒	嘉定4年(1211)	点検試巻官	監雑買務雑売場門
張 虙	嘉定6年(1213)	(国子監発解)点検試巻官	主管戸部架閣文字
	嘉定9年(1216)	(国子監発解)別試所点検試巻官	国子監丞
	嘉定10年(1217)	点検試巻官	秘書郎
桂万栄	嘉定10年(1217)	別試所点検試巻官	太学正

C．象山県

楊王休	慶元5年(1199)	参詳官	太府卿

からわかるように，北宋期の浙東地域は，浙西や江南西路と比べても決して目立って多い合格者を出していたわけではなかった。ところが，南宋になって，進士合格者の総数で，福建路までは上回るに至らなかったものの，浙西や江南西路・江南東路をはるかに越えることとなった。そのすさまじいまでの伸びは，北宋から南宋への増加率によって知ることができ，《表5》に示したように，南宋期の進士合格者総数が北宋期に比べて431%にまで達したのである。浙東という地域が，約150年間の南宋政権と，とりわけ深く結びついた存在であったと捉えることが可能であると言えよう。

そうした浙東の中でも，《表11》を見ればわかるように，北宋から南宋になって，他州に比べても異常なまでに増加を示したのが，温州・明州であった。両州からの受験者が，実際の科挙において，どのような形で利益を享受することができたかについては，人事をめぐる問題という性質上，史料的に必ずしも明確なものを数多く見出せるわけではないが，可能な限り，浮き彫りにしてみたい。

まず，南宋初期に，温州出身者が実際の科挙試験で故意に露骨な優遇を得たと見られる実例を取り上げてみたい。それは，紹興12年（1142）の科挙の時である。『建炎以来繫年要録』巻144・紹興12年3月乙卯の条には，温州出身の何溥が省元となったこの年の科挙において，両浙転運司から解られてきた208名の挙人のう

《表11》宋代両浙路各州の進士数

	北宋期			南宋期	
1	常　州（浙西）	498	1	温　州（浙東）	1148
2	衢　州（浙東）	250	2	明　州（浙東）	746
3	湖　州（浙西）	242	3	処　州（浙東）	506
4	蘇　州（浙西）	213	4	臨安府（浙西）	493
5	処　州（浙東）	193	5	婺　州（浙東）	466
6	杭　州（浙西）	165	6	常　州（浙西）	394
7	越　州（浙東）	153	7	台　州（浙東）	377
8	潤　州（浙西）	137	8	衢　州（浙東）	359
9	明　州（浙東）	127	9	嘉興府（浙西）	352
10	睦　州（浙西）	124	10	紹興府（浙東）	321
11	温　州（浙東）	83	11	平江府（浙西）	317
12	秀　州（浙西）	75	12	湖　州（浙西）	298
13	婺　州（浙東）	67	13	厳　州（浙西）	222
14	台　州（浙東）	38	14	鎮江府（浙西）	126

ち42名が温州出身であったと記されている。この両浙転運司からの208名とは、別頭試によるものと見られ、同条の割註に引く朱勝非『秀水閑居録』には、「牒試を転運司に於いて求むれば、七人毎に一名を取り、之れを本貫に比ぶれば、難易は百倍なり」と記されている。別頭試（牒試とも言う）とは、解試あるいは省試で、親戚や姻戚が試験官であった場合に[*10]、一般の解試・省試とは別に受験をすることを指すのであるが、ここの場合、7人に1人の割合とあるように、一般の試験によるよりも、桁違いに易しく合格できることが指摘されている。既に触れたチェーフィー氏の研究によって明らかにされているように、科挙の受験競争の激化にともなって、別頭試を利用した受験者は南宋になって非常に増加しており、いずれも一般よりは競争率の低いことをねらってのことであった。この史料に示された例は、解試段階での試験官が親戚などにいた場合であるが、前節で示したような省試の考官を多く出していた地域も、当然のことながら、こうした試験官を親類・縁者にもつ受験者が多くなり、その分、他の地域に比べて、これによる恩恵をこうむる受験者は確実に多いということになる。

　省試考官だけでなく、解試関係官も含めて考えると、その縁故者は相当の数にのぼることになるのであるが、次の《図1》および《図2》は、温州と明州において、試官や進士合格者を多く生み出した名族の相互関係を、婚姻関係を軸に示

---

*10 『建炎以来朝野雑記』乙集巻15「殿試不避親」によれば、解試と省試において、「緦麻より以上の親及び大功以上の婚姻の家」（「緦麻」は高祖を同じくする親族、「大功」は祖父を同じくするもの）の親戚が試験官にいる場合は、別頭試を受験することとなっていた（〔荒木 1969〕、〔中嶋 1992〕）。

第4章 南宋期における科挙

《図1》温州における名族の相互関係

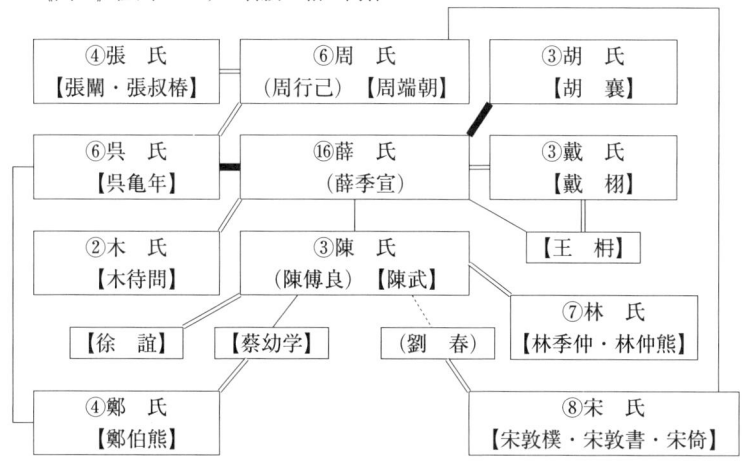

```
┌──────────┐ ┌──────────┐ ┌──────────┐
│ ④張 氏   │ │ ⑥周 氏   │ │ ③胡 氏   │
│【張闡・張叔椿】│ │(周行己)【周端朝】│ │【胡 襄】 │
└──────────┘ └──────────┘ └──────────┘
┌──────────┐ ┌──────────┐ ┌──────────┐
│ ⑥呉 氏   │ │ ⑯薛 氏   │ │ ③戴 氏   │
│【呉亀年】 │ │ (薛季宣)  │ │【戴 栩】 │
└──────────┘ └──────────┘ └──────────┘
                                  ┌──────────┐
                                  │【王 楠】 │
┌──────────┐ ┌──────────┐ └──────────┘
│ ②木 氏   │ │ ③陳 氏   │
│【木待問】 │ │(陳傅良)【陳武】│
└──────────┘ └──────────┘
                                  ┌──────────┐
┌──────┐ ┌──────┐ ┌──────┐ │ ⑦林 氏   │
│【徐 誼】│ │【蔡幼学】│ │(劉 春)│ │【林季仲・林仲熊】│
└──────┘ └──────┘ └──────┘ └──────────┘
┌──────────┐           ┌──────────┐
│ ④鄭 氏   │           │ ⑧宋 氏   │
│【鄭伯熊】 │           │【宋敦樸・宋敦書・宋倚】│
└──────────┘           └──────────┘
```

《図2》明州における名族の相互関係

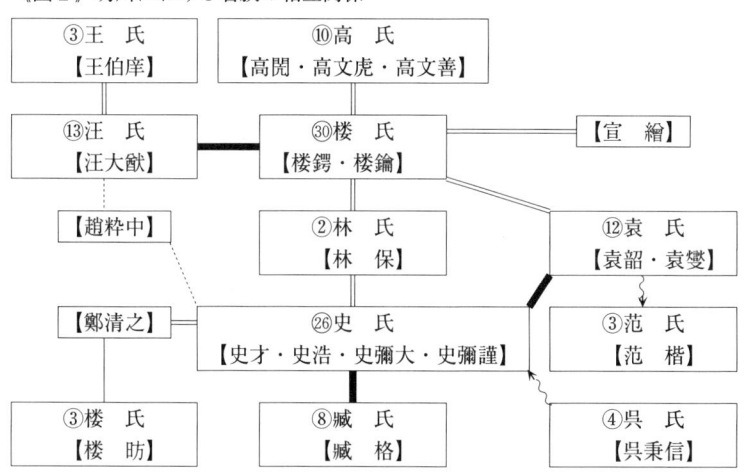

```
┌──────────┐ ┌──────────────┐
│ ③王 氏   │ │ ⑩高 氏       │
│【王伯庠】 │ │【高閌・高文虎・高文善】│
└──────────┘ └──────────────┘
┌──────────┐ ┌──────────┐ ┌──────┐
│ ⑬汪 氏   │ │ ㉚楼 氏   │ │【宣 繒】│
│【汪大猷】 │ │【楼鍔・楼鑰】│ └──────┘
└──────────┘ └──────────┘
┌──────┐   ┌──────────┐ ┌──────────┐
│【趙粹中】│   │ ②林 氏   │ │ ⑫袁 氏   │
└──────┘   │【林 保】 │ │【袁韶・袁燮】│
            └──────────┘ └──────────┘
┌──────┐   ┌──────────────────┐ ┌──────────┐
│【鄭清之】│   │ ㉖史 氏           │ │ ③范 氏   │
└──────┘   │【史才・史浩・史彌大・史彌謹】│ │【范 楷】 │
            └──────────────────┘ └──────────┘
┌──────────┐ ┌──────────┐ ┌──────────┐
│ ③楼 氏   │ │ ⑧臧 氏   │ │ ④呉 氏   │
│【楼 昉】 │ │【臧 格】 │ │【呉秉信】 │
└──────────┘ └──────────┘ └──────────┘
```

・═══ 婚姻関係（▬▬▬ は複数の婚姻関係），
  ── 思想上の関係，……… 友人関係，〜〜 官界での推薦。
・○内の数字は，宋代の進士合格者数（上舎釈褐も含む）。
・【　】内の人名は，試官の経験者。ただし，（　）内の人名は異なる。

したものである*11。これを見れば，試官をつとめた人物やその一族と，進士合格者を輩出する一族とが，きわめて密接な関係にあり，あるいは両者が重なっている——とりわけ明州については，《表10》に掲げた鄞県出身の試官の圧倒的多数がこの図に含まれているほどの密集性を示している——ことが窺える。その一族をめぐる有利な教育環境と同時に，試官の多さによる恩恵の存在が，進士合格者を多く生み出す一つの理由として考えられるのである。

先に挙げた紹興12年（1142）の科挙について述べた『要録』所引の『秀水閑居録』は，温州出身者の異常な優遇と，秦檜および参知政事・王次翁の子姪が合格したことに言及し，それらの締めくくりの言葉として，「前輩の詩に云わく，「惟だ糊名有らば公道も在り，孤寒も宜しく此の中に向かいて求むべし」と。今は然らざるなり」と記している。科挙の結果が地域や家柄によって左右されていることに対する嘆きは，前節に掲げた湯鵬挙の発言内容とも，まさに一致するものであると言えよう。

試官によって恩恵をこうむる例として，更に直接的であるのが，試官が成績判定自体に影響力を発揮する場合である。これは試官の中でも役割の大きいほど，おそらくはその効果があったものと見られ，福州出身者に関する事例であるが，淳熙8年（1181）の科挙の際に，試官のうち，知貢挙の王希呂の下の同知貢挙，鄭丙・黄洽が2人とも福州出身であった（鄭丙は長楽県，黄洽は侯官県）ため，「鄭・黄は皆な閩人なり。恐るらくは私の有らんことを」（李心伝『建炎以来朝野雑記』乙集巻15・取士「孝宗議令輔臣考南省上名試巻而中止」）と懸念する声があがっていたことが記されている。

明州の実例として，鄞県出身の礼部侍郎袁燮が同知貢挙を務めた嘉定10年（12

---

*11 《図1》・《図2》は，各一族の主要人物の墓誌銘などをもとに，婚姻関係を軸として示した相互関係である。婚姻関係の見出せないものについては，『宋元学案』・『宋元学案補遺』に拠って思想上のつながりの密接であるものを「思想上の関係」として結んだ。また，相互の一族の人物中に，友人関係や官界で推薦をおこなった事例が，墓誌銘・神道碑（『止斎先生文集』・『攻媿集』）や地方志（『延祐四明志』）に見られるものについては，それぞれ「友人関係」・「官界での推薦」の線で示した。なお，進士合格者は地方志に基づいて数えた。そのうち，明州の高氏に関しては〔石田肇 1985〕中の「高氏家系図」にもとづいた。

17)の省試で同じ鄞県出身の陳塤が省元となっている。陳塤は,『宋元学案』巻74・慈湖学案に名を列ねる,楊簡の門人の一人であり,袁氏など明州の人士とのつながりも深かったと見られる。また,その袁燮の子・袁甫が状元となった嘉定 7 年(1214)の科挙では,袁燮の従子にあたる袁韶が参詳官に加わっている。明州鄞県や温州のように,試官の多い地域であれば,こうした同郷人による利益を得る機会も,他の地域に比べて多かったと言えるであろう。

試官の多い地域に関して,もう一つ考慮に入れておくべきことは,近隣地域の出身者との連携である。当時の温州や明州の士大夫の人間関係において地域性がどのように見出せるのかを測る一つの目安として,温州・明州の中

《表12》
葉適『水心文集』所収の墓誌銘等の人物出身地

両浙東路	110
温　州	54
永嘉県	27
楽清県	6
瑞安県	8
平陽県	13
台　州	20
明　州	4
紹興府	11
婺　州	14
処　州	3
衢　州	4
両浙西路	16
福建路	10
江南東路	7
江南西路	3
淮南東路	1
華　北	1
不　明	2
合　計	150

《表13》
楼鑰『攻媿集』所収の墓誌銘等の人物出身地

両浙東路	63
明　州	39
鄞　県	34
奉化県	3
定海県	1
象山県	1
台　州	7
温　州	6
紹興府	5
婺　州	3
処　州	2
衢　州	1
両浙西路	4
江南東路	1
江南西路	8
成都府路	2
潼川府路	1
華　北	2
宗　室	2
合　計	83

でも,かなりの量の墓誌銘を書いた人物として,温州の葉適および明州の楼鑰について,2 人の文集に収められた墓誌銘・行状の対象となった人物の出身地を試みに調べてみると,《表12》・《表13》のような結果となった。彼らが筆をとった墓誌銘・行状には,その執筆対象となった人物と執筆者との生前の関係,あるいは遺族が執筆依頼に来た時の経緯などがしばしば記されている。したがって,それらの全てではないにしても,その多くが,執筆対象者ないしはその親族と執筆者自身との一定の人間関係の存在を前提としているものと捉えられるのであるが,奇しくも,葉適の『水心文集』,楼鑰の『攻媿集』ともに,ちょうど 4 分の 3 前後が両浙東路の人物で占められていることが見てとれる。自州かそれ以外かで人的結合の密接度に一つの段差があるのは容易に予想されることとして,さらに両浙東路かその他の路かでまた人的結合の一つの段差があり,浙東路内の関係もか

なり密接であることが窺えるであろう。

　これはあくまでも葉適・楼鑰個人に関するデータではあるが，温州・明州全般に関しても，両浙東路内での人的関係は，やはり重要性をもっていたものと見られる。中でもとくに婺州出身者とのつながりは，思想上の関係だけでなく，明州・婺州間の婚姻関係としても存在〔伊原 1974〕していたことが既に指摘されているが，さらに，その人的なつながりは，科挙をはじめ，官界に接近する各段階においても，効力を示していた。筆者が既に論及したことがあるように〔岡 1995〕，温州陳氏一族の陳傅良・陳武・陳謙と陳傅良の弟子にあたる蔡幼学が，太学への入学にあたって，婺州出身の呂祖謙から，あらかじめ試験の出題内容と解説を教えられていたことは，その典型的な例であるが，まさにこの呂祖謙が考官に加わっていた乾道 8 年（1172）の省試は，同じ婺州出身で思想家陳亮の友人であった〔周 1992〕侍御史葉衡が同知貢挙をつとめており，温州出身者がまた一つ顕著な優遇を受けた試験であった。

　すなわち，楼鑰『攻媿集』巻95「宝謨閣待制贈通議大夫陳公神道碑」によれば，「八年，公の高弟蔡公幼学，省元となり，公，これに次ぎ，徐公誼も又たこれに次ぐ。薛公叔似・鮑君瀟・劉君春・胡君時等，皆な郷郡の人なり。公の友に非ざれば，則ち其の徒なり」と記され，温州出身の蔡幼学・陳傅良・徐誼が成績上位を独占し，永嘉学派の薛季宣の一族にあたる薛叔似や，陳傅良と学問的つながりの深い鮑瀟・劉春・胡時らの人物（いずれも温州出身）が，いずれもこの年の科挙に合格したとの指摘がなされている。

　温州出身者と婺州出身者との関係として，科挙に関連して思い起こされるのは，高津孝氏が指摘しているように，宋代の受験参考書としての評点テキストの流れに両州の思想家たちが深く関わっている〔高津 1990〕ことである[*12]。南宋期の浙東が，非常に多くの科挙合格者あるいはその成績優秀者を生み出した背景には，このように受験技術に偏向した地域的思想文化も存在していたわけであるが，そ

[*12] 葉適や陳傅良ら永嘉学派の思想家の文章を引用するだけで「効」のあったことについては，既に言及したことがある〔岡 1995：18〕。なお，高津氏によれば，評点テキストの流れの中には，科挙の受験参考書である『崇古文訣』を著した楼昉（呂祖謙の弟子）のように，明州出身者も見られる。

れと並んで，浙東の地域内での上に見たような表裏さまざまの連携が作用していたことも併せ考えるならば，地域レベルでの多様な「再生産」の営みが，科挙試験の結果に影響を及ぼしていたと捉えられるであろう[*13]。

4．結　語

　以上のように，まず第一に，南宋期の科挙関係の試官については，両浙路および福建路など東南沿岸部やその付近に地域的集中が見られ，試官の多さは，その地域出身の進士合格者や成績優秀者を多くすることにも結びついていた。清代の官僚社会において，浙江省紹興府出身の下役人・幕友がきわめて多いことを明らかにしたジェームズ・コール氏は，その現象について，「不釣り合いな影響力」（disproportionate influence）が及ぼされた結果，「不釣り合いな報酬」（disproportionate rewards）を紹興府が享受していたと表現した〔Cole 1986〕が，宋代については，まさに官僚再生産の，より根幹たる科挙レベルで，「不釣り合いな影響力」による「不釣り合いな報酬」が生み出されていたと言うことができるように思う。

　宋代の科挙には解額が設定されていたが，これは府州軍での解試レベルの合格者割り当て額であって，実際には，太学経由や別頭試の利用によって，中央の省試レベルの合格者の地域的偏りは，とくに南宋において激しさを増していた。後に明代から清代にかけて，中央の会試レベルにおいても，地域別割り当てが徐々に制度化されてくるようになり，そこで宋代から一つの段階を画することになるのである。

　また本章では，第二に，温州・明州に地域をしぼり，実例に即した分析をおこなった。そこで浮かび上がってきたのは，それぞれの地域内における相互の婚姻

[*13] なお，最近では平田昌司氏が，詩賦の音韻と深くかかわる方言の違いに関連づけて，宋代科挙をめぐる地域性の問題に論及されていて，興味深い〔平田昌司 1992〕。科挙研究においては，こうした中国語学の立場も含め，史学・哲学・文学などの幅広い分野をまじえた議論が，今後更に必要とされているように思う。平田昌司氏の研究の存在については，姫路獨協大学外国語学部講師の橘英範氏よりご教示を得た。

《表14》試官のうち附郭県出身者の占める割合
（試官10名以上の府州軍）

		附郭出身	州計	割合
両浙西路	臨安府	19	29	65.5%
	平江府	27	51	52.9%
	江陰軍	13	13	100 %
	（軍内に1県のみ）			
	常 州	28	45	62.2%
	鎮江府	9	24	37.5%
	嘉興府	21	37	56.8%
	湖 州	32	56	57.1%
両浙東路	紹興府	18	40	45.0%
	明 州	39	45	86.7%
	台 州	22	43	51.2%
	温 州	45	80	56.3%
	処 州	18	69	26.1%
	婺 州	23	67	34.3%
	衢 州	14	26	53.8%
福建路	福 州	57	122	46.7%
	興化軍	39	51	76.5%
	泉 州	20	35	57.1%
	建寧府	17	37	45.9%
	邵武軍	10	18	55.6%
	南剣州	5	14	35.7%
江南東路	建康府	14	24	58.3%
	寧国府	3	10	30.0%
	徽 州	4	31	12.9%
	饒 州	6	29	20.7%
	信 州	8	26	30.8%
江南西路	隆興府	10	19	52.6%
	撫 州	13	19	68.4%
	臨江軍	0	11	0.0%
	吉 州	4	15	26.7%
成都府路	成都府	18	29	62.1%
	眉 州	9	25	36.0%

（潼川府路遂寧府は出身県が不明の者が多いため，この表から除いた。）

関係や思想上のつながりを通じた密接な関係であり，その人的結合を軸として，官界における地位の地域的再生産がおこなわれていたと捉えることができる。

ただし，さらに今後，考察を深めていくために，ここで温州・明州の特殊性についても確認しておきたい。先に述べたように，両浙東路，とりわけ温州・明州は南宋になって，北宋期に比べて格段の政治的優遇を受けることができた。そしてそれは，上にも記したような地域内での人脈から起こってきたものであった。しかし，その「地域」というものが，この2州の場合，どのようなものであったのか，それを探る一助として，次の《表14》を作成してみた。これによれば，2州のうち，とりわけ明州の場合は，試官の出身地が，州内でも，圧倒的多数の約87%が附郭の鄞県に集中している。具体的数字は省くが，これは，鄞県が人口割合や税額割合において占める率に比較して，異常に高い割合である。温州の場合も，永嘉県出身の試官の率が55%を超え，全体の中では多い方である。これに対し，同じ浙東でも附郭の県の占める率が低いのは，婺州（34.3%）や処州（26.1%）である。こちらの2州では，《表1》から見てとれるように，附郭の県だけでなく，州内の各県にも少なからぬ比重があり，試官となった官僚の出身地が県内に散らばって分布している

ことが窺える。

　このことの意味は，後の元末明初に明朝建国の母胎となった「浙東地主」の中心が宋濂（婺州金華県出身）・劉基（処州青田県出身）ら金華学派であったこと（〔山根 1971〕，〔檀上 1995〕）とも絡め合わせつつ，考えていかねばならない問題であるかもしれない。すなわち，この時の浙東地主の「浙東」とは "hinterland"（後背地）が最大の基盤となっていた〔Dardess 1983〕のであって，必ずしも沿岸海港都市に重心をおいていたのではなかったようである。

　さらに宋代に戻して言えば，朱熹の出身地である福建路建寧府は，《表14》によれば，附郭の県の出身者が45.9％で，決して多い方ではない。また陸九淵の出身地である江南西路撫州は附郭の県（臨川県）の比率こそ高いものの，陸九淵自身の出身地の金渓県は，附郭ではなく，南宋期に試官の非常に少ない県であった。こうした点からすれば，思想家と地域社会との関係のあり方を考察していくうえでも，試官の地域的分布は示唆的なデータを与えてくれているようにも感じられるが，最後のこの問題については，本章の課題設定を既に超えたことであるので，別の機会に論じることができればと思う。

〔参考文献〕

荒木　敏一　1969　『宋代科挙制度研究』，東洋史研究会
石田　　肇　1985　「南宋明州の高氏一族について――高閌・高文虎・高似孫のこと――」（宋代史研究会研究報告第2集『宋代の社会と宗教』，汲古書院）
石田　　浩　1994　「中国農村社会の基底構造」（中兼和津次編『講座現代アジア　2　近代化と構造変動』，東京大学出版会）
市來津由彦　1990　「福建における朱熹の初期交遊者達」（『東北大学教養部紀要』第54号）
　同　　　　1993　「南宋朱陸論再考――浙東陸門袁燮を中心として――」（宋代史研究会研究報告第4集『宋代の知識人』，汲古書院）
伊原　　弘　1971　「宋代明州における官戸の婚姻関係」（『中央大学大学院研究年報』創刊号）
　同　　　　1974　「宋代婺州における官戸の婚姻関係」（『中央大学大学院論究（文学研究科編）』第6巻第1号）
　同　　　　1976　「宋代官僚の婚姻の意味について――士大夫官僚の形成と変質――」（『歴史と地理』第254号）

同	1990	「中国宋代の都市とエリート——常州の発展とその限界——」(『史潮』新28号)
同	1991	「中国知識人の基層社会——宋代温州永嘉学派を例として——」(『思想』第802号)
梅原　郁	1983	『建炎以来繫年要録人名索引』, 同朋舎
岡　元司	1995	「南宋期温州の名族と科挙」(『広島大学東洋史研究室報告』第17号)
同	1996	「南宋期温州の地方行政をめぐる人的結合——永嘉学派との関連を中心に——」(『史学研究』第212号)
小島　毅	1993	「福建南部の名族と朱子学の普及」(宋代史研究会研究報告第4集『宋代の知識人』, 汲古書院)
小林　義廣	1995	「宋代福建莆田の方氏一族について」(『中国中世史研究　続編』, 京都大学学術出版会)
同	1996	「宋代吉州の欧陽氏一族について」(『東海大学紀要文学部』第64輯)
近藤　一成	1979	「南宋初期の王安石評価について」(『東洋史研究』第38巻第3号)
斯波　義信	1988	『宋代江南経済史の研究』, 汲古書院
周藤　吉之	1950	『宋代官僚制と大土地所有』(社会構成史体系第2部「東洋社会構成の発展」), 日本評論社
園田　茂人	1991	「「関係主義」社会としての中国」(野村浩一・高橋満・辻康吾編『もっと知りたい中国Ⅱ（社会・文化篇）』, 弘文堂)
高津　孝	1990	「宋元評点考」(『鹿児島大学法文学部紀要人文学科論集』第31号)
檀上　寛	1995	『明朝専制支配の史的構造』, 汲古書院
寺地　遵	1988	『南宋初期政治史研究』, 渓水社
同	1992	「地域発達史の視点——宋元代, 明州をめぐって——」(今永清二『アジア史における地域自治の基礎的研究』, 科研報告書)
同	1993	「南宋末期台州黄巌県事情素描」(吉岡真『唐・宋間における支配層の構成と変動に関する基礎的研究』, 科研報告書)
同	1996	「宋代政治史研究方法試論」(佐竹靖彦他編『宋元時代史の基本問題』, 汲古書院)
中嶋　敏	1992	『宋史選挙志譯註（1）』, 東洋文庫
中砂　明徳	1994	「劉後村と南宋士人社会」(『東方学報』京都　第66冊)
日比野丈夫	1939	「唐宋時代における福建の開発」(『東洋史研究』第4巻第3号)
平田　茂樹	1997	『科挙と官僚制』(世界史リブレット9), 山川出版社
平田　昌司	1992	「唐宋期における科挙制度変革の方言的背景（第2稿）——科挙制度と中国語史第六——」(岩田礼『漢語諸方言の総合的研究（1）』, 科研報告書)

三浦　　徹　1991　「ネットワーク論の功罪」(『マディーニーヤ』38号)
　　同　　　1995　「ソシアビリテ論とネットワーク論　その弱点」(二宮宏之編『結びあうかたち──ソシアビリテ論の射程』, 山川出版社)
村上　哲見　1980　『科挙の話──試験制度と文人官僚』(講談社現代新書592), 講談社
森田　憲司　1977　「「成都氏族譜」小考」(『東洋史研究』第36巻第3号)
山根　幸夫　1971　「「元末の反乱」と明朝支配の確立」(岩波講座『世界歴史』12), 岩波書店
ピエール=ブルデュー&ジャン=クロード=パスロン　1991　『再生産［教育・社会・文化］』, 藤原書店
　　同　　　1997　『遺産相続者たち──学生と文化』, 藤原書店
何　　忠礼　1992　『宋史選挙志補正』, 浙江古籍出版社
周　　夢江　1987　「宋代温州城郷商品経済的発展与衰落」(『温州師院学報 (社会科学版)』1987年第1期)
　　同　　　1992　『葉適与永嘉学派』, 浙江古籍出版社
梁方仲(編著)1980　『中国歴代戸口, 田地, 田賦統計』, 上海人民出版社
劉　　子健　1987　『両宋史研究彙編』, 聯経出版事業公司
Chaffee, John W. (1985) *The Thorny Gates of Learning in Sung China: A Social History of Examinations,* Cambridge University Press.
Ch'ü, T'ung-tsu (瞿同祖) (1962) *Local Government in China under the Ch'ing,* Harvard University Press.
Cole, James H. (1986) *Shaohsing:Competition and Cooperation in Nineteenth-Century China,* The University of Arizona Press.
Dardess, John W. (1983) *Confucianism and Autocracy:Professional Elites in the Founding of the Ming Dynasty,* University of California Press.
Ebrey, Patricia Buckley (1993) *The Inner Quarters:Marriage and the Lives of Chinese Women in the Sung Period,* University of California Press.
Hymes, Robert P. (1986) *Statesmen and Gentlemen:The Elite of Fu-chou, Chiang-hsi, in Northern and Southern Sung,* Cambridge University Press.
Lapidus, Ira M. (1975) "Hierarchies and Networks:A Comparison of Chinese and Islamic Societies," in *Conflict and Control in Late Imperial China,* ed. Frederic Wakeman, Jr. and Carolyn Grant. University of California Press.

［付記］本稿は, 平成9年度文部省科学研究費補助金「中国宋代永嘉学派の社会史的研究」(奨励研究A) による成果の一部である。

(原題「南宋期科挙の試官をめぐる地域性――浙東出身者の位置づけを中心に――」, 宋代史研究会研究報告第6集『宋代社会のネットワーク』, 汲古書院, 1998年)

第5章　南宋期温州の名族と科挙

1．問題の所在

　南宋期の永嘉学派を宋代史の中において考察していくためには，その思想家たちが社会においていかなる存在であったかを検討していかなければならない。このためには，温州の地域社会における彼らの位置づけをはじめ，様々な角度からの分析が必要とされているように思う。

　近年，宋代史でも盛んになりつつある地域史研究，とりわけ地域の「エリート」に関する研究は，こうした学派に関する研究に対しても，興味深い視角を多々提供しているように思う。江西撫州を扱ったロバート・ハイムズ氏の著書[*1]は，その中でも，最もまとまった代表的なものと言え，氏は，何世代にもわたって継続的に存在する地域のエリートの姿を明らかにしている。

　しかし，その成果を取り入れていく際に，なお加えて検討すべき課題も残されているように思う。たとえばハイムズ氏は，ロバート・ハートウェル氏の見解[*2]を受け継ぎ，南宋になってエリートが国家よりも地域へと重心を移したことを北宋との相違として捉えているが，この変化を顕著な転換であったとする考えに対しては，実証面からの批判がトーマス・H・C・リー（李弘祺）氏によってなされている[*3]。また，リチャード・デービス氏も，「社会的・地域的エリートを政治的・国家的エリートから分離した別個のものとして語ることは，すこぶる困難で

[*1]　Robert P. Hymes, *Statesmen and Gentlemen : The Elite of Fu-chou, Chiang-hsi, in Northern and Southern Sung*, Cambridge: Cambridge University Press, 1986.

[*2]　Robert M. Hartwell, "Demographic, Political, and Social Transformations of China, 750-1550," *Harvard Journal of Asiatic Studies*, 42.2, 1982.

[*3]　Thomas H. C. Lee, "Book Review on *Statesmen and Gentlemen* by Robert P. Hymes", *Journal of the American Oriental Society*, 109.3, 1989, pp.494-7, および李弘祺著『宋代官学教育与科挙』（聯経出版，1993年）「中訳本導論（代序）」。

ある」と批判している*4。ただし逆に、ハイムズ氏を批判したデービス氏自身の明州の史氏についての研究に対しても、地域エリート間の婚姻関係が、史氏一族にも早くから存在していたにもかかわらず、そのことをデービス氏が取り上げていないとの指摘*5がなされている。こうした相互批判を踏まえるならば、地域のエリートの研究にあたっては、地域社会内部での存在様態と、彼らの国家的・政治的レベルでの活動を常に複眼的に分析することが求められていると言えよう*6。

さて、以上のような課題は、とりわけ宋代の温州を研究していく際に、見逃すことのできない観点となるであろう。従来、温州の地域的特色については、永嘉学派の理財論を生み出した背景と関連づけて、手工業・商業・貿易など商品経済の発達していたことが、周夢江氏や楊翠微氏などによって強調されている*7。筆者ももちろん、この要素を軽視するわけではないが、それと同時に存在する温州の政治的特色については、これまで十分な注目がされてこなかったように感じられる。伊原弘氏によれば、永嘉学派の人物たちは広い階層を含みつつも、その中に温州のさまざまな有力者が少なからず存在しており*8、さらに衣川強氏が触れ

---

*4　Richard L. Davis, *Court and Family in Sung China, 960-1279 : Bureaucratic Success and Kinship Fortunes for the Shih of Ming-chou*, Durham,N.C. : Duke University Press, 1986, p.182.
*5　Beverly Bossler, "Book Review on *Court and Family in Sung China, 960-1279* by Richard L. Davis", *Bulletin of Sung-Yuan Studies*, 19, 1987, pp.74-89.
*6　Benjamin A. Elman, *Classicism, Politics, and Kinship : The Ch'ang-chou School of New Text Confucianism in Late Imperial China*, Berkley and Los Angeles : University of California Press, 1990. は、時代は異なるものの、本章と同じく地域的な学派である清代常州学派をこうした複眼的視点から論じていて興味深い。なおエルマン氏の「文化資産」（cultural resources）という概念の使用は、社会学者ピエール・ブルデュー氏の「再生産」（reproduction）についての理論が下敷きにされている。ベンジャミン・A・エルマン（秦玲子訳）「再生産装置としての明清期の科挙」（『思想』第810号、1991年）、参照。
*7　周夢江「宋代温州鎮市的発展和商業的繁栄」（『杭州商学院学報』1983年第4期）、同「宋代温州城郷商品経済的発展与衰落」（『温州師院学報（社会科学版）』1987年第1期）、同著『葉適与永嘉学派』（浙江古籍出版社、1992年）、楊翠微「試論葉適経済思想的社会基礎」（『求是学刊』1992年第3期）。
*8　伊原弘「中国知識人の基層社会——宋代温州永嘉学派を例として——」（『思想』第802号、1991年）。

ているように，中央政府レベルにおいては，温州出身者が，南宋の初期と中期にそれぞれ専権をふるった秦檜・韓侂冑の各政権に参画していた[*9]。また，加えて重要であるのは，ジョン・チェーフィー氏が明らかにしているように，宋代を通算して温州は，全国的に科挙合格者数の多い両浙路の中でも，最多を占める州であったことである。これは，科挙合格者数が地域的に偏在していることの表れでもあるのだが，チェーフィー氏は，こうした事態を，南宋になって科挙をめぐる特権がさまざまな形で拡大し，その公平性が薄らいでくるという傾向と重ね合わせて捉えようとしている[*10]。

これらの点からすれば，温州を基盤としていた永嘉学派について，地元の社会との関係をさらに詳細に検討し，併せて国家・政治との関連についても考察することは，これまでの宋代地域史研究を如上のように複眼的に補っていくうえでも，まさに格好の分析対象であると言えるように思う。さしあたり，1，温州の地域内部の有力者と永嘉学派および科挙との関係，2，そうした有力者と温州の地方行政との関係，3，温州出身官僚の官界での活動，などについて今後，分析をおこなっていくつもりであるが，本章では，このうちの一つ目について，南宋期温州の名族を取り上げ，永嘉学派とのつながりや相互の婚姻関係を明らかにし，さらに両浙路最多の合格者を出した科挙との関連を探ってみたい。

2．温州の名族

魏晋南北朝時代までは，造船業の発達が目立つばかりで，他に陶磁器業が見られるに過ぎなかった温州において，農業面での開発が進み始めたのは，唐代になってからであった。韋公堤などの水利施設の整備は，温州の農田の灌漑を促進する

[*9] 衣川強「秦檜の講和政策をめぐって」（『東方学報・京都』第45冊，1973年），同「「開禧用兵」をめぐって」（『東洋史研究』第36巻第3号，1977年）。なお，近藤一成氏も，「南宋初期の王安石評価について」（『東洋史研究』第38巻第3号，1979年）の註28で，秦檜と温州人士の関係について簡単に言及している。

[*10] John W. Chaffee, *The Thorny Gates of Learning in Sung China : A Social History of Examinations*, Cambridge : Cambridge University Press, 1985.

こととなった。加えて、造船業・陶磁器業のさらなる発展とともに、製紙業・紡績業も盛んになり、海外との貿易も活発となった。そして、宋代に入ると、これら以外にも、柑橘類や茶の生産が発展し、造船の額の増大も見られた[*11]。大規模な水利工事も見られた南宋期の温州は、こうした経済的な発展が、宋朝の南渡とともに加速されたところに時期的に位置するものと言える。

さて、南宋期の温州は、永嘉学派の活動に象徴されるように、学問の盛んな地域の一つであった。宋代温州に属する4県――永嘉県・楽清県・瑞安県・平陽県――のうちでも、学派の名の由来となった永嘉県は、とくに盛んであったようで、たとえば、「永嘉の多士と号するは、東南に甲たり」(王十朋『梅渓先生後集』巻29「劉知県墓志銘」)というが如き表現は、当時の記録にいくつも見出すことができる。

しかし同時に、かように経済・学問の発展が見られた温州が、『建炎以来繫年要録』(以下、『要録』と略す)巻100・紹興6年4月乙卯の条に、「平江府・湖・秀・常州・江陰軍・紹興府・衢・温州・建康府・広徳軍は、最も豪右大姓の数多き去処に係る」と記されているように、他のいくつかの府州軍と並んで、「豪右大姓」の多い地域であることには、これまであまり注意が払われて来なかったように思う。そこで、初めに本節では、温州にいかなる有力な姓族がいたのかを、具体的に列挙していきたい。

なお、その分析の基本史料となる墓誌銘には、文集・石刻史料集に収められ、閲覧が比較的容易であるものも多いが、今回はさらに、これまでの温州関係の研究でほとんど使われていなかったものとして、温州区(市)文物管理委員会編印『温州文管会蔵石攷』(1961年)[*12]も利用することができた。また、進士合格の年次や恩蔭・雑選などによる任官の有無については、該当県の地方志[*13]を参考にし

[*11] 周厚才編著『温州港史』(人民交通出版社、1990年)。
[*12] この史料集は、奈良大学教授の森田憲司先生が、1994年9月に中国を訪問された際に、入手されたものである。森田先生のご好意に厚く謝意を表したい。
[*13] 『光緒永嘉県志』・『嘉慶瑞安県志』・『民国平陽県志』・『光緒楽清県志』を主に参照した。なお、雑選について、『光緒永嘉県志』巻12・選挙志2「雑選」は、「科貢・薦挙より外に、掾選・貲選の諸流品有り」と記している。

た。

　まず，南宋期の温州において，最もその栄華を誇ったのは，永嘉学派の思想家，薛季宣を含む薛氏一族であると言える。後掲の《薛氏系図》に見られる始祖薛令之は，福建の福州長渓県の人で，唐代前半の左補闕兼太子侍読であり[*14]，その孫の薛懐仁の時（おそらく唐代中期）に温州に移住し，その後裔を永嘉県および瑞安県に見出すことができる[*15]。

　両者のうちでも，温州においてとくに有力な存在であったのは，永嘉県の系統である。薛懐仁から11世の子孫にあたる薛強立に至って始めて温州での進士合格を果たした。薛氏の進士合格者については，《表1》に一覧表にしたが，薛強立の子の四兄弟のうち，薛嘉言・薛弼・薛徽言の3人が，北宋末から南宋初にかけてあいついで進士合格し，官界での出世を見せる。葉適が執筆した薛弼の墓誌銘には，「薛は廉村より永嘉に派れ，公に逮ぶに十二にして，始めて厥の華を振るう」（葉適『水心文集』巻22「故知広州敷文閣待制薛公墓誌銘」）と記されている。

　これにつぐ世代には，薛徽言の子の薛季宣が登場し，また紹興年間から乾道年間にかけて，薛叔淵，薛叔似，薛紹らの進士合格者の名を挙げることができる。同じく葉適が執筆した薛紹の墓誌銘には，「薛氏の永嘉に於いて大なること三百年なり」（葉適『水心文集』巻19「中奉大夫太常少卿直秘閣致仕薛公墓誌銘」）と記されており，やはり一族の繁栄の様子を窺うことができる。

　以上の2世代は，中央政界でもかなり活発な動きを見せた世代であるが，それに比べると，以後の世代には，そこまでの動きは見られない。嘉定9年（1216）に書かれた前掲「故知広州敷文閣待制薛公墓誌銘」に，薛弼の死から67年を経て，「是の若く，曾王父の烈は，殆ど其の伝わる無し」という薛師旦・薛師石の発言が記されているのは，そうした状況を反映してのことであろう。とは言え，

[*14] 『新唐書』巻196・賀知章伝。なお，『淳熙三山志』巻26・人物類1「科名」によると，薛令之は唐・中宗の神龍元年（705）に，進士合格している。日比野丈夫「唐宋時代における福建の開発」（『東洋史研究』第4巻第3号，1939年）によれば，彼は福建最初の進士であった。

[*15] 福建路興化軍興化県の薛季良（知潮州）も薛令之の子孫である（劉克荘『後村先生大全集』巻159「薛潮州墓誌銘」）。

《表1》薛氏（永嘉県・瑞安県）の進士合格者

元豊2年（1079）	薛強立	（永嘉県）
崇寧2年（1103）	薛良顕	（瑞安県）
政和2年（1112）	薛弼	（永嘉県）
	薛良貴	（瑞安県）
政和5年（1115）	薛嘉言	（永嘉県）
建炎2年（1128）	薛徽言	（〃）
紹興8年（1138）	薛直言△	（〃）
	薛叔淵	（〃）
	薛良朋	（瑞安県）
乾道2年（1166）	薛紹	（永嘉県）
乾道8年（1172）	薛叔似	（〃）
淳熙11年（1184）	薛洽	（〃）
紹熙4年（1193）	薛泟	（〃）
慶元2年（1196）	薛叔灌△	（〃）
慶元5年（1199）	薛亀従	（〃）
嘉定4年（1211）	薛師中△	（〃）
紹定2年（1229）	薛矇△	（〃）
嘉熙2年（1238）	薛嶠△	（〃）
淳祐4年（1244）	薛峻	（〃）
宝祐4年（1256）	薛嵎	（〃）
	薛垍	（〃）

（註）薛洽は、薛強立の曾孫。人名の後の△印は、その名から考えてこの薛氏に含まれる可能性のある人物。

《表1》から見てとることができるように、その嘉定9年より前には、薛洽、薛泟、薛亀従らが進士合格を果たし、さらに以後の南宋末期にも、その発言者当人の薛師石の子である薛峻、薛紹の孫の薛嵎、薛嶠の子の薛垍らが進士合格している。中央政界での華々しい活動こそ見られないものの、永嘉県においては依然として有力な一族としてのステータスを保っていたと言えるであろう。王棻『永嘉金石志』に載る「補闕薛公像碑」は、淳祐5年（1245）に作成されており、地域の有力者として存続する薛氏一族全体の権威を示す意味を南宋末期にもっていたものと捉えることができよう。

さて、このように代々任官者を輩出した名族は、薛氏以外にも見出すことができる。『嘉慶瑞安県志』巻10・雑志「遺事」には、宋代について記した箇所に「世家」という項が立てられ、『息園間識』からの引用として、「宋時、永嘉の薛・呉・周・戴・王・宋、瑞安の蔡・曹、平陽の陳・林は、貴盛なること無比にして、幾んど宗室趙氏と同じ。楽清なれば則ち王氏父子も也た見ゆ」と記され、宋代温州において代々繁栄していた家が挙げられている。ここに挙げられた姓族は、具体的に調べてみると、薛氏ほどの多さではないにしても、そのほとんどがやはり代々多数の任官者を輩出する一族であった。『息園間識』が挙げていないが同様の性質をもつ永嘉県の張氏・林氏・何氏・胡氏を併せ、その任官者の人名をまとめたのが《表2》である（なお、この表には、任官していない人物でも、本章の中で言及した人物については、その名を加えて記している）。

このうち，戴氏（永嘉県）については，宝慶元年（1225）に没した戴若氷の墓誌銘に，「戴姓の永嘉において著れるは百七十年に垂（なんなん）とす」（戴栩『浣川集』巻10「処州通判墓誌銘」）と記された系統と，戴厚の墓誌銘に，「世々郷の著姓為り」（楼鑰『攻媿集』巻107「戴俊仲墓誌銘」）とされている系統の二つを見出せるが，双方が親戚関係にあるのかどうかについては，史料上，確認できなかった。永嘉県の王氏については，『息園間識』の指す王氏がどの王氏であるのかを特定できなかったが，可能性の高い二つの王氏を列挙した。また，陳氏については，平陽県・瑞安県・永嘉県の3県にまたがった陳傅良らの一族と，それとは別に南宋初期の権礼部侍郎陳桷を筆頭とする一族が，いずれも多数の任官者を出しているので，双方を併記した。

　なお，《表2》には載せなかったが，北宋の滅亡にともなって南渡した宗室趙氏の人員の中には，温州に住みつく者もかなりいた。呉松弟氏がその一部の人名を挙げている[*16]が，さらに地方志によって，温州における宗室の進士合格者を数えたものが《表3》である。宗室の人員は，一般の受験者に比べて進士合格が容易であり，温州からも多くの合格者を出している。表からわかるように，4県の中でも楽清県にとくに多かったようであり，刑部尚書となった趙立夫（開禧元年進士）は，楽清県の人であった。また，南宋も後半期になるにしたがって，合格者が非常に増えているのは，宗室の多い他の州とも同様の傾向であった[*17]。

　さて，以上の温州の名族の来歴については，薛氏を除くと，史料は非常に少ない。ただし，その中に，温州以外の地からの流入者が多く含まれていたことは少なくとも言えそうである。永嘉県王氏（A）ははるばる燕雲十六州の順州から五代期の混乱を避けて移ってきており，近いところでは，楽清県の王氏は銭塘から，永嘉県の胡氏は婺州からの移住である[*18]。中でも多いのは，福建からの移住で，薛氏以外に，陳氏（平陽県・瑞安県・永嘉県）・林氏（平陽県）が含まれる[*19]。した

[*16]　呉松弟著『北方移民与南宋社会変遷』（文津出版社，1993年）第3章第1節，および巻末の「移民檔案」表1-12。

[*17]　Chaffee, op.cit., p.216, n.28.

[*18]　葉適『水心文集』巻23「朝議大夫秘書少監王公墓誌銘」，汪応辰『文定集』巻23「龍図閣学士王公墓誌銘」，陳傅良『止斎先生文集』巻47「胡少賓墓誌銘」。

《表2》温州の名族の任官者

◇呉氏（永嘉県）

I	呉鼎臣	大観3年進士	
I	呉表臣	大観3年進士	鼎臣の弟
II	呉大年	紹興15年進士	鼎臣の子
II	呉亀年	紹興15年進士	表臣の子
II	呉邵年	紹興18年進士	〃
II	呉松年	恩蔭	〃
III	呉 壞	恩蔭？	松年の子
III	呉 璪	恩蔭？	〃
III	呉 琰	恩蔭	
IV	呉 濚	淳祐元年進士	表臣の曾孫

◇周氏（永嘉県）

I	周 預	慶暦6年進士	行己の従祖
I	周 泳	嘉祐6年進士	行己の父
II	周行己	元祐6年進士	
IV	周去非	隆興元年進士	行己の族孫
IV	周 緒	淳熙5年進士	去非の弟
IV	周鼎臣	？	端朝の父
V	周端朝	嘉定4年進士	去非の甥

◇戴氏（永嘉県）

I	戴士先	治平元年進士	
II	戴 述	元符3年進士	士先の子か
II	戴 迅	雑選	述の弟
III	戴 顗	恩蔭	迅の子
IV	戴九韶	恩蔭	顗の子
V	戴若氷	恩蔭	九韶の子
VII	戴耆寿	恩蔭	若氷の孫

I	戴 厚	特奏名	
II	戴闉之	淳熙2年進士	厚の従兄の子
II	戴 溪	淳熙5年別頭試	
III	戴 桷	恩蔭	溪の子
III	戴 枏	嘉定元年進士	溪の族子
IV	戴 炳	恩蔭	桷の子
IV	戴 焯	恩蔭	桷の次子
V	戴 塤	恩蔭	桷の孫

◇王氏A（永嘉県）

I	王 枏	乾道2年進士	
II	王 煒	恩蔭	枏の子
II	王 煴	恩蔭	〃

王氏B（永嘉県）

I	王允初	淳熙8年進士	
II	王致遠	恩蔭	允初の子
III	王漢老	恩蔭	允初の孫
III	王淇老	雑選	允初の従孫

◇宋氏（永嘉県）

I	宋之珍	紹聖元年進士	
II	宋敦樸	建炎2年進士	之珍の子
II	宋敦書	紹興12年進士	之珍の従子
III	宋 億	淳熙14年進士	之珍の従孫
III	宋 任	嘉定元年進士	〃
III	宋 倚	嘉定元年進士	〃
III	宋昌国	恩蔭	敦書の子
IV	宋 枡	宝慶2年進士	之珍の従曾孫
IV	宋 栱	紹定2年進士	〃

◇蔡氏（瑞安県）

| I | 蔡幼学 | 乾道8年進士 | |
| II | 蔡 範 | ？ | 幼学の子 |

◇曹氏（瑞安県）

I	曹叔遠	紹熙元年進士	
II	曹 霽	嘉定元年進士	叔遠の子
II	曹 豳	嘉泰2年進士	叔遠の族子
III	曹 邰	紹定5年進士	霽の子
III	曹愉老	嘉熙2年進士	豳の子

◇陳氏（平陽県・瑞安県・永嘉県）

〈平陽県〉

I	陳 瑾	―	
II	陳 巖	―	瑾の子
II	陳志崇	上舎釈褐	巖の弟
III	陳守仁	―	志崇の子

第 5 章　南宋期温州の名族と科挙　　　　　　　　　95

〈瑞安県〉

I	陳傅良	乾道 8 年進士	
I	陳　武	淳熙 5 年進士	傅良の族弟
II	陳師朴	？	傅良の子
II	陳師轍	？	〃

〈永嘉県〉

I	陳敦化	―	
II	陳　謙	乾道 8 年進士	傅良の従弟
II	陳　説	―	謙の弟
III	陳　観	恩蔭	謙の子
III	陳　頤	恩蔭	謙の甥
III	陳　巽	恩蔭	〃
III	陳　履	恩蔭	〃
III	陳　損	恩蔭	〃

◇陳氏（平陽県）

I	陳　桷	政和 2 年進士	懿の子
II	陳汝賢	？	桷の子
III	陳　峴	恩蔭・博学宏詞科	汝賢の子
IV	陳　昉	恩蔭	峴の子
IV	陳士表	嘉泰 2 年進士（閩県にて）	
V	陳　均	恩蔭	昉の兄の子

◇林氏（平陽県）

I	林　杞	崇寧 5 年進士	
II	林待聘	政和 5 年進士	杞の従子
III	林信厚	紹興15年進士	待聘の子
III	林仁厚	恩蔭	
III	林淳厚	淳熙11年進士	待聘の甥
IV	林潔巳	恩蔭	待聘の孫
IV	林　呆	慶元 5 年進士	淳厚の子
IV	林　栄	嘉定元年武挙進士	〃
IV	林　棨	嘉定元年進士	〃

◇王氏（楽清県）

I	王十朋	紹興27年進士	
I	王寿朋	恩蔭	十朋の弟
I	王伯朋	恩蔭	十朋の弟
II	王聞詩	恩蔭	十朋の長子
II	王聞礼	恩蔭	十朋の次子
III	王　夔	？	聞詩の子
III	王仲龍	？	聞礼の子
IV	王元持	淳祐10年進士	十朋の曾孫
?	王元慶	咸淳 4 年進士	一族？

◆張氏（永嘉県）

I	張　闡	宣和 6 年進士	
II	張仲梓	恩蔭	闡の子
II	張叔椿	隆興元年進士	〃
II	張季栐	恩蔭	〃
III	張　燠	恩蔭	仲梓の子
III	張　炳	恩蔭	季栐の子
III	張　燿	慶元 2 年進士	
III	張　燡	嘉泰 2 年進士	
IV	張　垓	恩蔭	闡の曾孫
IV	張　坦	恩蔭	季栐の孫
IV	張　墐	恩蔭	
IV	張　埏	恩蔭	〃
IV	張　圯	恩蔭	

◆林氏（永嘉県）

I	林季仲	宣和 3 年進士	
I	林叔豹	宣和 6 年進士	季仲の弟
I	林仲熊	紹興 5 年進士	季仲の弟
I	林季狸	紹興 8 年進士	季仲の弟
II	林思永	紹興18年進士	季仲の子
?	林思誠	紹興21年進士	一族？
II	林思問	紹興27年進士	季仲の従子
?	林思紹	紹興27年進士	一族？
?	林思斉	紹興30年進士	一族？
III	林士謙	淳熙11年進士	季仲の孫
?	林士尹	紹熙 4 年進士	一族？

◆何氏（永嘉県）
〈百里坊族〉

| I | 何　溥 | 紹興12年進士 | |

〈城南族〉

I	何子発	宣和3年進士	
II	何伯謹	紹興21年進士	子発の子
II	何伯益	紹興21年進士	〃
III	何次常	淳熙8年進士	叔忱の従兄
III	何叔愿	恩蔭	伯謹の子
III	何叔忱	淳熙8年進士	伯益の子

◆胡氏（永嘉県）

I	胡　襃	雑選	
I	胡　袠	紹興5年進士	襃の弟
I	胡　襄	紹興8年進士	襃の弟
II	胡　序	雑選	襃の子（袠の跡取りに）
II	胡千秋	雑選	序の従弟
III	胡　宗	紹熙4年進士	序の子
III	胡　守	上舎釈褐	序の子

　　　（註）◇は『息園間識』に「世家」として挙げられている一族。
　　　　　◆はそれ以外の名族。
　　　　　ローマ数字は世代を表す。
　　　　　人名の後に―とあるのは、任官しなかったことを表す。

がって，永嘉学派の薛季宣・陳傅良はともに福建から温州に移住してきた名族の一員ということになる。時期については多くが不明ではあるが，名族の中心的存在であった薛氏が移住してきた唐代は，先にも述べたように温州の水利事業が活発化し始めたころでもあり，いわば，温州における開発の進行と時期的に重なることになる。

　つぎに，そうした名族が，いかなる社会経済的基盤を有していたか，とくに土地所有などについては，墓誌銘などで多くは触れられていない。しかし，たとえば，陳氏一族の陳謙の父陳敦化の家が，たいへん裕福で，施しや橋・道路の整備に熱心であったり[20]，やはり同様に，張闡の曾祖父張恭・祖父張積・父張忱が「皆な徳を積み，施しを楽しむ」（周必大『文忠集』巻61「龍図閣学士左通奉大夫致仕贈少師諡忠簡張公闡神道碑」）と記されていることからすれば，科挙官僚を出す以前

---

[19] 本田治「宋元時代温州平陽県の開発と移住」（中国水利史研究会編『佐藤博士退官記念中国水利史論叢』，国書刊行会，1984年）。
[20] 薛季宣『浪語集』巻34「陳益之父行状」。なお，周藤吉之「南宋郷都の税制と土地所有」（『宋代経済史研究』，東京大学出版会，1962年），同「宋代郷村制の変遷過程」（『唐宋社会経済史研究』，東京大学出版会，1965年）では，この陳氏以外に蔣行簡・周鼎臣・薛季宣らの家が挙げられ，いずれも多くの土地をもった官戸であろうとの推定がおこなわれている。

第5章　南宋期温州の名族と科挙

《表3》温州の宗室の進士合格者数

	永嘉県	楽清県	瑞安県	平陽県	温州
建炎2年（1128）	0	1	0	0	1
紹興2年（1132）〜紹興30年（1160）	0	0	0	0	0
隆興元年（1163）	0	0	1	0	1
乾道2年（1166）	0	1	0	0	1
乾道5年（1169）〜淳熙5年（1178）	0	0	0	0	0
淳熙8年（1181）	0	0	1	0	1
11年（1184）	0	0	0	0	0
14年（1187）	0	0	0	0	0
紹熙元年（1190）	1	2	0	0	3
4年（1193）	0	1	0	0	1
慶元2年（1196）	0	3	0	0	3
5年（1199）	0	1	1	0	2
嘉泰2年（1202）	2	1	0	0	3
開禧元年（1205）	0	1	0	0	1
嘉定元年（1208）	0	3	0	0	3
4年（1211）	0	1	2	0	3
7年（1214）	3	2	0	0	5
10年（1217）	3	3	2	0	8
13年（1220）	1	3	3	1	8
16年（1223）	1	2	1	0	4
宝慶2年（1226）	3	7	2	2	14
紹定2年（1229）	1	5	3	0	9
5年（1232）	0	0	0	0	0
端平2年（1235）	0	0	0	0	0
嘉熙2年（1238）	3	1	2	0	6
淳祐元年（1241）	1	2	1	0	4
4年（1244）	0	2	0	0	2
7年（1247）	5	1	1	0	7
10年（1250）	2	0	0	1	3
宝祐元年（1253）	3	0	2	0	5
4年（1256）	1	1	0	0	2
開慶元年（1259）	0	0	1	0	2
景定3年（1262）	5	4	0	0	9
咸淳元年（1265）	26	27	15	3	71
4年（1268）	0	0	1	0	1
7年（1271）	2	0	2	0	4
10年（1274）	1	1	1	0	3
合計	66	76	42	7	191

（註）咸淳年間の数字については，地方志により異同があり，確定できない。

から富裕な経済力を有する家である場合がかなり含まれていたものと思われる。また，そうでない場合でも，永嘉県王氏（A）のように最初の進士合格者である王枏より前に3代にわたって儒者をしている例や，楽清県王氏のように王十朋の父の代になって初めて儒を業とした例もある[*21]。これも一般人に比べれば科挙に対してやはり近い位置にいたことになろう。

　以上，南宋期の温州には，薛氏を筆頭に，科挙合格などによって代々任官者を輩出する名族が多く存在していることを見てきたわけであるが，次節では，その

---

*21　註18「朝議大夫秘書少監王公墓誌銘」・「龍図閣学士王公墓誌銘」。

名族が永嘉学派とどのような関係にあり，また相互にどのような婚姻関係を結んでいたのかについて分析していきたい。

3．名族の相互関係

　宋代の温州における学問の流れを大まかに整理しておくならば，北宋中期の王開祖・丁昌期らに続き，「元豊太学九先生」と呼ばれた周行己・劉安節・劉安上・許景衡・戴述等，洛学の影響を強く受けた9人の思想家が，永嘉学派の先駆として位置づけられる[22]。そして，南宋期の薛季宣・陳傅良・葉適の3人を永嘉学派の本流として考えるならば，前節に挙げた名族が，こうした温州の学問の流れとの間にしばしば密接な関わりをもっていたことを見出すことができる[23]。

　まず，その薛季宣・陳傅良の2人は，前節で少し触れたように，彼ら自身が名族の出身で，とくに薛季宣は南宋期温州で最も代表的な名族の一員であった。そして，彼らの直接の門人としては，永嘉県王氏（A）の王枏が薛季宣の門人であり，瑞安県蔡氏の蔡幼学および同県曹氏の曹叔遠はともに陳傅良の門人であった。また，永嘉県戴氏の戴渓は陳傅良の「同調」，その族子の戴栩は葉適の門人であった。宗室の趙氏の中からも，楽清県の趙汝鐇や永嘉県の趙師秀（紹熙元年進士）が葉適の門人となっていた。その趙師秀は，「永嘉四霊」の一人として知られる詩人で，詩を通して薛氏一族の薛師石と交遊のあったことが確認される[24]。

　薛季宣・陳傅良・葉適らは，永嘉学派の人物やその親縁者の死に際して，しばしば墓誌銘・行状を書いていた。上記のような師弟関係のあるものについては一々は挙げないが，それ以外に直接の関係でなくても，永嘉県何氏の何伯謹の行状は陳傅良によって，また永嘉県張氏の張季樗は葉適によって執筆されており[25]，こうした側面にも相互のつながりを見出すことができる。

---

[22]　註7　周夢江著書。
[23]　以下，思想面での師弟関係については，おもに『宋元学案』および『宋元学案補遺』を参照した。
[24]　牛鴻恩選注『永嘉四霊与江湖詩派選集』（首都師範大学出版社，1993年）「趙師秀」，参照。

つぎに、温州の名族と永嘉学派の先駆の思想家との関係としては、北宋期の「九先生」の筆頭に挙げられる周行己が、永嘉県の名族周氏の一員であった。その父周泳の代までは瑞安県に住んでいたが、周行己が永嘉県の松台山の下に移り[*26]、嘉定13年（1220）に執筆された第4世代の周鼎臣の墓誌銘の中で、葉適が「余は既に松台の下に廬す、而るに周氏は居すること二百年なり。山の先儒故老も、君に如く者莫し」（『水心文集』巻24「周鎮伯墓誌銘」）と記しているのは、北宋以来の周氏一族の学問的繁栄を示す言葉と言える。そして、この周行己の直接の門人にあたる名族の人物は、永嘉県呉氏の呉表臣と永嘉県宋氏の宋之珍であった。

また、同じく「九先生」の一人である戴述自身は、永嘉県戴氏の出身である。さらに、永嘉県林氏の林季仲・林叔豹・林仲熊・林季狸の四兄弟は、いずれも「九先生」の許景衡の門人であった。平陽県陳氏の陳桷も、父陳懿の墓誌銘の執筆を許景衡に依頼している[*27]。時期は下るが、永嘉県王氏（B）の王致遠は、南宋後半に、永嘉書院を創立して周行己・許景衡ら永嘉学派の先駆者を祠っており[*28]、やはり彼らと思想的なつながりを有していたことになる。

なお、楽清県王氏の王十朋は、学問的系統から言えば、張浚の門人にあたってはいたが、同じ温州出身者として他の名族とのつながりも濃く、たとえば永嘉県胡氏の胡襄を推薦する[*29]など官界における協力をしている。また、王十朋と永嘉学派の関係もきわめて良好で、葉適は、「楽清県学三賢祠堂記」（『水心文集』巻9）で王十朋を称賛し、また十朋の2人の息子である王聞詩・王聞礼に対しては、それぞれ墓誌銘を執筆している[*30]。

このように、薛季宣・陳傅良・周行己といった思想家が、前節で挙げた温州の名族に属しているだけでなく、他の名族の多くにも、永嘉学派およびその先駆と

[*25] 『止斎先生文集』巻51「国子司業何公行状」、『水心文集』巻26「宋故中散大夫提挙武夷山冲佑観張公行状」。
[*26] 註7 周夢江著書第4章「伝播洛学与関学的周行己」。
[*27] 許景衡『横塘集』巻19「陳通直墓誌銘」。
[*28] 『万暦温州府志』巻11・人物志・宦業・「王允初」。
[*29] 徐象梅『両浙名賢録』巻34・清正・「太常少卿胡季皋襄」。
[*30] 『水心文集』巻16「提刑検詳王公墓誌銘」、『同』巻17「運使直閣郎中王公墓誌銘」。

の直接・間接の関係を見出すことができる。そして，こうした名族と永嘉学派，あるいは名族どうしの関係をさらに緊密なものにしていたのは，相互の婚姻関係であり，とくにその中軸となっていたのは，ここでも薛氏一族をめぐる関係であった（以下，《薛氏系図》参照）。

まず，薛氏との婚姻関係が非常に密接であったのは，「二家は永嘉の望姓たり，世々相い婚姻す」（『水心文集』巻15「夫人薛氏墓誌銘」）とあるように代々の婚姻関係を結んでいた永嘉県胡氏である。この「夫人薛氏」とは，胡序に嫁した薛季宣の姉のことであるが，同様に，薛弼・薛徽言の妻にも「胡氏」の名を見出すことができる[*31]。

この胡氏との関係以上に，永嘉学派との関連で注目されるのが，薛氏と陳傅良の一族との婚姻関係であって，陳傅良自身の娘の一人は，薛叔似の子の薛師雍を夫としている[*32]。また，陳謙の娘は，薛師董に嫁しており[*33]，師董が誰の子であるかについて地方志などでは確認できなかったが，『温州文管会蔵石攷』所収「薛叔似壙志」によって薛叔似の子であることを知り得た。さらに，陳謙の従弟にあたる陳説は，瑞安県の薛良朋の「姪孫女(おいのむすめ)」を妻としている[*34]。したがって，薛季宣と陳傅良という永嘉学派の代表的な思想家どうしが，一族どうしできわめて密接な関係を有していたことを窺うことができる。

また，薛弼の娘は永嘉県呉氏の呉亀年に嫁し[*35]，薛弼の孫にあたる薛沢は呉松年の娘の一人を妻に迎える[*36]など，薛氏と呉氏との間にも複数の婚姻関係があった。呉亀年・松年の父呉表臣は先にも述べたように，周行己の門人であり，さらに呉松年の妻周氏が，周行己の弟の子にあたる[*37]ことからすれば，薛氏一族は，

[*31] 『水心文集』巻22「故知広州敷文閣待制薛公墓誌銘」，『浪語集』巻33「先大夫行状」。
[*32] 楼鑰『攻媿集』巻95「宝謨閣待制贈通議大夫陳公神道碑」，『水心文集』巻16「宝謨閣待制中書舎人陳公墓誌銘」，『止斎先生文集』巻50「令人張氏壙誌」。
[*33] 『水心文集』巻25「朝請大夫提挙江州太平興国宮陳公墓誌銘」。
[*34] 『止斎先生文集』巻49「陳習之壙誌」。なお，陳説は『宋元学案』巻53「止斎学案」では，陳謙の「弟」となっている。
[*35] 註31「故知広州敷文閣待制薛公墓誌銘」。
[*36] 楊万里『誠斎集』巻125「知漳州監丞呉公墓誌銘」。
[*37] 同上。

第5章　南宋期温州の名族と科挙　　　　　　　　　　　101

こうした永嘉学派の先駆との間に，単に思想面だけでなく，婚姻を通してのつながりも有していたことになる。同様のことは，薛良朋の母の許氏が，周行己と並んで温州に洛学を伝播させた許景衡の姪である[*38]ことにも窺うことができる。

　薛氏一族は，それ以外の名族とも婚姻関係を結んでおり，瑞安県の薛良朋の娘は，永嘉県戴氏の戴闇之の妻となっている[*39]。また，楽清県王氏の王聞礼の娘は薛師謙なる人物に嫁いでおり[*40]，師謙が誰の子にあたるかなどは特定できなかったが，その名から考えてこれも薛氏一族中の人物と見て間違いないであろう。さらに，薛紹の娘が嫁いだ林士尹なる人物[*41]も，その名から永嘉県林氏の人物である可能性がある。

　前節で挙げた名族以外でも，薛弼の曾孫である薛師石の妻は，木待問の娘であった[*42]。この木氏は進士合格者こそ木待問（隆興元年進士）とその兄木思川（紹熙4年進士）の2人にすぎないが，福建から瑞安県に移住し，その家譜に「聚族して是に居す」（『嘉慶瑞安県志』巻7・選挙志1）と記されているような，まとまりある宗族であった。また，薛季宣と同じく孫汝翼の娘を妻とした蔣行簡（紹興21年進士）の一族も，六朝梁代の普通年間（520～527）に永嘉郡の太守として赴任した陽羨（現江蘇省宜興県）出身の蔣渙の弟である蔣湛が，そのまま留まり，それにまつわるエピソードから永嘉県の「建牙郷」の名のもとにもなった由緒ある名門であった[*43]。

　以上のように，薛氏一族は，温州の幅広い有力者層や思想家との間に，婚姻関係を通して緊密な関係をきずいていたわけであるが，こうした関係は，薛氏以外の名族についても見出すことができる。まず，名族どうしの関係としては，永嘉県張氏の張仲梓の妻は，周行己の一族であり，永嘉県王氏の王栐の娘は，同県戴

[*38] 『止斎先生文集』巻49「敷文閣直学士薛公壙誌」。
[*39] 同上。
[*40] 註30「運使直閣郎中王公墓誌銘」。
[*41] 『水心文集』巻19「中奉大夫太常少卿直秘閣致仕薛公墓誌銘」。
[*42] 『南宋群賢小集』所収，薛師石『瓜廬集』附録「薛瓜廬墓誌銘」（王綽撰）。
[*43] 『水心文集』巻18「朝議大夫知処州蔣公墓誌銘」，『光緒永嘉県志』巻3・建置志1・「郷都」。

《温州　薛氏系図》

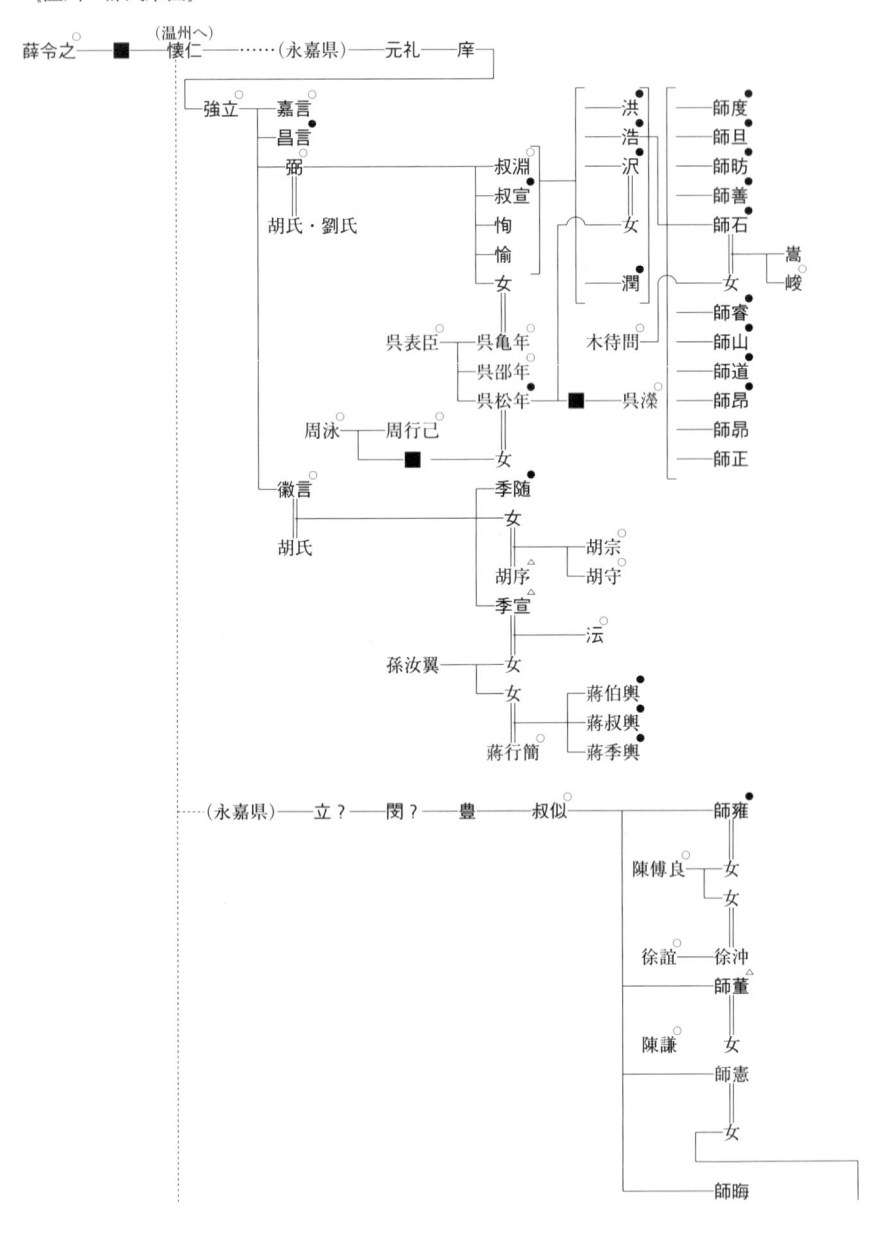

薛令之─■─懷仁（温州へ）……（永嘉県）─元礼─庠
        ├─強立─┬─嘉言
        │   ├─昌言
        │   ├─弼
        │   │ 胡氏・劉氏
        │   ├─叔淵
        │   ├─叔宣
        │   ├─恂
        │   ├─愉
        │   └─女
        │   呉表臣─┬─呉亀年
        │   ├─呉邵年
        │   └─呉松年─■─呉潌
        │   周泳─周行己─■─女
        ├─徽言
        │ 胡氏
        │   ├─季随
        │   └─女
        │   胡序─┬─胡宗
        │   └─胡守
        │   季宣
        │   孫汝翼─┬─女─沄
        │   └─女
        │   蔣行簡─┬─蔣伯輿
        │   ├─蔣叔輿
        │   └─蔣季輿
洪─┬─師度
浩─├─師旦
沢─├─師昉
女─├─師善
潤─└─師石
       └─女─┬─嵩
             └─峻
木待問─┬─師睿
       ├─師山
       ├─師道
       ├─師昂
       ├─師昂
       └─師正

……（永嘉県）─立？─閔？─豊─叔似─┬─師雍
陳傅良─女
       └─女
徐誼─徐沖
       ├─師董
陳謙─女
       ├─師憲
       └─女
       └─師晦

第5章　南宋期温州の名族と科挙

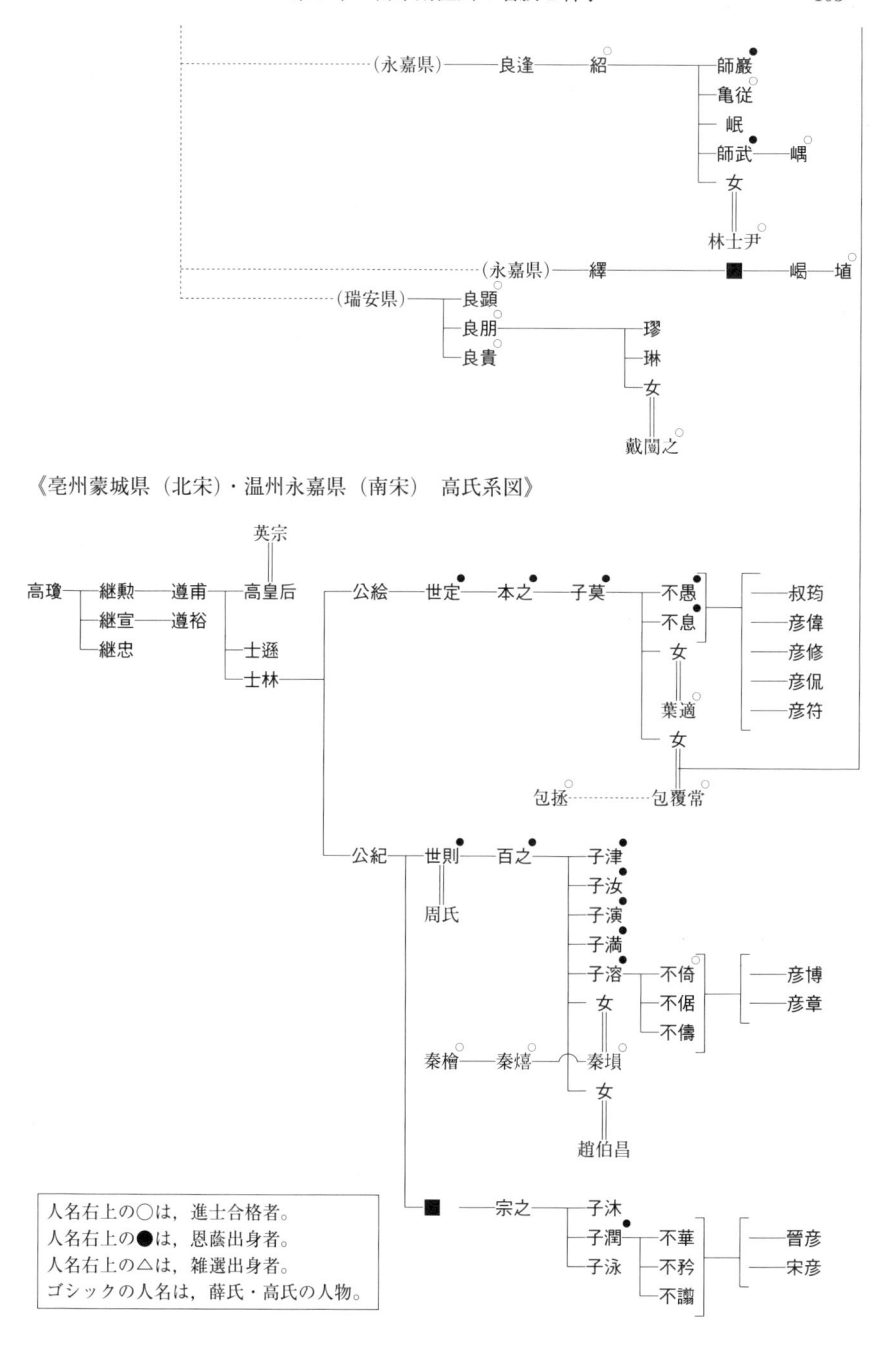

```
┌──────────────(永嘉県)──良逢──紹─┬─師巌●
│                                 ├─亀従
│                                 ├─岷
│                                 ├─師武●─岬○
│                                 └─女
│                                    ‖
│                                    林士尹○
│
├──────────────(永嘉県)──繹────■─碣○─埴
│
└──(瑞安県)─┬─良顕
            ├─良朋──┬─璆
            │        ├─琳
            │        └─女
            │           ‖
            │           戴闓之
            └─良貴
```

《亳州蒙城県(北宋)・温州永嘉県(南宋)　高氏系図》

```
                              英宗
                               │
高瓊─┬─継勲──遵甫──┬─高皇后
     ├─継宣──遵裕  ├─士遜
     └─継忠        └─士林──┬─公絵──世定●──本之●──子莫●─┬─不愚●──┬─叔筠
                              │                              ├─不息●  ├─彦偉
                              │                              ├─女     ├─彦修
                              │                                 ‖      ├─彦侃
                              │                                 葉適○  └─彦符
                              │                              └─女
                              │                                 ‖
                              │                                 包拯……包覆常
                              │
                              └─公紀──┬─世則●──百之●──┬─子津●
                                       │  ‖              ├─子汝●
                                       │  周氏            ├─子演●
                                       │                  ├─子満●
                                       │                  ├─子溶●─┬─不倚●─┬─彦博
                                       │                  │         ├─不倨  └─彦章●
                                       │                  │         └─不儔
                                       │                  └─女
                                       │                     ‖
                                       │          秦檜──秦熺─┬─秦塤○
                                       │                      └─女
                                       │                         ‖
                                       │                         趙伯昌
                                       │
                                       └─■──宗之──┬─子沐
                                                    ├─子潤──┬─不華─┬─晋彦
                                                    └─子泳  ├─不矜  └─宋彦
                                                             └─不譓
```

人名右上の○は，進士合格者。
人名右上の●は，恩蔭出身者。
人名右上の△は，雑選出身者。
ゴシックの人名は，薛氏・高氏の人物。

氏の戴栻の妻となっている*44。また,陳傅良の娘の一人は,林季仲の一族の林子燕という人物に嫁ぎ*45,平陽県陳氏の陳峴の妻は林思誠で*46,これも永嘉県林氏の人物である可能性がある。

さらに,名族以外の思想家も含めた関係としては,陳傅良の娘の別の一人は,温州にありながら陸学とのつながりもあった徐誼(乾道8年進士)の子の徐沖を夫としており*47,また陳傅良自身の妻張氏は,周行己の「講友」である張煇(政和2年進士),その子張孝愷(紹興30年進士),孝愷の子張東野(紹熙4年進士)という3代にわたる進士輩出の家柄の女性(張孝愷の娘)であった*48。それ以外にも,先にあげた「九先生」の家どうしの婚姻として,名族の戴氏の戴述が劉安上の妹を妻としていたり*49,永嘉学派の主流ではないものの,やはり周行己の流れをくむ鄭伯熊の弟鄭伯英の娘が,陳傅良の門人で瑞安県蔡氏の蔡幼学に嫁いでおり*50,陳傅良の一族にあたる陳瑾の娘は葉適の門人の邵持正(恩蔭出身)に嫁している*51。また,永嘉県宋氏の宋敦書の娘は,陳傅良とともに太学に入り,その後も傅良と密接な関係を保っていた劉春(乾道8年進士)の後妻になっている*52。このように,名族相互の婚姻ネットワークが,温州の思想家やその関係者をも多数包み込むものであったことを見てとれるであろう。

ところで,薛季宣・陳傅良に続いて永嘉学派を大成させた葉適は,貧しい知識人の家の生まれであり*53,彼自身は決して名族の出身とは言いがたい。しかし,彼が妻を迎えた高氏一族(《高氏系図》参照)は,もと亳州蒙城県に住み,北宋初期から皇帝の信任厚かった武人の家柄であり,英宗の高皇后を出した外戚の一門

---

*44 『攻媿集』巻104「知復州張公墓誌銘」,註18「朝議大夫秘書少監王公墓誌銘」。
*45 註32「令人張氏壙誌」。
*46 真徳秀『西山先生真文忠公文集』巻44「顕謨閣待制致仕贈宣奉大夫陳公墓誌銘」。
*47 註32「令人張氏壙誌」。
*48 同上。
*49 周行己『浮沚集』巻7「戴明仲墓誌銘」。
*50 『水心文集』巻21「鄭景元墓誌銘」。
*51 『水心文集』巻21「東塘処士墓誌銘」。
*52 『止斎先生文集』巻48「劉端木墓誌銘」。
*53 註7 周夢江著書第11章「葉適的生平与学術活動」。

であった[*54]。北宋滅亡に際し高氏一族では，高世則が，南宋建国前夜の不安定な時期に康王（高宗）の側近くに元帥府参議官として仕え[*55]，その後，温州へと移り住み，景霊宮使兼判温州に任じられるなどした[*56]。その子の高百之も，提挙両浙路市舶，提挙両浙東路常平茶塩公事，知温州などを歴任している[*57]。また，外戚であることを反映して，高氏をめぐる人脈も多彩で，高世則の妻周氏は，仁宗の周貴妃と血縁でつながった女性であり，さらに，彼女の「楚国太夫人周氏墓誌銘碑」（戴咸弼『東甌金石志』巻6）は，開封出身でやはり温州に移り住んだ元吏部侍郎の康執権の執筆によるものである。そして，同墓誌銘碑によれば，高百之の長女は秦檜の孫秦塤の妻となり，次女は宗室の趙伯昌の許婚であった。

　したがって，葉適の妻の父である高子莫が父を早く亡くし，その墓誌銘には，子供の頃（紹興年間ごろ）にいかに貧困であったかの記述が見られ，またその後，秦檜の死にともない，高百之の罷免などの事態が見られはするものの，高子莫・高子溶・高子潤はいずれも孝宗期以降に任官している。高子溶の墓誌銘に，「中興にて用人の道広く，戚畹・功臣の子は多く顕幸なり」（『水心文集』巻16「朝請大夫司農少卿高公墓誌銘」）として高世定・高百之・高子溶・高子潤の任官に言及し，また高不倚（嘉泰2年進士）のみが高氏の進士合格者であると記していることからすれば，彼らの多くが外戚の子孫であることを生かしての恩蔭による任官であったと見られる。そして，高子莫が知明州象山県に赴任した時には，孝宗の次男で明州在住の魏恵憲王（趙愷）から気に入られ，「我が家人に類す」（『水心文集』巻15「高永州墓誌銘」）とまで言われており，ここでも単なる一地方官としてより以上の人脈の存在を感じさせる。

　葉適が高子莫の娘と結婚した年については，淳熙4年（1177）冬と淳熙7年

[*54] 高皇后については，千葉熒「英宗宣仁皇后高氏——宋代の后妃その2——」（『木村正雄先生退官記念東洋史論集』，木村正雄先生退官記念事業会東洋史論集編集委員会，1976年），参照。
[*55] 『要録』巻1・建炎元年正月辛卯朔の条。
[*56] 『宋会要』職官54-13（宮観使）・紹興10年6月16日の条。
[*57] 『要録』巻159・紹興19年6月癸亥の条，『同』巻163・紹興22年正月丁亥の条，『同』巻167・紹興24年12月己丑の条。

(1180) 冬の2説がある*58が，淳熙4年とすれば，それはまさに同年秋に漕試を受け，翌年春に進士合格する間のことになる。また，淳熙7年とすれば，進士合格の2年後になる。宋代においては，婚姻相手の選択に際して進士合格者が重んじられる風潮があり*59，漕試合格の後か進士及第の後かは措くにしても，地元の有望な若者を自己の姻族に入れようとする高氏の一族としての戦略の表れと言えるであろう。

　葉適は，ある宗室の女性の墓誌銘に，「婦の貴きは，夫の倚る所なり。夫の富むは，婦の安んずる所なり。此れ固より世俗と宗室との婚を為す者の常なり」（『水心文集』巻25「趙孺人墓誌銘」）と記し，当時の婚姻関係の形成において，女性側の家柄の貴さのもつ意味に言及している*60。貧しい知識人の息子である葉適にとっても，外戚の子孫という妻の家柄は，自身の箔を付けるのに歓迎すべきものであったと考えられよう。

　高子莫はもう一人の娘を，楽清県の包履常（淳熙8年進士）に嫁がせている。この包氏一族は，北宋の政治家である包拯の子孫にあたる家で，包履常の4世祖が永嘉県雁池に徙り，さらに祖父包汝嘉が楽清県柳市に徙っていた。包氏をめぐる婚姻関係としては，さらに包履常と夫人の高氏の間に生まれた娘の一人が，薛師憲に嫁している*61。この薛師憲は，前掲「薛叔似壙志」（『温州文管会蔵石攷』）によって，薛叔似の子と確認できるため，葉適は義妹の娘を通じて薛氏一族との間に，間接的ながら姻戚関係をもっていたということになる。

---

*58　周学武『葉水心先生年譜』（大安出版社，1988年），周夢江「葉適行年著作小紀」（『歴史文献研究』北京新3輯，1992年）。

*59　伊原弘「宋代官僚の婚姻の意味について――士大夫官僚の形成と変質――」（『歴史と地理』第254号，1976年），呉旭霞「試論宋代婚姻重科挙士人」（『広東社会科学』1990年第1期），Patricia Buckley Ebrey, *The Inner Quarters : Marriage and the Lives of Chinese Women in the Sung Period*, Berkley and Los Angeles : University of California Press, 1993.

*60　この史料については，宗室をめぐる婚姻について論じた John W. Chaffee, "The Marriage of Sung Imperial Clanswomen," in *Marriage and Inequality in Chinese Society*, ed. Rubie S. Watson and Patricia Buckley Ebrey. Berkly and Los Angeles : University of California Press, 1991. に詳しい。

*61　『西山先生真文忠公文集』巻45「朝奉郎通判平江府事包君墓誌銘」。

以上の検討からすれば，周行己ら永嘉学派の先駆から，薛季宣・陳傅良・葉適といった永嘉学派の中心人物たちはいずれも，温州の名族（南宋初期に温州に来た北宋以来の由緒ある一族も含めて）に自身が属するか，あるいはきわめて密接な関係をもち，婚姻関係を通して，名族どうしのネットワークをはりめぐらせていたと言えよう。

4．温州出身官僚と科挙

ところで温州における科挙試験は，解試受験者の数の多い割に温州の解額が少なかったようで，激しい競争が演じられていた[*62]。にもかかわらず，前節のような婚姻関係により永嘉学派を軸にして結びついていた温州の名族は，第2節で述べたように進士合格者を多数輩出し，また温州全体としても両浙路で最多の進士合格者を生み出していたのはなぜであろうか。地域内部と政治的レベルの双方から考えてみたい。

まず，地域における名族の長期的な存続に関して思い出しておきたいのは，恩蔭のような科挙以外のルートでの任官が，名族としてのステータス維持に重要な役割をもっていたことである。このことは，既に森田憲司氏が指摘している[*63]が，さらに温州の状況に即し，科挙そのものに関連づけてつけ加えるならば，進士合格者を父にもつ恩蔭出身者でも，その子孫に再び進士合格者を出すことはしばしば見られたことであった。たとえば，進士合格した薛峻の父薛師石，同じく進士合格の薛嶼の父薛師武は，いずれも恩蔭出身である。また，兄弟で進士合格した張燧・張燡の父張季樗も恩蔭出身であるなど，こうした例は枚挙に暇がない。すなわち，恩蔭による任官は，名族としての「縮小再生産」過程の開始とばかりはなっていないのである。

裏返して言えば，科挙による地位の「再生産」は，一族全体として捉える必要

[*62] 朱熹は，太学入学に混補法の採用を主張する者が温州・福州・処州・婺州に多いことを述べ，その背景として，解額の少なさを指摘している（『晦庵先生朱文公文集』巻69「学校貢挙私議」）。

[*63] 森田憲司「「成都氏族譜」小考」（『東洋史研究』第36巻第3号，1977年）。

があり，次世代への学問的伝達が，単に直系の親子関係だけでなく，傍系の親族や，さらには姻族も含めておこなわれたことを認識しておかねばならない。たとえば，傍系の親族との関係で言えば，薛季宣のように，6歳の時に親が早死にしたとしても，伯父薛弼に引き取られてその任地に伴われており，この伯父から強い影響を受けている[64]。また，名族や思想家の家どうしの婚姻関係を通しては，薛季宣の姉を母とする胡宗が，「尽く外氏の書を得，諸弟を率いて力め学ぶ」（『止斎先生文集』巻47「胡少賓墓誌銘」）として，母の実家からの直接の恩恵に浴する例が見られる。妻として迎えられる女性自身も儒教的教養を身につけていることが多く，呉松年の妻となった周行己の姪は孝経・論語・孟子に通じており，陳傅良の妻の張氏は幼時より詩や礼の影響を受けて，一般の女性とは異なっていたとされている[65]。こうした母親の教養の高さも，子弟の勉学への影響の面で軽視してはならないであろう。

　名族どうしの交際関係にまで広げて考えた場合でも，平陽県陳氏の陳守仁の墓誌銘（劉克荘『後村先生大全集』巻160「南窓陳居士」）によれば，守仁の伯父陳巌や父陳志崇が陳傅良と同譜の弟兄であり，「皆な止斎（陳傅良）・龍泉（葉適）を師友とし，徐公誼・陳公武・蔡公幼学の間を周旋す」と述べられているのに続けて，「君（陳守仁）幼くして親の側に拱立し，緒言を尽く記す。止斎，之を愛し，君の仲弟師朴を以て子と為す」と述べられている。名族どうしの交際関係を通じて，名だたる思想家に接する機会があり，また儒学的教養を持った肉親に日々接していることが，勉学の内容を高度化させ，「文化資産」を受け継いでいくための有利な条件ともなっていたと言えよう。

　地域レベルでは，こうした家庭環境自体の優位性のほかに，科挙において，「家保状」の保証人に有力な名士を立てることのできる既成の人的コネクションを持つ者が有利であったとされており[66]，如上のような名族の受験者は，この点でも一般人に比べて優位に立っていたことになろう。

　さて，以上のような地域内部の条件以外に，南宋政権における温州出身官僚の

---

[64] 楊世文「薛季宣年譜」（『宋代文化研究』第3輯，四川大学出版社，1993年）。
[65] 註36「知漳州監丞呉公墓誌銘」，『水心文集』巻14「張令人墓誌銘」。
[66] Hymes, op.cit., pp.43-5.

第5章 南宋期温州の名族と科挙   109

登用も，科挙合格者を多数生み出す要因となり，その中で，名族はやはり中心的な役割を果たしていた。

　まず，南宋初期に，温州出身官僚が多く登用されるきっかけとなったのは，高宗が金軍の攻撃を避けて「海上之行」をおこなった際，温州にも滞在したことであった。その期間は，建炎4年（1130）正月から3月までの僅か約2ヶ月間に過ぎなかったが，温州の人士たちにとって，皇帝周辺の高級官僚たちに，じかに接することができたことは，大きな意味をもつことになった。以後，こうした朝廷の官僚の推薦によって登用される人物が相次ぐようになる。

　すなわち，当時御史中丞として温州に来ていた趙鼎は，永嘉県呉氏の呉表臣および同県林氏の林季仲の2人を台官へと推薦している[*67]。これ以後，呉表臣は監察御史，右正言を歴任し，建炎4年11月に趙鼎が一時罷免された際には外任を乞い知信州となる[*68]など，趙鼎人脈の人間として身を処している。また，林季仲は紹興4年（1134）にも再び趙鼎の推薦を受け[*69]，秘書郎，祠部員外郎，太常少卿などを歴任した。このほか，平陽県出身の蕭振（政和8年進士）も趙鼎に連なる人物として，紹興6年（1136）に秘書郎に任じられている[*70]。

　さらに，温州出身者の登用を加速したのは，後に専権をふるうことになる秦檜との関係であった。建炎4年に金国から帰国した秦檜は，翌年の紹興元年（1131）に宰相に任じられ，修政局を設置して，胡安国ら知名の士を自己の集団内に迎えていた[*71]。温州出身者に関しても同時期に，林季仲の弟の林叔豹が監察御史になったのは，李心伝によれば，「恐らく是れ，呂頤浩の外に有りし時，秦檜の除する所なり」（『要録』巻58・紹興2年9月辛未の条）という経緯をへていた。また，平陽県林氏の林待聘は，既に紹興元年に秦檜の推薦によって秘書省校書郎に，ついで尚書司封員外郎になっていたが，修政局の存廃の議論がおこった際には，存続の見解を上疏しており，紹興2年（1132）秋に秦檜が政権から追放されると，彼も

---

*67　『要録』巻31・建炎4年正月甲子の条。
*68　『要録』巻39・建炎4年11月戊午の条。
*69　『要録』巻74・紹興4年3月戊午の条，『同』巻77・同年6月丁酉の条。
*70　『要録』巻100・紹興6年4月己未の条。
*71　寺地遵著『南宋初期政治史研究』（渓水社，1988年）101頁。

「秦檜党」として落職させられている*72。

　その後，紹興4年（1134）の趙鼎の宰相就任の時期にも，秦檜はやはり政権中枢部から遠ざけられていたが，その間に，秦檜は紹興6年5月に知温州に任命されている*73。この時，温州の有力者との接触があったようで，薛氏と代々の婚姻関係にあった胡氏一族の胡衰を秦檜が訪ねていることが確認できる*74。また，既に高宗の温州滞在中に宰相呂頤浩への進言をおこなっていた薛弼に関しても，後に岳飛が処刑されたにもかかわらず，その幕僚となっていた薛弼*75が何ら罪に問われなかった理由の一つとして，「秦檜の永嘉に閑居するや，（薛）弼，旧と其の門に游ぶ」（『要録』巻144・紹興12年正月戊申の条）ということが挙げられている。

　そして，秦檜が紹興8年（1138）に政権に復帰し，趙鼎の排除に乗り出した際，温州出身者も，それを背後で支える役割を果たすことになる。もともと趙鼎は，旧法・元祐系士人の起用に熱心であり*76，彼の推薦を受けて登用された呉表臣・林季仲は，前節でも触れたように，洛学の流れをくむ周行己・許景衡の門人であり，蕭振は，許景衡の娘の夫であった*77。しかし，彼らのうち，呉表臣・蕭振らは趙鼎のもとから秦檜へと乗り換えを図るようになる。

　紹興7年（1137）11月，監察御史であった蕭振は，親の高齢を理由に，外任を求めたが許されなかった。そこで今度は，給事中の呉表臣と，右司員外郎の薛徽言（薛季宣の父）から趙鼎へと強く要望してもらい，趙鼎もようやくそれを認め，蕭振を両浙西路提点刑獄公事とした*78。ところが，蕭振は，秦檜の政権復帰後の翌8年6月には，秦檜の引きで宗正少卿となり，さらに同年8月には侍御史に任じられている*79。蕭振のこの一連の動きに関して，『要録』に引用する『趙鼎事

---

*72　『要録』巻45・紹興元年6月丁丑の条，『同』巻56・紹興2年7月癸酉の条，『同』巻57・同年8月壬子の条。
*73　『要録』巻101・紹興6年5月乙酉の条。
*74　『止斎先生文集』巻47「胡少賓墓誌銘」。
*75　王曾瑜「岳飛的部将和幕僚」（『岳飛研究』，浙江古籍出版社，1988年）。
*76　註71寺地遵著書120頁。
*77　胡寅『斐然集』巻26「資政殿学士許公墓誌銘」。
*78　『要録』巻117・紹興7年11月癸巳の条。
*79　『要録』巻120・紹興8年6月丙寅の条。

実』は，「初め監察御史蕭振，力めて外補を求め，且つ其の郷人呉表臣・薛徽言に託して請を為すこと甚だ切なり。鼎，之に従い，遂に郡に除せられて去る。秦檜の相を拝するに及び，一たび詔あれば即ち来たる。始め振，親の年七十なるを以て去るを求め，是に至りて復た親を以て辞を為さず，尋いで南康（床）[*80]に除せらる。是れ必ず薦められて鷹犬と為る者有る也」（『要録』巻122・紹興8年9月丁亥の条）と論じており，温州出身者の連係的な行動によって，蕭振が趙鼎を見限って秦檜の「鷹犬(てきき)」へと転じていく姿をはっきり知ることができる。その後，蕭振は，侍御史として，趙鼎人脈の参知政事劉大中を弾劾し[*81]，また趙鼎に対しても「蓋し其の自ら去るを為さんことを欲す」（『要録』巻122・紹興8年10月甲戌の条）として圧力をかけるなどの働きを見せている。

　そして，紹興8年10月に趙鼎が辞任し，秦檜が政局の主導権を把握した前後より以後，温州出身者の中央官界での昇進が目立つようになる。とくに六部尚書・侍郎クラスでは，呉表臣が礼部侍郎，吏部尚書に，蕭振が兵部侍郎に，また平陽県陳氏の陳桷も，太常少卿を経て権礼部侍郎に就任している[*82]。さらに，その他の官僚としても，この時期，林侍聘が中書舎人，給事中に[*83]，その林侍聘の推薦を得た[*84]永嘉県張氏の張闡が秘書省正字，秘書省校書郎，秘書郎になるなどしていた。そして，呉表臣・蕭振・林侍聘が相次いで侍講または侍読を兼職していた[*85]ことから考えて，周行己・許景衡の流れをくむ温州出身者の学問が，趙鼎罷免後の朝廷において，一定の学術的地位も得ていたと捉えることができよう。

　このような名族出身者を中心とした温州出身官僚の相次ぐ昇進の結果として，科挙での温州出身者優遇も顕著となる。紹興12年（1142）の省元は永嘉県何氏の何溥であり，その年の温州からの進士合格者は，《表4》からわかるように，高

[*80] 原文では「南康」となっているが，「南床」（侍御史の別称）の誤りである。
[*81] 『要録』巻122・紹興8年10月丁巳の条。
[*82] 註71 寺地遵著書336〜7頁 表1。
[*83] 『要録』巻130・紹興9年7月丁亥の条，『同』巻138・紹興10年12月丙戌の条。
[*84] 『要録』巻135・紹興10年5月丁丑の条。
[*85] 『要録』巻111・紹興7年6月己未の条，『同』巻126・紹興9年2月己巳の条，『同』巻127・同年3月癸卯の条，『同』巻134・紹興10年2月癸丑の条。

《表4》宋代温州の進士合格者数

[北宋]

		永嘉県	楽清県	瑞安県	平陽県	温州	全国	率(%)
太祖〜真宗	建隆元年(960)〜天禧3年(1019)	この間、計35回				0	3435	0
仁宗	天聖2年(1024)	1	0	0	0	1	206	0.5
	5年(1027)	1	0	0	0	1	378	0.3
	8年(1030)	0	0	0	0	0	249	0
	景祐元年(1034)	1	0	0	0	1	501	0.2
	宝元元年(1038)	0	0	0	0	0	310	0
	慶暦2年(1042)	1	0	0	0	1	432	0.2
	6年(1046)	2	0	0	0	2	538	0.4
	皇祐元年(1049)	0	0	0	0	0	489	0
	5年(1053)	1	0	0	0	1	520	0.2
	嘉祐2年(1057)	0	0	0	0	0	388	0
	4年(1059)	0	0	0	0	0	163	0
	6年(1061)	1	0	0	0	1	193	0.5
	8年(1063)	0	0	0	0	0	194	0
英宗	治平2年(1065)	2	0	0	0	2	213	0.9
	4年(1067)	1	0	0	0	1	305	0.3
神宗	熙寧3年(1070)	1	0	0	0	1	295	0.3
	6年(1073)	0	0	0	0	0	400	0
	9年(1076)	0	0	0	0	0	422	0
	元豊2年(1079)	1	0	2	0	3	348	0.9
	5年(1082)	0	0	0	0	0	445	0
	8年(1085)	1	0	1	0	2	485	0.4
哲宗	元祐3年(1088)	1	0	0	0	1	508	0.2
	6年(1091)	2	0	0	0	2	519	0.4
	紹聖元年(1094)	3	0	1	0	4	513	0.8
	4年(1097)	3	0	0	2	5	569	0.9
	元符3年(1100)	4	0	1	0	5	558	0.9
徽宗	崇寧2年(1103)	1	0	2	0	3	538	0.6
	5年(1106)	0	0	2	2	4	671	0.6
	大観3年(1109)	4	0	2	0	6	685	0.9
	政和2年(1112)	5	0	1	3	9	713	1.3
	5年(1115)	3	0	0	1	4	670	0.6
	8年(1118)	3	1	3	2	9	783	1.1
	宣和3年(1121)	4	0	1	1	6	630	1.0
	6年(1124)	2	0	3	3	8	805	1.0
北宋計		49	1	17	16	83	19071	0.4

(註)『乾隆温州府志』・『光緒永嘉県志』・『嘉慶瑞安県志』・『民国平陽県志』・『光緒楽清県志』による。《表3》と同様、咸淳年間の温州の合格者については不確定な数字である。

宗期において最も多い24名(うち永嘉県から14名)であった。『要録』巻144・紹興12年3月乙卯の条によれば、紹興12年の科場で、両浙転運司からの解を得た者208人のうち、約5分の1にあたる42人が永嘉人であり[86]、衣川強氏が引用した「温州永嘉郡の人であって、耳と口と鼻とがそなわってさえいれば、みな要路に登用され、さらに相互に推薦しあって昇格していった」という記述[87]は、まさに『要録』同条の割註に引かれた文章である。

ただし、その同じ紹興12年に呉表臣・陳桷が典礼をめぐる意見対立から罷免され、同14年(1144)に張闡も罷免されるなど、主立った温州出身官僚が相次いで朝廷を去り、秦檜とのつながりは以前に比べて細くなる[88]。しかし、以後、秦檜

[86] 註9 近藤一成論文。
[87] 註9 衣川強「秦檜の講和政策をめぐって」287頁。

第5章　南宋期温州の名族と科挙　　　　113

[南宋]

	永嘉県	楽清県	瑞安県	平陽県	温州	全国	率(%)
高宗 建炎2年(1128)	2	1	1	2	6	554	1.1
紹興2年(1132)	11	0	3	4	18	379	4.7
5年(1135)	9	0	4	1	14	357	3.9
8年(1138)	12	0	1	4	17	395	4.3
12年(1142)	14	2	4	4	24	402	6.0
15年(1145)	10	1	1	4	16	373	4.3
18年(1148)	4	1	3	2	10	353	2.8
21年(1151)	16	0	3	3	22	422	5.2
24年(1154)	8	2	2	1	13	419	3.1
27年(1157)	10	2	3	6	21	445	4.7
30年(1160)	11	0	3	7	21	428	4.9
孝宗 隆興元年(1163)	18	2	4	4	28	537	5.2
乾道2年(1166)	9	1	7	9	26	492	5.3
5年(1169)	5	1	3	2	11	391	2.8
8年(1172)	10	1	4	4	19	389	4.9
淳熙2年(1175)	4	2	2	3	11	426	2.6
5年(1178)	9	1	4	6	20	417	4.8
8年(1181)	13	2	2	7	24	379	6.3
11年(1184)	11	0	7	5	23	394	5.8
14年(1187)	11	0	4	3	18	435	4.1
光宗 紹熙元年(1190)	17	3	7	5	32	557	5.7
4年(1193)	11	4	2	7	24	396	6.1
寧宗 慶元2年(1196)	8	4	1	8	21	506	4.2
5年(1199)	8	2	1	9	20	416	4.8
嘉泰2年(1202)	9	2	5	4	20	439	4.6
開禧元年(1205)	5	2	5	3	15	433	3.5
嘉定元年(1208)	9	4	4	8	25	430	5.8
4年(1211)	9	1	4	10	24	465	5.2
7年(1214)	8	2	1	6	17	504	3.4
10年(1217)	9	3	10	8	30	523	5.7
13年(1220)	5	4	12	7	28	475	5.9
16年(1223)	11	4	3	7	25	549	4.6
理宗 宝慶2年(1226)	8	9	2	14	33	989	3.3
紹定2年(1229)	7	7	5	10	29	557	5.2
5年(1232)	0	2	4	6	12	493	2.4
端平2年(1235)	0	0	5	2	7	460	1.5
嘉熙2年(1238)	11	3	10	15	39	422	9.2
淳祐元年(1241)	5	2	6	10	23	367	6.3
4年(1244)	8	4	7	4	23	424	5.4
7年(1247)	11	4	6	4	25	527	4.7
10年(1250)	8	3	5	8	24	513	4.7
宝祐元年(1253)	10	2	11	14	37	500	7.4
4年(1256)	12	5	4	5	26	601	4.3
開慶元年(1259)	8	3	5	7	23	442	5.2
景定3年(1262)	14	7	3	13	37	637	5.8
度宗 咸淳元年(1265)	35	30	20	13	98	635	15.4
4年(1268)	10	4	6	22	42	664	6.3
7年(1271)	9	4	7	13	32	502	6.4
10年(1274)	8	2	5	6	21	506	4.2
時期不明	0	2	0	0	2	—	—
南宋計	470	144	232	330	1176	23319	5.0

の死に至るまでの期間にも，監察御史に永嘉県宋氏の宋敦樸がなり[*89]，また，短期間ながら秦檜の子秦熺の学問的師匠で永嘉県出身の王墨卿（紹興12年進士）が起居舎人になる[*90]など，依然として政権内に温州出身官僚の名を見出すことはできる。学官としても，永嘉県出身の孫仲鰲（紹興5年進士）が，太学正や司勲員外郎兼権国子司業などをこの間に歴任していた[*91]。

---
*88　『要録』巻144・紹興12年2月己丑の条，『同』巻152・紹興14年9月丙子の条。
*89　『要録』巻156・紹興17年3月壬午の条。
*90　『要録』巻153・紹興15年4月壬辰の条，『同』巻158・紹興18年7月丁丑の条。
*91　『要録』巻154・紹興15年12月丁巳の条，『同』巻162・紹興21年10月丁卯朔の条。

《表5》南宋期の温州出身の省試考官

紹興5年（1135）	方雲翼［点検試巻官］；陳桷［（別）考試官］；林季仲［（別）点検試巻官］
8年（1138）	―
12年（1142）	張闡・周之翰［点検試巻官］
15年（1145）	王墨卿［点検試巻官］；孫仲鰲［（別）点検試巻官］
18年（1148）	何溥［点検試巻官］
21年（1151）	孫仲鰲［参詳官］；林仲熊・何溥［点検試巻官］
24年（1154）	周之翰［点検試巻官］
27年（1157）	何溥［参詳官］
30年（1160）	何溥［同知貢挙］；張闡［点検試巻官］
隆興元年（1163）	呉亀年［参詳官］
乾道2年（1166）	黄石［参詳官］；林信厚［点検試巻官］
5年（1169）	胡襄［参詳官］；盧傅霖・宋敦書［点検試巻官］
8年（1172）	木待問・陳自修［点検試巻官］
淳熙2年（1175）	―
5年（1178）	何伯謹［参詳官］
8年（1181）	徐誼［点検試巻官］
11年（1184）	彭仲剛［点検試巻官］
14年（1187）	許及之［（別）点検試巻官］
紹熙元年（1190）	陳棅［点検試巻官］；李唐卿［（別）点検試巻官］
4年（1193）	李唐卿［参詳官］；陳棅・蔡幼学・陳峴・孫元卿［点検試巻官］
慶元2年（1196）	陳峴［点検試巻官］
5年（1199）	―
嘉泰2年（1202）	木待問［知貢挙］
開禧元年（1205）	陳峴［参詳官］
嘉定元年（1208）	蔡幼学［同知貢挙］；王柟［参詳官］
4年（1211）	徐宏［（別）監試官］；陳武［（別）考試官］
7年（1214）	―
10年（1217）	趙元儒［点検試巻官］
13年（1220）	周端朝・林栗［点検試巻官］
16年（1223）	盧祖皋［参詳官］；戴栩［点検試巻官］

（註）『宋会要』選挙20〜22による。嘉定16年より後については，記載されていない。（別）印は，別頭試の担当官。

　さらに科挙官についても，《表5》から窺えるように，上記の温州優遇の紹興12年の科挙では，張闡と周之翰（瑞安県出身，宣和3年進士）という2人の温州出身者が省試考官に含まれていたのだが，その後，秦檜専制体制の強化されていた

時期の紹興15年（1145）・同18年（1148）・同21年（1151）・同24年（1154）年の科挙においても，省試考官に温州出身者は毎回加わっていた。秦檜政権下の科挙官については，『宋会要』選挙20-11（試官）・紹興26年正月9日の条に，「近年，試官は私を容れ，公道は行われず。故に孤寒遠方の士子は高甲に預かるを得ず，而るに富貴の家の子弟は常に巍科を窃む」と記されているような状況の下で，温州出身者に関しても，永嘉県何氏の百里坊族の何溥が点検試巻官となった紹興21年の進士合格者に，同じ何氏の城南族の何伯謹・何伯益が名を列ねている。同県の呉氏一族から呉大年・呉亀年・呉邵年も相次いで合格するなど，他の名族の合格者もこの期間に出ていた。

さて，紹興25年（1155）に秦檜が死ぬと，南宋期における反程学策は緩和され，程学の流れをくむ学者官僚たちの進士合格者が次第に増加することになる[*92]。この政策転換は，本来，程学の流れを基調としていた温州の学問にとってはさらに追い風となり，合格者の数を多いままに維持していく要因となった。そして，温州出身者は，秦檜の死から乾道・淳熙年間にかけて，相次いで好成績で進士合格を果たすことになる。楽清県王氏の王十朋，瑞安県の木待問は，ともに紹興27年・隆興元年に状元で合格し，乾道8年には瑞安県蔡氏の蔡幼学が省元，さらに淳熙5年には葉適が榜眼で合格している。その他にも，陳傅良・徐誼がともに乾道8年に進士合格するなど，永嘉学派やその周辺の名だたる思想家たちが相次いで合格していたのが，この時期であると言える。

また，乾道・淳熙年間とそれに続く紹熙年間は，永嘉学派の盛期になると同時に，しだいに温州出身官僚が中央の官僚に再び多く登用される時期ともなる。薛氏一族の薛良朋が工部侍郎・吏部侍郎に就いたのは乾道年間のことであり[*93]，下って紹熙年間には，陳傅良が中書舎人・起居郎などを歴任し[*94]，葉適も淳熙年間末

[*92]　註9　近藤一成論文，Conrad Schirokauer, "Neo-Confucians under Attack: The Condemnation of Wei-hsüeh." in John Winthrop Haeger ed., *Crisis and Prosperity in Sung China,* Tucson: The University of Arizona Press, 1975.

[*93]　『宋会要』職官43-157（坑冶鋳銭司）・乾道2年6月3日の条，『同』選挙26-4（銓試）・乾道2年10月11日の条。

[*94]　周夢江「《宋史・陳傅良伝》補正」（『河南大学学報（哲学社会科学版）』1988年第1

期に太学博士・太常博士，紹熙年間末期に尚書左選郎官に任じられていた[*95]。他にも，徐誼がやはり紹熙年間に権工部侍郎・知臨安府に着任するなどしていた[*96]。

　市來津由彦氏によれば，科挙の考官や国子司業・祭酒などの中央の高位の学官に就いた人の中に，呂祖謙をはじめ，程学関係者や程学に関心ある人が乾道年間に表立ってきて，科挙受験者もこの動向に合わせて訓練をした[*97]とされているが，考官・学官には温州出身者もしばしば含まれていた。《表5》の省試考官以外に，学官としても，淳熙年間に薛叔似が太学博士，鄭伯熊が国子司業に就き[*98]，上記の葉適や後出の孫元卿・陳武など，温州出身官僚の名を容易に見出すことができる。

　そうした中で，科挙試験自体においても，永嘉学派の思想家の文章は，重要な位置づけをされていた。すなわち，馬端臨『文献通考』巻32・選挙5「挙士」には，慶元の党禁に際してそれまでの科挙が批判される中で，「士は偽学に狃れ，語録の詭誕の説，中庸・大学の書を専習し，以て其の非を文る。葉適に『進巻』，陳傅良に『待遇集』有り。士人は其の文を伝誦し，用うる毎に輒ち効あり」と記されている。さらにその「効」とは，『通考』のこの文を割註に引く『宋会要』選挙5-17・18（貢挙雑録）・慶元2年3月11日の条に，「専ら怪語暗号を用い，私かに相い認識すれば輒ち前列に寘く」という記事を参考にすれば，純粋な学術的な強みとばかりは言えないようである[*99]。いずれにせよ，永嘉学派の思想に日常から触れる機会の格段に多い温州出身者にとって有利な条件の一つであったと考えられよう。

　加えて注目しておかねばならないのは，楼鑰の「温州進士題名序」（『攻媿集』巻53）に，「郷薦の額は，初め二人に止まり，中は十有三，今は益すに五を以て

期)。

[*95] 註58 周学武著書。
[*96] 『水心文集』巻21「宝謨閣待制知隆興府徐公墓誌銘」。
[*97] 市來津由彦「南宋朱陸論再考——浙東陸門袁燮を中心として——」（宋代史研究会研究報告第4集『宋代の知識人』，汲古書院，1993年）。
[*98] 「薛叔似壙志」（『温州文管会蔵石刻』），『宋会要』選挙21-1（選試）・淳熙4年2月25日の条。
[*99] 中島敏編『宋史選挙志訳註（1）』（東洋文庫，1992年）228～31頁。

第5章　南宋期温州の名族と科挙　　117

す。他は大学・外台より以て進み，一挙にて第する所は，率そ郷薦書の数を過ぐ」と記されているように，温州からの進士合格者の数が，省試で不合格になる者の数も含んでいるはずの解額の人数よりも，さらに上回っていることである。それは，解試を免除された太学からの合格や，外台（監司）によるもの，すなわち漕試によって省試へ進む者の数が入っているためであるとされているが，このことは，南宋期に入って，通常の進士合格のルートとは別に，解試を経由しないルートでの合格者の割合がかなり増えていた，とするチェーフィー氏の分析[*100]と重なりをもつものである。実際，温州の解額は，紹興26年（1156）以前は13人，以後は18人であり，その人数からさらに省試での不合格者が引かれるはずであるが，現実に温州から進士合格した人数は，《表4》からわかるように，楼鑰の言うが如く，その解額さえも越えていることがしばしばである。

　このうち，とくに多く見出すことができるのは，進士になるのが比較的容易な太学からの合格である。その数や比率を正確に把握することは史料上，困難であるが，墓誌銘などを管見しただけでも，南宋期に薛叔似・薛洽・陳傅良・陳武・陳謙・蔡幼学・王十朋・周端朝らが太学に入学し，その後に進士合格をしている。また，官僚の子弟の特権で国子監に進み，そこからの進士合格を果たした例も，薛岷・薛嵩・胡守などが見られる。

　そしてまた，この太学への入学に関しても，温州出身者には，当時，表裏さまざまな形での有利さがあったようである。たとえば，先に触れた呂祖謙と永嘉学派の良好な関係を反映して，呉子良『林下偶談』巻4「東莱以誉望取士」には，淳熙年間に温州の陳傅良（君挙）・陳武（蕃叟）・蔡幼学・陳謙らが太学の補試に赴いた際，陳傅良が学官であった呂祖謙（東莱）を訪れ，「東莱語るに一『春秋』の題を以てし，且つ破意を言う。試に就きて，果たして此の題を出だす。君挙，径ちに此の破を用い，且つ以て陳蕃叟に語る。蕃叟は其の従弟なり，遂に皆な榜に中たる」との事実が記されている。このように出題とその解説をあらかじめ教えていたこと以外にも，『宋会要』職官73-20（黜降官）・慶元元年6月3日の条によれば，国子博士孫元卿（楽清県出身）・国子正陳武（陳傅良の従弟）・太学正袁燮

[*100]　Chaffee, *The Thorny Gates.*, chap. 5.

(明州出身)について、「太学の暗に私取の弊を号するは、此の三人の者実に之を為す」とされており、浙東の他の地域の官僚とも協力しつつ、太学入学に便宜をはかっていたことが窺える。

その後、慶元3年(1197)の「慶元の党禁」により、道学系の官僚と並んで、陳傅良・葉適・木待問・徐誼・陳謙・陳武・陳峴・蔡幼学・薛叔似ら温州出身の官僚たちも一時的に政権から排除されることとなった[101]。そして同時に、葉適の『進巻』、陳傅良の『待遇集』も毀版されるなどした[102]。しかし、嘉泰2年(1202)に党禁が緩和されると、ただちに温州出身者は韓侂冑による登用を受け、緩和以前から韓侂冑政権中枢部にいた知枢密院事兼参知政事の許及之に加えて、木待問が礼部侍郎に、葉適が権兵部侍郎に就き、他に薛叔似・陳武・陳謙らも相次いで登用されていった[103]。そして、「開禧用兵」の失敗後も、葉適らは朝廷を退くものの、かわって蔡幼学らが韓侂冑死後に昇進し、嘉定10年(1217)には彼が権兵部尚書となり、さらに端平元年(1234)には周端朝が権礼部侍郎となるなど、温州人脈は依然、政権内部に残るのであった。また科挙官についても、嘉定元年(1208)に蔡幼学が同知貢挙となったのをはじめ、少なくとも《表5》で確認し得る時期の範囲内では、温州出身者は相変わらずほとんどの回に含まれていた。

学術の面で言えば、以後の永嘉学派は、その独創性をしだいに喪失し、学派としての勢いには陰りが見られるようになる[104]。しかし、科挙官僚の「再生産」は、《表4》からも窺えるように、南宋末期に至るまで高水準を維持し続け、宋代全体として両浙最多の科挙合格者数を誇ることとなる。

---

[101] Schirokauer, *op.cit.*
[102] 『宋会要』刑法2-127 (禁約)・慶元2年6月15日の条。
[103] 韓侂冑と温州出身官僚の関係については、永嘉学派の軍事面での伝統と併せて、別に論ずる機会を持つつもりであるので、ここでは詳細を述べない。
[104] 佐野公治著『四書学史の研究』(創文社、1988年) 第2章「宋元代の四書学をめぐる政治思想史的状況」。

5. 結　語

　以上論じてきたように，温州には科挙官僚を多数輩出する有力な名族が存在し，永嘉学派はまさにそれらの名族の繁栄と重なりあう形で活動をおこなっていたのであった。そして，かような地域レベルの名族の「再生産」は，温州の場合，温州出身官僚の政界における「再生産」ともリンクしつつ成し遂げられたものであった。すなわち，地域内部における思想や婚姻を通しての密接な関係を足場とし，さらに政権中枢と人的につながり，科挙官や学官にしばしば加わることなどによって，過当な競争であるにもかかわらず，名族を中心とした多くの科挙合格者を生み出すことが可能となっていた。従来，経済的な側面から語られることの多かった永嘉学派のよって立つ基盤は，同時にこうした名族の地域社会における持続性と政界での優遇にも求められると言えよう。

　ただし，如上の南宋期温州の歴史的繁栄は，後の明清期にまでは受け継がれなかった。メアリー・ランキン氏の研究を参照すれば，浙江のその後の発展の中心となったのは，杭州・紹興・寧波といった浙江北部地域であり，明清期の科挙の合格者数も，温州は極端に減少することとなった[105]。南宋期に見られたような中央政府との密接な関係が失われた温州は，浙江北部に比べ耕地面積等で相対的に劣り，また海外貿易も停滞するという条件の下，盛り返しを見せることなく，近代の開港期を迎えるまで，歴史の華やかな舞台からは遠ざかることになる。

（原題は「南宋期温州の名族と科挙」，
『広島大学東洋史研究室報告』第17号，1995年）

---

[105] Mary Backus Rankin, *Elite Activism and Political Transformation in China, Zhejiang Province, 1865-1911,* Stanford : Stanford University Press, 1986.

第6章　南宋期温州の地方行政をめぐる人的統合
——永嘉学派との関連を中心に——

1．問題の所在

　1995年度広島史学研究会・中国四国歴史学地理学協会大会シンポジウムの「人的結合と支配の論理」というテーマが，筆者の専門領域である中国宋代史の研究史的文脈において，いかなる意義として捉えられるものであるかを，まず述べておきたい。

　宋代史の性格を考えるうえで，宋代の支配階層についての分析をおこなうことは，不可欠の研究課題の一つであると言えようが，戦後の宋代史学においても，これについては，地主—佃戸関係の究明との関連で取り上げられ，とくに周藤吉之氏の先駆的な研究によって，大土地所有に基礎をおいた特権的な官戸としての分析がおこなわれた[1]。ただし，その後，一円的な大土地所有が宋代中国にはあまり見られないとして，土地の頻繁な売買による地主—佃戸関係の非固定的側面や，自作農の比率の高さなどが，様々な角度から論じられていくようになった。

　しかし，そのことは必ずしも，地域社会において勢力をふるう階層の存在までも否定するものではない[2]。近年では，そうした階層を地域の「エリート」として取り上げ，その存在を実態的に明らかにしていこうとする流れが，英語圏そして日本でも出て来つつある。

　かようなエリートに関する研究として，既に著書の形でまとめられたものとしては，ロバート・ハイムズ氏の江西撫州のエリートに関する意欲的な研究[3]が挙げられる。このハイムズ氏の研究において斬新的であったのは，婚姻関係をはじ

---

[1]　周藤吉之著『宋代官僚制と大土地所有』（社会構成史体系第2部「東洋社会構成の発展」，日本評論社，1950年）。

[2]　岸本美緒「書評，中国史研究会編『中国専制国家と社会統合——中国史像の再構成Ⅱ』」（『新しい歴史学のために』第200号，1990年）20頁，参照。

めとする社会史的な分析手法を幅広く用いたことにある。そして，宋代社会は，唐代以前と異なり，科挙による官僚登用の数が飛躍的に拡大し，一見公平な機会が提供されていることになっているのだが，氏の分析の結果として，地域のエリートが血縁や婚姻などの関係を通じて互いのステータスを意外なまでに長く持続させていたことが明らかとなった。さらに氏の研究に深みを与えているのは，思想との関連についても考察をおこなっていることであって，地域エリートたちによる水利事業，災害時の救済，寺の建設など，地域に重心をおいた活動が，南宋期にとくに活発化し，同じ時期に起こった朱子学や陸象山の学問に，その傾向が反映していることを，氏は論じている。

しかし，このハイムズ氏の研究も，宋代エリートの持続的存在という注目すべき分析の一方で，政治的・国家的エリートの南宋における存在を軽視していることに対して批判がなされている[4]。筆者は，こうした点を踏まえ，南宋期の永嘉学派について，その多くの思想家の出身地である温州の社会との関連で南宋の地域社会史に位置づけていく作業に，近年，着手したところで，永嘉学派を接点とする地域と国家との関係にとくに重点を置いて分析に取り組んでいる。そして，地域の士大夫が国家と関わる第一段階である科挙については，既に前稿[5]で論じたところであって，温州において任官者を輩出した名族を取り上げ，それが永嘉学派と婚姻関係などを通じて人的に重なり合っていたことを明らかにするとともに，南宋初期以来，温州が政界と強いつながりをもち，中央での科挙官や学官を多数輩出していたことが，両浙路最多の科挙合格者（全国でも第2位）を生むことにつながっていたことを論じた。地域と国家との関わりについては，地方行政との関係や，中央政界での温州出身官僚の活動について，なお多角的に検討していく必要があり，本章では，このうち，温州の地方行政と地域社会との関係につい

---

[3] Robert P. Hymes, *Statesmen and Gentlemen : The Elite of Fu-chou, Chiang-hsi, in Northern and Southern Sung.* Cambridge : Cambridge University Press, 1986.

[4] Richard L. Davis, *Court and Family in Sung China, 960-1279 : Bureaucratic Success and Kinship Fortunes for the Shih of Ming-chou.* Durham : Duke University Press, 1986.

[5] 拙稿「南宋期温州の名族と科挙」（『広島大学東洋史研究室報告』第17号，1995年）。（以下，「前稿」とは本書第5章の論文を指す――編者註）。

て，前章で明らかにした温州の名族とも関連させつつ，分析してみたい。

その際，さらに留意したい点を二つ挙げるとすれば，一つは，ハイムズ氏の研究に対する別の批判として，氏の研究において，エリート一族の族内や地域社会内部での様々な矛盾が軽視されている[6]ということが指摘されている。族内の問題については，宋代温州の場合，史料的に解析は現段階ではかなり難しさを伴うが，地域社会における矛盾という点に関しては，本章において一定の検討をおこないたい。とりわけ，近年の民衆反乱史の研究において，民衆の意識・思想の分析が進み始めており[7]，士大夫中心の思想史を，社会全体に位置づけることによって客観化していくうえでも，決して見逃されてはならない視角であるだろう。そして，もう一つの留意点としては，シンポジウムのテーマである「人的結合」と密接に関わる部分であるが，瞿同祖氏の清代史の研究[8]でも意識的に用いられたことがあるように，地方行政をめぐるインフォーマルな人的結合に注目することである。早期からの官僚制の存在を特色とする中国史にとって，「インフォーマル集団」(informal group) という概念は，一見関連がなさそうだが，社会学では企業経営などと並んで官僚制の分析概念としてもしばしば用いられているものである[9]。そしてまた，中国の伝統社会が，地縁・血縁・学縁・業縁などの多彩な結合原理を有していた[10]ことを考慮に入れれば，社会史的な手法を用いつつ中

*6　Joseph P. McDermott, "Book Review on *Statesmen and Gentlemen* by Robert P. Hymes", *Harvard Journal of Asiatic Studies*, 51.1, 1991, pp.333-57.

*7　たとえば，相田洋『中国中世の民衆文化――呪術・規範・反乱』（中国書店，1994年）134頁の指摘を参照されたい。

*8　T'ung-tsu Ch'ü（瞿同祖），*Local Government in China under the Ch'ing*, Cambridge: Harvard University Press, 1962. 本書の中で瞿氏は，「権力」を，「決定作成への参加」と捉え，それが清代の場合，地方官（formal government）と gentry（informal government）によって担われていたとし，gentry による地方行政への影響力の行使の姿を論じた。なお，瞿氏のこの著書は，モーリス・フリードマン著（田村克己・瀬川昌久訳）『中国の宗教と社会』（弘文堂，1995年）100～3頁においても注目されている。

*9　アンソニー・ギデンズ著（松尾精文他訳）『社会学』（而立書房，1992年）第Ⅲ部「権力の構造」第9章「集団と組織」。

*10　石田浩「中国農村社会の基底構造――中国社会主義と伝統社会」（中兼和津次編『講座現代アジア 2 近代化と構造変動』，東京大学出版会，1994年，所収）。

国史像を見直していく際に，興味深い視角であるように思われる。このうち本章では，思想を媒介とした学縁や，地縁・血縁などの関係性が，地方行政をめぐってどのように表れていたかに注意して分析を進めていきたい。

　以上のような問題意識および留意点にもとづき，南宋期温州の地方行政をめぐる「人的結合」の分析をおこない，宋代地域史研究の深化をはかりたいというのが本章の目標である。そして，このことは，「これまで水平的な横の結合のあり方の究明にとどまることが多かった「人的結合」という研究対象を通して，国家，あるいは国家的支配のあり方を探る」という本シンポジウムの意図[*11]とも，ちょうど重なってくるのである。

2．北宋末期の温州

　まず，南宋期の温州の地方行政がいかなる課題を抱えていたかを知るために，少し溯って，北宋末期の温州の状況について確認をしておきたい。

　北宋期の温州は，柑橘・茶・蠲紙(けんし)・漆器などの生産や造船業の発展にともなって，商品経済の展開が進んだ時期であった[*12]。その経済的発展を背景とし，北宋後半になって，二程の学問の伝来を受ける形で，温州でそれまできわめて僅かであった科挙合格者が，徐々に増加の傾向を示すようになる。こうした中で，南宋期の永嘉学派の先駆にあたる周行己の周氏一族や，永嘉学派の代表的思想家の一人・薛季宣を後に生み出す薛氏一族をはじめ，南宋期にかけて官僚を輩出する名族もしだいに形成されるようになっていた。

　こうした名族層が，科挙のために必要な学問に関していかなる認識をもってい

[*11] 1995年度広島史学研究会・中国四国歴史学地理学協会大会シンポジウム「趣意書」。なお，シンポジウムの日本史の報告者である西別府元日氏は，「日本古代における地方吏僚集団の形成とその限界」と題するその報告の冒頭において，近年の西洋史学におけるソシアビリテ論を紹介され，二宮宏之著『歴史学再考』（日本エディタースクール出版部，1994年）における「社会的結合の次元と政治支配の次元との関連を問わねばならない」（同書53頁）との指摘を引用された。

[*12] 周厚才編著『温州港史』（人民交通出版社，1990年）第1章「先秦至北宋温州港的形成和発展」。

たかについては，周行己の「勧学文」(『浮沚集』巻6)に垣間見ることができる。これによると周行己は，士の貴い所以が「学」にあるとしているが，貧賤の家が生活に追われて学問どころではないのを「不幸」だと述べる一方で，「諸生，富有の家に生まれ，復た父兄の賢を頼み，師に従いて学を為すを得しむれば，一身も亦た幸いなり」と論じている。すなわち，学問を広く奨励するかのように見えつつも，実際には，そのための条件である家庭の経済的事情などの問題については，あまり疑問を抱いておらず，従祖と父を科挙官僚にもつ周行己自身の家庭環境を反映しているように思われる。

　さて，このような名族を軸に，科挙官僚を徐々に多く生み出し始めていた温州の秩序にとって，大きな危機となったのが，北宋末期の民衆反乱であった。北宋末期に江南地方では，朝廷による収奪をきっかけに方臘の乱が起きていたが，その混乱と時を同じくして，温州および台州では，宣和3年(1121)に，呂師嚢・兪道安らによる民衆反乱が起こっていた[*13]。この勢力は，農村部を中心に非常な広がりを見せたようで，楼鑰『攻媿集』巻73「跋先大父徽猷閣直学士告」によれば，温州・台州の州城が辛うじて占領されなかったことを述べた箇所で，「二城僅かに免るると雖も，而るに城外は皆な盗区と為り，蹂躙残滅せらるること甚だし」と記しており，一時，州城以外の地域がほとんど反乱勢力側に抑えられるといった事態さえ生じていた。

　この時，温州の州城のある永嘉県以外に，瑞安県でも城を守ることができたが，この両県において，反乱軍に対して，守城その他に尽力し，功を立てたりあるいはその最中に犠牲となった人物たちに，どのような人がいたのかを諸史料から拾ったのが，《表1》である。地方官とともに，在地の士大夫が多数加わっているのだが，その構成員の中に，周氏・薛氏のように，北宋後半から南宋にかけての温州を代表する名族の人物が含まれていることが注目されよう。しかも，周氏・薛氏は，単に有力な名族というだけではなく，先にも触れたように，永嘉学派の先

*13　張鎮中「響応方臘起義的温州農民軍領袖兪道安」(潘善庚主編『歴史人物与温州』，温州風貌編輯部編，1986年，所収)に，この反乱の経過が整理されている。なお，『歴史人物与温州』は，筆者が杭州大学留学中(1990～91年)に，本書の執筆者のお一人である杭州大学宋史研究室主任の徐規教授から恵与を受けた。記して謝意を表したい。

《表1》北宋末期の民衆反乱の鎮圧に尽力した人物

〈地方官〉
A）劉士英＝温州教授
　　［楼鑰『攻媿集』巻73「跋先大父徽猷閣直学士告」；『宋史』巻452・忠義7・劉士英伝］
B）王公済＝知瑞安県
　　［『嘉靖温州府志』巻3・名宦］

〈在地士大夫〉
a）包汝諧・石礪…教授劉士英の下の学生。
　　［『光緒永嘉県志』巻16・人物志4「忠義」；『宋史』巻452・忠義7・劉士英伝］
b）丁仲修…名族丁氏の一員（永嘉県）。丁昌期の孫。
　　［『宋史』巻453・忠義8・丁仲修伝］
c）周承己…名族周氏の一員。周行己（永嘉学派の先駆）の弟。
　　［『万暦温州府志』巻12・人物志「忠節」］
d）劉安礼…劉安節（永嘉学派の先駆）の弟。
　　［劉安上『給事集』巻4「従弟元素墓銘」］
e）薛開…名族節氏の一員（永嘉県）。薛徽言の族子。
　　［『嘉靖永嘉県志』巻7・人物志「列伝」］
f）薛良顕・薛良貴兄弟…ともに名族薛氏の一員（瑞安県）。
　　［上掲『万暦温州府志』巻12］
g）劉愈…葉適（永嘉学派）の少年期の師匠。
　　［薛季宣『浪語集』巻34・行状「劉進之」］
h）その他…張理・徐震［『嘉靖温州府志』巻3・人物］，趙霊［上掲『万暦温州府志』巻12］。

駆である周行己，永嘉学派の代表的人物の一人である薛季宣の一族であり，そうした人物は，他にも《表1》に，北宋の思想家丁昌期の孫の丁仲修，永嘉学派の先駆である劉安節の弟の劉安礼などが含まれている。さらに，後に永嘉学派を大成する葉適の少年期の師匠となる劉愈も含まれていることなども考え併せれば，北宋後期から南宋にかけての温州の名族や思想家のまさに主流に位置する人物群が，この民衆反乱において，鎮圧側として積極的な役割を果たしていたということができるように思う。

　結局，この反乱は，官軍の増援部隊の到着によって，鎮圧がなされる。温州教授劉士英らの功績を述べた「永嘉忠烈廟記」（林景熙『霽山集』巻4）によれば，この鎮圧によって，「永嘉は遂に礼義を秉るの邦と為る」と記されており，儒教的な秩序が回復したとの認識がなされている。

　ところで，竺沙雅章氏によれば，これと同時に起こっていた方臘の乱はマニ教

第 6 章　南宋期温州の地方行政をめぐる人的統合　　　127

との直接の関係をもっていなかったが, この温州・台州地域での民衆反乱の担い手については, 当時のマニ教の伝播状況からみてもマニ教徒に相違ないとされている*14。マニ教は, 海路に沿って福建から温州・台州へと伝わり, 温州において, 『宋会要輯稿』(以下, 『宋会要』と略す) 刑法 2-78・79 (禁約)・宣和 2 年11月 4 日の条の記述では「斎堂」40余か所がもうけられ, 伝道活動がおこなわれていた。そして, 相田洋氏によれば, このマニ教の教義には, 平等思想の要素が含まれ, また, 注目すべきこととしては,「裸葬」のように肉体否定の考え方や, さらには血縁的関係の否定までもが含まれていた*15。このことは, 儒教的な礼と対立するわけであるが, 先に見たように, 鎮圧者の側が, 名族やそれと結びついた思想家たちを多く含み, 血縁的関係を尊重する社会的勢力であるとすれば, まさに反乱側は, ちょうどそれと対照をなす論理を有していたと捉えられよう。

南宋初期には, 『宋会要』刑法 2-111 (禁約)・紹興 7 年10月29日の条に,「宣和間, 温・台の村民は多く妖法を学び,「喫菜事魔」と号し, 衆聴を鼓惑し, 州県を劫持す。朝廷, 兵を遣りて蕩平せしの後, 専ら法禁を立て, 厳切ならざるに非ず。訪ね聞くに, 日近, 又た姦猾に名称を改易して「社会」を結集し, 或いは「白衣礼仏会」と名づけ, 天兵を仮に「迎神会」と号するに及ぶ。千百, 群を成し, 夜聚まりて朝散じ, 妖教を伝習す」と記されているように, 名をかえて村民の集会が存在するなどしており, 北宋末期のような反乱が, 政治のあり方如何によっては, 再発する火種はまだまだ十分に残されていたと言える。したがって, 本章で取り上げる南宋期温州の地方行政は, まず出発点において, こうした反乱をいかに未然に防ぐかという課題を突き付けられていたものとして把握することができよう。

3. 南宋期温州の地方行政の特色

如上のような課題を担っていた南宋期の温州における地方行政において, いか

*14　竺沙雅章著『中国仏教社会史研究』(同朋舎, 1982年) 第 6 章「方臘の乱と喫菜事魔」。
*15　相田洋「白蓮教の成立とその展開——中国民衆の変革思想の形成——」(青年中国研究者会議編『中国民衆反乱の世界』, 汲古書院, 1974年, 所収)。

《表2》南宋期温州におけるおもな経済的施策

建炎4年（1130）	〈軽減〉高宗の温州滞在中，知永嘉県霍蠡が，皇族・勲戚の田から税が支払われていないことを指摘し，その田を売って皇帝の滞在費用に充てさせる。 ［『宋会要』食貨61-1（官田雑録）・建炎4年2月3日］
紹興15年（1145）	〈水利〉知楽清県趙敦臨が東西渓塘を築く。 ［『光緒楽清県志』巻2下・邑里志「水利」；『同』巻7・職官志「文職」］
20年（1150）	〈飢饉〉前年の干害による飢饉で，在地士大夫の劉愈が自身の財産簿を担保に州から米を借りて下戸に給す。 ［薛季宣『浪語集』巻34「劉進之行状」］
26年（1156）	〈罷免〉前温州通判王著・温州通判王暁兄弟（秦檜の姻戚）および知瑞安県慎知柔（秦檜系の曹泳・王会の「鷹犬（てさき）」）が罷免される。 ［『要録』巻172・紹興26年3月戊辰］ 〈軽減〉知温州張九成が，重税を改めて定例を立てる。また柑実を権要に送っていたのをやめる。 ［『要録』巻171・紹興26年正月戊申；『同』巻175・紹興26年閏10月癸卯］
隆興2年（1164）	〈飢饉〉干害による飢饉で，常平倉米などの支給を皇帝が許可。知温州袁孚・司戸参軍劉朔および劉愈らが協力して対応。 ［上掲「劉進之行状」］
乾道2～3年（1166～67）	〈水害〉台風による水害のため，義倉米5万余石を放出して，知温州劉孝韙・浙東提挙常平宋藻・度支郎中唐瑑が緊急対策に入る。 ［『宋会要』食貨58-4・5（賑貨）・乾道2年9月7日］ 〈水利〉劉孝韙（乾道3年3月罷免）・新知温州王迻らが内蔵庫よりの2万貫を用いて水利施設の修築にあたる。 ［『宋会要』食貨68-126・127（恤災）・乾道2年10月1日；楼鑰『攻媿集』巻90「国子司業王公行状」］ 瑞安県の石崗斗門の修築は，瑞安県尉黄度に担当させる。 ［『嘉靖瑞安県志』巻2・建置志］ 〈軽減〉浙東提挙常平宋藻が，酒坊で定額に及ばない所が違法に民衆に賦課していたのを禁止。 ［『宋会要』食貨21-7（酒麹雑録）・乾道2年11月3日］ 〈軽減〉温州の丁絹1257匹余を免除。乾道2年秋季～5年夏季の経総制銭を2割軽減。 ［『宋会要』食貨63-27（蠲放）・乾道3年4月18日；『同』食貨63-28（蠲放）・同年9月17日］
6～7年（1170～71）	〈軽減〉干害のため，第四等戸以下の身丁銭1万1千余貫を免除。 ［『宋会要』食貨12-18（身丁）・乾道6年11月18日］ 〈飢饉〉賑済措置の功により，知温州曾逮が直秘閣に除せらる。 ［『宋会要』選挙34-26（特恩除職）・乾道7年9月23日］

第 6 章　南宋期温州の地方行政をめぐる人的統合

淳熙 5 年（1178）	〈水利〉知温州韓彦直が永嘉県の城内河を開浚。 　　　　　　　　　　　　　［葉適『水心文集』巻10「東嘉開河記」］ 〈農業振興〉韓彦直が蜜柑についての専門書『橘録』を執筆。
12年（1185）	〈水利〉知温州李楶・温州通判謝傑・知瑞安県劉亀従らが石岡斗門を修築。 　　　　　　　　　　　　　［陳傅良『止斎先生文集』巻39「重修石岡斗門記」］
13〜14年 （1186〜87）	〈水利〉知温州沈枢が南塘（永嘉県〜瑞安県）を修築。 　　　　　　　　　　　　　［陳傅良『止斎先生文集』巻39「温州重修南塘記」］
淳熙年間末期	〈軽減〉知温州楼鑰が造船の割り当てをなくすよう朝廷に要請。 　　　　　　　　　　　　　［楼鑰『攻媿集』巻21「乞罷温州船場」］
慶元年間？ （1195〜1200）	〈軽減〉知温州趙師龍が 4 県で数万緡以上の滞納を免除。疫病対策にも尽力。 　　　　　　　　　　　　　［楼鑰『攻媿集』巻102「知婺州趙公墓誌銘」］
慶元 2 年（1196）	〈水利〉知温州曾炎が、台風による被害への対応にあたり、さらに瑞安・石岡・平陽 3 斗門を修築して「東塘」とをなす。 　　　　　　［楼鑰『攻媿集』巻97「集英殿修撰致仕贈光禄大夫曾公神道碑」］
嘉定 4 年（1211）	〈水利〉知温州楊簡が勢家の邸宅が河を妨げているのを撤去させ、「楊公河」と名付けられる。 　　　　［『慈湖先生遺書』巻18・付録・「宝謨閣学士正奉大夫慈湖先生行状」］ また瞿嶼陡門を修築。 　　　　　　　　　　　　　　　　［『光緒永嘉県志』巻 2・輿地志 2・「水利」］
嘉熙年間？ （1237〜40）	〈飢饉〉知温州呉泳が夏税・秋苗を放ち、病人に薬を与える。 　　　　　　　　　　　　　［『宋史』巻423・呉泳伝］

なる施策がおこなわれ，また，それがどのような特色を帯びていたかを本節では整理しておきたい。

　まず，民衆の生活の安定化に重要な意味をもっていた経済的施策についてであるが，これについては，南宋期の温州に地方官がおこなったおもな施策を《表 2 》に掲げておきたい。

　経済的施策の中でも，最も目立つのは，水利施設の整備であると言えようが，いずれも国家ないし地方官がかなり関心をもち，積極的な役割を果たしていたことが窺えよう。《表 2 》から例を示すと，たとえば，乾道 2 〜 3 年（1166〜67）の水害にともなう水利施設修築用には，中央の内蔵庫から 2 万貫が支給されている。また，淳熙 5 年（1178）の知温州韓彦直による城内河の開浚事業には，「州の銭米の籍有りて名無き者合して四十余万を用い，益すに私銭五十万を以てす」（葉適『水心文集』巻10「東嘉開河記」）と記されているように，州財政と並んで，知事

の私銭までもがつぎ込まれていた。さらに，淳熙13～14年（1186～87）の知温州沈枢による南塘の修築も，「糜銭一千一百万」と「弛民銭六百五十余万」によっており，「邦人よりは取らず」（陳傅良『止斎先生文集』巻39「温州重修南塘記」）とされて，地元の民衆への負担を課すことなくおこなわれていた。

　この南塘は，州治の永嘉県から隣の瑞安県にかけての基幹的水路にあたり，交通・水利の両面で大きな役割を果たすものであったが，これとは別に，温州の中でも南端に位置して福建路との境にあたる平陽県では，たとえ基幹的な施設であっても，民間の力で，あるいは民間・行政の協力で整備されることが多かったようである[*16]。平陽県の場合は，永嘉学派との関係が学問的に深い一方で，「乾（道）・淳（熙）の際，永嘉は儒者林立し，而るに平陽は稍や別派を為す」（『宋元学案』巻73・麗沢諸儒学案「提挙彭先生仲剛」）とされているように，他の学派とのつながりも色濃くもっていた。南塘や城内河など，永嘉県およびその周辺での水利施設について，対照的に官の主導性が目立っていたことは，そこを中心地としていた永嘉学派の性格を考えるうえで，見逃してはならないであろう。

　水利以外の経済的施策としては，飢饉対策や，税負担の軽減措置などが挙げられるが，ここでも国家とのつながりの強さを見出すことができる。《表2》に示したように，たとえば隆興2年の飢饉では，常平倉米の支給を皇帝が許可したり，また，乾道2～3年の台風による水害でも，先にも触れたように水利施設修築に内蔵庫の銭が支給されただけでなく，丁絹・経総制銭の免除や軽減がおこなわれるなど，中央政府までも含めた積極的な関わりを見出すことができる。

　なお，その他で，経済面に関わるものとしては，知温州楊簡による「永嘉勧農文」（『慈湖先生遺書』巻5），同じく知温州呉泳による「温州勧農文」（『鶴林集』巻39）の執筆のほかに，知温州韓彦直が特産品である蜜柑栽培の技術書の『橘録』を著しており[*17]，地方官による農業生産の向上への努力も認められている。

　次に，経済的施策以外で，温州の地方官によっておこなわれた施策として，民衆の統制について見ておきたい。地方行政に熱心な地方官は，武力を有した反体

[*16]　本田治「宋元時代温州平陽県の開発と移住」（中国水利史研究会編『佐藤博士退官記念中国水利史論叢』，国書刊行会，1984年，所収）。

[*17]　葉大兵「三寸黄柑擎永嘉――韓彦直和甌柑」（前掲『歴代人物与温州』，所収）。

第6章　南宋期温州の地方行政をめぐる人的統合　　　　　131

制勢力の抑圧にも尽力することが多かったようで，たとえば先の韓彦直は，温州でおこった海寇を捕獲するために官兵を派遣して功を立てている[18]。また，知温州楊簡は，勧農文だけでなく，《表2》の嘉定4年（1211）の項のように，水利事業を積極的におこなった知事でもあったが，私塩集団を捕えながら州への報告を怠った巡尉を厳しく叱責する[19]など，治安維持にも並々ならぬ関心をもっていたことが窺える。

　そして，こうした民衆統制は，前節でマニ教に関して見たような地域民衆の宗教や観念とも密接に関わる問題であった。マニ教の反乱の再発防止のため，「社会」の結集が禁じられたのは，紹興2年（1132）のことであった[20]が，南宋初期に名をかえて村民の集会が存続していたことを示す前節の『宋会要』の記事は，紹興7年のものであるから，根絶は簡単ではなかったものと思われる。

　そうした状況の中で，宗教的・観念的秩序の回復のために，地方官がなし得たのは，反乱につながらないような宗教・観念を保護・奨励することであった。すなわち，まず，北宋末の反乱の鎮圧の直後から，反乱で焼失した寺院の再建がおこなわれるのだが，そこでは地方官の支持も確認することができる。たとえば『東甌金石志』巻5「白鶴寺鐘銘款識」によれば，宣和7年（1125）に再建された楽清県の白鶴寺の鐘には，上層第2区の部分に，計4行で，楽清県令陳祖受・同県丞杜公謹・同県主簿王□（不明）・同県尉姚茂の名が刻まれていた。また，同書同巻「開元寺鐘銘款識」においても，建炎2年（1128）に鋳直した永嘉県の開元寺の鐘では，上層第6区の部分に，知永嘉県詹夬・同県丞何執芸・同県主簿呂恭問・同県尉盛奕修の名が，やはり計4行で刻まれていた。ともに上層に位置し，他の区に比べて行数の少ない方であることからすると，かなり目立つような形でこれら地方官の名が記されていたものと思われる。

　こうした仏教寺院とは別に，宋代は，民間に数多くの祠廟が生まれた時代でもあるが，民衆を惑わす恐れのある淫祠を野放しにしておくことによる危険性を回避するため，宋朝は，賜額・賜号を祠廟に与えることによって，一元的な統制を

[18]　『宋会要』職官62-22（借補官）・淳熙5年12月12日の条。
[19]　『宋史』巻407・楊簡伝。
[20]　鈴木中正「宋代宗教結社の研究（三・完）」（『史学雑誌』第52編第3号，1941年）。

おこない*21，また，地方官は着任すると任地の祠廟に詣でるというのが慣習となっていた*22。そして，南宋期の温州の場合でも，早くも建炎4年（1130）には，温州・台州・明州における賜額・賜号の徹底を命じる詔勅が出されており*23，また，知温州楼鑰が，先聖廟および諸廟に詣で，「永嘉の内外の百神は，咸な霊響を著す」（『攻媿集』巻82「温州諸廟祝文」）と記しているように，地方官による崇敬も受けていたと見られる。

　さらに，地方官にとって，観念的秩序の回復の手段として，自身のイニシアチブを，より発揮する形でおこなわれたのが，社稷の祭祀であった。『水心文集』巻11「温州社稷記」によれば，嘉定4年（1211）に知温州楊簡が，ついで嘉定10年（1217）に知温州鞏嶸が，相次いで，荒廃していた温州の社稷の祭祀のための施設の修築をおこなっている。また，永嘉県のものについても，『同書』同巻「永嘉県社稷記」によれば，続く嘉定11年（1218）に知永嘉県胡衍が修築している。楊簡が陸象山の門人，鞏嶸が呂祖謙の門人であり，胡衍も父胡撝が陸象山の門人であった*24ことから窺えるように，いずれも知事として赴任してきた思想家の意向が強く反映したものであり，たとえば楊簡・鞏嶸は，「二公は義を以て其の民を導くを知るなり」（前掲「温州社稷記」）として，葉適によって高く評価されているのである。

　以上のように，南宋期の温州の地方行政は，経済的施策をはじめとして，様々な取り組みが見られたのであるが，そこには，宗教的・観念的秩序の再建に至るまでの幅広い関心が示されるとともに，とくに水利などの経済的施策については，中央レベルも含めた行政側の主導的な役割が窺えるのである。

---

*21　松本浩一「宋代の賜額・賜号について──主として『宋会要輯稿』にみえる史料から──」（野口鐵郎『中国史における中央政治と地方社会』，科研報告書，1986年）。
*22　小島毅「牧民官の祈り──真徳秀の場合──」（『史学雑誌』第100編第11号，1991年）。
*23　金井徳幸「南宋の祠廟と賜額について──釈文珦と劉克荘の視点──」（宋代史研究会研究報告第4集『宋代の知識人』，1993年，所収）。
*24　『宋元学案』巻74・慈湖学案，『同書』巻73・麗沢諸儒学案，『同書』巻77・槐堂諸儒学案。

4．温州の地方行政をめぐる人的結合

　このような特色をもつ南宋期温州の地方行政に，どのような人物たちが関わっていたのか，そしてそこに温州の士大夫とのいかなる関わりが見られたのか，という本章の焦点となる問題を本節では検討したい。地方行政を推し進めるうえで如上のように重要な役割を担っている地方官ではあったが，総じて任期が短く，任地の事情に明るくない場合が多く，宋代の官箴書にも記されているように[*25]，地方行政の円滑な推進のために，在地の有力者層からの助言を請うことが必要とされていた。ここに，地方行政をめぐって，第１節で触れたようなインフォーマルな人的結合の形成される必然性が存在していた。

（A）在地側の人物群

　そこでまず，在地側のいかなる人物たちが，地方官とのつきあいをもち，あるいは更に地方行政に関する意思決定に何らかの影響力を及ぼすことができたのかを，具体的に探ってみたい。ただし，温州の地方行政上の実際の施策に関して，その関連人物を何人も挙げることのできるような史料は，決して多くない。ところが幸いなことに，前節で触れた，南宋期温州の一大水利事業となった南塘の修築に関しては，知温州沈枢をめぐる人的結合を具体的に記した石刻史料が存在するので，以下，この事例から分析を始めてみたい。

　沈枢が永嘉県から瑞安県にかけての南塘の修築をおこなったのは，《表２》にも示したように，南宋中期の淳熙13～14年（1186～87）のことであるが，当時の永嘉学派の中心的人物であり，瑞安県の出身である陳傅良は，『止斎先生文集』巻39「温州重修南塘記」の中で，沈枢が，工事に先立って，通判とともに，両邑（永嘉県・瑞安県）の大夫の「里居」していた者への相談をおこなっていたことを記している。この「温州重修南塘記」では具体的な人名は記されていないのだが，淳熙13年11月21日に，沈枢が温州・永嘉県・瑞安県の地方官，および陳傅良以下

[*25]　古林森廣著『中国宋代の社会と経済』（国書刊行会，1995年）第１章「宋代の官箴書について」。

《表3》「沈枢仙厳題記幷詩」(『東甌金石志』巻7)に記された人物

〈地方官〉
A) 沈枢＝知温州。　　　　B) 周价＝温州通判。　　　C) 陳孔光＝知永嘉県。
D) 劉亀従＝知瑞安県。　　E) 王長世＝永嘉丞。　　　F) 葉広文＝瑞安丞。

〈在地士大夫〉
a) 張仲梓（恩蔭出身）…永嘉人。南宋初期の高官・張闡の次男。妻の周氏は，周行己（永嘉学派の先駆）の一族。
b) 甄龍（良）友（紹興24年（1154）進士）…楽清人。
c) 謝雩（乾道5年（1169）進士）…永嘉人。張闡（張仲梓の父）の娘婿。
d) 謝天錫（淳熙11年（1184）進士）…永嘉人。
e) 陳傅良（乾道8年（1172）進士）…瑞安人。温州3県にまたがる名族陳氏の一員。永嘉学派の代表的人物の1人。仙巌書院を開く。
f) 林思純（地位不明）…林氏一族？
g) 高子莫（恩蔭出身）…永嘉人。北宋の外戚一族の子孫。葉適の妻の父。
h) 沈季豊（淳熙2年（1175）進士）…瑞安人。

の在地の人物たちを連れて，南塘の視察および瑞安県仙巌での食事会をおこなったことを記した史料である『東甌金石志』巻7「沈枢仙厳題記幷詩」には，沈枢自身も含め6名の地方官と，8名の在地側の人物の名が刻まれており，これを整理して掲げたのが《表3》である。

在地側の人物については，「沈枢仙厳題記幷詩」の本文には，姓名と字が記載されているのみであるが，地位を確定し得なかった一人を除くすべての人物が，各県の地方志によれば[26]，「進士」の出身者か，あるいは「恩蔭」によって任官資格を得た者であることが確認できる。さらに注目すべきであるのは，南塘の視察に出掛けたこのメンバーに，温州の名族あるいは永嘉学派に関係する人物が多く含まれていることである。たとえば，aの張仲梓は南宋初期に工部尚書となった張闡の次男であり，妻の周氏は，永嘉学派先駆の周行己の一族であった[27]。また，cの謝雩も，母の張氏が張闡の姉妹にあたる関係にあった[28]。なお，dの謝天錫が謝雩との間に親族関係があるかどうかについては，史料では確認できなかった。

[26] 『光緒永嘉県志』巻11・選挙志1，『嘉慶瑞安県志』巻7・選挙志1，『光緒楽清県志』巻10・選挙。
[27] 『攻媿集』巻104「知復州張公墓誌銘」。
[28] 『攻媿集』巻109「承議郎謝君墓誌銘」。

他に，eの陳傅良は，まさに仙巌書院を創設した人物であり，また前掲の「温州重修南塘記」の筆者であることから考えても，この南塘視察および仙巌での食事会には特に深い関わりをもった人物であったと思われる。同じく永嘉学派との関係で言えば，gの高子莫は，葉適の妻の父にあたり，また高子莫自身も北宋の英宗皇帝の高皇后を出した一族に属していた。

　このように，温州の名族や永嘉学派の人物が多く含まれ，これにともない，地方官とともに視察・食事をともにする人物群に，単に進士出身者だけでなく，そうした名族における恩蔭の出身者も含まれているということが，南塘修築の事例で地方官の周辺に登場する在地人物群の特徴であると言えよう。

　そして，このような点では，温州への造船の割り当てをなくすよう朝廷に要請をおこなった知温州楼鑰（《表2》参照）をめぐる人的結合についても，かなり共通している。楼鑰は，乾道7年（1171）に，温州州学教授として1度温州に赴任したことがあり，淳熙年間末期に知事として来たのは2度目の温州赴任であった。既に州学教授時代にも，「東嘉に客授し，諸名士と游ぶ」（『攻媿集』巻109「承議郎謝君墓誌銘」），「東嘉に客授し，一時の賢士を従いて遊ぶを獲」（『攻媿集』巻77「書陳止斎所作張忠甫墓銘後」）などとしばしば記されているように，温州の士大夫との交流をさかんにおこなっていたようである。

　そして，その相手には，永嘉学派の薛季宣も含まれており，楼鑰は着任後，「寺正薛公季宣の兵略に深きを聞き，屢ば請問す」（袁燮『絜斎集』巻11「資政殿大学士贈少師楼公行状」）とあるように，教えを受けていた。また，「此の邦に客授し，三年間，多く同年と往還し，甚だ楽しきなり」（『攻媿集』巻109「朝散郎致仕宋君墓誌銘」）とあるように，同年進士の人物との交友関係も見出すことができる。州学教授時代のこうした人間関係は，楼鑰自身によって，「余，東嘉に客授す。蓋し士夫の淵なり」（『同書』巻107「戴俊仲墓誌銘」）と回顧されており，楼鑰が1度目の温州赴任の時から既に温州人士に対しては，非常に肯定的な印象を抱いていたことがわかる。

　したがって，楼鑰が2度目に知温州として赴任後，地元温州の立場を重んじた行政をおこなった背景には，このような人的結合の存在を考えることができるであろう。そして，楼鑰の文集である『攻媿集』には，こうした濃密な関係を反映

《表4》楼鑰が墓誌銘・神道碑・祭文などを執筆した温州出身者

a）林杞（崇寧5年（1106）進士）…名族林氏（平陽県）の初の科挙合格者。
　　←巻70「跋薛士隆所撰林南仲墓誌」
b）張闡（宣和6年（1124）進士）…南宋初期の工部尚書。
　　←巻74「跋張忠簡公詩帖」
c）何溥（紹興12年（1142）進士）…何氏百里坊族の一員。
　　←巻14「何内翰輓詞」
d）鄭伯熊（紹興15年（1145）進士）…永嘉学派傍流の思想家。
　　←巻83「祭鄭龍図」
e）何伯謹（紹興21年（1151）進士）…何氏城南族の一員。
　　←巻14「何司業輓詞」
f）王十朋（紹興27年（1157）進士）…名族王氏の一員（楽清県）。張浚の門人。
　　←巻13「王忠文公輓詞」；巻84「祭王詹事」
g）周去非（隆興元年（1163）進士）…周行己の一族。
　　←巻83「祭周通判」
h）宋晉之（隆興元年（1163）進士）…楽清人。王十朋の門人。楼鑰と同年の進士。
　　←巻109「朝散郎致仕宋君墓誌銘」
i）謝雩（乾道5年（1169）進士）…《表3》c）
　　←巻109「承議郎謝君墓誌銘」
j）陳傅良（乾道8年（1172）進士）…《表3》e）
　　←巻95「宝謨閣待制贈通議大夫陳公神道碑」
k）薛季宣（雑選出身）…名族薛氏の一員（永嘉県）。永嘉学派の代表的思想家。
　　←巻83「祭薛寺正」；巻84「祭薛寺正」
l）戴厚（特奏名出身）…名族戴氏の一員（永嘉県）。
　　←巻107「戴俊仲墓誌銘」
m）張淳（特奏名出身）…永嘉学派で薛季宣の「同調」。
　　←巻77「書陳止斎所作張忠甫墓銘後」
n）張仲梓（恩蔭出身）…《表3》a）
　　←巻104「知復州張公墓誌銘」
o）張季椊（恩蔭出身）…張闡の子。
　　←巻13「張工部輓詞」

して，温州出身者が非常に多く取り上げられている。そのうち，墓誌銘・神道碑・祭文・題跋・輓詞で扱われた温州人士の名をリストアップしたのが，《表4》となる。

　これらの中には，林杞の場合のように，その子孫との関係によって執筆を依頼される場合も含まれているようだが，記述の内容その他から見て，多くは，楼鑰との直接的な関係によるものと判断してよいようである。そして，この《表4》から指摘できることは，その大部分の人物が，前稿において温州の名族として取

り上げた家柄に属することである。すなわち，永嘉県の何氏・周氏・薛氏・戴氏・張氏，楽清県の王氏，平陽県の林氏，平陽県・瑞安県・永嘉県にまたがった陳氏のように，南宋期に多くの任官者を出していた「世家」に，多くが属しており，それ以外でも，謝雱は《表3》でも示したように，張闡の娘婿であった。また，鄭伯熊および張淳も，ともに永嘉学派と深い関わりのある人物である。ここにおいても，先の沈枢の場合と同様に，温州の名族や永嘉学派の思想家が多く含まれ，そして，官界入りのルートで言えば，進士出身以外の人物も少なからず含まれていることが，見てとれるであろう。

　これら以外にも，たとえば南宋初期の知温州張九成（事績については《表2》参照）について，葉適の門人であって永嘉県の名族戴氏の戴栩が，「故侍郎張公無垢先生，永嘉に来守し，一に礼義・廉恥を以て其の士民を遇す」ということを諸長老から子供の時に聞いた（戴栩『浣川集』巻9「跋無垢先生言行」）と記している。その張九成が，温州でその賢を聞いて書簡を送り贈り物をしたという話[*29]の伝わっている劉愈は，《表1》にも示したように，葉適の若き日の師匠であった。さらに，張九成が温州出身者で最も親しかった陳一鶚は，紹興2年（1132）の同年進士の関係であり，赴任以前からもしばしば手紙のやりとりをしていた[*30]。一鶚の母の墓誌銘は，張九成の手になるものであり[*31]，一鶚の子の陳自修も，張九成の門人であった[*32]。そして，陳一鶚の姉妹の一人が，北宋の沈躬行から，陳傅良の門人沈体仁に至る「瑞安名家」（『水心文集』巻17「沈仲一墓誌銘」）の沈氏一族の沈大廉に嫁いでおり，また陳自修の世代の陳氏の女性が，先に掲げた鄭伯熊に嫁ぐ[*33]など，永嘉学派およびその周辺の婚姻ネットワークにも結びついていた。

　以上の例から窺えるように，温州のために熱心な行政をおこなった地方官は，しばしば在地の人物たちとの間に，積極的に交友関係を形づくっていた。その範囲は，官位を有していない人物のほか，また，名族との関係の見出せないような

[*29]　薛季宣『浪語集』巻34・行状「劉進之」。
[*30]　張九成『横浦集』巻18・箚子書簡に収録されている。
[*31]　『横浦集』巻20「陳氏考妣墓銘」。
[*32]　『宋元学案補遺』巻40・横浦学案補遺。
[*33]　註31。

進士出身者も若干含んでいる。しかし、そうした範囲の幅広さにもかかわらず、地方官と交友関係をもち得た人物群において主軸を形成していたのはやはり、前稿において明らかにしたような、温州の名族や、それと密接な関わりをもつ永嘉学派の思想家たちであったと言ってよいであろう。したがって、きわめて排他的な人的結合とまでは言えないにしても、しかし、地域において任官者を輩出する名族や、それと結びついた学派が重要な役割を占めるという意味において、あまり開かれた人的結合とは言いがたい要素を内包しているように思われる。

さて、こうした在地有力者層の存在は、南宋期の温州において非常に重要であった宗教的・観念的秩序の再建をめぐっても、やはり深い関わりをもっていたようである。たとえば、北宋末期の反乱で焼失した寺院の再建に際して、その鐘の銘文の執筆は、楽清県白鶴寺の場合は、永嘉学派の先駆である許景衡の学問にかつて従っていたとされる重和元年（1118）進士の鄭邦彦によって執筆されている[*34]。また、永嘉県開元寺の場合は、当時「郷貢進士」（挙人）であった蔣偉（のち紹興5年進士）によって執筆されている[*35]。再建のための寄付は、鐘銘に刻まれたような多数の人々から集められたわけであるが、その秩序の上部を構成するのは、前節で見たような地方官であり、また地元出身者ではこうした科挙を通しての身分を保持した人物たちであった。

さらに注目されるのは、こうした寺院が、永嘉学派とも良好な関係を築いていたことであって、たとえば、開元寺の千仏閣の再建に関して、葉適は僧居広の頼みで「温州開元寺千仏閣記」（『水心文集』巻9）を執筆している。また、これとは別に、やはり北宋末期の反乱で焼失した楽清県の白石浄彗院の経蔵は、淳熙3年（1176）に至ってようやく再建されたが、その事実を記した葉適の「白石浄彗院経蔵記」（『同書』同巻）によれば、葉適は若い頃に、この記を依頼した仲参をはじめとして、白石浄彗院に子弟を何人も送り込んでいる黄氏との交友関係があり、「間々亦た黄氏父子に従いて漁釣す」などと記されている。

葉適は他に、社稷の祭祀とも深く関わっていた。前節で楊簡・韋嶸・胡衍らの地方官による社稷の祭祀への貢献については触れたが、そこで掲げた「温州社稷

[*34] 『東甌金石志』巻5「白鶴寺鐘銘款識」。

[*35] 『東甌金石志』巻5「開元寺鐘銘款識」。

記」や「永嘉県社稷記」は，ともに葉適の執筆によるものであった。南宋期温州における宗教的・観念的秩序の再建のために，地方官に地元の永嘉学派が協力するという関係が，積極的な役割を果たしていたのを窺い知ることができる。

さらに祠廟に関しても，宋朝が一元的な統制をおこなう一方で，在地の有力者側も，自らのステータスを高めるために，逆に賜額・賜号を利用する場合がしばしば見られた[*36]。温州においても，『光緒永嘉県志』巻4・建置志2「壇廟」によると，南宋期に最も繁栄した薛氏一族に関して，始祖である薛令之をまつった「薛補闕祠」と，薛氏を神とする「霊応七聖廟」が，清代の永嘉県にあった諸祠廟のうちから確認できる。前者は，温州区（市）文物管理委員会編印『温州文管会蔵石攷』[*37]でも，その祠の中に，「薛令之像碑」の置かれていたことが確認でき，これは淳祐5年（1245）に成ったものであった。また後者は，宋末の咸淳年間に賜額され孚恵侯に封じられたとされている。

以上のように，宗教的・観念的秩序の再建においても，永嘉学派やそれと結びついた名族が，重要な役割を担っていたことがわかる。

（B）温州の地方行政に貢献した地方官

次に，温州の地方行政に貢献をした地方官の側に，どのような人物が多かったかを分析し，それを通して，温州の地方行政をめぐる人的結合の特色を検討してみたい。

まず，容易に気付くことのできる特色としては，南宋期に活発化していた読書人官僚の思想状況を反映して，諸学派の思想家が温州に赴任した際に，地方行政への積極的な取り組みをおこなった人物が多かったということである。たとえば前節で挙げた張九成や楊簡は，いずれも思想家として南宋期に非常に名を知られた人物であった。

また，《表2》の隆興2年の項に示した劉朔は，福建路興化軍莆田県の出身で

[*36] Valerie Hansen, *Changing Gods in Medieval China, 1127-1276*, Princeton: Princeton University Press, 1990. 須江隆「徐偃王廟考──宋代の祠廟に関する一考察──」（『集刊東洋学』第69号，1993年）。

[*37] この史料集の閲覧は，奈良大学教授の森田憲司先生のご厚意による。

あるが，この飢饉の際の劉朔の功績については，葉適が「著作正字二劉公墓誌銘」(『水心文集』巻16)の中で，後に知温州として赴任した兄劉夙と並んで取り上げ，ともに温州において人望の高かったことを賞賛している[*38]。なお，乾道2〜3年の水害への対応にあたった浙東提挙常平宋藻も，劉兄弟と同じ莆田県の出身である。

さらに，《表2》の乾道6〜7年に賑済で功績をあげた知温州曾逮は，「震沢(王蘋)門人」[*39]，南塘の修築をおこなった沈枢は「涑水私淑」[*40]とされている。他に，楊簡と並んで温州や永嘉県の社稷の祭祀をおこなった鞏嶸が前述のように呂祖謙の門人であるなど，こうした思想家の事例は枚挙に暇がないと言えよう。

これに加えて，知温州として赴任する以前に，既に吏部侍郎・工部尚書などを歴任したことのある韓彦直[*41]のように，高官経験者が温州で地方行政に業績をあげるような例も見られる。陳傅良が，「中興より永嘉は次輔郡為り。其の守を選ぶこと，蓋し名卿大夫多し」(前掲「温州重修南塘記」)と述べたのは，以上のような思想家や高官経験者などによる積極的な取り組みを歓迎する温州の在地士大夫たちの気持ちを，よく代弁した言葉であると言えるだろう。

さて，以上のような傾向は，他の州県においても見られることとは言え，温州が一つの学派の中心地であることを考える時，その意義は決して小さくはないのだが，それにもまして本章において注目したいのは，温州の地方行政に貢献した地方官に，明州につながりのある人脈の人物が多く含まれていたことである。

明州(慶元府)は，温州とともに浙東に位置し，南宋期には両浙路内で温州に次いで2番目に科挙合格者数の多い州であった[*42]。さらに明州を南宋政治史上において特色づけたのは，史浩・史彌遠・史嵩之の史氏一族が3代にわたって宰相

[*38] 劉兄弟と葉適の関係については，中砂明徳「劉後村と南宋士人社会」(『東方学報・京都』第66冊，1994年)に言及されている。

[*39] 『宋元学案』巻29・震沢学案。

[*40] 『宋元学案補遺』巻8・涑水学案補遺下。

[*41] 『宋史』巻364・韓彦直伝(韓世忠伝に付載)。

[*42] John W. Chaffee, *The Thorny Gates of Learning in Sung China: A Social History of Examinations,* Cambridge: Cambridge University Press, 1985.

第6章　南宋期温州の地方行政をめぐる人的統合　　　141

に在任したことであり，寺地遵氏によれば，この3人に鄭清之を加えると，「45年間，実に半世紀近く明州出身者が権力構造の頂点を独占し続けていた」*43とされている。さらに他にも，楼氏一族をはじめとして高官を代々輩出する名族が幾つも存在するなど，北宋末期以降，中央政権とのつながりが総じて強い地域であったと言える。また，それぞれの名族が在地の官戸どうしの婚姻関係を広く結んでいたり*44，あるいは義荘の設置などのように，国家の保護を受けながら，族的財産の維持活動もさかんにおこなわれていた*45。

　その明州から温州に赴任した地方官で，地方行政に積極的な役割を果たした人物は，既に繰り返し触れてきた楼鑰（鄞県出身）や楊簡（慈渓県出身）の2人にとどまらない。《表2》の紹興15年の項に示した知楽清県趙敦臨（鄞県出身）は，水利事業に取り組む一方で，楽清県学に学田5頃をもうける*46などの事績も残している。また，舒璘（奉化県出身）は，知平陽県として赴任し，郡政（州の政治）が苛酷であったために，民衆の苦難を申し出，知州もそれに応じて態度を改めた*47との記録が残っている。さらに，知温州王伯庠（鄞県出身）は，在任中に死亡したものの，「志を篤くして従事し，少しも懈（おこた）らず」（『攻媿集』巻90「侍御史左朝請大夫直秘閣致仕王公行状」）であるとか，「民を愛し姦（おさ）を戢（をさ）め，郡政は成に向かう」（『同書』巻83「祭王侍御」）と，楼鑰によって知温州としての行政姿勢が評価されている。

　このような明州出身者と並んで，明州に隣接する紹興府余姚県の出身者も，温州の地方官としての業績が目立っている。余姚県は，当時の行政区画上は明州に属していないものの，現代においては明州の後身である寧波市に属しており，経済的・文化的に明州との関係が密接な地域であった。余姚県から温州に赴任し，

---
*43　寺地遵「地域発達史の視点――宋元代，明州をめぐって――」（今永清二『アジア史における地域自治の基礎的研究』，科研報告書，1992年）10頁。
*44　伊原弘「宋代明州における官戸の婚姻関係」（『中央大学大学院研究年報』創刊号，1971年）。
*45　福田立子「宋代義荘小考――明州楼氏を中心として――」（『史艸』第13号，1972年）。
*46　林季仲『竹軒雑著』巻6「温州楽清県学記」。
*47　『宋史』巻410・舒璘伝（沈煥伝に付載）。

積極的な働きをした3人の地方官の名を挙げるならば，一人は《表2》の乾道2～3年の水害の際に，水利施設の修築に当たった知温州の王逴であり，一人は，同じく《表2》の慶元年間の項に示した知温州の趙師龍で，4県の税の滞納を免除するなどしていた。そしてもう一人は，永嘉県の社稷の祭祀に尽力した知永嘉県の胡衍であった[*48]。

こうした明州および余姚県を中心とした地域は，南宋期には陸九淵（象山）の門人が多く出た場所として知られている。実際，温州赴任者の中でも，楊簡・舒璘の2人は，「甬上四先生」のうちに数えられる有名な門人であった。また，趙敦臨は楊時の門人であるが，舒璘が敦臨の再伝の弟子にもあたっており[*49]，学問的な系譜として，この四明学派の本流につながっていた。さらに，胡衍の父胡撝が陸九淵の門人であることは前節で述べたが，陸九淵の門人の名を列ねた『宋元学案』巻77・槐堂諸儒学案の中に，胡衍およびその兄胡衛も「崇礼家学」（「崇礼」は胡撝の字）として列挙されている。

このような四明学派の学者たちと永嘉学派との学問上の交流関係については，既に周夢江氏が，楊簡・袁燮・舒璘・沈煥を例に明らかにしている[*50]。しかし，明州と温州との関係は，単に学者どうしの人的結合としてのみでなく，それ以外の人物も含め，官界での地縁的官僚集団どうしの関係としても重要な意味をもっていた。

その関係の接点で，大きな鍵を握っていた人物が前出の楼鑰である。先に触れたように，楼鑰は2度の温州赴任などを通じて，温州の士大夫たちと広い交友関係を築いており，温州出身者との間に婚姻関係も形づくっていた[*51]が，地元の名族楼氏の有力人物として，温州に赴任した明州・余姚県出身者との間にも，非常

[*48] このほか，明州および余姚県の出身者以外でも，《表2》の淳熙12年の項の温州通判謝傑は，北宋の思想家謝良佐の子孫にあたる人物であるが，明州出身の楼鑰と「忘年」の交わりを保っていた（『攻媿集』巻83「祭謝雲台」）。楼鑰は，《表2》の慶元2年の項の知温州曾炎に対しても神道碑を記している（『同書』巻97「集英殿修撰致仕贈光禄大夫曾公神道碑」）。

[*49] 『宋元学案』巻25・亀山学案，『同書』巻76・広平定川学案。

[*50] 周夢江著『葉適与永嘉学派』（浙江古籍出版社，1992年）第9章「永嘉学派与四明学派」。

に密接な関係を有していた。そして，その関係は，たとえば楊簡との関係のような地元の学者どうしとしての友人関係に限られず，他の王遂・王伯庠・趙師龍との間の直接・間接の婚姻関係としても，見出すことができる。具体的に言えば，余姚県出身で知温州となった王遂は，『攻媿集』巻90「国子司業王公行状」によれば，楼鑰の兄の子をその妻としていた。また，楼鑰は明州の有力な官戸である汪氏一族との間に婚姻関係を重ねて結んでいて，非常に緊密な関係にあったのだが，『同書』同巻「侍御史左朝請大夫直秘閣致仕王公行状」によると，鄞県出身で知温州となった王伯庠は，この汪氏の汪大有に次女を嫁がせている。さらに余姚県出身で知温州となった趙師龍も，太祖9世孫の宗室の人物で，楼鑰とは同年進士であったが，『同書』巻102「知婺州趙公墓誌銘」には，「又た舅氏汪韶州の女を娶る」として，師龍が楼鑰の母の兄弟にあたる汪大定の娘を後妻に迎えていたことが記されている。

　これらの人物の中には，とくに王伯庠のように，父王次翁が南宋初期の秦檜専権期に参知政事に就くなど，中央権力とも直結した名門層の人物も見られた[52]。また，南宋中期を中心に3代の宰相を出した史氏一族と楼鑰との関係も密接で，楼鑰の『攻媿集』中には数多くの史氏一族関係者の名を見出すことが可能である。したがって，楼鑰を軸として思想や婚姻などを通じた関係を有していたこれらの温州赴任者たちは，こうした彼ら自身の在地のネットワークを通して，中央権力とも比較的近い位置にいたことが窺えるように思う。

　このような特色を利して，明州人脈（余姚県も含めて）の人物たちと温州の士大夫との関係は，単に地方官としての赴任先での交友関係にとどまらず，互いに機会あるごとに朝廷で推薦しあうなど，官界内部における両地域の相互協力関係としても表れていた。たとえば，まず楼鑰について見てみると，嘉泰3年（1203），

---

[51] 楽清県の趙善鐸の妻は，その従父が楼鑰であった（『水心文集』巻22「趙孺人墓銘」）。また，楼鑰の父楼璩の曾孫娘の一人が永嘉県の名族戴氏の戴閶之の許婚となっている（『攻媿集』巻85「亡姚安康郡太夫人行状」）。なお，嘉定16年の省試で参詳官を務めた永嘉県の盧祖皐も，楼鑰の甥であった（『宋元学案補遺』巻79・丘劉諸儒学案補遺）。
[52] 王次翁については，寺地遵著『南宋初期政治史研究』（渓水社，1988年）214〜6頁，参照。

韓侂冑専権の下で不遇な立場にあった楼鑰を，皇帝に召された葉適が推薦している例[*53]が見られる。また逆に楼鑰は，陳傅良とはかつてともに行在での任務についていた時に，「相い隣に居す」（『攻媿集』巻70「跋薛士隆所撰林南仲墓誌」）など，親密な関係にあり，陳傅良の死後は，彼の子の陳師轍の任官を請うている[*54]。

葉適による推薦は，楼鑰以外についても，淳熙15年（1188）の太常博士在任中におこなわれており，『水心文集』巻27「上執政薦士書」によれば計34人の名が挙げられているが，そのうち，陳傅良・鄭伯英・徐誼・徐元徳・戴渓・王枏という6人の温州出身者が含まれているのは当然としても，さらに沈煥・豊誼・楊簡・舒璘という4人の明州出身者も推薦されている。この4人がいずれも陸学の系統にあり，しかも葉適が推薦した中に，さらに陸九淵本人が含まれ，また紹興府出身でやはり陸九淵の門人にあたる石斗文・石宗昭[*55]の2人も入っていることを考え併せると，葉適が明州およびそれと関係の深い陸学系の人脈をいかに重んじていたかが了解できるであろう[*56]。

推薦の際の地域性が，より露骨に表れていたのが，溯って淳熙8年（1181）に，政界を引退する2年前の史浩がおこなった推薦である。史浩『鄮峯真隠漫録』巻9「陸辞薦薛叔似等箚子」には，史浩が推薦した15人の人物やその官職が列挙されており，それに出身地を加えて整理したのが《表5》である。

ここでは，15人中，明州出身者が4人，温州出身者が3人おり，さらに陸九淵とともに，浙東におけるその門人の石宗昭・胡拱が含まれていて，明州を軸とした陸学系の人物と温州出身者の多さが目立っている。しかも，gの崔敦礼は，明州人の魏杞が乾道年間に平江府へ赴任した際に目に留まった人物であることが，楼鑰の記した「跋史太師答范参政薦崔宮教帖」（『攻媿集』巻76）から確認できる。また，iの趙善誉も，乾道年間に昌国県主簿として明州に赴任し，「邑人相い与

[*53] 『宋史』巻434・儒林4・葉適伝。この時，楼鑰とともに，丘崈・黄度が推薦され，「悉く郡を与かる」とされている。
[*54] 『攻媿集』巻26「乞録用陳傅良之後」。
[*55] 『宋元学案』巻77・槐堂諸儒学案。
[*56] この時に推薦された人物たちについて，前掲『宋史』葉適伝は，「後に皆な召用さる」と記している。

《表 5》史浩が「陛辞薦薛叔似等箚子」(『鄮峯真隠漫録』巻 9)
で推薦した人物

a)	薛叔似 （両浙東路温州永嘉県）	＝明州鄞県主簿
b)	楊　簡 （両浙東路明州慈渓県）	＝新紹興府司理参軍
c)	陸九淵 （江南西路撫州金渓県）	＝新建寧府崇安県主簿
d)	石宗昭 （両浙東路紹興府新昌県）	＝新無為軍軍学教授
e)	陳　謙 （両浙東路温州永嘉県）	＝新寧国府府学教授
f)	葉　適 （両浙東路温州永嘉県）	＝新鄂州推官
g)	崔敦礼 （淮南東路通州静海県）	＝前江東安撫司幹辦公事
h)	袁　燮 （両浙東路明州鄞県）	＝新江陰軍江陰県尉
i)	趙善誉 （宗室）	＝添差通判常州
j)	張貴謨 （両浙東路処州遂昌県）	＝前撫州州学教授
k)	胡　拱 （両浙東路紹興府余姚県）	＝監臨安府回易庫
l)	舒　璘 （両浙東路明州奉化県）	＝前衡州州学教授
m)	舒　烈 （両浙東路明州鄞県）	＝新紹興府府学教授
n)	王　恕 （？）	＝明州州学教授
o)	湛　循 （福建路福州閩県）	＝監潭州南嶽廟

に之に愛服す」(『同書』巻102「朝奉郎主管雲台観趙公墓誌銘」)と楼鑰によって記録されており，さらに彼の功績を認めて朝廷への推薦をしていた当時の知明州の嗣秀王趙伯圭は，孝宗の同母兄であり，史氏一族の史彌堅の妻の父親でもあった[*57]。そのうえ，nの王恕も明州州学教授であるのを加えれば，15人中，13人までが，明州に何らかの関わりがあるか，あるいは温州出身者であることがわかる[*58]。

　史浩自身について言えば，温州出身者すべてと良好な関係を維持していたわけではなかったが[*59]，史浩が推薦した3人の温州出身者のうち，薛叔似が薛季宣の一族，陳謙が陳傅良の従弟，そして葉適が永嘉学派の大成者であることからすれば，史浩が温州出身者官僚の中心的な存在であった永嘉学派の本流とはきわめて協力的な関係にあったことが窺える。その関係は，地方官としての赴任なども通して，楼鑰をはじめとする次の世代の明州出身官僚たちにおいて，さらに密接になっていったものと捉えることができよう。

[*57] 『攻媿集』巻86「皇伯祖太師崇憲靖王行状」。
[*58] 史浩の推薦をこの時葉適は辞退しているが，『宋史』巻396・史浩伝には，史浩の推薦を受けた人物たちが「後に皆な擢用され，通顕に至らざる者は六人のみ」と記されている。
[*59] 史浩は孝宗即位後に，張浚の門人で北伐に積極的な御史王十朋（楽清県出身）によって「八罪」を数えられ，しばらく政界から遠ざかっている。Davis, op. cit., p.65.

なお，こうした官界内部での相互推薦以外に，前稿で明らかにしたように，科挙の省試考官には温州出身者が多く含まれていたが，明州についても同様であった。また，嘉定元年（1208）の科挙では，楼鑰が知貢挙をつとめた際に，同知貢挙に温州出身の蔡幼学（参詳官にも温州出身の王栐）が加わる[60]といったことも見られる。さらに，やはり前稿で触れたように，科挙合格への近道である太学への入学に，温州出身者と明州出身者がともに私的便宜をはかることもあったようである。

以上のように，両地域の協力関係は，他の地域の官僚を全く排除するといった性質のものではないにせよ，南宋期の官界において，単なる個人的・個別的関係として以上に，多分に構造的な人的結合として機能していた。しかし，それによる中央権力との近接性が，他の思想家などとの感情的なずれや対立を生む場合も，時に生じていたようである。たとえば，南宋初期に秦檜は温州に赴任したことがあり，さらに秦檜専権期に，一時，温州出身者が大量に登用されることがあったのだが，浙東提挙常平茶塩公事として淳熙9年（1182）に温州に巡察に来た朱熹は，永嘉県学の秦檜の祠を壊すよう求めている[61]。また，朱熹との関係が深かった福建路泉州の留一族の留元剛は，明州出身の史彌遠によって権力奪取がおこなわれた「嘉定更化」より以後，政治への不満を抱いていた[62]が，知温州として，温州の州学の修築をするなどの貢献をしながらも[63]，『宋会要』職官75-24（黜降官）・嘉定13年正月23日の条によれば，後に，「嘗つて永嘉を守し，惟だ酣飲に務む」などとして弾劾されている。しかも，この弾劾をおこなった殿中侍御史胡衛は，葉適とも親しく[64]，また知永嘉県として社稷の祭祀に尽力した紹興府余姚県出身の胡衍の兄にあたり，明州と関係の深い人脈に位置していた。

ただし，逆に言えば，宋代の地方行政が中央集権体制のもとでおこなわれたと

---

[60] 『宋会要』選挙21-10（選試）・嘉定元年正月25日の条。
[61] 朱熹『晦庵先生朱文公文集』巻99「除秦檜祠移文」。
[62] 李清馥『閩中理学淵源考』巻31・晋陵留氏家世学派「知州留茂潜先生元剛」。
[63] 『水心文集』巻10「温州新修学記」。
[64] 『同書』巻17「胡崇礼墓誌銘」によれば，嘉定6年冬に胡衛は永嘉に来て葉適と会っている。

いう点を考慮する時，中央とのパイプの太さは，ひとまず現実的効果という視点に限って言えば，やはり少なからぬ意味をもっていたと思われる。たとえば，内蔵庫の2万貫を用いて水害後の水利施設修復に功をあげた余姚県出身の王逮は「良吏」であるからとの孝宗の直々の指名による温州赴任であり[*65]，中央の資金とその派遣する地方官とがうまく組合わされ，水害復興を促進した例と言えるだろう。

（C）温州の士大夫と中央との直接的関係

そして，このような点で言えば，温州自体も，明州ほどの宰相輩出地域ではないにしても，科挙合格者数の多さなどから中央とのつながりは強い地域であった。このため，中央政府においても，温州出身の官僚が，在地からの要望を直接伝えるパイプ役として動いていたようである。例を二つ挙げると，まず，隆興2年の飢饉に際して，在地士大夫の劉愈が，常平倉米の使用と度牒の支給を求めていたが，「故端明張公闡の郷典の旧なるを以て，書を詰れば，己が助けを為すことを約す。上，為に惻然として聴許し，一として乞う所の如くせざるは無し」（『浪語集』巻34・行状「劉進之」）とあるように，旧知の工部尚書張闡（永嘉県出身）のおかげで，皇帝の全面的な許しが得られている。

もう一つの例は，乾道2年の水害をめぐる経総制銭の減額に関してであって，水害の調査をした度支郎中唐琢が経総制銭の2割の減額を乞い，薛良朋・鄭伯熊・呉亀年ら温州出身官僚も乞うたが，戸部は許可を出さなかった。ところが，「会ま良朋は請対し，唐琢（瑑）の奏する所を乞えば，三年，皆有りて之れに従う」（『光緒永嘉県志』巻37・襍志2「遺聞」に引く陳謙「永寧編」）とあるように，薛季宣の一族の吏部尚書薛良朋が皇帝に直接かけあい，減額の許可を得ている。地元出身の官僚が高官として皇帝に接する機会のあることによって，温州がこのように恩恵を受けていたことは，南宋期温州の地域発展の性質とも深く関わってくる点であろう。

[*65] 『攻媿集』巻90「国子司業王公行状」。

5. 結　語

　以上，南宋期温州の地方行政をめぐるインフォーマルな人的結合のあり様を観察してきた。これを宋代の地域社会および思想との関連において整理することで，結びとしたい。
　まず，温州の地方行政において見られたように，地域発展のために尽力した地方官の中には，思想家が多く含まれており，在地側においても永嘉学派の思想家たちがそうした地方官との間に親密な交友関係を形成していた。このことは，以前に比べて格段に活発な政策論議のおこなわれた宋代儒教のもつ積極的な役割が発揮された部分だと見てよいであろう。
　とくに，楼鑰の「朱勔父子，花石進奉等を以て，東南に怨みを結び，所在の頑民の好乱なる者は（方）臘とともに相い応じ，賊勢日々張る」(『攻媿集』巻73「跋先大父徽猷閣直学士告」) という言葉に示されているように，北宋末期の新法系中央官僚の収奪路線への反感は，浙東の士大夫たちにとって，方臘の乱をはじめとする北宋末期の反乱への恐怖感とともに，原体験的に世代をこえて深く胸に刻まれていたようである。財政規模の縮小を強調する永嘉学派の論理[*66]も，これと共通的な価値観にもとづいていたと言えるであろう。したがって，少なくとも，南宋期になってこの地域で大規模な反乱がおこらなかったという点に限って，地方行政も一定の貢献をしたと捉えるならば，支配階級であるこうした士大夫たちの思想を，「支配階級と被支配階級とのそれぞれ別の想いを込めた接点」[*67]として捉え得る余地は存在するであろう。
　しかし，「インフォーマル集団」という概念には，このような普遍主義 (universalism) の方向性を多少なりとも帯びた側面ばかりでなく，それとは逆に，特定の者の利益を追求する特殊主義 (particularism) の側面も同時に含まれている[*68]。はじめにも述べたように，唐代に比べ科挙の本格化によって，より競争的となった宋代の政治環境の下でも，よき縁故(コネクション)の有無は，地位の維持をはか

---

*66　拙稿「葉適の宋代財政観と財政改革案」(『史学研究』第197号，1992年)。
*67　奥崎裕司著『中国郷紳地主の研究』(汲古書院，1978年) 326頁。

るうえで重要性を失っていなかった[*69]。

　本章での観察にもとづけば，如上のような思想家を軸とする人的結合も，集団として必ずしも広く開かれた構成をしているとは言えず，また決して純粋に思想のみを媒介とした結合とは言いがたい部分がある。すなわち，地方官が交友相手とした在地の人物たちには，永嘉学派の人物たちと重複するかあるいは密接につながる形で，名族の出身者たちがしばしば含まれており，またその中には恩蔭によって官位を得ている人物も少なからず混じっていた。さらに，明州人脈との結びつきにしても，単に思想家どうしの交流というばかりでなく，官界内部における地縁的官僚集団の相互協力関係としての側面も多分に含まれていた。温州にとっては決して不都合とはならなかったようだが，こうした権力との結びつきが少なからず地方行政の効果促進にも影響するという中央集権システムの特色は，科挙合格者の地域的不公平性が南宋になって拡大していたというチェーフィー氏の分析[*70]を併せ考える時，宋朝全体の矛盾的側面と関わらせて理解しておく必要があるだろう。

　このことに関連してつけ加えれば，同じ南宋の朱熹の場合は，郷里の福建路建寧府崇安県において，「耆艾」・「貢士」・「里人」などとの共同運営で社倉を開始したり，勧善懲悪・相互扶助のための郷約を広めるなど，幅広い住民の参与（コミットメント）を得る「自治」的な社会事業をおこなっていたことに一つの特色があると言えようが，永嘉学派の周辺では，そうした取り組みに新味は乏しかった。したがって，たとえば，南宋中期の温州において，「民は生まれて豈に軽々しく郷土を去るを欲さんや。いやしくも水旱の太甚（はなはだ）しきに非ざれば，何ぞ散流するに忍びんや。去歳，早禾成熟し，人心晏然たり。螟蟲，孽を為せども，損ずる所多からず。晩禾未だ登らず，偶々秋雨を缺く，然るに未だ甚だしき害に至らざるなり。而るに流散已まず」(『攻媿集』巻21「論流民」) と記されているように，大災害がおこっ

[*68]　Wolf V. Heydebrand "New Organizational Forms", *Work and Occupations*, 16.3 (1989) pp.323-57.
[*69]　Patricia Buckley Ebrey, *The Inner Quarters: Marriage and the Lives of Chinese Women in the Sung Period*, Berkley and Los Angeles: University of California Press, 1993. も参照。
[*70]　Chaffee, *op. cit*.

ていないにもかかわらず温州から他の土地への流民がやまない，というような状況が存在していたことを知る時，果たして温州において，下からの安定的な社会統合が進められていたか，という点に関しては疑問が生じてくるように思う。こうした点は，朱子学などと永嘉学派との対比を，明代の思想[*71]までも含めた長期的展望のもとに考察していく必要があるだろう。

しかし，そうした相違と同時に考えておきたいのは，地域に重心をおいた思想としてハイムズ氏が捉えている朱子学や陸象山の学問にしても，実際には，その思想家のネットワークが地域内と全国規模の二層にまたがっていた[*72]うえに，とりわけ陸学の場合は，本章でも触れてきたように明州という政権中枢と結び付きのきわめて強い地域に門人たちが多数生まれていたことである。本章で論じたような問題は，程度の差こそあれ，決して永嘉学派のみに限られるわけではないという意味において，南宋期の思想と地域社会の関係については，中央集権のシステムとも絡めつつ，各学派についても分析をさらに進めて，総合化をはかる必要があると言えよう。

〔付記〕本稿は，1995年度広島史学研究会・中国四国歴史学地理学協会大会シンポジウム「人的結合と支配の論理」において口頭報告をした内容に若干の加筆をおこなったものである。報告の準備および本稿の作成にあたっては，寺地遵先生をはじめとする議長団および水羽信男先生をはじめとする研究委員の方々から，アドバイスなどをいただいた。また，本シンポジウムの日本史の報告者である西別府元日先生，西洋史の報告者である前野弘志先生からは，準備会を重ねる中で，各分野の最新動向をいろいろとご教示いただいた。いずれもここに記して，謝意を表したい。

(和歌山工業高等専門学校一般教育科＝当時)

(『史学研究』第212号，1996年)

[*71] 明朝成立と思想の関係について，近年，John W. Dardess, *Confucianism and Autocracy : Professional Elites in the Founding of the Ming Dynasty*. Berkley and Los Angeles: University of California Press, 1983. および檀上寛著『明朝専制支配の史的構造』(汲古書院，1995年) などの研究成果が発表されている。

[*72] 市來津由彦「南宋朱陸論再考——浙東陸門袁燮を中心として——」(前掲『宋代の知識人』，所収)。

第7章　南宋期の地域社会における知の能力の形成と家庭環境
――水心文集墓誌銘の分析から――

1．問題の所在

　地域社会史研究とは，決して単に地域社会を検討対象とした歴史記述にとどまるものではない。地域性が歴史の歩みのなかでいかなる意味をもったのか，地域性が当時の人間にどのように認識されていたのかなど，地域そのものの意味づけに関わって設定される問題もある。また，それとは別に，さまざまな要素が混在する地域社会を取り扱うことにより，歴史学のなかで新たな問題を柔軟に見つけだす起点としての役割を帯びることもある。

　日本における宋代地域社会史研究がどのような歩みを見せてきたかについては，本書（宋代史研究会研究報告第7集『宋代人の認識――相互性と日常空間――』――編者註，以下同）の総論に既に示されているが，その中で重要な分析課題の一つとなってきたのがエリート層の役割についてであった。1986年にロバート・ハイムズ氏が江西撫州のエリートに関する著書を刊行〔Hymes 1986〕して以後，エリート層についての研究は日本においても再び活発化しつつある。

　筆者もこれまで，南宋期の温州を事例として，温州出身のエリートたちが，科挙や地方行政を通して国家とどのような関係を築き，また地域社会内部において，どのような相互関係を形成していたのかを，一連の論考において論じてきた〔岡 1995・96・98・99〕。

　こうした地域社会におけるエリートの研究で，共通した特色の一つとなっているのは，エリートを思想史と関連づけて捉えようとしていることである。ハイムズ氏が撫州について陸九淵の出身地であることを強く意識して論じ，また，近年ではビバリー・ボズラー氏が，「南宋期の道学の重要なセンター」"An important center of tao-hsueh (Neo-Confucian) learning in the Southern Sung" としての

金華に対する関心も込めて，浙東婺州の婚姻関係についての詳細な研究をまとめるなどしている〔Bossler 1998〕。前掲の一連の拙稿においても，薛季宣・陳傅良・葉適といった南宋期温州出身の思想家の存在は，温州を検討対象として選択するために重要な理由であった。

ところで，このように地域社会史研究と思想史をリンクさせて分析していくことについては，今後，更なる深化が求められようが，中国伝統社会の固有の特色という点を考えるならば，同時に，地域社会においても，多様な人的結合について，より意識的に着目していく必要があるように思う。そしてこの問題は，最近の日本の宋代史研究において議論の対象となっている二つのキーワード，すなわち，「ネットワーク」，「再生産」とも密接な関係をもっている。

「ネットワーク」については，宋代史研究会研究報告第6集『宋代社会のネットワーク』で，「中国独特の社会結合原理の一端」として取り上げられ，所収の諸論文において，政治，思想・文化，社会，流通の各面から検討がおこなわれた。また，「再生産」は，社会学者ピエール・ブルデュー氏の概念から示唆を得て，主として科挙に関連する研究において取り上げられている（〔エルマン 1991〕，〔平田 1997〕）。

かたや「柔構造社会としての宋代社会の側面」としての「ネットワーク」，それに対して，階層の実質的な固定性をもたらす家族の「再生産」の戦略。両者の視角は一見，正反対に見える。しかし，柔軟で競争的・流動的な社会であればこそ，表面上は公平に見える試験制度や教育が内包する隠された構造に着目する意義は増すと言える。これまでの拙稿において，地域社会におけるエリートの婚姻関係や思想家どうしの交流を分析し，また，科挙試験をめぐる「不釣り合いな影響力」に着目してきたのも，こうした問題意識によるものである。

そして本章では，中国伝統社会の特質を踏まえ，「ネットワーク」と「再生産」とをさらに交差させて統合的にとらえるために，宋代地域社会における「知」のあり方に注目してみたい。西洋やイスラム世界などと比較して考えた場合，知識人が直接政治の担い手となり，しかもそのステータスの認定が国家的な資格・任用試験によっておこなわれていた宋代中国は，「知」が比類なしに重要な役割をしめていたと言えるであろう。こうした比較史の視角については別の機会に述べ

ているので（〔Oka 2000〕，〔岡 2001〕），ここではこれ以上立ち入らないが，少なくとも，地域社会をとらえるうえでも，知識人の日常空間に，より実態的に即したかたちでの研究の進展が望まれるであろう。

宋代の地域社会における人的結合を，こうした観点から分析していく場合，前稿〔岡 1999〕にも述べたように，墓誌銘や手紙[*1]は，文集中に少なからぬ数が収められており，恰好な材料となる。そこで本章の前半においては，永嘉学派の思想を集大成した葉適の『水心文集』に収録された墓誌銘を材料としてデータ化をおこない，まずはそこから窺うことのできる人的結合を整理したうえで，その中における「知」の意味を考えてみたい。

2．水心文集墓誌銘の統計的分析

墓誌銘とは，周知のごとく棺とともに墓中に埋葬されるものである。しかし，近藤一成氏によれば，「実際は執筆されると直ちに巷間に広まり，少し時間がたてばその人の文集に収録されたり，筆記で論議されたりして，同時代人が共有する話題となっていた」〔近藤 1997：184〕とされる。

そして墓誌銘が文集の中にどの程度の数，収録されているかは，それぞれの文集によって異なるが，紹興20年（1150）に生まれ，嘉定16年（1223）に没した葉適の場合，開禧用兵直後の開禧3年（1207）に政治の舞台から去って，以後の晩年の人生を温州永嘉県城外にて過ごしており，その時期に執筆した大量の墓誌銘を併せて，『水心文集』中に148点の墓誌銘と3点の行状が収録されている。同じ永嘉学派でも，数えで40歳の時に没した薛季宣に，僅か墓誌銘5点と行状4点が残っているに過ぎないのとは対照的である。

一般に墓誌銘の執筆と言えば，士大夫が文を売って潤筆を受領する面が強調されることもあるが，後の明清時代とは異なって，宋代には潤筆に対する道義的な考え方がまだかなり広く存在していた時代であり，必ずしも報酬を得ることばかりが第一義とはなっていなかったと見られる（〔佐伯 1978〕，〔井波 2000〕）。

[*1] 手紙を利用した思想家どうしの人的結合については，市來津由彦氏によって分析が進められている。本書所収の市來論文を参照されたい。

実際，墓誌銘の文章の中には，執筆者と依頼者（または依頼者の親類など）との日常の諸関係が示されている場合が多く，北宋期について平田茂樹氏は，「個々の事例を丹念に見ていく限り，知人，友人に執筆を依頼するケースの方が多かったと思われる」と述べている〔平田 1998：43〕。

　また，周夢江氏によれば，葉適が墓誌銘の執筆にあたって，依頼者からの要望といえども筆を曲げることを拒否する事例があり，黄震ら後の文人から葉適の墓誌銘が高い評価を受けているのは，根拠のあることだとの指摘がなされている〔周 1992〕。数が多くとも，粗製濫造に走らず，執筆内容には一定の信憑性が得られていたと見なしてよいものと思う。

　さらに言えば，ビバリー・ボズラー氏は，唐代の墓誌銘に比べると，宋代の墓誌銘が，古い先祖についての記述よりも，科挙に関連して子孫の業績へと関心がしだいに移行し，女性についての記述も息子の教育についての母親の行動が称えられることが多くなったことを指摘している。そして，執筆者と執筆対象者との関係についての情報も，より多く提供するようになったと述べている〔Bossler 1998〕。

　以上のことは，本章の以下の部分からも窺えるように，葉適の場合にもあてはまることであり，宋代の墓誌銘全般についても，当時の人的結合に対する認識や実態を分析するうえで，少なくとも有用な材料の一つと考えてよいであろう。

　そこで，『水心文集』巻13～巻25所収の墓誌銘と，『同書』巻26所収の行状について，執筆対象となった人物たちの出身地と階層を示したのが《表1》である。女性については，備考欄に夫もしくは子などの階層や官職を可能な限り示すようにした。

　そして，この《表1》の結果をもとに，執筆対象者の出身地を分類したのが《表2》であり，また，執筆対象者の階層を分類したのが《表3》である[*2]。

---

*2　《表2》については，〔岡 1998：263〕の《表12》を訂正したものである。また，《表3》は，〔岡 1999：51〕の表を訂正し，少し細かく分類したものである。〔岡 1999〕では紙幅の関係からごく簡単に述べたにとどまっていたので，本章において，根拠たる《表1》を示し，詳しく述べたい。なお，《表3》で，女性の階層は，夫・子・父などにもとづいてカウントしている。

第7章　南宋期の地域社会における知の能力の形成と家庭環境

《表1》葉適『水心文集』墓誌銘・行状の執筆対象者リスト

No.	巻	墓　誌　銘　等	姓　名	出身地	官職	備　　考
1	13	陳少南墓誌銘	陳鵬飛	温州永嘉県	☆	
2	13	葉君墓誌銘	葉　梓	池州貴池県	×	「大家」，弟＝☆
3	13	墓林処士墓誌銘	何　傅	温州永嘉県	×	No.41☆の友人
4	13	宋故孟夫人墓誌銘	仲氏	揚州		夫＝孟嵩★は哲宗后の一族
5	13	宋故宣教郎通判平江府姚君墓誌銘	姚　穎	明州鄞県	☆	
6	13	将仕郎秸君墓記	秸居易	紹興府上虞県	★	父＝☆
7	13	宋杜君墓誌銘	杜　椿	台州黄巌県	×	「善士」，子＝☆
8	13	媛女壙銘	葉　媛	温州永嘉県		葉適☆の三女（早卒）
9	13	陳君墓誌銘	陳　巌	温州平陽県	×	陳傅良門人（早卒）
10	13	故朝散大夫主管建寧府武夷山沖佑観周先生墓誌銘	周淳中	温州瑞安県	☆	
11	13	故太碩人臧氏墓誌銘	臧氏	江陰軍		子＝☆
12	13	葉君墓誌銘	葉　権	池州貴池県	×	No.2の弟，兄弟に☆
13	13	厲君墓誌銘	厲邦俊	婺州東陽県	▲	No.104△の父
14	13	翰林医痊王君墓誌銘	王克明	饒州楽平県	☆	
15	13	郭府君墓誌銘	郭良臣	婺州東陽県	△	書院の創立者，No.123△の父
16	13	郭処士墓誌銘	郭良顕	婺州東陽県	×	No.15の弟
17	14	安人張氏墓誌銘	張氏	臨安府		No.80の妻，子＝☆
18	14	高夫人墓誌銘	翁氏	温州永嘉県		No.44★の妻，葉適☆の妻の母
19	14	徐德操墓誌銘	徐　定	泉州晋江県	★	No.97★の父，妻は永嘉人
20	14	忠翊郎致仕蔡君墓誌銘	蔡待時	台州臨海県	▲	「家世豪族」，No.21△の父
21	14	忠翊郎武学博士蔡君墓誌銘	蔡　鎬	台州臨海県	△	
22	14	陳彦群墓誌銘	陳季雅	温州永嘉県	☆	
23	14	姜安礼墓誌銘	姜処恭	嘉興府嘉興県	×	子＝☆，No.137★のいとこ
24	14	楊夫人墓表	楊氏	婺州武義県		No.112☆の母
25	14	丁君墓誌銘	丁世雄	台州黄巌県	×	子＝☆
26	14	張令人墓誌銘	張幼昭	温州永嘉県		No.47☆の妻
27	14	参議朝奉大夫宋公墓誌銘	宋　傅	温州永嘉県	☆	
28	14	呂君墓誌銘	呂師愈	婺州永康県	△	子＝△
29	14	丁少詹墓誌銘	丁希亮	台州黄巌県	×	No.25の一族
30	14	姚君愈墓誌銘	姚献可	婺州義烏県	×	「資富」
31	15	鄭仲酉墓誌銘	鄭　𤲬	温州平陽県	☆	
32	15	彭子復墓誌銘	彭仲剛	温州平陽県	☆	
33	15	宋武翼郎新製造御前軍器所監造官邵君墓誌銘	邵叔豹	温州平陽県	△	
34	15	沈元誠墓誌銘	沈大経	温州瑞安県	△	「士」（兄＝☆）
35	15	奉議郎鄭公墓誌銘	鄭耕老	興化軍莆田県	☆	
36	15	宋鄒卿墓誌銘	宋希孟	温州平陽県	×	
37	15	承事郎致仕黄君墓誌銘	黄正己	温州平陽県	▲	子＝☆
38	15	朝奉大夫致仕黄公墓誌銘	黄仁静	紹興府新昌県	▲	No.90☆の父

第2部：エリートの活動と地域社会

39	15	司農卿湖広総領詹公墓誌銘	詹体仁	建寧府崇安県	☆	
40	15	林伯和墓誌銘	林鼐	台州黄巌県	☆	
41	15	翁誠之墓誌銘	翁忱	温州楽清県	☆	
42	15	夫人薛氏墓誌銘	薛氏	温州永嘉県	×	薛季宣の姉，胡宗☆・胡守☆の母
43	15	致政朝請郎葉公壙誌	葉光祖	温州永嘉県	▲	葉適☆の父
44	15	高永州墓誌銘	高子莫	温州永嘉県	★	葉適☆の妻の父，英宗后の一族
45	16	朝散大夫主管沖佑観鮑公墓誌銘	鮑瀟	温州永嘉県	☆	
46	16	荘夫人墓誌銘	荘則	婺州金華県	×	王淮☆の従子の妻
47	16	宝謨閣待制中書舎人陳公墓誌銘	陳傅良	温州瑞安県	☆	
48	16	著作正字二劉公墓誌銘	劉夙	興化軍莆田県	☆	
			劉朔	興化軍莆田県	☆	
49	16	朝請大夫司農少卿高公墓誌銘	高子溶	温州永嘉県	★	No.44★の一族
50	16	夫人林氏墓誌銘	林氏	婺州永康県	×	父＝☆，夫＝☆
51	16	孫永叔墓誌銘	孫椿年	紹興府余姚県	×	父＝官職有り
52	16	林正仲墓誌銘	林頤叔	温州瑞安県	☆	
53	16	夫人徐氏墓誌銘	徐氏	衢州龍游県	×	No.100☆の妻
54	16	提刑検詳王公墓誌銘	王聞詩	温州楽清県	★	父＝☆
55	17	蔡知閣墓誌銘	蔡必勝	温州平陽県	☆	
56	17	徐道暉墓誌銘	徐照	温州永嘉県	×	永嘉四霊（詩人）
57	17	運使直閣郎中王公墓誌銘	王聞礼	温州楽清県	★	父＝☆，No.54★の弟
58	17	陳叔向墓誌銘	陳葵	処州青田県	☆	
59	17	黄子耕墓誌銘	黄營	隆興府分寧県	☆	
60	17	台州教授高君墓誌銘	高松	福州長渓県	☆	
61	17	戴夫人墓誌銘	戴氏	台州黄巌県	×	No.25の妻，子＝☆
62	17	劉子怡墓誌銘	劉士偲	台州仙居県	×	父＝温州州学正
63	17	劉夫人墓誌銘	劉善敬	温州永嘉県		No.45☆の妻
64	17	沈仲一墓誌銘	沈体仁	温州瑞安県	×	「瑞安名家」（No.34の一族）
65	17	胡崇礼墓誌銘	胡撝	紹興府余姚県	△	父＝☆，子＝☆
66	18	校書郎王公夷仲墓誌銘	王銜	台州臨海県	☆	
67	18	華文閣待制知廬州銭公墓誌銘	銭之望	常州晋陵県	☆	
68	18	陳秀伯墓誌銘	陳堯英	温州平陽県	×	「豪士」，太学生
69	18	著作佐郎銭君墓誌銘	銭易直	温州楽清県	☆	呉越国銭氏の子孫
70	18	劉建翁墓誌銘	劉起晦	興化軍莆田県	☆	No.48劉朔☆の子
71	18	朝議大夫知処州蒋公墓誌銘	蒋行簡	温州永嘉県	☆	妻は薛季宣の妻と姉妹
72	18	高令人墓誌銘	高氏	温州永嘉県	×	葉適☆の妻，No.44★の娘
73	18	葉君宗儒墓誌銘	葉士寧	温州楽清県	×	若き日の知人
74	18	李仲挙墓誌銘	李伯鈞	温州永嘉県	△	父も官職有り
75	18	朝請大夫主管沖佑観章侍郎陳公墓誌銘	陳景思	信州弋陽県	★	祖父＝☆
76	19	太府少卿福建運判宝謨閣李公墓誌銘	李浹	湖州徳清県	★	父＝☆
77	19	中奉大夫太常少卿直秘閣致仕薛公墓誌銘	薛紹	温州永嘉県	☆	
78	19	国子監主簿周公墓誌銘	周洎	台州臨海県	☆	

第 7 章　南宋期の地域社会における知の能力の形成と家庭環境　　　157

79	19	建康府教授恵君墓誌銘	恵　哲	常州宜興県	☆	
80	19	朝奉郎致仕俞公墓誌銘	俞　寛	臨安府	▲	子＝☆
81	19	中奉大夫直龍図閣司農卿林公墓誌銘	林　湜	福州長渓県	☆	
82	19	草廬先生墓誌銘	林　鼐	台州黄巌県	×	No.40☆の弟
83	19	袁声史墓誌銘	袁直友	建寧府建安県	▲	弟＝☆
84	19	京西運判方公神道碑	方崧卿	興化軍莆田県	☆	
85	20	文林郎前秘書省正字周君南仲墓誌銘	周　南	平江府呉県	☆	
86	20	宝謨閣直学士贈光禄大夫劉公墓誌銘	劉　穎	衢州西安県	☆	
87	20	故吏部侍郎劉公墓誌銘	劉彌正	興化軍莆田県	☆	No.48劉夙☆の子
88	20	邵子文墓誌銘	邵持正	温州平陽県	★	No.33△の子
89	20	虞夫人墓誌銘	虞氏	紹興府山陰県	╳	子＝☆
90	20	故礼部尚書龍図閣学士黄公墓誌銘	黄　度	紹興府新昌県	☆	
91	20	太学博士王君墓誌銘	王　度	紹興府会稽県	☆	上舎同出身
92	21	朝請大夫直龍図閣致仕沈公墓誌銘	沈開国	常州無錫県	☆	
93	21	宜人鄭氏墓誌銘	鄭氏	徐州	╳	夫＝浙東参議
94	21	宝謨閣待制知隆興府徐公墓誌銘	徐　誼	温州平陽県	☆	
95	21	中奉大夫尚書工部侍郎曾公墓誌銘	曾　漸	建昌軍南城県	☆	
96	21	毛積夫墓誌銘	毛子中	温州瑞安県	×	読書人
97	21	徐文淵墓誌銘	徐　璣	温州永嘉県	★	永嘉四霊（詩人），父＝★，弟＝☆（刑法科）
98	21	故通直郎清流知県何君墓誌銘	何　澹	処州龍泉県	★	
99	21	夫人陳氏墓誌銘	陳氏	温州平陽県	╳	林善補☆の母
100	21	劉靖君墓誌銘	劉　愚	衢州龍游県	☆	
101	21	鄭景元墓誌銘	鄭伯英	温州永嘉県	☆	
102	21	東塘処士墓誌銘	陳　瑾	温州平陽県	×	No.9の父，築塘堰に功績，No.88★の妻の父
103	21	中大夫直敷文閣両浙運副趙公墓誌銘	趙善悉	明州定海県	☆	宗室
104	22	属領衛墓誌銘	属仲方	婺州東陽県	△	
105	22	趙孺人墓銘	楼氏	明州鄞県	╳	趙汝鐸（宗室，No.103☆の子）の妻，従父＝楼鑰☆
106	22	故知広州敷文閣待制薛公墓誌銘	薛　弼	温州永嘉県	☆	薛季宣の伯父
107	22	故朝奉大夫知峡州宋公墓誌銘	宋紹恭	紹興府山陰県	△	曾祖父・祖父＝官，父＝▲，No.136☆の父
108	22	故運副龍図侍郎孟公墓誌銘	孟　猷	平江府呉県	★	哲宗后の一族
109	22	太孺人唐氏墓誌銘	唐氏	台州寧海県	╳	No.66☆の妾，子＝☆
110	22	故大宗丞兼権度支郎官高公墓誌銘	高子潤	温州永嘉県	★	No.44★の一族
111	22	舒彦升墓誌銘	舒　杲	信州永豊県	☆	葉適の「同年進士」
112	22	鞏仲至墓誌銘	鞏　豊	婺州武義県	☆	
113	22	史進翁墓誌銘	史　漸	明州鄞県	▲	子＝☆
114	22	林徳秀墓誌銘	林　穎	？	×	（早卒）
115	23	宣教郎夏君墓誌銘	夏庭簡	台州黄巌県	☆	

116	23	兵部尚書蔡公墓誌銘	蔡幼学	温州瑞安県	☆	
117	23	福建運使直顕謨閣少卿趙公墓誌銘	趙彦倓	?	★	宗室
118	23	故宝謨閣待制知平江府趙公墓銘	趙彦橚	厳州建徳県	☆	宗室
119	23	孺人周氏墓誌銘	周氏	福州閩県	×	夫＝☆
120	23	故大理正知袁州羅公墓誌銘	羅克開	吉州龍泉県	☆	
121	23	夫人銭氏墓誌銘	銭氏	台州臨海県	×	子＝☆
122	23	朝議大夫秘書少監王公墓誌銘	王枏	温州永嘉県	☆	
123	23	郭伯山墓誌銘	郭江	婺州東陽県	△	No.15の子
124	23	竹洲戴君墓誌銘	戴亀朋	台州黄巌県	×	祖父＝☆、父＝△、No.20▲の娘婿
125	23	包顒叟墓記	包昂	温州楽清県	×	子＝☆
126	23	資政殿学士参政枢密楊公墓誌銘	楊愿	平江府	☆	
127	24	夫人王氏墓誌銘	王氏	台州臨海県	×	趙汝譡（宗室）☆の母
128	24	滕季度墓誌銘	滕成	平江府呉県	×	曾祖父・祖父・父は官職有り
129	24	国子祭酒贈宝謨閣待制李公墓誌銘	李祥	常州無錫県	☆	
130	24	周鎮伯墓誌銘	周鼎臣	温州永嘉県	☆	
131	24	兵部尚書徽猷閣学士趙公墓誌銘	趙師㞳	台州臨海県	☆	宗室
132	24	長潭王公墓誌銘	王思文	紹興府嵊県	▲?	子＝☆
133	24	故枢密参政汪公墓誌銘	汪勃	徽州黟県	☆	
134	24	陳同甫王道甫墓誌銘	陳亮	婺州永康県	☆	
			王自中	温州平陽県	☆	
135	24	故知枢密院事資政殿大学士施公墓誌銘	施師点	信州玉山県	☆	
136	25	宋廌父墓誌銘	宋駒	紹興府山陰県	☆	
137	25	朝奉大夫知恵州姜公墓誌銘	姜処度	台州臨海県	★	父＝工部侍郎
138	25	陳処士姚夫人墓誌銘	陳昺	台州臨海県	×	子＝☆
			姚氏	台州臨海県	×	
139	25	孟達甫墓誌銘	孟導	平江府呉県	★	No.108★の弟
140	25	黄観復墓誌銘	黄章	紹興府新昌県	★?	No.90☆の子、兄＝☆
141	25	修職郎監和剤局呉君墓誌銘	呉葵	婺州東陽県	△	
142	25	戴仏墓誌銘	戴丁	台州黄巌県	×	子＝☆
143	25	趙孺人墓誌銘	趙汝議	?	×	宗室、王夢龍☆の妻
144	25	朝請大夫提挙江州太平興国宮陳公墓誌銘	陳謙	温州永嘉県	☆	
145	25	陳民表墓誌銘	陳燁	温州永嘉県	×	「隠君子」、子＝☆
146	25	宋葛君墓誌銘	葛自得	台州黄巌県	×	「世儒家、蓄書千巻、皆父祖手筆」
147	25	毛夫人墓表	詹氏	?	×	夫＝知珍州
148	25	母杜氏墓誌	杜氏	温州瑞安県	×	葉適☆の母、No.43の妻
149	26	故昭慶軍承宣使知大宗正事贈開府儀同三司崇国趙公行状	趙不恴	婺州	☆	宗室
150	26	通直郎致仕総幹黄公行状	黄雲	平江府長洲県	特	子＝☆
151	26	宋故中散大夫提挙武夷山冲佑観張公行状	張季梧	温州永嘉県	★	父＝☆

☆＝進士、特＝特奏名、★＝恩蔭、△＝進納、武挙、その他、不明（官職有）
▲＝贈官（官職にはつかなかったが、子などの官職によって死後贈官された者）、×＝無官者

第7章　南宋期の地域社会における知の能力の形成と家庭環境　　159

　まず，執筆対象者の地域性から見ていきたい。葉適の地元である温州の執筆対象者は54人であって，執筆対象者総計154名のうちの35.1％，すなわち約3分の1をしめている。裏を返せば，約3分の2は温州以外の人物を対象として執筆されたことになる。

　しかし，温州以外の者が多いとしても，全国に均等的に分布しているのではない。温州を含む両浙東路として見れば，計110人となり，71.4％をしめていたことになる。両浙路における葉適の墓誌銘等の執筆対象者の地域的分布を地図上に示したのが《図1》であるが，同じ両浙の中でも「浙東」との結びつきの強さが際立っていることがわかる[*3]。この点は，葉適自身が，「隆興・乾道中，浙東の儒学は特に盛んなり」（『水心文集』巻25「朝請大夫提挙江州太平興国宮陳公墓誌銘」）と表現しているように，思想上の交流による要因が多分にあると言えるであろう。

《表2》葉適『水心文集』墓誌銘等の執筆対象者の出身地

両浙東路	温州	永嘉県	28	54	110
		楽清県	6		
		瑞安県	8		
		平陽県	12		
	台州	臨海県	10	22	
		黄巌県	10		
		仙居県	1		
		寧海県	1		
	婺州	金華県	1	14	
		武義県	2		
		永康県	3		
		東陽県	6		
		義烏県	1		
		（不明）	1		
	紹興府	会稽県	2	11	
		山陰県	2		
		上虞県	1		
		余姚県	2		
		嵊県	1		
		新昌県	3		
	明州	鄞県	3	4	
		定海県	1		
	衢州	西安県	1	3	
		龍遊県	2		
	処州	青田県	1	2	
		龍泉県	1		
両　浙　西　路				16	
福　建　路				12	
江　南　東　路				7	
江　南　西　路				3	
淮　南　東　路				1	
華　　　北				1	
不　　　明				4	
合　　　計				154	

　また，そのこととも関連するが，浙東の他州の中でも執筆対象者の多い台州，婺州，紹興府が，単に温州から近いというだけでなく，いずれも温州から臨安に

《表3》葉適『水心文集』墓誌銘等の執筆対象者の階層

	A 進士	B 特奏名	C 恩蔭	D 進納武挙他不明	E 贈官	F1 無官（血縁に任官者あり）	F2 無官（血縁に任官者なし）	合計
温　州	28	0	9	3	3	3	8	54
	A～D：74.1%							
	A～F1：85.2%							
両浙東路（温州以外）	24	0	4	8	5	13	2	56
	A～D：64.3%							
	A～F1：96.4%							
他　路	25	1	6	2	3	4	0	40
	A～D：82.5%							
	A～F1：100%							
不　明	1	0	1	1	0	0	1	4
合　計	78	1	20	13	11	20	11	154
	A～D：72.7%							
	A～F1：92.9%							

向かう際に通るルートに位置することにも気づかされる。《図2》は宋元時代の主要な交通路を示したものである〔李 1997〕が，これを参考にすれば，《図1》で多く分布している県が，温州人にとって頻繁に通りやすいルートおよびその周辺に位置していることを見てとれよう。葉適の交遊関係については，墓誌銘以外の史料も含めて，更に総合的に分析していく必要はあるが，このように旅行・移動の際にじかに接する機会[*4]の多い地域については，交通・通信に制約の多かっ

[*3] 葉適と同様に多数の墓誌銘等を残した明州（慶元府）出身の楼鑰による『攻媿集』の場合も，約75%の執筆対象者が明州を含む両浙東路の人物であった。この数字は葉適における両浙東路の数字に近い。ただし，近藤論文における北宋の王安石の墓誌銘では江南西路（安石の本貫である撫州臨川県が属する）の占める割合に比べると，葉適・楼鑰にとっての浙東の場合の方がはるかに高い割合を示し，墓誌銘執筆の地元志向が高くなっている。こうした墓誌銘執筆対象者の地域性については，更に多くの事例によって比較考察が必要である。

[*4] 陸游『入蜀記』などに典型的に見られるように，南宋の旅行記には，旅先での在地有力者との交流についての記述がたいへん多い〔伊原 1995〕。

第 7 章　南宋期の地域社会における知の能力の形成と家庭環境　　　161

《図 1》『水心文集』墓誌銘等執筆対象者の地域分布（両浙路）

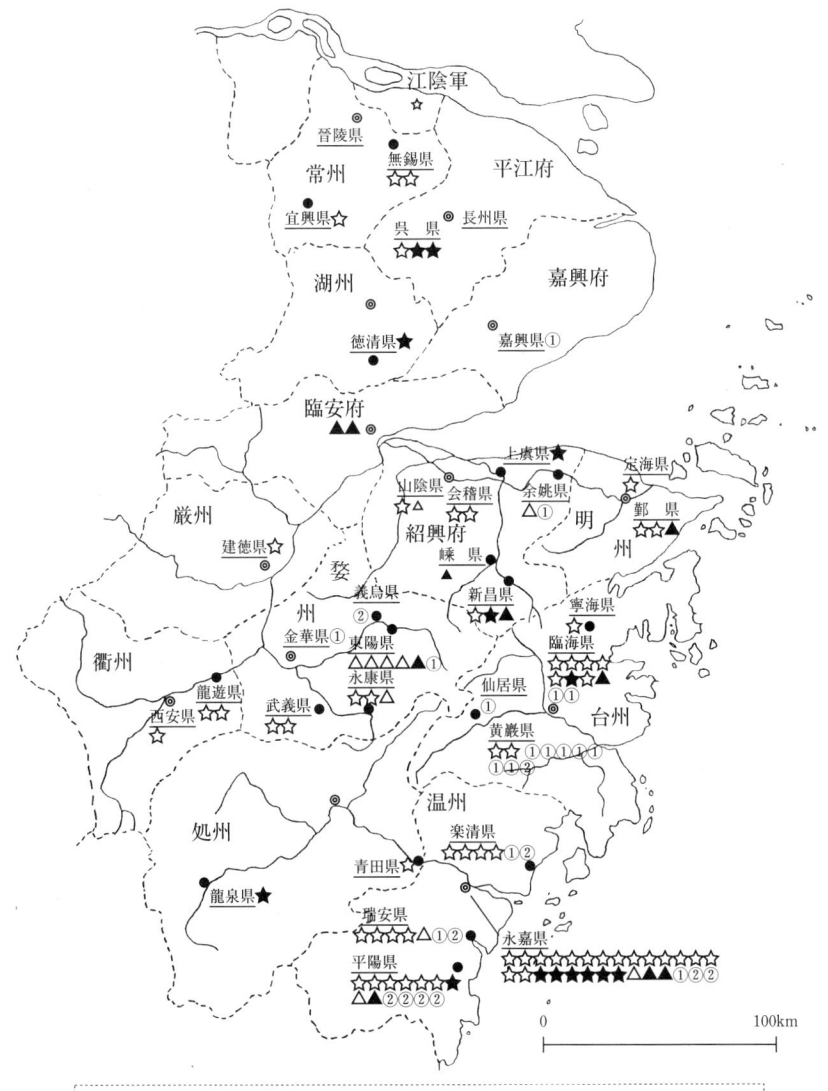

☆特★△▲の記号は《表 1》と同じ。女性は夫（不明の場合は子など）に準じる。
①②は,《表 3》のＦ 1・Ｆ 2 にあたる。
なお, 婺州・平江府には県の不明な人物が各 1 人含まれる。
……は州境を, ——は河川・水路を示す。

《図2》宋元時代の浙江の主要道路〔李 1997：269〕によって作成。地名は常用漢字に改めた。

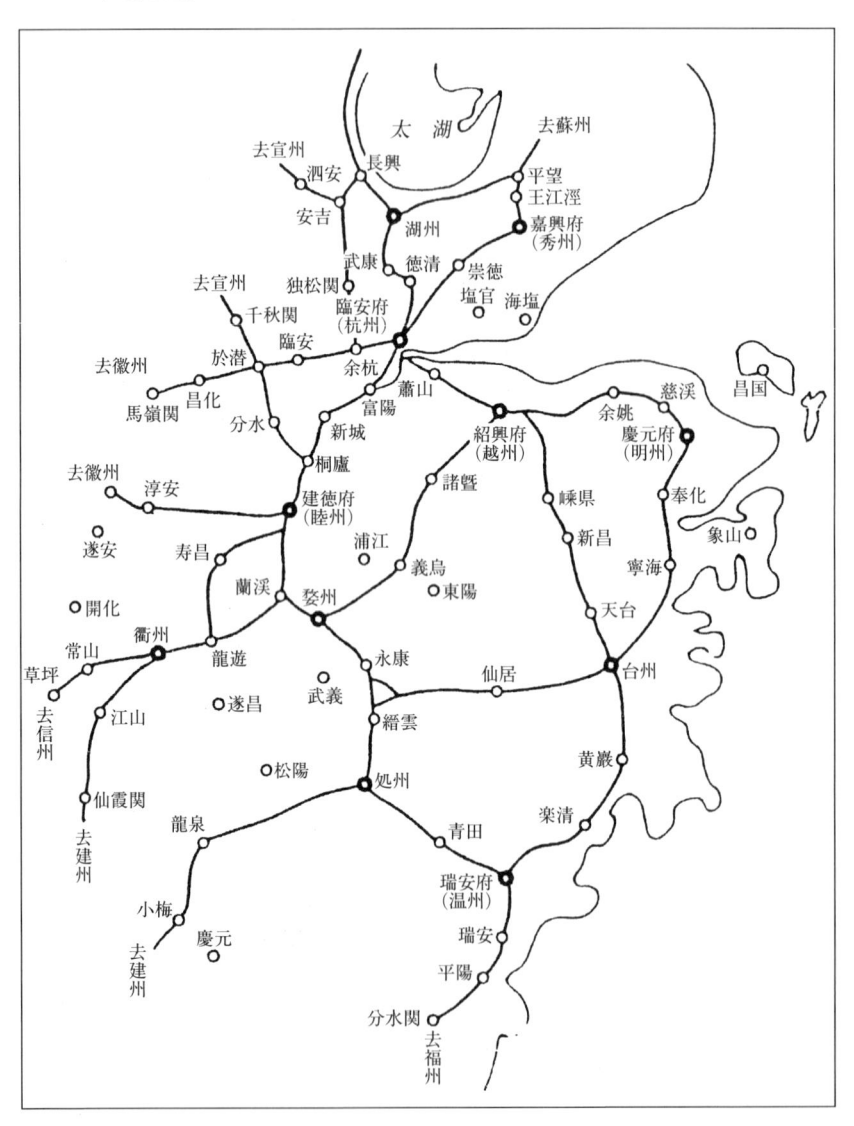

た当時においての交遊の特色を考えるうえで重視する必要のあることを，ここでは確認しておきたい。

　つぎに，《表3》によって，執筆対象者の階層を見てみたい。執筆対象者本人が何らかの官職に就いたことのある人物は，全体の72.7％をしめている。さらに，子が官職を保有したことなどによって贈官された人物や，それ以外で父・子・兄弟など近い血縁者で官職に就いた人物を含めると，90％以上の多きにのぼることになる。墓誌銘の執筆は，執筆者と執筆対象者の間に人間関係があった場合以外に，執筆対象者の家族などが故人のために自分の交遊関係などをいかして執筆依頼をする場合が見られる。一々は示さないが，『水心文集』の場合にもこうしたケースは数多く含まれており，こうしたことからすれば，圧倒的多数の執筆対象者が，官職に就いたことのある人物であるか，もしくは血縁者に官職保有者がいることになる。

　しかし，その一方で，本人が無官者であることはもちろん，血縁者にも官職保有者のいない人物が，少ないながらも含まれていることは，決して無視してはならないであろう。更にこれについては，仔細に見れば一つの傾向を見出すことができる。《表3》のＦ2の人数計11名，そのうち出身地のわからない1名をのぞいた10名を地域分類別に見れば，温州が8名，それ以外は浙東の2名に限られている。すなわち，本人も血縁者も官職とは無関係の執筆対象者は，『水心文集』墓誌銘等においては，浙東以外の地域には分布していないことがわかる。

　こうしたＦ2の人物群は，具体的にはどのような人物なのであろうか。《表1》にしたがえば，温州の8名とは，収録順に，何傅（巻13，永嘉県），陳巖（巻13，平陽県），宋希孟（巻15，平陽県），徐照（巻17，永嘉県），陳堯英（巻18，平陽県），葉士寧（巻18，楽清県），毛子中（巻21，瑞安県），陳瑾（巻21，平陽県）であって，温州内の4県にそれぞれ分布している。温州以外の浙東の2名とは，姚献可（巻14，婺州義烏県），葛自得（巻25，台州黄巖県）である。

　これらの人物は，確かに官職にこそ就かなかった。しかし，墓誌銘やその他の史料から見る限り，経歴その他の判じがたい宋希孟をのぞくと，葉適と学問面で何らかのつながりがあった人物が多く含まれていることがわかる。すなわち，平陽県の陳瑾・陳巖父子は，永嘉学派の代表的思想家である陳傅良とは別房の一族

にあたり，平陽県の水利事業にも積極的な関与を見せていた〔本田 1984〕。子の陳巌は数え35歳で亡くなったが，父陳瑾の墓誌銘に「昔，平陽の陳巌，学は能く微に造り，陳君挙・徐子宜の密かに授くるところと為る。不幸にして早夭し，二公哀傷し，余をして其の蔵を記さしむ」(『水心文集』巻21「東塘処士墓誌銘」）とあるように，陳傅良らから学問を授けられていた[*5]。また南宋の詩人グループとして名高い「永嘉四霊」は，次節で述べるように葉適とも関係が深く，4人ともに『宋元学案補遺』巻55「水心学案補遺下」に名を列ねており，徐照は，その「四霊」の一人にあたる。葉適の門人の家族としては，「平陽の豪士」（『同』巻18「陳秀伯墓誌銘」）であった陳堯英が挙げられる。彼自身，太学に入ったことのある人物であるが，「余に従うこと三十年」（同）と記される葉適の門人陳昂の祖父にあたり，孫・陳昂の求めで墓誌銘の執筆がなされた。

葉適の若き日の修学時代に関わりをもった人物も含まれており，たとえば葉士寧は，数え16，7歳で知り合った人物である（葉士寧については次節で触れる）。また，姚献可は葉適が数えで20歳の時に婺州方面へと遊学に出た際に知り合った人物であるが，「時に君兪（姚献可の字），科場に応じ，詞賦を学習して鋭きこと甚だし」（『同』巻14「姚君兪墓誌銘」）と記されている。

これ以外に毛子中と何傅の2人も，葉適と直接の交遊関係のあったことが確認できる。そのうち，毛子中については「師友に親しみ，今古を学習す」（『同』巻21「毛積夫墓誌銘」）と記されており，何傅については，「処士，少きより攻めて詩を為る」（『同』巻13「墓林処士墓誌銘」）と記されている。また，台州黄巌県は，やはり科挙合格前から葉適が訪問したことがあり，関係の深い土地であるが，その黄巌県の葛自得は，「世々儒家」（『同』巻25「宋葛君墓誌銘」）とされる家柄であった。

こうして見てくると，葉適執筆の墓誌銘に登場する，本人，血縁者ともに無官の人物群は，確かに官に就かなかったとはいえ，永嘉学派に明らかにつながりをもつ者たちや，葉適の若き日以来，遊学をしたり，学問上の交流をする中で得られた知人・友人である場合が多く，したがって，少なくとも，詩や学問に関する

[*5] 陳瑾の娘の夫は，《表1》No.88の邵持正（恩蔭出身）である。

教養ある人物たちであったと言える。

　とするならば，もう一度『水心文集』墓誌銘等の人物群をまとめて整理すると，次のような二重の構造の人物群から成立しているように捉えることができるのではないだろうか。すなわち，一つは，官僚社会を通じての人的結合である。これは，葉適にとって，地元温州から浙東といった地域に比較的多いながらも，臨安での交遊や葉適の赴任地でのつながりなどを機縁として，かなり幅広い地域にまたがって分布しており，階層的には官職保有者であった。

　もう一つは，官職とは無縁の人物群であり，葉適が若年時代から学問上の研鑽を積む過程で形成された人的結合である。これは，前者以上に地元に重心があり，温州内部の4県を中心としたつながりではあるが，婺州や台州のように，州境をこえた比較的近い他州にも広がっている。

　この二重の人物群は，地域社会において交流があり，決して相互に分離した存在ではないが，ここで強調しておきたいのは，少数とはいえこのように本人も血縁者も無官であった者が墓誌銘執筆の対象となっているということの意味である。つまり，葉適とつながりのある人物群は，墓誌銘執筆からうかがえる範囲で言えば，多くが官職に就いた人物であり，近い親戚の官職経験も含めると圧倒的多数が官界に少しでも足を踏み入れた人物であるが，それと同時に，少数ながらそうでない人物も含まれていた。そして，本人，血縁者ともに無官の少数の墓誌銘執筆対象者たちが，やはり，学問の素養ある知識人であり，葉適をめぐる知的交流の日常性のなかに登場する人物たちであることは，地域社会における知識人のあり方を考えていくうえで，見逃してはならないことであろう。

　すなわち，葉適の墓誌銘執筆対象者の範囲は，「官」の有無が重要な意味をもちつつも，もう一つ，「知」の有無も重要な意味を帯びていたということを，以上の分析から導き出すことができるように思う。

3．墓誌銘に見られる知の能力

　さて，以上，葉適の墓誌銘執筆対象者を通してみる限り，宋代の地域社会においては，文学や儒教についての素養の有無としての「知」が，単に科挙合格者が

官界入りするという意味において役割を果たすばかりでなく，科挙の合格・不合格を必ずしも問わない者どうしのあいだでの，日常的な場面における交流を可能にする一つの条件となっていたことが窺える。

このような「知」がどのような性質をもったものであったかに関連して注目されるのは，帝政後期中国におけるエリートの「リテラシー」("literacy"，読み書き能力)に着目するベンジャミン・エルマン氏の最新作である。氏は，主として明清の科挙を対象に論じながら，科挙合格のために必要とされるものとして，識字能力を前提とした古典の暗記能力と，作文能力，作詩能力などを挙げる。そして，科挙が理論上はすべての人に開かれていながら，現実には多くの人が言語的な面で排除されていることを指摘した〔Elman 2000〕。

ところで，「知」の分析の前提となるものとして，日本の中国史研究においても，文人としての士大夫，士人に焦点を合わせる研究が，徐々に多く成りつつある[6]。このような中で，たとえば，寺田隆信氏は，「宋代以降の士大夫＝近世士人」の条件として，①古典（経書）に通暁すること，②詩文（韻文と散文）を立派につくること，③策論のための歴史的知識をもつこと，これら三つの条件を必ず具備しなければならなかったと述べている〔寺田 1991〕。

これに関わるものとして，中国伝統社会の特権者のあり方が他の旧体制の社会と相違することに注目していた吉川幸次郎氏の論文を思い起こすならば，そこで吉川氏が特権者の資格として挙げていたのは，「言語能力」であった。そして具体的には，古典の暗誦，作文作詩能力のうちでも，吉川氏は，士人と非士人とを別つ基準として，とくに後者の能力の重要性を強調している〔吉川 1967〕。

本章で取り上げている『水心文集』の著者葉適も，単に永嘉学派の思想家，あるいは官僚としてだけでなく，実は，宋代文学史のなかで散文の巧みさを称賛される一人の文章家でもあった[7]。何忠礼・徐吉軍両氏の『南宋史稿』においても，葉適の執筆した墓誌銘の評判が当時高かったことと併せて，政論や奏議について，

＊6　村上哲見氏は，文人・士大夫・読書人の条件を論じている〔村上 1994〕。また，官僚や庶民とは区別される士人を取り上げた高橋芳郎氏の研究は，社会的身分，法的身分の視角からのものである〔高橋 1986〕。

＊7　たとえば，孫望・常国武主編『宋代文学史』，参照〔孫・常 1996〕。

博引旁証ぶりと論理性の高さが指摘されている[*8]。

　そこで，本節においては，再び『水心文集』墓誌銘を材料として，地域社会において知識人たちが，どのような「知」の能力を磨いていたのかを，自身が文章家でもある葉適の目をかりて，初歩的な分析をおこなってみたい。多数の墓誌銘であるので，こうした点に関連する記述は多いが，温州やその近辺の地域の出身者についての記述を出来るだけ多く取り上げていきたい。

（1）作詩能力

　「知」のあり方に深い関わりをもつ進士科の試験内容は，時代・時期によって変更がなされることがあるが，南宋期の省試においては，おおむね詩賦・経義の両科制となっていた。受験者は，そのどちらかを選択したのだが，経義科の全及第者数は，全及第者数の3割を超えてはならないとされており，詩賦が重視されていた〔古林 1977〕。

　葉適の墓誌銘の中には，温州の詩人グループである「永嘉四霊」の4人のうち，前節で触れた無官の徐照のほか，父の恩蔭で地方官を歴任した徐璣に対しても墓誌銘を執筆している。宋代は各地に詩社が形成され，詩人の活動が高まりを見せた時期であるが〔欧陽 1996〕，こうした詩人のグループによる活動は，科挙合格を目指して相互の詩作能力を切磋琢磨することも重要な目的の一つとしていた。ちなみに，「永嘉四霊」のあと2人の人物，翁巻（温州楽清県[*9]）は淳熙10年（1183）の発解試をへて，省試に赴いたことがあり，趙師秀（温州永嘉県，宗室）は紹熙元年（1190）の進士である〔陳 1986〕。また，徐璣の弟は刑法科によって官員となるなど，永嘉四霊とその近親者の全体に，進士合格者は多くなくとも，試験制度との関わりはやはり深いと言える。また，ここでは詳しくは触れないが，南宋期

[*8]　『南宋史稿』には，「葉適の散文は，「文章雄贍にして，才気奔逸し，南渡に在りて卓然として一大宗と為る」（『四庫全書総目』巻160「集部・別集類13」）。彼の墓誌の作は，文章が人の心を動かし事実を記録することができ，当時において称賛された。このほか，彼の政論文や奏議は，いずれも博引旁証であり，分析は微に入り，ロジック性が強く，強い説得力に富んでいる」と述べられている〔何・徐 1999：635〕。

[*9]　以下，人名の後の（　）内の州県名は，いずれも出身地を示す。

の温州で最も進士合格者を多く輩出した薛氏一族の薛師石・薛嵎と永嘉四霊との個人的つながりが深かったことも，併せて指摘しておきたい[*10]。

　葉適自身も，『水心文集』の中に多数の古詩・近体詩を残している。そして，墓誌銘の中で，前節の何傅以外にも，たとえば鞏豊（婺州武義県，進士）について，「尤も工みに詩を為り，多きこと三千余首に至る」（『水心文集』巻22「鞏仲至墓誌銘」）と記し，また，翁忱（温州楽清県，進士）について，「詩は尤も句律を得，之を読む者は廟朝に在りて韶濩の音を聴くが如し」（『同』巻15「翁誠之墓誌銘」）と記すなど，作詩能力に秀でた者への称賛の言葉を挟んでいる。

（2）暗記能力

　しかし，作詩の能力だけでは，科挙合格を目指すうえで不十分であった。経義科の選択の場合は言うまでもないことだが，詩賦科を選択する場合においても，併せて論・策の試験を受ける必要があり，そこでは経史子にまたがる幅広い知識が要求されるのは当然であった。また，作詩そのものに関しても，単に平仄・押韻の規則にしたがうだけでなく，出題の範囲や典故の必要から，やはり同様の知識は必須のものであった。

　そこでまず重要になってくるのは，経書などを暗記する能力である。たとえば，銭易直（温州楽清県，進士）について，「君，十歳にして『春秋三伝』を能く通記し，……」（『同』巻18「著作佐郎銭君墓誌銘」）と記され，高子潤（温州永嘉県，北宋英宗の高皇后の弟の子孫，葉適の妻の一族）について，「学は古今に通じ，『左伝』・『漢書』を暗記し，……」（『同』巻22「故大宗丞兼権度支郎官高公墓誌銘」）と記されているように，具体的に覚えた書名が墓誌銘に書かれている場合も少なくない。また，周鼎臣（温州永嘉県，永嘉学派の先駆・周行己の一族）について，「大書叢巻の多きこと数百なるものは，親しく手ずから伝写し，記憶は略ぼ遍し」（『同』巻24「周鎮伯墓誌銘」）と記されているように，書きながら記憶したという方法もとられたようである。

　墓誌銘におけるこうした暗記に関する記述は，他に同じ温州で，たとえば，王

[*10] 永嘉四霊と薛氏との関係については，紙幅の関係でここでは詳しくは述べないが，別の機会に言及したい。

第 7 章　南宋期の地域社会における知の能力の形成と家庭環境　　169

十朋の門人にあたる宋晉之（温州楽清県）の墓誌銘には，「君，幼くして穎悟なり，日々数百千言を誦す」（楼鑰『攻媿集』巻109「朝散郎致仕宋君墓誌銘」）と記されているように，『水心文集』以外の墓誌銘においても幅広く見られるものであった。

　なお，こうした暗記という作業は，常識的には，かなりの面倒や苦痛を伴ったであろうと考えられるが，中には周南（平江府呉県，進士）について，「君の，書に耽り，誦するを喜ぶは，天性より出づ」（『水心文集』巻20「文林郎前秘書省正字周君南仲墓誌銘」）と記されていたり，また，小児の頃から読書・暗記に親しんでいた劉夙（興化軍莆田県，進士）が，「我，心より此を楽しみ，誦すること久しければ，楽しみも益々深し」と同学に対して言った（『同』巻16「著作正字二劉公墓誌銘」）と記されているなど，暗誦を苦にせず，進士に合格したような人物もいたようである。

（3）文章力

　経義にせよ論策にせよ，実際の科挙においては，その内容とともに，文章の表現が重視され，作文の試験としての要素を多分に含んでいた。また，手紙・墓誌銘なども文言で書かれるわけであり，知識人の日常においても，文言の文章力は必要不可欠な能力であった〔吉川 1967〕。自身が文章家として高い評価を受けていた葉適は，墓誌銘の中でも文章能力の高い人物に対する称賛をおこなっている。

　たとえば，陳鵬飛（温州永嘉県，進士）について，「布衣たりしより，経術・文辞を以て当世に名あり，諸生数百人に学を教う」（『同』巻13「陳少南墓誌銘」）とあり，周泊（台州臨海県，進士）について，「子及（周泊の字）少(わか)くして文を以て自ずから名あり」（『同』巻19「国子監主簿周公墓誌銘」）と記すがごとくである。

　それでは，葉適はどのような文章能力を高く評価していたのであろうか。さらに具体的に称賛している記述を挙げてみたい。まず，陳傅良の門人である蔡幼学（温州瑞安県，進士）について，「幼くして文を以て顕らかなりと雖も，浮巧軽豔(えん)の作無し」（『同』巻23「兵部尚書蔡公墓誌銘」）と記し，また杜椿（台州黄巌県）について，「学は其の質を厚くするを以てし，浮華枝葉の言を為さず」（『同』巻13「宋杜君墓誌銘」）と記している。これらからすれば，見かけの華麗さを求めたり，内容の薄いことを長々と書く文章に対して，葉適は嫌悪感を抱いていたことが窺える。

裏を返せば，戴亀朋（台州黄巌県）について，「文記詩歌は，務めて奇卓清簡と為し……」（『同』巻23「竹洲戴君墓誌銘」）と述べているように，簡潔な文章を好んだということになる。ただし，葉適の場合，文章を書くにあたっても，彼の思想と同様に実効性を重んじたことが特色とされており〔孫・常 1996〕，決して短ければそれでよいということではない。不必要な枝葉の言葉を嫌っただけであって，姚穎（明州鄞県，進士）について，「其の文は精俊にして詳実なり」（『同』巻13「宋故宣教郎通判平江府姚君墓誌銘」）との評価が見られ，また，先に「経術・文辞を以て当世に名あり」との引用を示した陳鵬飛の学問について，「其の学は通博なり，而して多く治乱を知る」（『同』巻13「陳少南墓誌銘」）とあることからすれば，幅広い知識にもとづいた確かな内容を詳しく述べることについては，むしろ肯定的な評価をくだしていると言えるであろう。

（4）読書量

このように，文章を書くにあたって幅広い知識を要すること自体は，中国の文言一般における「典故」の重要性を考えれば，決して葉適に限ることではないが，しかし歴史に関する知識を踏まえて現実的な提言をおこなっていた葉適にとっては，とりわけ必要度の高いことであったと見なしてよいであろう。その意味で，幅広い知識を得るため，読書を熱心におこなうことは，当然，葉適の墓誌銘執筆においてもしばしば称賛の対象となっており，たとえば，「古書に博く通じ」（『同』巻25「修職郎監和剤局呉君墓誌銘」），あるいは，「益々読書し，今古を明習し……」（『同』巻23「宣教郎夏君墓誌銘」）など記されている。また，朱熹の門人であるが詹体仁（建寧府崇安県，進士）の墓誌銘にも，「已にして徧く諸書を観，百家を博く求め，融会して通浹す」（『同』巻15「司農卿湖広総領詹公墓誌銘」）と記されている。

こうした読書については，いろいろな苦労談も多く記されている。たとえば，葉適の同年進士にあたる舒昊（信州永豊県）は，「幼くして学を知りてより，夜読書するに，水を設け木を加うること地に於てし，困れて寐ぬる毎に，足は跌して声有り，輒ち驚きて寤め復た読み，以て常と為し，其れ志を励ますこと此の如し」（『同』巻22「舒彦升墓誌銘」）とあるように，眠り込んでしまわないように工夫をし

ながら読書に励んでいた。また，既に官員となった後でも，王度（紹興府会稽県，上舎同出身）のように，「君は戸を閉め読書し，自言せず。朝廷，之を賢とし，特に用いて太社令と為し，太学博士に遷す」（『同』巻20「太学博士王君墓誌銘」）とあるように，懸命な読書が昇進につながった例も見られる[*11]。

（5）議論する力

しかし，宋代の「知」は，暗誦を単純に繰り返したり黙々と読書をするような作業によってばかり支えられているのではなかった。先に述べた詩作という創作活動のために，相互に切磋琢磨するグループが形成されていたのと同様に，学問内容についても相互の交流の中で鍛え合う場面も必要であった。周夢江氏の指摘するように，葉適は，師友相互の講学がもたらす作用を重視し，また，教える側として独創的な見解をもっていてこそ学生を啓発できるという考えを抱いていた〔周 1992〕。

したがって，墓誌銘の中でも議論についての記述がいろいろと見られる。たとえば，恵哲（常州宜興県，進士）について，「弁論して往々にして終夕睡りに就かず」（『同』巻19「建康府教授恵君墓誌銘」）と述べられているように，徹夜での議論もおこなわれることがあったようである。そして，前節の無官の者について触れた中に登場した葉士寧（温州楽清県）について，「余，十六，七にして君を識り，時に君も亦た尚お少く，言論英発にして，是を是とし非を非として仮借を肯んぜず，余，頗る之に傾下し，因りて仲長統の語を思い，甚だ君の為す所を羨む」（『同』巻18「葉君宗儒墓誌銘」）と記し，後漢時代に敢えて直言をしたことで知られる仲長統を引き合いに出して，葉士寧の議論力を称えるなどしている。

やはり無官であった陳巌（温州平陽県）について，「其の成童たりしより，智の開く所は，師友の問学たるのみ」（『同』巻13「陳君墓誌銘」）と述べられている。南宋の温州の地域社会においても，「知」の形成にとって，相互の間で「問う」ことの意味は決して失われてはいないのである。

なお，こうした議論についての記述は同じ永嘉学派の陳傅良による墓誌銘にも

[*11] 同様に官員となった後のこととして，夏庭簡（台州黄巌県，進士）についても，「益々読書し，今古を明習す」（『同』巻23「宣教郎夏君墓誌銘」）と記されている。

見られる。たとえば，陳傅良は劉春（温州永嘉県，進士，字＝端木）との関係について，「余，端木と同に太学に入り，同に乾道八年進士と為る。議論の往復は最も密にして相好に至るなり」（陳傅良『止斎先生文集』巻48「劉端木墓誌銘」）と記している。議論の積み重ねを通してかけがえのない相手を得ていたことへの言及は，こうした議論が，単に有名な思想家どうしのみではなく，そうした思想家をとりまく知識人たちによっても日常的に幅広くおこなわれており，またそうしたことが重んじられていたことを示すものであり，彼らの「知」の世界のあり方の一端を垣間見せてくれるように思う。

　以上，『水心文集』の墓誌銘の記述によって，葉適が重視していたとみられる知の能力を，五つに分けてあげてきた[*12]。

　明代の経書学習について分析した佐野公治氏の研究成果によれば，墓誌銘をはじめとする伝記資料において，記誦がどの程度の重要性をもっていたかについては，時期による変化があったようである。元末明初に記誦能力への称賛が多かったのに対し，陽明学の登場した晩明においては，そうした記誦能力や学習努力を称賛する記事が伝記から乏しくなり（もちろん記誦が撤廃されたわけではないが），読者の主体性が重んじられる方向へとむかう〔佐野 1988〕。

　もちろん南宋期においても，以上見てきたように，暗記能力に対する称賛も見られるし，眠気をおさえて読書する努力も見られる。しかし，前述のような葉適自身の文章観，教育観や，当時各地に学派が分立していた思想界の状況などを考え併せると，葉適の周辺に見られた知の形成のあり方が，少なくとも，個性を無視した機械的な暗記ばかりによっていたものではなく，創造性や自己表現力の要求される場面が少なからずあったことは，当時の地域社会における人的結合を分析していくうえで見逃してはならないであろう。

[*12] これ以外に，たとえば，高子潤（温州永嘉県，恩蔭）について，「引筆は高麗なり」（『同』巻22「故大宗丞兼権度支郎官高公墓誌銘」）と記されているような書道のたしなみや，楽器，医学など，地域社会におけるエリートたちの「知」は多岐にわたるが，紙幅の関係もあり省略する。なお，葉適の文学技巧については，『中国文学批評通史 肆 宋金元巻』第3編第5章に詳しい〔王・顧 1996〕。

ところで，以上の墓誌銘の記述からは，個人個人の知の能力の形成に，家庭がきわめて重要な役割を果たしていたことが見てとれる。そこで，節を改め，その家庭環境についての分析を進めていきたいと思う。

4．知をはぐくむ家庭環境

科挙に合格するうえで「富める家」が有利であったことは，宮崎市定氏の指摘〔宮崎 1946〕をはじめとして既に繰り返し言われてきたことであろう。また実際，『水心文集』の中の葉適の父葉光祖の墓誌銘の中で，「祖公済，太学に遊びて成ること無く，貲は衰え，処州龍泉を去り，温に居し，公に至り，定まりて永嘉の人と為る」（『水心文集』巻15「致政朝請郎葉公壙志」）とあるように，葉適の曾祖父葉公済が太学に行ったものの，財産が尽き，居も処州から温州へとかえたことが記されている。

しかし，そうした家庭における財産と「知」の能力の形成との相関性を認めたうえでだが，本節では，その側面とは別に，文化的側面からみた家庭環境と「知」の能力の育成の関係を見ていきたいと考えている。そこで，以下，名族，官員，儒者の家の有利性と女性の役割という二つの点にまとめて整理し，そのうえで，家庭に関してこれまで十分には重視されていなかった交流の場としての側面にも注目してみたい。

（1）名族，官員，儒者の家の有利性

南宋期の温州において多くの官員を輩出した名族の存在については，既に明らかにしたことがある〔岡 1995〕が，本節では，できるだけ温州を中心にしつつも，墓誌銘執筆対象者に関わる限りで温州以外の地域も含めて考察の対象としたい。

まず，そうした名族を含めて，官員の家に生まれた子弟にとって，「知」の能力を向上させるうえで直接的に有利であるのは，身近な家族が教師となってくれることである。たとえば工部尚書張闡を父にもつ張季槔（温州永嘉県）は，出世には頓着しなかったが，「惟だ家門の素業を以て事と為す。二子既に登第し，諸

孫を誨うること尤も切なり」(『同』巻26「宋故中散大夫提挙武夷山沖佑観張公行状」)とあるように, 2人の子が進士合格[*13]した後は, 孫の教育に熱心にあたっていた。

　同時に, 直接的に有利な条件としては, 名族の場合, しばしば蔵書が豊富に存在することである。既に拙稿の中で, 『止斎先生文集』巻47「胡少賓墓誌銘」を引用して, 母親の実家である薛季宣の一族の蔵書を利用して胡氏の兄弟が勉強し, 後にそのうち2人が進士合格した例を挙げたことがある〔岡 1995〕が, これ以外にも温州に関連した事例は『水心文集』の中にも見られる。

　たとえば, 前掲のように, 「大書叢巻の多きこと数百なるもの」とある周行己の一族の周鼎臣(永嘉県)の家は, 永嘉県の松台山の下に居すること200年になる名族であった。また, 葉適の妻の高氏の一族は, 先にも触れたように, 英宗の高皇后の弟の子孫であるが, 「昔, 后は自ら閣内銭を以て国子監の書を買いて其の私第に賜い, 款識に曰く：「元祐丙午崇慶殿賜書安仁坊高氏家蔵」と。然らば則ち読書の効は, 不倚に至り, 始めて之に当たる」(『水心文集』巻16「朝請大夫司農少卿高公墓誌銘」)と記されており, 皇后の世代以後, 恩蔭にばかり頼っていた高氏に, 初めて高不倚という進士合格者(嘉泰2年＝1202)が誕生したことを, 葉適は高皇后の時にできた蔵書の効果と結びつけて認識していた。

　こうした蔵書に対する葉適の関心は, 台州臨海県の例であるが, 『同』巻14に登場する蔡鎬の一族の蔵書について, 巻12「石菴蔵書目序」にて, 「蔡君は, 族人に貧多く, 尽くは学ぶこと能わざるを念い, 始めて書を買いて石菴に寘く。其の屋を増して便房と為し, 読者の焉に処るを願い, 田百畝を買いて之に食を助く」と記していることからも窺えるように, 学問のための条件として非常に重視していたことがわかる。蔵書の多さは, 読書量の多さにも直結することから, 知識人の「再生産」に重要な意味をもっていたと言ってよいであろう[*14]。

[*13] 張季樗の子のうち張爗・張燡の2人は, 慶元2年(1196), 嘉泰2年(1202)にそれぞれ進士合格している〔岡 1995〕。

[*14] このことは, 中国の文言の特性とも関わる。前野直彬氏が典故の技法について, 「作者と読者が同じ知識を持つことが, 暗黙の前提になっているのである。これが中国の古典文学を知識階級の独占物とする大きな手段となっていた」〔前野 1982：31〕と述べているのは, 「知」と社会との関係を考えるうえで, あらためて思い起こされるべき指摘である。

このように名族に育った子弟は，たとえば，宗室の趙不意（婺州，進士）について，「浙東，閩の建上に転徙し，其の賢士と遊び，書を求めて手もて自ら写読し，昼夜学びて去らず」（『同』巻26「故昭慶軍承宣使知大宗正事贈開府儀同三司崇国趙公行状」）と記されているように，その交遊関係を通して，自分の家以外の書物にも接する機会が多かったと見られる。また，官員を経験した父をもつ高松（福州長渓県，進士）について，「然るに君は科挙を専らにせず，毎(つねづね)黎明より読書し，夜丙に止む。書益々多ければ，見聞も益々高遠にして，華枝蔓葉は自然消落し，是を以て俗に驟合せず」（『同』巻17「台州教授高君墓誌銘」）と記されているように，科挙を第一目的とせずとも進士合格している。このように，交遊の中で，あるいは書物を通して，自然に知識を身につけていく過程は，名族や官員の家がもつ知的環境と深く関わっているであろう。

そして，墓誌銘の中にしばしば登場する早熟性をあらわす事例も，しばしばこうした家庭の状況と関係しているように思う。たとえば，代々官員の家柄であった鮑潚（温州永嘉県，進士）が，「生まれて六，七年にして，読書すれば迎(たちま)ち解き，筆を下せば奇語有り」（『同』巻16「朝散大夫主管沖佑観鮑公墓誌銘」）と記されていたり，唐代以来，官僚を輩出していた平江府の楊氏の楊愿（進士）が，「始め太学に在り，年尚お少(わか)きも，文は甚だ敏なり」（『同』巻23「資政殿学士参政枢密楊公墓誌銘」）とあるのは，そうした例と言えよう。また名族とは言えないが，永嘉県丞として温州に赴任した恵哲（常州宜興県，進士）は，承事郎の父が苦学のために心の病にかかったため，祖父から教育を受け，「君，夙(つと)に悟り，幼くして成り，兄国子博士迪とともに志を励まして読書す」（『同』巻19「建康府教授恵君墓誌銘」）とあるように，早熟性を示して，兄とともに進士となった。

ただし，第2節で述べたことと関わるが，南宋の地域社会においては，名族や官員の家だけが「知」を担っていたのではなかった。この点で注目したいのは，官に就いていないながらも「儒者」「儒家」などとして登場する階層の存在である。牧野修二氏は，「宋元時代に士と庶を分つ基準は学問徳行の有無にあった」と指摘して，「儒士」「儒家」などについて言及し，その中には，『水心文集』から，兪寛という人物が4代にわたって臨安の「儒家」であった例を挙げている（巻19「朝奉郎致仕兪公墓誌銘」）〔牧野 1991〕。

温州およびその近辺の地域社会に限ってみても，こうした「儒者」「儒家」は，牧野修二氏が挙げた以外に，『水心文集』の中にも続々と登場する。たとえば，王栢（温州永嘉県，進士）に関して，「曾祖震，祖延齢，父贈朝議大夫略，及び其の先三世は，皆な儒者にして仕うるを得ず」（巻23「朝議大夫秘書少監王公墓誌銘」）とあるように，王栢にいたって初めて進士合格者を出すまでは，王氏は代々儒者であった。また，前掲の人物だが，葛自得（台州黄巌県）についても，「君の姓は葛氏，名は自得，字は資深。曾祖及，祖藻，父天民，建由り台に徙り，黄巌の人と為る。世々儒家たり，書千巻を蓄うるは，皆父祖の手筆たり」（『同』巻25「宋葛君墓誌銘」）と記されている。さらに，葉適の門人である陳耆卿（台州臨海県，進士）が，「二大父幷・賓は，皆な儒先生たり，数十世に伝わる。吾が父，諱は昂，字は叔明，吾が母，姚氏，亦た臨海の儒家にして，人は嫁の娶らるること適当なりと謂う」（『同』巻25「陳処士姚夫人墓誌銘」）と述べている。これら以外に，「儒者」などの表現は使われないものの，第2節で出てきた毛子中（温州瑞安県）について，「居する所は瑞安の深谷にして，毛家山と号し，毛姓の者二千人を以てす。祖鐙，九十三，父驥，八十六，皆な学に篤く善を好み，郷に於て称えらる」（『同』巻21「毛積夫墓誌銘」）と記されているような場合も，相似たような存在であったものと考えられる。

以上のような「儒者」「儒家」の子弟がしばしば進士合格を果たしていたことは，上の例にも含まれているが，温州に関して言えば『水心文集』以外にも見られ，たとえば思想家とも関係する人物で言えば，王十朋（温州楽清県，紹興27年状元）の父で，死後，左朝散郎を贈られた父王輔は，「其の先，銭塘より徙り，朝散公に至り，始めて儒を業とし，声有り」（汪応辰『文定集』巻23「龍図閣学士王公墓誌銘」）と記されているように「儒」をなりわいとしていた。

そして，上の例で，葛自得の家に書物千巻が蓄えられているように，「儒家」の蔵書も，その家の子弟の知の能力の形成に有利な環境を提供していた。そして同時に，温州以外の事例ではあるが，曾祖父・祖父が「儒先生」であった曾漸（建昌軍南城県，進士）のように，「公，生まれて未だ十年せずして，徧く経史を読む」（『水心文集』巻21「中奉大夫尚書工部侍郎曾公墓誌銘」）といった早熟性も，知識人たる家族の影響抜きには語れないであろう。

（2）家庭教育における女性の役割

　文化面から家庭環境を見た場合，以上のように，家族による教育や，家の蔵書など，身近な知的雰囲気が，無理なく知の能力を形成することにつながっていた。そして，そうした「身近さ」という点から言えば，母親の役割もたいへん大きかったと言えるであろう[*15]。

　これに関して，墓誌銘の中で目立つのは，母親からの叱咤激励である。とくに，父親が既に死んでいながら子が進士合格を果たした場合，そこにはしばしば母親の関わりが見られた。たとえば，林善補（進士）の母・陳氏（温州平陽県）は，夫の死後も「猶お力めて其の子に学を課して怠らず」（『同』巻21「夫人陳氏墓誌銘」）とあるように，子に勉強をさせ続けた。そして，こうした女性がどのように子どもを叱咤激励したかと言えば，丘崈（進士）の母・臧氏（江陰軍）の場合，夫の死後，子に夜は必ず書物を持たせ，その傍に従って，「我，婦人なり，書の義を知る能わず。其の玩誦反復するを観れば，清切にして寐ねざるは，学に於て深きの験(しるし)なり」（『同』巻13「故太碩人臧氏墓誌銘」）と言ったとある。また，鄭耕老（興化軍莆田県，進士）の母林氏は，知識人であった夫の死後，子の教育にあたって，「余は婦人なり，汝，余を欺くは易きのみ，場屋を欺くは難きなり」（『同』巻15「奉議郎鄭公墓誌銘」）と子に対して語っていた。さらに，母が子を敢えて突き放して見せることもあり，鞏庭芝（進士）の孫である鞏豊・鞏嶸（ともに進士）の母楊氏（婺州武義県）は，2人の息子を呂祖謙のもとで学ばせる際に，「爾(なんじ)，学成らざれば，帰するを庸(もち)いざるなり」（『同』巻14「楊婦人墓表」）との言葉を発している。つまり，ものにならなかったら家の敷居はまたがせないよと言って，子の奮起を促す場合もあったのである。

　上に掲げた例に登場する母親自身は，文言の能力や古典の知識がない場合も見られるが，『水心文集』に登場する女性には，明らかにそうした能力を示す者も，決して少なくはない。たとえば，永嘉学派の思想家である陳傅良の妻張氏（温州永嘉県）について，「夫人の父兄は皆な儒先生たり，幼きより詩礼間事に陶染し，

[*15] 最近は日本での研究においても，家庭教育に関する女性の役割についての関心が高まっている。〔大島 1999〕など。

絶えて他女より異なる」(『同』巻14「張令人墓誌銘」)と記されている。また，周洎 (台州臨海県，進士)の妻王氏は，「夫人王氏，経史は通習し，文を能くし詩に工みなり」(『同』巻19「国子監主簿周公墓誌銘」)とある。

したがって，こうした学ある女性が母親である場合は，劉允廸（進士）の母銭氏（台州臨海県）のように，「儒を以て顕らかなり」とあり，「諸子，方に携抱され，習う所の経は皆な口授し，以て師を煩わさず」(『同』巻23「夫人銭氏墓誌銘」)とあるように，子の教育に直接あたる場合もあった。さらに，知温州莫子純（進士）の母虞氏（紹興府山陰県）は，「已にして夫人生まれ，英悟にして夙に成り，勁き画，麗しき語は，学ばずして能くし，詩書古文は素習のごとく有り」という教養の持ち主であったが，夫の死後，子をますます学問に向かわせ，「爾，未だ解けずとも，他を庸いて質すこと無かれ」(『同』巻20「虞夫人墓誌銘」)などと厳しい要求をしているのは，母親自身の教養の高さの裏付けあってこその発言と言えるであろう。莫子純は，慶元2年（1196）の省元となっている。

以上のように，父親（夫）の死などによって家庭が危機に陥れば陥るほど，女性の役割が増したと言えるであろう。知識があれば，それを直接子に教え，また，知識が十分にはない場合でも，学問に対する心構えを授けるなど，女性はさまざまな形で家庭の知的な雰囲気を形成し，子の「知」の育成に可能な限りの力を尽くしていたのである。

（3）交流の場としての家

地域の子弟が勉学をしたり，さらに思想家どうしの交流を深める場として，南宋期においては，書院や学塾などの役割が重要視されるが，そうした教育施設以外に，各家庭においても，思想家が呼ばれてそこに知識人が集まったりすることはおこなわれていた。たとえば，葉適が子どもの時に遊びに行ったことのある林元章（温州瑞安県，林頤叔＝進士 の父）の家について，「元章は，能く斂め，散ずるを喜び，郷党は楽い附く。諸子は自ら刻琢し，陳君挙を聘請して師と為し，一州の文士は畢く至り，正仲・懿仲は皆な進士第に登る」(『同』巻16「林正仲墓誌銘」)と記されているように，陳傅良（君挙は字）を招いて師とし，温州の文士が集まったことがわかる。そうした家の条件の有利さによって，家の2人の息子ま

第 7 章　南宋期の地域社会における知の能力の形成と家庭環境　　　179

でが進士合格している。

　また，葉適が若き日に遊学した婺州東陽県の郭良臣の家について，良臣の息子・郭江の墓誌銘の中で，その学問の盛んな様子を，「君の父兄は最も力有り，四方の豪俊，門に逮ばざる者は幾ばくも無し」（『同』巻23「郭伯山墓誌銘」）と記しているのも同様の例と言えよう。陸九淵の門人である胡撙（紹興府余姚県，字＝崇礼）の家についても，「越人，其の学を為すもの尤も衆く，雨ふれば笠を併べ，夜は燈を続ね，崇礼の家に聚まり，皆な澄坐して内観す」（『同』巻17「胡崇礼墓誌銘」）として，越，すなわち紹興府に多かった陸九淵の門人たちの，集合の場となっていた。

　このように家が知識人の交流や勉強の場となると，妻の役割もまた生じた。胡撙の妻周氏については，「周氏は賢明にして，身ずから鮭菜を治め，飯饔を供し，歴歳閲月して，其の度を改むること無し」（『同』巻17「胡崇礼墓誌銘」）と記されており，食事の供応に忙しくしていた女性の姿が浮かび上がる。また，葉適と交遊関係にあった林鼐（台州黄巌県，進士）の母について，「宜人（林鼐の母），尤も淑善なり，夫子の為す所を聴き，家事は貧しきも理なり，賓友往来し，門内は和らぎ楽しむ」（『同』巻15「林伯和墓誌銘」）とある。林鼐の母は「義を重んじて吝ならず」（同上）という性格でもあり，こうした女性のかもし出す家庭の雰囲気が，客や友の多い理由の一つになる場合もあったようである。

　かように家に訪問客が来た場合，振る舞われるのは，もちろん食事ばかりではなかった。黄正己（温州平陽県）の家について，「凡用を約嗇すること，鮭菜の細瑣に至り，往々にして人は堪うること能わず。然るに客至らば，輒ち酒食を具して礼に中て，或いは一日にして忽ち囊を倒にして人に銭を与え，吝ならざるなり」（『同』巻15「承事郎致仕黄君墓誌銘」）とあるように，ふだんは切りつめた生活をしていても，いざ来客があれば，失礼のないように酒や食事を振る舞いなどして，けちらなかったとされている。黄正己については，この記述に続けて，親戚が集まる時のこととして，「君，未だ嘗て先に赴かざるはなく，掌を抵ちて論を極め，大いに笑いて楽しみを為す」（同）とあり，大勢で楽しく話をして盛り上がるのが好きな人物であったようである。

　また，丁世雄（台州黄巌県）の場合も，天台や雁蕩から客が来ると，「必ず留ま

りて張飲し，蘭を佩び茗を瀹し，日夜を窮めて娯楽を与にす」とあるように，帳をおろして客と飲んで楽しんでいた。この時，「夫人は裏向に整坐し，杯酒・甌羹，凡そ贈遺の物は，親しく自ら経手す」（『同』巻17「戴夫人墓誌銘」）とあって，酒のお酌やあつものをよそうのは夫人がしていたようである。

　これらの事例から，『水心文集』の墓誌銘に登場する家庭は，学問的な交流から，客や友人との飲みに至るまで，さまざまな場として利用されていたことが窺える。漢人社会の人的結合のあり方の特色の一つとして「選択肢の多様性」が挙げられることがある〔末成 1983〕が，そのような個人的関係をつくりあげるためには，相手に対する歓迎の意思を示す行為がともなうことも少なくないであろう。ふだんの生活水準を多少こえてでも奮発して客をもてなす態度が，宋代の地域社会にもしばしば見られていたという点は，そうした人的結合の特色との関連性においても興味深いように感じられる。

　以上，まとめて言えば，「知」の能力の形成は，確かに知識人とそうでない人間とのあいだに壁をつくった。しかし，「知」を有した人々どうしのあいだでは，さまざまな形での交流がおこなわれていた。そうした中で家庭は，決して暗誦の声ばかりが響く場ではなく，人が出入りし，ともに食べ，楽しく飲む声のする交遊の場としても，活気を呈していたのである。

5．結　語

　本章では，『水心文集』所収の墓誌銘を通して，執筆対象者の地域・階層を分析し，「官」の有無と同時に「知」が重要性をもっていることを見出し，その「知」が各家庭においてどのように形成されていたかを，やはり墓誌銘によって分析してきた。本書の共通目標である「当時の人々がどう認識していたか」に重点をおいたため，あえて墓誌銘にこだわって史料を示してきたつもりである。もちろん，本章が扱ったのは，葉適という思想家をめぐる人物群であり，これらのみを以て南宋期の知識人の姿の典型と考えることができるかどうかは，他の地域の思想家をめぐる人物群などとの比較検討が必要であるので，その考察は今後に俟たねばならない。しかし，朱熹，陸九淵らと鼎立する永嘉学派を代表する思想

第7章　南宋期の地域社会における知の能力の形成と家庭環境　　181

家であり，文章家として知られ，また政界においても活躍をしていた葉適という人物と関わりをもった人物群を，葉適自身の目を通していかに描かれていたかを整理しておくことによって，活気を呈する思想状況にあった南宋期における少なくとも一人の思想家・知識人の周辺でおこっていた現実の一端が示されているものと考えたい。

　そこで，本章を締めくくるにあたり，「知」の能力に関する分析から窺い得たことを，もう一度，地域社会における人的結合の文脈にも絡めながら，最後にまとめておきたい。

　まず，葉適をめぐる知識人の世界において，「知」は，単に暗記能力だけでなく，作詩・作文の能力が必要であり，それを支える読書量の多さ，あるいは議論する力も必要とされていた。したがって，そうした「知」を身につけるためには，単に長い勉学期間を維持するための家庭の経済力が必要とされるだけでなく，蔵書の多さや，子弟に直接教育をおこなう親族の存在は，家庭の勉学の条件を左右する重要な要素であり，場合によってはそうした直接的な教育は女性（とくに母親）によって担われることも見られた。こうした家庭の知的環境は，子弟が無理なく学問に親しむ機会を提供し，また，時として学問的に早熟な子を登場させることもあった。また，官に就いていない「儒者」「儒家」などにしても，知的な家庭環境をそなえている点では，他の無官の家とは異なっており，子孫に進士合格者を生み出すこともしばしば見られている。これらを背後で支えていたのは，官・無官を問わず知識人たる親族であり，また，知識を有する，あるいは知識の育成に理解を有する母親，およびその母親を送り出した姻族の存在であった。こうしたことからすれば，科挙によって開かれていた門戸の表面的な平等性にかかわらず，単に経済力のみならず，こうした家庭をとりまく「知」の環境も，科挙に接近（アクセス）するための実質的な条件を大きく差異づけていたと言えよう。

　しかし，こうしたいわば閉鎖的な側面ばかりを取り上げることが本論の目的ではない。先にも触れたように，南宋中期の思想界との関連で言えば，この時期は朱子学形成期にはあたるが，同時に陸九淵の学問や，永嘉学派に見られるような地域的な学派に至るまで，多様な思想が共存する時期でもあった。そして，強調しておきたいのは，単に思想上・学問上の交流が朱熹や陸九淵，陳亮，葉適といっ

た有名な思想家どうしでおこなわれるにとどまらず，地域社会の「日常空間」のレベルにおいても，討論，遊学，情報交換，あるいは食事や飲酒の機会まで含めて，多様なかたちで活発におこなわれ，またそうした「相互性」の行為が，地域の知識人の「知」の能力の形成に意味をもっていたことである。

ただし，このような地域社会レベルでの人的交流については，社会史の視角からの研究はまだ少なく，多くは今後の課題と言えるであろう。最近の思想史研究の新たな動向[*16]などにも目配りをしながら，中国伝統社会における「知」の独特のあり方を視野に入れた地域社会史の分析を，さらに続けていきたいと思う。

〔参考文献〕
〈日本語〉

井波　律子　2000　『中国文章家列伝』，岩波書店
伊原　　弘　1995　『宋代中国を旅する』，ＮＴＴ出版
大島　立子　1999　「元代における女性と教育」（中国女性史研究会編『論集 中国女性史』，吉川弘文館）
岡　　元司　1995　「南宋温州の名族と科挙」（『広島大学東洋史研究室報告』第17号）
　　同　　　1996　「南宋期温州の地方行政をめぐる人的結合――永嘉学派との関連を中心に――」（『史学研究』第212号）
　　同　　　1998　「南宋期科挙の試官をめぐる地域性――浙東出身者の位置づけを中心に――」（宋代史研究会研究報告第6集『宋代社会のネットワーク』，汲古書院）
　　同　　　1999　「宋代地域社会における人的結合――Public Sphere の再検討を手がかりとして――」（『アジア遊学』第7号）
　　同　　　2001　「宋代の地域社会と知――学際的視点からみた課題――」（伊原弘・小島毅編『知識人の諸相――中国宋代を基点として』，勉誠出版）
小島　　毅　1998　「思想伝達媒体としての書物――朱子学の「文化の歴史学」序説――」（宋代史研究会研究報告第6集『宋代社会のネットワーク』，汲古書院）

[*16]　たとえば，ロジェ・シャルチエ氏の手法を参照しつつ，思想を「解釈」・「受容」の側面から見直そうとする小島毅氏の提言がある〔小島 1998・99〕。社会史で言えば，言論やコミュニケーションのあり方，ひいては人的結合とも関わってくる問題であり，今後，思想や歴史の研究者によって相互に刺激しあいながら深めていくべき興味深い課題の一つであろう。

第 7 章　南宋期の地域社会における知の能力の形成と家庭環境　　183

　　同　　　　1999　「朱子学の伝播・定着と書物」(『アジア遊学』第 7 号)
近藤　一成　1997　「王安石撰墓誌を読む──地域, 人脈, 党争──」(『中国史学』第 7 巻)
佐伯　　富　1978　「士大夫と潤筆」(『内田吟風博士頌寿記念東洋史論集』, 同朋舎)
佐野　公治　1988　『四書学史の研究』, 創文社
末成　道男　1983　「社会結合の特質」(橋本萬太郎編『漢民族と中国社会』, 山川出版社)
高橋　芳郎　1986　「宋代の士人身分について」(『史林』第69巻 3 号)
寺田　隆信　1991　「近世士人の読書について」(平成元年度・2 年度科研費 (A) 研究成
　　　　　　　　　果報告書『中国社会における士人庶民関係の総合的研究』)
平田　茂樹　1997　『科挙と官僚制 (世界史リブレット 9)』, 山川出版社
　　同　　　　1998　「宋代の朋党形成の契機について」(宋代史研究会研究報告第 6 集『宋
　　　　　　　　　代社会のネットワーク』, 汲古書院)
古林　森廣　1977　「宋代の受験参考書 (前編) ──その必要性──」(『明石工業高等専門
　　　　　　　　　学校研究紀要』第19号)
本田　　治　1984　「宋元時代温州平陽県の開発と移住」(中国水利史研究会編『佐藤博士
　　　　　　　　　退官記念中国水利史論叢』, 国書刊行会)
前野　直彬　1982　『中国文学序説』, 東京大学出版会
牧野　修二　1991　「宋元時代の儒士」(『愛媛大学人文学会創立十五周年記念論集』, 愛媛
　　　　　　　　　大学人文学会)
宮崎　市定　1946　『科挙』, 秋田屋
村上　哲見　1994　『中国文人論』, 汲古書院
吉川幸次郎　1967　「士人の心理と生活」(吉川幸次郎編『講座中国 Ⅱ 旧体制の中国』, 筑
　　　　　　　　　摩書房)
〈日本語 (翻訳)〉
ベンジャミン・A・エルマン (小島毅・解題, 秦玲子・訳)
　　　　　　　1991　「再生産装置としての明清期の科挙」(『思想』第810号)
〈英語〉
Beverly J. Bossler　(1998), *Powerful Relations: Kinship, Status, & the State in Sung China* (960-
　　　　　　　　　1279), Harvard University Press.
Benjamin Elman　(2000), *A Cultural History of Civil Examinations in Late Imperial China*,
　　　　　　　　　University of California Press.
Robert P. Hymes　(1986), *Statesmen and Gentlemen: The Elite of Fu-chou, Chiang-hsi, in
　　　　　　　　　Northern and Southern Sung*, Cambridge University Press.
Oka Motoshi　(2000), "Openness and Exclusiveness: Personal Ties among the Elite of
　　　　　　　　　Southern Song Wenzhou," Symposium on *Middle-period Chinese History
　　　　　　　　　and Its Future* at Harvard University, The Research Group of Historical

Materials in Song China.

〈中国語〉

王運熙・顧易生　1996　『中国文学批評通史 肆 宋金元巻』，上海古籍出版社

何忠礼・徐吉軍　1999　『南宋史稿』，杭州大学出版社

李志庭　1997　『浙江地区開発探源』，江西教育出版社

周夢江　1992　『葉適与永嘉学派』，浙江古籍出版社

欧陽光　1996　『宋元詩社研究叢稿』，広東高等教育出版社

孫望・常国武主編　1996　『宋代文学史（下）』，人民文学出版社

陳増傑　1986　「永嘉四霊――徐照・徐璣・翁巻・趙師秀」（潘善庚主編『歴代人物与温州』，温州風貌編輯部）

〔付記〕本稿は，財団法人鹿島学術振興財団研究助成金，および，三菱財団人文科学研究助成による成果の一部である。

(宋代史研究会研究報告第7集『宋代人の認識――相互性と日常空間――』，汲古書院，2001年)

第8章　南宋期の地域社会における「友」

1．問題の所在

　1995年，浙江省温州市甌海区郭渓鎮梅園村で6方の墓誌が出土した。張煇（1077～1132）の墓誌とその篆蓋，張煇の妻である趙氏・曹氏の墓誌，張煇の子である張孝愷（1110～67）の墓誌，そして張孝愷の妻趙氏の墓誌である。これらについては，既に王同軍氏による紹介がなされており，そこに全文が紹介されている[*1]。これらの新出土墓誌は，南宋期温州を中心に独自の思想を展開させていた永嘉学派の中心人物の一人である陳傅良が，この墓誌の張孝愷の娘を妻としていたこともあり，宋代温州の地域社会・地域文化を明らかにするうえで有用であるのだが，同時に，本章との関わりにおいては，「友」という語の用例としても注目される。すなわち，これらの墓誌のうち，張煇の墓誌の中で，撰者である工部尚書の劉嗣明[*2]が，張煇のことを「吾が友張子充」（子充は張煇の字）と呼んでいる。また，張煇の墓誌の中には，若くして太学で学ぶ機会を得ながらも「礼部に於いて利あらず」，つまり進士及第を果たせなかった張煇が地元でどのような生き方をしていたかを述べた下りで，「朋友の艱急疾病には賙卹拯救す」などと記されており，地域社会において「朋友」との関係を重んじていた者として描かれている。

　ではなぜこの「友」という語に注目するかを説明しておきたい。伝統中国社会における人的結合は，親子関係や君臣関係などの垂直的なものだけでなく，たとえば，古くは春秋戦国時代から漢代の社会に増淵龍夫氏が見出した任侠的紐帯[*3]

[*1]　王同軍「温州郭渓梅園発現南宋張煇家族墓」（『東方博物』第2輯，1998年）。本論文の存在については，元・佛教大学大学院生の藤田慎一氏よりご教示を得た。また，その後，温州市の龍湾博物館の呉明哲館長のご厚意で，この墓誌の現物を確認させていただいた。ここに記して，両氏に謝意を表したい。

[*2]　劉嗣明は，開封府祥符県の人である（『宋史』巻356・劉嗣明伝）。

から，清代では曾国藩の湘軍に見られた幕友の平等主義[*4]などに至るまで，多かれ少なかれ水平的な傾向を含んださまざまな人的結合も見られていた。とりわけ近年の歴史学においては，固定的な集団よりも，柔軟な社会的結合を取り上げて論じられることが多くなってきている[*5]が，単に「同じものが中国にも見られる」式の理解ではなく，今後は，伝統中国社会に独自の人的結合の論理を見出していく作業も必要とされてくるであろう。その意味では，たとえば，貴族制社会の士大夫のサークルにおける「輿論」[*6]であるとか，あるいは，明清時代における善挙のための広範なネットワークを支えた「徴信」原理（公開原理）[*7]であるとか，そうした伝統中国社会において実際に用いられた用語から，問題を構築していく必要があるように思う。そして，本章で「友」を取り上げるのも，以上のような目的意識によるものである。

さて，「友」の関係がどのような役割を果たしてきたかを社会史の視点から分析した研究は，これまで決して多くないが，明末から清代の時期にきわめて重要な意味をもっていたことについては，ジョセフ・マクデモット氏[*8]，小野和子氏[*9]，小川晴久氏[*10]が変革期の政治運動とも関わらせながら論じている。さかのぼって宋代においては，明末の東林党の場合のように君主への公然たる批判の論理として「友」が強く意識されていたわけではなかったが，それでも，宋代社会全体において人々の交際が活発化するのにあわせて，多くの思想家や士大夫たちが，前代までに比べて格段に「友」の関係を重視するようになった時期にあたっ

[*3] 増淵龍夫著『中国古代の社会と国家』（弘文堂，1960年，新版は岩波書店，1996年）。
[*4] 内藤湖南著『支那論』（文会堂書店，1911年，後に『内藤湖南全集』第5巻，筑摩書房，1972年，所収）。
[*5] たとえば「形をもたないソシアビリテ」という表現も見られる（二宮宏之編『結びあうかたち――ソシアビリテ論の射程』，山川出版社，1995年）。
[*6] 川勝義雄著『六朝貴族制社会の研究』（岩波書店，1982年）。
[*7] 夫馬進著『中国善会善堂史研究』（同朋舎，1997年）。
[*8] ジョセフ・P・マクデモット（中島楽章訳）「明末における友情観と帝権批判」（『史滴』第18号，1996年）。
[*9] 小野和子著『明季党社考――東林党と復社――』（同朋舎，1996年）。
[*10] 小川晴久「朋友論ノート」（東京大学教養学部『人文科学科紀要』第74輯，1982年）。

ていた*11。

　筆者はこれまで，宋代に永嘉学派の母胎となった温州を地域社会史の角度から扱ってきた*12が，とくに温州出身のエリートたちの人間関係に関する史料においても，この「友」という用語が頻出する。そこで本章では，宋代の地域社会における人的結合のあり方を探る一つの材料としてこの「友」に注目し，とりわけ南宋期に諸学派が地域的に分立しているという状況*13の中で，「友」による人間関係がどのような社会的意味をもっていたのかについての具体的な事例として，温州出身のエリートをめぐる「友」関係を分析してみたい。

2．「友」の用例

　さて本章では，主として墓誌によりながら分析を進めたい*14。唐代から宋代に

---

*11　朱瑞熙他著『遼宋西夏金社会生活史』（中国社会科学出版社，1998年）第13章「社会交誼及其礼節」に言及されている。また，拙稿「宋代の地域社会と知――学際的視点からみた課題――」（伊原弘・小島毅編『知識人の諸相――中国宋代を基点として――』，勉誠出版，2001年）も参照されたい。

*12　拙稿「南宋期温州の名族と科挙」（『広島大学東洋史研究室報告』第17号，1995年），同「南宋期温州の地方行政をめぐる人的結合――永嘉学派との関連を中心に――」（『史学研究』第212号，1996年），同「南宋期の地域社会における知の能力の形成と家庭環境――水心文集墓誌銘の分析から――」（宋代史研究会編『宋代人の認識――相互性と日常空間――』，汲古書院，2001年）。なお，地域社会史の視点からの宋代温州分析の先駆的業績としては，伊原弘「中国知識人の基層社会――宋代温州永嘉学派を例として――」（『思想』第802号，1991年）があり，また水利・移住の問題を扱ったものとしては本田治「宋元時代温州平陽県の開発と移住」（中国水利史研究会編『佐藤博士退官紀念中国水利史論叢』，国書刊行会，1984年），同「宋代温州における開発と移住補論」（『立命館東洋史学』第19号，1996年）がある。永嘉学派の思想内容と思想家の事績については，周夢江著『葉適与永嘉学派』（浙江古籍出版社，1992年），同『葉適年譜』（浙江古籍出版社，1996年），同『葉適評伝』（作家出版社，1998年）が詳細である。

*13　南宋末期以後，官学となっていく朱子学についても，最近では，市來津由彦氏が朱熹の言葉を「その交遊者，門人の違和感，共感，質問等との協同作業によってつむぎだされた言葉」とする視角から興味深い考察をおこなっている（市來津由彦著『朱熹門人集団形成の研究』，創文社，2002年）。

かけては，墓誌の記述のあり方が大きく変化した時期にあたる。たとえば，中砂明徳氏は，唐代中盤以降，撰者と死者の人間的な繋がりについての記述や，死者と関わりをもった人々の名前が頻繁に出てくるようになることを指摘している[*15]。また，ビバリー・ボズラー氏は，墓誌等のレトリックにおいて，唐代から宋代にかけてしだいに，先祖による特権よりは，努力や業績といった個人の行動が強調されるようになった変化を指摘している。しかも北宋から南宋にかけては，墓誌を執筆される側の伝主の変化としても表れ，宮廷の官僚から地域社会のエリート層へと対象者が拡大していった[*16]。

　本章で主たる題材として扱うのは，南宋期温州の代表的な士大夫である王十朋（1112～71），薛季宣（1134～73），陳傅良（1137～1203），葉適（1150～1223）の撰した墓誌である。

　このうち，とくに葉適は，韓侂冑（1152～1207）の北伐失敗により南下侵攻してきた金軍に対して知建康府・沿江制置使として防衛に尽力したものの，韓侂冑殺害後に落職し，嘉定元年（1208）には郷里の永嘉県水心村に戻り，以後，『習学記言序目』をまとめるとともに，墓誌・祭文などの執筆活動を精力的に続けた。当時としては比較的長命であり，しかも晩年に郷里で時間の余裕のある中で生活したことなども重なり，彼の文集には数多くの墓誌が残されている。それらの墓誌を収めた『水心文集』[*17]に序を記した門人趙汝讜は，葉適の墓誌等の執筆について，「昔，欧陽公，碑銘を独壇し，其の世道の消長進退に於いて，其の当時の賢き卿大夫にして功行あり，以及び，閭巷山巌の樸儒幽士の隠晦にして未だ光かざる者の与に，皆な焉れを述べ，史を輔けて行られ，其の意は深し。此れ先生の

[*14] 宋代墓誌の史料としての性格については，近藤一成「王安石撰墓誌を読む——地域，人脈，党争——」（『中国史学』第7巻，1977年），陶晋生著『北宋士族——家族・婚姻・生活』（中央研究院歴史語言研究所，2001年）などを参照されたい。

[*15] 中砂明徳「唐代の墓葬と墓誌」（礪波護編『中国中世の文物』，京都大学人文科学研究所，1993年）。

[*16] Beverly J. Bossler, *Powerful Relations: Kinship, Status, & the State in Sung China* (960–1279), Harvard University Press, 1998.

[*17] 『水心文集』の編纂年次は不明であるが，既に宋末の陳振孫（1261没？）『直斎書録解題』にも掲載されている（周学武著『葉水心先生年譜』，大安出版社，1988年）。

志なり」(「水心文集序」)と述べ、多数の碑誌や序記を撰して文学史上に大きな役割を果たした北宋の欧陽脩(1007~72)[18]がかくれた人材にまで墓誌の執筆対象を広げたことを、葉適が「志」として引き継いでいるものとして位置づけていることになる。

 ただし、こうした不遇の者をも欧陽脩が積極的に扱ったとはいえ、『居士集』に収められている墓誌の圧倒的多数は、表面的な身分の点からみると、何らかの形で官職・官位を得たことのある人物ばかりで、女性と宗室を除いた計60首の墓誌・墓表・墓碣のうち、官職・官位と無縁であったのは、巻24「連処士墓表」の1首にすぎない。この点でいえば、墓誌の伝主154名から女性を除いた計128名のうち、無官の者を28名(21.8％)も含んでいる葉適の場合[19]の方が、少なくとも文集に残されているものから数える限り、より幅広く取り上げていることになる。こうした点は、陳傅良[20]にも同様に見られる傾向であり、個人的な差というよりは、北宋から南宋にかけて墓誌等で全体的に見られた変化として捉えたほうがよいであろう[21]。

 ところで、欧陽脩から更にさかのぼって、唐宋八大家の筆頭に挙げられる韓愈(768~824)も、多数の墓誌を執筆したことで知られるが、葉国良氏によると、墓誌の題において墓主をただ「字」で呼ぶことは、韓愈に始まったことだとされて

---

[18] 欧陽脩の墓誌執筆については、劉若愚著『欧陽修研究』(台湾商務印書館、1989年)、参照。

[19] 墓誌の執筆対象者についてのデータは、第7章に《表》として示している。無官の者だけでなく、単に贈官をされただけの者も11名含まれており、それを加えると、39名(30.5％)となる。ただし、無官の者といえども、しばしば血縁に任官者が含まれていることも既に指摘しておいた。

[20] 陳傅良『止斎先生文集』では、墓誌・壙誌の計36首から女性の5首をのぞいた31首のうち、なんらかの形で官職・官位を得た者の墓誌・壙誌は13首であり、残りの18首は無官の者の墓誌・壙誌である。

[21] ボズラー氏の言葉を借りれば、墓誌等に顕著に見られた「誰が描写されたかについての変化」(a change in *who* is described)ということになる(Bossler前掲書、33頁)。

《表1》墓誌の題に字が表記されている人物（字の欄の●印）

陳傅良『止斎先生文集』墓誌

No.	巻	墓誌銘題	字	姓　名	官
1	47	徐叔楸壙誌	●	徐　槐	
2	47	林安之壙志	●	林居実	×
3	47	趙夫人墓誌銘	／	趙　氏	／
4	47	胡少賓墓誌銘	●	胡　序	
5	47	承務郎陳公墓誌銘		陳　某	
6	47	叔母韓氏墓誌銘	／	韓　氏	／
7	47	馮司理墓誌銘		馮施叔	
8	47	張忠甫墓誌銘	●	張　淳	×
9	47	章端叟墓誌銘	●	章用中	×
10	47	朱君佐壙識	●	朱興国	
11	47	宜人林氏墓誌銘	／	林　氏	
12	48	劉端木墓誌銘	●	劉　春	
13	48	陳子益母夫人墓誌銘	／	林　氏	／
14	48	林民達墓誌銘	●	林　悦	×
15	48	何君墓誌銘		何　松	×
16	48	朱公向壙誌	●	朱　某	×
17	48	胡彦功墓誌銘	●	胡　勲	
18	48	承事郎徐公墓誌銘		徐迪哲	
19	48	新帰墓表		（林一族）	×
20	49	敷文閣直学士薛公壙誌		薛良朋	
21	49	陳季陽墓誌銘	●	陳義民	×
22	49	修職郎呂公墓誌銘		呂　琰	
23	49	徐武叔墓誌銘	●	徐　鉞	×
24	49	陳習之壙誌	●	陳　説	×
25	49	承事郎潘公墓誌銘		潘朝卿	
26	49	林懿仲墓誌銘	●	林淵叔	
27	50	沈叔阜壙誌	●	沈　昌	×
28	50	族叔祖元継壙誌	●	陳　紹	×
29	50	族叔祖元成墓誌銘	●	陳　繹	×
30	50	族兄際可壙誌	●	陳　蹻	×
31	50	高光中墓誌銘	●	高　融	
32	50	陳百朋壙誌	●	陳天賜	×
33	50	王道甫壙誌	●	王自中	
34	50	族叔国任墓誌銘	●	陳方中	×
35	50	洪君墓誌銘		洪　某	×
36	50	令人張氏壙誌	／	張幼昭	

第 8 章　南宋期の地域社会における「友」　　　　　　　　　191

葉適『水心文集』墓誌

No.	巻	墓誌銘題	字	姓　名	官
1	13	陳少南墓誌銘	●	陳鵬飛	
2	13	葉君墓誌銘		葉　梓	×
3	13	蔂林処士墓誌銘		何　傳	×
4	13	宋故孟夫人墓誌銘		仲　氏	
5	13	宋故宣教郎通判平江府姚君墓誌銘		姚　穎	
6	13	将仕郎秸君墓記		秸居易	
7	13	宋杜君墓誌銘		杜　椿	×
8	13	媛女瘞銘		葉　媛	
9	13	陳君墓誌銘		陳　巌	×
10	13	故朝散大夫主管建寧府武夷山沖佑観周先生墓誌銘		周淳中	
11	13	故太碩人臧氏墓誌銘		臧　氏	
12	13	葉君墓誌銘		葉　權	×
13	13	厲君墓誌銘		厲邦俊	
14	13	翰林医痊王君墓誌銘		王克明	
15	13	郭府君墓誌銘		郭良臣	
16	13	郭処士墓誌銘		郭良顕	×
17	14	安人張氏墓誌銘		張　氏	
18	14	高夫人墓誌銘		翁　氏	
19	14	徐德操墓誌銘	●	徐　定	
20	14	忠翊郎致仕蔡君墓誌銘		蔡待時	
21	14	忠翊郎武学博士蔡君墓誌銘		蔡　鎬	
22	14	陳彦羣墓誌銘	●	陳季雅	
23	14	姜安礼墓誌銘	●	姜処恭	×
24	14	楊夫人墓表		楊　氏	
25	14	丁君墓誌銘		丁世雄	×
26	14	張令人墓誌銘		張幼昭	
27	14	参議朝奉大夫宋公墓誌銘		宋　傅	
28	14	呂君墓誌銘		呂師愈	
29	14	丁少詹墓誌銘	●	丁希亮	×
30	14	姚君俞墓誌銘	●	姚献可	×
31	15	鄭仲酉墓誌銘	●	鄭　霆	
32	15	彭子復墓誌銘	●	彭仲剛	
33	15	宋武翼郎新製造御前軍器所監造官邵君墓誌銘		邵叔豹	
34	15	沈元誠墓誌銘	●	沈大経	
35	15	奉議郎鄭公墓誌銘		鄭耕老	
36	15	宋鄒卿墓誌銘	●	宋希孟	×
37	15	承事郎致仕黄君墓誌銘		黄正己	
38	15	朝奉大夫致仕黄公墓誌銘		黄仁静	

39	15	司農卿湖広総領詹公墓誌銘		詹体仁
40	15	林伯和墓誌銘	●	林弇
41	15	翁誠之墓誌銘	●	翁忱
42	15	夫人薛氏墓誌銘		薛　氏
43	15	致政朝請郎葉公壙誌		葉光祖
44	15	高永州墓誌銘		高子莫
45	16	朝散大夫主管沖佑観鮑公墓誌銘		鮑瀟
46	16	荘夫人墓誌銘		荘　則
47	16	宝謨閣待制中書舎人陳公墓誌銘		陳傅良
48	16	著作正字二劉公墓誌銘		劉　夙
				劉　朔
49	16	朝請大夫司農少卿高公墓誌銘		高子溶
50	16	夫人林氏墓誌銘		林　氏
51	16	孫永叔墓誌銘	●	孫椿年	×
52	16	林正仲墓誌銘	●	林頤叔
53	16	夫人徐氏墓誌銘		徐　氏
54	16	提刑検詳王公墓誌銘		王聞詩
55	17	蔡知閤墓誌銘		蔡必勝
56	17	徐道暉墓誌銘	●	徐　照	×
57	17	運使直閣郎中王公墓誌銘		王聞礼
58	17	陳叔向墓誌銘	●	陳　葵
59	17	黄子耕墓誌銘	●	黄　瑩
60	17	台州教授高君墓誌銘		高　松
61	17	戴夫人墓誌銘		戴　氏
62	17	劉子怡墓誌銘	●	劉士偲	×
63	17	劉夫人墓誌銘		劉善敬
64	17	沈仲一墓誌銘	●	沈体仁	×
65	17	胡崇礼墓誌銘	●	胡　撝
66	18	校書郎王公夷仲墓誌銘		王　衢
67	18	華文閣待制知廬州銭公墓誌銘		銭之望
68	18	陳秀伯墓誌銘	●	陳堯英	×
69	18	著作佐郎銭君墓誌		銭易直
70	18	劉建翁墓誌銘	●	劉起晦
71	18	朝議大夫知処州蒋公墓誌銘		蒋行簡
72	18	高令人墓誌銘		高　氏
73	18	葉君宗儒墓誌銘	●	葉士寧	×
74	18	李仲挙墓誌銘	●	李伯鈞
75	18	朝請大夫主管沖佑観煥章侍郎陳公墓誌銘		陳景思
76	19	太府少卿福建運判宝謨閣李公墓誌銘		李　浹
77	19	中奉大夫太常少卿直秘閣致仕薛公墓誌銘		薛　紹

第8章 南宋期の地域社会における「友」　　　　　193

78	19	国子監主簿周公墓誌銘		周 洎	
79	19	建康府教授恵君墓誌銘		恵 哲	
80	19	朝奉郎致仕俞公墓誌銘		俞 寛	
81	19	中奉大夫直龍図閣司農卿林公墓誌銘		林 湜	
82	19	草廬先生墓誌銘		林 肅	×
83	19	袁声史墓誌銘	●	袁直友	
84	19	京西運判方公神道碑		方崧卿	
85	20	文林郎前秘書省正字周君南仲墓誌銘	●	周 南	
86	20	宝謨閣直学士贈光禄大夫劉公墓誌銘		劉 穎	
87	20	故吏部侍郎劉公墓誌銘		劉彌正	
88	20	邵子文墓誌銘	●	邵持正	
89	20	虞夫人墓誌銘		虞 氏	
90	20	故礼部尚書龍図閣学士黄公墓誌銘		黄 度	
91	20	太学博士王君墓誌銘		王 度	
92	21	朝請大夫直龍図閣致仕沈公墓誌銘		沈有開	
93	21	宜人鄭氏墓誌銘		鄭 氏	
94	21	宝謨閣待制知隆興府徐公墓誌銘		徐 誼	
95	21	中奉大夫尚書工部侍郎曾公墓誌銘		曾 漸	
96	21	毛積夫墓誌銘	●	毛子中	×
97	21	徐文淵墓誌銘	●	徐 璣	
98	21	故通直郎清流知県何君墓誌銘		何 淪	
99	21	夫人陳氏墓誌銘		陳 氏	
100	21	劉靖君墓誌銘		劉 愚	
101	21	鄭景元墓誌銘	●	鄭伯英	
102	21	東塘処士墓誌銘		陳 瑾	×
103	21	中大夫直敷文閣両浙運副趙公墓誌銘		趙善悉	
104	22	厲領衛墓誌銘		厲仲方	
105	22	趙孺人墓銘		楼 氏	
106	22	故知広州敷文閣待制薛公墓誌銘		薛 弼	
107	22	故朝奉大夫知峡州宋公墓誌銘		宋紹恭	
108	22	故運副龍図閣侍郎孟公墓誌銘		孟 猷	
109	22	太孺人唐氏墓誌銘		唐 氏	
110	22	故大宗丞兼権度支郎官高公墓誌銘		高子潤	
111	22	舒彦升墓誌銘	●	舒 杲	
112	22	鞏仲至墓誌銘	●	鞏 豊	
113	22	史進翁墓誌銘	●	史 漸	
114	22	林徳秀墓誌銘	●	林 穎	×
115	23	宣教郎夏君墓誌銘		夏庭簡	
116	23	兵部尚書蔡公墓誌銘		蔡幼学	
117	23	福建運使直顕謨閣少卿趙公墓誌銘		趙彦倓	

118	23	故宝謨閣待制知平江府趙公墓銘		趙彦櫹	
119	23	孺人周氏墓誌銘		周　氏	
120	23	故大理正知袁州羅公墓誌銘		羅克開	
121	23	夫人銭氏墓誌銘		銭　氏	
122	23	朝議大夫秘書少監王公墓誌銘		王　枏	
123	23	郭伯山墓誌銘	●	郭　江	
124	23	竹洲戴君墓誌銘		戴亀朋	×
125	23	包顒叟墓記	●	包　昻	×
126	23	資政殿学士参政枢密楊公墓誌銘		楊　愿	
127	24	夫人王氏墓誌銘		王　氏	
128	24	滕季度墓誌銘	●	滕　成	×
129	24	国子祭酒贈宝謨閣待制李公墓誌銘		李　祥	
130	24	周鎮伯墓誌銘	●	周鼎臣	
131	24	兵部尚書徽猷閣学士趙公墓誌銘		趙　師	
132	24	長潭王公墓誌銘		王思文	
133	24	故枢密参政汪公墓誌銘		汪　勃	
134	24	陳同甫王道甫墓誌銘	●	陳　亮	
			●	王自中	
135	24	故知枢密院事資政殿大学士施公墓誌銘		施師点	
136	25	宋廱父墓誌銘	●	宋　駒	
137	25	朝奉大夫知恵州姜公墓誌銘		姜処度	
138	25	陳処士姚夫人墓誌銘		陳　昺	×
				姚　氏	
139	25	孟達甫墓誌銘	●	孟　導	
140	25	黄観復墓誌銘	●	黄　章	
141	25	修職郎監和剤局呉君墓誌銘		呉　葵	
142	25	戴仏墓誌銘		戴　丁	×
143	25	趙孺人墓誌銘		趙汝議	
144	25	朝請大夫提挙江州太平興国宮陳公墓誌銘		陳　謙	
145	25	陳民表墓誌銘	●	陳　燁	×
146	25	宋葛君墓誌銘		葛自得	×
147	25	毛夫人墓表		詹　氏	
148	25	母杜氏墓誌		杜　氏	

官の欄の×印は、無官の者を示す。

おり，それらは「同調」「至友」に対して用いられていると指摘している[*22]。題に「字」を用いることは，欧陽脩『居士集』においても見られ，女性・宗室以外の60名のうち，ちょうど15％にあたる9名が字で呼ばれており[*23]，その相手に対しては，墓誌の序においても，「吾が友，張子野」（巻27），「予の友，黄君夢升」（巻28）などとして，欧陽脩自身が自分の「友」であることをしばしば明言している。

このように墓誌の題に「字」を用いることは，今回取り上げる4人の温州出身者の撰した墓誌において，ますます増加している。《表1》に列挙した題から数えると，陳傅良『止斎先生文集』の36首の墓誌から女性を除いた31首の墓誌のうち，22題に字が用いられており，一族に対するものを含むとはいえ71.0％もの割合を占めていることになる。また葉適『水心文集』でも，148首の墓誌から女性（単独）の墓誌を除いた123首の墓誌のうち，35.8％にあたる44題（人数では45名）が字で記されている[*24]。

題におけるこうした変化が，時期を追ってしだいに顕著になるとともに，墓誌の序において，相手を「友」と呼ぶことも目立つようになっている。《表2》は，王十朋・薛季宣・陳傅良・葉適の文集から，特定の個人に対して「友」と呼んでいる用例を拾い集めたものである。墓誌以外に詩，祭文や，各種の序記も含めて挙げてみることとしたい。

《表2》に挙げた人物の具体的な分析は第4節にておこなうこととして，ここでは，表を一覧した段階でうかがえる特徴についてのみ，簡単に整理しておきたい。まず，地域的分布としては，個人によって差が見られるものの，「友」と呼ぶ相手には，総じて地元温州の人間が多いことがわかる。また，温州以外では，

[*22] 葉国良「論韓愈的冢墓碑誌文」（『古典文学』第10集，1988年）。この論文の存在は，宇部工業高等専門学校一般科講師の畑村学氏よりご教示いただいた。ここに記して謝意を表したい。

[*23] 『居士集』巻24「石曼卿墓表」，巻27「張子野墓誌銘」・「孫明復先生墓誌銘」，巻28「蔡君山墓誌銘」・「黄夢升墓誌銘」・「薛質夫墓誌銘」・「尹師魯墓誌銘」，巻33「梅聖兪墓誌銘」・「江隣幾墓誌銘」。

[*24] 薛季宣も，「余仲美墓誌銘」（『浪語集』巻33），「林南仲墓誌銘」（同書同巻）のように，墓誌の題に字を用いる場合があった。

第2部：エリートの活動と地域社会

《表2》「友」と認識した相手

〔A〕王十朋（1112～71；温州楽清県；紹興27年（1157）状元）自身の「友」

	人名	出身地	学問		典拠	表現
1	毛 宏	温州楽清県	☆	補遺別附1	『梅渓先生文集』前集巻1「寄毛虞卿」	「弟兄並皥秀如君少，朋友相知独我深。」
					『梅渓先生文集』前集巻2「戯酬毛虞卿見和」	「友生笑我為狂客，…」
2	孫 嶹	開封→会稽	×	――	『梅渓先生文集』前集巻1「送子尚如浙西」	「有友如君」
3	余如晦	台州黄巌県	×	補遺44 王十朋門人	『梅渓先生文集』前集巻4「送黄巌三友」「又各贈一絶」	（左記の詩のタイトル）鄭遜志は下掲「観水記」にも記載。
4	鄭遜志	〃	×	補遺44 王十朋門人		
5	施良臣	〃	×	補遺44 王十朋門人		
6	周仲翔	？	×	補遺44 王十朋門人	『梅渓先生文集』前集巻5「周仲翔和詩贈以前韻」	「邇歳従師得吾友。」
7	周光宗	？	？	――	『梅渓先生文集』前集巻7「和燕河南府秀才送周光宗」	「友人周光宗将参告太学，…」
8	劉 鎮	温州楽清県	☆	補遺44 劉銓（仰文蔚学侶）伝	『梅渓先生文集』前集巻17「劉方叔待評集序」	「吾友劉方叔」
9	喩良能	婺州義烏県	☆同	補遺56 喩氏（陳亮門人）先緒	『梅渓先生文集』後集巻3「贈喩叔奇県尉」	「同舎同年友，天資迥不群。…（中略）…公余時過我，無酒亦論文。」
10	査 籥	淮南東路泰州海陵県	☆	――	『梅渓先生文集』後集巻12「送元章改漕成都」	「取友四十歳，普天半交遊。」
11	閭安中	成都府路邛州臨邛県	☆同		『梅渓先生文集』後集巻13「三友堂」	「（閭・梁二同年過虁，把酒論文於小書室。既別，因自之曰三友。）丁丑同年友，三人忽此逢。」
12	梁 介	成都府路成都府双流県	☆同			
13	陳 謙	福建路興化軍仙遊県	☆	――	『梅渓先生文集』後集巻20「贈陳教授仲仁」	「益友平生所願親，南来深喜得斯人。…」
14	周汝能	紹興府嵊県	☆同	補遺51 呂祖謙同調	『梅渓先生文集』後集巻26「天香亭記」	「明年春果擢巍第，与予為同年友。」
15	李大鼎	？	？	補遺44 王十朋門人	『梅渓先生文集』前集巻17「観水記」	「梅渓之南有巨渓焉，会一原之水而東帰者也，俗曰前渓。…（中略）…顧謂諸友曰：「孟子称観
16	李 庚	？	？	補遺44 王十朋門人		

第 8 章　南宋期の地域社会における「友」　　　　　　　　　197

17	謝　鵬	?	×	補遺44 王十朋門人	水有術，必観其瀾。諸友今日之観，其有得於水乎？」時同行十有二人，李大鼎 庚・謝鵬皋朋・周千里 震・鄭遜志・童倪・鄔一唯・夏伯虎・陳広，予与焉，不往者二人，謝与能・楊寓。庚午七月二十六日記。」
18	謝皋朋	?	×	──	
19	周千里	?	×	補遺44 王十朋門人	
20	周　震	?	×	補遺44 王十朋門人	
21	童　倪	?	×	補遺44 王十朋門人	
22	鄔一唯	?	×	補遺44 王十朋門人	
23	夏伯虎	温州	×	補遺44 王十朋門人	
24	陳　広	?	×		

〔B〕　薛季宣（1134～73；温州永嘉県）自身の「友」

1	陳傅良	温州永嘉県	☆	学案53 鄭伯熊・薛季宣門人	『浪語集』巻23「与張左司書」	「友朋陳君挙」
					『浪語集』巻33「林南仲墓誌銘」	「走之友陳傅良君挙」
2	張　淳	温州永嘉県	特	学案52 薛季宣同調	『浪語集』巻35祭文「友張淳等」	（左記の祭文タイトル）
					※『止斎先生文集』巻47「張忠甫墓誌銘」）	「忠甫与其友薛士龍・鄭景望斉名於時，而二人皆仕矣。」
					※『止斎先生文集』巻51「右奉議郎新権発遣常州借紫薛公行状」	「其友人張淳」
					※呂祖謙『呂東莱文集』巻7「薛常州墓誌銘」	「其友張淳」
3	鄭伯熊	温州永嘉県	☆	学案32 呉松年講友	『浪語集』巻35祭文「友人張淳鄭伯熊」	（左記の祭文タイトル）
4	陳　亮	婺州永康県	☆	学案56 鄭伯熊・芮煜門人	『浪語集』巻35祭文「永康友人陳亮誘傅良」	（左記の祭文タイトル）
5	劉　朔	福建路興化軍莆田県	☆	学案47 林光朝門人	※『止斎先生文集』巻51「右奉議郎新権発遣常州借紫薛公行状」	「其友人秘書省正字劉朔」

〔C〕 陳傅良（1137～1203；温州瑞安県；乾道8年（1172）進士）自身の「友」

1	丘崈	両浙西路江陰軍	☆	学案79 張栻・呂祖謙同調	『止斎先生文集』巻4「送丘宗卿帥蜀」	「戸部侍郎丘公，…其友生永嘉 陳某，…」
2	葉適	温州永嘉県	☆	学案55 鄭伯熊門人	『止斎先生文集』巻27「辞免実録院同修撰第一状」	「照対葉適与臣有郷曲朋友之好，…」
3	楼鑰	明州鄞県	☆	学案79 朱熹私淑	『止斎先生文集』巻40「夏休井田譜序」	「吾友楼大防訪求得之，…。」
4	徐泳	温州平陽県	★	——	『止斎先生文集』巻41「跋徐薦伯詩集」	「吾友徐薦伯登武挙第，…」
5	沈体仁	温州瑞安県	×	学案53 陳傅良門人	『止斎先生文集』巻42「跋張魏公南軒四益箴」	「吾友沈仲一」
6	朱同之	?	?	——	『止斎先生文集』巻44「朱子名説」	「吾友朱同之之子名植，字直卿。」
7	朱䚻	温州平陽県	×	学案53 陳傅良門人	『止斎先生文集』巻46「祭朱文昭母夫人」	「吾友文昭之母」
					『止斎先生文集』巻48「朱公向壙誌」	「吾友朱䚻使来告葬曰…」
8	孫叔特	温州永嘉県？（妻を永嘉県に葬る）	?	——	『止斎先生文集』巻47「趙夫人墓誌銘」	「余友孫叔特」
9	鄭伯熊	温州永嘉県	☆	学案32 呉松年講友	『止斎先生文集』巻47「胡少賓墓誌」	「又館於余師友鄭景望氏」
10	張淳	温州永嘉県	特	学案52 薛季宣同調	『止斎先生文集』巻47「張忠甫墓誌銘」	「将葬，潘氏曰：「吾夫子之友惟陳君在，且余家壻，銘夫子無以易君者」。」
11	劉春	温州永嘉県	☆同	補遺53 陳傅良講友	『止斎先生文集』巻48「陳子益母夫人墓誌銘」	「余方銘亡友劉端木未暇也，…」
12	徐誼	温州平陽県	☆同	学案61 陳傅良・陸九淵同調	『止斎先生文集』巻48「承事郎徐公墓誌銘」	「子誼，吾友也。乾道八年吾友之同第進士者，独余不幸蚤孤，不逮事父母，而諸君之親尚無恙，里中人往往以為賀。」
13	陳謙	温州永嘉県	☆同	学案53 陳傅良学侶	『止斎先生文集』巻49「陳習之壙誌」	「吾友陳謙 益之之従弟諱説，字習之，娶敷文閣直学士薛公良朋之姪孫女，知蕪湖県珏之女。」
14	王自中	温州平陽県	☆	学案56 陳亮同調	『止斎先生文集』巻50「王道甫壙誌」	「嗚呼！此吾友王君道甫之墓。」

第8章　南宋期の地域社会における「友」　　　　　　　　　199

〔D〕　葉適（1150～1223；温州永嘉県；淳熙5年（1178）榜眼）自身の「友」

1	趙燁	開封	☆	補遺58 陸九淵学侶	『水心文集』巻6「送趙景明知江陵県」	「吾友趙景明」
2	陳季雅	温州永嘉県	☆同	―	『水心文集』巻6「送陳彦群」	「餞我同年友」
3	孔元忠	平江府長洲県	☆	学案55 葉適門人	『水心文集』巻7「孔復君架楼貯書疏池累石花薬環列」	「老夫一編未得妙, 頗以書多為世笑, 旧友從余不復疑, 楼蔵万卷猶嫌少。」
4	林鼐	台州黄巖県	×	補遺69 朱熹門人	『水心文集』巻7「林叔和見訪道旧感歎因以為贈」	「与子異州壤、取友四十年。」
5	戴渓	温州永嘉県	☆同	学案53 陳傅良同調	『水心文集』巻7「戴肖望挽詞二首」	「老失平生友」
6	郭晞宗	台州仙居県	☆同	―	『水心文集』巻11「郭氏種徳菴記」	「余同年友瓊州刺史郭宗之既没十年, …」
7	胡衛	紹興府余姚県	☆	学案77 胡撙（陸九淵門人）家学	『水心文集』巻11「宋吏部侍郎鄒公墓亭」	「余友胡衛道知常州, …」
8	趙汝讜	臨安府余杭県	☆	学案55 葉適門人	『水心文集』巻11「茶陵軍減苗置寨記」	「余友趙蹈中, 転漕湖南, 察而憐之。」
9	衛湜	平江府崑山県	★	補遺79 衛涇（朱熹同調）家学	『水心文集』巻11「櫟斎蔵書記」	「余友衛君 湜」
10	林鼏	台州黄巖県	☆	補遺69 朱熹門人	『水心文集』巻13「宋杜君墓誌銘」	「…而致其塔林鼏之述来請銘。…鼏, 余友也, …」
11	蔡鎬	台州黄巖県	★	―	『水心文集』巻14「忠翊郎致仕蔡君墓誌銘」	「余与君之子鎬善, …（中略）…鎬又曰：「子一日嘗過我, 父自屏窺之, 曰「此可与友也, …」…」
					『水心文集』巻23「竹洲戴君墓誌銘」	「蔡氏姪溓, 請余銘。溓父鎬, 余友也, 不得辞。」
					『水心文集』巻11「石菴蔵書目序」	「石菴書若干巻, 承奉郎蔡君 瑞蔵之。…（中略）…君之従孫武学諭鎬, 与余同寮, 以請而序之。」
12	王自中	温州平陽県	☆同	学案56 陳亮同調	『水心文集』巻15「宋武翼郎新製造御前軍器所監造官邵君墓誌銘」	「余友王道父為守, …」

13	劉彌正	福建路興化軍莆田県	☆	学案47 劉夙（林光朝門人）家学	『水心文集』巻16「著作正字二劉公墓誌銘」	「余童孺事二公，既与弥正為友，而起晦実同年生。」
14	劉士愚	台州仙居県	×	補遺55 葉適学侶	『水心文集』巻17「劉子怡墓誌銘」	「士愚，字子怡，余友也。」
15	鞏 豊	婺州武義県	☆同	学案73 呂祖謙門人	『水心文集』巻22「鞏仲至墓誌銘」	「予友仲至，鞏氏，名豊。」
16	劉允済	台州黄巌県	☆同	――	『水心文集』巻23「夫人銭氏墓誌銘」	「同年劉使君，与余素旧，其守永嘉，常減騎数出，支坐熟語，良薬也。…（中略）…若使君信道執德，終始不変，則固余畏友矣。」
17	宋 駒	紹興府山陰県	☆	学案55 葉適門人	『水心文集』巻25「宋廏父墓誌銘」	「蓋余友如君比不過数人爾，数年間相継死。悲夫！無以寄余老矣。」
18	黄 度	紹興府新昌県	☆	学案53 陳傅良学侶	『水心文集』巻25「黄観復墓誌銘」	「承事郎提領所幹辦公事黄章字観復，余友礼部尚書名度仲子，…」
19	姚献可	婺州義烏県	×	補遺55 葉適同調	『水心文集』巻27「与黄巌林元秀書」	「尊友姚君兪」

出身地…両浙路の者は路名を省略。
記号…☆＝進士（☆同＝同年進士），特＝特奏名，★＝その他によって官についた者，×＝無官。
学問…『宋元学案』または『宋元学案補遺』の巻数を示す。

　温州の属する両浙東路の府州が目立ち，その中でも台州，とくに温州に隣接した黄巌県，仙居県に「友」と認識する相手の多かったことがうかがえる。ただし，割合として多くはないものの，遠隔地の「友」も見られ，その中には科挙の同年合格者が少なからず含まれている。

　つぎに「友」と呼んだ相手の地位については，何らかのかたちで官職に就いていた者が比較的多いが，官職・官位がまったく確認できない者も含まれている。とくに，40歳代半ばになって状元合格したために官界入りが遅かった王十朋の場合，無官の者に対して「友」と呼んでいる割合が最も多くなっている[*25]。

　思想面との関わりを示すために，ひとまず便宜的にではあるが『宋元学案』お

[*25] 王十朋が学生を朋友と見なしていたことについては，鄭定国著『王十朋及其詩』（台湾学生書局，1994年），参照。

よび『宋元学案補遺』における各人の位置づけも，併せて示しておいた。これによると，直接の「同調」「学侶」をはじめとして，学問的にきわめて近い関係に入る者が多いが，学問の系統から言えば少し離れた者や，あるいは学案への記載のない者も含まれている。また自身の「門人」に対して「友」と称する場合があることにも気づかされる。

3．「友」の性格

さて，「朋友」の信は，周知のごとく，『論語』に繰り返し現れ，さらに『孟子』では「父子」「君臣」「夫婦」「長幼」と並んで五倫に数えられていた。しかし，五倫のうち，他の四者が縦の関係であるのに対して，この「朋友」のみは横の関係を示している。その朋友の概念が，もともと経書においていかなる特色をもっていたかについては，文化を媒介として道の完成へと助け合うのが朋友の本領であり，宿命的ではなく契約的な結合であることから選択の自由があったこと，また文化を媒介とすることから，地域的な制限を受けることがないことなどが，藤川正數氏によって指摘されている[26]。

このうち，地域的な制限がないという点は，前節の表からもうかがえることであって，確かに「友」に地元の者が多いとしても，決して地元のみに限定されていないことは，宋代においても確認できることである。

そこで本節では，地域的な無限定性以外に，宋代においてはどのような意味合いで「友」という語が用いられていたのかを，王十朋・薛季宣・陳傅良・葉適の文集から確認しておきたい。

まず，友人による相互の助け合いについては，とくに墓葬のようにおろそかにしがたい場面に関連して，しばしば言及されている。たとえば，『水心文集』巻13「墓林処士墓誌銘」では，処士のままに人生を終えた永嘉県の何傅に対し，「死ぬるの日，其の友翁忱は既に之を襚斂し，又嘗て往来せる者を率いて焉に賻り，始めて西山崇明寺の傍に葬るを克くす」とあるように，「友」の翁忱（1137

---

[26] 藤川正數「「朋友」考」（『桜美林大学中国文学論叢』第8号，1982年）。

~1205）が、交際のあった者にも呼びかけるなどして、入棺から埋葬まで尽力した事例が見られる。また、『同』巻17「徐道暉墓誌銘」に、「而して君既に死し、同に唐詩を為りし者は、徐璣、字は文淵、翁巻、字は霊舒、趙師秀、字は紫芝なり。紫芝は常なる朋友を集め、之を殯し且つ葬ること塔山・林額の両村の間に在り」とあり、永嘉四霊として知られる詩人グループの一人である徐照（？〜1211）が亡くなった際に、四霊の他の３人が朋友として、やはり殯と埋葬をおこなったことが記されている。なかには、父を亡くした陳埴のために「友」の沈侗が墓の場所を卜するような例も見られる[27]。

　このような助力と並んで墓誌にしばしば見られるのが、学問における友人関係である。たとえば、葉適は、自身の門人で台州黄巌県の人である丁希亮（1146〜92、字は少詹）について、「既にして少詹は尽く碩儒を師とし、尽く良士を友とし、尽く名言を聞き、尽く別義を求む」（『水心文集』巻14「丁少詹墓誌銘」）と記している。また葉適は、同じく門人で文才のあった邵持正（生没年不明）についても、「多く誉れを朋友より得」（『水心文集』巻20「邵子文墓誌銘」）などと記している[28]。

　こうした傾向を反映して、《表２》A-13に見られるように、「益友は平生親しむを願う所なり、南来して斯の人を得るを深く喜ぶ」（『梅渓先生文集』後集巻20「贈陳教授正仲」）とあるように、『論語』[29]にさかのぼることのできる「益友」という概念を見出すことができるのは、互いを高め合う関係にふさわしいであろう。したがって、単に助け合うだけでなく、「朋友を是正す」るを事としていた温州永嘉県の張淳（1121〜81）のような者もいた（『止斎先生文集』巻47「張忠甫墓誌銘」）。

　そして互いに高め合うことが視野に入っている以上、その相手は誰でもよいのではなく、選ぶという要素が入ってくることになる。墓誌などに「友を取ぶ」と

---

*27　『水心文集』巻25「陳民表墓誌銘」。

*28　王十朋は「四友録」（『梅渓先生文集』前集巻18）にて、『論語』顔淵第12の「君子は文を以て友を会し……」という言葉を引用しつつ、自分には４人の友がいるとして、「羅文」「毛穎」「楮先生」「子墨」を挙げている。それぞれ硯、筆、紙、墨を指しているのだが、これらを「四友」と称するところにも、「友」と学問とのかかわりの深さが垣間見えるかのごとくである。

*29　『論語』季氏第16に、「益者三友、損者三友あり。直を友とし、諒を友とし、多聞を友とするは益なり。便辟を友とし、善柔を友とし、便佞を友とするは損なり」とある。

第8章　南宋期の地域社会における「友」

いう表現がしばしば見られる*30のは，まさに友人関係の選択性を示すものといえよう。台州黄巌県の戴亀朋（1146〜1207）について，「君は少くして苦学し，友を取れば必ず己より勝る」（『水心文集』巻23「竹洲戴君墓誌銘」）と記されているように，自分より優れた友を必ず選ぶ人物もいたほどであるが，逆に，「良友は得易からず」（『梅渓先生文集』前集巻9「和酔贈張秘書寄万大年先之申之」）ということにもなるのである。

こうした意識的な選択による関係は，互いの逆境においてこそ，その結びつきの強さがあらわれることも多かったようである。王十朋が同じ楽清県の友人劉鎮（《表2》A-8）について，「往事は真に塞翁が馬に同じ」（『梅渓先生文集』前集巻2「懐劉方叔兼簡全之用前韻」）と詠む。何が過ぎ去った「往事」かと言えば，壬戌（1142）2月8日の跋によれば，庚申（1140）の秋に王十朋が科挙受験に失敗し，選択を経義から詩賦へと変更しようとした*31のに対し，劉鎮が「須く失馬の事を知るべし，獲麟の書に廃むること莫かれ」と言ってなぐさめてくれたことを指しているとしている。

なかなか進士合格をしなかった王十朋*32は，紹興18年（1148）にも省試で落第している。同じく楽清県出身で劉鎮の従兄にあたり，十朋と長いつきあいのあった劉銓（1110〜65）の墓誌には，「某は少くして公と筆硯の交わりを為し，辱じけなくも最も厚きを知る。公は既に簦に仕せるに，某は猶お場屋に困しむ」という状況にあったことを述べたうえで，「歳戊辰に某は下第し，舎選の就らざるを棄てんとし，公に武林に於いて遇えども，同に浙江を渡り，其の故を語る。公曰く，「子に進身の路有り，何ぞ乃ち自棄せんや！」と。力めて之を勉ます。越より学に還り，卒に舎法に由り進むは，公の力なり」（『梅渓先生文集』後集巻29

---

*30　『水心文集』巻7「林叔和見訪道旧感歎因以為贈」，巻17「沈仲一墓誌銘」，同巻「黄子耕墓誌銘」，『梅渓先生文集』後集巻12「送元章改漕成都」など。
*31　南宋の科挙は，おおむね詩賦科と経義科のいずれかを選択させる方法がとられていた（古林森廣「宋代の受験参考書（前編）——その必要性——」『明石工業高等専門学校紀要』第19号，1977年）。
*32　王十朋の生涯については，徐順平著『王十朋評伝』（甌越文化叢書之四，作家出版社，1998年）に詳しい。

「劉知県墓誌銘」）として，太学上舎からの進士合格をあきらめて臨安から浙江（銭塘江）を渡って帰郷していた十朋を，越すなわち紹興府から再び臨安へと引き返させたことが記されている。

　このように科挙不合格の者を精神的に支え続ける「友」の存在については，科挙合格の遅かった王十朋の文集なればこそ，科挙失敗に関する文章や詩が繰り返し登場しやすいわけであるが，当時の科挙下第士人の多さ*33を考えると，こうしたタイプの友人関係の存在は，史料にあらわれた以上に実際には広い範囲にあったものと思われる。

　科挙による官員登用の本格化や，その他の経済的な要因によって，宋代の社会的流動性は前代に比べて格段に増していたが，そうした中で，《表2》に示したような「吾友」「予友」「余友」などの直接的表現や，本節で見てきたような友人関係への言及の増加は，友情のもつ重要性の社会的高まりを反映したものとして捉えることができよう*34。

4．地域社会における「友」

　さて本節では，前節で述べたような感覚を以て認識されていた「友」関係が，実際にどのような相手との間でむすばれていたのかを，第2節の表に列挙した人物群からさぐっていきたい。

　その前提として，「友」と呼びかけた側である王十朋・薛季宣・陳傅良・葉適ら自身について，それぞれが温州の地域社会でどのような社会的地位にあったの

＊33　川上恭司「科挙と宋代社会——その下第士人問題」（『待兼山論叢』史学篇21，1987年），参照。
＊34　なお，ここで挙げた温州出身の思想家たちが，こうした断片的な用例——用例の数自体はたいへん多いが——と別に，何か「友」についてまとめて論じている長い文章が見られるわけではないが，葉適は「草廬先生墓誌銘」（『水心文集』巻19）において，現世ではなく古人を友とする「尚友」説（孟子）を批判しているのは，事功派としての彼の独自性を少しにおわしているように思う。後世の朝鮮でやはり「尚友」論を批判した朴趾源（1737〜1805）も実学者として知られる人物である（小川晴久著『朝鮮文化史の人びと』，花伝社，1997年）。

かを簡単に整理しておくと，まず，彼らの中で，宋代温州において最も有力な名族の出身であったのが薛季宣である。宋代に薛氏一族は，血縁が確認できる範囲だけでも16名の進士を輩出しており，薛季宣自身の父徽言（1093～1139）も科挙官僚である[35]。

これに対し，他の3人は進士合格者の父や先祖を持たない。このうち，王十朋の王氏は五代末期に楽清県に移住して農業をいとなんでいたが，十朋の祖父王格の時に家業が盛んになり，父王輔が儒を業とするようになった[36]。王十朋自身が「吾が家の西北に，原より田二頃有り，蓋し先業なり」として弟の王百朋がそこで農業をおこなっていたことを記している（『梅渓先生文集』前集巻17「代笠亭記」）。楽清県についてのデータではないが，参考までに隣の永嘉県で葉適が民田買い上げのプランを示した際の，30畝以上の土地所有者の構成比率[37]に照らしてみれば，2頃（200畝）という土地所有は，相対的に広い面積の土地所有だとは言えるものの，地域における最上層クラスの土地所有者にまでは入っていないくらいのものと考えてよいかもしれない。

陳傅良・葉適については詳細はわからないが，陳傅良も曾祖父・祖父・父ともに宮仕えをしておらず，父の代からようやく読書人となったが，傅良自身も若い頃は貧困のために教書を業としていた[38]。また，葉適も，曾祖父は太学上舎生，祖父は瑞安県で何らかの学生をしていたと見られ，父は童子相手の教師であったが，やはり官職を得ていなかったことでは共通している[39]。

したがって，温州の地域社会において，薛季宣を除く王十朋・陳傅良・葉適の

---

[35] 血縁が確認できないが名前から考えておそらく薛季宣の薛氏と同じ一族であるとみなしてよい者も，少なくとも5名おり，あわせると21名の進士合格者が宋代にいたものと推定できる。前掲「南宋期温州の地方行政をめぐる人的結合──永嘉学派との関連を中心に──」，参照。

[36] 前掲『王十朋評伝』，参照。

[37] 宮澤知之「宋代先進地帯の階級構成」（『鷹陵史学』10，1985年）によると，南宋の嘉定9年（1216）ごろに買い上げ対象として想定された8郷20都のうち，400畝以上が49戸，150～400畝が268戸，30～150畝が1636戸であった。

[38] 前掲『葉適与永嘉学派』第6章「承先啓後的陳傅良」，参照。

[39] 前掲『葉適評伝』，参照。

3人はいずれも、薛氏のような官員を代々輩出する家ではなく、またとびきりに広大な面積の土地を所有しているわけではないようで、しかし遅くとも父親の世代までには多かれ少なかれ学問に縁のある家庭となっていたものと見られる。ただし、そうした彼らも、学問的な才能を発揮し、また官僚としての地位を得るにしたがって、地域の有力者とのつながりは密接となり、そのことは、たとえば陳傅良の娘が薛氏一族に嫁いだり、葉適が北宋の皇后を出した高氏一族から嫁を迎え、またその妻の妹が包履常（1154～1217）と結婚して生んだ娘がやはり薛氏一族に嫁ぐなど、単に薛季宣と学問的につながるだけでなく、温州随一の薛氏の名族婚姻ネットワークにも入り込んで行くことになるのである[*40]。

つぎに、以上のような4人が実際に「友」と呼んだ相手の側が、どのような人物であったのかを、それぞれの地域社会における立場を可能な範囲で追跡しながら、以下、探っていきたい。

〔温州〕

まず、4人にとっての地元である温州内部の「友」には、第2節の《表2》からわかるように、「講友」「門人」などの直接的な関係をはじめとして、何らかの学問的な結びつきを伴っている場合が多い。また「同年」などによって更に緊密なつながりをもった場合も含まれている。

その地元の「友」たちが、温州の地域社会においていかなる社会的立場の家庭の出身であったかを見ると、《表2》に挙げた人物のうちには、本人が官職に就いていたか否かに関わらず、既にさまざまな形で地元でのステータスを築いている場合が多く含まれている。たとえば、陳傅良の「友」である沈体仁（1150～1211）は、自身は官職に就かなかったが、先祖には永嘉学派の先駆にあたる周行己らとともに北宋の太学で学んでいた「元豊太学九先生」の一人である沈躬行がおり、また、躬行の従子にあたる沈大廉が建炎2年（1128）に進士合格を果たして監察御史や提点福建路刑獄公事などを歴任する[*41]とともに、その弟の沈大経も進

[*40] 前掲「南宋期温州の名族と科挙」、参照。
[*41] 『万暦温州府志』巻10・選挙志、『嘉靖瑞安県志』巻7・選挙志、および、『建炎以来繫年要録』巻171・紹興26年（1156）正月癸丑の条、『同』巻175・同年11月丙申の条。

士出身ではないものの漳浦県主簿の官職を授けられていたことが確認できる*42。「先に呉興より唐の乱を避けて温州に遷り，瑞安の名家と為る」(『水心文集』巻17「沈仲一墓誌銘」)とあるように瑞安県の「名家」としての地位を保っていた。そして沈体仁の時に至ると，景色のよい北湖に庭園・居室のある萱竹堂をつくり，「君の此の堂を為るや，既に宗族を収合し，同に其の和平を養う」(『水心文集』巻9「沈氏萱竹堂記」)とも記されている。

また，先祖に官職に就いた人物がいない場合でも，そのことが即ち裕福ではない一般的な家庭であったことを意味するわけではない。科挙に落第した王十朋を励ました劉銓・劉鎮の従兄弟は，曾祖父・祖父が無官で，劉銓の父が贈官を受けたのみではあるが，地元においては，「劉は邑に在りては著姓為り，世々財に衍なり」(『梅渓先生文集』後集巻29「劉知県墓誌銘」)とあるように，楽清県の中では財産の豊かな著姓であったとされている*43。

そして，こうした直系ないし傍系の先祖だけでなく，姻戚関係が宋代の地域社会で重要な意味をもっていたことは，とくにロバート・ハイムズ氏らによって強調がなされていることである*44。陳傅良の「友」孫叔特についてみると，本人については地方志を含む他の史料では何ら言及が見いだせないが，陳傅良が撰者となった孫叔特の妻の墓誌である「趙夫人墓誌銘」(『止斎先生文集』巻47)では，夫人の父趙耆孫は郷貢進士(挙人)にとどまるものの，その趙氏一族は，「清献公の族」，すなわち北宋官僚趙抃(1008~84)の一族であること，またその子趙岐が熙寧年間に温州に通判として赴任して来たこと，以後も今に至るまで進士合格者が乏しくないこと，孫叔特の息子たちも陳傅良と交遊関係にあることなどが記されている。また，葉適の「友」で同年進士の陳季雅(1147~91)の場合も，「陳彦群墓誌銘」(『水心文集』巻14)に，曾祖父・祖父・父に官職の記載はないものの，

---

*42 『水心文集』巻15「沈元誠墓誌銘」。
*43 《表２》の中で唯一，「友」と呼ばれた本人より上の世代に官職をもつ人のいるのが，葉適の「友」の戴渓(?~1215)であるが，彼の一族も「世々郷の著姓為り」(楼鑰『攻媿集』巻107「戴俊仲墓誌銘」)とされている。
*44 Robert P. Hymes, *Statesmen and Gentlemen: The Elite of Fu-chou, Chiang-Hsi, in Northern and Southern Sung*, Cambridge University Press, 1986.

父陳裕の夫人劉氏の父劉仲光について,「長者名士」であると記しており,また地方志によっても乾道2年(1166)の進士であることが確認できる[*45]。

またこれら以外にも,陳傅良の「友」陳謙の父である陳敦化は,「家に百金を累（かさ）ね,益々能く増侈す」として,一族や郷里の人々の救済,橋梁・道路の整備や凶作の年の穀物の平価売り出しなどをおこなったとされている(『浪語集』巻34・行状「陳益之父」)。「百金」,つまり多額の金を有し,慈善活動をおこない得る余裕をもっていた家ということになる。また,同じく陳傅良が「友」と呼んだ徐誼(1144～1208)の父徐迪哲について陳傅良は,「蓋し州閭（むらざと）の長老にして嘗て公を識る者は,誼に見ゆれば即ち以て公に似たりと為して喜び,天下の士にして誼を識る者は,或いは公に見えて又た誼に似たりと喜ぶ」(『止斎先生文集』巻48「承事郎徐公墓誌銘」)と記し,「州閭の長老」の間で徐迪哲が知名度のあったことをうかがわせる。

しかしその一方で,こうした家庭的な背景を確認できない人物もいる。たとえば,陳傅良の「友」であり門人でもあった朱黼(字は文昭)は,「文昭は蓬累して南蕩の上を耕し,山水は畳み重なり,声迹は落落として,人は其の能く陳公の業を伝うるを知らざるなり」とあるように,南雁蕩山で自ら耕すという生活の中で,陳傅良の死から久しくして『紀年備遺』100巻を撰し,葉適がその序を記しているが,この朱黼の家庭について知ることができるのは,朱黼の祖母章氏が太学生章陞の娘であったことくらいである。またそれ以外に,《表2》に挙げた人物でも,家庭状況を史料的に何ら確認のできない人物もいる。

こうして見てくると,直系の先祖に官職保有者がない者の場合でも,地域社会において大なり小なり名望があり,また金銭的にもかなり豊かな層が比較的多い一方で,家庭の状況が決して恵まれていない人物も含まれており,ここに登場する「友」たちの階層が必ずしも地域社会における上層に限られてはいなかったことがうかがえるように思う。

[*45] 『万暦温州府志』巻10・選挙志,および,『光緒永嘉県志』巻11・選挙志。

第 8 章　南宋期の地域社会における「友」　　　　　　　　　　209

〔台州〕

　つぎに，葉適が早くから関係のあった台州における「友」との関係を見てみたい。

　まず，葉適が20歳に達しない未冠の頃からの「友」が，台州の林鼐（1144～92）・林鼏（1146～1216）の兄弟であった。決して裕福ではなかった葉適は，16歳であった乾道元年（1165）から19歳の乾道 4 年（1168）の間，楽清県白石にて童子を教えて生計をたてながら勉学に励んでいた。州境はこえるが楽清県の隣の台州黄巌県の林兄弟と交遊関係をもったのは既にこの頃からとされ，その後も淳熙 8 年（1181）に林鼐に送った手紙が『水心文集』に残されていたり（巻27「与黄巌林元秀書」），嘉定元年（1208）に官を退いて永嘉県水心村に戻ってきた葉適を林鼏が訪問し，嘉定 4 年（1211）には林鼏の仲介で黄巌県令楊圭のために葉適が「利渉橋記」（『水心文集』巻10）をつくるなど*46，確認できるだけでも長期の交際を見出すことができ，また兄弟の死に際しては，それぞれに対して祭文・墓誌を撰している*47。兄林鼐は科挙官僚となり，弟林鼏は一生官途に縁がなかったが，林鼐は，北宋期に黄巌県最初の進士を出した名門で南宋末期に杜範・杜滸らの官僚を輩出することになる杜氏*48から妻を迎えており，この杜氏一族の杜椿（1115～88）に対しては葉適も墓誌を撰している（『水心文集』巻13）。

　また，同じく葉適が「友」と呼んだ相手である蔡鎬（1143～91）も，武挙により登第した本人とは異なり，曾祖父・祖父・父ともに実際の官職には就いていなかったようだが，「仕うるを得ずと雖も，家は世々豪族なり」（『水心文集』巻14「忠翊郎致仕蔡君墓誌銘」）とされている。また，父蔡待時の娘（蔡鎬の姉または妹にあたる）が嫁いだ戴亀朋の戴氏も，宣和 6 年（1124）進士の戴舜欽*49を祖父にも

---

*46　前掲『葉適年譜』・『葉適評伝』，参照。
*47　兄の林鼐に対しては，「祭林伯和文」（『水心文集』巻28），「林伯和墓誌銘」（『同』巻15）を，弟の林鼏に対しては，「祭林叔和文」（『同』巻28），「草廬先生墓誌銘」（『同』巻19）を撰している。この「林伯和墓誌銘」に，「余は年未冠にして，伯和兄弟を識る」と葉適は記している。
*48　寺地遵「南宋末期台州黄巌県事情素描」（『唐・宋間における支配層の構成と変動に関する基礎的研究』，科学研究費補助金総合研究研究成果報告書，1993年），参照。
*49　『光緒黄巌県志』巻14・選挙志の戴舜欽の条の割注，参照。

ち,「族数十を聚め,富み楽しむこと累世なり」(『水心文集』巻23「竹洲戴君墓誌銘」)とされており,いずれも黄巌県で有力な一族であったことがうかがえる。

ここに登場した林鼐および蔡鎬は,いずれも淳熙9年(1182)に朱熹(1130～1200)が提挙両浙東路常平茶塩公事として台州巡視に来た際に,才能を買われて閘門整備の指揮監督をまかせられている。思想史的には朱熹との関係が強調され,林鼐・林鼒ともに,『宋元学案』で言えば朱熹の門人とされているが,交遊関係から見れば,その後も引き続き葉適との関係を保っていたことになる。また蔡鎬と葉適とは,蔡鎬の父の墓誌に「余と君の子鎬とは善し」(前掲「忠翊郎致仕蔡君墓誌銘」)として仲の良さが記されているが,その蔡氏の家は蔵書によって知られる家でもあり,その蔵書目の序を葉適自身が書いている(『水心文集』巻12「石菴蔵書目序」)[*50]。

以上のように,台州の黄巌県は温州から近く,葉適も科挙合格前の早くから「友」たちと継続的な関係を形成していたが,その「友」たちは,黄巌県の地域社会において一定のステータスを持ち,有力者相互の婚姻ネットワークを形成している人々であった。

〔婺州〕

台州の場合と同様に,葉適が進士合格する前から深い学問的交流のあったのが,婺州の人士であった。先に触れた楽清県での講習生活を終えた葉適は,以後,乾道4年(1168)から同7年(1171)の期間,および乾道8年(1172),淳熙2年(1175)の計3度にわたって,婺州での遊学をおこなう。この間,義烏県の姚献可(1140～96),東陽県の郭良臣・郭良顕,永康県の陳亮(1143～94)の家に遊び,また武義県明招山に呂祖謙(1137～81)を訪れるなどしている。葉適自身が「友」と呼ぶ史料が残っているのは,これらのうちの姚献可であり,同じく婺州出身者で後に葉適の「友」となったのが武義県の鞏豊(1148～1217)である。

姚献可は,葉適が台州の林鼐の紹介によって訪れたのだが[*51],曾祖父・祖父・

[*50] 潘美月著『宋代蔵書家考』(学海出版社,1980年)にも,一族の蔡瑞の名で登場しており,蔡鎬はその従孫にあたる。

[*51] 前掲『葉適年譜』乾道6年庚寅の条,参照。

第 8 章　南宋期の地域社会における「友」

父が官職に就いた形跡はなく，彼自身も同様に一生を終えており，また科挙に受からない姚献可を周囲の人々が貧しくて堪えられないのではと心配していたことが彼の墓誌に記されているほどで，経済状態もよくはなかったようである[*52]。これに対して，鞏豊は3歳にして父を失ったが，祖父鞏庭芝は紹興8年（1138）進士，おじ鞏湘は紹興12年（1142）進士とされ，若くして呂祖謙のもとで学んでいた[*53]。

　この婺州で更に注目しておきたいのは，陳亮との関係である。永嘉学派と永康の陳亮との密接な学問的関係については，先学によって既に繰り返し述べられているところであるが，実際に陳亮も温州を3度訪れている[*54]。そうした関係を反映して，薛季宣が「友人陳亮」と呼んだ（《表2》B-4）だけでなく，逆に陳亮からも永嘉学派の人物に対して「友」と呼んだ史料を多く確認することができる。すなわち，陳傅良に対して「吾が友陳傅良君挙」（『龍川集』巻14「伊洛礼書補亡序」），葉適に対して「吾が友瑞安葉適正則」（『同』巻28「銭叔因墓誌銘」）と呼び，また彼らの師にあたる鄭伯熊（？〜1181）に対しても「某の師友永嘉鄭公」（『同』巻15「送叔祖主筠高安簿序」），「吾が亡友」（『同』巻22「祭鄭景望龍図文」）と呼ぶなどしている。薛季宣・陳傅良が歴代経籍制度の考訂による復元にとどまっていたのに対して，葉適が晩年の『習学記言序目』において理学への批判を強めたこと[*55]の背景には，こうした陳亮との度重なる機会の討論があり，したがって，このような「友」関係は，単に思想面での一定の類似性による結果として成立するだけでなく，さらに積極的には，相互の思想をしだいに変化させる効果をも持ち得たと言えるであろう。

　淳熙2年（1175），葉適が婺州に3度目の遊学をした際，葉適が呂祖謙を訪ねたのは陳亮の紹介によるものであった。葉適がそのすぐ後の淳熙4年（1177）に両浙東路転運司の漕試を受けることができたのは，呂祖謙と仲のよかった周必大（1126〜1204）の門客として参加できたためであり，また，翌淳熙5年（1178）に

[*52]　『水心文集』巻14「姚君兪墓誌銘」。
[*53]　『水心文集』巻14「楊夫人墓表」。
[*54]　前掲『葉適与永嘉学派』第8章「陳亮永嘉之行及其与永嘉学派的関係」，参照。
[*55]　呉春山著『陳同甫的思想』（国立台湾大学文史叢刊，1971年），参照。

葉適が榜眼で進士合格した時に，呂祖謙は殿試考官となっていた。このように葉適の進士合格に深い縁のあった呂祖謙は，周知のごとく，呂蒙正，呂夷簡，呂公弼・呂公著ら北宋の有力政治家たちの後裔にあたる金華の著姓望族の一員である[*56]。しかし他方，同じ婺州で呂祖謙と関係の深かった陳亮は，官員の家柄ではなく，田200畝と園40畝を「先祖先人の旧業」とする「中産」[*57]であり，しかも父の入獄などの頃には土地無しにさえ転落している有様であった。このように決して富豪とは言えない陳亮だが，広大な田地を有して商業も営む義烏県の何氏から妻を迎えており，死の直前，51歳で状元合格するまでの長い時期を挙人として過ごしていた陳亮は，姻戚関係によって強力な支えを得ていた[*58]。その点では，裕福な家庭の出身ではなかったものの北宋外戚の子孫にあたる高氏から妻を迎えた葉適の場合と，相い通じるところがあろう。陳亮が，妻の弟である何大猷(1162～90)の祭文に，「嗚呼，恩は姻戚より隆きこと莫く，義は朋友より重きこと莫し」(『龍川集』巻24「祭妻弟何少嘉文」)と述べているのは，学問的才能を有した人物が，姻戚関係と友人関係をともに必要としながら生きている状況をまさに象徴した言葉であるといえる。

〔平江府〕

台州・婺州は温州と同じ両浙東路に属するが，浙東ではない府州でありながら葉適の「友」が2人含まれているのが平江府(蘇州)である。これは，進士合格後，母の服喪が満ちてまもなくして，淳熙8年(1181)に32歳の葉適が浙西提刑司幹辦公事として実際に赴任したことと関係している。以後，淳熙12年(1185)冬までの間，葉適はこの任にあり，同時に平江府にて講学活動をおこない，孟猷(1156～1216)・孟導(1160～1220)兄弟，滕宬(1154～1218)，周南(1159～1213)，孔元忠(1157～1224)，王大受など，多くの門人を得ている。これらの人物たちと関わりの深かった衛湜を葉適は「余の友」と呼び，また葉適は後に孔元忠のこと

[*56] 潘富恩・徐余慶著『呂祖謙評伝』(南京大学出版社，1992年)。
[*57] 『宋史』巻436・陳亮伝に「家は僅かに中産」と記されている。
[*58] 徐規・周夢江「試析陳亮的郷紳生活」(宋史研究叢書『宋史論集』，中州書画社，1983年)，参照。

を詠んだ詩の中で「旧友」としている。

　このうち衛湜は，政和8年（1118）の進士である祖父衛聞（1090〜1151），伯父衛時敏（1133〜80），父衛季敏（1137〜1200），淳熙11年（1184）に状元となる兄衛涇，慶元5年（1199）進士となる弟衛沂，嘉定元年（1208）進士となる弟衛洙・衛洽など，官僚を続々と輩出する家の人物であった。衛湜も科挙には合格しなかったものの，『礼記集説』160巻を撰している。このように衛氏は，南宋期平江府における有数の名族であり，また，葉適の講学に従っていた人士たちとも，たとえば周南の娘が衛涇の息子である衛樸に嫁し，婚姻関係による結びつきを形成していた。

　その周南と仲がよく，葉適の高弟であった孔元忠は，南宋初に張俊にしたがって功をあげて官に補せられた孔道の子であり，科挙には合格したことは確認できないが官職につき，『論語鈔』10巻などを著している。

　葉適の「友」として確認できる衛湜と孔元忠の2人に共通しているのは，ともに蔵書家であった点である。葉適は衛湜の蔵書について「酷だ書を嗜み，山聚林列し，櫟斎を起てて以て之を蔵め，弟兄羣子と与に中に於いて習業す」（『水心文集』巻11「櫟斎蔵書記」）と述べている*59。また葉適は孔元忠についても，「老夫は一編も妙を得ざるも，頗る書の多きを以て世の笑と為る。旧友は余に従いて復た疑わず，楼蔵万巻なれども猶お少なきを嫌う」（『水心文集』巻7「孔復君架楼貯書疏池累石花薬環列」）と記している*60。

　比較的長生きの葉適は，平江府赴任時期の自分より年下の門人たちに対しても，数多く祭文や墓誌を撰している。それによれば，結局官に就かなかった滕宬は，曾祖父・祖父・父がいずれも官職に就いており*61，逆に紹熙元年進士となった周南は，父が承奉郎をおそらくは贈られただけで曾祖父・祖父に官歴が確認できない*62など，出身の家庭環境や本人の履歴はさまざまだが，いずれにせよ葉適は晩

＊59　前掲『宋代蔵書家考』に「南宋末期蔵書家」16人のうちの1人として衛湜の名が挙げられている。
＊60　前掲『宋代蔵書家考』には挙げられていないが，方建新「宋代私家蔵書補録（上）」（『文献』1988年第1期）に挙げられている。
＊61　『水心文集』巻24「滕季度墓誌銘」。

年まで彼らとの連絡を保っていたわけであり、周南に対しては文集の後序まで撰している[*63]。ただ、同じ葉適の門人でも、孟猷・孟導兄弟は、北宋哲宗の孟皇后の兄孟忠厚の孫にあたっており、衛氏一族の場合などと併せて考えると、葉適が平江府で親しくしていた学問仲間は、平江府で名望ある一族をめぐる人的ネットワークと重なる存在であったと言えるであろう。

以上、比較的多くの「友」が見られる地域について、それぞれの地域社会での位置づけをできるだけ踏まえつつ、「友」がどのような人物たちであるかを見てきた。これらの地域以外の「友」の事例もあわせて、王十朋・薛季宣・陳傅良・葉適らと「友」との関係の性格を、3点に分けて整理しておきたい。

(1)「友」の相識性

本章では実際に「友」という語が用いられている事例を取り上げてきた。断片的に登場する人物の場合をのぞくと、多くの場合において、長期にわたっての関係、地元あるいは任地にて密接な交流、あるいは同年進士・同郷などでなんらかの共通項の存在などを、確認することができる。つまり、「友」という用語は、表面的・儀礼的に用いられることが決して多くはないか、あるいは、仮に表面的に用いられたとしてもそれが少なくとも不自然には感じられない関係の存在を前提に用いられていた、と判断できるように思う。

したがって、既に挙げた諸例以外では、他路・他府州の出身者で温州に赴任してきた者の場合も見られる。たとえば、福建路の出身で、陳傅良が薛季宣の「友人」であると記した劉朔（1127～70）、および葉適が「友」とした劉彌正（1157～1213）の場合は、劉朔とその兄劉夙（1124～71）が、弟が温州戸曹（司戸参軍）として、兄が温州州学教授、知温州として、相次いで温州に赴任しており[*64]、また、葉適は、「余、童孺にして二公に事え、既に彌正と友と為り、而して起晦は実に

[*62] 『水心文集』巻20「文林郎前秘書省正字周君南仲墓誌銘」。
[*63] 『水心文集』巻12「周南仲文集後序」。
[*64] 興化軍莆田の劉氏一族については、中砂明徳「劉後村と南宋士人社会」（『東方学報・京都』第66冊、1994年）に詳しい。

同年生なり」(『水心文集』巻16「著作正字二劉公墓誌銘」)と述べ，子供の時に既に劉夙・劉朔の二公につかえ，劉夙の子である劉彌正とは当時から「友」となり，劉朔の子である劉起晦は「同年生」，すなわち淳熙5年 (1178) の同年進士となったことを記している[*65]。それ以外にも，陳傅良が「吾が友」と称した明州出身の楼鑰 (1137～1213) も，温州州学教授，および知温州として赴任してきたことがあり，その際には陳傅良ら温州の「賢士」と交流をもち[*66]，永嘉学派に対する理解も深かった[*67]。温州赴任の例ではないが，葉適が「余の友」と呼んだ胡衛は，明州通判をしていた嘉定6年 (1213) に父胡撝の墓誌執筆を依頼するために温州に来ているようなケースも見られる[*68]。

また逆に，温州から離れた任地で旧交を暖めるケースも見られた。紹興27年 (1157) に状元となった王十朋は，たまたま乾道2年 (1166) に知夔州として任地にあった時，ともに四川出身の同年友である榜眼の閻安中，探花の梁介の2人と再会を果たしている。「同年」であることは，《表2》からもわかるように，「友」の関係を成立させやすい要素をもっており[*69]，王十朋も「小書室に於いて酒を把と り文を論ず」(『梅渓先生文集』後集巻13「三友堂」) として「同年友」との議論を楽しんだことを詠んでいる。

このように「友」関係においては互いに相識っていることが前提となるため，遠隔地の「友」が必ずしも多いわけではない。「友」は「地域的な制限を受けることがない」が，同時に，当時の交通事情等を勘案すれば，会う頻度の高さから，

───────────────

[*65] 前掲『葉適年譜』では，隆興2年 (1164)，葉適が15歳の頃のことであろうとしている。

[*66] 楼鑰『攻媿集』巻77「書陳止斎所作張忠甫墓銘後」に，「乾道七年，東嘉に客授し，一時の賢士に従いて遊ぶを獲」と記されている。

[*67] 袁燮『絜斎集』巻11「資政殿大学士贈少師楼公行状」。

[*68] この場合は，「衛，偶々永嘉に来たり，余に見えて旧事を言い，相い対して嘆息す」(『水心文集』巻17「胡崇礼墓誌銘」) とあるから，この時点で既に旧知の間柄であったと見られる。既に葉適，64歳の冬のことである。

[*69] 宋代の人的結合における「同年」については，最近発表された山口智哉「宋代「同年小録」考──「書かれたもの」による共同意識の形成──」(『中国─社会と文化』第17号，2002年) に詳しい。

「友」関係が同じ州や同じ路の中で形成されやすいことも事実と言えよう。

（２）「友」関係の効用

「友」の関係において，前節で述べたように互いに高め合うことが一つの重要な要素となっていたことは，その相互関係についての記述の中でしばしば議論についての言及があることも一つの表れと言える。既に挙げた例以外でも，たとえば，陳傅良とその同年友であった劉春（1136～80）（字は端木）との間柄について，陳傅良自身は「余と端木とは同に太学に入り，同に乾道八年進士と為り，議論の往復は最も密にして，至りて相好なり」（『止斎先生文集』巻48「劉端木墓誌銘」）と記している。また，王十朋については同年友たちと酒を飲んで文を論じた例を先に掲げたが，王十朋は婺州義烏県出身で「同舎同年友」である喩良能（字は叔奇）との関係について，「叔奇は会稽に摂職し，公事の暇に，必ず僕を民事堂に訪ね，終夕，文を論ず」と前置きしたうえで，「公は余時に我を過ぎれば，酒無くとも亦た文を論ず」（『梅渓先生文集』後集巻3「贈喩叔奇県尉」）と，紹興府簽判として赴任していた時のことを詠んでいる。

先に陳亮と永嘉学派との関係について述べたように，相互の議論による意見交換は思想形成にまで影響をもったものと見なすことができるが，こうした「友」による議論は，著名な思想家が著名な思想家の間でというだけでなく，『宋元学案』には登場せずに『宋元学案補遺』になってようやく陳傅良の「講友」として名を連ねられることになる劉春のような人物との間でも，さかんに行われていたことになる。

以上は学問面でのいわば建設的な効用であるが，他方で，こうした「友」関係が官界に入り，また昇進をしていくうえで機能を果たしていたことも付け加えて述べておきたい。葉適が婺州にて陳亮を通して呂祖謙人脈へのつながりをつけたことが，彼の進士合格に有利な条件を提供したことについては既に触れたが，逆に葉適も，官界での地位の上昇にともなって，淳熙15年（1188）には右丞相周必大に対し，陳傅良・劉清之・勾昌泰・祝環・石斗文・陸九淵・沈煥・王謙・豊誼・章穎・陳損之・鄭伯英・黄艾・王叔簡・馬大同・呂祖倹・石宗昭・范仲黼・徐誼・楊簡・潘景憲・徐元徳・戴渓・蔡戡・岳甫・王梈・游九言・呉鎰・項安世・劉爚・

舒璘・林鼐・袁燮・廖徳明の計34名を推薦している*70。ここでは，当時の著名な思想家たちとともに，《表2》に陳傅良や葉適の「友」として挙げた徐誼・戴渓・林鼐らが推薦され，また，呂祖謙の弟呂祖倹，鄭伯熊の弟鄭伯英なども含まれている。また，嘉泰3年（1203）には，楼鑰・丘崈・黄度を推薦している*71が，この3人はやはりいずれも《表2》に陳傅良または葉適の「友」として登場する人物ばかりである。葉適は他に，陳亮の子まで推薦をおこなっており，「友」による助け合いは，人事面にも及んでいたことがうかがえる。

（3）地域社会における階層性

最後に，地域社会における階層性の視点から，「友」のあり方を整理しておきたい。本節の最初にも述べたように，温州随一の名族薛氏の出身である薛季宣をのぞくと，王十朋・陳傅良・葉適らは，裕福で何の不自由もなく学問に打ち込める環境にいたわけでは決してなかった。そして，彼らの「友」には曾祖父・祖父・父の3代にわたって有官者が確認できない者や，結局は科挙合格できないままに終わった者が，少なからず含まれていた*72。その意味で，史料からうかがえる「友」たちが，決して官僚や広大な土地の所有者ばかりでなかったことは，流動

---

*70 『水心文集』巻27「上執政薦士書」。
*71 『宋史』巻434・葉適伝。
*72 官とは無縁の家の知識人について，本章で扱った史料とは別のもので，近隣地域の事例を一つ挙げておきたい。浙江省温嶺県（宋代の行政区画では台州黄巌県）から出土した鄭士元（1178～1254）の墓誌，すなわち「宋雲林隠士鄭公墓誌」（台州地区文物管理委員会・台州地区文化局編『台州墓誌集録』，1988年）によると，隠士の鄭士元の曾祖父・祖父は「隠徳有り」とあるのみで，父は早世し，いずれも官職はなく，また本人，男子，女子の夫，男孫のいずれも官職は確認できない。ただ，鄭士元が若い日に「京庠」（臨安府学）に遊学したとあり，また，長子鄭荃らについて，「荃等，儒業を継ぐ」とあるように，少なくとも2代にわたって学問を続ける家庭ではあったものと見られる。その鄭士元の長子から「父の平生義を行うを痛ぉも念い，惟だ谷翁のみ之を知ること詳らかなり」として墓誌の撰述を依頼された谷翁が「余，其の言を聞きて，悲しみに勝えず。辱じけなくも友朋に在りて義有るを念う。辞すれば則ち非情なり」として，鄭士元が「友朋」の間で義の行いある人物であったことを記している。名のある人物が書いたのではない墓誌だが，そこでも「友」に関する用例はやはり見出すことができる。

性の高まった宋代の地域社会の新たな姿を反映していると言ってよいであろう。
　しかし同時に，こうした「友」の中に，それぞれの地域社会において名望を有したとされる一族の出身者が数多くおり，また実際に代々官員を輩出し続けている一族も確実に含まれていたことも，あらためて強調しておく必要があろう。しかも，こうした「友」を通しての関係だけでなく，葉適や陳亮のように才能ある若者が外戚の流れを汲む名族や広大な土地を有する一族から妻を迎えていたことは，地域社会や官界でのし上がっていくために，単に個人的な実力だけではないものが必要とされていたことを示しているであろう。
　また，このことと関連することとして指摘しておきたいのは，「友」や，あるいはその関係する人物に，蔵書家がしばしば登場することである。平江府の衛湜・孔元忠，台州黄巌県の蔡瑞，また言及はしなかったが明州鄞県の楼鑰も潘美月氏が蔵書家に数えている[73]。それ以外で，「友」本人が蔵書家である事例ではないが，葉適が「余の友」と呼んだ紹興府新昌県の黄度（1138～1213）の家は，その父黄仁静の時に「田二十頃を有す」に至った「越の聞家」であるとされ（『水心文集』巻15「朝奉大夫致仕黄公墓誌銘」），黄度は，陳傅良とも「論議は頗る相い出入す」（『水心文集』巻12「黄文叔周礼序」）とあるように相互に議論する仲の学侶であった。陳傅良自身によれば，「越の新昌の姓は，石・呂・黄を大と為す。余，嘗て黄度文叔の家に館し，石・呂二氏と遊ぶを得，其の子弟は多く予の学に従う」（『止斎先生文集』巻49「修職郎呂公墓誌銘」）とあるように，陳傅良は黄度の家に泊まり，石氏・呂氏の人々とも交流をもっていた。この石氏とは，葉適が推薦した34名の中に名が挙がっている石宗昭や，その従兄石斗文（1129～89）の一族であり，石斗文の祭文に「書冊は未だ嘗て親しまざるはなく，而して書味は厭飫にして優柔なり」（陳亮『龍川集』巻24「祭石天民知軍文」）として，読まない書籍はなく，しかもそれをゆったりと味わっていたことが記されているように，蔵書で知られた家であった[74]。陳傅良と同じ瑞安県の出身で「余に従いて遊ぶこと最も久し」と言われた林居実（？～1175，字は安之）も，陳傅良が「会稽の石氏蔵書房に寓するに，至る者蓋し百に一なり，而るに安之は又た先んず」と記しており，石氏蔵

---

[73] 前掲『宋代蔵書家考』，参照。

書房にいた陳傅良を，門人の中で先んじて追いかけてきたことを記している（『止斎先生文集』巻47「林安之壙志」）。陳傅良は「余は新昌に往来すること三年」（前掲「修職郎呂公墓誌銘」）と述べており，学問仲間の関係を通してこうした蔵書家のもとに出入りしていたわけである。蔵書については，最近，井上進氏が，相当規模の蔵書をもちうるのは，上層士大夫に限られていたことを指摘している[*75]が，本論のように具体的な地域社会に即して分析してみても，ここで登場する蔵書家は，多くがやはり官僚の家や代々の名家であることが確認できるのである。

5．結　語

　以上，本章では，宋代以降の地域社会において頻繁に用いられるようになっていた「友」という用語について，温州出身で多くの墓誌等を残している王十朋・薛季宣・陳傅良・葉適をめぐる関係を事例として，地域内・地域間の人的交流や地域社会の階層性などに着目しながら，ケーススタディをおこなってきた。むろん実際の友人関係は，直接的に「友」と呼びかけた範囲をこえることも多々あろうが，本章では確実に本人が「友」と認識している証拠のある者を通して，その分析をおこなってきた。

　そしてこうした関係は，決して温州に限られるわけではなく，北宋から南宋にかけて，墓誌等において「友」と呼びかける例は，各地においてしだいに増加しているように思われる。たとえば，一例をあげると，四川出身で少し世代的にも下るが，葉適に敬意を以て接していたとされる魏了翁（1178〜1237）[*76]の文集である『鶴山集』にも非常に多くの墓誌が残されており，そこでも頻繁に「吾が友」

[*74]　『嘉泰会稽志』巻16「蔵書」には，「越の蔵書に三家有り，左丞陸氏，尚書石氏，進士諸葛氏なり」として，北宋末期の兵部尚書石公弼以来の蔵書の家として挙げられている。この新昌石氏については，前掲『北宋士族──家族・婚姻・生活』第11章「教育与興盛──新昌石氏」に詳しい。

[*75]　井上進著『中国出版文化史──書物世界と知の風景──』（名古屋大学出版会，2002年）。本章との関わりでは，とくに第10章「特権としての書物」が興味深い。また，傅璇琮・謝灼華主編『中国蔵書通史』上冊（寧波出版社，2001年）第5編「宋遼夏金元蔵書」（方建新ら執筆）にも数代にわたる蔵書世家の例が列挙されている。

「同年友」などの言葉が用いられている。本章における宋代の「友」についての検討は、まだまだ初探の段階にとどまるものであるが、今後は、他の地域の場合との比較や、朱熹など同時代の他の思想家の場合との比較も含めて、さらにいろいろな角度からの分析が待たれるところである。

ただし、本章を終えるにあたって、温州の地域性との関係について少しだけ触れておきたい。本章で取り上げた温州の人物たちは、温州をどのような場所として認識していたのかという点についてである。葉適は「隆興・乾道中、浙東の儒学は特に盛んなり」(『水心文集』巻25「朝請大夫提挙江州太平興国宮陳公墓誌銘」)と述べてはいるが、その地元意識の表れとしての使用頻度からすると、「浙東」の使用よりも圧倒的に多く見られるのは、温州を指す「永嘉」である[*77]。

たとえば、王十朋は、「永嘉は元祐より以来、士風浸(ようや)く盛んなり、(中略)建炎・紹興の間に至り、異才輩出し、往々にして東南に甲たり」(『梅渓先生文集』後集巻29「何提刑墓誌銘」)、あるいは、「永嘉は多士と号し、東南に甲たり」(『同』後集巻29「劉知県墓誌銘」)と述べ、優秀な士を輩出する場所としての「永嘉」をイメージしている[*78]。本章の冒頭に紹介した新出土の「宋故国子小学録張公墓誌銘」において、「永嘉は浙東に於いて多士と号す」と記されており、この墓誌の撰された南宋初期の認識を反映していたものと言えよう。その後、瑞安県出身の陳傅良が楽清県出身の王十朋の死を悼んでつくった祭文の冒頭に、「吾が郷は昔より、諸儒に作り有り。剛毅にして敦龐なり、是を以て俗と為す」(『止斎先生文集』巻45「祭王詹事」)と記している。そして、葉適が科挙の地方試験合格者の壮行会である鹿鳴宴について詠んだ詩の中で「永嘉は千載に近けれども、文物は斯に於いて盛んなり」(『水心文集』巻7「鹿鳴宴詩」)とうたい、永嘉の長い歴史の中で文化的に頂点に達した時期として今を位置づけているのは、まさに北宋から南宋にかけて「永嘉」にて学問がしだいにさかんとなってきた流れの帰結の位置に自分たち

[*76] 伊東倫厚「魏了翁」(『朱子学大系 第10巻 朱子の後継(上)』、明徳出版社、1976年)、参照。魏了翁は本章に登場した平江府の衛湜の『礼記集説』の序も執筆している。

[*77] この場合の「永嘉」は、永嘉県ではなく、温州全体を指す。

[*78] 王十朋は「東嘉は多士と号す」(『梅渓先生文集』前集巻9「和燕河南府秀才送周光宗」)として、温州の別称「東嘉」という語を用いて同様のことを述べている。

第8章　南宋期の地域社会における「友」

を位置づけているのであり，そうした地域アイデンティティの意識のもとで，葉適は自分たちの学問を「永嘉之学」[*79]と称したのである。

　陳傅良はこのような地元温州について，「吾が州の俗は師友を尊重す」（『止斎先生文集』巻49「林懿仲墓誌銘」），あるいは，「吾が郷の風俗は，客を敬いて師友に敦し」（『同』巻40「分韻送王徳修詩序」）と述べている。「多士」の人材による独自色の濃い学問が展開された温州は，同時に「師」や「友」を重んじる地域としても認識されていたのである。

　こうした温州に対する認識は地元出身者だけではなく，たとえば先に少し触れた魏了翁も，「人物は乾淳に盛んなり，東嘉は最も人を得」（『鶴山集』巻96「淮西総領蔡少卿範生日」[*80]）と述べており，他の地域の士大夫からも同様に捉えられる場合があったことがうかがえる。

　したがって，本章で分析を試みた「友」の関係は南宋期温州にだけ見られるものではないが，しかし少なくとも，こうした「友」の語の使用がしだいに頻度を増している時代の，しかもそれが重んじて認識されている一つの典型的な地域の事例としてとらえることができるものと思う[*81]。

[*79] 葉適自身による「永嘉之学」という語の用例は，『水心文集』巻10「温州新修学記」に見える。

[*80] 魏了翁が，陳傅良の門人で同年進士でもあった瑞安県出身の蔡幼学（1154～1217）の子蔡範に送った詩である。

[*81] なお，南宋期のもう一つの温州文化とも言うべきものに，温州で始まった「南戯」がある。民間の娯楽であった南戯ではあるが，その戯曲の中ではしばしば科挙の状元が，男性の主役になっており（金文京「南戯和南宋状元文化」，温州市文化局編『南戯国際学術研討会論文集』，中華書局，2001年），そして本章で取り上げた王十朋も，『荊釵記』でヒロイン銭玉蓮と最後に結ばれる状元として登場する――玉蓮の存在や話の筋は虚構だが――。こうした南戯に象徴される文化と，本章で取り上げたような士大夫中心の文化とが，温州という一つの地域社会の中に共存していたわけであるが，両者の連続性と非連続性については，別の機会に論じたい。

〔附記〕
　本稿は，平成14年度科学研究費補助金（基盤研究（B）（一）「宋代以降の中国における集団とコミュニケーション」）による研究成果の一部である。

(『東洋史研究』第61巻第4号，2003年)

第9章　南宋期温州の思想家と日常空間
―― 東南沿海社会における地域文化の多層性 ――

1. 序　　論

　社会史研究の手法としての「地域研究」のメリットとは何であろうか。筆者はこの点について，以下のように考えている。すなわち，対象の範囲をしぼりこむことによって，その対象をさまざまな複合的関係の中に位置づけ，相互連関の構造とその変化を考えることができるということである。このことによって，たとえば，都市内部に話を限ったり，あるいは特定の階層を取り上げることで事足れりとするのではなく，一定の広がりをもった空間のなかでのさまざまな階層の多層的な存在やその運動によるダイナミズムのあらわれる場としての地域のあり方を「全体史」として構成することになるのである。

　こうした点を踏まえながら，本論と関わる範囲で，今後の宋代地域研究の課題を述べるとすれば，つぎの2点をとくに強調しておきたい。

　まず第一に，近年の宋代地域史研究においては，ロバート・ハイムズ氏の著書の刊行〔Hymes 1986〕以後，地域社会とエリートに関する事例研究の蓄積が本格化しているにもかかわらず，それぞれの事例の地域的特色については明確にされていないことが多い。地形などの条件を考慮に入れた地理的区分を参照しつつ，さらに他の地域との類型的比較をおこなう[1]ことによって，その地域のもつ個性についても今後はしだいにあぶり出しを進めていく必要があろう。

　第二に，主としてエリート研究を中心に進められてきた宋代の地域社会史研究を，さらにどのように展開させていくかの問題である。宋代史に関する史料の残存状況からすると，エリート層に関わる研究の数が相対的に多くなることは避けがたい側面もあろうが，近年では"popular culture"に対する関心が高まりつつ

---

[1]　地域比較に関しては，ビリー・ソー氏の宋元時代閩南地域の研究〔So 2000〕に参照すべき点が多い。

あり，エリートと非エリートの連続面と断絶面を視野に入れて，地域社会というミクロ観察が可能な場における多層的な文化のあり方や，それらの相互作用を探っていく必要があろう[*2]。

こうした課題に迫る手段として，本章ではとくに，地域内部における「空間」[*3]の視点からアプローチしてみたい。文化というものが，なんらかのかたちで伝達をともなうものである以上，距離によって影響される要素[*4]は存在し，そこに「空間」を問う意味があるように思う。また，文化が育まれた地域社会がどのような空間であったのかを問うことは，単にある個人の言説・思想・作品などの中身を問うだけでなく，周囲の人々も含めた集合的心性の解明にも近づけていく手段となるように思う。

そこで本章では，南宋期に朱熹（1130～1200）や陸九淵（1139～92）らとは異なった独自の思想が形成されていた温州を取り上げ，その思想家たちの地域的活動を日常空間の視点から分析する[*5]。そして，とくにそれを地域社会の多層的な文化的階層性のなかにできるだけ位置づけ，そのダイナミズムや他の地域との比較の視点から，その地域の有した歴史的意味を考察してみたい。

2．南宋期温州の歴史的位置

温州において思想家たちがとりわけ活発な動きを見せた南宋中期の時代における地域空間を取り上げる意味を明確化させるために，本節ではまず，（a）「ほと

[*2] "popular culture"・"popular religion" については，（〔Johnson 1985〕，〔森 2002〕）参照。また，エリートを中心とした地域研究でありながら，地域における幅広い信仰状況についても視野に入れた分析をおこなっているトーマス・リー（李弘祺）氏の視点が注目される。〔Lee 1993〕など。

[*3] 本論において「空間」とは，当時の人々の日常的な活動をおこなう場について，彼らの行動範囲やその具体的な距離を意識して論じるための概念として用いている。

[*4] 文化地理学においては，"uneven development"（不均等発達）の問題などについても関心が高まっている〔Jackson 1989〕。

[*5] 宋代の士大夫を日常的な具体的空間から分析した近作としては，小林義廣氏による福建路興化軍莆田県の劉克荘の日常活動と行動範囲についての研究がある〔小林 2001〕。

んど動かない歴史」としての自然，（b）「緩慢なリズムを持つ歴史」としての経済・社会，そして（c）「出来事の歴史」としての政治・事件の三つのスパン[*6]のそれぞれの中で，あるいはその相互連鎖の中で，温州がいかなる特色を有する地域であったのかを述べておきたい。

（a）　温州の自然条件

宋代では両浙路の南端に，現在では浙江省の南端に位置する温州は，比較的温暖な気候ではあるものの，現在でいうところの杭嘉湖平原や寧紹平原を有する浙江北部とは対照的に，広い平野部を抱えているわけではない。温州・台州・処州といった浙江南部は，むしろ地形的には，福建をへて広東の潮州・梅州にいたるまでの丘陵の多い沿海地域としての共通性をもっており，清代後半についてのG・W・スキナー氏，唐代から明代について長期的に考察したロバート・ハートウェル氏のいずれの地域区分においても，行政区画としての両浙や浙江ではなく，福建から広東東部にかけての沿海地域が "Southeast Coast"（東南沿海地域）という "macroregion"（大地域）として区分されている（〔Skinner 1977〕，〔Hartwell 1982〕）。

　この "Southeast Coast" では，唐代後半以降の水利開発によって米作面積が増加したが，それだけでなく，茶や柑橘類・茘枝をはじめとした多様な農産物が生産され他地域にも移出された。そして同時に，鉱業や船・陶磁器・紙などの産地として知られる場所も多かった〔呉松弟 1990〕。平野部が広くないかわりに，こうした多様な産業の発達が，この地域における海上交通の発展とも結びつくことになった。

　ただし，"Southeast Coast" の特色として見落とすことができないのは，長江や黄河の流域とは異なり，1本の大河とその支流によってまとまった水系をもつのではなく，同地域の西北部に横たわる山脈から流れ出す川が，広くはない流域をそれぞれ形成しているため，大地域としての求心性が高くなかったことである。

[*6]　この三つの異なった歴史的スパンについては，フェルナン・ブローデル『地中海』による「ほとんど動かない歴史」「緩慢なリズムを持つ歴史」「出来事の歴史」という区分を参照した〔Braudel 1966〕が，本論では環境をより変動的なものとして捉えている。

スキナー氏が「東南沿海地域」の特色として指摘するところの"strong subregionalization"であり，"macroregion"をいくつかに分けた"subregion"（亜地域）ごとに地形的な隔離の見られる度合は，他の大地域に比べて顕著であった。そのため，他地域や外国との交易の拠点となった港も，唐宋変革期の北中国から南中国への経済重心の移動という共通的な変化の波に乗りつつも，各拠点港とその後背地を単位としてそれぞれに，多かれ少なかれ異なったサイクルの盛衰を示すことになった。

このように温州という地域は，距離や交通の面では杭州や明州（寧波）といった浙江北部の大都市にアクセスしやすい条件を持ちながら，その一方で，地域そのものの構造は南隣の福建などと共通する特色をもっていた。

（b） 温州の人口・経済・環境

つぎに，《表1》に示したように，温州の人口を長期的にみると，宋代に入ってから顕著な増加を見せる。北宋初期から北宋後期へと大きく増加し，さらに南宋に入って華北からの移民が加わり，南宋中期にはこの表の期間内での最高点近くに達する。人口過密による地狭が社会問題化してきたのもこの頃であり，温州出身の葉適（1150〜1223）が「閩・浙を分かち，以て荊・楚を実たし，狭きを去りて広きに就かしめば，田は益々墾かれて税は益々増さん」（『水心別集』巻2「民事中」）と述べて，両浙・福建から荊湖方面への移住を提言していたのも，温州を含む東南沿岸地域の状況を反映してのことと言える。温州全体の戸数は，その後，元代で頭打ちとなっていくが，その間でも増加を見せていたのが，温州の中では最南端で福建路との境に位置した平陽県であった。南宋中期の紹熙年間に26,336戸であった平陽県の戸数は，元代の元貞元年（1295）に5万戸にまで増加している〔呉松弟 2000〕。

こうした人口の増加は，温州への移住や水利開発の進行によるものであった〔本田 1984・1996・2000〕が，同時にこうした開発は，環境変化にともなう災害の増加をももたらすこととなった。すなわち，人口増加による耕地面積の増加は森林破壊をもたらし，1001年から1900年までの温州の水災を50年ずつの幅で比較すると，水災が顕著に多かった三つの時期（1151〜1200，1551〜1650，1801〜1900）

第 9 章　南宋期温州の思想家と日常空間　　　　　　　　　227

《表 1》温州の戸数・口数の推移（東晋～明代）

	戸数	口数	史料
東晋・太寧元年(323)	6,250	36,680	『宋書』巻35・州郡 1
隋・大業 5 年(609)	10,542		『隋書』巻31・地理下
唐・開元年間(713～41)	37,554		『元和郡県図志』巻26・江南道
唐・天宝年間(742～56)	42,814	241,694	『旧唐書』巻40・地理 3
唐・元和年間(806～20)	8,484		『元和郡県図志』巻26・江南道
北宋初期	〔主戸〕16,082 〔客戸〕24,658		『太平寰宇記』巻99・江南東道 11
北宋・元豊年間(1078～85)	〔主戸〕80,489 〔客戸〕41,427		『元豊九域志』巻 5・両浙路
北宋・崇寧年間(1102～06)	119,640	262,710	『宋史』巻88・地理 4
南宋・淳熙年間(1174～89)	170,035	910,657	『万暦温州府志』巻 5・食貨志
元代初期	187,403	497,848	『元史』巻62・地理 5
元・「至元間」(1264～94、1335～40のいずれかは不明)	189,278 119,278		『万暦温州府志』巻 5・食貨志 『雍正浙江通志』巻74・戸口 4
明・洪武24年(1391)	178,599	599,068	『万暦温州府志』巻 5・食貨志
明・永楽10年(1412)	166,440	486,580	『万暦温州府志』巻 5・食貨志
明・弘治16年(1503)	104,976	351,081	『弘治温州府志』巻 7・戸口
明・嘉靖年間(1522～66)	109,755	352,623	『嘉靖浙江通志』巻17・貢賦志
明・万暦10年(1582)	109,922	353,066	『万暦温州府志』巻 5・食貨志

のうちの第一のピークは，まさに南宋前半期であった〔拙稿 1998b〕。これは，同じく長江以南から華南にかけての沿岸部でも，広東における水災が，明代以後しだいに増加し，それ以前はほとんどおこっていなかった〔梁必騏 1993〕のに比べると，開発の進行にかなりのタイム・ラグがあったことになる。

　以上のように，長期の人口波動のなかで，南宋から元代にかけての温州は，一つのピークに達した時期であり，また温州内部でみても，その人口増加・開発が，州城のあった永嘉県からしだいに南端の平陽県まで広がりを見せていた。また，そうした人口増加・開発にともなって環境面での矛盾も表面化した時期であったといえる。

　ただし，南宋末から明代初期にかけて，李伯重氏が注目しているように，長江下流の江南地域における人口変化が，とくに蘇州や嘉興といった東部低地帯では増加を示している〔李伯重 2003〕のに対し，温州では元代から明代初期にかけて下降を見せはじめ，明代後半に明らかな減少状態に陥っていることからすれば，

温州の人口・開発の長期波動のタイプを，長江下流デルタの低地帯などとは異なった位置づけで考えておく必要があろう。

　こうした人口の変化と重なるように，温州の産業は，宋代に顕著な発展を見せていた。造船業は北宋末に年600艘を生産して明州と並ぶ全国トップクラスの生産を誇り，また，陶磁器は海外へと輸出され，温州ブランドの漆器は開封・臨安にも独自の店をもうけるなどしていた。柑橘類や水産物も他の地域に移出されて販売されていた*7。こうした経済状況を反映して，州城・県城だけでなく，郷村部にも8鎮と20数か所の市がもうけられ，また，南宋初期の紹興元年（1131）頃には海外との貿易のための市舶務ももうけられた（〔周夢江 2001〕,〔周厚才 1990〕）。宋代から元代の南海に関する地理書の撰者のなかに，華南に赴任した際の情報をもとに『嶺外代答』を著した南宋の周去非，そして元の使節に同行した際の見聞をもとに『真臘風土記』を著した周達観の2人が含まれている〔石田 1945〕ことは，東南アジア方面との往来の活発化の一つのあらわれと言えよう。また，温州のこのような経済発展は，中国の経済重心の南移の反映というだけでなく，たとえば中国の南北を結ぶ交通路の重心が，しだいに沿海へと東移した現象も関連している〔曹家斉 2003〕。

　しかし，先にもみた人口波動からもうかがえるように，温州の経済は右肩上がりの展開を継続できたわけではなかった。たとえば，南宋中期に温州に赴任した楼鑰によって記された「今は則ち山林の大木絶えて少なし」（『攻媿集』巻21「乞罷温州船場」）といった森林破壊の状況は，北宋末期に比較して造船量の低下を招いていた。また，こうした環境変化は，木材資源とやはり関係の深い陶磁器業*8の盛衰にも影響を及ぼした。宋代の窯址は既に4,50か所が発見されており，甌窯の生産は北宋を中心に温州各地でおこなわれていたが，その後，南宋以後，龍泉窯が台頭し，さらに明代になって龍泉窯の停滞以後はかわって景徳鎮が興起するにともない，温州および甌江流域の窯業は衰退を見せることとなる*9。そして，温

＊7　世界初の柑橘類の専門書といえる『橘録』が，知温州の韓彦直によって南宋期の淳熙5年（1178）に著されている。

＊8　中国における陶磁器産業の立地と燃料との関係については，加藤瑛二氏の著作に詳しい〔加藤 1997〕。

第9章　南宋期温州の思想家と日常空間

《表2》温州出身進士合格者数の変化

	永嘉県	楽清県	瑞安県	平陽県	泰順県	合計
唐　代	6人	0人	1人	0人		7人
北　宋	49人	1人	17人	16人	(景泰3年	83人
南　宋	470人	144人	232人	330人	(1452)設置)	1176人
元　代	4人	0人	3人	4人		11人
明　代	82人	23人	11人	26人	1人	143人
清　代	14人	2人	18人	3人	4人	37人

州の港も，宋代・元代に比べて，明代には停滞期に入り，清代以降の復興までは活力を失うこととなる。

さて，以上に示してきた温州経済の推移と同様の時期に，温州は文化面でどのような変化を見せたのであろうか。ひとまず数値化しやすいものとして，進士合格者からそのおよその推移を見てみたい。

《表2》に示した通り，温州の進士合格者数の特色は，南宋期に極端な多さを示していることであり，南宋期全体の合格者の数でいえば福州についで全国第2位の多さを誇っていた。

ただしその一方で，同じ南宋期に全国第3位（746名）で温州に続いていた明州（慶元府）が，その後，寧波と名をあらためた明代以降も多数の進士合格者を出し続けたのとは対照をなす。宋代の両浙路とは範囲がやや異なることになるが，後の浙江省の進士合格者数は，明代において第1位，清代に第2位を占めており〔Ho 1962〕，浙江全体の全国的な位置づけは決して低下していない。むしろ，明代中期以降に，温州・台州・処州・金華・厳州・衢州6府の進士合格者は急激に低下することとなり〔多洛肯 2004a〕，さらに清代でも，浙江省全体の進士のうち，91％を北部沿岸の杭州・嘉興・湖州・紹興・寧波が占め，金華・厳州・衢州・台州・温州・処州が残りの9％にすぎなくなっていた〔Rankin 1986〕。したがって，おおよそ両宋交代を境に，進士合格者の多い地域が沿海地域で増加し〔Chaffee 1995〕，さらに明清時代になると，沿海地域の中でも北部沿岸に集中するようになったといえよう。

＊9　温州の陶磁器産業の盛衰については，『温州古代陶瓷研究』〔温州文物処 1999〕，『温州工業簡史』〔兪雄・兪光 1995〕など参照。

また同時に，同じ"Southeast Coast"のやはり代表的な港である泉州と比較してみた場合でも，泉州の進士合格者は，唐代12名，五代十国7名，北宋343名，南宋583名，元代3名，明代595名，清代265名となっており，明代以降もかなり多数の進士を輩出しており，とくに明代の中でも前半よりもかえって後半に進士合格者が増えている〔陳・蘇 2004〕。その背景として，泉州港自体は元末に衰退するものの，漳州の月港や泉州晋江県南部の安平港など，明代後半にこれら閩南地域全体の私貿易がさかんで，それと歩調をあわせるように泉州・漳州の進士合格者が増加したことが近年の研究で指摘されている（〔林拓 2004〕，〔多洛肯 2004b〕）。このように浙江や福建の他港の事例と対照させて考えた場合，温州が南宋期にのみ突出的な多さを示したことは，他の沿海地域とも異なる一つの特色を示していると言ってよいであろう。

この南宋という時期は，桑原隲蔵氏の古典的論文によっても夙に注目されており，一代を画する大思想家が，南宋以後は南中国から多く輩出していることが述べられている〔桑原 1925〕。ただし，大枠ではその通りであるにしても，桑原氏がそこで取り上げた思想家の——とくに明清時代の——かなりの部分が，江蘇や浙江北部に集中しているのに対し，南宋を代表する思想家のうち朱熹・陸九淵はいずれもむしろ山がちの地域に生まれ，また，薛季宣（1134〜73）・陳傅良（1137〜1203）・葉適ら温州の思想家は，長江下流デルタ地域よりも南にはずれた場所の出身であったことには，明清時代との差異を考えるうえで注意を要する。

（c） 短期的スパンから——政治，出来事——

以上のように経済的・文化的に一つのピークにさしかかっていた南宋期の温州にとって，具体的な政治過程や事件はどのような関わりを持っていたのであろうか。

北宋後半に少しずつ進士合格者を出すようになっていた温州において，急速に合格者が増加したのは，南宋初期からであった。南宋初代皇帝の高宗（1107〜87）が金軍の攻撃を避けて建炎4年（1130）正月から3月までの約2か月間，温州に滞在し，この間に中央官僚との直接の関係を築いたことは，温州人士の登用に道を拓くこととなった。また趙鼎（1085〜1147）の宰相就任時期に知温州として赴

《表3》南宋期における温州出身進士合格者数の県別推移　（単位＝人）
（科挙5回ずつの統計。咸淳元年～10年のみが4回の統計。）

年	永嘉県	楽清県	瑞安県	平陽県	合計
建炎2年(1128)～紹興12年(1142)	48	3	13	15	79
紹興15年(1145)～紹興27年(1157)	48	6	12	16	82
紹興30年(1160)～乾道8年(1172)	53	5	21	26	105
淳熙2年(1175)～淳熙14年(1187)	48	5	20	23	96
紹熙元年(1190)～嘉泰2年(1202)	53	15	16	33	117
開禧元年(1205)～嘉定10年(1217)	40	12	24	35	111
嘉定13年(1220)～紹定5年(1232)	31	26	26	44	127
端平2年(1235)～淳祐7年(1247)	35	11	34	37	117
淳祐10年(1250)～景定3年(1262)	52	20	28	47	147
咸淳元年(1265)～咸淳10年(1274)	62	39	38	54	193
（時期不明）	0	2	0	0	2
合計	470	144	232	330	1176

任してきた秦檜（1090～1155）とも個人的なつながりを持つ者があるなどしたため，紹興年間の秦檜専権期に厚遇をうけた者も少なからずおり，南宋初期のとくに永嘉県の進士合格者の多さは，こうした政治状況とも深くつながっていた（〔衣川　1973〕，〔拙稿　1995〕）。

　秦檜の死後，反程学策が緩和されたことは，もともと程学の流れをくむ思想家の多かった温州にとって更に追い風となり，以後，乾道8年（1172）の科挙に陳傅良・蔡幼学・徐誼が合格し，また淳熙5年（1178）には葉適が合格するなど，乾道・淳熙年間にかけては，南宋時代の温州の学問を代表する人物たちが相次いで合格した時期にあたる。その後，葉適ら温州出身官僚が寧宗擁立に功をたてるものの，慶元元年（1195）からの慶元の党禁によって，道学系の官僚と並んで陳傅良・葉適らも政権から排除され帰郷することになる。そして，嘉泰2年（1202）以後，党禁は弛められるものの，韓侂冑（1152～1207）の開禧用兵により逆襲して南下した金軍に対し沿江制置使・江淮制置使として防衛に貢献した葉適は，戦後，罷免されることとなった。

　葉適が水心村に引退して以後，蔡幼学，周端朝など政府高官のうちに温州出身者を確認することは引き続き可能であるものの目立った動きは少なくなり，また，思想界における温州の思想家の影響力は急速に低下することとなる〔何俊　2004〕。

また，温州全体の進士合格者数はこの時期も増加を示しながら，温州内部の重心には微妙な変化が生ずることになる。

すなわち，《表3》によると，進士合格者数は，南宋期でも前半は州城のある永嘉県が圧倒的に多かったのに対し，後半になると，それ以外の楽清県・瑞安県・平陽県の割合が増加している。とくに平陽県は，永嘉県を抜いている時期もあるなど，南宋期後半における躍進ぶりが目立っている。

平陽県は，温州のなかでは永嘉県に直接には境を接していない唯一の県である。先に温州の人口波動について見たように，永嘉県などが既に南宋中期の段階で人口飽和に達していたとみられるのに対し，平陽県はそれ以後も元代前半にかけて人口増加を見せていた後発の開発地であった[*10]。

薛季宣・陳傅良・葉適といった温州の代表的な思想家たちが活躍した南宋中期は，以上のように南宋初期以来の温州と中央政権との関係や思想界に立場の変化[*11]が生じる前の時期にあたり，温州からの進士合格者に関していえば永嘉県に比較的集中している時期であった。

それでは，そうした状況のもと，彼らは地域社会のどのような空間で活動していたのだろうか。また，温州の地域社会全体からみた場合，彼らの活動はどのように位置づけられるであろうか。次節以下で分析を試みたい。

3．温州の思想家たちの日常空間とコミュニケーション

（a） 教育施設の場所

はじめに，士大夫の活動の拠点となっていた各種の教育施設が，温州の中でどのような場所に立地していたかを，主として明代以降の地方志をもとに整理すると《表4》のようになる[*12]。

[*10] 宋代以降，各地において，人口やエリート家族の分布の重心が"core"の県から"periphery"の県へとしだいにシフトしていくことについては，〔Hartwell 1982〕参照。
[*11] この時期にあたる慶元元年（1195）に温州市舶務が廃止されている〔周厚才 1990〕。
[*12] 顧宏義氏の作成した「宋代温州学者所建置部分書院一覧表」〔顧宏義 2003：332-4〕に，一部，情報を加えた。

第9章　南宋期温州の思想家と日常空間

《表4》宋代温州の教育施設
〈永嘉県〉

温州州学		九星宮故址	唐廟学，在州治東。宋天禧初，遷于九星宮故址。
儒志塾	北宋中期	在東南隅	宋王景山設教。郡為立儒志坊。
経行塾	北宋中期	在通道橋	宋丁昌期設教。子寛夫・廉夫継之。
孝廉塾	北宋中期	在蟆頭河	宋仰忻立。周行己初従授経義。
浮沚書院	北宋後期	在雁池坊（在城内松台山下小雁池東）	宋周行己故宅，初名浮沚，後改為書院。
東山塾	北宋後期	在謝池巷	宋沈躬行設教，戴明仲（述）継之。
草堂塾	北宋後期	在城南廂	宋張輝設教。子孝愷・孫純継之。
小南塾（少南塾）	南宋前期	在五馬坊	宋陳鵬飛立。（以経学教授。鵬飛，字少南，故名。）
城西塾	南宋前期	在郡治西	宋鄭伯熊立。（学者数百至。）
南湖塾	南宋中期	在城南廂（在城南茶院寺東）	宋毛崈立。陳傅良設教。後，蔡幼学・葉適・陳殖継之。
吹台塾	南宋中期	在吹台郷	宋知州楊簡立。簡，陸象山高弟，所著有『慈湖遺書』。（宋呉滐（呉表臣の曾孫）立設教。後，郡守楊簡礼之，易名慈湖塾。）
徳新塾	南宋中期	在八字橋（在郡城徳新坊）	宋蔣恵設教。（宋獻猷子朱聲建。延師儒蔣恵設教。嘉定間，裔孫平叔継之。郡為立坊。）
永嘉書院	南宋後期	在淵源坊（在城西淵源坊）	淳祐年間，提刑王致遠建。

〈楽清県〉

楽清県学		望来橋西⇒宝帯橋南	唐在望来橋東南。宋崇寧初，徙橋西。紹興初火，遷宝帯橋南。
鹿巌塾	南宋前期	在永康郷	（宋賈元範設教。）賈如規教授子弟於所居立学。
万橋書塾	南宋前期	在龍門	万規教授処（北宋後期）。其孫万庚継立義学。
宗晦書院	南宋前期	在県治東	宋楊芸堂立。有文公祠故名。
図南塾	南宋中期	在長安郷	宋翁敏之立。延陳殖設教。
白石塾	南宋中期	在茗嶼郷	銭堯卿・銭文子世為郷先生，乃立塾講学，従遊甚衆。

〈瑞安県〉

瑞安県学		在県治東	宋崇寧中，徙江瀬。政和六年，知県蔡景初復遷故址。
塘嶴塾	北宋中期	在帆遊郷塘嶴	宋林石立。以春秋教于郷，屏去進士声律之学。及王氏行新経廃春秋，遊其門者遂不応挙。
仙巌書院	南宋中期	在崇泰郷仙巌	（陳傅良）開門授徒於仙巌僧舎。
心極書院	南宋中期	在崇泰郷仙巌	宋陳止斎読書処。
梅潭塾	南宋中期	在崇泰郷仙巌	宋木礪立。延陳傅良設教。
南山塾	南宋中期	在帆遊郷南山	宋鄭士華立。士華，百有十歳，咸淳中，優礼耆年，郡以応詔特補迪功郎。知州鮑成祖為立南山坊。
鳳岡塾	南宋	在来暮郷鳳岡	宋曹絰立。延儒設教。後，一門登第者二十四人，如

			叔遠・圖・元発輩，皆為世名儒。
龍塢塾	南宋	在安仁郷	宋劉良貴設教。

〈平陽県〉

平陽県学		在県治東南鳳凰山	宋陳彦才家献学基（元祐7年）。
会文書院	北宋後期	在雁蕩山（南雁蕩山のこと）	宋陳経正等読書処。朱文公題額。
朝暘書院	南宋後期	在繆程	繆元徳読書処。

(史料)『嘉靖温州府志』巻1,『光緒永嘉県志』巻7,『光緒楽清県志』巻4,『乾隆瑞安県志』巻2,『民国平陽県志』巻9など

　そのうち，北宋中期の「皇祐三先生」にあたる王開祖（字・景山）・丁昌期・林石や，北宋後期の「元豊太学九先生」に含まれる周行己・沈躬行・戴述・張輝といった人物たちが地元温州に戻って教えていた場所が，「東南隅」「通道橋[13]」「雁池坊」「謝池巷」といった温州州城内や，「城南廂[14]」といった州城外のすぐ近くに立地しており，また，塘塵塾のあった瑞安県帆遊郷にしても，瑞安県の中では最も永嘉県寄りで，しかも温州の州城と瑞安県城を結ぶ「南塘」に沿った運河の通る交通至便な場所にあった。したがって，薛季宣・陳傅良・葉適らにとって，思想的先駆にあたる北宋中期から後期にかけての思想家たちが，いずれも温州の中心部またはその近くの場所に集中して教育活動をおこなっていたことがわかる。

　つづいて南宋に入ると，薛季宣・陳傅良・葉適らの先輩・師にあたり彼らに影響を与えた鄭伯熊[15]（1127または1128～81）の城西塾は，城内の州治の西にあった。また，瑞安県の帆遊郷で生まれた陳傅良は，9歳の時に両親を失った後，祖母に養われ，早くから教師をして生計をたてており，科挙合格も36歳の時であった〔周夢江 1992〕。そのため，科挙合格前の温州での活動経歴が比較的長く，永嘉

---

[13] 通道橋は，『光緒永嘉県志』巻3・建置「橋梁」によると，「城内諸橋」の一つであり，「府治東南栄親坊」にあったとされている。

[14] 城南廂は，『光緒永嘉県志』巻3・建置「隅廂」によると，「瑞安・永寧二門の外」にあったとされている。

[15] 葉適は鄭伯熊が乾道年間末期に温州に戻っていた時期に直接教えを受けている〔周夢江 1996〕。

第9章　南宋期温州の思想家と日常空間　　　　　　　　235

《図1》温州府永嘉県城池坊巷図(『光緒永嘉県志』より)

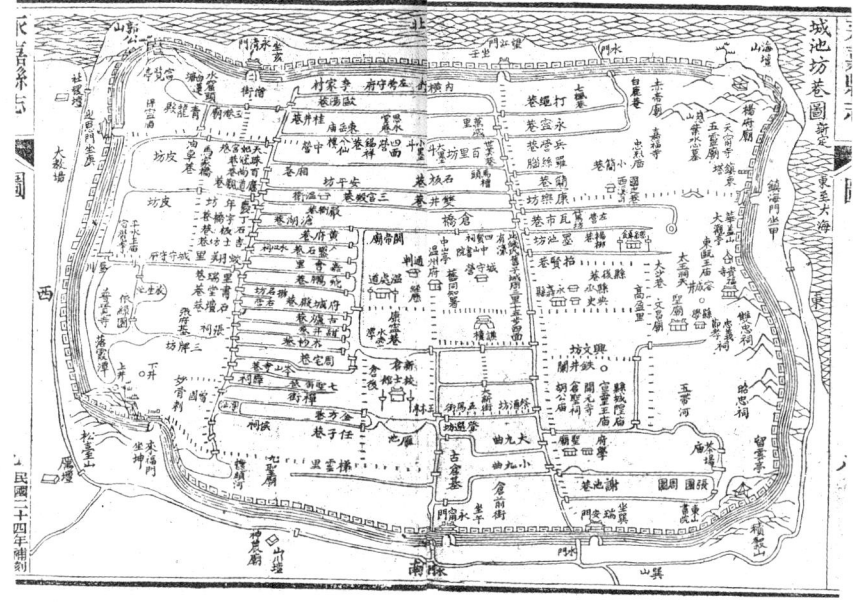

西南に松台山・浮沚・七聖殿巷・薛祠・梯雲里などの地名が見える。

県・瑞安県では陳傅良の初期の活動に関する場所が確認できる。最も重要であったと思われるのは、温州城外の城南廂にあった城南茶院であり、ここで陳傅良は隆興年間から乾道年間にかけて学を講じていた。陳傅良自身が薛季宣の行状に、地方官として各地に赴任することの多かった薛季宣が、温州に戻っていた乾道2年（丙戌／1166）・3年（丁亥／1167）に城南茶院の陳傅良を訪問し、その翌年には生地帆遊郷から南塘を少し瑞安県城側にすこしくだった所にある瑞安県崇泰郷の仙巌書院に屏居した陳傅良を、やはり薛季宣がたずねていたことが確認できる（陳傅良『止斎先生文集』巻51「右奉議郎新権発遣常州借紫薛公行状」)。陳傅良が、まだ10歳余りであった葉適と初めて出会ったのも、この前後のこととみられ、その場所は瑞安県城内にあった林元章という人物の家であった。その家は「元章、広宅を新造し、東は海に望み、西は三港の諸山を挹（おさ）む」と記され、「陳君挙（傅良）を聘請して師と為し、一州の文士　畢（ことごと）く至る」とあるように、陳傅良を迎えて数多くの文士が集まっていた。葉適自身も、「余、児為りしとき、同県の林元章の

家に嬉る」(葉適『水心文集』巻16「林正仲墓誌銘」)と,その思い出を記している。

このように温州州城・瑞安県城の内部や周囲,またその間の南塘に沿った場所にある瑞安県帆遊郷・崇泰郷などが,温州の独自の思想を生み出した思想家やその先駆となった人物たちの教育活動・交流の頻繁におこなわれていた場所と考えることができる。

(b) 温州の思想家の居住地・出生地

つぎに,こうした温州の思想家たちの活動場所を,より日常的な場面に即して考えるために,温州士大夫に関する史料の最も多い南宋中期を中心に,彼らの住まいなどの確認できる場所から検討してみたい。

まず,一つの集中地区にあたると見られるのが,温州州城の西南端にあった松台山(別名浄光山)の周辺である。北宋中期の思想家である周行己の一族は,南宋中期においても温州の名族としてステータスを保っており,葉適が周鼎臣のための墓誌に,「余は松台下に廬す,而して周氏は居すること二百年なり。山の先儒故老も,君に如く者莫し」(『水心文集』巻24「周鎮伯墓誌銘」)と記している。周行己自身の住まいでもあった浮沚書院も「松台下」にあった(《表4》参照)ことからすれば,周一族がその後も松台山の麓にずっと住居をかまえていたことになる。『嶺外代答』の著者である周去非もこの一族であり,彼の祭文には,「浄光東麓,遙かに故廬を望む」(楼鑰『攻媿集』巻83「祭周通判」)と記され

《図2》永嘉県城(温州府)の周辺(『光緒永嘉県志』より)

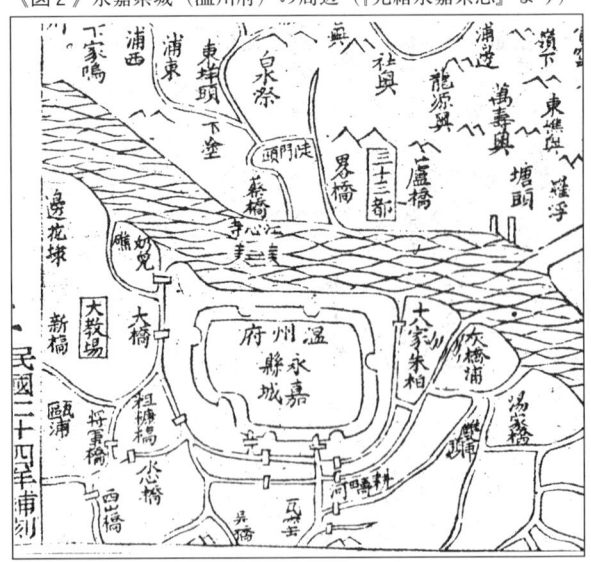

水心橋・江心寺などの地名が見える。

ていることが確認できる*16。

　また，瑞安県城内で生まれ，その後，細々と教師暮らしをしていた父にしたがって，永嘉県内をしばしば転居した葉適は，科挙に合格して官員生活をしばらく送った後に，慶元の党禁によって温州に戻り，住まいとしたのが，彼の号にもなっている「水心」村であった。葉適が引退した後も住み続けたこの家は，温州の州城の西南側すぐの場所にあり，付近には，「松台山下」の周氏一族の住まいがあった。また，多数の官員を輩出して宋代温州における随一の名族であった薛氏一族のうち，少なくとも薛紹の系統でその孫にあたる薛嶼について，『宋宝祐四年登科録』に「本貫，温州永嘉県在城梯雲坊」と記されている。この梯雲坊はやはり，城内の西南隅にあり，松台山からは500m以内，水心村からでも1km以内の位置にあった。官界を引退して水心村に隠居した葉適は，その薛紹が開いていた老士大夫たちのための真率会に参加していたようで，「家に司馬文正公の真率の約有り，旧時を按ずるに，率年の六十に及ぶ者は之に行き，余も亦た豫かり行く」（『水心文集』巻19「中奉大夫太常少卿直秘閣致仕薛公墓誌銘」）という記述からは，確かに葉適が会に参加して薛紹の家に出入りしていたことがうかがえる。また，薛季宣・薛紹らを含む温州薛氏の先祖とされる唐代福州の進士薛令之の「唐補闕薛公像」碑が薛嶼によって淳祐乙巳（5年／1245）に七聖殿巷の薛公祠にもうけられていたこと*17からすると，遅くとも南宋中期から後期までの間には，西南隅が薛氏一族にとって最も拠点的・象徴的な場所になっていたものと考えられる。

　この温州州城西南隅には，寺院も多く，温州府志や永嘉県志から宋代に存在を確認できる寺院としては，「松台山麓」の浄光禅寺（唐代創建）・普覚瑜珈寺（後周代創建），「松台山東」の崇徳寺（唐代創建）のように，松台山周辺に位置するものを多く確認できる。斯波義信氏の指摘によれば，中国の都市には共通して官紳区と商工区の二核並立の構図があり，杭州（臨安）・明州（寧波）のように，官紳

---

*16　周去非と温州との関係については，『嶺外代答校注』の「周去非与『嶺外代答』」〔楊武泉　1999〕参照。
*17　『東甌金石志』巻12「補闕薛公像碑」による。この碑は『温州文管会蔵石攷』によって現存が確認されている〔温州区（市）文物管理委員会　1961〕。なお，『温州文管会蔵石攷』は森田憲司氏のご厚意によって閲覧することができた。ここに記して謝意を表したい。

《図3》宋代の温州

●…思想家に関係する場所　○…五代十国から元代のマニ教寺院があったことが確認されている場所。
海岸線については、呉松弟氏の研究を参考にして宋代の海岸線の位置で示している〔呉松弟 1998〕。

区は風致とかかわりの深い立地をする場合が多かった〔斯波 2002：122-135〕とされており、由緒ある寺院の立ち並ぶ松台山付近は、温州の州城の中において、まさに同様な位置づけの場所であったと考えられよう。

それ以外に、州治のすぐ南の五馬街の街東にある仁美坊には陳傅良の同年進士で葉適とも仲のよかった陳謙が住んでおり[18]、相互に行き来をしていた（『水心文

---
*18　陳謙が州城内の仁美坊に住んでいたことについては、梁庚堯氏も言及している〔梁庚堯 1997〕。陳謙は、温州4県の地方志『永寧編』（『直斎書録解題』巻8；現存せず）の撰者としても知られている。

集』巻8「陳待制挽詩」）が，これも水心村から直線距離で1.5km前後であった。

　以上が，温州の主たる思想家のうち，永嘉県における居住地の例である[19]が，永嘉県の南隣の瑞安県では，先にも触れたように陳傅良が帆遊郷で生まれ，温州州城と瑞安県の間を中心に活動していた。また，陳傅良の門人である蔡幼学が「温州瑞安新城里」（『水心文集』巻23「兵部尚書蔡公墓誌銘」），すなわち瑞安県城から温州州城方面へ数kmしか離れていない場所で生まれたことも確認できる。

　こうして見てくると[20]，宋代温州を代表するような思想家たちが，温州州城の内外や，そこから瑞安県に通じる水路沿いにかなり多く居住しており，書院などの立地とも重なっていることが見てとれるように思う。

（c）　地域空間とコミュニケーション

　さて，このように州城やそれに通じる水路沿いに比較的多くの思想家の居住地や活動範囲が集まっているということは，彼らにとってどのような意味をもっていたと考えるべきであろうか。

　梁庚堯氏は，南宋の官戸・士人が都市に定居しがちな傾向を明らかにし，子弟の教育や文化交流に有利であることを考察した〔梁庚堯 1997〕。如上のように温州州城に書院などの施設が集中していること，あるいは瑞安県城においても林元章の家で陳傅良の講義を聴くことができていたことなどからすれば，温州においても教育面について，同様の有利さを見てとることができると言える。文化交流の面でも，たとえば婺州永康県の陳亮（1143～94）が永嘉に遊学に来た際には，州城のすぐ横を流れる甌江の中洲にある江心寺で送別の宴がおこなわれる〔周夢江 1992：124〕など，温州以外の思想家との接点という意味でも，州城などの有利さは見られていた。

　また，とくに，州城の西南隅や城外の城南廂など，州城の中心から見て南側に

---

[19]　これ以外に，鄭伯熊が温州州城の近くの城南廂に住んでいたことが確認できる（『水心文集』巻12「陰陽精義序」）。

[20]　本章では触れないが，温州における士大夫たちの墓も，温州州城から川・水路が通じている便利な場所に比較的多く立地していたことについては，〔Oka 2004〕で分析している。

南宋中期の思想家たちの活動場所が頻出していることは，水路を通じての瑞安県との交通とも関連づけて考えることができよう。温州の地形については，全体として山の多いことが強調されがちであるが，同時に，平野部は水路によって到達できる範囲が意外に広く，宋代の史料に舟を利用しての往来についての記述は頻出する[*21]。また，宋代の公共事業においても，水路の整備は温州の地方官や士大夫にとって大きな関心事となっており，南宋中期の淳熙年間に，知温州韓彦直によって州城の城内河が整備され，また同じく知温州沈樞によって州城と瑞安県を結ぶ「南塘」が修築されるなどした〔拙稿 1996〕。

このため，とりわけ温州州城と瑞安県城との間の水路に沿った地域を生地・活動範囲としていた陳傅良に関わる史料では，「南塘」についての言及が多く，たとえば葉適も「我，澍村を瞻る。泚なるかな南塘」（『水心文集』巻16「宝謨閣待制中書舎人陳公墓誌銘」），「南塘の流れに足を洗い，澍村の峯に袖を振る」（『同』巻28「祭陳君挙中書文」）などと，陳傅良のいた澍村と澄んだ南塘の水とを重ねて記憶していたのである。

ただし，貿易をおこなう沿海都市としての発展がしばしば強調されるものの，温州州城自体のサイズは決して大きいものではなかった。地方志の記載をたどれば，温州の城周は，五代十国，明代，清代を通じて18里であったとされている（『嘉靖温州府志』巻1「城池」；『万暦温州府志』巻2・輿地志「城池」；『光緒永嘉県志』巻3・建置志「城池」）。この18里という数字は，斯波義信氏による「宋代の城郭規模資料」〔斯波 1988：286-96〕を参考にすると，杭州の70里に及ばないのは当然としても，蘇州42里，潤州26.1里，常州27.1里，建康府25.1里，湖州24里といった長江下流域の都市の城周に比べても小さく，むしろ同じく浙東沿海地域に位置する明州の14里，台州の18里が，共通して温州と同様の規模であった。宋代温州とは大きな変化がないと見られる清代の『光緒永嘉県志』「城池坊巷図」の温州府城内の地名や山の位置をもとに，現在の温州の都市地図に重ね合わせても，2km四方に達するか達しないかといった広さである。これに城外四廂（瑞安・永寧

[*21] 現代の温州でも続いている龍舟競渡についても，遅くとも宋代にはおこなわれていたことが確認されている〔葉大兵 1992〕。葉適自身も，「一村一船，一郷に徧く，処処の旗脚に飛揚を争う」（『水心文集』巻6「後端午行」）と詠んでいる。

第9章　南宋期温州の思想家と日常空間

二門外の城南廂／迎恩門外の広化廂／来福門外の集雲廂／鎮海門外の望京廂）が加わるのだが，それを含めた温州の都市人口は，呉松弟氏によれば「居民万数千家」（王之望『漢濱集』巻7「温州遺火乞賜降黜奏札」）であり，氏の分類では5,000戸から20,000戸を範囲とする第3級都市にすぎなかった[22]〔呉松弟 2000〕。

しかし，こうした地方都市を中核として比較的密集した地域空間におけるコミュニケーションのあり方は，その内部や近くに暮らす者にとっての社会的流動性の視点からいえば，必ずしもマイナスの条件とはならなかったものと思われる。温州では，先にも触れた薛氏一族や周氏一族など，官員や思想家を輩出する名族が存在する一方で，温州の思想界がその独自性を最も発揮した南宋中期には，陳傅良，葉適，蔡幼学などのように，一族にそれまで誰一人として官員のいない家庭出身の思想家が含まれ，むしろ能動的な役割を果たしていた。

陳傅良は「城南張氏」[23]，すなわち城南廂に住む「元豊太学九先生」張煇の孫娘を妻に迎え，葉適は北宋の外戚の一族であった高氏一族から妻を迎えている[24]。しかし，これは既に官員を輩出している家どうしがステータスを維持するための婚姻という性格とは少し異なる。いずれも科挙に合格する前年，陳傅良は35歳，葉適は28歳の時に，当時としてはかなりの晩婚の年齢[25]で，しかも前途有望ではあるが科挙合格をまだ果たさず，教育や遊学に忙しく動きまわる中での結婚であっ

[22]　呉氏によれば，50,000戸以上の第1級都市は北宋東京，南宋臨安，紹興府，蘇州（平江府），江寧府，洪州（隆興府），福州，泉州，鄂州，潭州，成都府；20,000〜50,000戸の第2級都市は贛州，汀州，漳州，興元府，大名府とし，第3級都市はその下の戸数ランクとなる。

[23]　陳傅良は「余，城南張氏を娶る」（『止斎先生文集』巻47「趙布陣墓誌銘」）と記している。

[24]　葉適の妻の父高子莫（1140〜1200）は，「公，洪より帰り，我，西山に屏し，痩馬にて独り来たり，共に草間に談ず」（『水心文集』巻28「祭高永州文」）とあるように，隆興府通判の任務から温州に戻り，水心村（そばに西山という山があった）の葉適をひとり訪ねていた。これは，高子莫の没年と葉適の温州滞在時期をあわせ考えると，慶元の党禁の後，葉適が水心村に住んでいた頃のことと考えられるが，高氏の家も，ぶらりと馬で来ることのできる範囲にあったのであろう。

[25]　当時の婚姻年齢についてはパトリシア・イーブリー氏の研究を参考にした〔Ebrey 1993〕。

た*26。蔡幼学（字・行之）にしても，「始め，行之は陳（陳傅良）・鄭（鄭伯熊・鄭伯英兄弟）の間に游び，後に鄭氏に壻たり」（『水心文集』巻21「鄭景元墓誌銘」）とあるように，鄭伯英の娘を妻にしているのは，ふだんの学問活動の延長線上の結果として認識されていた。

　科挙合格までに教育活動をしばらく地域社会でおこなっていた陳傅良・葉適らには，官員以外にも知人・友人は少なくなく（〔伊原 1991〕，〔拙稿 2003〕），たとえば葉適は，処士のまま死去した学問仲間の何傅という人物の墓誌を撰しているが，その中で，州城内の墓林巷に住んでいた何傅を2年前にしばしば訪ねたことや，「甞て一日大雪なり，道に行く人無く，処士は同巷の朱伯魚とともに余を問(おとず)れ，遂に郭公山の富覧亭の故基に登り，以て江北を望む」として，州城の西北端の郭公山に登った時の思い出を記している*27（『水心文集』巻13「墓林処士墓誌銘」）。この墓誌が書かれた淳熙9年（1182）は，葉適33歳で既に科挙にも合格していたが，2年前とは科挙合格直後に母の死去にともなう服喪期間で温州に滞在していた時期とみられる。

　また，文学史でその名を知られる徐照（？～1211）・徐璣（1162～1214）・翁巻（生没年不詳）・趙師秀（1170～1219）の4人による「永嘉四霊」は，やはり葉適と日常的な交遊関係のある詩人グループであった。徐璣と趙師秀（宗室）の2人は低い官職についていたものの，徐照は幕僚どまり，そして翁巻は布衣のまま生涯を終えており，江西詩派とは異なり日常生活や農村・漁村の情景をうたうことを特色とする作風は，南宋後半の中下層の文人を中心とした「江湖詩派」へと展開していくことになる（〔陳増傑 1985〕，〔胡俊林 2000〕）。「永嘉四霊」のうち徐照

*26　陳傅良は科挙に合格する前に張氏と結婚したことについて，「令人，窮約の時に来たりて我に帰ぐ」と述べ，長年の夫婦生活を振り返って張氏について「余，敬うこと賓友の如し」と記している（『止斎先生文集』巻50「令人張氏壙誌」）。ただし，苦学の中で地域の名門の娘と結婚した彼らも，その家柄の高貴さについてはやはり誇りに思っていた。たとえば葉適は，妻の実家が「無宅無田」（『水心文集』巻15「高永州墓誌銘」）などと言いつつも，「貴姓」（同），「門貴」（『同』巻28「祭妻母翁安人」）などと表現している。
*27　墓林巷が温州州城内のどこに所在したかについては，地方志から確認ができないが，『水心文集』巻13「墓林処士墓誌銘」には，「居する所の墓林巷は，城中の最も深僻の処なり」と記されている。

には，「家を雁池に移す」（徐照『芳蘭軒集』）と題する詩があるため，城内南部の雁池付近に少なくとも住んだ経験があることがわかる。また，四霊たちとやりとりをした詩が多数残っている薛師石（1178～1228）の廬でおこなわれていた「文会」に，彼らがしばしば参加し（趙汝回「瓜廬集序」，『瓜廬集』），薛師石は「室を会昌湖の上に築き，榜を敲き楫を撃ぎ，日々漁翁・釣叟と乃欸[*28]の間に相い忘る」（王綽「薛瓜廬墓誌銘」，『瓜廬詩』[*29]）とあるように，その廬が州城の西南5里にある会昌湖岸にあり，舟を出しては漁夫とともに時間をすごしていたと記されていることからすると，やはり州城やその近辺に四霊たちが居住ないし行動圏をもっていたと考えてよいであろう[*30]。この薛師石は，薛季宣の伯父である薛弼の曾孫にあたり〔拙稿 1995〕，一族の薛嵎（本章第3節（b）参照）とともに，「江湖詩派」の詩人に数えられ，その詩は，杭州の商人である陳起の出版した『江湖小集』などの詩集にしばしば収録されている〔張宏生 1995〕。温州随一の名族も，州城やその周辺において，むしろこうした「江湖」の士人との関係を深めつつあったのである。

4．地域空間と文化的階層性

さて，ここまでは，思想家を中心とした士大夫階層の活動空間について検討してきた。これを，南宋期温州という一つの地域空間からみた場合，彼らの活動はどのように位置づけられ，また温州の地域文化自体がどのような特色をもつと言えるのだろうか。最後にこの点について論じたい。

[*28] 「乃欸」（「欸乃」）とは，舟の櫓を動かす音をさす。
[*29] 『南宋群賢小集』所収。
[*30] 葉適は，永嘉四霊の詩集である『四霊詩選』（現存せず）を編纂するなど，永嘉四霊とのつながりが強かった〔胡俊林 2000：22〕。また，徐璣に対する墓誌のなかで「君は余と游ぶこと最も早く……」（『水心文集』巻21「徐文淵墓誌銘」）と記し，その父徐定の墓誌を紹熙4年（1193）に撰述し，さらにまた，水心村に引退して以後も，嘉定4年（1211）に没した徐照，嘉定7年（1214）に没した徐璣の墓誌を，いずれも撰述している。（同上および『同』巻17「徐道暉墓誌銘」）。

（a）　もう一つの日常空間——温州の通俗文化——

　宋代の温州は，以上のような思想家たちによる「永嘉之学」[*31]によってのみ彩られるのではない。むしろ，さまざまな通俗文化の活力が同時に示されていたことが温州の特色と言ってよいであろう。

　その一つが，「南戯」である。元の北曲雑劇とは異なってゆるやかな形式をもち，明代以降の中国の劇にも大きな影響を及ぼした南戯は，北宋末期以降の温州で形成されたものであった。温州で南戯や他の雑技が演じられていた瓦舎は，前掲の《図１》にも確認できる州城内の「瓦市殿巷（瓦市巷）」にあったとされている〔胡雪崗 1998〕。その後，南戯は，臨安だけでなく，南宋後期には太湖周辺や江西などにも伝わっていたことが確認されている〔虞雲国 2003〕。やはり宋代に温州でおこった民間信仰である温元帥信仰が，やはり南宋末期には臨安で廟がつくられ，その後，徳清県や青鎮など太湖周辺へと伝わっていったのと，同様の伝播ルートをたどったことになる[*32]。

　こうした温州の都市部においては，先に士大夫たちの交流の場としてあげた江心寺に関して，「紹興丙寅の歳，温州の小民数十，江心寺に詣り誦仏会に赴く」（『夷堅甲志』巻４「江心寺震」）と記されていて，当時，杭州・明州など両浙路でさかんにおこなわれていた仏教結社の活動が見られていた[*33]。その江心寺には，永嘉四霊の一人の徐照の「題江心寺」という詩に「僧に外国人多し」（『芳蘭軒集』）と記されるなど，外国人の僧の姿を見ることも珍しくはなかったようである[*34]。

　そしてもう一つ，とくに温州の農村部との関わりで注目されるのは，西アジアに起こったマニ教を信仰する人々が，宋代から元代にかけての温州に多かったことである。とくに北宋末期，方臘が両浙・江東の広い地域で反乱をおこした際に，温州・台州においてはマニ教徒による蜂起が見られた（〔竺沙 1974〕，〔Lieu

---

[*31]　「永嘉之学」という語は，『水心文集』巻10「温州新修学記」による。
[*32]　ポール・カッツ氏は，温元帥の伝播を商業ルートと重ねて捉えている〔Katz 1995〕。
[*33]　この記事については，鈴木中正氏が宋代の仏教結社活動の分布を論じられている中でも挙げられている〔鈴木 1941〕。
[*34]　江心寺は南宋期に定められた五山十刹のうちの十刹の一つとなり，元代には大拙祖能ら日本僧も訪ねている〔木宮 1955：472〕。

1992〕,〔拙稿 1996〕)。マニ教が「福建より流れて温州に至り,遂に二浙に及ぶと云う」と記す荘季裕『鶏肋編』巻上には,「神仏祖先に事えず」「死すれば則ち裸葬す」など,儒教とは異なった血縁否定的な信仰が具体的に記されている〔相田 1974〕。

　こうしたマニ教の信者が温州の地域空間の中でどのような場所で多かったかについては,政府の禁止対象となった他の宗教と同様に,その記録が少ない[*35]。しかし,北宋末期の温州で,「居する所の郷村に屋宇を建立し,号して斎堂と為し,温州の如きは共に四十余処有り」(『宋会要輯稿』刑法 2-78・79(禁約)・宣和 2 年 11 月 4 日の条)とされ,「宣和間,温・台の村民は多く妖法を学び……」(『宋会要輯稿』刑法 2-111(禁約)・紹興 7 年 10 月 29 日の条)とされ,反乱のおさまった南宋初期に至っても,「白衣礼仏会」などとしてあいかわらず「夜聚まりて朝散じ,妖法を伝習す」(同条)といった密かな活動が継続していたことが記されており,これらに「郷村」「村民」という表現があることからすれば,温州におけるマニ教信仰は,州城・県城などよりは,郷村部に日常的な拠点をもっていたことが見てとれる。

　裏を返して言えば,この乱の最盛期には温州州城および瑞安県城を除いてほかの地域はすべて「盗区」となり,温州州学教授の劉士英が,「城の東は山を負い,北は江に倚り,患無かるべし。惟だ西南のみ低薄なり」と言って城壁を増築する(『嘉靖温州府志』巻 1「城池」)ことによって,官軍の増援部隊が来るまで地元エリート層とともに持ちこたえた〔拙稿 1996〕のは,温州のマニ教信者たちにとってこの時点で最も対立的な存在が,都市を拠点とする官およびエリート層であったことを示していると言えよう。

　その後も,南宋から元代にかけて,福建から温州,そして明州(慶元)の一部といった沿海地域においては,マニ教の信仰が存続していた〔Lieu 1992〕。温州に関する文献史料としては,元代平陽県金舟郷のマニ教寺院である潜光院の場所について,「竹西楼記」(陳高『不繋舟漁集』巻 12)には,「温(州)の平陽,地の炎亭と曰う有り。大海の浜に在り,東は海に臨み,西南北の三面は山を負う。山は

―――――――
*35　秘密結社の研究などにおいても同様のことが指摘されている〔野口 1986:3〕。

《表5》温州のマニ教遺跡

名称	場所（現在の地名）	創建年代
明教瑜珈寺	永嘉県橋頭鎮	後晋天福3年（938）
明教寺	瑞安市曹村鎮	後晋天福7年（942）
選真寺	蒼南県[*37]括山鎮	南宋後期または元代初期〔周夢江 2001〕
潜光院	蒼南県炎亭	

之を環り，箕状の如し。其の地は三，四里ばかり，居する者，数百家，多くは漁を以て業と為す」と記され，その漁村のすぐ近くに潜光院があったことが記されている。この潜光院の場所については，林順道氏の調査によって現在の場所が確認されている。さらに，この潜光院と同じ金舟郷には，やはり元代に選真寺というマニ教寺院があり，『民国平陽県志』巻46・神教志2に節録されている元代の「選真寺記」が同寺（現在は禅寺となっている）で見つかっている。この金舟郷は，福建との境にも近い地域にあたり，マニ教が福建から温州に伝播する際のルートにあたると考えることもできよう（〔林順道 1989〕，〔周夢江 2001〕）[*36]。

温州に現存する他の二つのマニ教遺跡（《表5》参照）を含めて考えても，宋元時代を通じてマニ教信仰の分布は，州内でも州城や県城から遠く離れた周縁の農村・漁村にまで広がっていたと考えても矛盾はないであろう。

（b）文化的階層性と地域空間

このように南宋期温州には，エリート文化（elite culture）に属する「永嘉之学」の思想家たちの存在だけではなく，通俗文化（popular culture）の色合いが濃い南戯やマニ教など，多様な文化が都市から農村にいたるまで幅広く展開していた。

これらの地域文化は，エリート層と，そうでない階層との間で，受容層の比重に相対的な差があり，文化的階層性は確かに存在していたと言える。そのことは，

[*36] マニ教が陸路・海路のいずれから温州へ伝わったのかは不明であるが，たとえば炎亭では，現在も閩南語が話されている〔林順道 1989〕など，陸・海をとわず福建との行き来は盛んであったものと思われる。なお，宋代以降の温元帥信仰を研究したポール・カッツ氏も，その発祥地となった温州平陽県が言語的境界に位置していたことに注目している〔Katz 1995〕。

[*37] 蒼南県は1981年にかつての平陽県の南半分を分離してできた県。福建省と直接境を接する。

北宋末期のマニ教徒たちの蜂起に対する鎮圧に,南宋期温州の思想家たちの先駆にあたる人物たちや直接の祖先が多く関わっていたことからもうかがうことができる〔拙稿 1996〕。

しかしその一方で,それぞれの文化に関わりをもつ人々を,エリート層と非エリート層とに明快かつ排他的に区分し得ない傾向があることにも注意しておかねばならない[*38]。

たとえば南戯について言えば,代表的作品の一つである『荊釵記』の主人公が,南宋期温州出身の状元,王十朋であったり[*39],『張協状元』に陳傅良の門人曹叔遠の族子にあたる曹豳(1170~1249)の詩が引用されていたり,あるいは南宋期に小説を書く芸人グループである書林に属し戯曲執筆にかかわっていたとみられる人物と陳傅良の交遊関係が確認できる〔胡雪岡 1998〕など,温州の士大夫・思想家と南戯との接点は,早くから随所に見え隠れしていた[*40]。この点は,同じ南宋期でも演劇に対して嫌悪感の強かった道学系の思想家たち〔季国平 2003〕とは対照的な部分ではないかと思われる。

また,マニ教の場合も,薛季宣を例にとると,彼の一族の薛開がマニ教の反乱の鎮圧に功をたてたり〔拙稿 1996〕,あるいは伯父薛弼は南宋初期に農民反乱が頻発した地域に福建安撫使などとして派遣され〔黄寛重 2002〕,薛季宣自身も薛弼の任地で少年時代を過ごした。だが,同様にマニ教に対する鎮圧行動に参加していた劉愈(葉適の少年時代の師)の行状において,後に南宋初期になって郷村で貧者の救済に尽力した劉愈の普段の行動を称える一方で,民衆への税負担の増加を問題視する(『浪語集』巻34「劉進之行状」)など,薛季宣をはじめとする温州出身の思想家たちの財政思想の基調である官員・兵員増による苛斂誅求への批判は,

[*38] 中島楽章氏が,英語圏の民衆文化についての研究成果に自身の分析を加えるかたちで,「中国では民衆とエリート文化との距離はより近く,大伝統は農民の世界にもある程度開かれているのである」と指摘しているのは興味深い〔中島 2005:13〕。
[*39] 王十朋は学問系統からいえば,葉適らとは異なるが,王十朋の子である王聞詩・王聞礼兄弟との交遊関係があり,葉適は彼らの墓誌を撰した。なお,南戯の主役に科挙の状元が多かったことについては,〔金文京 2001〕参照。
[*40] また,元代の『琵琶記』の作者として有名な高明(高則誠)は,温州瑞安県出身の進士であった。

むしろ彼ら自身が身近に体験した現実を重要な契機の一つとして形成された思想でもあった。

その後，永嘉県出身者が圧倒的に多かった「永嘉之学」の思想家たちにおいても，くだって陳傅良・葉適の門人にあたる世代には，しだいに瑞安県や平陽県など，永嘉県以外の門人も増加し[*41]，そのことは第2節でも述べたような進士合格者の県別人数の時期的変化とも重なっている。

こうして士大夫文化は，各県の周縁的な場所にもしだいに浸透するようになり，たとえば陳傅良の門人で温州の地方志『永嘉譜』（現存せず）を編纂した曹叔遠（1159～1234）は，瑞安県城から西南へ約20kmほど山中に入った曹村の出身であった。この曹村とは五代十国時代以来のマニ教寺院である明教寺の位置する場所でもあった。

さらに，元代になると，温州の代表的な文人・思想家は，むしろ永嘉県よりも平陽県から輩出するようになり，たとえば詩人の林景熙（1242～1310）や思想家の史伯璿（1299～1354）などは，いずれも平陽県の出身であった。また，元代末期の「選真寺記」を撰した孔克表（1348年進士），炎亭におけるマニ教について「竹西楼記」で詳述した陳高（1314～67／1354年進士）は，いずれも平陽県出身の進士であった。

かつては士大夫たちと対立していたマニ教の寺院の碑を進士合格者が記す背景には，周夢江氏が指摘するように宗教に対する元朝の寛容政策があったと見られる〔周夢江 2001〕が，同時に，温州の地域社会において士大夫文化が周縁部にまで広がってきたという空間的変化も背景としてとらえることができよう。

そして，そうした平陽県の在郷士大夫たちとも交遊関係をもち，仏教や民間信仰にも幅広い接点をもっていた宋濂（1310～81）ら，浙東の思想家をブレーンとする新王朝が誕生する日は，遠からぬところに迫っていた。

[*41] このうち平陽県の状況については別稿を参照されたい〔拙稿 2005〕。

5．おわりに

　以上論じてきたことをもとに，温州の地域文化がもつ意味を考察しておきたい。

　南宋期に独自の思想を生みだした薛季宣・陳傅良・葉適らは，温州の地域社会においては，州城・県城およびその周囲や，それら都市を結ぶ基幹水路に沿った場所を活動の中心としていた。薛季宣のような名族出身者に加えて，陳傅良や葉適のようにさほど富裕ではない教師の家で育った者も全国に名を知られる思想家となったことは，科挙官僚の息子でありその父を亡くしながらも周囲の名族の支援のもとで成長した朱熹や，大家族で同居していた陸九淵の場合などと比べると，社会的流動性の面から注目することができる。そして，温州におけるこうした空間的近接性が，階層的流動性をもたらし，また親密（intimate）な人間関係[42]を形成するための促進要因となっていたものと考えることができよう。

　さらに，温州のエリート文化が，出版の広がりとも結びつきながら，永嘉四霊，江湖詩派へと徐々に通俗化の傾向を見せる一方で，彼らのすぐ周囲では，新たな時代の息吹を象徴するような南戯が演じられ[43]，また，士大夫の集いや仏教結社の行事が催され外国人僧なども出入りしている江心寺のような場が存在するなど，決して士大夫が社会から遊離して閉じた人間関係の中に籠もるのではない[44]，多彩な文化をもつ地方都市の日常空間が形成されていた。

　しかもその文化は，南戯や温元帥信仰のように温州からしだいに都や他の地方都市へも伝播し，周囲の農村・漁村ではマニ教のような外来宗教までもが基層の人々の信仰を集め，それらが地域社会においてしだいにエリート文化との共存・

---

[42] 〔拙稿 2001〕もあわせて参照されたい。
[43] 温州の南戯は，元代においても発展を続け，『琵琶記』の作者高則誠（瑞安県出身）らを輩出する。
[44] 本章では紙幅の関係でほとんど触れなかったが，こうした思想家たちは，同時に，学問的活動や官界でのつきあいなどを通じて，地域をこえたつながりも有していた〔Walton 1999〕。その点については，筆者も既に部分的に言及したことがある〔拙稿 1998a・2003〕が，さらなる分析は別稿でおこないたい。

融合の方向を見せてくる流れを生みだしていた。

　このように南宋を中心とした時期に経済的・文化的な輝きを見せた沿海地域を基盤とした温州の思想家たちにおいて，江南西路撫州でも周縁に位置した金渓県出身の陸九淵や，福建路の山間部で成長し，長い官歴のほとんどを地元で過ごした朱熹[*45]に比べると，家族の秩序やステータスを維持するための方策，あるいは，貧困な農民の救済を目指す方策について，具体的提言は決して多くなかった（〔近藤 1979〕，〔拙稿 1992〕）。

　しかしその一方で，温州は，南宋期全国第2位の多さの科挙合格者を生みだし，陳傅良や葉適の文章には評点が施されて受験参考書にしばしば用いられる〔高津 1990〕など，科挙受験とのつながりは全体として深かった。しかも，そのように科挙合格者数が多いわりに，薛氏（宋代で少なくとも16名の科挙合格者）などを除くと，名族への集中度がさほど高くない[*46]ことは，社会的流動性の高さとかかわる温州の一つの特色と捉えてよいであろう[*47]。

　胥吏を批判した葉適の言葉としてよく知られている「官に封建無く，而るに吏に封建有り」（『水心別集』巻14「吏胥」）という見解も，そうした社会的流動性とは対照的な世襲に対する批判として理解することは可能であろう。また，富人の存在を肯定した言葉としてやはりよく知られている「富人は州県の本，上下の頼む所なり」（『水心別集』巻2「民事下」）という見解も，宮澤知之氏が指摘するがごとく温州永嘉県の土地所有において中産層が比較的多いこと[*48]を考えあわせると，ごく少数の大地主が牛耳る地域社会を想定していたのではないことが窺えるよう

[*45]　朱熹や陸九淵と地域社会の関係については，（〔友枝 1969〕，〔Hymes 1986・1989〕，〔Lee 1993〕，〔市來 2002〕）などを参照した。

[*46]　たとえば両浙路明州では，宋代で確認できるだけでも楼氏30名，史氏26名，汪氏13名，袁氏12名，高氏10名など科挙合格者を多数輩出した名族が目立つ〔拙稿 1998a〕。

[*47]　これに関連することとして，永嘉学派の教師イメージを包容力のある非排他的伝統として捉えようとしているヒルデ・デ・ヴィールドト氏の見解は興味深い〔De Weerdt 2004〕。

[*48]　宮澤知之氏は，温州永嘉県の土地所有について，葉適の民田買い上げ構想のデータから，中産層の所有が比較的多く，上戸と匹敵する社会的比重をもっていた，と指摘している〔宮澤 1985〕。

に思う。

　南宋の思想文化は，福建山間部のみによって代表されるのではなく，江西撫州のみによって理解されるのでもない。ある一つの考え方が絶対的な優位をしめ，そこに帰結していくというよりも，多層的・多元的な地域文化の混在にこそ，南宋という時代が文化的に活況を呈した根源を見いだし得るように思う。本章が扱ったのは，そうした状況の中で，他の地域にもまして南宋という時代に集中的に輝きを見せた東南沿海部の一つの地域の個性である。

〔参考文献〕
◇日本語（50音順）
石田幹之助　1945　『南海に関する支那史料』（生活社）
市來津由彦　2002　『朱熹門人集団形成の研究』（創文社）
伊原　　弘　1991　「中国知識人の基層社会──宋代温州永嘉学派を例として──」（『思想』802号）
岡　　元司　1992　「葉適の宋代財政観と財政改革案」（『史学研究』第197号）
　　同　　　1995　「南宋期温州の名族と科挙」（『広島大学東洋史研究室報告』第17号）
　　同　　　1996　「南宋期温州の地方行政をめぐる人的結合──永嘉学派との関連を中心に──」（『史学研究』第212号）
　　同　　　1998a　「南宋期科挙の試官をめぐる地域性──浙東出身者の位置づけを中心に──」（宋代史研究会研究報告第6集『宋代社会のネットワーク』，汲古書院）
　　同　　　1998b　「南宋期浙東海港都市の停滞と森林環境」（『史学研究』第220号）
　　同　　　2001　「宋代の地域社会と知──学際的視点からみた課題──」（伊原弘・小島毅編『知識人の諸相──中国宋代を基点として』，勉誠出版）
　　同　　　2003　「南宋期の地域社会における「友」」（『東洋史研究』第61巻第4号）
　　同　　　2005　「宋代における沿海周縁県の文化的成長──温州平陽県を中心として──」（『歴史評論』663号）
加藤　瑛二　1997　『日本・中国　陶磁業の立地と環境』（古今書院）
衣川　　強　1973　「秦檜の講和政策をめぐって」（『東方学報・京都』第45冊）
木宮　泰彦　1955　『日華文化交流史』（冨山房）
桑原　隲蔵　1925　「歴史上より観たる南北支那」（『白鳥博士還暦記念東洋史論叢』；のちに『桑原隲蔵全集』第2巻，岩波書店，1968年，所収）
小林　義廣　2001　「南宋時期における福建中部の地域社会と士人──劉克荘の日常活動と

　　　　　　　　　　　　行動範囲を中心に──」(『東海史学』第36号)
近藤　一成　1979　「宋永嘉学派葉適の華夷観」(『史学雑誌』第88編第6号)
斯波　義信　1988　『宋代江南経済史の研究』(汲古書院)
　　同　　　2002　『中国都市史』(東京大学出版会)
鈴木　中正　1941　「宋代仏教結社の研究──元代以後の所謂白蓮教匪との関係より見て
　　　　　　　　　　　　──」(『史学雑誌』第52編第1号)
相田　　洋　1974　「白蓮教の成立とその展開──中国民衆の変革思想の形成──」(青年
　　　　　　　　　　中国研究者会議編『中国民衆反乱の世界』、汲古書院)
高津　　孝　1990　「宋元評点考」(『鹿児島大学法文学部人文学科論集』第31号)
竺沙　雅章　1974　「方臘の乱と喫菜事魔」(『東洋史研究』第32巻第4号；のち『中国仏教
　　　　　　　　　　社会史研究』、同朋舎、1982年、所収)
友枝龍太郎　1969　『朱子の思想形成』(春秋社)
中島　楽章　2005　「村の識字文化──民衆文化とエリート文化のあいだ──」(『歴史評論』
　　　　　　　　　　663号)
野口　鐵郎　1986　『明代白蓮教史の研究』(雄山閣出版)
本田　　治　1984　「宋元時代温州平陽県の開発と移住」(中国水利史研究会編『佐藤博士
　　　　　　　　　　退官記念中国水利史論叢』、国書刊行会)
　　同　　　1996　「宋代温州における開発と移住補論」(『立命館東洋史学』第19号)
　　同　　　2000　「南宋時代の災害と復元のシステム──乾道二年温州を襲った台風の場
　　　　　　　　　　合──」(『立命館文学』第563号)
宮澤　知之　1985　「宋代先進地帯の階級構成」(『鷹陵史学』第10号)
森　由利亜　2002　「近年の米国における中国思想・宗教研究──通俗宗教popular religion
　　　　　　　　　　という範疇をめぐって──」(『東方学』第104輯)

◇漢語　(画数順)
多洛肯　　2004a　『明代浙江進士研究』(上海古籍出版社)
　　同　　2004b　『明代福建進士研究』(上海辞書出版社)
李伯重　　2003　『多視角看江南経済史 (1250-1850)』(生活・読書・新知三聯書店)
何　俊　　2004　『南宋儒学建構』(上海人民出版社)
呉松弟　　1988　「浙江温州地区沿海平原的成陸過程」(『地理科学』第8巻第2期)
　　同　　1990　「宋代東南沿海丘陵地区的経済開発」(『歴史地理』第7輯)
　　同　　2000　『中国人口史』第3巻・遼宋金元時期 (復旦大学出版社)
周厚才　　1990　『温州港史』(人民交通出版社)
周夢江　　1992　『葉適与永嘉学派』(浙江古籍出版社)
　　同　　1996　『葉適年譜』(浙江古籍出版社)

第9章　南宋期温州の思想家と日常空間　　253

同　　　2001　『宋元明温州論稿』（作家出版社）
林　拓　　2004　『文化的地理過程分析——福建文化的地域性考察』（上海書店出版社）
林順道　　1989　「蒼南元明時代摩尼教及其遺跡」（『世界宗教研究』1989年第4期）
金文京　　2001　「南戯和南宋状元文化」（温州市文化局編『南戯国際学術研討会論文集』，中華書局）
季国平　　2003　『宋明理学与戯曲』（中国戯劇出版社）
胡俊林　　2000　『永嘉四霊暨江湖派詩伝』（吉林人民出版社）
胡雪崗　　1998　『温州南戯考述』（作家出版社）
兪雄・兪光　1995　『温州工業簡史』（上海社会科学院出版社）
張宏生　　1995　『江湖詩派研究』（中華書局）
陳増傑（校点）　1985　『永嘉四霊詩集』（浙江古籍出版社）
陳篤彬・蘇黎明　2004　『泉州古代科挙』（斉魯書社）
黄寛重　　2002　『南宋地方武力——地方軍与民間自衛武力的探討』（東大図書公司）
梁必騏　　1993　『広東的自然災害』（広東人民出版社）
梁庚堯　　1997　『宋代社会経済史論集』（下）（允晨文化実業股份有限公司）
曹家斉　　2003　「宋代南方陸路交通幹線沿革述考」（暨南大学中国文化史籍研究所編『宋代歴史文化研究（続編）』，人民出版社）
葉大兵　　1992　『温州民俗』（海洋出版社）
温州区(市)文物管理委員会(編印)　1961　『温州文管会蔵石攷』
温州文物処(編)　1999　『温州古代陶瓷研究』（西泠印社）
程民生　　1992　『宋代地域経済』（河南大学出版社）
楊武泉　　1999　『嶺外代答校注』（中華書局）
虞雲国　　2003　「宋代太湖区域文化述略」（前掲『宋代歴史文化研究（続編）』，人民出版社）
顧宏義　　2003　『教育政策与宋代両浙教育』（湖北教育出版社）

◇英語（アルファベット順）

Braudel, Fernand, 1966 *La mediterranee et le monde mediterraneen a l'epoque de Philippe II*, Arnold Colin.
　（浜名優美訳『地中海』全5冊，藤原書店，1991～1995年）
Chaffee, John W., 1995 *The Thorny Gates of Learning in Sung China*, Cambridge University Press.
De Weerdt, Hilde, 2004 "The Transmitter and the Administrator: Twelfth Century Teacher-images", paper for 37th ICANAS in Moscow.
Ebrey, Patricia Buckley, 1993 *The Inner Quarters: Marriage and the Lives of Chinese Woman in the Sung Period*, University of California Press.

Hartwell, Robert M., 1982 "Demographic, Political, and Social Transformation of China, 750-1550", *Harvard Journal of Asiatic Studies*, 42-2.

Ho, Ping-ti, 1962 *The Ladder of Success in Imperial China: Aspects of Social Mobility, 1368-1911*, Columbia University Press.
（寺田隆信・千種真一訳『科挙と近世中国社会——立身出世の階梯』, 平凡社, 1993年）

Hymes, Robert P., 1986 *Statesmen and Gentlemen: the Elite of Fu-chou, Chiang-Hsi, in Northern and Southern Sung*, Cambridge University Press.

同 1989 "Lu Chiu-yüan, Academies, and the Problem of the Local Community", Wm. Theodore de Bary and John W. Chaffee eds., *Neo-Confucian Education: The Formative Stage*, University of California Press.

Jackson, Peter, 1989 *Maps of Meaning: An Introduction to Cultural Geography*, Unwin Hyman.
（徳久球雄・吉富亨訳『文化地理学の再構築』, 玉川大学出版部, 1999年）

Johnson, David, 1985 "Communication, Class, and Consciousness in Late Imperial China", David Johnson, Andrew J. Nathan, and Evelyn S. Rawski eds., *Popular Culture in Late Imperial China*, University of California Press.

Katz, Paul R., 1995 *Demon Hordes and Burning Boats: The Cult of Marshal Wen in Late Imperial Chekiang*, State University of New York Press.

Lee, Thomas H. C., 1993 "Neo-confucian Education in Chien-yang, Fu-chien, 1000-1400: Academies, Society and the Development of Local Culture", 『国際朱子学会議論文集』下冊, 中央研究院中国文哲研究所籌備処.

Lieu, Samuel N. C., 1992 *Manichaeism in the Later Roman Empire and Medieval China*, 2nd. edition, J. C. B. Mohr (Paul Siebeck).

Oka, Motoshi, 2004 "Elite Families and Graves in Wenzhou during the Southern Song: From the Viewpoint of Local Society", paper for 37th ICANAS in Moscow.

Rankin, Mary Backus, 1986 *Elite Activism and Political Transformation in China: Zhejiang Province, 1865-1911*, Stanford University Press.

Skinner, G. William, 1977 "Regional Urbanization in Nineteenth-Century China", G. William Skinner ed., *The City in Late Imperial China*, Stanford University Press.

So, Billy K. L., 2000 *Prosperity, Region, and Institutions in Maritime China: The South Fukien Pattern, 946-1368*, Harvard University Press.

Walton, Linda A., 1999 *Academies and Society in Southern Sung China*, University of Hawaii Press.

なお、主として一般読者向けに執筆した拙稿「沿海地域社会を歩く——南宋時代温州の

地域文化が育まれた空間——」(『アジア遊学』No.70, 特集「波騒ぐ東アジア」, 2004年12月) も, あわせて参照いただければ幸いである。

(平田茂樹・遠藤隆俊・岡元司編『宋代社会の空間とコミュニケーション』,
汲古書院, 2006年)

第10章　南宋期浙東における墓と地域社会
――対岸社会の一断面――

はじめに

　宋代明州出身の士大夫である楼鑰（1137～1213）の『攻媿集』巻57所収の「天童山千仏閣記」に，日本の僧栄西（1141～1215）が明州の天童山千仏閣修築のために日本から木材を輸送したできごとについて記していることは，従来の研究においてもしばしば紹介されてきたところである[*1]。その「天童山千仏閣記」は，宋代禅宗の体表的な僧である正覚（宏智禅師，1091～1157）が，天童山復興に尽力する過程に言及したうえで，「是れ由り，天童は特だ四明の甲刹たるのみならず，東南数千里，亦た皆な推して第一と為す。遊宦の者は必ず至り，至れば則ち帰るを忘れ，帰りて人に詫る。声は四方に聞こえ，江湖の衲子は至らざるを以て歉と為す」と記しており，南宋期における天童山の隆盛の様子をうかがい知ることができる[*2]。南宋初期以後，天童山の伽藍やその周囲があいついで一新され，「天童山千仏閣記」における栄西に対する顕彰も，その延長線上のできごととして理解することができる。

　その天童山千仏閣の修築に際して日本の良木が用いられたことは，日宋貿易において日本から宋へ木材が硫黄とならんで多量に輸出されていたこととも関係深いことであるが，その輸出は建築材だけでなく，棺としての需要も多かった[*3]。

---

*1　木宮泰彦『日華文化交流史』（冨山房，1955年）など。
*2　宏智正覚については，石井修道『宋代禅宗史の研究――中国曹洞宗と道元禅』（大東出版社，1987年）に詳しい。また「天童山千仏閣記」については，同「中国の五山十刹制度の基礎的研究（一）」（『駒沢大学仏教学部論集』13，1982年）に書き下しが掲載されている。併せて参照されたい。
*3　張隆義「宋代における木材の消費と生産――江南と華北の場合」（『待兼山論叢・史学篇』9，1966年）。

《図1》明州からの直線距離

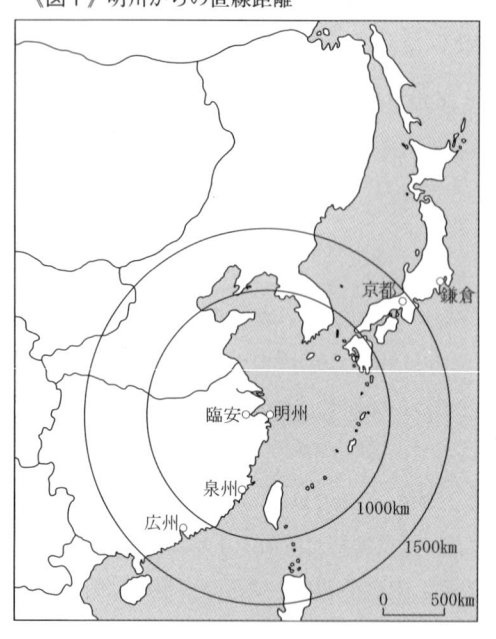

宋に運ばれた木材の産地としては，既に周防の名が挙げられており[4]，また実際に鎌倉時代の博多周辺で周防の材木や檜皮が利用されていたことも確認されている[5]。宋代の臨安府や明州において，米穀が遠くは広南から移入されていた[6]ことなどからすれば，《図1》に示したように日本からの距離は，他の遠隔取引先に比べて決して遠いわけではなく，実際にこれらの地域において日本からの商品輸入は，国内・海外を併せた遠隔地商業の一部に組み込まれていた。

ところでこうした日宋関係において，明州が重要な役割を担っていたことについては，商業上の広範なネットワークにおける位置づけの側面から，榎本渉氏が明らかにしている[7]。また同時に，入宋した日本僧たちの遊歴した寺院は，臨安以外に，明州をはじめとする浙東沿岸地域に多かった。南宋期に制定された禅院「五山十刹」では，臨安府（杭州）の三つの禅寺とならんで明州の天童山景徳禅寺，阿育王山広利禅寺が五山に数えられ，また同じく明州の雪竇山資聖禅寺，温州の江心山龍翔禅寺，台州の天台山国清教忠禅寺が十刹に含められていた。しかも，前掲「天童山千仏閣記」の撰者たる楼鑰も，「五山十刹」の制定を奏請した史彌遠（1164～1233）も，いずれも明州出身の官僚である。とくに史氏一族は，

[4]　森克己『日宋貿易の研究』（国立書院，1948年）。
[5]　岸田裕之「室町幕府・守護と荘園」（『講座日本荘園史4　荘園の解体』，吉川弘文館，1999年）。
[6]　斯波義信『宋代商業史研究』（風間書房，1968年）。
[7]　榎本渉「明州市舶司と東シナ海交易圏」（『歴史学研究』756，2001年）。

多数の官僚を輩出したうえに,「四世宰執」(史才,史浩,史彌遠,史嵩之),「父子宰相」(史浩,史彌遠)(『延祐四明志』巻6「衣冠盛事」)と称された名門にあたり[*8],楼氏一族もやはり名門として,同じ明州の有力官戸である汪氏と代々通婚関係を形成するなどしていた[*9]。

ただし,そうした繁栄の一方で,華北からの移住による人口圧などから,両浙路に広く見られた物価高は,米・布から肉,野菜,木材,土地にまで及んでいた[*10]。このことは浙東の生態環境の悪化とも重なり,紹興府,明州,温州などにおいて森林破壊が進行していたことを示している[*11]。宋代の両浙路が全国で最も火葬のさかんな地域であったことも,単に両浙で仏教が普及していたためだけでなく,土地不足がその原因となっていた[*12]。

しかし,そのような状況にもかかわらず,立派な棺に亡骸をおさめて手厚く葬ることも,むしろ宋代になって広く見られるようになっていた。南宋朝の明州城内には棺の製作加工をおこなっていたとみられる「棺材巷」なる地名が存在しており[*13],しかも日本からわざわざ棺を取り寄せる者もいたわけである。

こうしてみると,日宋貿易の最大の窓口となり,またとくに南宋期の入宋僧が最も頻繁に足跡を残した明州,あるいはその周囲も含めた浙東において,日本の商人や僧たちが過ごした地域社会はどのようなものであったのかを,より日常的

[*8]　Richard L. Davis, *Court and Family in Sung China, 960-1279: Bureaucratic Success and Kinship Fortunes for the Shih of Ming-chou*, Duke University Press, 1986, および,寺地遵「地域発達史の視点――宋元代,明州(慶元府)をめぐって」(今永清二『アジア史における地域自治の基礎的研究』,科学研究費補助金総合研究(A)研究成果報告書,1992年)。

[*9]　伊原弘「宋代明州における官戸の婚姻関係」(『中央大学大学院研究年報』創刊号,1972年)。

[*10]　葉適『水心文集』巻2「民事中」による。呉申元『中国人口思想史稿』(中国社会科学出版社,1986年)および拙稿「南宋期浙東海港都市の停滞と森林環境」(『史学研究』220,1998年)参照。

[*11]　陳橋駅「古代紹興地区天然森林的破壊及其対農業的影響」(『地理学報』31-2,1965年),同「歴史上浙江省的山地墾殖与山林破壊」(『中国社会科学』1983-4,1983年),拙稿「南宋期浙東海港都市の停滞と森林環境」(前掲)。

[*12]　徐吉軍「論宋代両浙的火葬習俗」(鈴木満男主編『浙江民俗研究』,浙江人民出版社,1992年)。

な生活・習俗の視点から明らかにしておくことは，日宋関係についての理解を進めていくうえでも，一つの材料を提供することにつながるであろう。また，とりわけ本書（『中国地域と対外関係』——編者註，以下同）のプロジェクトのねらいが，「国家間の外交・交流ではなく」，「地域」に焦点をあわせた課題を設定しているものである*14ことからすれば，それは日本側だけでなく，対岸の中国についても「地域」の視点から見直していくことも，今後必要とされる作業の一つであろう*15。

　本章は，日宋関係そのものを取り上げるものではないが，宋の木材輸入と多少なりとも関わりをもつものとして，宋代，とりわけ南宋期の浙東沿岸地域——明州以外に，近隣の紹興府・台州・温州も含めて——における埋葬や墓の状況について，当地の社会階層や思想傾向などとも絡めながら分析をおこなうものとしたい。

　従来の宋代の喪葬についての研究は，どちらかといえば火葬に重点がおかれ，また全体としても葬送儀礼に関する制度・思想についての研究が中心であった*16ため，墓を地域社会の実態の面から考察しようとする研究は，非常に少ないように思う*17。これに対し本章では，これまでの喪葬研究において十分には用いられてこなかった墓誌史料をおもな材料とし，他の史料も加えながら，浙東沿岸地域における墓や埋葬をめぐる記述や認識について分析をおこなう。幸いなことに，

＊13　斯波義信『宋代江南経済史の研究』（汲古書院，1988年）。なお，「棺材巷」は，『開慶四明続志』巻7「楼店務地」によれば，天慶観の近くに位置したものと考えられる。天慶観は，『宝慶四明志』巻11「宮観」によると「子城東南一里」とされており，明州内城の近くに位置していた。

＊14　岸田裕之『「中国地域」を中心とする東アジア社会との交流に基づく史的特質の形成とその展開』（科学研究費基盤研究（B）（2）研究成果報告書，2000年）。

＊15　明州の宋元仏画について，「「日本への輸出品」あるいは「日本への土産品」であったという認識が定着し，本来，それらを産みだした文化や社会に対する視線が開かれたことはすくない」（井手誠之輔『日本の美術418　日本の宋元仏画』，至文堂，2001年，18頁）として，明州の地域社会の文脈から捉え直そうとする井手の問題意識は興味深い。また，藤善真澄編著『浙江と日本』（関西大学出版部，1997年），同『中国華東・華南地区と日本の文化交流』（関西大学出版部，2001年），同『福建と日本』（関西大学出版部，2002年）など，関西大学東西学術研究所を中心とした国際共同研究も，日中交流史に地域的な視点を持ち込もうとする数少ない成果であろう。

第10章　南宋期浙東における墓と地域社会　　　261

この浙東地域に関しては，南宋期の士大夫の文集に多数の墓誌が含まれており，さらに，現代においては，新出墓誌を集めた『温州文管会蔵石攷』[18]（温州区〈市〉文物管理委員会，1961年），『台州墓誌集録』[19]（台州地区文物管理委員会・台州地区文化局，1988年）といった墓誌集も併せて利用することができる。

　なお，近年の宋代社会史研究においては，墓誌の使用がさかんとなっている。史料としての墓誌の短所・長所については，既に陶晋生氏が指摘する通り，伝主（墓誌執筆対象者）に対する過分の賛美がおこなわれたり，著者・伝主ともに士大夫・士人であって，商人・農夫・工匠・奴婢についての記載はきわめて少ないとされるなどのデメリットのある反面，伝主の日常をよく伝え，また大量に存在することから数量化することができることなどのメリットがある[20]。宋代，とくに南宋以降，墓誌の執筆対象者は階層的な広がりを見せており，とりわけ新出墓誌

──────────
[16]　徐苹芳「宋元時代的火葬」（『文物参考資料』1956年第9期），蒋義斌「宋代的葬俗──儒家与仏教的另一戦場」（『国際宋史研討会論文集』，中国文化大学，1988年），徐吉軍「論宋代火葬的盛行及其原因」（『中国史研究』，1992年第3期），張邦煒「宋代喪葬習俗挙隅」（『第二届宋史学術研討会論文集』，中国文化大学，1996年）など。また，宋代に限らないものとしては，宮崎市定「中国火葬考」（『塚本博士頌寿記念仏教史学論集』，1961年，後に『宮崎市定全集』17，岩波書店，1993年所収），川勝守「東アジア世界における火葬法の文化史──三──一四世紀について」（『九州大学東洋史論集』18，1990年），徐吉軍・賀雲翺『中国喪葬礼俗』（浙江人民出版社，1991年）などがある。

[17]　両浙路の火葬を分析した徐吉軍「論宋代両浙的火葬習俗」（前掲）は，地域の視点から考察した数少ない研究と言えるであろう。

[18]　『温州文管会蔵石攷』は，温州地区にて出土した晋代1方，北宋7方，南宋20方，元代8方，明代9方の出土石刻を収めたもので，大部分を墓誌が占め，そのほとんどは従来の金石録に収められていないものである。本史料集は，奈良大学の森田憲司教授のご厚意により閲覧の機会を得た。ここに記して謝意を表したい。

[19]　『台州墓誌集録』は，中華人民共和国建国以後に出土した北宋1方，南宋47方，元代4方，明代89方の墓誌を収録している。本史料集を用いた研究としては，寺地遵「南宋末期台州黄巌県事情素描」（吉岡真『唐・宋間における支配層の構成と変動に関する基礎的研究』，科学研究費補助金一般研究（C）研究成果報告書，1993年）が先駆的な成果である。なお，本史料集の臨海県の部分については，つい最近，更に新たな墓誌を加えて，馬曙明・任林豪主編『臨海墓誌集録』（宗教文化出版社，2002年）として出版された。以下の引用においては，後者にも掲載のある場合，両方の頁数を示すこととする。

の史料集からはその傾向が相対的に高くあらわれている。

本章は、そうしたこれまでほとんど利用されてこなかった墓誌史料集も併せ用いつつ、平安時代後半から鎌倉時代前半にかけての日本の対岸にあった南宋浙東地域社会における日常世界の一断面を素描するものである。

1. 死亡から埋葬までの長期化

中国の喪葬において、古来、棺が重要な意味をもっていたことについては、儒教の経書に棺についての詳細な記述のあることからもうかがえるが、南宋の墓誌の中でも、棺への言及は、さまざまな形で見出すことができる。多く見られるものとしては、地域の名士やその婦人、あるいは地方官が、社会救済事業の一環として、棺を支給するというものである。たとえば、明州鄞県の学者（官には就いていない）であった高元之が、「婺士の柳義、逆旅において老い、君は其の窮を哀れみ、郷人を率いて之れに供給し、死すれば之れが為に棺斂し、家において殯するは、皆な人の難き所なり」（『攻媿集』巻103「高端叔墓誌銘」）と記されているように、旅先で亡くなった婺州出身者に入棺から殯（かりもがり）に至るまでをおこなったとされている。また、明州楼氏一族の楼弄の妻張氏が、普段倹約をしていて、同時に困っている人たちに対しても、「病まば給するに薬を以てし、死なば給するに棺を以てする者、日々相い踵ぐ」（『同』巻100「叔祖居士幷張夫人墓誌銘」）として、病人に薬を、死者に棺をしばしば給していたことが記されている。こうした例は枚挙に暇がない。

そして、南宋期においては、紹興府出身で詩人として知られる陸游（1125～1209）

---

*20 陶晉生『北宋士族──家族・婚姻・生活』（中央研究院歴史語言研究所、2001年）。また、つけ加えて言えば、墓誌の記述は、確かに多分に美化された言説ではあるが、何を美化するか、どのように美化するか、そしてまたどのような行動についてしばしば言及するかを通じて、言説の内容の長期的な変化としてとらえることができ、そのことがひいては当時の人々の心性を明らかにすることにもつながる。とくにビバリー・ボズラー氏が唐代の墓誌と宋代の墓誌の強調点の相違を指摘しているのは興味深い（Beverly J. Bossler, *Powerful Relations: Kinship, Status, & the State in Sung China* (960-1279), Harvard University Press, 1998）。

の『放翁家訓』に,「四明・臨安にて倭舟到りし時,三十千を用うれば,一佳棺を得べし」と記されているように,明州や臨安で日本船が来航した時に,日本製の良質な棺が30貫の価格であったことからすれば,棺にかかる費用の多大さの一端をうかがい知ることができる[21]。それだけに,人の死に際して棺をいかに調達するかについても,墓誌の中で美談まじりに語られることが多い。たとえば,明州袁氏一族の袁章が,「昔人謂えらく,「仕宦して貧しきは,好き消息なり」と。吾れ敢えて豊殖すれども以て自ら取戻し,迄に増す所無し」と述べ,「卒するの日,室中は蕭然として以て棺斂する無く,質貸して後に弁ず」(『絜斎集』巻16「叔父承議郎通判常徳府行状」)とあるように借金をしてようやく棺を調達したとされている。多少の誇張が含まれていたとしても,この時期は袁氏の「中衰」の時期にもあたっており[22],決してまったくの作り話でもないように思われる。また,温州平陽県の林杞の末娘で楊興宗(紹興30年進士)の義母であった林氏について,姑の劉氏が死んだ際に,楊興宗の父が棺斂を買えなかったために,林氏が泣いて「吾が頭上の一金釵有らざらんや」と言って,「之れを鬻ぎて棺具わる」(『止斎先生文集』巻47「宜人林氏墓誌銘」)となったことが記されている。

さらに,いかにも海港都市明州らしい話としては,知明州趙伯圭(宗室出身)の行状に,乾道元年(1165)のこととして,真里富国[23]の大商が明州城下において死に,その巨万の財産を吏が没入せんことを請うのに対し,趙伯圭が「遠人,

---

[21] 参考までに,当時(南宋期)の大軍兵士は,月に銭3貫文・米7斗5升を給されたとされる(加俸分を除く)。小岩井弘光の計算では,銭3貫を米1石とすれば月に米換算で1石7斗5升を入手できることになる(小岩井弘光『宋代兵制史の研究』,汲古書院,1998年)。逆に銭換算とすれば12か月で63貫文となり,日本の棺の価格が,当時の大軍兵士の年収の半分にあたることになる。あくまでも数字上の試算にすぎないが,比較的安価であった(張隆義「宋代における木材の消費と生産——江南と華北の場合」,前掲)とされるこうした輸入材の棺でさえ,家計にとって決して軽い負担で購入できるものではないことがうかがえるであろう。

[22] 黄寛重「宋代四明袁氏家族研究」(『中国近世社会文化史論文集』,中央研究院歴史語言研究所会議論文集之一,1992年)。

[23] 真里富国は,真臘国の属国である。藤善真澄訳注『諸蕃志』(関西大学出版部,1990年)38頁,参照。

不幸にして此に至るに、因りて以て利を為すに忍びんや」と言って、棺斂を用意し、その配下の者に柩を守らせて本国に帰した（『攻媿集』巻86「皇伯太師崇憲靖王行状」）とされている。

同じ南宋朝に書かれたとされる朱熹（1130～1200）『家礼』[*24]においても、棺については材質、厚さなど細かく記されているが、墓誌を通してみると、墓誌を書かれた人間が棺に関心をもっているのはもちろんのこととしても、同時に、棺を支給する事例などを通して、それ以外の人々においても、棺を具えることへの関心の高さが垣間見えるように思う。

だが、こうした棺と関わりの深いこととして、宋代の社会問題として浮かび上がっていたのは、人が死亡してから実際に埋葬される期間が長くなっていたことであった。中国においては死亡から埋葬までに、屍を棺に納めて仮に安置する「殯(かりもがり)」と呼ばれる期間がもうけられていたが[*25]、竺沙雅章氏は、宋代に殯の期間が長期化したとして、「墓誌銘などにも、本葬するまで十数年もかかったという例は少なくない」と述べている[*26]。

その長期化の様相について検証するため、墓誌の数の多い南宋期の明州および温州について、試みに南宋期の浙東沿岸部出身の主な士大夫の文集[*27]と『温州文管会蔵石攷』をもとに、墓誌（行状等も含む）から死亡日と埋葬日が特定できるもの、および、日数を明記しているものを集め、西暦に置き換えて、その日数を計算したものが、《表》である[*28]。これは、あくまでも限られた数の文集・史料集からデータをとったものであり、文字通り管見の範囲にすぎないが、そこから

[*24] 近年では、『家礼』を朱熹の作であるとする方向で考える研究者が多くなっている（楊志剛・森本亮介訳「『朱子家礼』の中国近世文化史における位置」『関西大学東西学術研究所紀要』34，2000年）。

[*25] 殯の期間は、『礼記』に天子は7か月、諸侯は5か月、大夫・士は3か月と定められていた。

[*26] 竺沙雅章『宋元仏教文化史研究』（汲古書院，2000年）455頁。

[*27] 本章では、ひとまず試みとして、墓誌の多く含まれている文集を中心に、明州出身者の文集として、楼鑰『攻媿集』、袁燮『絜斎集』、また温州出身者のものとして、林季仲『竹軒雑著』、王十朋『梅渓先生文集』、陳傅良『止斎先生文集』、葉適『水心文集』を用い、紹興府出身の陸游『渭南文集』も加えた。

第10章　南宋期浙東における墓と地域社会　　　265

うかがう限りでも，死亡から100日に満たずに埋葬しているものもある反面，多くは数百日を要しており，中には1000日をはるかに上回っているものもある。

　参考までに，唐代のすべての墓誌からの統計ではないが，毛漢光撰『唐代墓誌銘彙編附考』（中央研究院歷史語言研究所，1984～86年）にもとづいて斎藤忠氏がデータ整理したのによれば，合葬の場合を除く235の事例では，死から葬までの期間は10～29日までが最も多いとされている[29]のと比較すると，明らかに南宋期の死亡から埋葬までの期間が長くなっていることだけは見てとることができるであろう[30]。

[28]　西暦への換算には，方詩銘・方小芬編著『中国史暦日和中西暦日対照表』（上海辞書出版社，1987年）を利用した。なお，墓誌に死亡日・埋葬日が明記されている場合でも，干支で示された日付がその該当する月に存在しないはずのものである事例が少数見られた。これについては誤記の可能性があると考え，この表には含めていない。
[29]　斎藤忠『東アジア葬・墓制の研究』（第一書房，1987年）。
[30]　ちなみに，《表》にもとづいて明州，温州の事例の所要日数を平均すると，それぞれ419.5日，851.6日となる。明州・温州出身の士大夫の文集は当然他に多くのものがあり，また，他地域出身者の文集にも明州人・温州人の墓誌は分散的に収録されている。また今回は女性の墓誌も扱っていない。今回の《表》作成は膨大なデータの途中経過の提示であり，南宋期の浙東の墓誌による殯の期間についての統計処理については，地域・墓誌数を広げて更にデータを集積し，別稿にて詳しく紹介したい。

《表》南宋期明州・温州の墓誌に見られる死亡日・埋葬日の例

〔明州〕

県名	人名	史料	死亡日 (下段は西暦)	埋葬日 (下段は西暦)	所要日数	埋葬場所
鄞県	楼金陽	攻媿集105「績谿県尉楼君墓誌銘」	隆興1.10.丙子 1163.11.16	同年12.庚申 1163.12.30	44日	奉化県長汀先祖冢舎之側
	楼奉	攻媿集100「叔祖居士并張夫人墓誌銘」	乾道9.1.16 1173.1.31	同年12.21 1174.1.25	359日	楊堂郷梅湖之原
	王伯庠	攻媿集90「侍御史左朝請大夫直秘閣致仕王公行状」	乾道9.2.25 1173.4.9	淳熙1.1.9 1174.2.12	309日	奉化県忠義郷之瑞雲山太師墓側
	薛居宝	攻媿集90「直秘閣知揚州薛公行状」	淳熙7.10.4 1180.10.24	淳熙9.6.7 1182.7.9	621日	奉化県志義郷双各嶴原之原
	楼錫	攻媿集85「先兄厳州行状」	淳熙10.5.丁卯 1183.5.26	淳熙11.8.壬午 1184.10.2	495日	奉化県龍潭正議先生之墓左
	姚穎	攻媿集107「通判姚君墓誌銘」	淳熙10.11.13 1183.11.29	同年12.壬申 1184.1.26	58日	鄞之陽堂郷延寿山
	李宗質	攻媿集101「朝散郎李公墓誌銘」	淳熙11.6.15 1184.7.24	淳熙12.12.辛酉 1186.1.4	529日	天童山南奥之原
	姜浩	攻媿集108「贈金紫光祿大夫姜公墓誌銘」	淳熙12.12.癸亥 1186.1.6	淳熙13.2.庚申 1186.3.4	57日	鄞県豊楽郷東山之原
	趙粹中	攻媿集98「龍図閣待制趙公神道碑」	淳熙14.4.甲戌 1187.5.12	同年6.乙酉 1187.7.22	71日	県之陽堂郷同奥之原通奉墓側
	張郯	渭南文集37「朝議大夫張公墓誌銘」	淳熙16.8.7 1189.9.18	紹熙1.10.28 1190.11.27	435日	慶元府鄞県桃源郷西山之原
	袁文	絜斎集16「先公行状」	紹熙1.8.8 1190.9.9	紹熙3.1.丙午 1192.1.18	496日	陽堂郷穆公山之原
	沈煥	絜斎集14「通判沈公行状」	紹熙2.4.戊寅 1191.4.25	同年12.丁酉 1192.1.9	259日	県之翔鳳郷象坎山龍尾之原
	辺友誠	絜斎集20「辺友誠墓碣」	紹熙5.9.庚辰 1194.9.28	同年11.丙午 1195.1.2	96日	鄞県桃源郷石橋嶴之原
	徐子寅	攻媿集91「直秘閣広東提刑徐公行状」	慶元1.5.8 1195.6.17	慶元2.9.丁酉 1196.10.14	485日	鄞県翔鳳郷隠学之原
	王正己	攻媿集99「朝議大夫秘閣修撰致仕王公墓誌銘」	慶元2.3.2 1196.4.2	同年5.丙申 1196.6.15	74日	午嶺之原
	高元之	攻媿集103「高端叔墓誌銘」	慶元3.9.癸丑 1197.10.25	同年12.甲申 1198.1.24	91日	桃源郷蔣山新盛隩之原
	張祖順	攻媿集104「知梅州張君墓誌銘」	慶元3.10.丙子 1197.11.17	慶元4.11.丙申 1198.12.2	380日	鄞県清道郷邵家橋祖塋之側
	辺恢	絜斎集16「辺汝実行状」	慶元3.10.29 1197.12.9	同年12.甲申 1198.1.24	46日	県之桃源郷石橋嶴之原

第10章　南宋期浙東における墓と地域社会　　267

汪大定	攻媿集103「知江州汪公墓誌銘」	慶元4.1.丙辰 1198.2.25	同年12.壬申 1199.1.7	316日	慈渓県石台郷龍潭之原
周　楫	攻媿集103「周伯済墓誌銘」	慶元4.2.壬申 1198.3.13	同年9.丙午 1198.10.13	214日	通遠郷金谷里銀山之原、去祖塋二里而近
安昭祖	攻媿集104「安光遠墓誌銘」	慶元4.7.丙辰 1198.8.24	慶元6.4.丁酉 1200.5.26	641日	鄞県之通遠郷建陳南山
袁　章	絜斎集16「叔父承議郎通判常徳府行状」	慶元5.12.2 1199.12.21	嘉泰1.9.壬申 1201.10.23	671日	慈渓県西嶼郷東嶺之原
汪大猷	攻媿集88「敷文閣学士宣奉大夫致仕贈特進汪公行状」	慶元6.7.庚辰 1200.9.6	同年12.丙申 1201.1.20	136日	慈渓県石台郷龍潭之原
戴　機	攻媿集106「戴伯度墓誌銘」	嘉泰1.2.甲午 1201.3.19	同年12.丁酉 1202.1.16	303日	郷(桃源郷)之万隩
王正功	攻媿集100「朝請大夫致仕王君墓誌銘」	嘉泰3.1.癸未 1203.2.26	同年4.己酉 1203.5.23	86日	鄞県桃源郷排隩之原
史　浚	攻媿集105「朝請大夫史君墓誌銘」	嘉泰3.9.1 1203.10.7	同年12.壬寅 1204.1.11	96日	陽堂郷包家山之原
陳邦臣	絜斎集19「陳承奉墓誌銘」	開禧2.1.戊子 1206.1.6	開禧3.10.己未 1207.11.8	671日	奉化県渓口新建之原
林　碩	攻媿集107「林府君墓誌銘」	開禧2.11.7 1206.12.8	開禧3.3.丙申 1207.4.19	132日	鄞県通遠郷金谷里之赤隖
周　模	攻媿集109「周伯範墓誌銘」	嘉定1.3.29 1208.4.15	同年12.壬午 1209.1.24	284日	通遠郷銀山
袁　方	絜斎集16「叔父迪功郎監潭州南嶽廟行状」	嘉定2.6.庚午 1209.7.11	嘉定3.9.丙午 1210.10.10	456日	陽堂郷南隩之原
楼　鎡	攻媿集109「従兄楼府君墓誌銘」	嘉定4.6.丙申 1211.7.27	嘉定5.8.丙申 1212.9.19	420日	通遠郷金谷之原植徳菴後
楼　鑰	絜斎集11「資政殿大学士贈少師楼公行状」	嘉定6.4.己丑 1213.5.10	嘉定7.2.辛酉 1214.4.7	332日	鄞県通遠郷四明山報忠福禅寺左、馬鞍裒之原
袁　燾	絜斎集20「亡弟木叔墓誌銘」	嘉定6.9.丙午 1213.9.24	嘉定7.2.丙申 1214.3.13	170日	県之翔鳳郷澹門里鍾保隩之原
呉魯卿	絜斎集20「呉君若壙誌」	嘉定7.10.丙申 1214.11.8	嘉定10.2.壬申 1217.4.2	876日	陽堂郷崔隩之原
袁　濤	絜斎集20「従兄学録墓誌銘」	嘉定12.6.24 1219.8.5	嘉定15.12.23 1223.1.26	1270日	天童小白山金隩之原、従先兆也。
李十鑑	絜斎集19「滁州司理李君墓誌銘」	嘉定14.9.己丑 1221.9.25	嘉定15.9.丙午 1222.10.7	377日	陽堂郷太白之原
顧義先	絜斎集19「訓武郎荊湖北路兵馬都監顧君義先墓誌銘」	嘉定15.3.丙子 1222.5.10	同年11.壬申 1223.1.1	236日	邑之翔鳳郷青雷之原

慈谿県	袁　任	蒙斎集18「叔崇禧兵鈐公墓誌」	嘉熙3.9.庚辰 1239.10.12	嘉熙4.2.庚申 1240.3.20	160日	鄞之翔鳳郷青山原
	章　煥	絜斎集20「章府君墓誌銘」	嘉泰2.1.乙亥 1202.2.23	嘉泰4.11.甲申 1204.12.18	1029日	紹興府余姚県通徳郷文後山之原
	胡　玘	絜斎集19「胡府君墓誌銘」	嘉定10.7.10 1217.8.13	嘉定11.12.壬寅 1218.12.23	497日	金川郷覚林僧舎之南岡
	胡　革	絜斎集19「統領胡君墓誌銘」	嘉定12.4.23 1219.6.7	嘉定13.11.壬寅 1220.12.12	554日	金川郷龍山応嶴之原
	馮興宗	蒙斎集18「馮君振甫墓誌銘」	嘉熙1.8.19 1237.9.9	嘉熙3.6.庚申 1239.7.24	683日	殯于金川郷兪芳嶴之原
定海県	曹　虙	攻媿集106「朝請大夫曹君墓誌銘」	嘉泰2.9.1 1202.9.18	嘉泰3.3.癸酉 1203.4.17	211日	奉化県禽孝郷童陳先塋之側，宜人耐焉。
奉化県	鮑俊徳	攻媿集101「鮑明叔墓誌銘」	淳熙10.3.6 1183.3.31	淳熙14.1.己酉 1187.2.16	1418日	嵩渓王奥祖塋之側
	周元卿 (処州遂昌県)	攻媿集101「太府寺主簿周君墓誌銘」	淳熙13.閏7.13 1186.8.29	淳熙14.9.辛酉 1187.10.26	423日	明之奉化県松林郷桃花西奥之原
	馮　湛	絜斎集15「武功大夫閤門宣賛舎人鄂州江陵府駐箚御前諸軍副都統制馮公行状」	慶元1.8.10 (平江府) 1195.9.15	同年12.庚申 1196.1.11	118日	慶元府奉化県禽里郷小海里銅山之原
	黄仁俊	攻媿集103「奉議郎黄君墓誌銘」	慶元2.4.丙子 (黄巌長子官舎) 1196.5.26	同年12.庚申 1197.1.5	224日	禽孝郷車盤嶴之原
	陳居仁	攻媿集89「華文閣直学士奉政大夫致仕贈金紫光祿大夫陳公行状」	慶元3.6.甲寅 1197.6.28	同年12.甲申 1198.1.24	210日	鄞県豊楽郷横渓西奥之原
	王時会	渭南文集37「王季嘉墓誌銘」	慶元6.1.丙申 1200.1.26	同年12.甲午 1201.1.18	358日	某地之原
	蔵日宣	絜斎集19「台州仙居県主簿墓誌銘」	嘉定6.12.4 1214.1.16	嘉定9.閏7.壬寅 1216.9.4	962日	忠義郷傅嶴之原，従先塋也。酒遷程嶴之蔵以合焉。
	胡処約	絜斎集20「胡君墓誌銘」	嘉定8.2.癸卯 1215.3.15	嘉定14.2.甲申 1221.3.24	2201日	邑之松林郷賈渓之原，耐迪功之墓。
	汪　假	絜斎集19「従仕郎汪君墓誌銘」	嘉定11.10.7 1218.10.27	嘉定12.12.壬午 1220.1.27	457日	邑之松林郷安住山
象山県	路　観	絜斎集20「路子齢墓誌銘」	慶元2.5.丁亥 1196.6.6	同年12.己酉 1197.1.14	222日	県之政賢郷大嶴之原
	楊王休	攻媿集91「文華閣待制楊公行状」	慶元6.9.壬申 1200.10.28	嘉泰2.9.庚午 1202.10.16	718日	鄞県通遠郷金谷里四明龍井山之原

〔温州〕

永嘉県	劉　謹	竹軒雑著6「劉知言墓誌銘」	紹興12.4.辛卯 1142.5.25	紹興13.2.庚申 1143.2.18	269日	建牙郷玉清観之前山，距給事(劉安上)墓百歩

第10章　南宋期浙東における墓と地域社会　　　269

朱　京	竹軒雑著6「朱府君墓誌銘」	紹興12.10.壬午 1142.11.12	紹興14.3.癸酉 1144.4.26	531日	建牙郷茭洋之西山
周達節	竹軒雑著6「周季明墓誌銘」	紹興13.12.乙酉 1144.1.9	紹興14.12.壬午 1144.12.31	357日	吹台郷兪奥山祖塋之東
薛　弼	水心文集22「故知広州敷文閣待制薛公墓誌銘」	紹興20.9.20（卒於広州）1150.10.12	紹興22.12.甲申 1153.1.20	831日	永嘉県太平山
薛季宣	止斎先生文集51「右奉議郎新権発遣常州借紫薛公行状」	乾道9.7.戊申 1173.8.27	同年12.壬申（卒後之百四十有四日）1174.1.18	144日	吹台郷慈湖之原
諸葛説	止斎先生文集51「福州長楽県主簿諸葛公行状」	淳熙1.1.庚戌 1174.2.25	淳熙3.12.丙申 1177.1.26	1066日	黄嶼山
胡　序	止斎先生文集47「胡少賓墓誌銘」	淳熙5.後六月（閏6.）丁未 1178.7.31	同年11.辛未 1178.12.22	144日	永嘉県吹台郷梅嶼山先兆之側
張　淳	止斎先生文集47「張忠甫墓誌銘」	淳熙8.元日 1181.1.17	同年11.乙酉 1181.12.20	337日	耐葬於吹台郷桐嶼黄夫人之兆
陳　説	止斎先生文集49「陳習之壙誌」	淳熙12.1.丙午 1185.2.23	同年12.22 1186.1.14	325日	所居里潘塔山之麓
周鼎臣	水心文集24「周鎮伯墓誌銘」	淳熙13.3.29 1186.4.20	淳熙15.12.23 1189.1.11	997日	建牙郷渚浦
薛叔似	温州文管会蔵石攷「薛叔似壙誌」	淳熙14.5.癸丑晦 1187.6.20	同年11.壬寅 1187.12.6	169日	耐於秸師塈祖塋之側
趙昌裔	温州文管会蔵石攷「宋朝奉郎知全州趙君墓誌」	淳熙14.9.丁卯 1187.11.1	淳熙15.11.壬寅 1188.11.30	395日	建牙郷塘下山之奥
戴　厚	攻媿集107「戴俊仲墓誌銘」	淳熙16.11.甲申 1190.1.6	紹熙1.3.辛酉 1190.4.13	97日	徳政郷湖嶼之原
潘朝卿	止斎先生文集49「承事郎潘公墓誌銘」	紹熙1.11.甲寅 1190.12.2	紹熙3.12.丙午 1193.1.12	772日	所居郷横塘何夫人之墓
鄭伯英	水心文集21「鄭景元墓誌銘」	紹熙3.4.戊午 1192.5.29	同年11.壬申 1192.12.9	194日	西山余家奥原上
宋　傅	水心文集14「参議朝奉大夫宋公墓誌銘」	紹熙5.7.丙子 1194.8.5	慶元2.2.庚午 1196.3.21	594日	西山法果寺山
蔣行簡	水心文集18「朝議大夫知処州蔣公墓誌銘」	慶元2.7.2 1196.7.28	慶元3.7.8 1197.8.22	390日	膺符郷瞿嶼乾山
張仲梓	攻媿集104「知復州張公墓誌銘」	慶元5.10.辛酉 1199.10.23	慶元6.10.甲申 1200.11.9	383日	県之吹台郷西山法済院之右
高子莫	水心文集15「高永州墓誌銘」	慶元6.4.23 1200.6.6	嘉泰1.11.9 1201.12.6	548日	永嘉官荘

	葉光祖	水心文集15「致政朝請郎葉公壙誌」	嘉泰3.11.11 1203.12.15	嘉泰4.2.8 1204.3.11	87日	建牙郷無相院山之右
	鮑瀟	水心文集16「朝散大夫主管沖佑観鮑公墓誌銘」	嘉定1.9.癸卯 1208.10.17	同年12.甲申 1209.1.26	101日	父朝散墓東壬山
	徐照	水心文集17「徐道暉墓誌銘」	?	嘉定4.閏.23「距卒四十五日」1211.4.8	45日	塔山・林額両村間
	張季樗	水心文集26「宋故中散大夫提挙武夷山沖佑観張公行状」	嘉泰(嘉定)4.閏2.22 1211.4.7	同年9.24 1211.11.1	208日	瑞鹿西岡
	薛紹	水心文集19「中奉大夫太常少卿直秘閣致仕薛公墓誌銘」	嘉定5.1.2 1212.2.6	嘉定5.12.壬午 1213.1.3	332日	清涼山
	徐璣	水心文集21「徐文淵墓誌銘」	嘉定7.10.20 1214.11.23	嘉定8.10.12 1215.11.4	346日	建牙郷郭渓
	陳世庠	温州文管会蔵石刻「陳世庠壙誌」	嘉定8.12.27 1216.1.17	嘉定14.11.乙酉 1221.11.20	2134日	西嶺慈運寺山，祖塋之西，庚寅(紹定3年)三月辛酉改葬，仍旧址也。
	陳謙	水心文集25「朝請大夫提挙江州太平興国宮陳公墓誌銘」	嘉定9.8.1 1216.9.14	嘉定10.1.丁酉 1217.2.26	165日	建牙郷鵬飛里
	葉徳安	温州文管会蔵石刻「葉徳安壙誌」	淳祐12.11.26 1252.12.28	宝祐4.臘.甲申 1257.1.14	1478日	徳政郷仁王山之原
	戴炳	温州文管会蔵石刻「宋新班承事戴公壙誌」	景定1.5.6 1260.6.16	景定2.10.己酉 1261.11.14	516日	瑞安県帆游郷下湾
	項璡	温州文管会蔵石刻「項璡墓誌銘」	咸淳9.7.19 1273.9.1	咸淳10.臘.18 1275.1.16	502日	帳西郷蒋奥潭頭
楽清県	賈如訥	梅渓先生文集前集20「賈府君行状」	建炎3.5.9 1129.5.28	紹興23.11.17 1153.12.4	8956日	邑之左原
	万世延	梅渓先生文集前集20「東平万府君行状」	紹興24.10.23 1154.11.29	紹興25.1.19 1155.2.22	85日	岐山之陰
	張端弼	梅渓先生文集前集20「張府君行状」	紹興24.12.5 1155.1.9	紹興25.12.11 1156.1.5	361日	里之桂峯祖塋之側
	劉銓	梅渓先生文集後集29「劉知県墓誌銘」	乾道2.11.22 1166.12.16	乾道4.2.丙申 1168.3.14	454日	真如之原
	王聞札	水心文集17「運使直閣郎中王公墓誌銘」	開禧2.6.19 1206.7.26	同年12.辛酉 1207.1.14	172日	白巖
	葉士寧	水心文集18「葉君宗儒墓誌銘」	嘉定3.9.丁亥 1210.9.21	嘉定4.12.甲申 1212.1.11	477日	祔於父墓
瑞安県	陳紹	止斎先生文集50「族叔祖元継壙誌」	乾道2.10.丙戌 1166.11.10	淳熙5.12.丙申 1179.1.16	4450日	所居里西尖之麓

第10章　南宋期浙東における墓と地域社会　　　　　　　　271

	陳孚中	止斎先生文集50「族叔祖元成墓誌銘」	乾道7.6.癸丑 1171.7.14	淳熙6.12.丙申 1180.1.11	3103日	所居里安仁山之東趾
	陳方中	止斎先生文集50「族叔国任墓誌銘」	淳熙12.2.10 1185.3.13	淳熙14.12.壬申 1188.1.5	1028日	嶼山之陽
	陳義民	止斎先生文集49「陳季陽墓誌銘」	淳熙12.12.癸酉（卒奉国官舎）1186.1.16	淳熙13.11.己酉 1186.12.18	336日	周氏葬所居漲西郷洋坑之金山
	沈　昌	止斎先生文集50「沈叔阜壙誌」	淳熙13.1.19 1186.2.10	慶元2.11.21 1196.12.12	3966日	永嘉建牙郷丁么村浄名院山之側
	林淵叔	止斎先生文集49「林懿仲墓誌銘」	慶元1.9.壬辰（卒於揚州司戸）1195.10.15	慶元2.10.癸丑 1196.10.30	381日	林岱山
	周淳中	水心文集13「故朝散大夫主管建寧府武夷山沖佑観周先生墓誌銘」	淳熙16.5.己未 1189.6.15	同年9.壬申 1189.10.26	133日	来暮郷亀巌
	林頤叔	水心文集16「林正仲墓銘」	紹熙1.7.丙寅 1190.8.16	紹興3.10.己酉 1192.11.16	823日	北湖
	陳傅良	水心文集16「宝謨閣待制中書舎人陳公墓誌銘」	嘉泰3.11.丙子 1203.12.16	開禧1.3.庚寅	――	帆游郷淛村前山
	〃	攻媿集95「宝謨閣待制贈通議大夫陳公神道碑」	嘉泰2(3).11.12 1203.12.16	開禧1.3.庚申 1205.3.24	463日	前山
	蔡幼学	水心文集23「兵部尚書蔡公墓誌銘」	嘉定10.7.2 1217.8.5	嘉定11.4.18 1218.5.14	282日	永嘉県吹台郷洋奥山
平陽県	陳堯英	水心文集18「陳秀伯墓誌銘」	淳熙5.11.9 1178.12.19	淳熙10.10.辛酉 1183.11.16	1793日	東山
	章用中	止斎先生文集47「章端叟墓誌銘」	淳熙8.9.1 1181.10.10	同年12.丙午 1182.1.10	92日	?
	鄭　噩	水心文集15「鄭仲酉墓誌銘」	淳熙11.12.6 1185.1.9	「更十二年」慶元2.11.23 1196.12.14	4357日	金舟郷斜渓山
	徐　鈗	止斎先生文集49「徐武叔墓誌銘」	淳熙14.7.18 1187.8.23	淳熙15.2.29 1188.3.28	218日	瑞安常寧寺之後山
	邵叔豹	水心文集15「宋武翼郎新製造御前軍器所監造官邵君墓誌銘」	紹熙5.6.15 1194.7.4	同年12.甲戌 1195.1.30	210日	尚仁原
	陳天賜	止斎先生文集50「陳百朋壙誌」	慶元5.4.戊辰 1199.5.3	慶元5.10.14.癸酉 1199.11.4	185日	平陽万全郷管奥之葉原
	王自中	止斎先生文集50「王道甫壙誌」	慶元5.8.23 1199.9.15	同年11.2 1199.11.21	67日	

蔡必勝	水心文集17「蔡知閣墓誌銘」	嘉泰3.8.甲寅 1203.9.25	開禧1.閏.壬午 1205.10.12	748日	瑞安県霊嶺寺後山
黄正己	水心文集15「承事郎致仕黄君墓誌銘」	開禧1.5.24 1205.6.12	開禧2.3.壬午 1206.4.10	302日	
徐　誼	水心文集21「宝謨閣待制知隆興府徐公墓誌銘」	嘉定1.7.1 1208.8.13	嘉定2.11.1 1209.11.29	473日	鳴山

2．南宋期浙東における埋葬と陰陽家

　以上のように宋代になって埋葬までの期間が長期化した理由は，火葬が広まりを見せたにもかかわらず，同時に土葬による厚葬が依然として多く見られ，とくに竺沙雅章氏が指摘するように「この時代には風水がさかんで，墓地の選定に時間がかかったことによる」とされている[*31]。以下，こうした問題が浙東の墓誌からはどのように観察できるのかを，地域社会との関わりを踏まえつつ分析していきたい。

　まず，当時の人々と墓との関わりについてであるが，陳傅良（1137～1203）『止斎先生文集』巻50「王道甫壙誌」によると，「道甫，温の平陽帰仁郷に居し，晩く県の橘荘に徙る。仙壇僧屋の後山を雅愛し，因りて以て墳を為る。十有一月二日，林夫人は其の柩を奉じて此に葬る」とあるように，温州平陽県の王自中が晩年気に入っていた場所にあらかじめ墓をつくり，そこに葬られたことが記されている。同様に明州鄞県の例としても，袁燮（1144～1224）『絜斎集』巻20「辺用和（辺友益）墓誌銘[*32]」に，辺友益が葬られた鄞県桃源郷西山稠塢の原について，「始め公は其の処を楽しみ，予め規画有り，屋数間を為りてしばしば往来するも厭わず，諸子は其の志に違いて，敢えて易えずと云う」として，やはり本人の願い通りその場所に葬られたという。

　具体的にどのような場所が気に入られていたかと言えば，温州永嘉県の諸葛説

[*31] 竺沙雅章『宋元仏教文化史研究』（前掲）。
[*32] 『絜斎集』巻20「辺用和墓誌銘」の案語によると，この墓誌には冒頭に脱文があった可能性が指摘され，「辺用和墓誌銘」との題が誤りである根拠が列挙されている。案語によって，辺用和の子・辺友益と墓誌銘を考えたい。

は一族の埋葬場所について「必ず寛き地を択ぶ」(『止斎先生文集』巻51「福州長楽県主簿諸葛公行状」) と配慮している。また葉適 (1150〜1223) は妻の父である高子莫に対する「高永州墓誌銘」(葉適『水心文集』巻15) の銘の中で,「山は冥冥として以て雲を宿し, 水は幽幽として梛を撃つ」と, 高子莫が葬られた温州永嘉県の官荘の付近の様子を記している。

《図2》浙東沿岸部の府州および臨安府

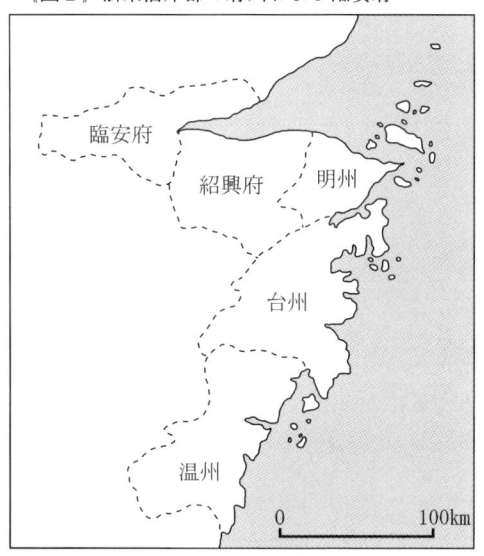

このように緑などの自然が豊かな広い場所が, 墓として好まれていたことがうかがえるが, こうした考え方は, とりわけ宋代に盛行の時期を迎えた風水思想[*33]とも, しばしば結びつけてとらえられていたようである。たとえば, 温州永嘉県孝義郷呉平山に葬られた陳燁の「陳民表墓誌銘」(『水心文集』巻25) の銘文には, 陳燁の子である陳埴の友の沈倜が, その墓を卜して,「呉平は, 一州の地脈の従分する所なり。此に葬らば, 子孫は貴く且つ蕃んならん」との発言があり, 地形のよしあしが子孫の繁栄と結びつけて解釈されている。

南宋期浙東の墓誌には, こうした風水思想との関係で, 吉地・吉日を選択していた例が多く見られる。まず, 埋葬の日取りに吉凶を考慮していた例としては, 袁燮『絜斎集』巻21「太夫人戴氏壙誌」に, 死去した夫の袁文 (文中の先君) の埋葬を進めている際に,「淳熙辛亥 (紹熙辛亥の誤り[*34]) 之冬, 先君の輀車を奉じて墓に及べども, 除夜, 漏は未だ数刻を尽くさざるに, 腹疾作り, 黎明益々侵な

[*33] 何曉・羅雋『風水史』(上海文芸出版社, 1995年)。
[*34] 淳熙年間に「辛亥」の年はない。紹熙2年 (1191) が辛亥にあたる。『絜斎集』巻17「先公墓表」によれば, 袁文が死去したのは紹熙元年 (1190) 8月8日, 妻戴氏が死去したのが同3年 (1192) 正月朔旦とされている。

われ，俄かに救われざるに至る。寔れ正月朔旦なり」とあるように妻戴氏が急死したのだが，諸子たちは，「独り先君の葬日を既に卜せるを念じ，復た易うるべからず，迺ち翼日（よくじつ），大事を襄し（な），退きて棺斂す」とあるように，いったん卜した葬日は変更することなく，袁文の「襄大事」つまり埋葬を済ませたうえで戴氏の入棺をおこなっている。択日をいかに重視していたかをうかがわせる事例である。

さらに，宋代の墓誌でとりわけ目立つようになるのは，吉地へのこだわりである*35。楼鑰『攻媿集』巻107「承議郎孫君墓誌銘」には，紹興府余姚県の孫応時（字・季和）の父・孫介の葬地について，「初め燭渓湖潘山の塢に葬れども，穴は頗る安らかならず，季和の亡くなるや吉卜を新奥竹山に得て，始めて遂に遷葬す」とあるように，いったん葬った者でさえ，よき場所を求めて新たな墓地に改葬することが見られる。また，明州の事例として，『攻媿集』巻105「績渓県尉楼君墓誌銘」にも，「兄は隆興元年十月丙子に卒し，十二月庚申を以て奉化県長汀の先祖の冢舎の側に葬る。嫂は慶元六年七月辛巳に卒し，嘉泰に改元して，吉卜を禽孝郷白石里徐㠗の原に得，二年二月甲申，諸孤は兄の蔵（はか）を遷し，三月丙午朔を以て夫人の柩を奉じて合す」とあり，新たに吉卜の得られた場所があれば，夫人との合葬の機会であるとはいえ，40年近く*36たっていようとも遷葬がおこなわれている。

『温州文管会蔵石攷』の事例を一つ挙げると，「徐時乂妻黃氏壙誌」（9頁表〜裏）に，何らかの事情で夫・徐時乂*37と別居していた黃氏という女性が，故郷永嘉県

---

*35 風水書において，年月，日などを択ぶことに対しては，既に唐代までに批判がなされていたが，宋代以降に見られたような風水書の山岡流水等に関する立説に対する批判は，唐代ではまだ見られないとされている（牧尾良海『風水思想論考』，山喜房仏書林，1994年）。
*36 隆興元年は西暦1163年，嘉泰元年は1201年，同2年は1202年にあたる。
*37 徐時乂の墓誌は，呂祖謙『呂東萊文集』巻8に「分水徐君墓誌銘」として収められている。徐時乂は淳熙2年（1175）に没して故郷の厳州分水県に葬られ，その墓誌には丁氏との間に3男2女がいたとされ，三男の名は文淵・文虎・文富であった。黃氏との間にもうけられていた子は，上が女子，下が男子の2人であり，男子の名は克明といった。淳熙12年（1185）に没した黃氏を葬った「甥」（おい，むこ以外に，娘の子の意もある）とは，黃氏の娘の息子として名の記されている炳・蔚のいずれか，または両人を指すものと考えられる。

にて87歳で没したことに関して,「夫人は甥(むすめむこ)に働き有り。甥は忘れず,遂に吉卜を求め以て葬らんとす。後四年四月壬申,石井後山の原に葬れりと云う」と記しており,夫から遠く離れて余生を送った老女を,その恩を忘れなかった孫が吉卜を求めたうえで埋葬をおこなったとされる。

これらの例をはじめとして,文集所収の墓誌にも,また温州・台州の出土墓誌史料集にも墓地や埋葬日を「卜」することは,数多く見出すことができるが,逆に,よき占卜を得られなかった場合は,埋葬を延期することともなっていた。たとえば,温州永嘉県出身で陳傳良の同年進士であった劉春(字・端木,淳熙7年〈1180〉閏3月没)とその継母の呉氏(淳熙8年〈1181〉6月没)の柩を,淳熙10年(1183)閏11月になって葬ろうとしながら,「将に屋前山の祖壇に祔せんとして,卜人曰く「未だ吉ならず」と。遂に殯す」(『止斎先生文集』巻48「劉端木墓誌銘」)とあるように,占卜にしたがって「殯」とした。劉春の死後,3年半以上たってもまだ劉春の柩は地中に埋葬されずじまいとなっていたのである。

また,温州瑞安県の出身で陳傳良の族兄にあたる陳蹈(紹熙2年〈1191〉8月癸亥没)とその妻楼夫人(慶元元年〈1195〉8月丁巳没)を息子の陳師魯が葬ろうとした時も,「師魯初め未だ卜を得ず,府君を隆平尼院に藁(かりもがり)葬し,慶元三年正月丁酉に至り,遂に西尖の麓に合葬す」(『同』巻50「族兄際可壙誌」)とあるように,吉兆の卜を得られない場合に尼院での殯をおこなっていた[*38]。

ところでこのように墓地・埋葬日の選択には,風水などを業とする「陰陽家」が深く関わっている場合が多かった。北宋期における陰陽家の吉凶禍福説が社会に与えていた影響について,既に安藤智信氏によって論及がおこなわれている[*39]が,北宋期の温州においても「宋故祝夫人墓誌銘」(『温州文管会蔵石玫』7頁表〜裏)によれば,呉輝の妻祝夫人をその子祝潜が永嘉県吹台郷洋奥原の呉輝の墓にまさに祔葬せんとした時,陰陽家が,「壙を啓くに利あらず,迺ち柩を挙げて墓側の饗亭に殯し,以て夫に従うの義を示すは是れ礼なり」と極言していたことを

[*38] 殯の期間に仏寺に棺を置くことはしばしばおこなわれていた(竺沙雅章『宋元仏教文化史研究』,前掲)。

[*39] 安藤智信「北宋期における陰陽家の吉凶禍福説と仏教——墓礼・択日・土地神・祈雨をめぐって」(『大谷学報』64-1,1984年)。

記す。この祝夫人は夫・子ともに無官の者の例である[*40]。

　こうしたことは南宋にもやはり見られ，同様に本人・子供ともに官には就いていない者の事例であるが，台州臨海県の「宋・謝開墓誌」には，謝開が生前に先祖の墓地の地勢を気に入り，同所に葬られるよう希望していたが，子たちがまだ葬っていなかったのに対して，「陰陽家曰く，「唯だ是れ吉なり」」と。将に嘉定癸酉良月二十四庚申を以て，二柩を以て尹氏の兆(はか)に合蔵せんとす。其の山は金家湾と曰い，即ち重暉郷の祖瑩の側にして，治命に従うなり」(『台州墓誌集録』15～16頁，『臨海墓誌集録』26～27頁)とあるように，陰陽家のアドバイスを得て，祖先の墓の側で夫人尹氏の墓に合葬されることとなっている。

　以上の浙東の2例は，いずれも本人(や夫)，息子が官職には就かなかった場合であるが，ただし，前者の「宋故祝夫人墓誌銘」では，この墓誌のはじめの部分に，撰者の祝亜について，「族姪朝清(請)大夫権成都府路計度転運副使紫金魚袋亜撰」と記されていることから，祝夫人の一族には官職に就いた人物を確認することができる。また，呉輝・祝夫人の娘については，「宋故呉処士墓誌銘」(『温州文管会蔵石攷』4頁裏～6頁表)に「女三人，長は朝散郎鄭及に適(とつ)ぎ，早く卒す。次は進士葉景通に適ぎ，次は何執端に適ぐも，皆な早く其の夫を喪い，自ら嫁(とつ)がざるを誓う」と記されており，婚姻関係から言えば，やはり官員とのつながりをもっていた。ただし，ここに「進士」として葉景通の名が出ており，また，後者の「宋・謝開墓誌」でも，やはり謝開の娘たちについて，「女四人，進士汪君巌・李棣・李林に適(とつ)ぎ，季女は即世(しほう)す」として，「進士」の名が列挙されている。しかし，宋代の『嘉定赤城志』や明代・清代の『浙江通志』『台州府志』『温州府志』や県志レベルの進士合格者のリストを見ても，葉景通や汪君巌らの名は見つけることはできない。とするならば，これは宋代の墓誌などがしばしば「郷貢進士」をも「進士」と記載していたのと同様に，実際には中央での進士合格者ではなく挙人(州レベルの解試合格者)であった可能性も高い。そうした「進士」と姻戚関係にもあった呉輝・謝開は，ともに本人や息子たちが学問ないし科挙受

[*40] 祝夫人の夫呉輝は，その墓誌が「呉故処士墓誌銘」(『温州文管会蔵石攷』)とされているように処士，つまり無官の者であり，祝氏との間に産まれた一人息子の祝潜についても，「呉故処士墓誌銘」・「宋故祝夫人墓誌銘」ともに官を記されていない。

第10章　南宋期浙東における墓と地域社会

験の勉強をしていたことが墓誌からうかがえ，いわば知識人であったと言えるが，そうした官職には直接の縁がない人々の墓誌においても，陰陽家との関わりは容易に見出すことができるのである。

　しかし一方，このように風水のよいとされる場所は，前述のように土地の不足に悩まされていた南宋期においては，時として墓地をめぐる争いをも引き起こしていた。たとえば，『水心文集』巻21「夫人陳氏墓誌銘」によれば，温州平陽県の林家が所有していた塩亭山は，「卜者は斗門の北を指して曰く，『是れ冢蔵に宜し』と」とされ，陳夫人の息子である林善補も官にその税を納めていたが，塩亭山を光孝寺が「此れ吾が賜わりし山なり」などと主張したため，有司による調査に至ったが，「定むるに善補を以て直しと為す」という結果となり，陳夫人をその山の原に葬ることができたとされている。

　前掲の《表》の埋葬場所を見ると，墓地は，「山」「山之原」「嶺之原」「山之麓」「嶴之原」など，山やそのすぐ近くであることを表す地形の場所につくられることが多かったようであるが，その意味では，明州鄞県の史漸（1124～94）の墓誌に，知人の埋葬のために史漸が愛していた山を割譲して助力していたことを述べる中で，史漸自身の言葉として，「山有れば，則ち費は十の七を減ず」（『水心文集』巻22「史進翁墓誌銘」）とあるように，墓地の山を入手するのが埋葬にかかる費用全体から言っても大きな割合を占めていたことがうかがえる。

　このため，官員といえども新たな墓をもうけることは決して簡単ではなかったようである。たとえば，『絜斎集』巻18「刑部郎中薛公墓誌銘」に，「公は五たび歴官し，歳月深し。而るに資産は終に甚だ裕かならず，故に多く廉吏を以て薦を為す」とあるように裕福ならざる官僚であったとされる薛揚祖（明州鄞県出身）が，父の墓が「城を去ること幾百里」という奉化県忠義郷にあるのを，「先隴の是の若きの遠きは，子孫も其の至り難きを憚り，声迹も必ず睽れん」と自覚しつつ，しかしなおその墓に自身も葬られることを望んだのは，墓地獲得が決して容易ではなかった事情をうかがわせるものであろう。

　さらに貧しい人物であれば，そもそも埋葬自体が困難になることもあった。『水心文集』巻12「与平陽林升卿謀葬父序」には，「林君は学を好み文有れども，貧しく其の父を葬る能わず」と記されるような事例も見られた。貧しいとはいえ，

学問をしていた人であり，また葉適にこの序を書かせるだけの交遊関係の存在を考え得る人物であることが予想されるが，そのような人物にしても，肉親の埋葬に苦慮することもあったのである。とすれば，知識人でもない一般の人々においては，そのような事態は頻繁にあったものと見られ，南宋期浙東においても，『嘉泰会稽志』巻13「漏沢園」には，紹熙5年（1194）に提挙浙東常平の李大性が紹興府の2か所に義塚を設置した時のこととして，「（徐）次鐸に命じて近郊に走らしめ，寄棺を枚数すれば，凡そ三千余なり」とあるように，埋葬されないままの棺が多数放置されていた状況を見出すことができる。

このように墓地獲得の困難さによって埋葬が容易ではなかったということは，裏を返せば，それが可能な人物・家族は一定の経済的裏付けをもつ有力な一族であったということになり，中には数世代にわたる墓をもうけていた事例が見られる。たとえば，紹興府の黄氏一族は，「今，紹興の新昌に家し，六世の墳墓在り」（『絜斎集』巻13「龍図閣学士通奉大夫尚書黄公行状」）とされていた。また，『止斎先生文集』巻48「新帰墓表」によれば，温州瑞安県の新帰という場所に，林石（1004～1101）の父林定（北宋嘉祐年間〈1056～63年〉埋葬）とその妻戴氏（北宋元符年間〈1098～1100年〉埋葬），林石の孫である林松孫（1168年埋葬）とその妻謝氏（1183年埋葬），林石の曾孫である林仲捐（1172年埋葬）とその妻沈氏（1186年埋葬）の夫婦3組，つまり林氏一族の「凡そ一百二十有九年の間，三兆六柩（はか）」が葬られていたことを記している。

また，竺沙雅章氏が明らかにしているように，朱熹『家礼』がまだ広く普及していなかった宋代には，官僚たちは墳墓のすぐ近くに墓守にあたる墳寺をしばしば置いていた[*41]。先に言及した明州の楼氏の場合，楼鑰の行状に，「（嘉定）七年二月辛酉，諸孤は公の柩を奉じ，鄞県通遠郷四明山報忠福禅寺の左，馬鞍裏の原に葬る」（『絜斎集』巻11「資政殿大学士贈少師楼公行状」）と記されている。この報忠福禅寺とは，『延祐四明志』巻17「釈道攷中」によれば，嘉定2年（1209）に，「是の年，楼参政鑰，請いて功徳院と為り，今の額を賜る」とされているように，功徳院，つまり墳寺であった。

---

*41　竺沙雅章『中国仏教社会史研究』（同朋舎出版，1982年）。

こうした墳寺は国家から勅額を得たものであるが，それとは別に，奏請資格をもたない中下級官僚や在野の士人たちは，墳墓に看管の墳庵を置いていた[*42]。墳庵については文献に記録されることが少ないが，それでも墓誌の記述を丹念にたどると，やはり散見している。たとえば，『台州墓誌集録』所収（47～8頁）の「宋・鄭士元墓誌」は，曾祖父・祖父・父・本人がいずれも官に就かず，子，および娘の結婚相手のいずれにも任官者が確認できない台州黃巖県の「隠士」鄭士元について記す。が，無官とはいえ，母が彼を「京庠に游学せしむ」とあるので，臨安の太学で学んでいた知識人層であったことは間違いないところであるが，彼に対して「事を教うるに於いて最も篤し」と教育熱心さを示したまさにその母が死んだ後，「既にして母卒し，居喪は哀しみを尽くし，葬祭は礼を尽くし，三年の外も，思慕は窮まり無く，遂に室を墓の上に築く」として，扁額に「雲舎」「雲庵」と書いていたのは，墳庵の例と見ることができよう。また，台州臨海県で代々の「豪族」（『水心文集』巻14「忠翊郎致仕蔡君墓誌銘」）であった蔡氏の場合にも，蔡瑞の伯父が「母を葬り，其の地に因りて盧居を為す」（『水心文集』巻12「石菴蔵書目序」）とされており，その庵は「石菴」を名づけられていた。

　以上のように，墳寺から墳庵にいたるまでが，浙東において広く見られていたが，こうした中でも，やはり当時の各地域を代表するような名族の墓地は，とりわけ風光明媚な場所に立地していたようである。こうした各地の名族の墓の中で，浙東における最も典型的な例は，明州史氏の場合であろう。明州の東南郊外に位置していた東銭湖の周辺には，史氏一族の人物たちの墓が数多くもうけられ，近年，墓道の多数の石刻とともにその調査結果が少しずつ発表されている[*43]。

　東銭湖周辺は，北宋期に溧陽から史氏一族が移り住んだ場所であり，したがって史氏一族と関係の深い場所であった。しかも，孝宗期に右丞相となった史浩

[*42] 竺沙雅章『中国仏教社会史研究』（前掲）。
[*43] Richard L. Davis, "The Shi Tombs at Dongqian Lake", *Journal of Sung-Yuan Studies*, 26, 1996, および楊古城・曹厚徳『四明尋踪』（寧波出版社，2002年）などに，簡単な紹介がされている。なお，東銭湖周辺の史氏墓群の調査の現況については，蔡罕氏（浙江万里学院文化与伝播系副教授）および史理庭氏（史氏後裔）からご教示をいただいた。2度にわたって現地を案内してくださった両氏にこの場を借りて謝意を表したい。

(1106〜94)が創建した天台寺院である東銭湖畔の月波寺などにおいて，鎮江の金山寺にならって四時水陸道場が運営されており*44，仏教の活動を通しても地域との関係を有していた*45。

そして，先祖を東銭湖近くに葬るにあたって，史浩は，「五世祖・高祖父母の二代五人は，実に墳墓無し。春秋に汎掃せんとするも，寓する所無きを哀しむ。子孫は相い視て額は泚で色も泪けるも，遂に吉壌を諏び，安厝を図れり」(史浩『鄮峰真隠漫録』巻42「葬五祖衣冠招魂祝文」)として，吉地を選択しているのであるが，その東銭湖とは，「四明の山水は天下の異，東湖の景物は尤も佳致なり」(『同』巻1「東湖遊山」)と史浩が詠んでいるがごとき景勝の地であり，当時の地方志にも「東南の佳地」(『乾道四明図経』巻2・水「東銭湖」)と記されている。同様のことは，史浩が一時期，明州に戻って，東銭湖のそばの山麓に居し，絶景の場所を親とともに散策していた時のことについて，「公は東湖の麓に卜居し，山水勝絶の地を倘佯し，以て親を奉じて歓ばしむ」(『攻媿集』巻93「純誠厚徳元老之碑」)と記されているのにもあらわれている。そして史浩自身，「公を鄞県翔鳳郷吉祥安楽山に葬る」(同前)とされているように，そうした東銭湖畔の山々のうちの一つである吉祥安楽山の麓，東・南・西を山に囲まれた静かな場所に葬られたのである*46。

南宋期の温州随一の名族というべき思想家薛季宣(1134〜73)を出した薛氏一族*47に関しても，温州永嘉県の清涼山に葬られた薛紹の墓誌の銘に，「薛氏の塋，清涼の麓，千尺の飛流，百尋の老木，(中略)山は既に深幽にして，草も亦た茂

---

*44　井手誠之輔『日本の美術418　日本の宋元仏画』(前掲)。また，曹厚徳・楊古城「浙東鄞県東銭湖的南宋仏教文化考」(『仏学研究』〈中国仏教文化研究所学報・年刊〉第2期，1993年)も参照。

*45　竺沙雅章氏によると，史彌遠は墳墓のある大慈山に4墳寺を建てたほか，3道観を功徳所として造っていた(竺沙雅章『中国仏教社会史研究』(前掲))124頁。また，黄敏枝「南宋四明史氏家族与仏教的関係」(漆侠主編『宋史研究論文集』，河北大学出版社，2002年)も参照。

*46　史浩墓の墓道には史浩の神道碑である「純誠厚徳元老之碑」が現存している。

*47　温州の地域社会における薛氏の位置については，拙稿「南宋期温州の名族と科挙」(『広島大学東洋史研究室報告』17，1995年)を参照されたい。

第10章　南宋期浙東における墓と地域社会　　　　　281

好なり」(『水心文集』巻19「中奉大夫太常少卿直秘閣致仕薛公墓誌銘」) と記されているように，墓の近くには滝があり，深く木々や草の緑に包まれていたとされる。明州史氏にせよ，温州薛氏にせよ，南宋期にまさにその地域で最も著名な一族であった。かたや墓地の獲得に汲々とする家がある一方で，このように絶好の景観に囲まれた場所にいくつもの墓をもつ一族もあったことになる。

　さらに，墓地の維持について，明州の楼氏の場合を見よう。『攻媿集』の撰者である楼鑰の父楼璩，弟楼鐀らの墓のある明州奉化県の金鍾之原について，『同』巻60「長汀庵記」によると，楼璩と兄楼錫が淳熙9年・10年 (1182・83) にあいついで死去したため，「庵の右屋は，適ま其の前に在り，前山を礙げずと雖も，而るに神道門は谿次に起ち，相い望む能わず」とされているような，墓と前山との間の神道門などの位置関係が，どうやら問題となったようで，その後，庵の位置を少しずらして建て替え，「是において始めて坦平なるを得，墓は門と直なり，樅・檜を列植し，石獣等を移置すれば，前山と平揖なり，気象は愈よ偉なり」とあるように，墓から門までがまっすぐ見渡せるようになり，前側の山とのつりあいもよくなり，墓の景象がいよいよ立派になったとされている。風水説では，墓のある山と向かい側にある山との高さの関係・バランスが重視されるのであるが，それを是正するために，明州楼氏のごとく出費を厭わずに工事をおこなう一族もあったのである。

　以上のように，急増した人口の圧力のもと，土地が不足していくという南宋期浙東の状況の中で，墓地の獲得は困難となり，埋葬までに長期間要する事例も明らかに多くなっていたにもかかわらず，よき環境の墓地を求め風水にこだわる風潮は強く，とりわけ各地の名族がそうした条件を満たす場所を確保していたことは注目されよう。

3．南宋期浙東の士大夫の喪葬観

　さて，前節で見てきたように，墓や埋葬をめぐる記述は，南宋期の墓誌などに頻出する関心度の高い事柄に属しており，このことは，たとえば温州楽清県出身の王十朋が，『梅渓先生文集前集』巻17「追遠亭記」において，儒家と墨家を比

べながら,「儒と墨とは,其の道,本々相けて用を為し,故に世々之れを孔・墨と謂う。然るに先師孟子独り艴然として之れを闢け,以て親無しと為す,何ぞや。蓋し二家は皆な倹を尚べども,儒は其の身に於いて倹なり,而るに其の親に厚し。墨氏は身・親倶に倹なり。儒の治喪は厚きを以てし,墨の治葬は薄きを以てす」と述べているように,儒教における伝統的な厚葬の考え方が宋代にも継続して見られ,そうした立場の反映とも見られる。

しかし,その一方で,前掲の陸游が『放翁家訓』で日本からの棺の価格に触れた文章の全文をここに示せば,「厚葬は存没に於いて益無く,古今の達人は之れを言うこと已に詳かなり。余の家,既に貧しきこと甚だしく,自ずから此の慮無く,言に形するを待たず。棺柩に至りては,亦た当に力に随うべし。四明・臨安にて倭舟到りし時,三十千を用うれば,一佳棺を得べし。此の一事を弁ずるを念じ欲すれば,衣食に於いて窘しみ,亦た未だ及ぶ能わざれば,終に当に之を具うべし。万一倉卒あらば,此れ即ち吾が治命なり。汝等,第だ能く謹み守り,人言の揺する所と為ること勿かれ。木は土中に入らば,好悪何ぞ別れんや」と記されている。すなわち,厚葬を批判するとともに,棺柩は経済力に応じて用意すればよいとの見解を示し,木は土の中に入れば好悪などないと締めくくっている。『放翁家訓』で陸游は,他にも葬儀の際の香亭・魂亭・寓人・寓馬や,墓の石人・石虎の類などをやめるべきことを説いており,また,一族の陸静之 (紹興府山陰県) の墓誌 (『渭南文集』巻33「浙東安撫司参議陸公墓誌銘」) では,陸静之が治命,つまり生前の命令として,「浮屠の法及び厚葬を用うること勿かれ」と家人を戒め,仏教式の喪葬とあわせて厚葬に対する嫌悪を示していたことも紹介している。

その陸游が『老学庵筆記』において,蔡京 (1047～1126) の父親の墓が風水を考慮して立地されたにもかかわらずその子孫が振るわなくなったことを根拠に「俗師の説信ずべからざるは此の如し」(巻10) として,風水師を批判していたことは,既に先行研究で触れられている[48]が,さらに『渭南文集』においても陸游自身の発言として,「陰陽家の説,人をして拘わりて多く畏しむ。然るに其の法,本々流俗より出で,師の明を待たず,其の妄決を知るなり。或いは適中すと雖も,

---

*48 何暁・羅雋『風水史』(前掲), 張邦煒「宋代喪葬習俗挙隅」(『第二届宋史学術研討会論文集』, 中国文化大学, 1996年)。

第10章　南宋期浙東における墓と地域社会　　　　　　　　　　　　　283

終に信ずるに足らずと為るなり」(巻40「退谷雲禅師塔銘」)とあるように，陰陽家の唱える説が信じるに足りないものであることを指摘している[*49]。

　こうした考え方は，南宋期温州の永嘉学派を代表する人物の一人である陳傅良にも見られる。『止斎先生文集』巻48「朱公向壙誌」によれば，「初め，平陽の俗は速葬を以て壊(わる)からずと為せり，而るに其れ陰陽家の説に流入す」と，平陽における喪葬観の変化を述べたうえで，周の文王の父である王季(季歴)の墓を例に出して，

　　陰陽の説，余は何れの時に起こるかを知らず，而れども其の三代より出でざるを知るなり。王季の葬らるるや，其の墓に水齧して前和を見て後に改葬し，重ねて其の親を動かし危うくするなり。此の如ければ，今の陰陽家に由りて之れを言わば，不祥なること莫大なり，而るに王季の子孫は皆な聖人なり。子孫の聖と愚とは，陰陽家は固より論ぜず，然るに周を造ること数百年，其れ不祥と為るを得ざるなり。甚だしきは，必ず「改葬して後に此れ有り」と曰うが若きは，則ち文・武の生まれて久しく，其の周を造りしは改葬を待たざるなり。又た甚だしきは，且つ三聖人は水齧せる墓の不祥なるを知らず，而して速く改めず，是れ不智なり。其の不祥なるを知らば，必ず前和を見て後に改めしなり，是れ不仁なり。聖人の慮は此に及ばず，而して今日の者曰く，「吾が慮，聖人より過ぐ」と，是れ果たして信ずるに足らんや。然り而して世を挙げて之れに惑うは何ぞや。彼の委巷の民が其の言を怵(お)るるは，妄りに其の親を以て利を徼(もと)むるも然るなり。学士・大夫豈に其の親を以て利を為すに忍びんや，而して焉れに惑う者は又た何ぞや。

と説いている。すなわち，王季の墓が水に浸り「前和」(棺の前端)が露出したのを見て改葬した事例を挙げ，水に浸った墓を陰陽家が不祥だと見なすにもかかわらず，三聖人(文王・武王・周公)の登場や周王朝の繁栄に照らして，陰陽家の説の矛盾を指摘しているのである。

　この墓誌の前半部を占める以上の記述を踏まえ，後半部において陳傅良は，傅

[*49]　以上のような陸游の考えは，喪葬観にとどまるものではなく，彼の社会観や政治的立場とも通じるものであろう。そうした彼の意識を知るうえで，寺地遵「湖田に対する南宋郷紳の抵抗姿勢——陸游と鑑湖の場合」(『史学研究』173，1986年)が参考になる。

良の「友」であり門人でもあった朱㒒*50の使いが平陽県から来て、隆興元年（1163）に死んだ父の埋葬を淳熙11年（1184）になってようやくおこなったものの、乾道２年（1166）に死んだ祖母章氏が父に祔葬されるにとどまるなどしていたため、礼経の通りに葬ることができないと嘆く朱㒒の発言を伝えてきたのに対し、むしろ祖母自身が父に祔葬されることを望んでいたことを指しつつ、これを「陰陽の説に惑わされざる者なり」（同右）と評価している。

　以上のように、南宋期浙東の名だたる士大夫たちの間にも、厚葬や風水思想を厳しく批判する者がいたわけである。そして、実際に浙東の地域社会においても、陰陽にこだわらない価値観を有する者が多くいたことは、貧困や土地不足から火葬を選択する人が両浙に多かったこと*51からもうかがうことができるが、そうした比較的貧しい層の人々だけでなく、同時に、墓誌とともに埋葬された人々――つまり決して貧困ではなかったと見られる人々――の中にも、陰陽家の説に対する同様の嫌悪を示している例が見られる。

　たとえば、台州臨海県の周希祖は、迪功郎の祖父がいたとされるが父・本人ともに官とは無縁となっていた人物である。周希祖とその妻任氏を葬ったことを子・周武孫が記した「宋・周希祖暨妻任氏壙誌」（『台州墓誌集録』39～40頁、『臨海墓誌集録』59～60頁）によれば、両人を葬ったことについて、「是に先んじ、曾祖迪功は是の山に葬る。山は居する所の北一里余に在り。先君の帰蔵の地を営卜せんとするに及び、乃ち迪功と東七十歩に穴して曰く、「陰陽禍福は計る所に非ず。死して祖に親しむを獲、且つ家より遠からざるは、吾が願いなり」と。不肖の孤(みなしご)は先志を敬奉して窆(ほうむ)る」と記しており、陰陽禍福の説よりも、祖父の墓、自宅の近くに葬られることを望んでいた例である。

　また、同様に官には就かなかった人物で、温州永嘉県の宋晉之の父・宋允修*52は、「死せば速葬を欲するも、陰陽家の言に溺れ富貴に幸いなるを以て累年土に入れざるに至ることあらば、孝ならざること大なり」（『攻媿集』巻109「朝散郎致仕宋君墓誌銘」）と述べていたとされている。その宋允修は、「儒術を以て自ら信じ、

---

*50　拙稿「南宋期の地域社会における「友」」（『東洋史研究』61-4，2003年）58頁。
*51　徐吉軍「論宋代両浙的火葬習俗」（前掲）。
*52　ただし、この墓誌の執筆対象者である宋晉之は、地方官を歴任している。

釈・老の説を黜す」との考えをもっており，決して喪葬を軽んじる立場ではなかったと見られるが，陰陽家の説によって埋葬をむやみに遅らせることに対しては，むしろ「不孝」だと批判していた。

　こうした考え方は，官僚ないし宋朝宗室の者にも見られることがあったようである。紹興府余姚県に居していた太祖9世孫の趙師龍は，死ぬ前に，「吾が数,将に尽きんとするも，平生，仏・老に泥まず，鬼神に諂わず，禨祥を好まず，陰陽・卜筮・方術の書を信ぜず，禳禬を為して我をして死を畏れ生を恋う者為らしむることなかれ」（『攻媿集』巻102「知婺州趙公墓誌銘」）と語って，仏教・道教や陰陽等を信じない立場を示している。

　この宋允修と趙師龍の2人は，儒教の立場から仏教への反感をもっていたようだが，第2節で触れた官僚の墳寺等を別にすると，むしろ仏教の広がりが火葬の盛行に影響を及ぼすと同時に，仏教に対する理解から意識的に速葬を願う者も見られた。「宋・楊彦通壙誌」（『台州墓誌集録』24～5頁，『臨海墓誌集録』38～9頁）によれば，台州臨海県の楊彦通が，晩年に仏書を理解し，死に際しても児輩に「妄りに費やす勿かれ」と戒めていた。そして実際に楊彦通は，嘉定辛巳（14年＝1221）10月29日に没して同年閏12月2日には葬られており，実質的に死後2か月少々の期間で葬られているのは，前掲の《表》からも明らかなように，他の墓誌と比較してきわめて速く埋葬された事例といえる。

　なお，以上のような風水に対する批判的な視点の存在は，同じ南宋期の思想家でありながら，好んで風水を談じた福建の朱熹の場合[53]とは傾向を異にしていると言えるだろう。ただし，この点については，宋代福建の地域社会史研究が今後深められていく中で，浙東との共通性・相違性がより明確にされていくものと思う[54]。

[53]　牧尾良海「朱子と風水思想」（『智山学報』23・24，1974年），三浦國雄『風水——中国人のトポス』（平凡社ライブラリー105，平凡社，1995年）。
[54]　なお，福建に関連して言えば，南宋期浙東を取り上げた本章では，どちらかと言えば風水論がもたらす問題の側面にばかり言及してきたが，そのとらえ方は，地域・時代などによって偏差が生じる。明代以降の福建をあつかった上田信「感応する大地——風水」（鈴木正崇編『講座　人間と環境10』，昭和堂，1999年）のように，森林維持にはたした

おわりに

　南宋期における日宋貿易において日本と最も密接な関係にあった両浙路のうち，とくに明州をはじめとする浙東沿岸部の地域社会の，墓や埋葬をめぐる風俗について，本章では素描をおこなってきた。従来の日宋関係史研究において浙東の社会・文化に言及される場合は，仏寺・僧が中心であったかに思われるが，それらにとどまらない地域社会の多様な側面の一つを提示できていればと思う。

　その浙東沿岸部の地域社会において南宋期は，埋葬が一つの重要な社会問題として登場した時期にあたり[*55]，伝統的に厚葬を理想とする考え方，陰陽家の説による墓地・埋葬日の選択などが入り交じり，死亡から埋葬までの日数が長期化し，よい環境を求めて墓地の獲得に奔走する者がしばしば見られた。また，立派な棺を用意する考え方も，森林破壊の進行にもかかわらずあいかわらず根強かった。このため，南宋期の両浙全体においては，土地の入手困難から火葬も流行していたが，棺に亡骸を入れたままに埋葬できないことも広く見られ，社会問題化していた。しかし，このように土地が不足し墓をめぐる争いもしばしば見られた状況にもかかわらず，浙東各地の名族が恵まれた環境の墓を代々維持することができたことに，地域社会の階層構造の一端があらわれていると言えるであろう。

　本章の冒頭に紹介した楼鑰は，明州におけるまさにそうした名族の一員であったが，その楼鑰が栄西を称えた前掲の「天童山千仏閣記」には，「紹興の初め，宏智禅師正覚は，其の寺を撤てて之れを新たにせんと欲し，衆に謀る。蜀僧有り，

風水論の可能性を見てとろうとする視点もある。まさに上田氏が述べているような「冷静に見極める姿勢」をもって，今後，さまざまな地域・時代についての分析を進める必要があろう。

*55　現代においても浙東沿岸地域は，山腹・山麓などに多数の墓を見ることのできる地域の一つであり，寧波地区・温州地区の墓については，社会人類学の渡邊欣雄氏によるフィールドワークの成果がある（渡邊欣雄『風水の社会人類学――中国とその周辺比較』，風響社，2001年）。また，温州付近は独特の「椅子墳」が多く見られる地域であり，椅子墳の形式は，古くは北宋まで遡ることができるとする（何彬『江浙漢族喪葬文化』，中央民族大学出版社，1995年）。

第10章 南宋期浙東における墓と地域社会　　　287

陰陽家の言を以て自ら献じて曰く,「此の寺の未だ大いに顕われざる所以は,山川は宏大なるも棟宇は未だ称わざるなり。師能く層楼傑閣を為り,以て淑霊の気を発越すれば,則ち此の山の名は且に将に時に振い耀かんとす」と。覚は深く之れを然りとす」とあり,正覚による天童山の伽藍整備が,四川の僧が拠ったところの「陰陽家の言」にもとづいたものであったことが記されている。風水思想が影響を及ぼす範囲の広さを,ここにもうかがうことができる。

　本章で取り上げてきた南宋期の浙東は,科挙合格者を多数輩出し[*56],明州の史氏一族に代表されるように南宋政権中枢とのつながりもきわめて強い地域であった。そして同時に,陸九淵(1139〜92)の流れをくむ明州の四明学派や,財政・軍事にすぐれた温州の永嘉学派など,朱子学とは系統を異にするさまざまな思想家を生み出した地域でもあった。楼鑰にしても,112巻にのぼる『攻媿集』の撰者として淹雅な文章を称えられた文人であった。さらには,国家・高官との結びつきを強く保ちつつも中央進出型の僧とは異なる性格をもちつづけていたとされる天童山住持者たちも,浙東における思想の一つのあり方を示していたと言えよう[*57]。

　近代の中国においては,単に「地元」を取り上げる地域研究にとどまらず,地域の特色を全国的な視点で対比的に考察しようとする研究も見られる。そうした研究を進める一人である程民生氏によると,宋代の全国の中でも,両浙路が成都府路とならんで,住まい,飲食,行楽などのさまざまな面で奢侈の風潮が強かった地域であると指摘されている[*58]。景色のよい場所などが選ばれ金をかけて多数の墓がつくられていたことは,両浙路でとくに目立っていたとされる奢侈の風とも通じるものがあろう。

[*56] 南宋期の進士合格者数は,温州が全国第2位,明州が全国第3位であった。拙稿「南宋期科挙の試官をめぐる地域性——浙東出身者の位置づけを中心に——」(宋代史研究会研究報告第6集『宋代社会のネットワーク』,汲古書院,1998年)。
[*57] 明州の史氏や楼鑰と,天童山および曹洞宗との関係については,石井修道『宋代禅宗史の研究——中国曹洞宗と道元禅』(前掲)を参照されたい。
[*58] 程民生『宋代地域文化』(河南大学出版社,1997年)。
[*59] なお,浙東出身者には,宋代だけでなく,後漢の王充(上虞の人),明末清初の黄宗羲(余姚の人)など,他の時代にも,薄葬論者が目立つ。

しかしその一方で，本章でも見てきたように，陰陽説の流行の一方で，それを厳しく論理的に批判する文人・思想家たちがおり，また，墓誌からうかがえたように地域社会の少なからぬ士大夫たちにしても，さまざまな価値観で埋葬をおこなっていた[*59]。

多様な思想が混在する中，立派な墓がつくられる一方で，それが批判され，火葬もおこなわれ，そしてまた，奢侈がはやる一方で倹約を重んじる人々も存在した。宋代という，中国史のなかで社会的流動性が格段に高くなった時期に，しかもきわめて活力——ステータスの顕示から，純粋な意見・思想の提示にいたるまで——のある地域社会として典型的ともいえる場所を，日本の僧や商人たちは訪れていたのである。

(岸田裕之編『中国地域と対外関係』，山川出版社，2003年)

第11章　宋代明州の史氏一族と東銭湖墓群

1．はじめに

　宋代に日本僧がしばしば訪れた天童寺・阿育王寺は，現在の寧波市中心部から東へ10数kmばかり離れた郊外に位置する。その天童寺からすれば西側，阿育王寺からすれば南側，ちょうど寧波平野の広がりが丘陵に突き当たるあたりに位置するのが東銭湖である。この東銭湖の北西岸には，宋代に水陸道場が運営されていた月波寺があり〔井手 2001〕，そして東銭湖の主として東側に，宋代の明州を最も代表する士大夫の一族である史氏一族の墓が点在している。この東銭湖墓群については，本格的な発掘調査はまだ行われていないため，石刻に関する研究を除くと，断片的な紹介がなされるにすぎず[*1]，その全てを把握することは現段階では不可能であるが，現地研究者の協力を得て，科学研究費特定領域研究「東アジアの海域交流と日本伝統文化の形成——寧波を焦点とする学際的創生——」現地調査研究部門のメンバーで踏査をおこなったところ，多数の石像，残された墓道，また墓に付随してつくられた寺院を含めると，当時において相当の威容を誇っていたことが把握できた。今後，さらに本格的な調査が進めば，まさに重要な歴史遺産として，世界の研究者から注目を浴びる存在であると思われる。

　さて，その史氏一族とは，南宋時代に合計26名の科挙合格者が輩出した明州の一族であり，史浩・史彌遠・史嵩之の3世代にわたって宰相を産んでいる。この史氏一族については，かつて米国のリチャード・デービス氏が，1986年に出版したその著書 *Court and Family in Sung China, 960–1279: Bureaucratic Success and*

[*1]　東銭湖墓群の石刻については，麻承照・謝国旗両氏が石刻の作成された時期を検討した共著書と林浩氏の論文，および，多数の写真の掲載された楊古城氏らの著書などがあり（〔麻承照・謝国旗 2003〕，〔林浩 2006〕，〔楊古城等 2006〕），それ以外の墓群自体についてはリチャード・デービス氏，楊古城・曹厚徳両氏，蔡罕氏による紹介がある（〔Davis 1996〕，〔楊古城・曹厚徳 2002〕，〔蔡罕　2005〕）。

Kinship Fortunes for the Shih of Ming-chou において，史氏一族の人物たちの事跡を世代ごとに詳細に論じている。ただし，デービス氏のこの研究に対しては，やはりアメリカのビバリー・ボスラー氏から，明州の他のエリート一族との相互婚姻関係が取り上げられていないことについて批判がなされ，また，台湾の宋代史研究の権威である黄寛重氏からも，デービス氏が「史氏には地域社会における公共活動への協力の精神がない」と論じたことに対して，実際には史氏で最初に宰相となった史浩が，義倉をつくっていたことなどを反例として批判がなされている（〔Bossler 1987〕，〔黄寛重 1990〕）。

本章では，日本の留学僧たちが盛んに出入りしていた明州・慶元府（南宋中期以降の呼称）の諸寺院と深い関わりをもっていた史氏一族が明州地域におけるエリートとしてどのような存在であったかを，主として現地調査研究部門海港地域班でおこなっている東銭湖墓群調査（現地踏査と碑文確認調査）[2]によって得られた史氏一族に関する新たな情報を紹介するかたちで検討してみたい。

2．東銭湖墓群からみた史氏一族

宋代，とくにその中でも，都が現在の浙江省の杭州に移った南宋時代は，中国の歴史の中でも沿海地域の政治・経済・文化的な役割が高まった時期であったと言える。従来は長安・洛陽・開封など，黄河流域の内陸にばかり置かれていた中華帝国の首都は，南宋の杭州（臨安）をはさんで，さらに元朝から明朝・清朝にかけてのほとんどの時期は，海から近い北京に都が置かれることとなる。こうした重心の移動は，海上ルート利用の積極化や，江南から山東経由で北京に通じる大運河の開浚など，経済的大動脈が沿海地域にシフトしたことにあらわれることとなる。また，科挙合格者の地域分布においても，南宋時代の州別科挙合格者数

---

[2] 現地調査研究部門海港地域班で東銭湖墓群調査をおこなったメンバーは，榎林啓介（総合地球環境学研究所：肩書きは当時。以下同。―編者註）・高津孝（鹿児島大学）・水口拓寿（東京大学）・白井康太（九州大学・大学院生）・謝国旗（寧波市鄞州区文物管理委員会弁公室文博館員）である。またご協力をいただいた寧波大学関係者のかたがたに，この場をかりて謝意を表したい。

第11章　宋代明州の史氏一族と東銭湖墓群

《表1》史氏一族の科挙合格者

政和8年（1118）	史　才（史詔子，史師仲弟）
紹興15年（1145）	史　浩（史才甥，史師仲子）
乾道5年（1169）	史彌大（史浩子）
淳熙14年（1187）	史彌遠（史浩子）；史彌忠（史漸子）；史彌忩（史漸子，史彌忠弟）
慶元2年（1196）	史彌遜（史才孫）
慶元5年（1199）	史彌謹（史済子）
嘉定7年（1214）	史彌応（史漸子，史彌忠弟）；史彌忩（史漸子，史彌忠弟）
嘉定10年（1217）	史彌鞏（史彌子）；史巖之（史彌忠子）
嘉定13年（1220）	史嵩之（史彌忠子）
嘉定16年（1223）	史佺之（史師仲曾孫，史淵孫，史彌寧子）
紹定2年（1229）	史望之（史彌忞子）；史及之（史涓孫，史彌林子）
嘉熙2年（1238）	史本之（史浚孫，史彌逮子）
淳祐元年（1241）	史能之（史彌鞏子）；史胄之（史彌鞏子）
淳祐10年（1250）	史俊卿（史彌高孫，史挺之子）
宝祐元年（1253）	史有之（史彌鞏子）
宝祐4年（1256）	史即之（史浚孫，史彌進子）；史常之（史浚孫，史彌遵子）
開慶元年（1259）	史介之（史彌遜子）
咸淳元年（1265）	史蒙卿（史彌鞏孫，史肯之子）；史唐卿（史彌遠孫，史宅之子）

は，第1位が福州，第2位が温州，そして第3位は明州，つまり沿海地域が上位3州を独占し，その後，明清時代においても浙江省・江蘇省は常に科挙合格者を多数生み出す地域となった[*3]。

　このように科挙合格者を多く生み出す地域においては，多数の科挙合格者が輩出する名族も存在し，たとえば明州（慶元府）の場合では，宋一代で楼鑰をはじめ30名の科挙合格者を出した楼氏一族，確認できるだけでも26名の科挙合格者のいる史氏一族，汪大猷ら13名の汪氏一族，袁韶・袁燮ら12名の袁氏一族，高閌・高文虎ら10名の高氏一族などが挙げられる。とりわけ史氏一族が，先にも述べた史浩・史彌遠・史嵩之の3世代にわたって宰相を産みだしたことは，明州の名族の中でもとりわけ目立った政治的栄光であった（《表1》・《図1》）。

　そこでまず本節では，実際の東銭湖墓群の状況を現地共同踏査の成果にもとづいて紹介してみたい。

[*3]　明代における進士数合計は浙江省が最多で江蘇省がそれに次ぎ，清代でも江蘇省が最多で浙江省がそれに次ぐ多さであった〔Ho 1962〕。

《図１》宋代史氏一族　略系図（太字は進士合格者；下線は東銭湖墓群に墓を確認できた人物）

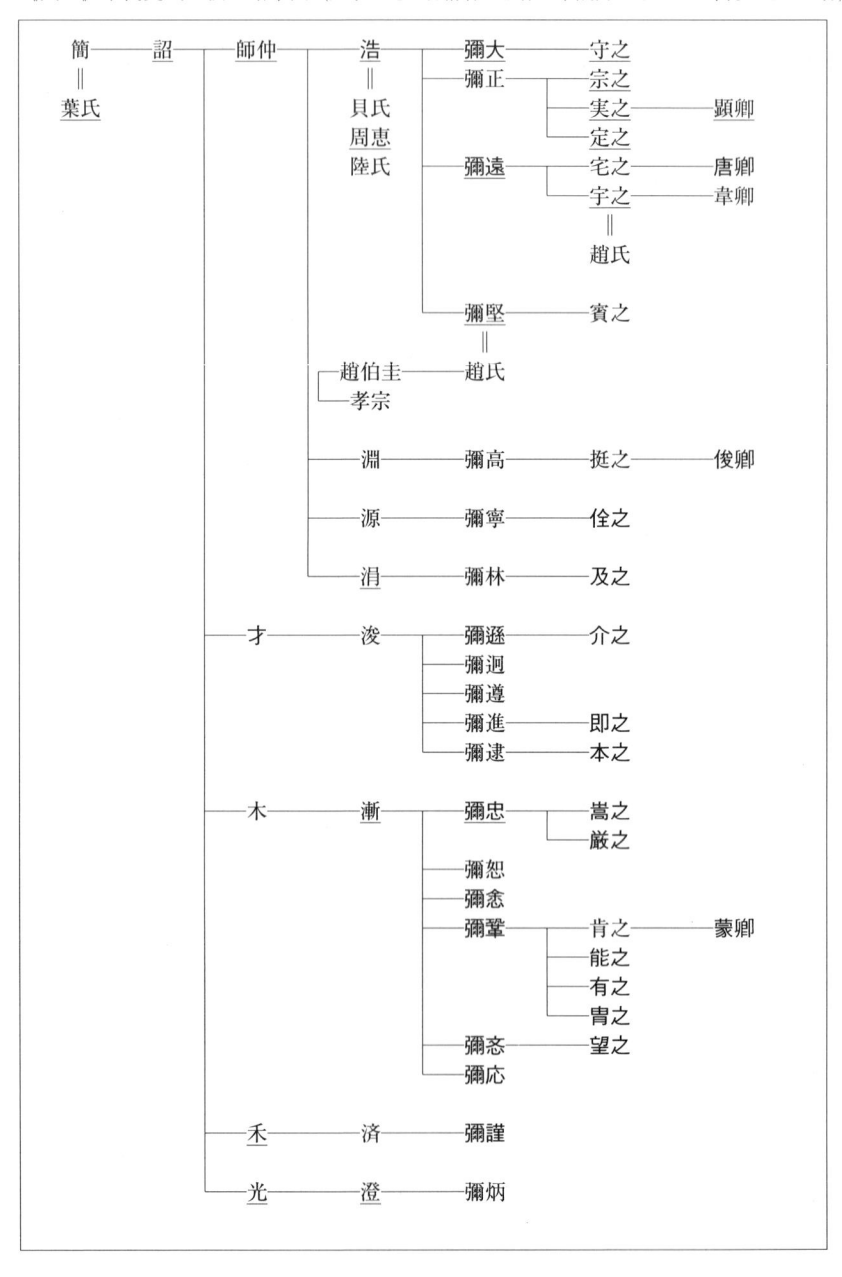

```
簡 ─── 詔 ─── 師仲 ─┬─ 浩 ─────┬─ 彌大 ──── 守之
 ‖                │  ‖        ├─ 彌正 ──┬─ 宗之
葉氏              │ 貝氏       │         ├─ 実之 ──── 顕卿
                  │ 周恵       │         └─ 定之
                  │ 陸氏       ├─ 彌遠 ──┬─ 宅之 ──── 唐卿
                  │           │         └─ 宇之 ──── 韋卿
                  │           │              ‖
                  │           │             趙氏
                  │           └─ 彌堅 ──── 賓之
                  │           ‖
                  │        ┌─趙伯圭──── 趙氏
                  │        └─孝宗
                  ├─ 淵 ──── 彌高 ──── 挺之 ──── 俊卿
                  ├─ 源 ──── 彌寧 ──── 佺之
                  └─ 浧 ──── 彌林 ──── 及之
             ┬─ 才 ──── 浚 ──┬─ 彌遜 ──── 介之
             │              ├─ 彌逈
             │              ├─ 彌遵
             │              ├─ 彌進 ──── 即之
             │              └─ 彌逮 ──── 本之
             ├─ 木 ──── 漸 ──┬─ 彌忠 ──┬─ 嵩之
             │              │         └─ 厳之
             │              ├─ 彌恕
             │              ├─ 彌忿
             │              ├─ 彌鞏 ──┬─ 肯之 ──── 蒙卿
             │              │         ├─ 能之
             │              │         ├─ 有之
             │              │         └─ 冑之
             │              ├─ 彌忞 ──── 望之
             │              └─ 彌応
             ├─ 禾 ──── 済 ──── 彌謹
             └─ 光 ──── 澄 ──── 彌炳
```

第11章　宋代明州の史氏一族と東銭湖墓群　　　293

《図2》から見てとれるように，史氏一族東銭湖墓群は，東銭湖の東側に南北に広がるような分布を示している。そして，東銭湖墓群の中で最も多くの墓が集中しているのが，宰相史浩（1106～94）とその父史師仲の墓が含まれている一帯である。ここには，南宋の皇帝から授けられた「吉祥安楽山」の麓の，袋状の谷地形（《写真1》）の中に，史師仲・史浩の墓を中心として計8か所の墓が点在している。

　風水の考え方からも恰好の場所である谷地形の正面の斜面に位置する史師仲・史浩の墓の手前には，史浩の神道碑「純誠厚徳元老之碑」が現存している。碑の大部分の文字は風化により判読が不可能となっているが，碑から僅かに判読できる文字（《写真2》）を楼鑰『攻媿集』巻93所収の「純誠厚徳元老之碑」と照合させると，まさにその実物であることが確認できる[*4]（《図3》）。

　この神道碑は亀趺（《写真3》）の上に載っていたものであり，更に神道碑の上

《図2》史氏一族東銭湖墓群の位置

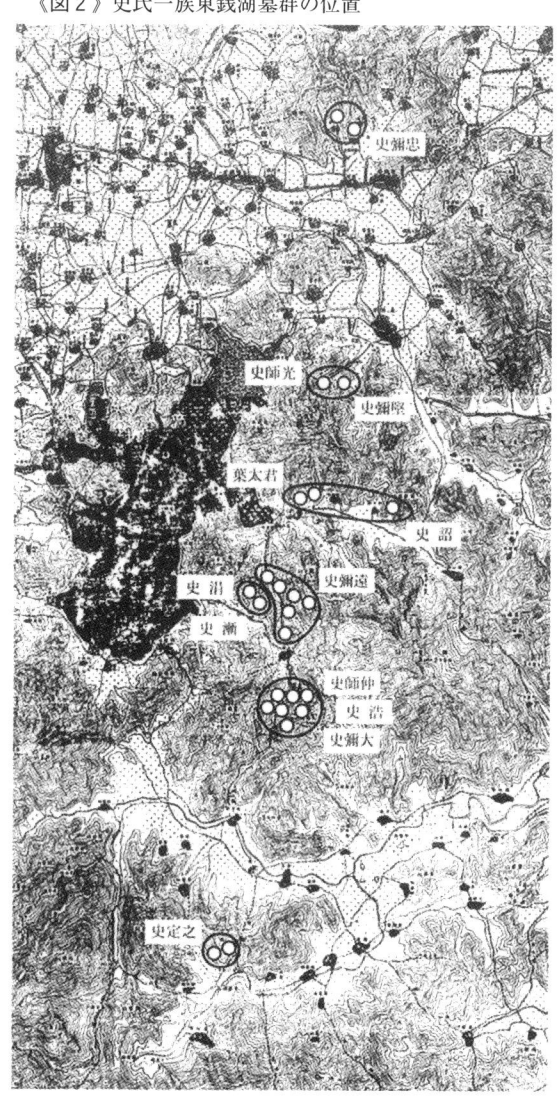

（現地調査研究部門海港地域班作成）

《写真1》史浩らの墓のある吉祥安楽山の麓

《図3》

⑥	⑤	④	③	②	①
：	：	：	：	：	：
：	不	舊	趣	兼	：
：	替	學	行	樞	：
恵	善	贈	密	高
顧	始	恤	命	使	宗
帝	以	之	守	未	被
師	終	典	臣	幾	遇
曰	殆	宜	以	罷	孝
篤	千	從	禮	政

《写真2》「純誠厚徳元老之碑」(一部)

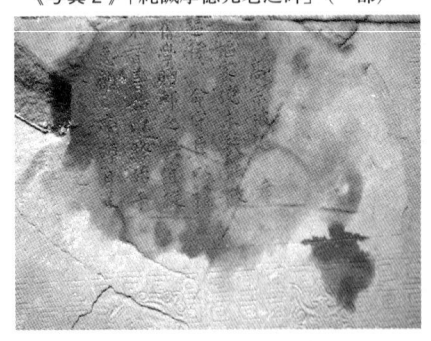

には、南宋第4代皇帝寧宗の御書「純誠厚徳元老之碑」と記した石(《写真4》)が載っていたようで、その残石からはその上半分を確認することができる。

この神道碑の南側に石橋があり、その南西側に史師仲の墓、南東側に史浩の墓があり、それぞれ三〜四つの段になっているその奥に土饅頭型の墳丘がある。史師仲・史浩の墓の間には、磚を敷き詰めた宋代の墓道が残存しており、史浩の長子である史彌大の墓はその墓道(《写真5》)に沿った場所にある。

史浩は、南宋初代皇帝の高宗に気に入られ、さらに第2代皇帝の孝宗にも潜邸時代から仕えていたが、同時に、薛叔似・楊簡・陸九淵・石宗昭・陳謙・葉適・袁燮ら有能な人材を積極的に推薦していたため、それは士大夫社会での美談ともされていた〔蔣義斌 1982〕。他方、その史浩の息子が、南宋後半の1208年から1233年にかけて宰相として専権をふるった史彌遠(1164〜1233)であった。史彌遠の墓は、史氏一族の故里である東銭湖湖畔の下水から南方向へ約2km入ったところに位置し、墓道の入口には宋代のアーチ型の石橋(《写真6》)がかかり、

*4　この照合調査については、本プロジェクト採択前に既に蔡罕氏(浙江万里学院)・山口康平氏(広島大学大学院文学研究科博士課程前期院生)とともにおこない、その成果は蔡罕論文に反映されている。

第11章　宋代明州の史氏一族と東銭湖墓群　　　295

《写真3》「純誠厚徳元老之碑」亀趺

《写真5》史師仲墓から史彌大墓に通じる墓道

《写真4》寧宗御書「純誠厚徳元老之碑」（一部）

《写真7》史彌遠墓の墓道

《写真6》史彌遠墓の石橋

《写真8》現在の大慈寺

そこから墓道が墳丘まで100m前後ほぼ直線に伸びている（《写真7》）。『宝慶四明志』などによると，当時，この一帯には史彌遠および彼の母のためにつくられた墳寺や道観が合計九つもあった。修築を重ねて現在も残っている大慈寺[*5]（《写真8》）だけでなく，たとえば宝華寺（東銭湖と史彌遠墓の間に位置する）のように，当時の遺構からその大きな規模を確認できるものもあり，墳丘の大きな史彌遠の墓や，その周囲の墳寺群を含めると，相当の偉観を誇っていたと考えられる。

さらに史彌遠墓の近くには，史彌遠の母・周恵の墓もある。史浩の妻については，楼鑰『攻媿集』巻93「純誠厚徳元老之碑」に，貝氏の名があがるが史浩に先立つこと39年で亡くなったとされており，史浩の墓に一緒におさめられたが，史浩58歳の時の子である史彌遠は，母の墓を別にもうけたことになる。

ただし，史彌遠の墓については，『宋人軼事彙編』巻18に引かれる『醒心集』に，「史彌遠 阿育王寺を占めて墳を作らんと欲し，衆僧敢えて阻むこと莫し。一小僧曰く，「我 之を止めん」と。偈を作り児童をして之を歌わしむ。偈に曰く，「寺前の一塊の地，常に天子の気有り。丞相 墳を作るを要むるは，何の主意あるかを知らず」と。史の意乃ち息む」と記されているように，もともとは名利阿育王寺の場所に墓をつくろうとしたが，小僧が子供たちに唱わせた偈によってあきらめたとの逸話が残る。専権宰相史彌遠の地元との関わりの陰の側面がうかがえる材料でもある。

史浩・史彌遠らの墓よりも少し北に位置するのが，史彌遠の弟にあたる史彌堅の墓である。史彌堅は科挙には合格しなかったものの，知臨安府，権兵部侍郎な

[*5] 大慈寺については，『延祐四明志』巻17・釈道中・鄞県寺院に，「大慈寺。県東六十里。宋嘉定十三年，史丞相彌遠 創立して功徳寺と為す」と記されている。嘉定13年は西暦1220年のことである。

第11章　宋代明州の史氏一族と東銭湖墓群　　　297

どを歴任して従二品にまで達した。真徳秀・劉宰などといった当時の有名文人とも交遊関係があり，兄の宰相史彌遠とは考えに違いもあったため，政界の兄に引退を勧めることもあった。

《写真9》史彌堅墓の墓道

　この史彌堅の墓は，東北東方向に僅かに開いた袋状の細長い谷の中にあり，そこに長い墓道が断続的に残っている（《写真9》）。その墓道には三つの牌坊があり，第2牌坊の前には史彌堅の神道碑が置かれていたと見られ，現在は二つに断裂した亀趺が残されている。

　史彌堅は，孝宗の提案で孝宗の兄にあたる趙伯圭の娘を娶っている。趙伯圭の行状にも，「女三人，（中略）次なるは新安郡主。朝奉郎直秘閣新権発遣高郵軍事史彌堅に適ぐ」（楼鑰『攻媿集』巻86「皇伯祖太師崇憲靖王行状」）と記されている。この趙伯圭は，明州とも関係の深い人物であり，隆興・乾道年間に約10年間のあいだ知明州兼沿海制置使となった人物である。この間，海寇の鎮圧をおこなうとともに，真臘国の属国にあたる真里富国の大商が明州で亡くなった際に，官吏が財産を没収しようとしたのに対して，「遠人　不幸にして此に至る。因りて以て利を為すに忍びんや」（同）と言って，棺や死に装束を用意して本国に帰させるエピソードを残すとともに，軍事的・外交的に重要な明州の知事として，海賊の鎮圧・招撫などに積極的な成果を残した[*6]。趙伯圭が明州知事になっていた隆興・乾道年間は，1160年代から70年代前半にあたり，ちょうど平清盛が日宋貿易を盛んにおこなった時期にもあたる。

　史氏一族は，明州における一エリート家族として明州内部の名族との婚姻関係のネットワークを形成するだけでなく，こうした宗室との婚姻関係も築いていた。史彌遠の子にあたる史宇之も，東銭湖墓群に墓が存在している人物であり（《写

＊6　この時期の海上防衛体制の整備については，深澤貴行氏の論文が参考になる〔深澤2003〕。

《写真10》史宇之墓の武臣像

真10》),「高平郡主趙氏を娶る」(王応麟『四明文献集』巻5「故観文殿学士正奉大夫墓誌銘」)とされ,妻を皇帝一族(趙姓)から迎えた記録が残っている。

都が杭州(臨安)に置かれた南宋時代においては,両浙路・福建路の沿海府州には宗室の居住者が多く([諸戸 1957],[Chaffee 1999]),明州(慶元府)の科挙合格者にも宗室が多く含まれていた。《図4》は,『延祐四明志』にもとづいて南宋時代の明州(慶元府)の科挙合格者の人数を示したものであるが,系列1は宗室の合格者,系列2は親・兄弟など身近な親族に既に科挙合格者が

《図4》南宋時代の明州(慶元府)の進士合格者内訳

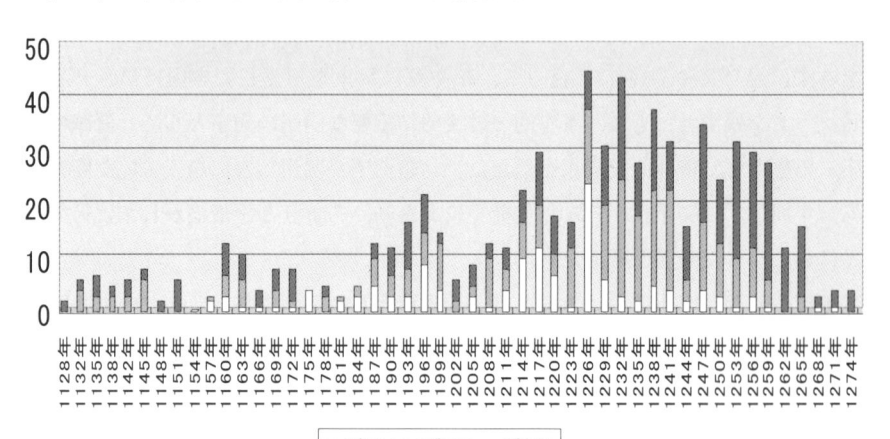

いる者の合格者，系列3はそれ以外を示している。明州（慶元府）の場合，南宋中期から後半にかけて，宗室の合格者が目立っている。こうした点は，明州の知事として隆興・乾道年間に趙伯圭が長くつとめ，また続く淳熙年間前半に第2代皇帝の趙愭が着任していたことなどを考え合わせると，明州近海において北の山東方面や南の福建・広東方面との長距離移動をする商人や海賊が目立つようになり，経済・軍事の重心が陸から海へとシフトする大きな時代の流れの中にあって，明州が，軍事・交通，そして政治的な要地として南宋政権にとって重要な役割をもった地域であったことを示している。

3．史氏一族と科挙・教育

ところで，先に《表1》に示したとおり，史氏一族の科挙合格者は，北宋末期から南宋中期にかけてしだいに増加し，南宋後半にはコンスタントに科挙合格者を出す一族となっていた。ただし，唐代までとは異なり，宋代においては中央政権の宰相もその多くは科挙合格者によって占められていたため，勉学は一族のステータス維持にとって重要な関心事であったが，経済条件や他の条件で，官僚が輩出する一族には有利さがあった[7]反面で，試験である以上，その結果次第では時期や世代によって盛衰の波も実際に見られた[8]。この点，高官が多数輩出した一族といえども，国家権力や官界との関係が必ずしも盤石の安定感をもって持続するとは限らないという科挙社会の一側面が垣間見える。

したがって，史氏一族の墓誌のなかには，科挙に合格できないままに生涯を終えた者のものも含まれることになる。たとえば，史氏一族3人目の宰相の史嵩之の祖父にあたる史漸（1124〜94）の墓誌「史進翁墓誌銘」（葉適『水心文集』巻22）によると，史漸は「太学に入り，呉益恭・石天民を友とす」と記され，徽州出身

---

[7] 科挙合格者の出身階層と官僚身分の関係については，クラッケ氏の説を批判するかたちでロバート・ハイムズ氏が撫州を事例として見解を述べている〔Hymes 1986〕。また，試験官との関係については拙稿を参照されたい〔岡 1998〕。
[8] 明州における各名族の盛衰については，黄寛重氏の著書にもあらわれている〔黄寛重 2006〕。

の呉儆(1125～83)や紹興府(新昌県)出身の石斗文(1129～89)といった他地域出身の同年代の士大夫と、首都臨安を舞台とした交遊関係を形成するなどしていた。呉儆・石斗文はいずれも朱熹・陸九淵・陳亮などといった南宋前半の有名な思想家たちとも交流ないし師弟関係のある人物であった。しかし、そうした友人関係には恵まれながらも、史漸自身は科挙に合格することなく、40歳になってから明州に戻り、「山居」してその子供に学問を教えたとされている。その後、「蓋し君の八子、…(中略)…進士第に登る者五人、以て多しと為すべし」と記されているように、史漸の8人の子供のうち、5人もの子(史彌忠・史彌忩・史彌葦・史彌忞・史彌応)が科挙合格を果たす。「史進翁墓誌銘」の銘に、「学を以て子を立て、子を以て家を立つ」と記されているのは、史漸自身は科挙合格しなかったものの、子供たちに対して熱心におこなった教育を意識して書かれた文言と捉えられよう。

また科挙に合格しなかった史氏一族の人物の墓誌をもう一例挙げると、一世代さかのぼるが、近年、新たに墓誌が出土した史師仲(史浩の父)もそれに該当する。史師仲の墓誌「宋故史希道墓誌銘」(夏承撰)は2002年に出土し、馬兆祥主編『碑銘擷英』(人民美術出版社、2003年)にその拓本の写真版が掲載されてはいるが、細かな部分について判読不能な部分があるため、2005年11月に現地調査研究部門海港地域班でおこなった東銭湖現地調査の際に、横街村にて現物の確認調査をおこなうことができた。判読できた原文、および書き下し文は、下記の通りである[*9]。

これによれば、史師仲は、「君 児童為りしとき、俊爽なること人に過ぎ、七歳にして文を属り、時に警策有れば、語は士夫の口に播かる」と記されて文才を注目された少年時代を経て、太学への遊学、しかし科挙には合格できないままに帰郷し、「意を詩酒に放ち、綵衣の歓に従い、復た名利を以て意に介さず」などといった生活を送ったとされている。その後、母の死を悲しむあまり、本人も病気

[*9] 謝国旗氏の紹介で、横街村村長の畢忠康氏(業余文保員)の許可をいただき、横街村弁公室にて本墓誌の現物確認調査をおこなうことができた。この場を借りて両氏に謝意をあらわしたい。また本墓誌の解釈については、『広島東洋史学報』第13号、2008年をご参照願いたい。

第11章　宋代明州の史氏一族と東銭湖墓群

【原文】

宋故史希道墓誌銘

　　　　　朝散郎　開封少尹　夏　承撰
　　　　　朝散郎御史臺檢法官　王　庭秀書
　　　　　從事郎新太學博士　　鄭　穀題蓋

四明有賢士史君諱師仲字希道年四十有三宣和六年三月二十三日卒于家卜
以靖康元年十二月十二日癸酉葬于鄞縣翔鳳郷上水奥之原友人夏承聞之泣
曰吾故契也習知君之賢謹誌其實且以附名賢者之墓不朽為榮云史氏自衞鰌
以直見稱聖人其後以才德顯者相踵四明史氏世無達官故其世次不可考自君
祖父諱簡蚤喪祖母葉氏有節行保遺腹子曰詔字升之是為君之父壽今七十矣
以德行為郷里師表史氏稱望姓自升之始君為兒童俊爽過人七歲屬文時有警
策語播士夫口未冠游太學籍籍有譽久之試有司數不售一貢下第拂袖而歸乃
放意詩酒從綵衣之歡不復以名利介意君美風姿善吟詠喜飲酒為輩行悅服寬
厚有度襟懷坦然有以機變紛恆乎其前者心深鄙之不詰也後生有清致成一善
可採則欣然稱道如已有之居母夫人憂哀毀過禮俄感疾不起嗚呼人謂希道賢
宜壽且貴而獨不享疑之余以為不然希道少以文學為先生長者器重長以孝友
忠信為親戚欽愛郷黨信慕其死也聞者莫不痛恨有子皆賢雖在攜抱者趣貎皆
可喜是可以無憾矣顧趑趄塵埃進無長策以佐時用退不能求田間舍以給俯仰
者豈可同日語耶故余悅其風而著之以見吾志焉希道娶洪氏生六男若訥若愚
舉進士若谷若樸若冰皆幼三女長許嫁進士陳曄一□□早亡銘□

　　　　　才高而不見用學富而不得盡行孝友忠信而不壽且貴彼天
　　　　　道乎夫誰可量其死也悲其子也賢□□□□憾乎不朽之傳□璋□

【書き下し文】

宋故史希道墓誌銘

　　　　　朝散郎　開封少尹　夏　承撰
　　　　　朝散郎御史臺檢法官　王　庭秀書

從事郎新太學博士　鄭　穀題蓋

　四明に賢士有り。史君，諱は師仲，字は希道。年四十有三にして，宣和六年三月二十三日家に卒す。卜するに靖康元年十二月十二日癸酉を以て鄞縣翔鳳郷上水奥之原に葬る。友人夏承 之を聞き，泣きて曰く，吾が故契なり，君の賢を習知し，謹んで其の實を誌さん。且つ名を賢者の墓に附し不朽たらんことを以て榮と為すと云う。

　史氏は衛の鰌 直を以て聖人と稱えらるるより，其の後，才德を以て顯わるる者 相い踵ぐ。四明の史氏，世々達官無く，故に其の世次は考すべからず。君の祖父諱は簡の蚤に喪してより，祖母葉氏 節行有り，遺腹の子を保つ，詔と曰い，字は升之，是れ君の父為り，壽は今七十なり。德行を以て郷里の師表と為る。史氏の望姓と稱えらるるは升之より始まる。

　君 兒童為りしとき，俊爽なること人に過ぎ，七歳にして文を屬り，時に警策有れば，語は士夫の口に播かる。未だ冠せず，太學に游び，籍籍として譽れ有り。久しうして，有司に試するも，數々售れず，一たび貢せらるるも下第し，袖を拂いて歸り，乃ち意を詩酒に放ち，綵衣の歡に從い，復た名利を以て意に介さず。君は美風にして姿善く，吟詠して飲酒を喜び，輩行の悦服するところと為り，寬厚にして度有り，襟懷は坦然として以て機變する有り。其の前に紛恢たる者は心深く之を鄙しみて詰らざるなり。後生に清致にして一善を成して採るべき有れば，則ち欣然として稱道すること已に之有るが如し。母夫人の憂に居りて哀毀禮に過ぎ，俄かに感疾して起きず。

　嗚呼，人，希道は賢なれば宜しく壽く且つ貴かるべし，而るに獨り享たずと謂い，之を疑う。余以て然らずと為す。希道少くしては文學を以て先生・長者の器重するところと為り，長ずるに孝友・忠信を以てし，親戚の欽愛し郷黨の信慕するところと為る。其の死するや，聞く者は痛恨せざる莫し。子有り皆な賢なり，携抱に在る者と雖も，趣と貌は皆な喜ぶべし。是れ以て憾むこと無かるべし。趑趄たる塵埃を顧みるに，進みては長策の以て時用を佑くる無く，退きては田間に舎を求め以て給する能わず，俯仰は豈に同日に語るべけんや。故に余は其の風を悦びて之を著し，以て吾が志を見さん。希道，洪氏を娶る。

六男を生む：若訥・若愚，進士に擧げらる。若谷・若樸・若冰皆な幼し。三女：長は進士陳曄に許嫁し，一は〔幼（?）〕く，餘（?）は〕早亡せり。銘して〔曰く?〕：

　才高きも用いられず，學富むも盡く行うを得ず。
　孝友にして忠信なるも，壽にして且つ貴からず。
　彼の天道ならんか。
　夫れ誰れか量る可けんや。其の死や悲し。
　其の子や賢にして，
　憾まんや。不朽に之れ傳えん。□璋□。

となって，北宋末期の宣和6年（1124）に43歳で亡くなったが，墓誌最後の銘においては，「才高きも用いられず，学富むも尽く行うを得ず」と記され，才能・学識が生かされずに生涯を終えたことが惜しまれている。この墓誌を撰述した夏承は，同郷の明州鄞県出身，崇寧5年（1106）の進士であり，史師仲のことを「吾が故契」すなわち自分の古くからの友人とし，「君の賢を習知し」と述べている。史師仲の場合も，科挙には合格しなかったものの，史漸の場合と同様に，科挙合格者を含む知識人のネットワークとの交遊関係の確認できる存在であったと言える。

　史氏一族のこうした知的環境や熱心な教育姿勢を考えた場合，東銭湖墓群にやはり墓が残っている史簡の妻・葉氏の存在も見逃すことができないように思う。史氏は北宋時代に溧陽（現在の江蘇省）から明州に移住してきたものの，しばらく官職に就く者がおらず，前掲「宋故史希道墓誌銘」にも，「四明の史氏，世々達官無く，故に其の世次は考すべからず」と記されているような状態であった。しかし，史師仲の祖父にあたる史簡が亡くなった際に妻葉氏が身籠もっており，その遺腹の子史詔が，母のもとで勉学に励み，大観2年（1108）に八行科への推薦を受けた頃から，「宋故史希道墓誌銘」にも記されている「望姓」への道が広がることとなる。

　葉氏の墓は，史氏一族の故里にあたる東銭湖畔の下水地区に現存する史氏祠堂

から最も近い場所にある。葉氏は，鄞県の隣の慈渓県の出身（『宝慶四明志』巻9・列女）とされ，子の史詔を育てる際に，「夫人毎に之を戒めて曰く：「縦(ほしいまま)に聖賢の書を歓びて筆を操り語を作るは，士為る者孰か能わざらん。要ず当に古人を慕いて行己すべきは貴しと為すのみ」と。其の子愈(いよい)よ自ら刻励す」（楼鑰『攻媿集』巻74「跋葉夫人墓誌」）と記されているように，史詔への少しきつい要求もしながら勉強させた結果，史詔は八行科という道徳的に優れているとされる人物の官吏登用に推薦されるまでになったのであった。そして，その史詔の子にあたる史才が進士合格したのが，政和8年（1118）のことであった。明州史氏一族で初めての合格者である史才以後，科挙に合格する者がしだいに増え，史氏一族の繁栄へとつながったことからすると，葉氏は史氏一族が明州地域社会のエリート層においての立場を確立していくための重要な転轍手の役割を果たしたことになると言えよう。

　このように史氏一族が「望姓」へと成長するための葉氏の貢献は，史氏の子孫たちによっても認識されていたと見られ，南宋中期の開禧2年（1206）に史漸の子である史彌忠は，南宋初期の戦乱で破壊されていた葉氏の墓誌の復元をはかるとともに，一族の希望を明州出身の有名士大夫である楼鑰に伝えて跋文を依頼している（前掲「跋葉夫人墓誌」）。また，それより先に，葉氏の墓の側には史浩によって無量寿庵という寺が建てられ，史簡・葉氏夫妻と史詔・徐氏夫妻がそこに祀られていた。無量寿庵は清代の嘉慶年間にも改修がなされ（徐兆昺『四明談助』巻39・東四明護脈「上水・下水」），そして現在，葉氏の墓には「民国乙亥年冬月」（1935年）の年月が記された墓標が立てられており，墓道の入口には史氏一族の墓に特有の石笋一対が立てられている。史浩・史彌遠・史彌堅らの墓がその後，改修を受けず，現時点では実質的に竹林の中に放置されるに近い状態となっているのに対し，葉氏の墓は，東銭湖墓群の中では史氏後裔による管理が現在まで行き届いている数少ない墓となっている。

　このように一族の発展にとって重要な役割を，知識をもった女性が果たすことは，やはり南宋の明州の他の名族を分析した黄寛重氏の近著にも示されており〔黄寛重 2006〕，宋代において決して珍しいことではない。宋代に科挙制度の充実による競争度の高まりによって，たとえば墓誌における女性の記述自体にも，

唐代に比べて変化が生じ，とりわけ息子の教育を熱心におこなった母親についての称賛の記述が増えたことは，宋代墓誌の一つの特徴となっている〔Bossler 1998〕。史氏一族のごとく南宋時代に栄華をきわめた一族においても，その出発点にこうした葉氏のような存在が見出されることは，史氏一族の存在が，後に甚だしい特権化を示すとはいえ，少なくともその上昇過程において，当時の地域社会におけるエリートのあり方とは決して隔たっていたわけではなく，むしろ宋代の流動化した社会においてしばしば見られるようなあり方を示していたと言えよう。

4．エピローグ——その後の慶元府——

　史氏一族3人目の宰相である史嵩之が政治の中心にいたのが1240年代前半であった[*10]が，その後，南宋最末期になると，《図4》に示したごとく，慶元府出身の科挙合格者もしだいに減少していた。同時に，慶元府の科挙合格者の中核をしめていた名族や宗族の出身者も同時に急激な減少が見られる。以後，元代にかけて，史氏一族も特権からは遠ざかり，財産も減らし，一族の衰退へと向かう〔Davis 1986〕。

　ただし，そうした科挙合格者の減少や特権との乖離は，中長期的な明州・慶元・寧波の地域文化として考えたとき，決してマイナスに捉えられるわけではないと思われる。たとえば，南宋末期の慈渓県出身の黄震（1213～80；1256年進士）は，近藤一成氏が近年の研究で「庶の家から科挙を目指す者たちの平均像」と位置づけている〔近藤 2006：201〕ように，政界中央とのつながりが密接であった名族出身者とは性格を異にしており，政治批判の色合いや地域社会改革への指向性も強まる。また，南宋末期から元代にかけての慶元府では，1271年進士の戴表元（1244～1310）は，事功派の影響をうけた史学思想や詩学などに独自性を発揮し，元朝下の慶元における士大夫ネットワークの中心的役割を担った〔申万里 2007〕。『資治通鑑』の注解で史学史上著名な胡三省（1230～1302；1256年進士）も，すぐ

[*10] 史嵩之の政治史的位置づけについては，寺地遵氏の論文を参照されたい〔寺地 1993〕。

《図5》鄞県の地区区分(『民国鄞県通史』・斯波義信『宋代江南経済史の研究』をもとに作成；色塗り部分は海抜100m以上)

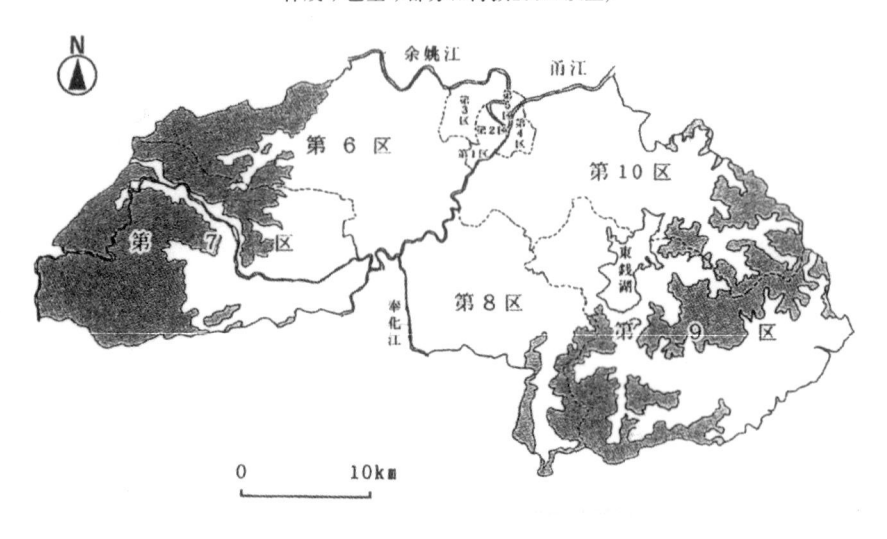

 隣の台州寧海県出身であった。
 最後に，こうした後世との関連性を踏まえるためにも，東銭湖墓群が明州の地域空間の中でどのような場所にあるのかを通して，この地域の空間の中長期的な変化について展望を述べておきたい。先にも触れたように，東銭湖墓群には，墓とあわせて墳寺[11]がもうけられていた。ここでは，こうした墳寺を含む明州の寺院が地域空間の中でどのような分布を示していたのかを手がかりとして，東銭湖墓群の位置づけを地域空間の視点から考えてみたい(《図5》)。
 史氏関係の墳寺は，多くが墓の近くに立地することから，やはり東銭湖の周辺，すなわち《図5》でいえば第9区に含まれることになる。ただし，南宋時代に多くの墳寺がつくられながら，その後，長期間にわたって存続することのできた墳寺は僅かで，かなりの数がしだいに廃されていくこととなる。史氏一族の栄華は，実質的に南宋時代に限定されるものであり，最終的に，『民国鄞県志』によって確認すると，史氏一族と直接関係のある南宋時代の16の寺観のうち，民国期まで

*11 宋代の墳寺については，既に竺沙雅章氏や台湾の黄敏枝氏が詳細に研究されており，明州(慶元府)の墳寺についても多く論及している(〔竺沙 1982〕，〔黄敏枝 1989・2002〕)。

第11章　宋代明州の史氏一族と東銭湖墓群

《表2》鄞県寺観の地区別創建・重修統計（『民国鄞県志』による）

創建・重修合計	1・2区	3区	4区	6区	7区	8区	9区	10区
晋代	0	0	0	0	0	0	0	2
唐前半	4	0	0	0	0	1	0	1
唐後半	11	0	2	5	10	9	5	2
五代	10	0	2	1	6	6	9	2
北宋	15	1	3	12	11	16	7	7
南宋	34	0	1	11	12	19	18	9
元代	62	2	8	28	13	27	9	20
明前半	46	0	5	13	22	12	19	18
明後半	25	0	3	9	14	27	12	19
清前半	34	0	5	30	27	39	26	23
清後半	58	3	3	85	34	70	11	25

残存したのは僅か4寺に過ぎなかった。

　しかし，史氏関係以外の寺院が同様の趨勢をたどったわけではもちろんなく，明州・慶元府・寧波全体で見れば，重建・重修を繰り返して民国期まで存続した寺院も，非常に多く見られる。また，新たな寺院が相次いで建てられた地域もあった。地方志の記載から，晋代から清代に至るまでの鄞県の寺観について，創建および重修・重建などの記事を地区別に統計化したのが，《表2》である。

　鄞県の寺院分布については，Timothy Brook 氏が明末の仏教についての著書の中で，都市部と郷村部に分けて，宋から明への変化として，郷村部の寺院数の比率が大幅に増えたことを指摘している。しかし，Brook氏の分析は，郷村部についてそれ以上の地区別分析をおこなっているわけではなく，鄞県の史料・史跡の残存状況からすれば，より細かな分析が可能である。鄞県に数多く存在した寺院が実際にどのような場所に位置していたかについては，科研寧波プロジェクト現地調査研究部門による位置確認調査を進めてはいるが，まだ調査が完了していないため，ここでは総合的なデータ提示ができないので，本章ではごく概観的に『民国鄞県志』にもとづく10地区に区分して時代的変化をたどっておきたい。

　各地区の位置を概観しておくと，1区・2区は明州州城・寧波府城の城内にあたり，3区・4区・5区は城のすぐそばの狭い範囲である。6区は，北宋時代に埋め立てられた広徳湖を含み，城の西側，余姚江の南側に広がる平地である。7

区は，它山堰やその上流の山地を含む場所で，6区の南側，鄞県全体の南西端にある山がちの地区となる。8区は鄞県の南部中央にあたり，奉化県との境に広がる平野部である。9区は東銭湖からその南東側の山地帯にまたがる地域であり，史氏墓群や墳寺の多くはここに含まれる。そして10区は城の東の平野部を中心として，東側に阿育王寺・天童寺のある山麓・山地部も含む。

　晋代に創建された10区東部の阿育王寺・天童寺，また，宋代に史氏一族が多数つくった9区の東銭湖周辺の墳寺は，いずれも寧波平野が山地と接する東郊外の地域に集中していることになる。各寺は山に囲まれ，風水のうえでも適した場所が多い。ところが，これとは対照的に，元の時代から，明代前半の停滞期を過ぎて明代後半から清代後半にかけての時期においては，寺院の創建や重修などが，とくに平野部で増加することになる。とりわけ清代の6区・8区はそうした傾向が顕著にあらわれていると言える。

　その背景には，地域経済のどのような変化があったのだろうか。それを解く一つの鍵は，斯波義信氏・小野泰氏・松田吉郎氏・西岡弘晃氏らによる寧波の地域発達史に関する研究，とりわけ水利開発史研究の優れた成果が参考となる。それらによれば，六朝時代以来，平野部は旱害と洪水に悩まされ，農業生産は周囲の山麓の陂塘，湖水，河川水源の水利に頼り，小規模かつ分散的に行われていたにすぎなかった。こうした陂塘などに直接頼らず，水門施設を伴った河川灌漑を重点的に利用し始めるのは，南宋後半の理宗朝前後になってのことであり，これ以後，寧波平野周辺の山麓・扇状地付近の古い田から，寧波平野中心部の"新田"が開かれていくことになる。まさに，南宋から元への寺院の創建・重修の増加が目立つ6区というのは，南宋末期に知明州の呉潜らによって水利施設が多くつくられた場所に該当する。"古田"にあたる東銭湖付近の水利工事がおこなわれる場合，史彌遠が為政者の立場からその特権も活かして援助をするなど，史氏一族も東銭湖の水利には尽力をしていた。しかし，寧波の地域空間の中長期的変化という視点から見た時，東銭湖周辺地域は，宋代までは経済的にも活気を持っていた場所ではあったが，南宋末期以降，清代にかけて，寧波の発展の重心は地図上の6区・8区のような，より広い平野へとしだいにシフトしていくことになったと言ってよい。この点は，斯波義信氏が明らかにした，寧波の市場町の分布が後

代になるにしたがって平野部で多くなる傾向とも合致している。

　さらに，鄞県以外の県も含めて考えると，本田治氏らが分析しているように，南宋から元代にかけて慈渓県やその西隣の紹興府余姚県などの海岸部には海塘の大規模な修築が盛んにおこなわれ（〔本田 1979〕，〔楽承耀 2000〕），慈渓県や余姚県の農業生産が高まることとなる。こうして明州・慶元・寧波の地域空間は，山麓部からしだいに平野部や海岸低地部へと重心をシフトさせていくという変化を中長期的には示すことになる。ちなみに余姚県は明末清初期に思想家黄宗羲や，日本に渡来して水戸学に大きな影響を与えた朱舜水をうみだした地域でもある。

　こうしたことともかかわる問題として，近年の中国史の研究状況について言及しておくと，南宋末期から元という時代にかけては，これまで地域社会史であまり取り上げてこなかった時期にあたるが，このように中国史の中長期的な分析をしていくと，実は非常に重要な時期であるように思う。こうした沿海平地の成長という点についても，決して寧波だけの事象ではなく，たとえば浙江南部の温州という地域について検討したところ，沿海部の農村・漁村レベルでも文化的活動がしだいに活発になっていた〔岡 2005〕。近年は英語圏においても"Sung-Yuan-Ming Transition"（宋元明移行期）が注目され，南宋から元をへて明に至る時期の社会変化の意味を考える動きが出てきている（〔Smith & von Glahn 2003〕，〔中島 2005〕）。こうした点について中長期的な分析を地域史として更に進めていく必要があるように思う。

　今回のシンポジウムは，開催趣旨に記されているように「中国の中の一地域にみられる多面的で可変的な様相」に着目する意図があるわけだが，本章では，科挙という一種の流動性を伴ったシステムの中で史氏一族が地域社会でどのようにして上昇してきたか，そしてその結果としての繁栄，しかしまた次の元の時代には科挙合格者が僅か1人へと減少してしまうステータスの変化の激しさ，そしてごく概略的にではあるが明州・慶元・寧波地域の空間構造の時代的変化などまで見てきた。ただし，その多面的・可変的な状況にもかかわらず，宋代の史氏であれ，寺院であれ，あるいは後の明清時代の思想家たちであれ，宋代以降の中国社会が全体的に陸から海へと経済的・文化的な重心をシフトさせていく中で，人々の活動を非常に活発に見せている地域であったことだけは，共通しているように思う。

〔参考文献〕

◇日本語

井手誠之輔　2001　『日本の美術 418 日本の宋元仏画』（至文堂）

岡　元司　1998　「南宋期科挙の試官をめぐる地域性」（宋代史研究会研究報告第6集『宋代社会のネットワーク』、汲古書院）

　　同　　2003　「南宋期浙東における墓と地域社会」（岸田裕之編『中国地域と対外関係』、山川出版社）

　　同　　2005　「宋代における沿海周縁県の文化的成長――温州平陽県を事例として――」（『歴史評論』第663号）

　　同　　2006　「南宋期温州の思想家と日常空間――東南沿海社会における地域文化の多層性――」（平田茂樹・遠藤隆俊・岡元司編『宋代社会の空間とコミュニケーション』、汲古書院）

小野　泰　1987　「宋代明州における湖田問題――廃湖をめぐる対立と水利――」（『中国水利史研究』第17号）

近藤一成　2006　「南宋地域社会の科挙と儒学」（土田健次郎編『近世儒学研究の方法と課題』、汲古書院）

蔡　罕　2005　「宋代四明史氏墓葬遺跡について」（井上徹・遠藤隆俊編『宋―明宗族の研究』、汲古書院〔解題・訳・写真＝岡元司〕）

斯波義信　1988　『宋代江南経済史の研究』（汲古書院）

曾我部静雄　1976　「宋の宗室」（『中国社会経済史の研究』、吉川弘文館）

竺沙雅章　1982　『中国仏教社会史研究』（同朋舎出版）

寺地　遵　1992　「地域発達史の視点――宋元代、明州（慶元府）をめぐって」（今永清二『アジア史における地域自治の基礎的研究』、科学研究費補助金総合研究（A）研究成果報告書）

　　同　　1993　「史嵩之の起復問題――南宋政権解体過程研究劄記――」（『史学研究』第200号記念号）

中島楽章　2005　「宋元明移行期論をめぐって」（『中国－社会と文化』第20号）

西岡弘晃　2004　『中国近世の都市と水利』（中国書店）

深澤貴行　2003　「南宋沿海地域における海船政策――孝宗朝を中心として――」（『史観』第148冊）

本田　治　1979　「宋・元時代浙東の海塘について」（『中国水利史研究』第9号）

松田吉郎　1981　「明清時代浙江鄞県の水利事業」（中国水利史研究会編『佐藤博士還暦記念中国水利史論集』国書刊行会）

諸戸立雄　1957　「宋の宗室に関する二・三の問題――特に両外宗室を中心として――」（『秋田大学学芸学部研究紀要』社会科学第7輯）

第11章　宋代明州の史氏一族と東銭湖墓群　　　　　　　　　　　311

◇中国語

申万里　2007　『元代教育研究』（武漢大学出版社）
麻承照・謝国旗　2003　『東銭湖石刻』（中国文聯出版社）
黄敏枝　1989　『宋代仏教社会経済史論集』（学生書局）
　同　　2002　「南宋四明史氏家族与仏教的関係」（漆侠主編『宋史研究論文集――国際宋史研討会暨中国宋史研究会第九届年会編刊』，河北大学出版社）
黄寛重　1990　『南宋軍政与文献探索』（新文豊出版公司）
　同　　2006　『宋代的家族与社会』（東大図書公司）
蔣義斌　1982　「史浩与南宋孝宗朝政局――兼論孝宗之不久相」（『中国歴史学会史学集刊』第14期）→『宋史研究集』第18輯に再録
楊古城・曹厚徳　2002　『四明尋踪』（寧波出版社）
楊古城等（編著）　2006　『南宋石彫』（寧波出版社）
楽承耀　2000　「元代寧波農業的恢復和発展」（『楽承耀文論』上巻，当代中国出版社）
林浩　2006　「寧波東銭湖南宋墓前石刻研究」（『浙東文化集刊』2006年巻第1輯）

◇英　語

Bossler, Beverly,　1987　"Book Reviw: *Court and Family in Sung China, 960-1279: Bureaucratic Success and Kinship Fortunes for the Shih of Ming-chou*, by Richard L. Davis," *Bulletin of Sung-Yuan Studies*, 19.
　同，1998　*Powerful Relations: Kinship, Status, and the State in Sung China（960-1279）*, Harvard University Press.
Brook, Timothy,　1993　*Praying for Power: Buddhism and the Gentry Society in Late-Ming China*, Harvard University Press.
Chaffee, John W.,　1985　*The Thorny Gates of Learning in Sung China*, Cambridge University Press.
　同，1999　*Branches of Heaven: A History of the Imperial Clan of Sung China*, Harvard University Press.
Davis, Richard L.,　1986　*Court and Family in Sung China, 960-1279: Bureaucratic Success and Kinship Fortunes for the Shih of Ming-chou*, Duke University Press.
　同，1996　"The Shi Tombs at Tongqian Lake," *Journal of Sung-Yuan Studies*, 26.
Hartwell, Robert M.,　1982　"Demographic, Political, and Social Transformation of China, 750-1550," *Harvard Journal of Asiatic Studies*, 42-2.
Ho, Ping-ti,　1962　*The Ladder of Success in Late Imperial China: Aspects of Social Mobility, 1368-1911*, Columbia University Press.（寺田隆信・千種真一訳『科挙と近世中国社会――立身出世の階梯』，平凡社，1993年）
Hymes, Robert P.,　1986　*Statesmen and Gentlemen: the Elite of Fu-chou, Chiang-Hsi, in*

Northern and Southern Sung, Cambridge University Press.

Paul Jakov Smith and Richard von Glahn eds., 2003 *The Song-Yuan-Ming Transition in Chinese History*, Harvard University Press.

（文化交流研究部門調整班（研究代表者：井手誠之輔）編『寧波の美術と海域交流』，文部省科学研究費特定領域研究「東アジアの海域交流と日本伝統文化の形成――寧波を焦点とする学際的創生――」報告書，2008年度）

第12章　宋代における沿海周縁県の文化的成長
——温州平陽県を事例として——

はじめに

　1980年代以降，英語圏，日本語圏，そして漢語圏で活発化している宋代地域社会史研究のなかで，基礎的な枠組みの一つを提供しているのが，1982年のロバート・ハートウェル氏の論文である[*1]。この論文ではG・W・スキナー氏による大地域（macroregion）の区分をおおむね受け継ぎ，さらに唐代半ばから明代半ばまでの各地域における地域内発達，地域間移住，そしてエリートの変容について分析がおこなわれている。この論文以後，エリートについての地域事例研究は，江南西路撫州についての体系的な分析をおこなったロバート・ハイムズ氏の著書[*2]を嚆矢として，北宋から南宋にかけてのエリートの活動の地域重心化などについての一定の図式が形成されてきたように思う。

　それとあわせて，エリートを直接とりまく家族・宗族の存在様態，教育環境，あるいはエリート相互の人的結合などについては，かなり多くの事例が蓄積されつつあるが，しかしその一方で，地域というものが抽象的な場としてとらえられ，具体的な矛盾や変化をともなった「空間」のなかに地域の人々の活動を位置づけていく方向性には乏しいように思われる。ひいてはそのことが，それぞれの地域社会の独自性や地域的偏差といったことについての関心の希薄さにもつながっているように思われる。

[*1]　Robert M. Hartwell, "Demographic, Political, and Social Transformation of China, 750-1550", *Harvard Journal of Asiatic Studies*, 42:2, 1982. なお，この論文についての簡潔な要約は，丸橋充拓「「唐宋変革」史の近況から」（『中国史学』11, 2001年）によってなされているので，あわせて参照されたい。

[*2]　Robert P. Hymes, *Statesmen and Gentlemen: The Elite of Fu-chou, Chiang-Hsi, in Northern and Southern Sung*, Cambridge University Press, 1986.

宋代史の場合，後の明清時代や近代史に比べると，利用できる史料の限界があるが，しかし，地方志の利用一つをとっても，研究対象地域を実際に歩き，その地域の景観・地形——歴史的な変化はもちろんあるにしても——や距離を体感したうえで「空間」の視点から見直せば，地域研究としてさらに検討し得る余地は大きく残されている。

そこで本章では，斯波義信氏による詳細な江南地域史研究の成果[*3]のある長江下流域とは異なって研究蓄積のあまり多くない，宋代両浙路最南端の辺縁に位置する温州平陽県を取り上げ，科挙合格者の地域分布について空間の視点から論じてみたい。科挙合格者の地域分布については，これまでさまざまな形で言及されることが多かったが，その多くは路・州などのレベルであり，それより下の県レベルでの考察は，ハートウェル氏が地域内部における中核地域（core area）から周縁地域（peripheral area）への発展段階の相違を夙に示唆しているにもかかわらず，その後，十分に展開されていない。また，さらに郷ないし里レベルで基層社会にできるだけ近づいたかたちで進士合格者を扱った論文は，福建についての佐竹靖彦氏の興味深い分析[*4]を除くと，きわめて少ない。

本章の扱う温州平陽県は，宋元時代の温州および平陽県の地方志が現存しないため，地方志の利用に関しては明清・民国時代のものを基本的に利用せざるを得ないが，宋元時代の文集などに残された墓誌は他の地域に比べると決して少なくはない地域でもあるので，そうした墓誌などからの傍証も用いながら分析をおこないたい。なお，紙幅の関係で，今回は科挙に直接関係することにしぼった分析に限り，宋元時代の平陽県でみられたマニ教信仰などの通俗文化との関わりについては，別稿で論ずることをあらかじめおことわりしておきたい。

1．宋代平陽県の科挙合格者の推移

宋代の温州は，同じ浙東沿海地域のなかでも北部の明州や紹興府と異なり，平

[*3]　斯波義信『宋代江南経済史の研究』（汲古書院，1988年）参照。
[*4]　佐竹靖彦「唐宋期福建の家族と社会——閩王朝の形成から科挙体制の展開まで——」（『中央研究院歴史語言研究所会議論文集』5，1998年）参照。

第12章　宋代における沿海周縁県の文化的成長　　315

《表1》南宋期における温州出身進士合格者数の県別推移（単位＝人）
（科挙5回ずつの統計。咸淳元年～10年のみが4回の統計）

年	永嘉県	楽清県	瑞安県	平陽県	合　計
〔参考〕北宋全期間	49	1	17	16	83
建炎2年（1128）～紹興12年（1142）	48	3	13	15	79
紹興15年（1145）～紹興27年（1157）	48	6	12	16	82
紹興30年（1160）～乾道8年（1172）	53	5	21	26	105
淳熙2年（1175）～淳熙14年（1187）	48	5	20	23	96
紹熙元年（1190）～嘉泰2年（1202）	53	15	16	33	117
開禧元年（1205）～嘉定10年（1217）	40	12	24	35	111
嘉定13年（1220）～紹定5年（1232）	31	26	26	44	127
端平2年（1235）～淳祐7年（1247）	35	11	34	37	117
淳祐10年（1250）～景定3年（1262）	52	20	28	47	147
咸淳元年（1265）～咸淳10年（1274）	62	39	38	54	193
（時期不明）	0	2	0	0	2
合　計	470	144	232	330	1176

野部の面積は決して広くない。しかし，造船業や陶磁器・漆器・柑橘類などの生産によって知られ，また，南宋初期に初代皇帝高宗が金軍の攻撃を避けるために一時滞在して以後，中央権力との関係が深まり，南宋全体で科挙合格者数が福州についで全国第2位をしめた州である[*5]。そして，南宋前期から中期にかけては，薛季宣・陳傅良・葉適らの思想家によって，軍事・財政などの現実的政策提言をともなった独自の思想が開花していた。

宋代温州の科挙合格者を，県別の推移として《表1》に示すと，そこから一つの傾向を見出すことができる。

すなわち，温州は北宋期に比べて南宋期に急激に進士合格者が顕著な増加を示している[*6]。そしてその温州4県のなかでも，温州州城のある永嘉県が，南宋全期を通じて安定的に多くの進士合格者を出していた。これに対し，楽清県，瑞安県，平陽県は南宋初期は合格者が比較的少なかったにもかかわらず南宋中期から

[*5]　拙稿「南宋期温州の名族と科挙」（『広島大学東洋史研究室報告』17, 1995年）参照。
[*6]　John W. Chaffee, *The Thorny Gates of Learning in Sung China,* State University of New York Press, 1995, の151頁には長江下流域と東南沿岸部の進士合格者数を北宋から南宋への増加率で示した図があり（Fig.12），それによると温州は最大の増加率を示している。

後期にかけてしだいに増加しており，とくに平陽県は永嘉県をしのぐ合格者数を示すことさえある。淳祐元年（1241）の科挙で状元・徐儼夫を出したのは，南宋後半における平陽県のこうした勢いを象徴するものであった。

　平陽県の進士合格者を，さらに郷別に分けてリストにしたのが《表2》である。現存する『平陽県志』のうち，清代以降の県志には，進士合格者の情報にあわせて，その半数以上には「居□□」（□□には地名が入る）としてその合格者が平陽県のどの場所に居住していたかが記されている。『康熙平陽県志』および『民国平陽県志』をもとに[7]，一部，当時の墓誌によって傍証をおこないながら，その居住地データに記された地名が宋代のどの郷であったかを確定する作業をおこなったところ，平陽県の総合格者のうち約半数にあたる166名の進士合格者の居住郷を割り出すことができた。そしてさらに，これらの合格者数を，北宋期（実質的にはほとんどが北宋後半である）および南宋期の前半・後半に分けて整理したのが《表3》となる。

　先に触れた薛季宣・陳傅良・葉適ら「永嘉之学」の思想家たちは，温州州城から瑞安県城にかけての地域を温州での活動基盤の中核としていた[8]が，永嘉県に直接隣接していない平陽県にも，彼らと関係の深い人物は多く，とくに瑞安県に接する万全郷出身者にそうした人物が多かった。代表的な例としてたとえば，父・孝宗の喪をおこなえない光宗を趙汝愚・韓侂胄・葉適らが退けて第4代皇帝寧宗擁立をおこなった時に，陳傅良の同年進士で友人でもあった徐誼や，武挙の状元でこの時に知閤門事であった蔡必勝も積極的に関与していたが，この2人はいずれも平陽県万全郷の出身であった[9]。

　ただし，この徐誼は，軍事に明るいと同時に陸九淵の心学の影響も受けていたとされており，『宋元学案』においても「時に徐忠文公，方に平陽に起ち，永嘉

---

[7] 帰仁郷の一部は，明代の景泰3年（1452）に瑞安県・平陽県の内陸部に設置された新県である泰順県に含まれるので，帰仁郷の進士合格者は『同治泰順分疆録』巻5・選挙上によって補った。

[8] 拙稿「地域社会と文化的階層性――南宋期温州の空間とコミュニケーション」（国際シンポジウム「伝統中国の日常空間」予稿集，東京大学大学院人文社会系研究科中国思想文化学研究室，2005年1月）117〜34頁，参照。

《表2》宋代平陽県出身の進士合格者

坊郭	〔紹興12 (1142)〕徐任〔淳熙14 (1187)〕潘民師〔慶元2 (1196)〕孔煒〔嘉定10 (1217)〕張寯〔宝慶2 (1226)〕鮑遜〔嘉熙2 (1238)〕周元亀〔淳祐10 (1250)〕応節厳〔宝祐元 (1253)〕徐起濱〔宝祐4 (1256)〕潘方〔景定3 (1262)〕孔夢斗〔咸淳4 (1268)〕周景灝
万全郷 （1～7都）	〔政和8 (1118)〕宋之才〔紹興5 (1135)〕林亮功〔紹興27 (1157)〕呉蘊古〔乾道8 (1172)〕徐誼〔淳熙8 (1181)〕徐宏〔紹熙4 (1193)〕徐正夫〔慶元2 (1196)〕蔡任〔端平2 (1235)〕林義三〔嘉熙2 (1238)〕周椅・林希潮〔淳祐元 (1241)〕蔡塤〔景定3 (1262)〕林任〔咸淳元 (1265)〕林崇悦〔咸淳7 (1271)〕林宗悦
慕賢東郷 （8～11都）	〔嘉定10 (1217)〕陳師川〔宝慶2 (1226)〕方繹〔宝祐元 (1253)〕陳懋欽・陳子美・陳煥〔咸淳7 (1271)〕蔡彦才
慕賢西郷 （12～16都）	〔宣和3 (1121)〕陳彦才〔紹興8 (1138)〕繆若虚〔紹興15 (1145)〕顧岡〔紹興30 (1160)〕繆従龍〔乾道8 (1172)〕章傑〔淳熙8 (1181)〕繆次襲〔嘉定7 (1214)〕繆思問〔嘉定16 (1223)〕陳国喬〔宝慶2 (1226)〕陳桃・繆正叔〔紹定2 (1229)〕陳力修〔淳祐4 (1244)〕繆元徳〔咸淳4 (1268)〕周一竈〔咸淳7 (1271)〕周仁勇・呉淇
鳳林郷 （17～20都）	〔崇寧5 (1106)〕黄友〔政和8 (1118)〕蕭振〔紹興12 (1142)〕林熙載〔紹興18 (1148)〕周習〔紹興21 (1151)〕林之奇〔紹興30 (1160)〕陳舜韶〔淳熙8 (1181)〕林拱振・林応辰〔淳熙11 (1184)〕馮仲淵・陳正卿〔開禧元 (1205)〕朱嶸〔嘉定元 (1208)〕林斎賢〔嘉定4 (1211)〕池聖天〔宝祐元 (1253)〕林起鼇〔開慶元 (1259)〕林千之〔咸淳7 (1271)〕曹告春〔咸淳10 (1274)〕朱夢環
金舟郷 （21～24都）	〔宣和6 (1124)〕呉処仁〔宣和6 (1124)〕呉俊彦〔紹興30 (1160)〕鄭壐・陳易〔乾道2 (1166)〕彭仲剛・黄東〔乾道8 (1172)〕鄭顕〔淳熙14 (1187)〕林仲彝〔慶元2 (1196)〕韓滴〔嘉定元 (1208)〕林善補〔嘉定16 (1223)〕王沢〔紹定5 (1232)〕鄭叔毅〔嘉熙2 (1238)〕林思学・宋文炳〔淳祐元 (1241)〕陳栩〔淳祐7 (1247)〕呉困・何中行〔景定3 (1262)〕鄭天巖〔咸淳元 (1265)〕鄭遇龍〔咸淳4 (1268)〕何士圭・林奨〔咸淳7 (1271)〕王有開
親仁郷 （25～31都）	〔宣和6 (1124)〕方雲翼〔紹興8 (1138)〕林藱〔紹興18 (1148)〕林清卿〔紹興24 (1154)〕章木〔乾道2 (1166)〕林邁〔紹熙4 (1193)〕林士遜〔嘉定7 (1214)〕徐昕〔嘉定13 (1220)〕黄漢章〔紹定2 (1229)〕黄鎮周〔紹定5 (1232)〕黄居仁・黄居正〔嘉熙2 (1238)〕林明善〔淳祐元 (1241)〕徐儼夫〔淳祐4 (1244)〕林思斎〔宝祐元 (1253)〕徐壮猷〔宝祐4 (1256)〕蘇景瑞・林杰
帰仁郷 （32～40都）	《32～37都》 〔紹興8 (1138)〕周額・黄石〔紹興12 (1142)〕周居仁〔乾道2 (1166)〕張揚卿〔乾道8 (1172)〕周呂齡〔淳熙5 (1178)〕王自中・周共輔〔淳熙11 (1184)〕章賡〔紹熙4 (1193)〕黄中〔嘉定4 (1211)〕周熙績〔嘉定10 (1217)〕柳夢周〔宝慶2 (1226)〕林孟冶〔紹定2 (1229)〕黄有正〔淳祐元 (1241)〕韓繽翁〔淳祐10 (1250)〕柳昱〔開慶元 (1259)〕黄禹錫〔景定3 (1262)〕柳培之・許権・黄系翁

	《38～40都》（明代に秦順県へ分割）〔崇寧5（1106）〕林杞〔政和5（1115）〕林待聘〔紹興15（1145）〕林信厚〔紹興18（1148）〕周習〔紹興30（1160）〕林良〔淳熙11（1184）〕林淳厚〔紹熙元（1190）〕林式之〔慶元5（1199）〕林杲・林賛〔嘉定元（1208）〕林栞〔嘉定16（1223）〕林夢禾〔宝慶2（1226）〕林仲黙〔紹定5（1232）〕林夢發・林蕚〔宝祐元（1253）〕林棟〔宝祐4（1256）〕林杰〔咸淳10（1274）〕林文龍
宰清郷 （41～44都）	〔大観3（1109）〕陳経邦（楽渓）〔紹興27（1157）〕朱夢良・季光弼〔淳熙5（1178）〕楊奇卿〔紹熙元（1190）〕楊正臣〔嘉定7（1214）〕朱士安〔開慶元（1259）〕季時飛・章応選〔咸淳7（1271）〕楊濤
崇政郷 （45～51都）	〔紹聖4（1097）〕薛昌宋〔政和2（1112）〕薛彦時〔宣和6（1124）〕陳存心〔紹興27（1157）〕薛鳳・薛偉〔慶元2（1196）〕周励・周劼・周茂良〔慶元5（1199）〕薛君用・薛祖該・邵存礼・周溥〔嘉定元（1208）〕周希浚〔嘉定10（1217）〕周効〔紹定2（1229）〕周自介・邵夢龍〔紹定5（1232）〕周于〔宝祐4（1256）〕薛文龍〔開慶元（1259）〕邵継子〔咸淳元（1265）〕程応世
招順郷 （52～55都）	〔政和2（1112）〕陳桷（蒲門）

諸儒の中において別に一家を為す」（巻61「徐陳諸儒学案」）と記されている。同様の表現は『平陽県志』でも繰り返し見られるなど，平陽県の知識人の思想は，「永嘉之学」一色で認識されてきたわけではなかった。

　この点について，宋代の郷別進士合格者数が最も多い帰仁郷のケースをさらに見てみよう。ここにも，次女を永嘉県の城南茶院（陳傅良が講学をおこなっていた場所）主宰者である毛寗に嫁がせた黄石（紹興8年進士[*10]），陳傅良・葉適・陳亮と親しかった王自中（淳熙5年進士[*11]）などの人物がいるが，こうした関係は，ある思想家・思想グループだけと排他的につきあうということを意味しているわけではない。《地図》からもわかるように，とくにこの帰仁郷は，「両浙之咽喉，

[*9]　平陽県は軍事に秀でた人材が比較的多く，また，南宋期に武状元が全国で最も多かった県でもある。こうした側面については，紙幅の関係で残念ながら本章では触れられないが，ひとまず王鴻鵬他編著『中国歴代武状元』（解放軍出版社，2002年）の「宋朝武挙概況」を参照されたい。また武挙状元の蔡必勝については，藤本猛「「武臣の清要」――南宋孝宗朝の政治状況と閤門舍人」（『東洋史研究』63-1，2004年）も参考になる。

[*10]　周必大『文忠集』巻32「朝散大夫直顕謨閣黄公墓誌銘」。

[*11]　陳傅良『止斎先生文集』巻50「王道甫壙誌」，葉適『水心文集』巻24「陳同甫王道甫墓誌銘」。

第12章　宋代における沿海周縁県の文化的成長　　319

《表3》宋代における温州出身進士合格者数の郷別推移（単位＝人）

		坊郭	万全郷	慕賢東郷	慕賢西郷	鳳林郷	金舟郷	親仁郷	帰仁郷	宰清郷	崇政郷	招順郷	合計
北宋	紹聖4年（1097）～宣和6年（1124）	0	1	0	1	2	2	1	2	1	3	1	14
南宋	建炎2年（1128）～嘉泰2年（1202）	3	6	0	5	8	7	5	16	4	9	0	63
	開禧元年（1205）～咸淳10年（1274）	8	7	6	9	7	13	11	18	4	8	0	91
	合計	11	14	6	15	17	22	17	36	9	20	1	168

（北宋紹聖4年の薛昌朝の合格より前に平陽県の進士合格者はいない）

八閩之唇歯」（『康熙平陽県志』巻1「形勝」）に位置する平陽県の中でも，福州と行き来する陸路のちょうど州境に位置する場所でもあったため，福建方面との人的往来も盛んであった。たとえば福州の長渓県は，当時の行政区画では福州の最も温州寄りにあり，まさに平陽県と接していたわけであるが，その長渓の人である林湜（紹興30年進士）は，「公，晩にして平陽松山に居す，温・福の間なり」（葉適『水心文集』巻19「中奉大夫直龍図閣司農卿林公墓誌銘」）とあって，晩年を帰仁郷の松山（帰仁郷の中でも福州との州境からすぐの地域）で過ごしており，葉適が墓誌を撰したのだが，「朱公元晦既に謫せられ，士は其の学を諱めども，公は弟子の礼を執りて変わらず」（同）との態度を貫いた人物として葉適から称えられている[12]。また同じく帰仁郷松山の出身で徐誼の第一の弟子とされる黄中（紹熙4年進士）も，父・黄正己の墓誌が葉適によって撰述されているが，朱熹とも学問を論じあう関係にあった。

こうした知識人相互の交流は，官界でのつながりや人的往来とも関わって，広域・地域のさまざまなレベルで展開していた[13]が，このため，温州といえどもイコール「永嘉之学」と捉えられるのではなく，しかもこのように温州のなかでは州城から最も離れた平陽県でとくにその傾向は顕著であった。

なお，同じ帰仁郷といっても，明代の新県である泰順県へと分割される38都～40都は，《地図》に示した通り，福建への幹線にあたる32～37都よりもさらに内

---

[12] 『宋元学案』巻69「滄洲諸儒学案上」でも朱熹「門人」とされている。
[13] 南宋の広域・地域講学のあり方について，市來津由彦『朱熹門人集団形成の研究』（創文社，2002年）は，中国史研究者に対しても示唆するところが大きい。

《地図》宋代平陽県の郷（瑞安県城付近に注ぐ川の流域は瑞安県の区域）

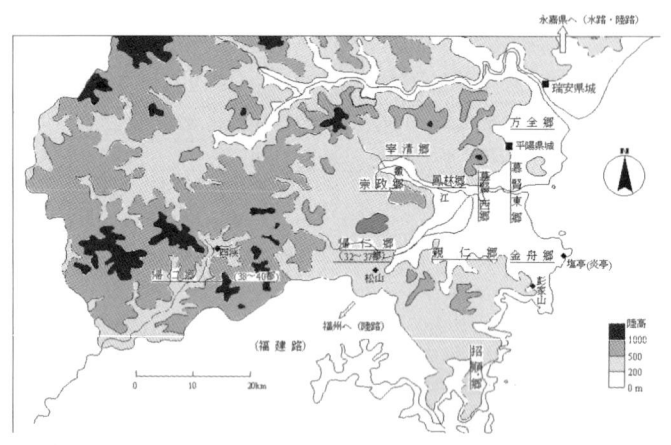

《表4》平陽県帰仁郷四渓林氏任官者

世代	名 前	進士及第年次	続 柄
I	林 杞	崇寧5年（1106）	－
II	林待聘	政和5年（1115）	林杞の従子
III	林信厚	紹興15年（1145）	林待聘の長子
	林 良	紹興30年（1160）	林杞の従孫
	林淳厚	淳熙11年（1184）	林待聘の甥
	林式之	紹熙元年（1190）	林待聘の従姪
IV	林 昊	慶元5年（1199）	林淳厚の次子
	林 贇	〃	林淳厚の従子
	林 梨	嘉定元年（1208）	林淳厚の末子
V	林仲黙	宝慶2年（1226）	林昊の長子
	林 杰	宝祐4年（1256）	林杞の五世孫

陸山間部に入った場所にある。その38～40都に該当する宋代の進士合格者計17名のうち11名は，《表4》のごとく南宋初期に秦檜の推薦で登用された林待聘[*14]の一族であることが確認できる者たちである。林杞の墓誌を陳傅良からの紹介で薛季宣が撰する（『浪語集』巻33）などしており，また一族から多数の科挙合格者を輩出したものの，思想面で新たな創造的活動を示した人物は見あたらない。

2．沿海周縁地域の文化的成長

このように同じ平陽県のなかでも細かく観察すると，士大夫をとりまく状況はそれぞれの地域によって少しずつ異なるのであるが，本節では，先に述べた南宋

[*14] 註5拙稿14頁，参照。

後半における平陽県の進士合格者の増加の背景を，郷ごとの分析から考察してみたい。

　前掲の《表3》では，宋代合計以外に，北宋，南宋前半，南宋後半に時期区分した合格者数も示しておいた。これによると，南宋前半に合格者があまり多くなかった慕賢東西・金舟・親仁の諸郷が，南宋後半になって顕著な伸びを見せていることがわかる。これらは，《地図》からわかるように，いずれも鰲江の河口付近およびそれ以南の沿海低地の郷であり，帰仁郷・崇政郷といった山側の郷が南宋前半から比較的多くの合格者を出していたのとは対照的である。

　このことは，平陽県に関する数少ない先行研究の一つである本田治「宋元時代の温州平陽県の開発と移住」（中国水利史研究会『佐藤博士退官記念中国水利史論叢』，国書刊行会，1984年）の手際よい整理によって明らかにされている水利開発の状況とあわせ考えると，その意味が明確となる。本田氏が挙げている万全塘，沙塘斗門，坡南塘，江口斗門，陰均斗門・陰均大埭といった施設は，「瀕江海の生産の安定化」（同論文218頁）を目指したものであり，平陽県城と瑞安県城との間の基幹交通路に位置する万全郷，鰲江をはさむ慕賢東西郷，そこからさらに東南方向に広がる沿海低地の金舟郷，西南方向に広がる低地の親仁郷（帰仁郷に近づくにつれて標高がしだいに高くなる部分も含む）など，南宋期になって積極的におこなわれた水利工事による恩恵を受けた地域であるといえる。

　これらの地域のうち，万全郷の徐誼・蔡必勝の一族や慕賢東郷の陳氏一族などは，こうした水利事業にも積極的に関わっていた[*15]。また慕賢東西・金舟・親仁の4郷40万畝の田を海塩の害から護る役割を担う重要な施設である陰均斗門・陰均大埭の建設を命じられた金舟郷の「義民」林居雅は，その後，彼自身，太学の斎諭になり，また子の林思学（嘉熙2年進士）は，思想的に徐誼と近い瑞安県の曹豳（嘉泰2年進士）に学んでいる（『民国平陽県志』巻34・人物志3）。南宋末期の咸淳7年（1271）上舎釈褐で官職に就いていた親仁郷出身の林景熙は，南宋滅亡後，元につかえず（元代には平陽県城内の白石巷に住んでいた），楊璉真加によって暴かれ略奪された紹興の南宋皇帝陵の場所で密かに骨を拾って埋葬し直したこと

[*15] 前掲，本田論文，参照。

で知られる人物であるが，彼は宋末から元代にかけて，平陽県城の水路に関する「州内河記」(『嘉靖温州府志』巻 8・文）や,「重修陰均斗門記」（林景熙『霽山文集』巻 4 ）を撰述している。その林景熙によって，大徳11年（1307）に初めての平陽の地方志（現存せず）のために「平陽州志序」(『乾隆平陽県志』巻19・文芸上*16) が記されていることは，平陽が地域としてアイデンティティを感じるまでのひとまとまりの地域に成長していたことを物語るであろう。

　さらに元代末期の至正年間には，陰均斗門の改修を金舟郷出身の陳文偁がおこなっている（『民国平陽県志』巻 8・建置志・水利下)。元末の金舟郷には，陳高・林斉・何岳の「瀛洲三傑」と称される文人グループがあり，なかでも陳高は，数少ない元代進士合格者の一人で，混乱する元末温州で活動するとともに『不繋舟漁集』という文集の撰者ともなった人物である。また，金舟郷では，南宋の林善補（嘉定元年進士）の母（金舟郷塩亭の出身）に対して葉適が墓誌を撰述している（『水心文集』巻21「夫人陳氏墓誌銘」)が，同時に林善補は，朱熹高弟で「十哲之一」と称されたとされており，後に善補の 5 世孫の林伯生は，明初，朱元璋につかえた思想家の宋濂と交友関係をもっていた（宋濂『文憲集』巻 9「贈侍儀舎人林成之序」)。このように南宋前半までは目立った文人が登場しなかった金舟郷においても，変化が生じ，元代には在郷の文人グループが誕生するなどの活気が生まれていた。

　この金舟郷は，鰲江以南の平野が海へとつきあたるところに位置し，福建の泉州などと並んで宋代以降の中国におけるマニ教信仰を確認できる数少ない場所である*17。そして，金舟郷彭家山の「選真寺記」碑（現存）は，平陽県の文人である孔克表（孔子55世孫）が撰したものであり，また，元代金舟随一の文人というべき陳高も,「竹西楼記」(『不繋舟漁集』巻12）を記して，漁村である炎亭の潜光院におけるマニ教信仰についての記述を残している。もはや紙幅も尽きかけてい

---

*16　温州全体の戸数は南宋中期以後，伸び悩みを示していたが，平陽県のみは南宋中期の紹熙年間に 2 万6336戸であったのが，元代の元貞元年（1295）には 5 万戸まで増加しており，それによって県から州へと昇格している。

*17　林順道「蒼南元明時代摩尼教及其遺跡」(『世界宗教研究』1989年第 4 期)，周夢江「従蒼南摩尼寺的発現談温州摩尼教」(『海交史研究』1990年第 2 期，のち同著『宋元明温州論稿』，作家出版社，2001年に収録）参照。

るので，そうした通俗的信仰の世界との関わりは別の機会に論じることとするが，ともかくも，州城から遠く離れ，また県城からもさらに南にくだった沿海周縁の郷に暮らす知識人たちが，儒学・文学に親しみ科挙受験とも関わりながらも，外来の信仰とも深いつながりをもっていたことは，こうした場所の独自の文化のあり方を考えるうえで，今後さらに掘り下げて検討する必要があろう。

おわりに

　最後に，本論がささやかながら明らかにしたことを，先行研究との関係でいかに位置づけようと意図しているかをまとめておきたい。ハートウェル氏以後の宋代地域社会史研究によって本格的に注目されるようになった北宋から南宋へのエリート層の活動範囲の地域重心化の流れは，このように温州の科挙合格者数においても，州城のある中核県から周縁県への重心移動として確認することができた。このことは，温州の薛季宣・陳傅良・葉適が州城の内部・周囲およびアクセスの比較的便利な場所で主に活動していたのに対し，朱熹や陸九淵が福建路建州・江南西路撫州のなかでは周縁県で生育したことなどからすれば，宋代以降の思想文化の地域性とも一定の関わりをもつ問題であろう。

　そして同時に，さらに郷別に検討した結果として注目したいのは，平陽県では南宋のなかでも前半から後半にかけて，科挙合格者が沿海低地の郷でとくに増加を見せ，それが科挙の中断・復活を含む元代においては，金舟郷に象徴されるように沿海部の在郷文化の独自の特色ある展開にもつながっていったことである。

　『平陽県志』では，明初以後，「倭寇」「倭船」「海寇」に関する記述やそれに対する防衛体制の整備に関する記述が格段に増すこととなり，沿海地域社会の軍事的緊張は一気に高まりを見せ，他方，温州で明代に設置された新県である泰順県は，瑞安県および平陽県の山地側の部分を切り離してもうけられたものであった。こうした宋元時代から明代への転換をいかにとらえていくかは，マーク・エルヴィン氏が唱えた「14世紀の転換点」(The turning-point in the fourteenth century)[18]に

---

*18　Mark Elvin, *The Pattern of the Chinese Past*, Stanford University Press, 1973.

対する近年の議論[*19]とも密接に関わっており，その意味で，今後，「沿海地域社会」の研究の役割は中国史全体の考察ともつながりの深い問題であるといえる[*20]。

(『歴史評論』663，校倉書房，2005年)

---

*19　Paul Jakov Smith and Richard von Glahn, eds., *The Song-Yuan-Ming Transition in Chinese History*, Harvard University Press, 2003. とくに Li Bozhong (李伯重) 氏の論文を参照されたい。

*20　本章で取り扱った温州平陽県については，一般向けの文章ではあるが拙稿「沿海地域社会を歩く——南宋時代温州の地域文化が育まれた空間」(『アジア遊学』70, 2004年) に写真入りで紹介しているので，機会があればご参照いただきたい。

第3部：基層社会の変容と信仰
　　――地域社会から東アジア海域まで――

第13章　沿海地域社会を歩く
——南宋時代温州の地域文化が育まれた空間——

　浙江省の省都杭州から南へ約300キロ，温州市まで，現在では高速バスで4時間半もあれば到着する。私がかつて杭州大学に留学していた1990〜91年頃は，もちろん高速道路はなく，紹興を経て台州へ，台州から温州へと，昔の州境をこえるたびに，くねくねと曲がりくねった峠道をバスがゆっくり登ってはまた降りていくという繰り返しであったため，現在よりも2倍近くの時間がかかっていたように記憶している。

　さて，現代において，温州は急速な経済発展を果たしており，そのあり方は「温州模式（モデル）」と呼ばれ，現代中国を象徴する一つの地域ともなっている。主要な産業は，靴生産やアパレル産業であり，ファッション関係に特色をもっている。数年前，日本で厚底サンダルが流行した時期があったが，その時に，温州の街ではやはり厚底サンダルで歩く女性たちが数多く見られた。

　そのように時流に乗った感のある温州も，歴史的に見ればもちろん一直線に発展の道を歩んできたわけではない。明代のように海禁政策や龍泉窯（りゅうせんよう）の衰退とともに経済停滞を見せた時期もあった。また，温州各地で老人の方々と話している時——若い人に普通話（プートンファ）になおしてもらわないと私には全く聞き取れないが——には，日中戦争期の日本軍に話題が及ぶこともある。

　しかしそうした浮沈を重ねつつも，現代の「温州模式」にまさるともおとらない輝きを，温州が見せていた時代があった。それが南宋時代である。

　宋代，両浙路（りょうせつ）の沿海部に位置した温州は，造船業・製塩業など海と関係の深い産業が盛んであり，海外との直接の往来を示す史料も少なからず見られ，南宋初期から中期にかけては市舶務がもうけられていた[1]。その他にも，製紙業・漆

---

[1] 周厚才編著『温州港史』（人民交通出版社，1990年），章志誠主編『温州華僑史』（今日中国出版社，1999年）。

器業・窯業などの発展により，商品経済の活発な沿海都市の一つとなっていた。

　本章は，そうした経済発展を背景として，南宋時代の温州における地域文化がどのような空間で育まれたのか，また，地域の人々にとって外来――国内・国外の双方から――の文化とはどのような空間で接点を持ち得たのかを，これまでに数度，温州を訪れた際の写真を軸に紹介してみるものである。明州（寧波）や泉州のように圧倒的な地位を占める海港ではなく，しかし，独自の多層的な文化を有していた一沿海地域社会の側から，文化交流の意味の一端を逆照射することにつながれば，との試みである。

1．温州州城とその周囲

　まずは，現在の温州市中心部，すなわち宋代でいう温州州城およびその周囲から見ていこう。

　南宋時代の初め，金軍に追われた初代皇帝高宗が建炎4年（1130）に約2か月間，温州に滞在することとなった。このことは温州にとって決してマイナスではなく，むしろその時に政府の高官たちと直接人脈を築いたことは，その後，政界における温州出身者の登用への大きな門戸を開くこととなった[*2]。

　南宋時代全体を通じて，温州からの科挙合格者数は福州につぐ全国第2位の多さを誇っており，地域における教育熱を象徴していたのは，南宋中期の「永嘉之学」つまり永嘉学派の思想家たちであった。薛季宣

《写真1》譙楼（俗称鼓楼；温州市内）
　　　　　南宋の高宗が温州に滞在した時に朝門となった。

[*2]　拙稿「南宋期温州の名族と科挙」（『広島大学東洋史研究室報告』第17号，1995年）。

(1134～73)・陳傅良（1137～1203)・葉適（1150～1223）は，財政・経済や軍事について深い造詣をもち，功利主義的な独自の思想を創出していた。これは朱熹(1130～1200)・陸九淵（1139～92)・陳亮（1143～94）らとほぼ同時期にあたる。

　温州の思想家たちは，行在の臨安や，赴任先で，あるいは地元温州でも，他地域の思想家たちとの交流を活発におこなっていた。かつての温州州城の側を流れる甌江の中洲にある江心寺は，陳亮が温州を訪れた際に温州人士たちが送別会を開いた場所である。この寺は，葉適らと親しかった詩人の徐照（？～1211）が，「僧に外国人多し」(『芳蘭軒集』「題江心寺」）と詠うなど，国内外との文化交流センターのような役割をもっていた。

　こうした温州州城の付近および城内には，温州出身の思想家でそこを拠点として生活していた人物が多い。薛季宣の薛氏一族もその一つであり，宋代温州地域社会随一の名家として，その一族からは少なくとも十数名の進士合格者を宋代に輩出していた[*3]。

　また，葉適の号である「水心」の由来となった水心村は，現在もその地名が温州市内に水心街として残っており，かつての温州州城からすぐ西南の場所にあった。慶元の党禁によって一時故郷に帰っていた時，そして開禧用兵をへて引退した後，地域の士大夫との交遊関係を維持しながら執筆活動を続けていたのは，ここにおいてである。

　さらに，温州の思想家たちにとって思想的先駆となる北宋後期の周行己（1067～1125）の子孫たちも，北宋から南宋にかけて，そのすぐ近くに暮らしていた。周氏一族で南宋中期の周鼎臣の墓誌を撰した葉適は，「余は松台下に廬す，而し

《写真2》水心街付近

───────
＊3　註2，拙稿による。

て周氏は居すること二百年なり。山の先儒故老も，君に如く者莫し」（葉適『水心文集』巻24「周鎮伯墓誌銘」）として，松台山のふもとに，学問的名声をもった周氏一族が居をかまえていたことが見てとれる。

《写真3》松台山（今は公園となっている）

この周氏一族には，広南西路に地方官として赴任していた時の見聞をもとに，嶺南および東南アジアの事情を紹介した『嶺外代答』の著者である周去非も含まれている。彼の祭文に「浄光東麓，遙かに故廬を望む」とある浄光山とは，松台山の別名である*4。周氏一族のすべてが周去非と同じく松台山の東麓に住んでいたかどうかは不明であるが，水心村が松台山の南麓に位置し，また周氏一族も松台山のふもとに住んでいたことから，瑞安方面への水路が通じている温州州城の西南端付近が，南宋時代の温州を象徴する人物たちの日常空間の一つとなっていたと考えてよいであろう。

2．瑞安への水路沿いの風景

つぎに温州州城から瑞安県の方角に向ってみよう。温州（永嘉県）から南隣の瑞安県へは，当時，「南塘」と呼ばれる堤によって形成される水路が通じていた。現在は温瑞塘河という名となり，温州市内の碼頭から瑞安までの約36キロメートルの間を，荷物を運ぶ船が往来している。

温州州城を出て，南塘を数キロ南下すると，当時の旅行者の目に入ってきたであろうものは，北宋末期，政和年間に建てられた白象塔である（塔内に残されてい

＊4　周去非については，長谷川誠夫「『嶺外代答』の著者，周去非の仕歴について」（宋代史研究会研究報告第3集『宋代の政治と社会』，汲古書院，1988年），および，楊武泉「周去非与《嶺外代答》——校注前言」（『嶺外代答校注』，中華書局，1999年），参照。

第13章　沿海地域社会を歩く

た多数の塑像は，現在，温州博物館に陳列されている)。南塘のすぐ側に立つ塔は，温州州城方面からも，また瑞安県側からも，水路を舟で行き交う者たちにとって，まさにランドマークとなっていたと考えられる。

白象塔を過ぎて，しばらくすると瑞安県に入り，陳傅良の生地である帆遊を過ぎる。陳傅良の活動場所はこの付近に多く，温州と瑞安のちょうど中間にあたる仙巖には，仙巖山の麓に陳傅良が創立した仙巖書院があり，明代の万暦12年(1584)に陳傅良祠がここに遷されている(以後，数度の重修を経ている)。

この南塘は，温州と瑞安県を結ぶ最重要交通路であったため，その修築に尽力する地方官もいた。淳熙13年(1186)，知温州の沈樞が温州・永嘉県・瑞安県の地方官ならびに在地士大夫らを伴って南塘の視察に出かけ，あわせて食事会をおこなっ

《写真4》白象塔（南側から見る）

《写真5》帆遊（陳傅良の生地）

《写真6》陳傅良祠（仙巖）

《地図》現在の温州市［一部］(『温州市志』(上)，中華書局，1998年)

た場所も，この仙巖であった。

　加えていえば，陳傅良は科挙合格前に温州州城の城南茶院で講義をしていたことがあり，また，10歳余りで当時まだ瑞安県に住んでいた葉適に陳傅良が初めて出会ったのは，瑞安県城にあった林元章の家であった。このように，温州における陳傅良の活動範囲は，温州州城と瑞安県城，および両者を結ぶ南塘に沿った地域に頻出している。

　以上のように，温州の思想家たちの主たる活動空間が，州城・県城やそれを結ぶ水路に沿った地域に集中していたことは，相互の関係を形成・維持していくうえで最適の場所であったことの反映と言えるであろう。また周行己や薛季宣と異なり，決して裕福な家の生まれではなかった陳傅良と葉適——2人の父親はとも

に地域で細々と教育をする知識人であった——が，長い苦学の日々を経ながらも最終的に科挙に合格できた背景には，教育的気風にあふれた州城・県城などの密な空間から地理的に距たらずに勉学の日々を送れたこともあわせて考えておいてよいであろう。

3．マニ教の寺院跡をたずねて

　しかし，宋代の温州は，こうした士大夫たちの活動ばかりによって輝いていたのではなかった。より幅広い階層との関わりで言えば，温州で形成され，南宋後半には臨安へと伝わっていった南戯は，その後の中国の演劇史のうえで重要な役割をもつこととなる。

　また，福建など沿海の他地域との関係を色濃くもつ文化として，宋代から元代にかけての時期の温州においてマニ教を信じる人々が少なからずいたことも注目される。マニ教には「裸葬」や血縁関係否定など，儒教とは方向性を異にする考えが含まれており，北宋末期の温州では「斎堂」とよばれる拠点が郷村に40余か所もうけられていたと『宋会要輯稿』刑法2－78・79（禁約）・宣和2年11月4日の条に記されている。

　折しも北宋末期に両浙・江東で起きた方臘の乱の際に，温州・台州一帯でも呂師嚢・兪道安による民衆反乱が起き，竺沙雅章氏らが既に明らかにしているように，これは，西アジアから中国にも伝来したマニ教徒たちによる反乱であったとされている。その時，州城や県城を守るために，地方官や地域士大夫たちが積極的に参与しており，そこには，先にあげた周一族や薛一族など，温州の代表的な名族が関わっていた。ただし，ひとまずは鎮圧されたものの，南宋初期にも「白衣礼仏会」などと名をかえ——マニ教らしく白装束であった——，「夜聚まりて朝散じ，妖法を伝習す」（『宋会要輯稿』2－111（禁約）・紹興7年10月29日の条）といったアングラ的な活動を継続していた[*5]。

　こうした宋代温州におけるマニ教に関する寺院建築は，残念ながら現存してい

[*5]　拙稿「南宋期温州の地方行政をめぐる人的結合——永嘉学派との関連を中心に——」（『史学研究』第212号，1996年）。

ない。しかし，現在の行政区画でいえば蒼南県（かつての平陽県南部）では，マニ教に関連した碑が発見され，また，当時のマニ教関係の施設の場所も特定されているので，それらを紹介しておきたい。

《写真7》選真寺（「選真寺記」がおかれている）

かつての温州州城から南下して瑞安県に達し，さらに南下を続けると，平陽県に入る。かつての行政区分では，この平陽県が温州南端の県であり，福建とも直接境を接している。かつての区画に即していえば，温州から瑞安県城，そして平陽県城をへて鰲江を渡り，平陽県中部まで続いてきた平野部が途切れ，福建との境の山地に入るちょうどその地形的境界のあたりに足を運んでみよう。

蒼南県括山郷の彭家山麓の北側に，選真寺という禅寺がある。そこには，元代に書かれた「選真寺記」が置かれており，その寺が当時マニ教の寺であったことが記されている。「選真寺記」は，民国『平陽県志』にも収録はされているが，省略された文字が多く，1989年に平陽県委党校講師の林順道氏が現存「選真寺記」の紹介をおこなう[6]までは，学界でもほとんど注目されてこなかった。幸いにも筆者は，1996年に林順道氏に直接当地に案内していただき，碑文の全文を確認させていただくことができた[7]。

「選真寺記」の撰者は，元末至正8年（1348）の進士，孔克表という人物で，「選真寺記」には，「蘇隣国之教」という表現でマニ教の寺であったことを示して

---

[6] 林順道「蒼南元明時代摩尼教及其遺跡」（『世界宗教』1989年第4期）。
[7] 林順道氏については何俊氏（現・浙江大学哲学系教授）および早坂俊廣氏（現・信州大学人文学部助教授，当時浙江大学にて在外研修中）よりご紹介いただいた。また現地での碑文確認作業についても，両氏および筆者の3人でおこなわせていただいた。ここに記して感謝したい。

いる。永嘉学派および温州地域史の研究者である周夢江氏は，碑文に「寺は吾が祖の創りしなり」と記されていることから，選真寺が南宋後期から元代初期の頃に建てられたのではないかと推算されている＊8。

《写真8》炎亭（沖合の島から撮影）

　もう1か所，マニ教と関係する場所が，現在の蒼南県炎亭にある潜光院の跡である。これは残念ながら，遺構も出土物も現時点ではないが，やはり元代至正14年（1354），進士の陳高という平陽県出身の官員による「竹西楼記」（『不繫舟漁集』巻12）という文章の中に，当時の平陽県炎亭におけるマニ教信仰の盛んな様子が活写されている。

　この炎亭という場所は，選真寺からは東の方向で，東シナ海に面した漁村である。現在は媽祖信仰を示す「天后宮」と記した旗をかざした漁船が多数停泊しているが，「竹西楼記」によれば当時，「温の平陽，地有り炎亭と曰う。大海の浜に在り，東は海に臨み，西・南・北の三面は皆な山なり。……居する者は数百家，多く漁を以て業と為す。……潜光院は，明教浮図の宇なり。明教の始まりは，相い伝うるに蘇隣国より中土に流入し，甌・閩の人，多く之を奉ず」とあり，漁業で成り立っていた炎亭における潜光院のことを記述している。潜光院があったとされる場所は，炎亭のその海岸に近い大崗山の山麓にあり，これも林順道氏の調査によって明らかになっている。

　「選真寺記」および「竹西楼記」は，いずれも元代後半に科挙合格した官員によって記されたものであり，国家から厳しく取り締まりを受けていた宋代と，宗教に比較的寛容であった元代との相違＊9や，エリート層への徐々なる浸透を示し

＊8　周夢江「従蒼南摩尼寺的発現談温州摩尼教」（『海交史研究』1990年第2期，のち同著『宋元明温州論稿』，作家出版社，2001年所収）。
＊9　註8，周夢江論文による。

ているとも言えようが，同時にここで注目されるのは，これらマニ教の寺院が立地していた場所である。マニ教は中央アジアを経由して唐代に中国へ伝わり，その後，福建へも伝わった[*10]のであるが，南宋時代の荘綽『鶏肋編』巻上は，北宋末の反乱について述べる中で，「福建より流れて温州に至り，遂に二浙に及ぶ」，つまり福建から温州へ，そして温州から両浙路全体へと伝播したと記している。選真寺のあった括山郷や海に面した炎亭は，いずれも温州南端の平陽県の中でも北から南へと広がる平野部がちょうど途切れて福建に直接連なる山地へと移行する境の場所にあり，福建から温州へと伝播したルート上に位置すると言える。

また温州の地域社会全体から見た場合，マニ教に関する寺院跡は，選真寺・潜光院以外に，温州では現在の瑞安市曹村鎮にある明教寺，および永嘉県橋頭鎮にある明教瑜珈寺が挙げられる。両者とも，五代十国にあたる930〜940年代に創建されたものであるが，いずれも当時の行政区分でいう瑞安県・永嘉県の中心部からは，すこし外れた場所に位置している。先にも触れたように，北宋末・南宋初期の記述から，温州でマニ教が郷村部にまで信仰されていたことがうかがえるが，さらに時期のスパンを拡げても，五代から元代にかけての寺院跡は，やはりマニ教信仰が地理的には県の中でも農村・漁村部にまで浸透していたと考えてもさしつかえない分布を示していると言えよう。

4．エピローグ

かつての温州州城のあたりから，福建に近い平陽県南部にあたる地域まで，南下を続けてきた。地域をじっくり歩いてみると，都市や寺での士大夫や僧の交流だけでなく，民衆の日々の生活にいたるまで，さまざまなレベルでの活発な文化的活動が見られるように思う。

「点」としての港をみるのではなく，「面」としての沿海地域社会としてみた場合，単に文人や僧によって記録の残りやすい形での交流だけではなく，農村・漁村などの基層社会レベルまで，国内・国外を問わず外来の文化が，地域社会の人々

[*10] 森安孝夫「ウイグル文書箚記（その二）」（『内陸アジア言語の研究』5，1990年）。

の心性にまで影響を与えていたことは，今後さらに分析・考察を求められる課題といってよいであろう。

　最後に，その後の温州について一言触れておきたい。南宋末の混乱の中、二王を奉じて元に対する抵抗をしていた温州永嘉県出身の宰相陳宜中（ちんぎちゅう）は，東南アジアのチャンパ（占城）へ，そしてさらにタイ（暹羅）へと逃れていく。そして元代に入ると，元の使節に同行し，自身の見聞を『真臘風土記』に著した周達観（しゅうたつかん）も，やはり温州永嘉県の出身であった。周達観は真臘にて，「余郷人薛氏」，すなわち自分の同郷の薛姓の人物と出会う。薛季宣の一族との直接的関係の有無は別にしても，永嘉県から来た人間にとって，「薛氏」はなじみの深い姓であったに違いない。

　東南アジア関係の漢文史料に散見する温州出身者の断片的な記述の存在は，後の時代の華僑・華人たちの動きを先取りするかのようである。そうした温州出身者の行動・選択を可能とし，あるいは南海情報への関心を増幅させた背景の一つに，当時の温州の地域文化が，国内外を問わず活発な交流・伝播をともなうものであり，地域外からの文化を柔軟に受容し，しかもそうした傾向が決してエリート層に限られずに幅広い階層に見られるものであったことを，挙げておくことができるであろう。

（『アジア遊学』No.70「特集　波騒ぐ東アジア」，勉誠出版，2004年）

第13章附録　宋元時代の浙東沿海地域社会とマニ教

1．はじめに

◇地域社会と思想文化
- ＊陸九淵と撫州地域社会…【Hymes 1986・1989】【友枝 1969】
- ＊朱熹と閩北地域社会…【Lee 1993】【市來 2002】
- ＊四明学派と明州（慶元府）地域社会…【Walton 1999】
- ＊呂祖謙と婺州地域社会…【Bol 2003】
- ＊永嘉学派と温州地域社会…【岡 1995・1996・2003aなど】

◇宋から元、そして明初へ－地域社会の連続と変容

【Smith&Glahn 2003】…「唐宋」と「明清」の変革期をいかにつなぐかを問題提起。

【中島楽章 2005a】

「宋・元・明代史が，それぞれ断代史的な研究領域として分化していることも，宋元明移行期の通時的理解を難しくしている。特にこの移行期には，伝統中国王朝とは異質性の強い元朝が介在するため，社会経済の連続的展開よりも，政治上の断絶が強調されがちであった。近年では，漢文のほか内陸アジア諸言語を駆使したモンゴル帝国史研究が活発化し，元の中国支配についても，多元的な政治文化の実態が解明されつつある。しかし一方で，研究テーマは政治・文化史に集中し，社会経済史の研究者はごく少ない。宋・元研究の分離はなお解消されず，金朝治下の華北研究や，南宋〜元朝期の江南社会研究も緒についたばかりである。総じて近年の元朝史研究では，元朝史を中央ユーラシア史全体に統合しようとする志向が強く，南宋や明初との連続性に対する関心は相対的に低い。

一方で宋代史研究では，80年代以降，明清「地域社会論」や，欧米の宋代社会史研究の影響をうけた若手研究者により，明清社会史との連関を強く意識した，宗族・地方エリート・社会結合などの研究が展開されている。ただし元代史には地域社会論の影響はほとんど及ばず，宋代史・明清史との対話も乏しかった。この結果，宋代社会史研究でも，ややもすれば「元を飛び越えて明清の制度・状況へ繋がりを求め」がちであった。」（482頁）

「ただし総じて，現段階では宋元明移行期の国家―社会関係を，清代の状況と比較する

第13章附録　宋元時代の浙東沿海地域社会とマニ教　　339

のは時期尚早のように思われる。宋代については，すでに地方社会史や政治思想史の研究の蓄積があり，そのためにハイムズらによる，南宋と清末のエリートの活動と，国家との関係の比較考察にも一定の説得性がある。しかし宋元明移行期全体を，清末にいたる中国社会の長期的展開に適切に位置づけるには，われわれの元代・明初の社会や国家に対する理解はあまりにも不十分である。現段階では，元代・明初の社会変容とその国家統治との関連を，具体的な事例や地方社会に即して検討することが先決であり，そうした実証研究の積み重ねのうえに，はじめて清代の状況との比較も可能になるのだろう。」（496～497頁）

◇「空間」の視点

　＊「場」との相違（？）

　　　Cf.【Bol 2005】…「「場」とは，歴史的に意味ある実体として，すなわち事実として物語を結びつけることのできる実体として存在する。」（365頁）

　　　　　⇩

　＊連続性だけでなく「不均衡性」「矛盾」も視野に入れる必要。

　　　←とくに"elite culture"と"popular culture"の相互性
　　　　　　Cf.【森 2002】【中島 2005b】

　　　　　⇩

　　　「空間」→地域内の文化的不均衡性への着目…【岡 2006（5月刊行予定）】

　　　Cf.【Hartwell 1982】…地域社会における"core"（中核）と"periphery"（周縁）

　＊史料的困難性

　　　Cf.【野口 1986】

> 「歴史研究には，史料が重要であることはいうまでもない。ところが秘密の組織にかかわる研究の場合，概してそれに恵まれない。それが秘密の存在であり，政治権力の弾圧をうけるものであったからである。中国の場合には，さらに，そのことを文字に残すべき歴史的役割をになう知識人が，伝統的儒教教学にとって全くの対極に位置する異端の秘密宗教に関する記述に冷淡であった，という事情や，官僚の場合には自己の責任負担部分にそのような類いの存在の痕跡を記録するだけで，自己の治績評価の低下に通ずるとしてそれを避けた，という事情のあったことに留意しなければならない。したがって，その記録は僅少で

あり，断片である。官憲，もしくはその側によって記録されるときは，官憲によって摘発された場合，その挑発などによって反乱行動をおこした場合に，ほとんど限られる。…」（3頁）

※宗教に比較的寛容な元朝。

2．宋元時代の浙東地域と文化

◇浙東地域社会における科挙と思想

　＊宋代：州の"core area"に集中→科挙文化を牽引　Cf.【岡 1998a】

　・明州：楼氏（30人），史氏（26人），汪氏（13人），袁氏（12人），高氏（10人）

　　→楼鑰（奉化県⇨鄞県）・楊簡（慈渓県）・袁燮（鄞県）・舒璘（奉化県）・沈煥（定海県⇨鄞県）

　　☆鄞県を核として近接した慈渓県・奉化県・定海県を含むエリア。

　・温州：薛氏（少なくとも16人），周氏（6人）

　　→周行己（永嘉県）・薛季宣（永嘉県）・陳傅良（瑞安県）・葉適（瑞安県⇨永嘉県）

　　☆永嘉県を核として南塘で隣の瑞安県まで結ばれたエリア。

　※婺州→呂祖謙（金華県）・陳亮（永康県）

　　＝金華県〜明招山〜永康県を一帯とするエリア。

　＊元末明初の思想家

　・宋濂…金華県⇨（後半生）浦江県が中心
　・劉基…青田県
　・方孝孺…寧海県

　※清代

　　Cf.【山井 1980】

「宋明の学者はより多く政務にたずさわる役人であり，また郷村における指導者であったが，清代の学者はより多く学問の専門家であった。役人になってもよ

り多く学者としての役人であった。」(409頁)

◇浙東地域社会における宗教文化・演劇
　＊五山十刹…多くが両浙に集中。
　＊念仏結社…杭州・明州が中心（台州・温州にも）＝【鈴木 1941】。
　＊道教・民間信仰
　　（例）温元帥信仰（疫病からの保護）＝【Katz 1995】
　　　　　…宋代温州で始まり，南宋末に杭州へ，明清には太湖周辺にも伝播。
　＊南戯…温州の地方劇が南宋期に杭州へ。元末～明初に復興。

3．マニ教と沿海地域社会

◇宋元時代のマニ教に関する文献史料　【Lieu 1992・1998】
　　…『宋会要輯稿』／荘綽『鶏肋編』／陸游『老学庵筆記』・『渭南文集』／黄震『黄氏日抄』など
　　→分布…福建・浙東（温州・慶元）
◇宋元時代マニ教の遺跡・痕跡
　　①晋江県（泉州）華表山の元代マニ教草庵遺跡
　　　　（現・草庵寺／泉州市区から南へ23.7km）
　　　・宋代創建との説も。
　　　・元代摩尼光仏および元代碑記（至元

5年：1339)。
・1979年，寺の前から「明教会」と記した碗が出土。

②温州のマニ教遺跡

名称	現在の所在地（当時の県名）	創建年代
明教瑜珈寺	永嘉県橋頭鎮（永嘉県）	後晋天福3年（938）
明教寺	瑞安市曹村鎮（瑞安県）	後晋天福7年（942）
選真寺	蒼南県括山鎮（平陽県）	南宋後期または元代初期
潜光院	蒼南県炎亭（平陽県）	〔周夢江 2001〕

③慶元府（明州）慈渓県（現・慈渓市）の崇寿宮

4．宋代温州地域社会とマニ教

◇北宋末期～南宋初期の温州におけるマニ教＝【竺沙 1982】【岡 1996】
＊北宋末期：方臘の乱と同時期に温州・台州で民衆反乱。
　　　　　→地方官と地元エリート層（周氏・薛氏など）が鎮圧に尽力。
＊南宋初期にも名をかえて存続。
＊「裸葬」，血縁関係の否定＝【相田1974】

◇マニ教をめぐる「城」と「郷村」
＊『嘉靖温州府志』巻1「城池」
「宋宣和間，方臘囲城。劉士英謂：「城東負山，北倚江，無患。惟西・南低。薄乃増繕，募民兵画八界守禦」。賊果薄西南城，撒緑野橋，却之。賊退，乃取甓加築三千九百四十七歩。賊再至，見之失色，相持月余遁去。建炎間，増置楼櫓馬面。嘉定間，留守元剛重修建十門。」
＊『宋会要輯稿』刑法2－78（禁約）・宣和2年（1120）11月4日の条
「温州等処狂悖之人，自称明教，号為行者。今来明教行者，各於所居郷村建立屋宇，号為齋堂，如温州共有四十余処，並是私建無名額仏堂。」
＊『同』刑法2－111（禁約）・紹興7年（1137）10月29日
「宣和間，温・台村民多学妖法，号喫菜事魔，鼓惑衆聴，劫持州県。朝廷遣兵蕩平之後，専立法禁，非不厳切。訪聞，日近又有姦猾改易名称，結集社会，或名「白衣礼仏会」，及仮天兵号「迎神兵」。千百成群，夜聚暁散，伝習妖教。」

5．元代温州地域社会とマニ教

◇「選真寺記」(現・蒼南県文化館所蔵)
　　＊撰者＝孔克表
　　　　…孔子55代孫／至正8年（1348）進士。
　　　　　宋濂『翰苑続集』巻5「通鑑綱目付釈序」
　　　　　　「孔君字正夫，克表其名也。宣聖五十五代孫，至正戊子進士，博通六籍，而文又称之。士林咸推為巨擘云。」
　　＊紹介…【林順道 1989】【金柏東 1998】【周夢江 2001】
　　　　※釈文に誤りを含む。
　　＊報告者自身の現物確認調査（1996年12月／選真寺にて）
　　　　※協力…何俊氏（浙江大学）・早坂俊廣氏（当時・北九州工業高等専門学校）
　　　　→『中国文物報』1997年7月27日に記事。
　　＊前半部分

> 　平陽郭南行七十里，有山曰鵬山。曾巒演迤，隆伏回抱，河流縈滯，林壑茂美，彭氏世居之。従彭氏之居西北道三百餘歩，有宮一区，其榜曰：「選真寺」。為蘇隣国之教者宅焉，蓋彭氏之先之所建也。故制陋朴，人或隘之。彭君如山，奮謂其姪徳玉曰：「寺吾祖創也。茅厥度弗弘，不足以示嚴掲誠。吾幸不堕先人遺緒，願輟堂構之餘力以事茲役，汝其相吾成。吾祖有知，将不悼其志之弗獲承于地下矣」。徳玉応曰：「諾。敢不唯命是共」。洒斥故址，致木与石，聚羣藝攻（改？）之。崇仏殿，立三門，列左右廡。諸所締構，咸既底法。無何，徳玉即世。君蘯焉。其曰：「吾姪已矣，吾事其可已乎？」則又飭材経工，用斉完美，演法有堂，会学徒有舎，啓処食寝有室，以至廚・井・庫・廩・溷・圊之属，麋不具修。……（後略）

第13章附録　宋元時代の浙東沿海地域社会とマニ教　　　345

選真寺（1996年12月）　　　　　　「選真寺記」
　　　　　　　　　　　　　　（2005年12月20日撮影）

◇陳高「竹西楼記」（『不繋舟漁集』巻12）
　＊陳高…平陽県金舟郷出身／至正14年（1354）進士／『不繋舟漁集』の撰者。
　＊炎亭の潜光院についての記述

> 「温之平陽，有地曰炎亭，在大海之浜，東臨海，西南北三面負山，山環之，若箕状。其地可三四里，居者数百家，多以漁為業。循山麓而入，峯巒回抱，不復見。其中得平地有田数百畝，二十余家居之，耕焉以給食。有潜光院在焉，潜光院者，明教浮図之宇也。明教之始，相伝以為自蘇隣国流入中土，甌・閩人多奉之。其徒斎戒持律頗厳謹，日一食，昼夜七時詠膜拝。……」

◇宋元時代の平陽県における創建寺院の分布変化

平陽県寺院建築年代

	坊郭	万全郷	慕賢東郷	慕賢西郷	鳳林郷	金舟郷	親仁郷	帰仁郷※	宰清郷	崇政郷	招順郷
隋唐	4	5	2	1	5	1	5	4	1	4	6
五代	0	2	0	1	1	1	1	3	3	1	0
隋唐〜五代	4	7	2	2	6	2	6	7	4	5	6
宋代	4	13	4	12	6	4	7	11	3	15	2
不明	−	4	−	3	−	−	2	3	1	11	1
北宋	1	6	1	1	0	3	2	4	1	4	1
南宋	3	3	3	8	6	1	3	4	1	0	0
元代	1	6	1	0	0	4	0	2	0	1	1
南宋〜元代	4	9	4	8	6	5	3	6	1	1	2

※泰順県（明代に分離）にあたる部分をのぞく。

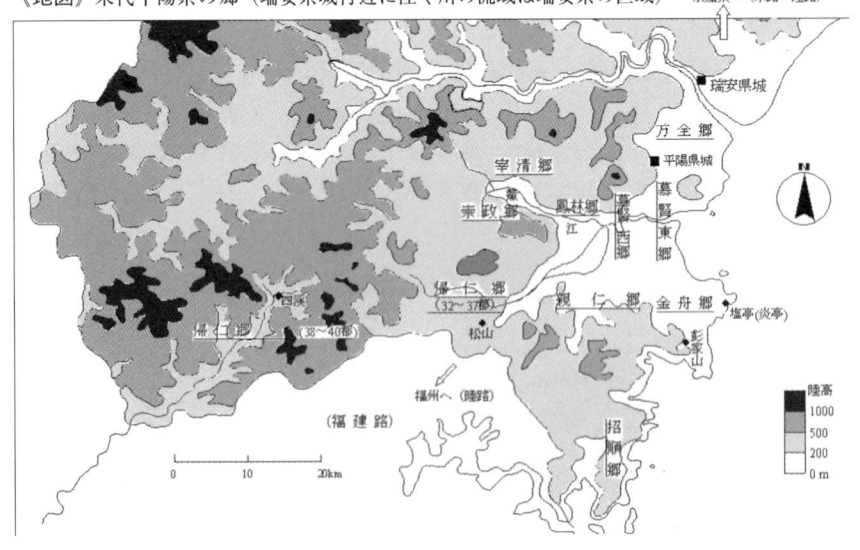

《地図》宋代平陽県の郷（瑞安県城付近に注ぐ川の流域は瑞安県の区域）

（地図…【岡 2005】より）

☆低地の水利開発の進行…万全郷・慕賢東西郷・金舟郷・親仁郷（【本田 1984】）。
　→寺の創建が増加した郷と重なる。

6．結びにかえて

◇地域社会における文化の混淆

　　…孔子の子孫が邪教の碑記の撰者となる。

　　＝元末の時代性

　　　　・エリート文化が沿海地域の"periphery"まで浸透。
　　　　・通俗文化とエリート文化の融合。

◇東南沿海地域社会の転換点

　　＊水利施設の整備→沿海開発の進行。
　　＊元代後半以後：「舟師」「倭舶」「倭寇」が登場。
　　＊明代以後の歩みの相違

　　　　　Cf.【Skinner 1977】…拠点港ごとに異なったサイクルの盛衰

　　　　・福州…閩北の開発，造船業の好調→市舶司が泉州から移る（【福州港
　　　　　史 1996】）。
　　　　・寧波…明代中期以後，経済回復。清代に成熟（【斯波 1988】）。
　　　　　　⇕
　　　　・温州…停滞（【岡 1998ｂ】）←甌江流域の限界，龍泉窯の衰退。
　　　　　　　→科挙合格者数の減少。
　　　　　　　　清代：浙江では北部沿岸の合格者の割合が高まる（【Rankin
　　　　　　　　1986】）。

◇今後の作業課題

　　＊元末明初「浙東」の思想家（宋濂ら）との接点　Cf.【荒木 1972】
　　＊方国珍勢力との関係

　　　　Cf.【寺地 1999】…方国珍政権と温州・慶元（寧波）

　　　　　　・温州…激しく対立。父老の支持を得られず。
　　　　　　　　　⇕

└─ └・慶元…元朝の官人・機構をほぼ継承。公共工事実施。

〔参考文献〕
◇日本語（50音順）
荒木　見悟　1972　『明代思想研究――明代における儒教と仏教の交流――』（創文社）
市來津由彦　2002　『朱熹門人集団形成の研究』（創文社）
岡　元司　1995　「南宋期温州の名族と科挙」（『広島大学東洋史研究室報告』第17号）
　　同　　　1996　「南宋期温州の地方行政をめぐる人的結合――永嘉学派との関連を中心に――」（『史学研究』第212号）
　　同　　　1998a　「南宋期科挙の試官をめぐる地域性――浙東出身者の位置づけを中心に――」（宋代史研究会研究報告第6集『宋代社会のネットワーク』、汲古書院）
　　同　　　1998b　「南宋期浙東海港都市の停滞と森林環境」（『史学研究』第220号）
　　同　　　2003a　「南宋期の地域社会における「友」」（『東洋史研究』第61巻第4号）
　　同　　　2003b　「南宋期浙東における墓と地域社会」（岸田裕之編『中国地域と対外関係』、山川出版社）
　　同　　　2005　「宋代における沿海周縁県の文化的成長――温州平陽県を中心として――」（『歴史評論』663号）
　　同　　　2006　「南宋期温州の思想家と日常空間――東南沿海社会における地域文化の多層性――」（平田・遠藤・岡編『宋代社会の空間とコミュニケーション』、汲古書院）
斯波　義信　1988　『宋代江南経済史の研究』（汲古書院）
鈴木　中正　1941　「宋代仏教結社の研究――元代以後の所謂白蓮教匪との関係より見て――」（『史学雑誌』第52編第1号）
相田　洋　1974　「白蓮教の成立とその展開――中国民衆の変革思想の形成――」（青年中国研究者会議編『中国民衆反乱の世界』、汲古書院）
竺沙　雅章　1974　「方臘の乱と喫菜事魔」（『東洋史研究』第32巻第4号；のち『中国仏教社会史研究』、同朋舎、1982年、所収）
寺地　遵　1999　「方国珍政権の性格――宋元期台州黄巌県事情素描、第三篇――」（『史学研究』第223号）
友枝龍太郎　1969　『朱子の思想形成』（春秋社）
中島　楽章　2005a　「宋元明移行期論をめぐって」（『中国―社会と文化』第20号）
　　同　　　2005b　「村の識字文化――民衆文化とエリート文化のあいだ――」（『歴史評

第13章附録　宋元時代の浙東沿海地域社会とマニ教　　　349

論』663号)

野口　鐵郎　1986　『明代白蓮教史の研究』(雄山閣出版)
本田　　治　1984　「宋元時代温州平陽県の開発と移住」(中国水利史研究会編『佐藤博士退官記念中国水利史論叢』、国書刊行会)
森　由利亜　2002　「近年の米国における中国思想・宗教研究——通俗宗教 popular religion という範疇をめぐって——」(『東方学』第104輯)

◇中文 (画数順)

周夢江　1992　『葉適与永嘉学派』(浙江古籍出版社)
　同　　1996　『葉適年譜』(浙江古籍出版社)
　同　　2001　『宋元明温州論稿』(作家出版社)
林順道　1989　「蒼南元明時代摩尼教及其遺跡」(『世界宗教研究』1989年第4期)
金柏東　1998　「《選真寺碑記》全文和史料価値」(温州博物館編『文物与考古論集 (温州博物館建館四十周年紀年)』、天馬図書有限公司)
福州港史志編輯委員会　1996　『福州港史』(人民交通出版社)

◇英語 (アルファベット順)

Bol, Peter K., 2003. "Neo-Confucianism and Local Society, Twelfth to Sixteenth Century: A Case Study", Paul Jakov Smith and Richard von Glahn eds., *The Song-Yuan-Ming Transition in Chinese History,* Harvard University Press.

Bossler, Beverly J., 1998. *Powerful Relations: Kinship, Status, & the State in Sung China* (960-1279), Harvard University Press.

Hartwell, Robert M., 1982. "Demographic, Political, and Social Transformation of China, 750-1550", *Harvard Journal of Asiatic Studies,* 42-2.

Hymes, Robert P., 1986. *Statesmen and Gentlemen: the Elite of Fu-chou, Chiang-Hsi, in Northern and Southern Sung,* Cambridge University Press.

──, 1989 "Lu Chiu-yuan, Academies, and the Problem of the Local Community", Wm. Theodore de Bary and John W. Chaffee eds., *Neo-Confucian Education: The Formative Stage,* University of California Press.

Katz, Paul R., 1995. *Demon Hordes and Burning Boats: The Cult of Marshal Wen in Late Imperial Chekiang,* State University of New York Press.

Lee, Thomas H. C., 1993. "Neo-confucian Education in Chien-yang, Fu-chien, 1000-1400: Academies, Society and the Development of Local Culture", 『国際朱子学会議論文集』下冊、中央研究院中国文哲研究所籌備処.

Lieu, Samuel N. C., 1992. *Manichaeism in the Later Roman Empire and Medieval China,* 2nd.

edition, J. C. B. Mohr (Paul Siebeck).

―――, 1998. *Manichaeism in Central Asia and China*, Brill.

Rankin, Mary Backus, 1986. *Elite Activism and Political Transformation in China: Zhejiang Province, 1865-1911*, Stanford University Press.

Skinner, G. William, 1977. "Regional Urbanization in Nineteenth-Century China", G. William Skinner ed., *The City in Late Imperial China*, Stanford University Press.

Walton, Linda A., 1999. *Academies and Society in Southern Sung China*, University of Hawaii Press.

第13章附録　宋元時代の浙東沿海地域社会とマニ教　　　351

選真寺にて住持の月亮師と（1996年12月）

選真寺にて信者の方々と（1996年12月）

選真寺記

　　　賜同進士出身将仕郎建徳録事孔　克表拜撰并書
　　　敦武校尉温州路平陽州判官燕　京孫　篆額

　平陽郭南行七十里，有山曰鵬山。曾巒演迤，隆然回抱，河流縈滯，林壑茂美，彭氏世居之。從彭氏之居西北道三百餘步，有宮一區，其榜曰：「選真寺」。為蘇鄰國之教者宅焉，蓋彭氏之先之所建也。故制陋朴，人或隘之。彭君如山，奮謂其姪德玉曰：「寺吾祖創也。第厥度弗弘，不足以示嚴揭誠。吾幸不堕先人遺緒，願輟堂構之餘力以事茲役，汝其相吾成。吾祖有知，將不棹其志之弗獲承于地下矣。德玉應曰：「諾。敢不唯命是供」。迺斥故址，刬木輿石，聚犀藝攻之。崇佛殿，立三門，列左右廡。諸所締構，咸既底法。無何，德玉即世。君蠱焉。其曰：「吾姪已矣，吾事其可已乎？」則又筋材経工，用齊完美，演法有堂，會學徒有舎，啓處食寝有室，以至厨・井・庫・廩・湢・圊之屬，靡不具修。都為屋如干楹，輪奐赫敞，視■（于）初有加矣。既而又曰：「■（譆），斯役之造，吾惟先志之弗克承之懼，非惠徹（繳）福田利益也。今茲幸遂儻功，惟祖考之靈，其尚於茲乎妥哉」。■（于）是即寺之東廡，作祠宇以奉神主。又割田如干畝，賦其金，用供祀饗，而委其蔵充寺之他費焉。繼德玉而相于成者，君之孫文復・文明・文定・文崇・文振也。今年春，文明来道建寺顛末，且徴文記之。
　噫，世之為子若孫，保有祖父之業幸弗荒墜，難矣。其有潤飾而光大之，蓋千百而一二得焉者也。矧又能肆其力於堂構播穫之外乎。今觀君於建寺一役，尚倦倦焉。紹揚先志若此，則其世業之克昌，概可知矣。其享有壽址，宜哉。予嘉其孝思之不忘也，故為紀（記）建寺之續，而君之美，因牽聯得書。君命仁翁，如山其字。今年實至正十一年二月十五日記

　　　選真寺記

　　　賜同進士出身将仕郎建徳録事孔　克表拜撰并書
　　　敦武校尉温州路平陽州判官燕　京孫　篆額

平陽郭南　行くこと七十里，山有り鵬山と曰う。
　（平陽見城の南，70里の場所に，鵬山という山があった。）

曾巒*¹は演迤*²たり，隆然として*³回抱し，河流は縈滯し*⁴，林壑*⁵は茂美*⁶なり，彭氏世々之に居す。

第13章附録　宋元時代の浙東沿海地域社会とマニ教　　　353

　　（峰はいくえにも重なってはてしなく、高い山が抱きかかえるがごとくであり、川の流
　　れが周囲をめぐり、林や谷は木が立派に茂り、彭氏は代々ここに居住していた。）

彭氏の居從り西北に道すること三百餘歩，宮一區*7有り，其の榜に「選眞寺」と曰う。
　　（彭氏の居所から西北に450mくらいいくと、宮が一棟あり、その額に「選眞寺」と書
　　かれている。）

蘇鄰國の教を爲す者　焉に宅す，蓋し彭氏の先の建つる所なり。
　　（西アジアの宗教を学ぶ者がここに住んでいて、彭氏の先祖が建てたもののようだ。）

故制*8は陋朴なり，人或いは之を隘しとす。
　　（もとの規模は狭く素材であったため、なかには狭いと考える人もいた。）

彭君如山，奮いて其の姪德玉に謂いて曰く：「寺は吾が祖創りしなり。第だ厥の度は弘か
らず，以て嚴*9を示し誠を掲ぐるに足らず。吾幸いに先人の遺緒*10を堕たらず，堂構*11の
餘を鞦い，力めて以て茲の役に事うるを願う，汝其れ*12吾が成すを相けよ。吾が祖知る有
れば，將た其の志の地下に承くるを獲ざるを悼まざらんや」と。
　　（彭君如山は、ふるいたって甥の德玉に「寺はわが祖先がつくったものだ。ただしその

＊1　「曾」＝層→「層巒」…いくえにも重なって見える峰。
※〔林順道〕〔金柏東〕は「層巒」と記すが、原碑では「曾巒」。
＊2　「演迤」…【漢語大詞典】①綿延不絶貌。
＊3　「隆然」…【大】隆起しているさま。むっくりと高いさま。
＊4　「縈滯」←「縈帶」…【漢語大詞典】②環繞。
＊5　「林壑」…【大】林と谷。山林の奥深い所。〔謝靈運〕
＊6　「茂美」…【大】しげり栄える。〔呂覽，首事〕
＊7　「區」…〔量〕住宅を数えることば。
＊8　「制」…形式。かたち。規模。大きさ。
＊9　「嚴」…【漢語大詞典】①威嚴；嚴肅。
＊10　「遺緒」…【漢語大詞典】①前人留下来的功業。
＊11　「堂構」…【大】父の設計を承け継いで、子が堂基を起こし、屋を構えること。転じ
　　て、父祖の業を継承すること。〔書，大誥〕「若考作室，既底法，厥子乃弗肯堂，矧肯構。
　　（伝）以作室喩治政也。父已致法，子乃不肯堂基，況肯構立屋乎。」
＊12　「其れ」…【漢辞海】①（イ）…されたい。（二人称主語の後で、勧告や命令、要求
　　などの語気をあらわす。）

基準は広くなく，威厳や誠を示すには不十分だ。わたしは幸いにして先人の遺した功業をなおざりにせず，建物の残りをつくろい，この労働に奉仕することにつとめるのを願っているので，あなたはわたしが実現するのを助けてほしい。わが祖先（このことを）知れば，いったいその志が地下で受入れられないことを悲しむなどということがあるわけがない」と言った。）

<u>徳玉</u>應えて曰く：「諾。敢えて唯だ命のみ是れ共にせざらんや」と。
　　（徳玉がこたえて「はい。どうしてひたすら命だけを共にすることがないなどということがありましょうや，いやきっと命を共にします」と言った。）

迺ち*13 故址を斥い*14，木と石とを致し*15，羣藝を聚めて之を攻む*16。
　　（そこで旧跡の様子をさぐり，木と石を入手し，多くのわざを結集してこれをつくった。）

崇佛殿は，三門*17を立て，左右の廡*18を列ぬ。諸所の締構*19は，咸な既に法を底む*20。
　　（崇佛殿には大門があり，左右脇には廊下がつらなっていた。諸所の構造は，すべて既に方式を定めていた。）

<ruby>無　何<rt>いくばくもなく</rt></ruby>，<u>徳玉</u>即世*21。
　　（まもなく徳玉が世を去った。）

君　焉を蠱しむ*22。其の曰く：「吾が姪已めり（矣），吾事も其れ已むべけんや？」
　　（君はこのことを悲しんだ。彼は「私の甥がこれまでとなったのに，我が事もどうしてまたやめるべきなのか（いや，やめたりはしない）」と言った。）

---

*13　※〔林順道〕〔金柏東〕では「乃」と記すが，原碑が「迺」。
*14　※〔林順道〕では「圻」（「王都の周囲千里以内の地」「くにざかい」の意）と記すが，〔金柏東〕および原碑では「斥」。
*15　「致」…贈りとどける。手に入れる。得る。
*16　「攻」…物をつくる。
*17　「三門」…【漢語大詞典】⑤指寺院大門。〔釈氏要覧〕後亦泛指大門或外門。〔紅楼夢〕
*18　「廡」…両脇の廊下。
*19　「締構」…【漢語大詞典】②建造。③結構。
*20　「底法」…【漢語大詞典】謂確定方式。〔書，大誥〕「若考作室，既底法，厥子乃弗肯堂，矧肯構」
*21　「即世」（世につく）…世を去る。〔左伝〕
*22　「蠱」…【漢語大詞典】傷痛，悲痛。〔唐・陸贄〕

第13章附録　宋元時代の浙東沿海地域社会とマニ教　　　　　355

則ち又た材を飭え工を経め，用い齊うること完美*23にして，演法*24に堂有り，學徒を會むるに舍有り，啓處・食寢するに室有り，以て廚・井・庫・廩・湢・圊之屬に至るに，具さに修め*25ざるは靡し*26。

　（そこで材料を用意し職人を統率し，おさめ整えることが完璧であり，教義の講義には講堂があり，学徒を集めるには校舎があり，くつろいだり食事・睡眠するには部屋があり，台所・井戸・倉庫・風呂・便所の類に至るまで，完備していないものはない。）

都て屋を爲るに如干*27楹*28，輪奐*29赫*30敵*31，初めに視べて加うる有り（矣）。

　（すべて建物は何本かの柱でつくり，壮大美麗で，輝いて大きなものであり，当初のものに比べて増築されていた。）

既して又た曰く：「■（譆）*32，斯の役*33の造は，吾れ惟だ先志*34之克承*35されざるを是れ

懼れ*36，福田*37の利益を恵▲徹*38するに非ざるなり。今茲に幸に僝功*39を遂げ，惟だ祖考*40

＊23　「完美」…【漢語大詞典】①完備美好。
＊24　「演法」…【漢語大詞典】①宣講教義。
＊25　「具脩」…【大】①祭祀の具を供え，また掃除をする。〔周礼，天官，大宰〕②具備し，おさめる。【漢語大詞典】②齊備；完備。
＊26　※〔林順道〕では「糜」（「ついやす」「ただれる」の意）と記すが，〔金柏東〕および原碑では「靡」。
＊27　「如干」…【漢語大詞典】若干。表示不定数。
＊28　「楹」…【漢辞海】母屋の正面にある柱。はしら。
＊29　「輪奐」…【大】建築物の壮大美麗なさま。【漢語大詞典】形容屋宇高大衆多。語出〔記・檀弓下〕，南朝齊王中〔頭陀寺碑文〕，范成大〔呉船録〕巻上。
＊30　「赫」…【漢辞海】②輝き明らかなさま。盛大に現れるさま。
＊31　「敵」…【漢辞海】広大な。ひろい。
＊32　「譆」…【漢辞海】①ああ。（ア）賛嘆の声。
＊33　「斯役」…【漢語大詞典】厮役。指于雑事的劳役。〔左伝・哀公二年〕
＊34　「先志」…【漢語大詞典】③先人の遺志。〔魏書・高祖紀上〕
＊35　「克承」…【漢語大詞典】能够継承。〔唐・韓愈・息国夫人墓誌銘〕「婉婉夫人，有籍宮門，克承其後。」
＊36　「是懼」…★〔左伝〕に8か所あり。

之霊（傳）のみ，其の茲*41に尚しく*42（乎*43）妥*44きかな。」

　（まもなくしてまた「ああ，この労役によって建築することについて，私はただ先祖の遺志が十分に継承されないことを恐れるばかりであって，福田の利益を求めているのではない。今ここに幸いにして功績をあげ，ただ祖先の霊のみ，ここに長く続いて安らかであることよ」と言った。）

是に於いて即ち寺の東廡に，祠宇*45を作り以て神主*46を奉ず。
　（そこですぐに寺の東脇の廊下に祠堂を作って神を奉じた。）

又た田如干畝を割き*47，其の金を賦*48し，供祀の饗*49に用い，而して其の蔵に委ねて*50寺

---

*37 「福田」…【漢語大辞典】仏教語。仏教以為供養布施，行善修徳，能受福報，猶如播種田畝，有秋収之利，故称。〔大唐西域記〕

*38 「徼」…【漢辞海】（C）ギョウ・キョウ…分をわきまえずに願う。得られそうにないものをむりに求める。もと-める。／（D）ヨウ…まねく。要求する。もと-める。「徼福於大公丁公（ふくヲたいこうていこうニもとム）」〔左伝・昭三〕
「徼福」…【大】幸をもとめる。〔左氏・僖・四〕「君恵徼福於敝邑之社稷，辱收寡君。」
※〔林順道〕〔金柏東〕では「繳」と記す。…【漢辞海】②納付する。おさ（納）める。

*39 「俾功」…【大】其の功をあらわす。航跡をあらわししめす。〔書，堯典〕「都共工，方鳩俾功。」

*40 「祖考」…【漢語大詞典】①祖先。②指已故的祖父。③泛指父祖之輩。

*41 Cf.『後漢書』巻24「此誠上合天心，下順民望，浩大之福，莫尚於此。」

*42 「尚」…【漢辞海】〔形容詞〕①ずっと続いていて古い。ひさ-しい。ヒサーシ。〔動詞〕②ものの上に加える。くわ-える。クハーフ。

*43 「乎」…【漢辞海】〔句法１〕②文中に置き，息つぎの位置を示して文のリズムを整える。特に意味はなく，「か」と訓読したり置き字として読まなかったりする。

*44 「妥」…【漢辞海】平穏で安定しているさま。やすらか・おだやか。やす-い。ヤスーシ。

*45 「祠宇」…【漢語大詞典】祠堂；神廟。〔文選・夏侯湛「東方朔画賛」〕

*46 「神主」…【漢語大詞典】①百神之主。〔書，咸有一徳〕③古代為已死的君主・諸侯作的牌位，用木或石制成。

*47 「割」…【漢辞海】①さ-く。（ウ）きりとる。（エ）分割する。②分ける。わ-かつ。

*48 「賦」…【漢辞海】②分け与える。さず-ける。サヅーク。

*49 「饗」…【漢辞海】①宴会。②祭礼に供する食品。
Cf.「祀麹」…【漢語大詞典】以酒祭奠。

*50 「委」…【漢辞海】②贈る。さし出す。

第13章附録　宋元時代の浙東沿海地域社会とマニ教　　　　　　357

の他費に焉を充つ。
　（また田若干畝を分割して，その収入の銭を分け与え，お供えの食品に用い，またその蔵から差し出させて寺の他の費用に充当させた。）

徳玉を継ぎて成すを相くる者，君之孫文復・文明・文定・文崇・文振なり。
　（徳玉を継いで完成を助ける者は，彭仁翁の孫の文復・文明・文定・文崇・文振である。）

今年春，文明来りて建寺の顛末を道り，且つ徴文*51すれば，之を記す。
　（今年の春，彭文明が来て寺院建築の顛末を述べ，かつ文章を求めたので，この選真寺記をしるした。）

噫*52，世の子若しくは孫為りて，祖父*53の業を保有*54し幸いに荒墜*55せざるは，難きなり（矣）。
　（ああ，世の中の子どもまたは孫であって，祖父・父親の財産を保有して幸いに怠り失わないことは，難しいことである。）

其の潤飾*56有りて之を光大*57するは，蓋し千百にして一二焉を得る者なり。
　（その飾りをつけて更に発展させるのは，おそらく千百のうち一か二得られるくらいだろう。）

矧んや又た能く其の力を堂構・播種*58の外に肆さん*59や。
　（ましてや，父の設計を承け継いで，子が堂基を起こして屋を構えたり，父の耕作を受け継いで，子が種を播き収穫を行うことのほかに，力を尽くせるだろうか，いやそんな

---

*51 「徴文」…【大】人に文章を求めること。
*52 「噫」…感嘆・悲痛・なげき・驚きの感情を表す声。
*53 「祖父」…【漢語大詞典】②祖父与父親。
*54 「保有」…【漢語大詞典】擁有；獲得。〔詩経，周頌・桓〕
*55 「荒墜」…【大】すておとす。怠り失う。〔書，五子之歌〕
*56 「潤飾」…【大】つやをつけてかざる。潤色。飾潤。〔漢書，循吏伝など〕
*57 「光大」…【漢語大詞典】②顕揚；発展。〔宋・蘇軾「贈韓維三代・祖保枢魯国公勅」〕④広大。〔易・坤〕
*58 「播種」…【大】父の耕作を受け継いで，子が種を播き収穫を行うこと。転じて，父祖の業を継承すること。〔書，大誥〕（同上のつづき）
*59 「肆力」…力のかぎりを尽くす。

今，君を寺を建つるの一役に観るに，尚お焉に惓惓*60とす。
　（今，この寺を建てる一つの労役を見たところ，なおねんごろにこれを行っている。）

先志を紹揚すること此の如ければ，即ち其の世業*61の克昌*62なるは，概ね知るべし（矣）。
　（先祖の志をこのように受け継ぎ誇示するのであれば，その先祖からの遺産がきわめて盛んであることは，おおよそ知ることができる。）

其の壽祉*63を享有*64するは，宜しきかな。
　（その一族が長命と幸福を享受しているのは，よろしいことである。）

予　其の孝思*65の忘れざるを嘉し（也），故に寺を建つるの績を紀（記）すを為し，而して君の美は，牽聯*66を因ねて書くを得。
　（私は，彼が親孝行の思いを忘れないのを賛美し，そのため寺を建築した業績を記し，そして君の美点は連なり続けて書くことができた。）

君の名は仁翁，如山は其の字なり。
　（君の名は（彭）仁翁であり，如山はその字である。）

今年は實に至正十一年（1351）二月十五日に記す。
　（今年はまさしく至正11年（1351），2月15日に記した。）

＊60　「惓惓」…【大】ねんごろなさま。真心を尽くすさま。〔集韻〕
＊61　「世業」…【大】①先祖から代々伝わってきた職業。〔孔叢子，執節〕②先祖からの遺産。〔南史，張融伝〕
＊62　「克昌」…【大】①極めて盛なこと。〔詩経，周頌，雝〕
＊63　「壽祉」…【漢語大詞典】長命而幸福。〔元史・后妃伝二・順宗昭獻元聖皇后〕
＊64　「享有」…【漢語大詞典】②享受。
＊65　「孝思」…【漢語大詞典】孝親之思。〔詩経，大雅，下武〕
＊66　「牽聯」…【大】つらなりつづく。〔楚辞〕

第14章　疫病多発地帯としての南宋期両浙路
―――環境・医療・信仰と日宋交流―――

1．問題の所在

　歴史学において「空間」という概念を導入することは，国家がとりきめた国境線を所与の前提と考えずに，その地域の歴史を再構成していくための一つの手法として，近年しだいに関心を集めつつある。国家の支配していた版図自体，時代により大きく変動するのが常であった。また，その版図にしても，仮に現在の中華人民共和国の面積を基準にしてみると，中国の面積はヨーロッパ全体にほぼ匹敵する大きさを有しており，内部における地域的偏差は無視し得ない社会的条件の相違を生みだしてきた。

　そうした意味で，日本と中国の社会に見られる相互の連動性や相違性をさぐろうとする本シンポジウムにおいても，「中国」を一枚岩の社会として措定して論じることは歴史的実態とは乖離してしまいがちであり，本章では，むしろ日本との関係の深かった宋代両浙という一地域の視点から分析をおこなうこととしたい。

　宋代史における歴史的空間についての研究としては，ロバート・ハートウェル氏の概観に続いて，斯波義信氏が長江下流地域の空間について，詳細な実証研究をおこなった。斯波氏の研究では，とくに地域の開発や市場の分布について，長期的な空間変化が示され，「空間」概念が歴史学の考察にとっていかに有用であるかを具体的に示すものとなっている（〔Hartwell 1982〕，〔斯波 1988〕）。こうした研究史上の基礎のうえに，さらに今後は基層社会の文化や生態環境の側面をより重視して，地域の「全体史」を構築していく必要があり〔岡 2006〕，本章では，そうした文化・生態環境の双方と関わりのある疫病の発生とその影響という視点から宋代両浙地域を取りあげ，それを通じて中国沿海の一地域である両浙と，日本との文化面での連動性についても論及してみたい。

　近年，中国史研究においては，生態環境についての研究が盛んになりつつあり，

日本では上田信氏が明清時代を中心として森林をめぐる生態や文化についての研究をおこなっている〔上田 2002など〕。また，鶴間和幸氏らは，黄河流域について現地調査研究を積極的に進めており，古河道の変遷などについて見るべき成果を挙げている〔鶴間 2007など〕。さらにそうした視点は，環境とのつながりの中での人間存在のあり方にも関心を広げつつあり，上田氏が生態環境と死亡との関係を分析している〔上田 1988・1995〕とともに，とくに明清時代の疫病に関する研究成果が，主として中国の研究者によって相次いで発表されている（〔余新忠 2003〕,〔余新忠等 2004〕,〔曹樹基・李玉尚 2006〕）。こうした疫病に関する研究は，日本医療史研究においてはもう少し早くから成果が見られており（〔新村 1985・2006〕,〔Farris 1995・2006〕），とくに民衆社会史とも深い関わりをもつテーマとなっていることが注目されるように思う。

　環境と疫病との関係という点でいえば，W・H・マクニール氏が，疫病が古代から現代まで人間世界の出来事にいかに大きな影響を及ぼしてきたかを論じた『疫病と世界史』のなかで，「揚子江流域およびもっと南の諸地方に真に稠密な人口が出現したしるしは，8世紀まではっきりと認めることはできない。黄河の流域では古代からごく普通に見られた稠密な人口に近いものが，揚子江流域やその他南部中国の各地に存在するようになるのは，ようやく宋代に入ってからである」として，人々が水田耕作の生活様式の地域に生物学的適応をするのに長い時間を要したことを指摘している〔マクニール 1985：128〕のは，示唆に富むものと言えよう。唐宋時代に中国の経済的な重心が黄河流域から江南地域へと南移したことは，氏が「ヨーロッパでは，北方への進出は疾病罹患度の低い方向への移動であり，より寒冷な気候と冬の長い氷結期間のお陰で，感染症に曝される危険はむしろ減少した」のに対して，「中国の人びとは高温多湿の風土に生活できるようになるため，高い疾病罹患度の困難を克服」する必要がある〔同上：129〕と対比的に論じたこととも関わる問題であり，まさに長江下流および杭州湾沿いの低地をかかえる宋代両浙路は，水田開発を進行させると同時に，人々がそうした新たな生態環境への適応に最も神経を使わなければならない場所でもあったのである。

　そして，このように該地の人々が直面していた疫病や疾病への不安を，医療面

だけでなく，精神的にもいかに克服していくかは，決して一部の限られた階層にとっての問題にとどまらず，より幅広い階層において重要な関心事となっていた。このことを探るために，本章では単に疫病と医療の関係だけでなく，可能なかぎり，信仰などとの関わりについても触れてみたいと思う。そして，とくに夏季に高温多湿となる両浙での問題の顕在化は，同様の気候条件の地域を含む日本への影響という点で，隋唐時代からの日中交流のあり方にもある種の変化をもたらしているのではなかろうか。そうした問題意識をもちつつ，以下，具体的に論じていきたい。

2．南宋期両浙路における疫病

　本章で検討対象地域としている南宋期の両浙路の範囲は，現在の中華人民共和国の浙江省全域，および，江蘇省の一部（蘇州・常州・鎮江など）を加えた地域にあたる。つまり，浙江省から江蘇省の長江下流デルタ地域までをその範囲と考えるとよいであろう。

　この両浙地域は，唐代以来，農業開発が進んでいた地域であり，人口も順調に増加しつつあったが，金国による華北占領にともない，王朝が北宋から南宋に交替し，それと同時に大量の流民が華北から南下してくることとなった。このため，両浙路の戸数は，北宋・崇寧元年（1102）に197万5041戸であったのが，南宋・紹興32年（1162）には224万3548戸へと急増し，農業の開発や商工業の発展を加速させることとなった〔呉松弟 1993〕。しかし，そうしたプラス面ばかりではなく，紹興府・明州・温州に関する地域研究において確認されているように，浙東沿海部では森林破壊が進行し，低地では南宋前期に水害の増加が顕著に見られることとなった（〔陳橋駅 1965〕，〔岡 1998〕）。

　さらに，歴代中国における大規模な疫病の流行の記録を整理した宋正海氏によれば，下のグラフに示したように，現在の浙江省にあたる地域は宋代において全国で最も多くの「大疫」が記録されている地域であり（14回），江蘇省は続いて2番目に多い地域であった（8回）〔宋正海 2002〕。しかもその多くは，北宋期よりも南宋期に集中している。もちろん疫病の記録の残存は，南宋期の行在が臨

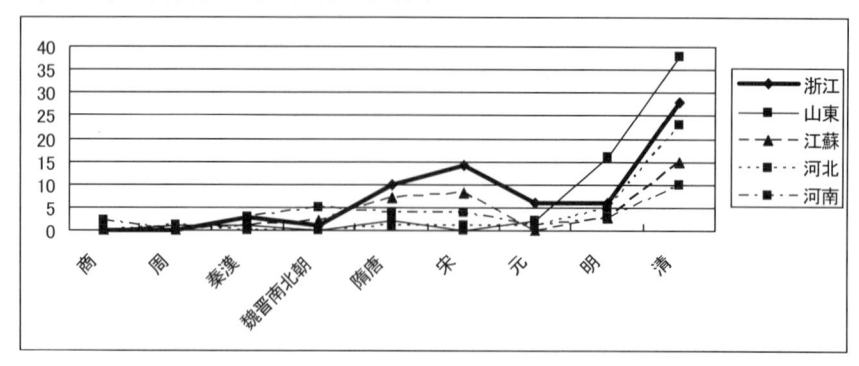

《グラフ》歴代中国における大疫の地域分布

安府（杭州）に置かれたことと無関係ではなく，首都およびその周辺地域に関する歴史的記録が，他の地域に比べて残りやすいということはあったであろう。しかし，その理由を差し引いたとしても，『宋史』『宋会要輯稿』などにおいて，両浙路における疫病発生記事は他地域に比べて群をぬいて多く，また韓毅氏の最近の研究〔韓毅 2008〕を参考にしても，少なくともこの地域が疫病の多発する地域であったことは否定できないであろう。

　以下，主たる編年史料を中心に，文集など他の史料も加えながら，南宋両浙路の疫病についての記述を，年代順に挙げていきたい。

（1）　建炎4年（1130）4月　平江府

　陳長方『唯室集』巻3「銘弟墓」に，「建炎庚戌夏四月，挙家 疫を病み，余の病 特に甚だし。君は衣を解かざること半月，未だ幾もせず君は病みて起きず。実に五月七日，年二十二。嗚呼，余 尚お之を言うに忍びんや。夫れ是の年十月癸酉，吾が母の命を奉じ，君を平江府呉県至徳郷鳳凰原に葬る」と記されており，平江府（蘇州）において陳長方の家族が疫病にかかっていたことがわかる。ただし，どの程度の地理範囲であったのかは一切不明である。

（2）　紹興元年（1131）6月　浙西

　『宋史』巻62・五行志（水下）・紹興元年（1131）6月の条に，「紹興元年六月，

浙西大いに疫し，平江府以北は流屍算うる無し」とあり，浙西で「大疫」がおこり，平江府以北の地域においてはそれによる水死体が無数にのぼったことがうかがえる。

（3）同年秋冬　紹興府
　同条の続きに，「秋冬，紹興府は連年大いに疫し，官は人の能く粥薬の労に服する者を募り，活かすこと百人に及ぶ者は，度して僧と為す」とあり，紹興府でもこの年を含めて毎年のように「大疫」に見舞われていたことが記されている。

（4）紹興21年（1151）　温州
　陳言の撰した医学書『三因極一病証方論』巻6「料簡諸疫証治」に，「辛未の年，永嘉瘟疫し，害を被る者は数うるに勝うべからず」と記されている。

（5）隆興2年（1164）　浙東・西
　『宋史』巻62・五行志（水下）に，「隆興二年冬，淮甸の流民二三十万　乱を江南に避け，草舎を結びて山谷に徧くし，暴露して凍う饉え，疫死する者半ばにして，僅かに還る者有るも亦た死す。是の歳，浙の飢民の疫する者　尤も衆し」と記され，金との戦争で「淮甸」（淮河流域）から逃れてきた流民の間に飢えや疫病で死ぬ者が多く，この年の「浙」の飢民で疫病にかかった者がもっとも多かったとされている。
　また，周必大『文忠集』巻34「直敷文閣致仕魯公嘗墓誌銘」にも，隆興2年のこととして，「是の歳，浙東・西は水災あり，民は大いに餓え疫す。詔して郡邑に振済せしめ，郎官を選びて之を察さしむ」とあることから，上記史料の「浙」とは浙東・浙西の双方を指すものであると考えられる
　さらに，汪応辰『文定集』巻23「顕謨閣学士王公墓誌銘」にも，伝主の王師心（1097～1169）の事跡が述べられるなかで，「（隆興）二年，湖州を知する時，水旱の余，疾疫大いに作り，道に殣する者　相い属く。公　既に粥を為り以て餓うる者に食らわし，又た僚属を遣りて勧分せしめ，全活する所多し」と記されており，この年の疫病が浙西の湖州でも起きていたことが確認できる。

（6） 乾道元年（1165）　浙東・西

『宋史』巻62・五行志（水下）に「乾道元年，行都及び紹興府飢え，民は大いに疫し，浙東・西も亦た之の如し」と記されている[*1]。この年の疫病については，翌年の乾道2年に「去歳」「去年」（乾道元年）のこととして発言された中にも，『宋会要輯稿』食貨66-9身丁銭・乾道2年4月7日の条の臣僚の言に，「去歳二浙は水潦・疾疫相い仍（かさ）なり，因りて死亡し，其の数頗る多し」とあり，また，『同書』食貨12-6戸口雑録・乾道2年5月9日の条の臣僚の言にも，「両浙路去年　百姓は疾疫を以て死亡し，饑餓を以て流移する者，至って多し」とあり，両浙において乾道元年の疫病による死者が多かったことがうかがえる。

この歳の疫病については，他にも言及が多く，文集では，楼鑰『攻媿集』巻90「直秘閣知揚州薛公行状」に薛居宝（1123～80）が主管臨安府城南右廂公事であった時のこととして，「乾道初の間に当たり，都下は大いに疫す」と記されている。小説史料[*2]にも，洪邁『夷堅支戊』巻2「孫大小娘子」に，呉興出身の孫提挙が臨安に住んで亡くなった後の妻と子（2子5女）についての話のなかで，「乾道元年，浙西大いに疫し，孫の二子並びに婦，及び第二・第三の女は死す」とあり，また，『夷堅乙志』巻17「銭瑞反魂」にも，「乾道元年六月，秀州大いに疫す」と記されており，深刻であった乾道元年の疫病がこうした史料にも反映したものと

[*1] この続きに「六年春，民は冬燠を以て疫作（おこ）る」とあるが，これについては地域が不明であるので，ここでは取りあげない。

[*2] 『夷堅志』は，言うまでもなく従来の宋代社会経済史研究において，幅広い階層の生活や文化を示す史料としてしばしば用いられてきた史料であり，その性格・特色については，とくに塩卓悟氏の論考を参照されたい。塩氏によれば，洪邁は『夷堅志』が後世の地方志編集に利用されることを願い，実際にも宋代や元代以降の地方史に『夷堅志』記事が引用されていることを踏まえたうえで，怪異譚そのものの誇張性・虚構性にもかかわらず，地方の風土描写がかなり事実を伝えたものであるとの認識を同時代人が抱いていたことを指摘している〔塩 2002〕。また管見の限り，『夷堅志』に登場する各地の地名や寺廟名にも，実在のものが多く含まれているように思われる。なお，『夷堅志』に見られる医人記事について分析した木村明史氏は，それらの記事が洪邁と医人の人脈から得られた可能性を指摘している〔木村 2002〕。

第14章　疫病多発地帯としての南宋期両浙路　　　　　　　　365

見ることができよう。

（7）　乾道8年（1172）夏　臨安府

『宋史』巻62・五行志（水下）に「(乾道)八年夏，行都の民 疫し，秋に及ぶも未だ息まず」と記されている[*3]。

（8）　淳熙8年（1181）4月　臨安府

『宋史』巻35・孝宗本紀・淳熙8年4月の条に，「丙辰，臨安疫するを以て，医官に分命して軍民を診視せしむ」と記されている。また，『宋史』巻62・五行志（水下）にも「(淳熙)八年，行都大いに疫し，禁旅多く死す」とある。『宋会要輯稿』食貨58-14賑貸下・淳熙8年4月11日の条にも，「軍民多く疾疫有り」という状況への対応として，医官などを臨安の殿前司・馬軍司・歩軍司や諸廂界に多数派遣したことが記されている。

（9）　淳熙14年（1187）春　臨安府・浙西

『宋史』巻62・五行志（水下）に，「十四年春，都民・禁旅大いに疫し，浙西の郡国も亦た疫す」とあり，臨安の民と禁軍が大疫となり，浙西の各州にも疫病がはやったとされている。

（10）　紹熙5年（1194）　紹興府

『嘉泰会稽志』巻13「漏沢園」に，紹熙5年のこととして，「癘疫を以て民は死亡するを免れず」と記されている。

---

*3　この続きには「江西の飢民大いに疫し，隆興府の民疫し，水患に遭いて，多く死す」とある。この年については，隆興府を含む江西の疫病のほうが猛威をふるったと考えられる。なお，この乾道8年に続く乾道9年（1173）については，『夷堅支乙』巻5「秀州棋僧」に，秀州の兜率寺僧の師豫という人物が，「乾道九年，疾疫に染まり，死して復た生き……」と記されているが，同年に疫病が流行したかどうかについては，編年史料などで確認することができないので，ここでは取りあげずにおく。

(11)　慶元元年（1195）4月　臨安府・常州・嘉興府

『続編両朝綱目備要』巻4・慶元元年4月の条に、「是の月、都城大いに疫す。上 内帑銭を出だして行在貧民の医薬・棺斂費と為し、仍お諸軍の疾疫死者の家に賜う」と記されている。

同年（慶元乙卯）の疫病については、『夷堅支戊』巻3「張子智毀病」に「張子智貴謨 常州を知る。慶元乙卯春夏の間、疫気大いに作(おこ)り、民の病む者は十室に九なり」とあり、常州では疫病で病気になった者が10軒に9軒の割合であったとされる[*4]。また、『夷堅支補』巻25「符端礼」にも、「慶元乙卯夏、淮浙に疫癘大いに作り、嘉興城内、浹日(しょうじつ)に斃(たお)るること百余人に至る」とされ、嘉興府においても10日間に百余人の死者が出たと記されている。

(12)　慶元2年（1196）5月　臨安府

『宋史』巻62・五行志（水下）に、「（慶元）二年五月、行都疫す」と記されている。

(13)　慶元3年（1197）3月　臨安府・淮浙地域

同書同巻に、「（慶元）三年三月、行都及び淮・浙の郡県 疫す」と記されている。

(14)　慶元5年（1199）5月　臨安府

『続編両朝綱目備要』巻5・慶元5年5月の条に、「都城疫す。丁酉、久しく雨ふるを以て、民に疾疫多し」と記されている。

(15)　嘉泰3年（1203）5月　臨安府

『宋史』巻62・五行志（水下）に、「嘉泰三年五月、行都 疫す」と記されている。

＊4　『咸淳毗陵志』巻8「秩官」によると、知常州の張貴謨は、紹熙5年閏10月に着任し、慶元2年正月に離任している。

第14章　疫病多発地帯としての南宋期両浙路

(16)　嘉定元年（1208）　両浙

『同書』同巻に，嘉定元年のこととして，夏に淮甸にて大疫がおこったことに続けて，「是の歳，浙民も亦た疫す」と記されている。

(17)　嘉定2年（1209）夏（4月）　臨安府

『同書』同巻の続きに，「二年夏，都民 疫死するは甚だ衆し」と記されている。『続編両朝綱目備要』巻11・嘉定2年4月辛未の条にも，「都城疫す」とある。

(18)　嘉定3年（1210）　4月　臨安府

『宋史』巻62・五行志（水下）に，「（嘉定）三年四月，都民多く疫死す」と記されている。

(19)　嘉定4年（1211）　4月　臨安府

『同書』同巻の続きに，「（嘉定）四年三月，亦た之の如し」と記されている。このことについては，『続編両朝綱目備要』巻12・嘉定4年3月の条にも，「三月，都城疫す。己未，臨安府に命じて病民に賑給し棺銭を賜らしむ。四月戊申，内庫銭を出して疫死せる貧民を瘞めしむ」とあり，疫病による死者を内蔵庫銭によって埋葬させていた。

以上のように疫病の発生時期が明確に特定できる事例以外に，文集の中には年代のある程度の特定が可能なものもある。

たとえば，袁燮『絜斎集』巻13「龍図閣学士通奉大夫尚書黄公行状」には，伝主の黄度（1118～1213）の温州瑞安県尉在任中に，「参政王之望 郡を為め…（中略）…歳に大いに疫す」として，疫病への対策を王之望（1130～70）がとったことが記されている。王之望が知温州であったのは乾道4年（1168）10月から5年（1169）11月のことであり[*5]，この頃に温州にて疫病が発生していたことがうかがえる。

同様に楼鑰『攻媿集』巻102「知婺州趙公墓誌銘」にも，伝主の趙師龍（1143～1217）の知温州在任中のこととして，「会ま歳に疫甚だしく，公は力を尽くして調護し，全活する者 幾人かを知らず」とあり，趙師龍が疫病で苦しむ者の保

第 3 部：基層社会の変容と信仰

《地図》南宋期の両浙路

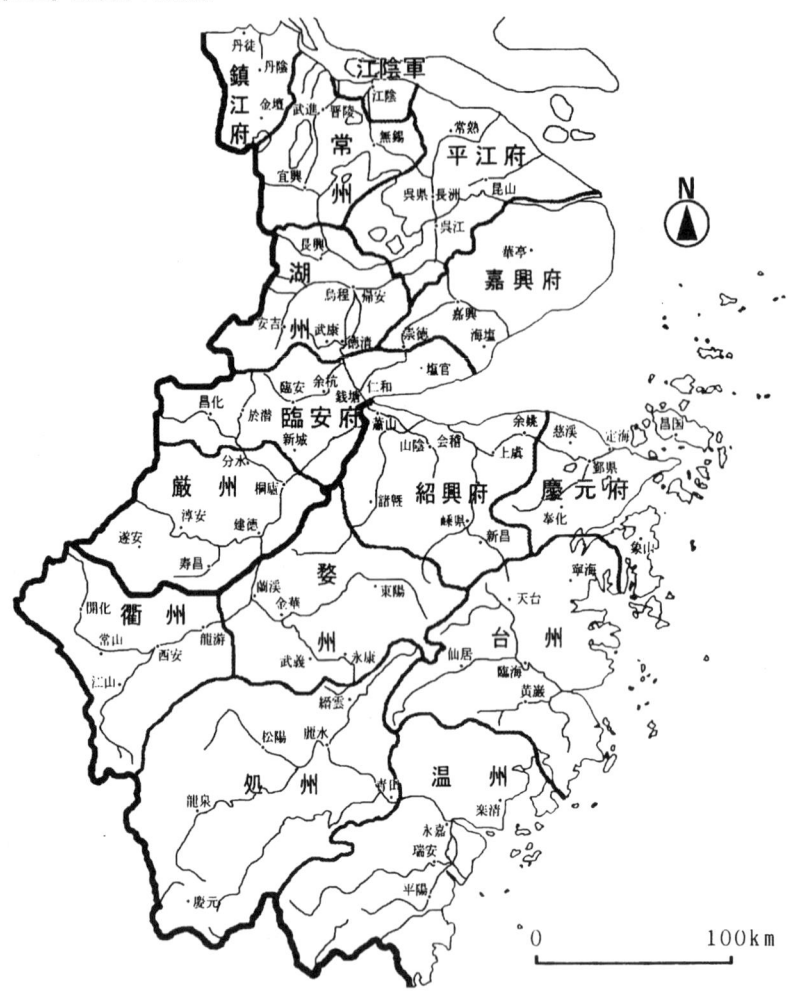

*5　知温州としての王之望の名は『万暦温州府志』巻 7・秩官志「郡職」に確認できるが，年代を伴っていない。『淳熙三山志』巻22・秩官類 3 に，知福州であった王之望について「(乾道四年) 十月，之望　知温州に移る」と記され，また，『宋会要輯稿』職官71-24・乾道 5 年11月 7 日の条に「詔して資政殿大学士・左中大夫・知温州の王之望，特に一官を降す」とある。なお，李之亮『宋両浙路郡守年表』で同箇所の引用を『同書』職官71-22としている〔李之亮 2001：382〕のは誤りである。

護に尽力して，助かった者が多かったことが記されている。趙師龍の知温州在任は，紹熙元年（1190）から2年（1191）のこととされており〔李之亮 2001：385〕，やはりこの頃に温州で疫病が発生していたと見なすことができよう。

　これらの史料に出てくる「疫」が，具体的にどの伝染病を指すのかは明らかにされていないことがほとんどであるが，『三因極一病証方論』など，当時の医学書の「疫」に関する記載などから考えると，「傷寒」「温病」などの熱病や，「瘧」（マラリア）などが含まれている場合が多かったものと思われる。

　「傷寒」については，『夷堅志』のような小説史料にも言及が少なくなく，たとえば『夷堅丁志』巻15「張珪復生」には，「江呉の俗，傷寒を指して疫癘と為し，病者の気才かに絶ゆれば，即ち殮めて諸を四郊に寄せ，敢えて時刻も留めず」とあるように，「江呉」では傷寒が疫癘とみなされ，その患者が死んだ場合は，一刻たりとも家にとどめることなく，すぐさま棺に入れて郊外に運んでいたことが記されている。また，『夷堅丁志』巻13「臨安民」には，「臨安の民，傷寒を病むに因りて，舌出でて寸を過ぎ，能く治むる者無し」とあり，あるいは，『夷堅志再補』「朱肱治傷寒」には，「朱肱，呉興の人なり，尤も傷寒に深し」とあるように，臨安府の傷寒患者や，湖州呉興県で傷寒に精通した者の存在など，両浙地域に関する話の中に「傷寒」が登場している。

3．両浙路における疫病と環境

　さて，前節においては，南宋両浙路における疫病関係の記事を列挙してきた。つづく本節ではそれらをもとに，疫病が両浙路において，どのような季節，あるいはどのような環境において発生しやすかったのかを分析してみたい。

　まず，両浙において疫病の発生しやすい季節に関して，「春」「夏」との表現が見られ，とくに具体的に月が特定できるものについては，陰暦で「三月」「四月」「五月」「六月」があり，とくに「四月」の多さが目立っている。余新忠氏による清代江南の疫病についての研究によると，やはり陰暦で4月から7月に多く発生しており〔余新忠 2003：75〕，それらともおおむね重なると言えよう。

　したがって，南宋臨安府の都市生活を描いた呉自牧『夢粱録』の巻3「五月

重午附」に,「杭都の風俗,初一日より端午の日まで,家家桃,柳,葵,榴,蒲葉,伏道を買い,又た茭,粽,五色の水糰,時果,五色の瘟紙を并せて市い,門に当たりて供養す。…(中略)…此の日,百草を探ね,或いは薬品を修製し,以て瘟疾を辟くる等の用と為す。之を蔵すれば,果して霊験有り」と記されているように,瘟紙[*6]を買ったり,端午の日に百草を摘んだり,薬を調製するなど,疫病や疾病への対策と深く関わる風習があったことは,両浙における疫病多発の時期を考慮に入れると,その連関性がより強く認識できるのである。

つぎに,両浙の中でもどのような場所で疫病が発生しやすかったのかを考えてみたい。前節に挙げた記事のうち,府州まで特定できるものは,臨安府がずばぬけて多く,それ以外では,浙西の平江府・湖州・嘉興府(秀州)・常州,浙東の温州・紹興府の名が見られる。共通点としては,いずれも両浙路の中でも海や湖に隣接した低地に位置し,また人口も多い府州である。

このうち臨安府[*7]については,既に北宋期から疫病の多い地域であると認識されていたようであり,『宋史』巻338・蘇軾伝には,「杭は,水陸の会,疫死は他処に比して常に多し」と記されている。臨安の都市人口については諸説があるが,近年では呉松弟氏が120〜130万人(咸淳年間)との説を出しており,臨安府としての人口密度も52.0戸/km²(淳祐12年=1252)とされる〔呉松弟 2000〕など,他都市に比べても多さのきわだつ都市であった。

さらに,こうした両浙の低地部に位置する府州の中でも,どのような場所で疫病が起こりやすかったのかを見てみたい。葉適『水心文集』巻10「東嘉開河記」は,温州永嘉県の都市水利について簡単に概観する記述に続けて,

其の後,国家生養の盛を承け,市里充満し,橋水隈岸に至るも屋と為し,其の故に河も亦た狭し,而るに河政は又以て修めず。長吏は歳々周伍の民を発し以て之を濬わしめんとするも,或いは慢りて応ずる能わず,反って河濱の積を取りて之を淵中に実たす。故に大川は浅く,舟するに勝えず,而して

[*6] 「瘟紙」について詳細は不明であるが,梅原郁氏が「疫病神の名前か,その姿を厄除けのために書く紙か」〔梅原 2000:147〕と記しているのが参考になる。

[*7] 杭州の都市をめぐる物資環境については,近藤一成氏や寺地遵氏の論文を参照されたい(〔近藤 1983〕,〔寺地 2001〕)。

第14章　疫病多発地帯としての南宋期両浙路　　　　　　　　　　371

　　小さきは汚れを納め穢れを蔵え，流泉は来たらず，感りて癘疫と為り，民
　　之を病み，積むこと四五十年なり。

と記されている。すなわち，国家が繁栄して都市部の人口は増え，水路の橋や堤
のあたりも建物がたてられてしまい，河幅が狭まっているのに，河川行政がうま
くおこなわれていない。責任ある役人が毎年下々の民を徴発して浚渫させようと
するが，対応が怠慢で，かえって側の蓄積物を水路にみたしてしまうこともある。
このため大きな川は浅くて舟の通行に支障をきたし，小さい水路は汚染物がたまっ
てしまい，水源からの水は流れて来ず，感染して癘疫となり，民はこの弊害に悩
まされ続けて4,50年がたっている，と論じている。「東嘉開河記」ではこれに続
けて淳熙4年（1177）に知温州として着任した韓彦直が環城河の浚渫工事をおこ
なったことを記しているわけであるが，年代的にちょうど南宋政権誕生から50年
に達した時期であり，南宋建国以来の両浙における人口増加[*8]が都市環境の悪化
をもたらし，疫病の原因となっていたことを典型的に示す記述と言ってよいであ
ろう。また同時に，そのことが同時代人によって深刻に認識されていたこともう
かがえる。

　こうした都市部の人口増加によって水の澱んだ箇所が生じ，そのことが疫病の
感染に関係していたことについては，他にも言及があり，楼鑰『攻媿集』巻59
「慈溪県興修水利記」では，明州慈溪県の余姚江に設けられていた閘について論
じた中に，

　　歳久しくして閘廃され，水は蓄うる所無し。旱なれば則ち潮汐を仰ぎ，立ち
　　盈てども涸れ易く，民の労は滋す甚だし。県河は浅く淤り，菰蒲は叢生し，
　　居民因りて其の旁を侵し，木を芸りて室を築き，日に就りて湮微なり。雨
　　集まれば則ち溢溢沉墊す。已めば則ち汚穢停潴し，気甕ぎて宜しからず，多
　　く癘疫を起こす。

――――――――――――
＊8　呉松弟氏の整理によれば，温州の戸数増加率は両浙の中でもたいへん高く，北宋末
の崇寧元年（1102）から淳熙8年（1182）の戸数増加率は4.4%にも達した。それ以外では，
崇寧元年から乾道5年（1169）の間の臨安府における戸数増加率が3.8%，崇寧元年から淳
熙11年（1184）の間の平江府における戸数増加率が3.6%，崇寧元年から淳熙9年（1182）
の間の湖州における戸数増加率が2.9%を示している〔呉松弟 2000：478〕。

とある。すなわち，年数がたって閘門が機能しなくなったために，水を蓄える場所がなくなった。日照りになれば，潮汐にたよるが，それだとすぐに満ちてもまた涸れやすく，民の負担はますますひどくなっている。県河は浅くてとどこおっており，マコモや蒲が群がり生え，そのために居民たちはその旁らを侵占し，木をきって家を建築しているので，日ましに埋もれている。雨が集中すれば水があふれて水害となる。(雨が) やめば，きたないものがたまってしまい，気がふさがってよくなく，多くの場合癘疫を引き起こす，と論じている。

　こうした疫病の原因と水路の関連性については，学者官僚による認識にとどまらない。医学書においても，たとえば，陳言『三因極一病証方論』巻6「料簡諸疫証治」によれば，「況んや疫の興る所，溝渠は泄れず，其の穢悪を湎（も）らしめ，薫蒸して成る者あり；地に死気多く，郁発して成る者あり，官吏の枉抑，怨讟（とどこお）して成る者あり」と記されている。すなわち，疫病のおこる場所として，溝の流れが悪く，汚濁物が蓄積され，そこから感染するような場所，陰鬱な「死気」がただよって発生する場所，官吏による不正が招いた（人民の）怨恨からおこる場所の3つが挙げられている。後の二者の真偽は別として，原因の筆頭として滞った水路の汚濁物について指摘している点は，同時代の医学書においても，疫病多発の原因として重要視されていたことを示していると言えよう。

　以上のように，流れが悪く澱んだ水路の近くで人口の密集した場所が疫病の発生しやすい場所として認識されていたことは，両浙路でも疫病の発生していた地域が低地・沿海の府州に多かったこととちょうど重なってくるように思う。しかも，その地域の多くは，南宋前半期人口急増といった事態に直面していた地域でもあり，それらの要素が組み合わさるなかで，南宋期両浙における疫病多発の条件となっていたものと言えるだろう。

　なお，さらに付け加えておくと，前節で示した南宋期両浙路における疫病事例から，臨安府の軍隊にも疫病感染がしばしば広がっていたことも確認できる。臨安の都市生態に関する斯波義信氏の研究によると，臨安の中心を貫く南北軸を境に，その西側は主として官紳の活躍の場であるのに対し，南北軸以東は庶民の住まいや軍営区・補給区があったとされる。「南北軸以東は池塘の点在する低湿地で，上水・交通・消費・防衛・衛生の上で恵まれていない」〔斯波 1988：360〕

という東側地区の環境は，軍人にとって疫病への感染の機会を相対的に増やすことにもつながっていたものと思われる。

4．南宋期両浙路における医学の発展と地域社会

　さて，前節では南宋両浙路における疫病多発の時期や条件を分析してきたが，さらに本節では，そのことが両浙路の医学や信仰など，地域文化・社会にどのような影響を及ぼしたかを考えてみたい。
　周知のごとく宋代は，医療制度の整備が進んで，翰林医官院が設置され，各地にも職医・助教などの医官が配置されるなどし，また，医学教育が進展し，医籍の出版が盛んになり，医学史上において一つの画期となる時代であった〔傅維康 1997〕。さらに，こうした医療・医学の発展と歩調をあわせるかのように，宋代の士大夫にも医術・養生に明るい者が多くなっていたとされている〔三浦 1988〕。さらに，医学知識の伝承のあり方も，唐代までの「師徒相伝」から，宋代には「捜羅書籍，拠理推求」へと転換したとされ〔陳元朋 1997〕，その普及という点で大きな変化を見せている。
　しかも，そうした展開の中で，疫病への医学的対応も目立つようになり，たとえば，「疫癘を予防する新しい理論的枠組みとしての運気論」によって，後漢以来の『傷寒論』が解釈しなおされ，北宋か南宋にかけて数多の名医が『傷寒論』関連の書籍をあらわし，冬の傷寒そのものよりも，それが体内に残って，春や夏に発病する温病に重きを置くようになったとされている〔石田 1992：257-8〕。
　そのような傾向の中で，南宋期両浙路は，とくに医療・医学の発展が顕著に見られた地域として知られる。和剤局（製薬工場）・恵民局（薬局）の設置，州県における医官の任命，慈幼局・養済院・漏沢園などの慈善医療機構の設立は全国的にも見られたことであるが，とくに両浙では他地域に比べて充実していた〔朱徳明 2005〕。さらに注目されるのは，優れた医者が南宋期にこの地域で多数輩出したことである。既に本章でも引用した『三因極一病証方論』を1174年に著した陳言（陳無擇）は，処州青田県の出身で，温州永嘉県を中心に活動していた。そして彼の弟子である王碩（永嘉県出身）は『易簡方論』（『易簡方』）を，また孫志寧

（同県出身）は『増修易簡方論』『傷寒簡要』を著している。それ以外にも，『察病指南』『続易簡方論』の撰者・施発（同県出身），『易簡糾謬方』の撰者・盧檀（同県出身），『産科大通論方』の撰者・張声道（瑞安県出身）など，温州永嘉県および隣接した瑞安県は両浙路の中でも最も医学の研究が進んだ地域となっていた[*9]。陳言が病因を外因・内因・不内外因に分類したことは，新しい医学を拓くものとして高く評価できるものであり〔石田 1992：259-60〕，しかも，第2節で陳言『三因極一病証方論』巻6「料簡諸疫証治」の言葉を引用したように，陳言の活動は疫病への対応も深く関わっており，とくに同巻では，「疫」や「瘴」の症状を具体的に述べ，それに対する処方を多数列挙している。

　両浙路では，温州以外に明州（慶元府）・紹興府も医学の盛んな地域であった。とりわけ，水利史でよく知られている『四明它山水利備覧』の撰者である南宋後半の魏峴は，同時に医学にも詳しい人物で，『魏氏家蔵方』を撰しており，同書の宋版は，現在，日本の宮内庁書陵部に残されている。魏峴は，自ら「素より弱く病多きを以て百薬備わる」（『同書』・序）と述べているように，自身の体が丈夫ではなく病気が多かったため，医薬にも関心を有していたようである。その『魏氏家蔵方』全10巻のうち，巻1には，「傷寒」「瘴疾」などの項目がたてられて，具体的な処方が記されており，疫病に対する関心の高さがここでもうかがわれる。

　ところで，こうした医学への関心の高まりと地域社会との関係に目を転じると，ここに挙げた温州，明州，紹興府などは，南宋の当時，文人による思想・文学の活動が盛んな地域でもあった。とくに両浙の医学の中で最も顕著な成果をあげた南宋期温州は，財政・軍事思想に力点をおいた薛季宣・陳傅良・葉適ら「永嘉之学」の思想家たちが輩出した地域である。そして，その葉適の文集には，上記の『産科大通論方』の撰者・張声道のために記した「題張声之友于叢居記」（『水心文集』巻29）が収録されている。また，同じく『水心文集』の巻13「翰林医痊王君墓誌銘」は，戴渓（？～1215）という永嘉県出身の人物が，湖州烏鎮の医師である王克明（翰林医痊は従七品の医階）の診察を受けた縁で，戴の友人である葉適が撰述したものである。

[*9] これらの医師グループについては，近年，「永嘉医派」を冠した著書も出版されている〔劉時覚 2000〕。

第14章　疫病多発地帯としての南宋期両浙路　　　375

　このように，士大夫の人間関係に医師が登場していることは，宋代における「尚医」思想の形成とも関係があろう〔陳元朋 1997〕。さらに，科挙合格を目指すとはいえ，合格できる人数に限りがある競争的環境のもとにおいて，知識をもった階層にとって，医薬の道は学資を稼ぐ手段である場合もあった。温州に隣接した台州黄巌県の事例であるが，葉適『水心文集』巻25「宋葛君墓誌銘」に，「君の姓は葛氏，名は自得，字は資深。曾祖及，祖は藻。父天民，建より台に徙り，黄巌人と為る。世々儒家たり，書を蓄うること千巻，皆な父祖の手筆なり。君は数術に兼ねて通じ，方を為すを喜び，処療する所は十に八九以上を得。二子は孩儒たり，師を迎うること数百余里，費は尽く医より出す」とあり，多数の蔵書を有する家に育った葛自得（1149～1215）は，診療で稼いだお金で息子たちのために遠隔地より教師を迎えたという。両浙路の例ではないが，『夷堅甲志』巻9に，「李医者，其の名は忘る，撫州人なり。医道大いに行われ，十年の間に，家資巨万を致す。崇仁県の富民病み，李を邀えて之を治めしめんとし，約するに銭五百万を以て謝と為さんとす」とあるように，巨万の富を築く医者がおり[*10]，『夷堅甲志』巻2「謝与権医」に，「蘄人謝与権有り，世々儒医為り」とあるように「儒医」を代々でつとめる家さえあった。士大夫たちが知識人としてのステータスを維持していくために，その経済的裏付けは不可欠のものであるが，「医」は「儒」と同様に高度の知識が要求される学問・技術であり，その意味で両者が結びつきやすい性格をもっていたと考えることができよう。

　当時の医者については，同時に，宗教者との関わりも強い。たとえば，『咸淳臨安志』巻77・寺観3に，宝祐3年（1255）に寿聖接待寺を建てた僧として「医僧保和大師」の名が出ている。『夷堅志』に目を移すと，「温州医僧法程」の名が見られ（『夷堅志補』巻18「医僧瞽報」），また，第2節で引用した史料であるが，『夷堅支乙』巻5「秀州棋僧」には，「秀州兜率寺僧師豫，医術を能くす」とある。さらに，『夷堅甲志』巻10「李八得薬」に，北宋末のことだが，「政和七年，秀州魏塘鎮李八叔なる者，大風を患うこと三年，百薬も験かず。忽ち遊僧来たり，薬一粒を与えて服さしむ」とあるように，遊僧が薬を処方する場合の記載もある。

───────

[*10] 同様の例として，『夷堅支癸』巻2「滑世昌」にも，「鄂州都統司医官滑世昌，南草市に居し，家資は鉅万」と記されている。

こうした僧自身の行為だけでなく，人々が出入りする空間としての寺に着目してみると，『夷堅志補』巻22「鳴鶴山」に，「明州慈渓県鳴鶴村に一山寺あり，既に結夏にして，老人の約ぼ年七八十なる有り，来たりて寓食し，薬を貨りて頗る能く病を愈やす」とあり，寺に居着いていた老人が薬を売り，それが大いに治癒に効果をあらわしたと記されており，寺で僧以外の人物でも薬を売る者がいたようである。僧・寺以外に，道人の事例としては，『夷堅支庚』巻4「霍和卿」に，鎮江人の霍筊（字は和卿）が「覇王瘡」を病み，それを心配した父親がたまたま門前を通った道人に霍筊を見てもらったところ，道人が，「出でて父に謂いて曰く：「吾れ能く此を療やす」と。嚢を解きて薬二十貼を取りて之を与う」とあるごとく薬を与えている。

　このように，医僧から薬売りにいたるまで，様態はさまざまであるが，医薬が民間の基層社会にまで深く関わりをもっていたことは，引用した『夷堅志』から容易にうかがえるところであり，これ以外に『夷堅志』には，さまざまな階層の人々と信仰との関係を示す話がしばしば見られる。とくに両浙あたりの地域で目立つのは，観音信仰と疾病との関わりである。宋代両浙は，周知のごとく唐末大中12年（858）に日本僧の恵萼が五台山から得た観音を舟山列島の潮音洞に安置して観音院を創建して以来，観音の聖地として普陀山の名が四方に喧伝され〔速水（侑）1982〕，また，天台山を中心として，民間における天台六観音信仰の盛行が見られる〔速水（侑）1970〕など，観音信仰のたいへん盛んな地域であり，両浙やその周辺地域を舞台とした話のなかに，観音とのつながりを示すものは多く，しかもそれらは，しばしば疾病と関連づけられたものとなっている。

　たとえば，『夷堅支丁』巻1「王百娘」によると，「明州王氏の女　百娘，少くして孤寡なり，依る無し。其の舅　陳安行舎人は毎に携えて以て官に之き，連歳疾疢に苦しむ。紹熙三年夏，忽ち瘖聾を患い，人と接する能わず。僅かに字を識れば，欲する所有る毎に，但だ紙上に之を書くのみ。陳　批論して観音大士に投誠せしめ，慈憐あるを冀わしむ。因りて晨夕礼拝して怠らず」とあるように，明州の王百娘が，以前からの疾疢のうえに口・耳まで不自由になり，母方のおじである陳安行の勧めで観音大士，すなわち観音菩薩に帰服して慈憐あることを願い，朝夕礼拝を怠らなかった。そうしたところ，「曾て未だ月を踰えず，二患頓

かに愈え，元より医薬の力を仮りず」とあり，医薬の力を借りずにすぐに治癒したとされている。

また，『夷堅志補』巻14「観音洗眼呪」には，「台州の僧処瑫，中年に目を病み，常に大悲呪を持誦す。観音の法偈を伝授して旦毎に呪水七遍或いは四十九遍をして用いて以て洗眼せしむるを夢み，凡そ積年障翳あり，近く赤腫を患えども，痊愈せざること無し」とあり，観音の「大悲呪」をいつもとなえていたところ，観音菩薩が夢に出て法偈を伝授され，呪水で洗眼するようになったところ，眼の障害と皮膚の赤い腫れが治ったとの話もある。

さらに，前掲『夷堅志補』巻18「医僧瞽報」の全文を掲げると，

　温州医僧法程，字は無柾，少くして瞽なり，百端之を治めんとするも愈えず，但だ昼夜観世音菩薩の名字を誦う。是の如くして十五年，菩薩 之を呼びて前ましめ，物の其の足を繋ぐが若く，動かざるを夢む。告げて曰く：「汝の前生は灸師為り，灸を誤りて人の目を損ない，今生は当に此の報いを受けて免れ難かるべし。吾れ汝の誠心を憐れみ，当に汝の衣食をして豊足ならしむべし」と。懐中を探り，珠宝を満手に掬い之を与う。既に寤め，医道大いに行われ，衣鉢甚だ富み，寿は七十余なり。

とあり，やはり観世音菩薩の名を昼夜となえていた温州の医僧法程が，医療によってたいへん裕福になったとする話も残されている。

　観音菩薩の像にまつわる話の中にも，疾病と関連あるものが含まれている。たとえば，『夷堅甲志』巻10「観音医臂」には，

　湖州に村媼有り，臂を患うこと久しくして愈えず，夜 夢みるに，白衣の女子 来謁して曰く：「我も亦た此に苦しむ。爾能く我が臂を医せば，我も亦た爾の臂を医さん」と。媼曰く：「娘子は何れの地にか居る？」と。曰く：「我 崇寧寺の西廊に寄る」と。媼 既に寤め，即ち城に入り，崇寧寺に至り，夢みる所を以て西舎の僧忠道なる者に白す。道なる者 之を思いて曰く：「必ず観音ならん。吾が室に白衣の像有り，舎を葺うに因り，誤りて其の臂を傷つけり」と。引きて室中に至り瞻礼すれば，果たして一臂損えり。媼 遂に工に命じて之を修めしむ。仏臂 既に全り，媼の病も随いて愈ゆ。

とあり，湖州にてある老女が，夢のお告げに導かれて寺の観音像の腕を修理して

もらったところ，本人の腕も治癒したとの話が記されている。

　これとは逆に，信仰心が欠けていた場合の例として，『夷堅丙志』巻6「張八削香像」には，

> 温州の市人張八，家に居り，客　檀香の観音像を持ちて貨りに来たる。張　其の偽りを作すを恐れ，之を試さんと欲す。而るに遍体皆な采絵にして，毀つべからず，乃ち小刀を以て足底の香屑を刮りて之を爇く。既にして左足　大いに痛み，疽毒　其の内を攻むる者の如し。薬は施す能わず，足は遂に爛る。今に至るに杖を扶きて乃ち能く行く。

とあり，これは，檀香の観音像の足底を削った温州の市人が，左足を痛めて歩行困難になったとする話である。

　これらの話は，怪異譚に関する真偽は別として，宋代の比較的広い階層において，少なくとも観音菩薩に対する信仰心が，疾病の治癒や医療行為の成果に強く結びつけられて意識されていたことを示すものと言えよう。

　こうした基層社会も含めた地域社会との関わりについて，論を疫病そのものに戻すと，南宋から元にかけての両浙路の地方志には，疫病から守る霊験のある廟・寺院についての記述がしばしば見られる。

　たとえば，『咸淳臨安志』巻71・祠祀1・土神「城隍廟」には，「況や歳の豊凶，時の水旱，民の疾疫は焉に求むれば必ず応ずる者あるかな」とあり，また，『同書』巻73・祠祀3・古神祠「周絳侯廟」（在臨平鎮）にも，「雨暘・蝗疫に禱り有れば必ず応う」とあるように，水害・旱害（あるいは雨・晴れ）や疫病などの際に祈ると効果があったとされている。

　紹興府の地方志である『嘉泰会稽志』の巻6・祠廟には，嵊県の「県西北三十里」にある霊輝廟について，「水旱・疫癘は祈禱すれば輒ち応う」と記され，また，同県の「県西四十里」にある顕応廟について，「旱潦・疾疫は禱り有れば必ず験あり」とされている。さらに『同書』巻7・宮観寺院には，府城内の円通妙智教院について，「乾道八年，府は又た旱疫に禱れば応有るを以て朝に聞す」と記されている。

　明州（慶元府）の地方志である『宝慶四明志』では，巻15・奉化県志・叙祠・寺院・禅院に，「県東九十里」の清涼院について，「水旱・疾疫あれば禱りて験か

第14章　疫病多発地帯としての南宋期両浙路　　　　　　　　379

ざるは無し」とあり，また，巻17・慈渓県志・叙祠・神廟に，県西二里の永明寺にある祠山張王行祠について，「水旱・疾疫あれば邑人必ず焉に禱る」と記されている（『延祐四明志』巻15にもほぼ同文あり）。さらに，巻21・象山県志・叙祠・神廟では，「県西北一百四十歩」の主山昭応廟について，「是歳（建炎四年）旨有りて昭応廟の額を賜う。水旱・疾疫は禱り有れば必ず応う」とある（『延祐四明志』巻15にも同内容の文あり）。元代の慶元路の地方志である『延祐四明志』の巻15・祠祀攷・神廟・鄞県には，「県東二里」で李顕忠を祀った猛将廟について，「水旱・疫癘・蕃船・海舶は禱り有れば輒ち応う」と記されている。

　それら以外にも，台州の地方志である『嘉定赤城志』の巻31・祠廟門には，臨海県の「県東四十里」にある絢珠龍祠について，「近廟に居る者は疫癘を患わず」と記されており，また，元代嘉興路の地方志である『至元嘉禾志』の巻26にも，「秀之青墩」にある「索度王廟」について，「水旱・疫癘あれば必ず禱り，咸ことごとく答有るが若し」と記されている。

　宋元時代の温州については地方志が現存していないが，疫病と戦う神として温元帥に対する信仰は宋代温州で始まったものであり，南宋末には臨安府にも伝わり，さらに明清時代には杭嘉湖平原にも信仰圏の広がりが見られた〔Katz 1995〕。

　これらは同時代の地方志に明確に「疫」への効験をしるしたものを挙げたにすぎないが，そうした寺・廟が決して州城や県城にのみ集中せず，郊外のかなり離れた場所に位置しているものが多数含まれていることも見てとることができ，空間的にも都市部に限られておらず，農村部にまで広がりをもっていたことが窺える。

　以上のように，疫病の多かった両浙路では，医学の発達が顕著に見られ，多数の医籍が撰述され，医療行為をおこなう者にまつわる話も，多く目にすることができる。また，疫病に対する恐れも，寺や廟に対する信仰を集める大きな要因の一つとなっており，医療と観音信仰との関連性などともあわせて，基層社会をも含む両浙路の幅広い階層の人々にとって，疫病や疾病が大きな関心事となっていたことがうかがえるように思う。

5．むすび：宋代中国と鎌倉日本との関係
　　　——基層社会にとっての東アジア海域交流——

　以上，南宋期両浙路において疫病が多発し，そのことが南宋前半期における急激な人口増や沿海・低地の劣悪な環境条件と関わること，そうした状況への対応として両浙における医学の発展，また地域の基層社会まで含めた宗教の様相などを見てきた。最後に本節では，南宋期両浙路が宋と日本との交流の窓口に位置していたことから，両浙路のこうした状況が日宋交流に及ぼした影響というものを考えてみたい。

　まず前提としてふまえておきたいのは，平安末期から鎌倉時代にかけての日本社会は，飢饉・疾病・戦争による死者が圧倒的に多く，日常生活が絶えず無数の死者と隣り合わせにあったということである〔井原 2004〕。このことは，たとえば，平安末期に描かれた「餓鬼草紙」「地獄草紙」「病草紙」などからもうかがうことができよう。そのため，栄西『喫茶養生記』巻下の巻末に，「奇なるかな。明庵西公は，喫茶記に末世の病相を明示し，後昆に留め贈り，以て是れ養生の仙薬なることを知らしめんことを要す。延齢の妙術有るなり。是に於てか跋とす」と記されているように，宋からの茶の伝来は，まさに「養生の仙薬」としての意味合いが強かったのであり，また，吉田兼好『徒然草』第120段に「唐の物は，薬の外は，なくとも事欠くまじ」と記され，つまりはそれだけに宋からの医薬およびその知識は，鎌倉日本においても欠かすことのできない重要性をもって認識されていたことがうかがえる。

　実際，宋の医書は，入宋した僧たちによって多数持ち帰られ，それらには，北宋太宗期の『太平聖恵方』，徽宗期の『太平恵民和剤局方』のように宋朝によって刊行された医薬書などと並んで，両浙路温州の陳言による『三因極一病証方論』，同じく王碩による『易簡方論』も含まれていた。服部敏良氏によると，鎌倉時代の代表的な医書である梶原性全（1265〜1337）の『頓医抄』には，『太平聖恵方』が258例で最も多く，ついで『太平恵民和剤局方』が220例，唐代の『千金方』が196例であり，それに続いて陳言『三因極一病証方論』が191例にものぼっている

（以下，『事証方』104例，『王氏方』52例，『済生方』47例，『活人書』46例と続く〔服部1964〕）。両浙路の一地域で活動していた陳言の『三因極一病証方論』が，日本への影響という点で，きわめて重要な役割をもっていたことがうかがえるであろう。

　また，鎌倉時代は多数の民間医が出現した時代でもあり，梶原性全自身がそうであったように，その多くは僧医であった。当時，僧侶は最も高い教養と学問を身につけた文化人であり，その能力によることはもちろんのことであるが，さらに宋においても医師をかねる僧が多く，入宋僧がその影響で医学の習得に努力したことも関係している。もちろん以前より仏教と医薬との関係は深いものがあったが，平安時代においては，加持祈禱が重視され，医療は第二義的な位置づけであったのに対し，鎌倉時代に医学の進歩，医療設備の普及・発達が見られた〔服部 1955・1964〕ことで，日本の医学は宋の影響により大きな転換期に入ったと言えよう[11]。こうした疾病を治癒する医術力は，鎌倉時代の仏教が民衆の信仰を獲得しえたこととも密接な関係を有するものであった〔井原 2004〕。なお，この時期の日本の人口について正確な歴史的データは乏しいようであるが，ファリス氏の研究によれば，1150〜1280年の間には養和年間・寛喜年間・正嘉年間の疫病流行があり，飢饉・戦争も多かったため，人口は前代の600万人からあまり動かなかったが，鎌倉時代後半に転換点があり，1280〜1450年には，農業・商業の発展ともあいまって疫病の被害が減少し人口1000万人前後に達したとされている〔Farris 2006〕。まさに宋の医学がさかんに吸収され，『頓医抄』のように仮名まじりの和文で書かれた医書も登場するなど，日本においても医学的対応が進展した時期とも重なると言えよう。

　さらに，日常的な信仰との関係では，摂関期に貴族たちが自己の除病延命を祈念して観音霊場へ参詣することがさかんとなっていたが，院政期に入ると，新た

---

[11] 小曾戸洋氏の研究によると，梶原性全は『頓医抄』（1302〜04）の編纂にあたって，当時輸入された南宋紹興17年（1147）福建刊本の『太平聖恵方』に拠ったとされている。さらにそのすぐ後に編纂した『万安方』（1313〜27）では，新たに『聖済総録』元大徳4年（1300）印本を中心資料とし，また，同書には大徳6年（1306）版行の『風科集験名方』も引用されるなど，鎌倉日本における中国医書に対する強い摂取意欲があらわれていると指摘している〔小曾戸 1999：125-7〕。

な観音霊場が形成されるとともに貴賤を問わず参詣の対象となっていた。また，院政末期に成立した西国三十三所観音巡礼も，当初，修験山伏などに限定されていたが，15世紀頃からは一般民衆も参加しはじめるようになる〔速水（侑）1970〕。

一方，日本における羅漢信仰の展開も，疾病と関係するものであった。道端良秀氏によると，羅漢供養の年中行事を日本でさかんにおこなうようになったのは，栄西・道元ら入宋僧たちであり，そのため現在でも臨済宗・曹洞宗の寺院には羅漢像が安置されているところが多く，真言宗・天台宗などの寺にも見られる。とくに栄西は『興禅護国論』に天台山万年寺にて茶を煎じて羅漢を供養したところ茶甌の中に羅漢の全身があらわれたという羅漢応現の体験を記している。その真偽はともかくとしても，唐宋時代の羅漢信仰は，民間信仰として一般庶民にまで普及しており，それに関して道端氏の引用する史料の記事は，両浙路に関するものが多い。しかも，羅漢のうちの第一尊者である賓頭盧尊者については，北宋期嘉興府の道親が温州雁蕩山で出会った白髪の人物（賓頭盧尊者）にもらった栢の葉を食べたところ，翌年，呉越で大疫が流行したにもかかわらず，道親は免れたとする逸話をはじめとして，治病にまつわる伝説も多く〔道端 1983〕，茶文化と同様に養生・医療とも関連性のあるものと捉えられよう[*12]。

なお，宋代両浙路では，杭州（臨安府）や明州（慶元府）が多数の仏画を生みだす文化的拠点となっていた。そこでは，「十六羅漢図」「五百羅漢図」なども，しばしば描かれる対象であった。その画家たちが関係をもっていた寺院のうち，明州にて天台教学の中心となっていた延慶寺が僧俗約1万人の念仏結社をかかえ，地域社会において幅広い階層にまたがるネットワークを形成していた〔井手 2001〕。このように仏教文化が，官僚・士大夫から一般信者にいたるまで，階層的に多様な空間を足場としていたことがうかがえるわけであるが，そうした両浙路の日常的な空間で育まれていた医療活動や仏教文化が，鎌倉日本に大きな影響を与えたということになる。その点では，国家的な制度，鎮護国家仏教，都市・インフラの整備に関する知識を長安から輸入していた遣隋使・遣唐使の時期の文化吸収に比べて，両浙路と直接に交流をおこなっていた宋代中国－鎌倉日本の関係は，医

[*12] 賓頭盧尊者に対する信仰は，江戸時代には「びんずる」信仰として普及し，現在でも「なでほとけ」として各地の寺院に多数残っている。

療・養生・信仰など，基層社会により近い日常的なレベルでの文化の交流に重点がしだいに移行しつつあったと言えるであろう。

そうした点を踏まえて，さらに環境との関係を視野に入れてまとめておくならば，本章で見てきたように，疫病の多発する空間としては，長江下流デルタや杭州湾沿いの地域を含む両浙路のなかでも，人口が急増した都市，とりわけ水路の流れが悪く，水の澱んだ場所が目立っていた。歴史的に中国の都市は，低地を選択する一般志向があった〔Chang 1961〕が，唐宋時代において江南の低地開発がしだいに進み，そのうえに北宋滅亡による移民の増加が加えられ，両浙路の沿海平野部にはとくに大きな環境負荷がかけられることとなった。宋朝にとっては，医療制度の充実など，国家の機能・役割を増大させる必要性のある問題であり，官僚・士大夫にとっては，地方官として赴任した先で疫病の蔓延にいかに対応するかはしばしば喫緊の課題であったと同時に，日々の養生は個人にとっても関心をひきつけ，医薬に関する知識を身につける契機にもなった。そしてまた基層社会においても，疫病を含めて疾病全般は日常的な心配事であったため，祈りの対象として精神的安定をもたらし，場合によっては医薬に接する機会まで提供する寺院・廟などへの出入りは，比較的広い階層に拡大していたと見られる。このように疫病の問題をいかに解決していくかは，立場・階層を問わず，南宋期の両浙において関心の高い問題となっていた。

前近代期において中国と日本との海域を通しての交流は，チェイス・ダン氏とホール氏の指摘する4種のネットワークの理論，すなわち　①"Bulk-goods Network"（大量品ネットワーク），②"Prestige-goods Network"（威信品ネットワーク），③"Political/Military Network"（政治・軍事ネットワーク），④"Information Network"（情報ネットワーク）〔Chase-Dunn&Hall 1997〕に照らして，ロバート・バートン氏が，①の大量品に関して，少なくとも江戸時代までは自給自足的性格をもっており，③の政治的・軍事的関係についても中国との系統的な繋がりが断続的であり，日本が中国中心の世界システムにすっぽりと包摂されてはいなかったことを強調する〔バートン 2000〕。大林太良氏も述べているように，確かに日中間の海上交易は，前近代期において，ヨーロッパと比較するとその規模は必ずしも大きく評価できるものではないが，同時にその一方で，中国の東南海岸や朝

鮮半島と日本列島とに共通した習俗や信仰の存在についても重要性が喚起されている〔大林 1992〕。本章の対象とした南宋期について言えば，宋朝が黄河流域の開封から東南沿海の臨安府（杭州）に皇帝の居所を移し，大量の人口も南移して，東南沿海地域に経済重心が移動するという大きな変化のなかで，夏季に高温多湿となる気候という点で日本との共通性の高い両浙路が直接の窓口となっていた。そこでは，疫病発生がより重要な社会問題となり，また麦作を基幹とした陸田ではなく稲作を中心とした水田での農耕，あるいは丘陵・山地では茶栽培に適した気候など，日常的な生活・生産や課題をより深く共有する関係としての傾向を強めていったように考えられる。そして，東アジア海域における医薬に関する知識の伝播・交流，すなわち"Medical Network"は，明清時代へとさらに複合的な関係——たとえば高麗人参の流通に見られるような——として発展していくことになる。

〔参考文献〕
◇日本語
阿部　肇一　1963　『中国禅宗史の研究』（誠信書房）
石川　重雄　1993　「宋元時代における接待・施水庵の展開――僧侶の遊行と民衆教化活動――」（宋代史研究会研究報告第4集『宋代の知識人』，汲古書院）
石田　秀実　1992　『中国医学思想史――もう一つの医学』（東京大学出版会）
井手誠之輔　2001　『日本の美術418　日本の宋元仏画』（至文堂）
井原今朝男　2004　『中世寺院と民衆』（臨川書店）
上田　信　1988　「明清期・浙東における生活循環」（『社会経済史学』54-2）
　　同　　1995　「清朝期中国の災害と人口」（速水融・町田洋編『講座 文明と環境 第7巻 人口・疫病・災害』，朝倉書店）
　　同　　2002　『トラが語る中国史――エコロジカル・ヒストリーの可能性』（山川出版社）
梅原　郁（訳注）　2000　『夢粱録1　南宋臨安繁昌記』（平凡社）
大林　太良　1992　『海から見た日本文化（海と列島文化　第10巻）』（小学館）
岡　元司　1998　「南宋期浙東海港都市の停滞と森林環境」（『史学研究』第220号）
　　同　　2006　「南宋期温州の思想家と日常空間――東南沿海社会における地域文化の多層性――」（平田茂樹・遠藤隆俊・岡元司編『宋代社会の空間とコミュニケーション』，汲古書院）

岡田研吉・牧角和宏・小高修司　2007　『宋以前傷寒論考』（東洋学術出版社）
鬼頭　　宏　2000　『人口から読む日本の歴史』（講談社，2000年）
木村　明史　2002　「宋代における医人の種々相──『夷堅志』所収医人記事の考察──」（『中国筆記小説研究』第6号）
小曾戸　洋　1999　『漢方の歴史──中国・日本の伝統医学』（大修館書店）
小高　修司　2007　「蘇軾（東坡居士）を通して宋代の医学・養生を考える──古代の気候史・疫病史から『傷寒論』の校訂について考える」（岡田研吉・牧角和宏・小高修司『宋以前傷寒論考』，東洋学術出版社）
近藤　一成　1983　「知杭州蘇軾の救荒策──宋代文人官僚政策考──」（宋代史研究会研究報告第1集『宋代の社会と文化』，汲古書院）
塩　　卓悟　2002　「歴史史料としての『夷堅志』──その虚構と史実──」（『中国筆記小説研究』第6号）
斯波　義信　1988　『宋代江南経済史の研究』（汲古書院）
新村　　拓　1985　『日本医療社会史の研究──古代中世の民衆生活と医療』（法政大学出版局）
　同　（編）2006　『日本医療史』（吉川弘文館）
鶴間　和幸　2007　『黄河下流域の歴史と環境──東アジア海文明への道』（東方書店）
寺地　　遵　2001　「南宋末期，公田法の背景」（『史学研究』第231号）
バートン，ブルース　2000　『日本の「境界」──前近代の国家・民族・文化』（青木書店）
服部　敏良　1955　『平安時代医学史の研究』（吉川弘文館）
　同　　　　1964　『鎌倉時代医学史の研究』（吉川弘文館）
速水　　侑　1970　『観音信仰（塙選書72）』（塙書房）
　同　　　　1982　『観音信仰（民間宗教史叢書　第7巻）』（雄山閣）
速水　　融　1997　『歴史人口学の世界』（岩波書店）
傅　　維康（川合正久訳）1997　『中国医学の歴史』（東洋学術出版社）
古田　紹欽（全訳注）2000　『栄西　喫茶養生記』（講談社）
前野　直彬（編）1998　『宋詩鑑賞辞典』（東京堂出版）
マクニール，W・H　1985　『疫病と世界史』（新潮社）←William H. McNeill, *Plagues and Peoples*, Anchor Press, 1976.
三浦　國雄　1988　「『東坡養生集』解説」（坂出祥伸監修『中国養生集　第五輯　東坡養生集（上）』，谷口書店）
道端　良秀　1983　『羅漢信仰史』（大東出版社）

◇中国語
朱徳明　2005　『南宋時期浙江医薬的発展』（中医古籍出版社）

宋正海　2002　『中国古代自然災異動態分析』（安徽教育出版社）
李之亮　2001　『宋両浙路郡守年表』（巴蜀書社）
余新忠　2003　『清代江南的瘟疫与社会──一項医療社会史的研究』（中国人民大学出版社）
余新忠等　2004　『瘟疫下的拯救──中国近世重大疫情与社会反映研究』（中国書店）
呉松弟　1993　『北方移民与南宋社会変遷』（文津出版社）
同　　　2000　『中国人口史』第3巻（遼宋金元時期）（復旦大学出版社）
陳元朋　1997　『両宋的「尚医士人」与「儒医」──兼論其在金元的流変』（国立台湾大学文史叢刊）
陳橋駅　1965　「古代紹興地区天然森林的破壊及其対農業的影響」（『地理学報』第31巻第2期）
曹樹基・李玉尚　2006　『鼠疫：戦争与和平──中国的環境与社会変遷（1230〜1960年）』（山東画報出版社）
劉時覚（編著）　2000　『永嘉医派研究』（中医古籍出版社）
韓　毅　2008　「疫病流行的時空分析及其対宋代社会的影響」（朱瑞熙他主編『宋史研究論文集』、上海人民出版社）

◇英語

Chang Sen-dou. 1961. "Some Aspects of the Urban Geography of the Chinese Hsien Capital," *Annals of the Association of American Geographers*, 51.

Chase-Dunn, Christopher and Hall, Thomas D. 1997. *Rise and Demise: Comparing World-Systems*, Westview Press.

Farris, William Wayne. 1995. *Population, Desease, and Land in Early Japan, 645-900*, Harvard University Press.

────── 2006. *Japan's Medieval Population:Famine, Fertility, and Warfare in a Transformative Age*, University of Hawaii Press.

Hartwell, Robert M. 1982. "Demographic, Political, and Social Transformation of China, 750-1550", *Harvard Journal of Asiatic Studies*, 42-2.

Katz, Paul R. 1995. *Demon Hordes and Burning Boats: The Cult of Marshal Wen in Late Imperial Chekiang*, State University of New York Press, 1995.

（文部科学省科学研究費特定領域研究・東アジアの海域交流と日本伝統文化の形成・現地調査研究部門報告書『東アジア海域交流史　現地調査研究〜地域・環境・心性〜』第3号、2009年）

第15章　中世日本における疫病・信仰と宋文化
　　——"海の道"がつなぐ東アジア——

はじめに

　みなさん，こんにちは。本日は，福山という地でしゃべらせていただくのを，私自身，実はたいへん楽しみにまいりました。と申しますのが，こちら福山は，比婆郡東城町（現・庄原市東城町—編者註）出身の父が高校生活を送った地でございまして，うちの父は昭和ヒトケタ生まれですから，まだ戦後まもない食糧不足の頃ですが，父の思い出話の中にも時折，福山城をはじめ福山の場所が出てくるものですから，私にとりまして，少し懐かしい思いがございます。

　さて，本日は，「中世日本における疫病・信仰と宋文化」というタイトルでしゃべらせていただきますが，私自身は，日本中世史の専門家ではなく，むしろそのちょうど同じ時期，東シナ海をはさんで日本と向き合っていた中国の宋という時代を勉強しております。しかし，日本史，とりわけ日本の中世の歴史は，この大陸との関係を無視しては考えられない，しかもその影響は意外なまでに当時の人々の日常生活と関わっていたというのが，本日お話しさせていだたく中で，最も強調したい点でございます。

　ところで，中世日本とはどのような時代であったのでしょうか。中世史家のお一人・五味文彦氏は次のように述べています。

　　中世は混沌が続き，戦乱があいついだ時代であったにもかかわらず，民衆は活気に満ちあふれていた。中世の国家は人びとの自力による生き方を前提に形成されており，民衆はみずからの力で生きていかざるをえなかった。現代社会でも国際化とともにしだいにそうしたことが求められるようになっているが，それだけに中世人の知恵が求められよう。

　　さらに中世には，権力による大規模な開発が行われず，人びとは自然との調和を考えて生きてきていた。古代の大規模開発や公共工事ではコストがか

かりすぎたため，その維持ができなくなった。そこから中世の開発は始まっている。このため経済の著しい発展こそなかったものの，こまやかな等身大の制度が成立し，それが社会に定着したのである。（五味文彦『中世社会と現代』，日本史リブレット，山川出版社，2004年，2～3頁，下線は岡による）

ちょうど今，21世紀を迎えた現代という時代は，20世紀におこなわれた大規模開発が一段落し，とりわけ今世紀に入って，「環境」に対する取り組みは，国にとっても人々にとっても最大の重要課題となりつつあります。ビッグ・プロジェクトの時代から，「等身大」の生活の時代へとして現代をとらえるならば，まさにこの中世という時代を考えることは，現代のわれわれに通じる問題が含まれているのではないかと思います。

実は，近年の歴史学では，こうした「環境」にたいする関心も高まってまいりまして，たとえば，「古墳寒冷期」などをはじめとする気候変動についての研究，あるいは森林破壊についての研究なども，かなり進みつつあります。森林破壊については，コンラッド・タットマン（熊崎実訳）『日本人はどのように森をつくってきたのか』（築地書館，1998年）を参考にしますと，都城や寺院の建設がさかんにおこなわれた飛鳥時代～平安初期，織田信長・豊臣秀吉・徳川家康や各地の大名によって城郭その他の建築があいついだ戦国時代～江戸初期が，とくに森林破壊のはなはだしかった時代として考えられています。

このため，たとえば，平安時代末期に平重衡によって焼き討ちされた東大寺の再建には，はげ山の多かった畿内ではなく，わざわざ周防国の材木が使用されました。そして注目しておきたいのは，こうした森林破壊は，日本だけの問題ではなく，ちょうど北方異民族の侵入によって江南地方の人口が急増していた対岸の南宋におきましても，同様の木材不足は生じていました。そのため，周防の材木は，重源上人らによって東シナ海をわたって南宋に運ばれ，ちょうど日本との貿易窓口にあたる明州（現在の寧波）では，有名寺院の再建に日本の木材が柱として用いられ，現地の文化人たちにも大いにありがたがられました（このことについては，拙稿「周防から明州へ──木材はなぜ運ばれたか」〈小島毅編『義経から一豊へ──大河ドラマを海域にひらく──』，勉誠出版，2006年〉をご覧ください）。

しかし，歴史学における環境問題研究は，こうした気候や森林だけにとどまり

ません。環境条件と深く関わりのある伝染病や感染症の問題も，たとえばマクニール『疫病と世界史（上・下）』（中公文庫，2007年）という本に見られるように，世界史を左右する重要な問題としてとりあげられるようになってきています。この問題は，日本や対岸の宋を含む中世東アジアにおいて，当時やはり一つの深刻な問題でありました。今日は，とりわけこのことを切り口として，中世日本の社会や文化について考えてみたいと思います。

1．鎌倉時代の日本と宋文化

　中世日本がテレビにとりあげられることといえば，その始まりにあたる平安末期の源平の合戦や鎌倉幕府の成立の頃が多く，美しい鎧・冑を身につけた武士たちが華々しく戦いを繰り広げるというイメージを抱きがちです。しかし，もちろん合戦は，死を伴うものであり，そうした戦争による被害以外に，饑饉や疫病によって苦しむ人々も多く，中世日本とは，いわば，日常生活が絶えず無数の「死者」と隣り合わせになった時代でもありました（参考：井原今朝男『中世寺院と民衆』，臨川書店，2004年）。ちょうどそのころに「餓鬼草紙」「地獄草紙」「病草紙」といった絵巻物が描かれたのも偶然ではありません。このため，鎌倉時代には，医学の社会的重要性がクローズ・アップされることになり，この時代は，平安時代までにくらべると，医学の進歩，医療設備の普及・発達が進んだ時代であったとされています。

　その進歩を大いに助けたのが，宋からの医書の伝来でした。北宋太宗期の『太平聖恵方』，徽宗期の『和剤局方』をはじめ，宋代中国で編纂された優れた医書が，宋に渡った僧らによって数多く持ち帰られました。当時の僧というのは，いわば現代でいう総合商社の社員さんのようなものでありまして，漢文が読める，あるいは（人によっては）中国語会話ができるという能力をもち，宋に渡ると，単に仏教の勉強だけでなく，技術や知識を幅広く身につけ，総合的な文化伝達人となっていたのでした。鎌倉時代の民間医の多くが医僧であったことにも，そのことがあらわれています。

　また，これはよく知られているように，宋から茶を飲む習慣が本格的に伝来し

たのもこの時代のことで，臨済宗の開祖・栄西は『喫茶養生記』という書物を著しています。ただ，ここで注意しておきたいのは，『喫茶養生記』に

> 奇なるかな。明庵西公は，喫茶記に末世の病相を明示し，後昆に留め贈り，以て是れ仙薬なることを知らしめんことを要す。延齢の妙術有るなり。是に於てか跋とす。　　　　　　　　　　　　　　　　　　（巻下の巻末）
>
> 【現代語訳】くしきかな，明庵栄西禅師のこの喫茶の記は，末世の人のわずらっている病いの相状を明らかに示し，後の世の子孫にこれを贈りのこして，茶は養生の仙薬であり，寿命を延ばす妙術となることを，教え知らそうとしたものである。ここにこの一文を跋とする。
>
> （古田紹欽訳注『栄西　喫茶養生記』，講談社，2000年）

と記されているように，当時の茶が「養生の仙薬」として捉えられていることです。現代のわれわれでも，「毎日野菜ジュースを飲む」とか，「カロリーを気にする」とか，日々の食生活と健康を考える人は増えつつありますが，医学が進んだとはいえ現代に比べると平均寿命の短かかった鎌倉時代の人々にとって，こうした問題は，より深刻な問題であったと言えましょう。

ついでに申しますと，鎌倉時代後半から南北朝時代に生きた吉田兼好の『徒然草』にも，「唐の物は，薬の外は，なくとも事欠くまじ」（第120段），つまり大陸から伝来したものは，薬のほかはなくてもよい，つまり，薬だけはとても大切なものだと言っているのも，この時代における大陸から伝わった医薬の重要性を感じさせます。

2．宋代中国の環境問題と"海の道"

以上，鎌倉時代の日本の様子をお話ししてまいりましたが，それでは医学を伝える側であった中国の宋側はどのような状況におかれていたのでしょうか。

今回の副題にございます"海の道"の視点から申しますと，日本と宋の貿易や交流の中国側の窓口は，先にも触れた明州（現在の寧波）でした。平清盛が築いた大輪田の泊（現在の神戸）を出発したとしますと，瀬戸内海を経て，博多を経由し，そして東シナ海を渡って明州にたどり着くというルートをたどることにな

ります。鎌倉新仏教の開祖として教科書にもしばしば登場する臨済宗の栄西，曹洞宗の道元は，いずれもこの明州やその周辺の寺院で修行していました。阿育王寺や天童寺といった明州の有名寺院では，このように日本から渡った多数の僧たちが修行をおこなっています。明州の属していた当時の両浙路（現在の浙江省全体と江蘇省の一部）という地域は，中国のなかでも仏教の盛んな地域でございまして，当時，念仏結社などを通して，地域の大衆にもその教えがかなり浸透していました。そうした活発な仏教文化を反映して，多くの仏画も描かれ，それらの一部は日本にも伝わりました。近年では，仏画を通して中世における日中のつながりの深さを明らかにする研究も増えており，たとえば美術史の立場から「五百羅漢図」などを例に分析をおこなった九州大学の井手誠之輔氏の研究など，優れた研究成果を目にすることができるようになっています（参考：井手誠之輔『日本の美術418　日本の宋元仏画』，至文堂，2001年）。

　宋代の両浙路という地域は，教科書的にいえば，江南の経済開発が進行したいわば経済的先進地として取りあげられることが多いのですが，「開発」の進行は，いまの地球と同様，プラスのことばかりをもたらしてくれるわけではありません。先にも触れたように，とくに南宋時代（1127～1276〈1279〉）は，華北が女真族（満州出身の半農半猟の民族）に占領され（金国），南宋は両浙路の臨安（杭州）を都にすることになりましたが，異民族の支配をきらった民衆たちが大挙南下して来たため，北宋末の崇寧元年（1102）に197万5041戸だった両浙路の戸数は，南宋初期の紹興32年（1162）には224万3548戸にまで急増しています。

　そしてこの南宋前半の両浙路では，疫病が多発することになります。当時の疫病とは，「瘧」（マラリア）などと史料にあらわれたりするものや，その他の伝染性熱病を指すものと考えられますが，季節的にはとくに旧暦3月から6月ころ，つまり春から夏にかけて空気もじめじめとしてくる時期に多かったようです。このことは首都臨安（杭州）の年中行事にもその影響がございまして，たとえば臨安では5月の端午の日について，呉自牧『夢梁録』巻3「五月　重午附」に，

　　杭都風俗，自初一日端午日，家家買桃・柳・葵・榴・蒲葉・伏道，又幷市茭・
　　粽・五色水糰・時果・五色瘟紙，当門供養。…（中略）…此日，探百草，或
　　修製薬品，以為辟瘟疾等用。蔵之，果有霊験。杭城人不問大小家焚焼午香一

月，不知出何文典。

【現代語訳】杭都の風習では，一日から端午の日まで，家ごとに桃・柳・葵(ひまわり)・榴(ざくろ)・蒲葉(がまのは)，伏道を買い，また，茭(まこも)，粽(ちまき)，五色の水糰(しらたま)，時節の果物，五色の瘟紙(おんし)をあわせ求めて，門口で供養する。…(中略)…この日，百草を採み，あるいは薬を調製し，瘟疾(はやりやまい)などを避けるため使う。これを仕舞っておくと，果たして霊験あらたかである。杭城の人たちは，貧富を問わず，午香（五月五日の午の刻に焚く香）を一ヵ月焚き続けるが，どういう文典(こんきょ)からきているのかはわからない。　(梅原郁訳注『夢粱録』1，東洋文庫674，平凡社，2000年)

と記されており，旧暦5月5日が疫病を避けるために草を摘んだり薬を調合したりする日であったことがわかります。

　ちなみに，中国での信仰が日本に伝来して神仏習合化した結果うまれたとされる日本の祇園祭が，疫病退散のための祭りとしておこなわれてきたことはよく知られています（参考：脇田晴子『中世京都と祇園祭——疫神と都市の生活』，中公新書，1999年）が，これも旧暦6月におこなわれています。福山市鞆の浦の沼名前(ぬなくま)神社，別名・鞆祇園宮のお手火(てび)神事も既に鎌倉時代におこなわれていたとのことでありますし，「火」はまさに不浄を清めるものとして病気の厄払いを願うものであり，この神事ももともと旧暦6月4日におこなわれていたものでした（ということを最近，鞆の浦にて勉強させていただきました）。

　また，疫病の発生しやすかった場所としては，当時の史料によると，人口が増加した都市，それもとくに，水路などに家が建てられて，その流れがよどんでしまう場所で多くおこっていたようです。水路の不法占拠が水の流れを停滞させ，感染源となってしまったわけです。宋代に限らず，歴代の中国において，大きな疫病のはやった場所は，ある研究者の統計によりますと，第1位：浙江省，第2位：山東省，第3位：江蘇省でありますから，通時代的に言っても，沿海の平野部，つまり人口の多い地域で疫病がはやりやすかったことがわかります。

　しかし，当時の人々もこうした状況を，手をこまねいて見ていたわけではなく，南宋時代の両浙路では，疫病への対応を含めて，多数の医者が輩出し，医学の研究や医療設備の整備が進みました。たとえば，両浙路の温州で活動していた医者の陳言（陳無択）は1174年に『三因極一病証方論』を著し，これは病理学の新た

な視点を取り入れた優れた医学書でした。同書には，

辛末年（紹興21年＝1151年），永嘉瘟疫，被害者不可勝数。

【現代語訳】紹興21年（1151）に永嘉県（温州）で疫病がはやり，被害者数は数えられないほど多かった。　　（陳言『三因極一病証方論』巻6・叙疫論）

と記されていて，まさにこの本が疫病への対応も含んでいることがわかります。本書での処方は，鎌倉時代を最も代表する医学書である梶原性全の『頓医抄』にも合計191例も引用されています（参考：服部敏良『鎌倉時代医学史の研究』，吉川弘文館，1964年）。

この陳言の著書以外にも，宋代の両浙路ではさまざまな医書が著されました。明州出身の魏峴（ぎけん）という人物は，地元の水利について優れた書物を著した人物としてよく知られているのですが，同時に彼は，自身が体が丈夫でなかったこともあり，自らさまざまな薬や治療を試み，その成果を『魏氏家蔵方』として著しています。この書籍も日本に伝来したらしく，この書の宋版が，現在でも東京の宮内庁書陵部に所蔵されております。

両浙路という場所は，日本と同様にとくに夏は高温多湿となり，なので疫病もはやりやすかったわけですが，宋に渡った栄西・道元をはじめとする僧たちは，そのような両浙路でほとんどの活動をしていたわけです。

3．羅漢信仰と疫病
――日本の禅宗寺院に羅漢が多いのはなぜ？――

さて，再び話を日本に戻しましょう。疫病・饑饉の多かった平安時代から鎌倉時代にかけての日本では，それらからの救いを求めて神仏への信仰が広がりました。先に触れた疫病除災神としての祇園信仰の広がりだけでなく，薬師如来信仰の広まりや，観音菩薩・地蔵菩薩への信仰の広まり，そしてまた，とくに禅宗寺院に多く残っている羅漢信仰も，そうした流れと関係がありました。羅漢信仰から派生した「びんずる」（＝「なでほとけ」）信仰は，後の江戸時代になって広く展開することになります。

ここでは，宋の両浙路とも関係の深い羅漢信仰について見てみましょう。中国・

日本における羅漢信仰については，道端良秀氏の『羅漢信仰史』（大東出版社，1983年）という本が最も参考になると思いますが，その道端氏によりますと，中国においては後漢から唐代にかけて経典が翻訳されるなかで羅漢信仰（十六羅漢・十八羅漢・五百羅漢）が始まったとされています。十六羅漢の筆頭は「賓頭盧尊者」でありますが，この羅漢さんは，飯の大食らいで，風呂にもよく入るという庶民的な性格ももっていて，外見的な特徴は，頭髪白く，眉毛が長いということでした。

唐末から宋代にかけて，羅漢の絵が盛んに描かれるようになり，また，唐末には天台山（現在の浙江省）に五百羅漢殿が建てられるなど，唐代から宋代にかけて，羅漢は一般庶民の民間信仰として普及していました。そして疫病との関係としては，北宋時代のある説話に，

　神宗の熙寧7年（1074）に，嘉興（浙江省）の道親が，温州の雁蕩山は聖境なることを聞いて，これに登ったが，大龍湫から瑞鹿院に行くその途上に，一人のぼろを着た者が，とても身軽に飛ぶように歩き，木の葉を踏んで歩きながら，その木の葉は少しも動かない，という有様である。親は心の内で，これは異人なりと知って，小道を下って彼に挨拶をして，ともに石の上に腰掛けて話をかわし，生まれ故郷や，素性のこと，年齢などを問うても，何も答えてくれない。見ると頭髪は真白であるが，顔色を見ればまだ若いようである。その彼が親に言うには，「今は宋の第六帝である。今年より九年の後，帝は病気になる。そなたはこの薬を持って，天子に献ぜよ」と，袋の中から一丸を出すのを見ると，大きさは指先の如く紫色をして，重きこと錫のようである。竜寿舟と名づくという。また親に言って，明年は大疫が流行するが，呉越地方が最も甚だしい。汝は死ぬことになっているが，これを食べて，善業を修せば，死を免るだろうといって，袋から柏の葉一枚を出して与えた。親は受け取って，すぐにこれを食べたが，果たして翌年大疫流行し，死者十中の五六に及んだが，親は免れた。

　元豊六年（1083）に至って，夢に異人が出てきて，前年の薬を早く天子に献ぜよといって，かみなりを鳴らして親を責めたてた。親は恐れて直ちに朝廷に行き，ことの顛末を話して，この薬を献じた。しかし取次の役人は，こ

れを狂人として受け付けなかったが，明日これを天子に申し上げると，帝は急に命じて，親を探させた。数日のうちに果たして帝は病気となった。よって侍臣に命じて，御香を持ち，いろいろ準備の金銭を賜うて，親と一緒に雁蕩山に行って異人を尋ねさせた。しかし終に見当たらなかった。そこでただ御香を焚いて帰ってきてみると，帝の疫は愈っていた。帝は云わく，これは聖僧が，服薬の兆しを示してくれたのであるといって，その丸薬はそのままにして，彰善閣に秘蔵せられたという。 （『羅漢信仰史』より）

とあり，賓頭盧尊者が皇帝のかかった疫病を治すことに貢献したことが記されています。もちろんこれはお話にすぎませんが，当時の人々によって，賓頭盧尊者が治病の働きをしてくれる羅漢として認識されていたことを示しています。

そして前節で詳しく述べました宋代の両浙路という地域には，まさに羅漢信仰の盛んな天台山があり，今年の正月にちょうど私も天台山を訪れたところですが，天台山の中心ともいうべき国清寺の本殿にあたる大雄宝殿（本尊・釈迦牟尼像）の内側の両壁には，金色の十八羅漢が居並んでおりました。もちろんのその第一尊者は賓度羅跋羅惰闍羅漢です。しかも国清寺にはそれとは別に羅漢堂もあり，そこにも五百羅漢たちが例の思い思いの表情や姿で座していました。天台山には，他にも万年寺や方広寺など，入宋僧と関係の深い寺が多くあるのですが，いずれにおいても羅漢像が多数見られます。

こうした羅漢との関わりは，北宋時代に天台山を訪れた成尋（1101〜81）の『参天台五臺山記』巻1・延久4年（1072）5月に，

次に石橋に参でる。路坂に二十余間の廊が造られ，廊を経て石橋の頭にある亭子に至る。五間の大屋である。公家が毎年五百羅漢に供養されるときの舎である。先ず山に向かって礼拝し焼香をして，五百羅漢に供養する。次いで橋の頭に至って焼香し礼拝する。石橋は青白色で七丈ばかりの長さ。東の頭は闊さ二尺，西の頭は七尺で（橋全体の）形は龍，背は亀（の甲羅のように円味を帯び），虹の梁を亘けたようである。両つの澗が流れを合わせ，橋の下を過ぎ，瀑布となって泄れくだり，西にむかい剡県界へと流れ出る。（瀑布の）下から仰ぎ観ると，あたかも晴虹が澗を飲むようである。橋の西の頭は二丈ばかり，巌の高さは一丈である。通を得た人でなければ，とうて

国清寺大雄宝殿　　　　　　　　　　国清寺羅漢堂

大雄宝殿の十八羅漢　　　　　　　　羅漢堂の五百羅漢

　　い過れるものではない。近頃の人々は橋の中半まで至り，「石橋を渡った」
　　などと称しているのは，はなはだ奇恠である。

　　　　　　　　　（藤善真澄訳注『参天台五臺山記』上，関西大学出版部，2007年）

と記され，天台山の滝のそばで羅漢を供養し，滝にかかる石橋についての情報を
詳しく載せています。さらに，南宋時代前半に入宋した栄西（1141〜1215）は，
『興禅護国論』序に，

　　仁安三年戊子四月十八日，乗商舶放洋。二十五日到宋国明州。五月十九日登
　　天台山。二十四日到万年寺。二十五日供茶羅漢。甌中現応真全身。遂渡石橋。
　　忽見青龍二頭。於是有所感悟。自知前身梵僧而到万年。

　　【現代語訳】仁安3年（1168）4月18日に，商船に乗って，25日に，宋国の
　　明州に到着し，5月19日天台山に登り，24日に万年寺に到った。25日に茶を
　　煎じて，羅漢に供養した。すると茶甌の中に，羅漢の全身が現れた。ついに
　　天台山の石橋を渡ると，忽ち青龍2頭が現れたのを見る。ここにおいて，感
　　悟する所あって，自分の前身は，インド僧で，この万年寺に住んでいたこと

第15章　中世日本における疫病・信仰と宋文化　　　397

天台山の石橋　　　　　　　　厳島・大願寺の賓頭盧尊者

　　を知った。　　　　　　　　　　　　　　　　　（『羅漢信仰史』より）

と記して，羅漢を供養して茶がめの中に羅漢が応験したこと，そしてまた天台山の石橋を渡ったところ青龍2頭を見たことなどを述べています。

　こうした羅漢に関する見聞や宗教的体験は，他の入宋僧にも見られるところであり，現在でも日本国内の禅宗寺院に羅漢像が少なからず見られることは，こうした宋代の僧たちの天台山における活動と深い関わりがあるわけです。

　なお，広島県内でも，ここから近いところでは，たとえば三原市の仏通寺（臨済宗）では現在でも羅漢講の法会がおこなわれており，また，尾道市の天寧寺（曹洞宗）には，本堂の横に五百羅漢のおさめられた堂があります。また，「びんずる」さんは，その天寧寺の本堂にもいらっしゃって，いつでも病気の患部を撫でることができ，また，有名な場所でいえば，厳島神社の出口を出てすぐの大願寺（厳島弁財天）の本尊の少し横の場所にもいらっしゃいます。意外にまだまだ身近な場所に多く残っているものです。

おわりに──"環境"の視点からみた備後地方の未来──

　さて，最後に，歴史の話から現代の話へと少し目を転じてみたいと思います。

　瀬戸内海は，俗称3000ともよばれる島からなり，砂質の土壌で水持ちが悪いため，「白砂青松」の景観が生じることにもなっています。ただし，島・地域ごとに個性豊かな表情を示すという特色もあります（参考：山口徹『瀬戸内諸島と海の道』，街道の日本史42，吉川弘文館，2001年）。

　確かに首都東京からは遠く離れた場所に位置し，中四国地方には広い平野もなく，決して恵まれた場所とは言えないかもしれません。しかし，本当の意味で，不利な環境ということになってしまうのでしょうか。

　瀬戸内海というのは，しばしば地中海になぞらえられることが多いのですが，その地中海について，フランスの有名な歴史家フェルナン・ブローデルは，名著『地中海』（藤原書店）の第1巻「環境の役割」のなかで，

> 大陸の塊のさまざまな突き出た部分の間にある地中海の西と東の二つの大きな海盆において，一連の狭い海，つまり一連の海峡（narrow-seas）は個性を持っている。こうした世界のそれぞれは，それぞれの特徴，船の形式，習慣，固有の歴史法則を持っている。…（中略）…今日でもまだ，地中海世界は相変わらずローカルな生活を持ち続けている。
>
> 　　　　　　　　　　　（第2章「地中海の心臓部──海と沿岸地帯」173頁）

と記して，地中海に面したそれぞれの小地域の個性を重視し，また，

> 地中海は都市で構成される地域であるという，この何度も言い古されてきた月並みな真実に我々は気づかないが，この真実とそのさまざまな結果とを結びつけなければならない。（中略）都市ゆえに，貿易活動が他の活動よりも盛んである。地中海のどんな歴史も，どんな文明もすべて都市がつくり出したものである。　　　　（第4章「自然の単位──気候と歴史」465～6頁）

とも記して，地中海各地に点在する都市が活発な活動をおこなっていたことを指摘しています。確かに歴史的に見て，ギリシアの都市国家群が，現代においてもその価値を失わないギリシア哲学を生みだし，また，イタリア中世都市群が今で

も輝かしく感じられるルネサンスの母胎となるなど，こうした個性豊かな都市群が，時代を塗り替えるような新思想を生みだしてきました。

　ここ200～300年の歴史では，ロンドンやニューヨークなど，巨大都市が時代の文化を創り上げてきたかのような印象を与えますが，21世紀に入ると，大量生産・大量消費の社会にも行き詰まりが見られ，むしろEUのように，都市群の多心型システムをとり，農村とも結びついて環境重視・経済活性化の両立をはかる方向性が注目され，実際に効果をあげ始めています（参考：岡部明子『サステイナブルシティ』，学芸出版社，2003年）。

　そうした目で備後をふりかえった場合，府中の良質な水をいかした府中味噌，また，江戸時代に海運を生かして全国的にその名が知られた鞆の浦の保命酒をはじめ，自然や伝統とうまく結びつけた産業の例は決して少なくありません。

　かつて『人国記』（戦国時代成立か？）に記された「備後国」の人の気質，すなわち「人の気実儀（まごころや誠意のあること）にして，一度約したる事は変改すること鮮し」（参考：頼祺一編『広島・福山と山陽道』，街道の日本史41，吉川弘文館，2006年）の精神で，地元の環境とうまく融合させた産業や文化を軸として地域の活性化がおこなわれたならば，コンクリートに囲まれた中で毎日を過ごす大都会の人々には決して真似のできない，新たな日本人の生き方を示すことができるのではないでしょうか。

（広島大学大学院文学研究科歴史文化学講座
『地域アカデミー2008　公開講座報告書』）

第16章　海をとりまく日常性の構造

はじめに──問題意識

　フランスの歴史学者フェルナン・ブローデル（Fernand Braudel）『地中海』は，海域史研究の嚆矢としてよく知られる著書である。『地中海』のなかでブローデルは，ヨーロッパ各国の個別の歴史ではなく，国を超えた「地中海」という枠組みにより，ヨーロッパ・西アジア・北アフリカの各地域にまたがる歴史の連動性を俯瞰的に考察した。この目的を達するため，ブローデルは，単に歴史学的分析に限定されず，冒頭の第1巻を「環境の役割」と題し，地理学的な視点を導入することにより，地中海およびその周辺地域の特色を浮かび上がらせている。この巻において，ブローデルは，単に「海」を取り上げるだけでなく，「海」と「陸」の関係を強く意識した考察をおこなっている[1]。

　また，ブローデルは，『地中海』と並ぶ大作『物質文明・経済・資本主義 15―18世紀』を著し，近代における経済史の過程を世界史的視野で比較分析をおこなっており，そこにおいては，ヨーロッパだけでなく，アジア諸国にも強い関心を示している[2]。本書では，冒頭の第1巻が「日常性の構造」と題され，経済史を考察する前提として，食べ物・飲み物，住居・衣服，技術などといった日常的な生活についての分析を歴史学の領域に導入している。

　海域史の著書，あるいは経済史の著書でありながら，ブローデルが示したこの

---

[1]　拙稿「地中海と東アジア海域の環境に関する覚書」（『東アジア海域交流史現地調査研究〜地域・環境・心性〜』第2号，2007年）。
[2]　その後，"Global History" の分野では，アジア諸国への関心はますます高まりつつある。Eric Jones, *Growth Recurring: Economic Change in World History*, Oxford University Press, 1988. Andre Gunder Frank, *ReOrient: Global Economy in the Asian Age*, University of California Press, 1998. Kenneth Pomeranz, *The Great Divergence: China, Europe, and the Making of the Modern World Economy*, Princeton University Press, 2000.

ような幅広い関心の持ち方は，海域史に関する他の名著にも形をかえて見られるものである。たとえば，アンソニー・リード『大航海時代の東南アジア』は，時代の変化のもとでの国家の役割を重視するとともに，文化の多元性についても強い関心を抱いており，本書は海域史の研究書でありながら，東南アジア文化史全体をも見通す幅広い視角を備えたものとなっている。

　従来の東アジア海域史研究においては，外交・国際秩序，貿易・経済，文化交流などについて，多数の優れた成果を蓄積してきた*3が，本巻の吉尾・岡の論文では(補注)，さらに上記のブローデルの問題意識を参考とし，東アジア海域交流史の舞台となった東シナ海，および，その海をとりまく中国大陸，朝鮮半島，日本列島，琉球・台湾などの島々を含めた地域について，「環境」がいかなる歴史に対していかなる役割を果たしていたのかの分析を試みたい。非ヨーロッパの海域史研究においては，時として"地中海"と同様の海域世界が当該地域に存在することを強調するものの，当該地域の海域世界が，他の海域世界と比較してどのような特色を具えているのかの分析が十分に進んでいるわけではない。ともすれば"地中海"というレッテルを貼って海域史のイメージを強調する*4ことはできていても，地域的差異についての視点は等閑視されていることもある。その意味で，「環境」を視野に入れて考察を進めていくことを通して，東アジア海域史研究の今後の展開をさらに考える観点を見出す契機にしたいと思う。

　また，こうした地域的な多様性を比較史的に論じようとする場合に，「国」「国境」の枠組みを当然とせず，可能な限り「地域」の視点から発想していくことも，たいへん重要なことである。ブローデル同様にアナール学派を代表する研究者であるマルク・ブロックは，『比較史の方法』（高橋清徳訳，創文社，1978年）におい

---

*3　日本における海域アジア史の研究成果については，桃木至朗編『海域アジア史研究入門』（岩波書店，2008年）に詳しく紹介されている。

*4　たとえば Angela Shottenhammer, *The East Asian Maritime World 1400—1800: Its Fabrics of Power and Dynamics of Exchanges*, Otto Harrassowitz GmbH & Co. KG, Wiesbaden, 2007.

（補註）　本遺稿は，2009年5月北海道大学で開かれた「にんぷろ」の研究会で報告するため用意されたものであり，そのため「本巻の吉尾・岡の論文では」の部分は，もともと「今回の吉尾・岡の報告では」と書かれていた。本巻（東アジア海域叢書4）の構成と整合性をとるため，やむを得ずこの部分のみ書きかえたことを付記しておく。（編者吉尾寛註）

て，「比較史がわれわれに与えてくれる最も明瞭で説得的な教訓は，われわれが社会的諸事実を閉じ込めようとしているもはや古くさくなった地誌的仕切りを，今や破壊するべき時だということである」(47〜48頁)と述べている。現代の国家領域は，歴史的な変化のなかで形成されてきたものであり，前近代における領域とはかなり異なっている。また，国境がもつ意味も，現代の国境が前近代に同様に認識されていたわけではなく，さらに，国に対するアイデンティティも変化があり，古代や中世の人々が現代のわれわれと同様のものとして国籍を意識していたわけではない。東アジア海域やそれを取りまく陸域において，「環境」や，その影響によって形成されたさまざまな地域性を多層的に認識しておくことは，こうした問題の前提を考えるうえでの示唆を得るために，不可欠の作業となるものと思う。

「環境の役割」の中で，筆者が担当する「海をとりまく日常性の構造」では，東アジア海域をとりまく地域の地理的条件を俯瞰したうえで，環境がその地域に生きる人々の日常的な生活に対してどのような影響を及ぼしていたのか，とくに環境と関係が深い食生活や病気に関わる側面，すなわち農業・医学やその技術・知識を中心に論じ，それを通して東アジア海域史を研究することの意義を考えてみたい。

1．東アジアの気候と地形

（1） 降水量・地形

東アジアの気候に大きな特色を与えているのは，季節風（モンスーン）の存在である。巨大な大陸塊と巨大な海洋の直面する東アジアでは，大陸性気流と海洋性気流がはげしく交流しあうことによって季節風現象をうみだし，両極に分裂した気象状況を存在させることになった。すなわち，季節風によって沿海地帯では高温多雨の湿潤地区がうまれたのに対し，内陸地帯は乾燥度のきわめて高い草原・砂漠地区となっていた。そして湿潤地区では，単位面積あたりの収穫量がきわめて多い集約的な水田農耕がおこなわれることになり，世界的にも人口密度のきわめて高い地域を形成していくことになる。この地区では，農耕のかたわら豚・鶏・

水牛などが飼われているが，規模は小さく，食生活は菜食的な傾向が強かった。これに対して，中央アジアからモンゴル高原にかけての内陸乾燥地区では，大草原に牛・羊・馬の大群を放牧する遊牧経営がおこなわれ，人口はきわめて稀薄であった。

　こうした東アジアの状況をヨーロッパと比較してみると，ヨーロッパにおいても，北欧の湿潤気候と南欧の乾燥気候との違いがあり，湿潤寒冷の平原地区である北と，温暖乾燥の丘陵地区である南とでは，もともと生産様式が異なっていたが，互いに他の生産形態を受け入れぬほどの強烈な差異をもつわけではなく，中世以降には南北形態が複合化して農牧一致型の社会が成長することになった。他方，東アジアでは，湿潤地区と乾燥地区の漸移地帯があるとはいえ，農耕型社会と遊牧型社会との分離は，ヨーロッパに比べて顕著であり，たがいに容易には相容れない二つの社会の政治的対立をはぐくむこととともなった[*5]。

　この結果，東アジアの大陸部では，漢民族の側の王朝は，北辺の防衛のために，軍事施設の設置，兵力の配備を積極的におこない，さらに南方からも食糧輸送など，大規模で広域的な軍事・補給体制を構築する必要があった。また，逆に，遊牧民族の側も，その軍事的優位性を活かしてしばしば漢民族居住地域を占領し，征服王朝として恒常的な支配をおこなう場合も少なくなかった。

　現在の東アジアの大陸部は，G・W・スキナー氏による"macroregion"論[*6]によって知られるように，川の流域などによって，地域に区分して把握することが可能である。しかし，かつて冀朝鼎氏が四つの「基本経済地帯[*7]」として示した黄河中下流域，長江中下流域，四川盆地，広東のうち，黄河中下流域と長江中下流域の両地域は，とくに下流部においてこれを隔てる大山脈はなく，隋代以降は大運河によって連結されることにより，中華帝国の一大経済基盤として長く機能し続けることになる。

[*5]　村上正二「征服王朝」(『世界の歴史　6　東アジア世界の変貌』，筑摩書房，1961年)。
[*6]　G. William Skinner, "The Structure of Chinese History." *Journal of Asian Studies*, vol. 44, no.2, 1985. 日本語訳 (中島楽章訳) 「中国史の構造」(宋代史研究会研究報告第8集『宋代の長江流域──社会経済史の視点から──』，汲古書院，2006年)。
[*7]　冀朝鼎『支那基本経済と灌漑』(白揚社，1939年)。

こうして東アジア大陸部は，広域的な統一国家が形成されることが多く，たとえば現在の中華人民共和国は，ヨーロッパ全体に匹敵する広大な面積を占めるに至っている。この点でも，地形的に森林・山岳などによってそれぞれの中核地域が互いに分離し，「諸国家併存体制（states system）」を形成していたヨーロッパ[*8]とは対照的であった。

（2） 東アジアにおける水上交通と海

ヨーロッパとの比較からいえば，海との関わりについても地形的な相違が存在した。ヨーロッパ大陸は，「ヨーロッパの周縁の三辺は海である」（ミシェル・モラ・デュ・ジュルダン〔深沢克己訳〕『ヨーロッパと海』，平凡社，1996年，17頁）とされ，海に突き出た一つの大きな半島のような形をしている。また，ボスニア湾，バルト海，北海，ビスケー湾，ティレニア海，アドリア海，エーゲ海などは，半島や島々に囲まれ，入り組んだ海岸線を形づくり，海岸線の総延長は長い。これに対して，東アジアの大陸部は，大陸部の北側，すなわち西北から北東にかけては広大なシベリア高原と隣り合い，また西側から南側はヒマラヤ山脈・チベット高原などの高い山岳地帯に囲まれ，海に接しているのは，主として大陸部の東から東南に限られている。このような地形的特色は，東アジアの半島・島嶼部の諸国に比べて，中華帝国の国家政策・外交政策に占める海・陸の要素の比重の置き方に相違をもたらすことにつながった。

しかし，海との関わりについて，一部，消極的な要素があるにもかかわらず，海，そして河川・水路も含めて，水上交通の視点から東アジアをとらえるならば，時代の変化とともに，水・海との関わりはしだいに深いものになっていった。そしてそこには，東アジア各地の地域的な差異も見出すことができる。

まず，中華帝国の首都が置かれることの多かった華北では，黄河・大運河による幹線輸送ルートは航運によっていたが，華北平原の大部分においては陸運が圧倒的であった。また海運についても，元代になって海路の利用は積極化し始めるが，必ずしも順調ではなく，とくに山東半島の突端にある成山角の外洋において

[*8] Eric Jones, *The European Miracle: Environments, Economies and Geopolitics in the History of Europe and Asia*, Cambridge University Press, 1981.

遭難が多く*9，南北輸送に海路が安定的に利用されるのは清代を待つことになる。

　これに対して，華中においては，「南船北馬」という言葉に象徴されるように，大運河やそれに連接した浙東運河，そして長江といった幹線輸送ルートが航運によるだけでなく，長江の数多くの支流，各平野・盆地に整備された水路網などを通じて，航運が幅広い地域に通じていた。海運についても，宋代になって，吃水を深くして波浪の衝撃に対抗できる尖底船がつくられるようになり，船の大型化が進むとともに，羅針盤も使用され，華南地域と結びついて，海上の利用は格段に積極化することとなった*10。

　その華南は，福建から広東にかけて海上航運が最も盛んな地域であり，たとえば福建は，宋代の蘇軾によって「福建一路，以海商為業」と称されるほどであった。スキナー氏の"macroregion"区分において，浙江省東南部（台州・温州）から福建省を経て広東省東部（潮州）に至る地域は，"Southeast Coast Macroregion"（東南沿岸大地域）となっている。この地域は，各平野が狭く，河川も平野ごとに独立し，それぞれの小地域が孤立的に存在しているため，「強度の小地域化」が特色であった。また，近くには台湾や諸島嶼があり，それらが「海峡」地域としての密接な関係をもっているため，歴史的に見て，海上に基盤をもった勢力が中央政権に抵抗するなどの独自の動きをおこすことが，他の地域に比べて多かった。

　ついで，大陸部以外の地域に眼を移したい。

　朝鮮半島は，東部の脊梁山脈から櫛の歯状に西に向かって伸びる多くの山脈に沿って大小の河川が流れ，その流域に沖積平野が形成されているため，それぞれの地域に多様な文化が形成されてきた*11。漢江をはじめとして，それぞれの河川の水上交通，また河川に沿った陸上交通が盛んであったとともに，それぞれの沖積平野を結ぶ海上交通も早くから発達していた。海上交通はとくに黄海に面した側の西海岸において頻繁であり，とくに南西から南にかけての海岸の海上交通路が繁華であった*12。古代に遡っても，貿易国家としての色合いが濃かった百済は，この地域を本拠としていた。また，17世紀以降には，海上運輸の発展がめざまし

＊9　星斌夫『明代漕運の研究』（丸善，1963年）。
＊10　斯波義信『宋代商業史研究』（風間書房，1968年）。
＊11　尹瑞石（佐々木道雄訳）『韓国食生活文化の歴史』（明石書店，2005年）。

く，船舶が寄港する港口数の増大と航路の拡張はとくに西海と南海地方で顕著であり，さらに，船舶数の増加と船舶工学理論の発展が見られた[*13]。ただし，朝鮮王朝期の対中国貿易は，巨商が集中していたものの，高麗末期以後の中国の統制政策の影響で，漢城—開城—平壌—安州—義州という陸路を経由していた。

日本列島は，いずれの地域も海に囲まれているが，糸魚川—静岡構造線を境として，東北日本と西南日本で地形的に特色を異にする[*14]。東北日本は，火山噴出物で覆われた地域が広大な面積を占め，盆地および沖積平野の規模が比較的大きい。このため，利根川・信濃川・石狩川・北上川といった大河川が多く，舟の河川利用に適していた。これに対し，西南日本の内帯（中央構造線・臼杵—八代構造線より北）では，花崗岩類と古生層を主体とする古い岩層が広く分布し，地形的には小規模な盆地群がよく発達しており，濃尾平野・大阪平野・筑紫平野も，東北日本の大平原に比べれば規模は小さく，流域面積の小さい独立した中小河川が多い。このため，舟運路は淀川以外はほとんど発達せず，瀬戸内海や九州北部では早くから海運が発達した。

また，とくに九州は東シナ海に開けた位置にあり，しかも九州西北部の対馬・壱岐などの「海峡」地域は朝鮮半島と近く，九州南部は南西諸島と接していた。このため，「鎖国」下の江戸時代に，長崎が中国・オランダとの窓口となっただけでなく，対馬藩は朝鮮との窓口になり，薩摩藩は琉球との窓口になることにより，独自の外交活動をおこなっていた。

前述のように季節風が強い東アジアにおいては，ギリシア文明時代の地中海のように早期から大量の物資が海を通して運ばれていたヨーロッパとは異なり，海域を通して商品が盛んに交易されるのは，船自体や航海技術の進歩が達成されて

[*12] 李憲昶（須川英徳・六反田豊訳）『韓国経済通史』（法政大学出版局，2004年），韓国教員大学歴史教育科（吉田光男監訳）『韓国歴史地図』（平凡社，2006年）。
[*13] 李大熙『李朝時代の交通史に関する研究——特に道路，水路網を中心として——』（雄山閣出版，1991年）。
[*14] 小出博『日本の河川——自然史と社会史——』（東京大学出版会，1970年），同『利根川と淀川——東日本・西日本の歴史的展開』（中央公論社，1975年），池田碩『花崗岩地形の世界』（古今書院，1998年），大熊孝『増補洪水と治水の河川史——水害の制圧から受容へ』（平凡社，2007年）。

から後のことになる。また，そうした歴史的変化のなかで，東アジア大陸部においては，華中から華南にかけての地域が海域発展の牽引的な役割を示し，それと同時に半島・島嶼部においては，朝鮮王朝，江戸日本，琉球王朝，鄭氏台湾など，独立性の強い政権が多く生まれ，東アジア海域という舞台が，一国独尊的ではなく，相互関係的・ネットワーク的な関係へとしだいに移行してきたことも，注目されるであろう。

2．東アジアにおける地域開発と環境

以上の第1節では，気候や地形を中心として，東アジア海域の環境が歴史の構造にどのような影響を及ぼしてきたかを見てきた。つづいて本節と次節では，日常的生活に関わりの深い環境の状況が，東アジア海域交流にどのような影響を及ぼしていたのかを考えてみたい。まず本節では，人間の日常に最も不可欠な食生活を支える農業と地理的環境との関係を取り上げ，その歴史的・地域的な特色を考察したい。

（1）　東アジア各地域における開発の進行

東アジアの農業は，早期には，粟や麦を中心とした畑作地帯が中心であったが，しだいに稲作地帯が拡大することとなり，そのことは東アジア海域の発展とも大きな関わりをもつことになる。大陸部は華北・東北と華中・華南に分け，それ以外に，朝鮮半島，西日本，東日本，そして台湾を加えて，その地域開発の概略を簡単に示したのが410頁の《図1》[*15]である。

東アジア大陸部においては，黄河文明以来，隋唐時代の頃までは，粟を主穀とする黄河流域に経済的な重心があったが，隋唐時代以降，江南の開発が進み，宋代以降は，稲作地帯である長江下流域に経済重心がシフトすることになった。これにともない，農書が対象とする地域にも変化が見られ，北朝・山東の高陽郡太守・賈思勰によって著された『斉民要術』が，旱地畑作中心の農書であったのに対し，南宋・陳旉『農書』および元代・王禎『農書』は，稲作中心の農書であった。

稲作の展開は，さらに明清時代にも進み，長江中流域の両湖（湖北・湖南）平原では「垸田」開発が進み，華南の珠江デルタでは「沙田」開発が進むなどして，米の生産地はさらに広がりを見せた。四川から湖広・江西を経て江南に至る長江，および東南沿岸の航路において，米の長距離交易が活発となるのは，こうした稲作地帯の広がりと密接な関わりをもっている。

　また，朝鮮半島・日本列島では，早期においては堰堤やため池による灌漑の段階にとどまっていたが，9～12世紀以降，平野の低地開発がしだいに進むようになり，とくに15・16世紀以降は，開発が大規模化し，低地の干拓なども積極的におこなわれた。朝鮮半島は，南北で気温・降水量の差があり，十分な降水量を必要とする稲作は南部で盛んとなった。また日本列島では，地質的に花崗岩類のマサ（真砂）化作用が近畿・中国地方でとくに進み，深い部分まで水を含みやすく，それを徐々に流し出す性質があったため，この地域の耕作は比較的容易で，水田経営のための用水利用にも便利であった。このため，古代の技術でも開発が進みやすく，大和盆地，吉備・出雲，北九州などが早くから発展したのはこうした条

＊15　斯波義信『宋代江南経済史の研究』（汲古書院，1988年），本田治「宋・元時代浙東の海塘について」（『中国水利史研究』第9号，1979年），石声漢『中国農書が語る二一〇〇年』（思索社，1984年），大澤正昭『陳旉農書の研究――一二世紀東アジア稲作の到達点』（農文協，1993年），松田吉郎『明清時代華南地域史研究』（汲古書院，2002年），晏昌貴『両湖平原開発探源』（江西教育出版社，1995年），宮嶋博史「朝鮮半島の稲作展開――農書資料を中心に――」（渡部忠世［責任編集］『稲のアジア史』2，1987年），李憲昶『韓国経済通史』前掲書，李春寧（飯沼二郎訳）『李朝農業技術史』（未来社，1989年），古島敏雄『日本農学史・第1巻』（『古島敏雄著作集』第5巻，東京大学出版会，1975年），同『日本農業技術史』（『古島敏雄著作集』第6巻，東京大学出版会，1975年），佐野静代『中近世の村落と水辺の環境史』（吉川弘文館，2008年），黒田日出男『日本中世開発史の研究』（校倉書房，1984年），大石慎三郎『江戸時代』（中央公論社，1977年），鬼頭宏『人口から読む日本の歴史』（講談社，2000年），小出博『利根川と淀川――東日本・西日本の歴史的展開』前掲書，合田良實『土木と文明』（鹿島出版会，1996年），本間俊朗『日本の国造りの仕組み――水田開発と人口増加の関連』（山海堂，1998年），Ts'ui-jung Liu, "Han Migration and the Settlement of Taiwan: the Onset of Environmental Change", in Mark Elvin and Liu Ts'ui-jung eds., *Sediments of Time: Environment and Society in Chinese History*, Cambridge University Press, 1988. など。

《図1》東アジア各地域の農業開発
（「西日本」・「東日本」は糸魚川・静岡構造線を境にした。）

華北・東北	華中・華南	朝鮮半島	西日本	東日本	台湾
春秋戦国～秦漢：粟が主穀／黄河流域を中心に治水灌漑 6C：『斉民要術』	初期は小盆地を中心とした開発→人口粗放なまま	三国～：各地で堰堤がつくられる	3～8C：ため池灌漑が進む〔例〕狭山池（行基・重源らが改修）・満濃池（空海）	扇状地の付近に古墳文化	
7C初（隋代）：大運河の建設					
7～10C：二年三毛作（粟・小麦・豆）の普及	7～10C：二毛作（稲・麦）の定着 10～14C（唐末～元）：江南地方（水田稲作地帯）の開発が本格化（囲田・圩田・海塘）／茶栽培の盛行 1149：陳旉『農書』 1313：王禎『農書』	12C～：沿海岸の低湿地や干拓地の開墾と定着が進む←旱魃・低湿に対して適応力の強い品種の導入	9～16C半ば：二毛作の普及／平野の水利開発が拡大（在地領主の用水開発）／二毛作の普及		
			干潟の「塩堤」、デルタの「島」	畠地開発が進む	
14～17C：棉花栽培の普及 18C以後：東北地区に漢民族の移民が増加	16～17C以後：長江中流域（両湖平原）や華南（珠江デルタ）で開発が本格化／デルタ地域は桑栽培も盛ん／新大陸作物（甘藷・とうもろこし等）導入→長江上・中流域の山地開発	15C以降：沿海地域（とくに慶尚道・全羅道などの南部）の開墾・干拓が急速に進む 水田比率も増加→人口増が顕著に 1430：『農事直説』	16C半ば以降：大河川に対する土木工事 1697：『農業全書』 〔西日本〕干潟の干拓→四国・中国・北陸・九州の人口増	〔東日本〕湖沼の干拓	17Cの鄭氏政権期以後：漢民族の移民が増加→台南から北部へと開発が拡大
→18～19C：大幅な人口増 1639：徐光啓『農政全書』刊行					

件と関係が深かった。そうした特色は，西日本で稲作の比率が高く，東日本で畑作の比率が高いことにもあらわれているが，江戸時代になると東日本で湖沼の干拓が進み，江戸幕府の置かれた関東平野では各地でとくに本格化した。そして，こうした稲作の進展は，朝鮮王朝期の朝鮮半島，江戸時代の日本列島における人口増をもたらすこととなった。

　このように稲作が展開して経済的な成長を示した大陸部の華中・華南，朝鮮半島南部，日本列島，そして17世紀以後急速に開発の進行した台湾は，その後も，近代から現代にかけて更なる飛躍を示し，20世紀末以降，世界諸地域の中でも重要な拠点経済地域を形成することになる。

（2）　農業に関わる技術と交流

　こうした各地の地域開発を支えたのが，農業に関する技術であった。技術伝播は，東アジア海域交流においても，重要な役割を果たすことになる。

　先にも述べたように，東アジアの地理環境において季節風がもたらす影響はたいへん大きいものであった。農業に密接に関わることとして，東アジアの降水量は，季節風のために，ヨーロッパや西アジアと比べて，季節によって大きく異なるという特色をもっていた。このことは，穀物の生産にも密接に関わる。とくに，東南からの季節風のために夏に雨が多いことは，雑草の繁茂をもたらし，雑草とりは，地域をとわず東アジアの農業にとって欠かせない煩瑣な作業となった。また，江南地方に比べても秋から春にかけての乾燥が厳しい華北地方では，古くからの主穀であった粟の播種期に発芽をも脅かす春旱があった。このため，地沢保衛のため苗間の裸地に入っての鋤地は不可欠であり，また，夏の雑草除去も必要であることから，畑の作物はあらかじめ正条播きにしておく必要があった。ヨーロッパ農業で穀作における条播が標準技術化したのはようやく18世紀のことであり，それ以前の農作業が散種から収穫に直結し，中間の管理作業がほとんどおこなわれていなかった夏涼冬湿のヨーロッパに比較して，大きな相違である。こうした条播・除草などに象徴される集約的な農業は，東アジアの農業を特色づけるものであり，その技術は早くも秦代の『呂氏春秋』農書などにも記されていた。さらに，唐末以降，盛んとなった水田耕作において，農具利用の高度化，地力維

持・増進技術の急速な進歩、排水のための水路網の整備などが広く見られ、「近世高度稲作」と言われる段階を迎えることとなった[*16]。

　稲作の展開に不可欠であった水利技術は、朝鮮半島、とくにその南部および半島西岸の地域にも影響を与え、14世紀後半以降、これらの地域では江南農法の水利技術の吸収が進んだ。たとえば、15世紀以後、従来の山谷をせき止める堤堰方式から「川防」への転換がはかられ、河川に構造物を設置して水を溜め、そこから水路で水を引いて灌漑がおこなわれた。この方式は、とくに三南地方（忠清・慶尚・全羅の南部三道）を中心に成果を挙げた。また、16世紀以降は、海水を防ぐ堤防を築き、開墾して水田にする「堰田」が盛んにつくられた。これは宋代以降の「海塘」に該当するもので、とくに西海（黄海）沿岸地域で進展した[*17]。

　農書については、朝鮮半島でも、当初は王禎『農書』や『農桑輯要』など、中国の農書に依存していた。ただし、これらは中国の気候と土壌に基づいて叙述されているため、朝鮮半島での農業にそのまま適用するには問題があり、朝鮮王朝期に入ると、『農事直説』『衿陽雑録』『農家集成』などが刊行され、これに続き多くの農書が刊行された。また、『農事直説』（1429年編纂）はとくに、現地の農業経験を探査したものに基づいて叙述され、朝鮮半島独自の条件に合致した農書が発展を見せることとなった[*18]。

　日本でも、たとえば鎌倉時代の堤防築造や河川開鑿において、明州（現在の浙

[*16] 西山武一『アジア的農法と農業社会』（東京大学出版会、1969年）。なお、同様に稲作地帯として知られる東南アジアでも、デルタ開発の進展によって、米の生産量が増加することになるが、東アジアとの間に相違が存した。タイを典型として、東南アジアのデルタでは、深湛水に耐えうる品種を選択する「農学的適応」が中心であったのに対して、東アジアの低地開発においては「農学的適応」よりも治水工事をともなった「工学的適応」が卓越していた。このことについては、渡部忠世・桜井由躬雄編『中国江南の稲作文化』（日本放送出版協会、1984年）、石井米雄『タイ国――ひとつの稲作社会』（創文社、1975年）、斎藤修「稲作と発展の比較史――タイからみた日本の中世と近世――」（原洋之介編『東南アジアからの知的冒険――シンボル・経済・歴史――』、リブロポート、1986年）、宮嶋博史「朝鮮史から見たタイ」（同書）参照のこと。

[*17] 李泰鎮（六反田豊訳）『朝鮮王朝社会と儒教』（法政大学出版局、2000年）。

[*18] 尹瑞石『韓国食生活文化の歴史』前掲書。

江省寧波）出身の石工集団である「伊派」の石工たちが活躍をするなど，江南地方の土木技術は日本各地に伝播していった[19]。また農書では，徐光啓『農政全書』が日本でも広く読まれ，江戸時代の宮崎安貞が17世紀に『農業全書』を著す際に参考にしていた。しかし同時に『農業全書』では，宮崎安貞が実際に農業を営み，また各地への遊歴で知り得た知見を試すなかで記述した部分も多く，以後，多数著された江戸時代の農書においても，日本各地の地域性に即して記述する傾向が強くなっていった[20]。

3．東アジアにおける疫病と医学

　稲作の展開は，高い人口密度と地域の経済発展をもたらすものではあったが，プラスの側面ばかりではなかった。開発のおこなわれた地域は，乾燥期間の長い華北とは異なり，人間が疾病に罹患しやすい湿気の多さと隣り合って日常生活を送ることを意味していた[21]。

　このことは，江南と同様に稲作の拡大が進んだ日本列島，朝鮮半島でも多かれ少なかれ同様の問題をはらませることになり，これらの地域では疫病をはじめとする各種の病気にいかに対応するかが，あらためて社会全体のきわめて重要な問題となった。当該地域において医学を通じての対応は本格化し，その技術・知識は東アジア海域交流においても関心の高い対象となる。同時に，当該地域の日常生活のなかで，病気や死は人々にとって身近な問題であり，宗教活動を通じて精神的な安定を求める人々の動きにもつながった。このことは，東アジア海域交流における信仰の伝播にも影響を及ぼすこととなった。

（1）　宋代以降の江南における疫病の多発と医学の発展

　宋正海氏が歴代中国における「大疫」の記述を整理した研究成果によると，最

---

[19]　山川均『中世石像物の研究——石工・民衆・聖——』（日本史史料研究会企画部，2008年）。
[20]　筑波常治『日本の農書——農業はなぜ近世に発展したか——』（中央公論社，1987年）。
[21]　McNeil William H, *Plagues and Peoples*, Anchor Press, Anchor Press, 1976.

も多かったのは浙江省であり，次に多いのが山東省，さらに江蘇省が続いている[22]。いずれも沿海の平野をかかえる地域であり，いずれも人口密度の高い地域である点で共通している。

人口が急増した南宋時代の両浙路は，とくに疫病の発生が記録にも多く見られ，人口の密集した沿海都市の低湿地，中でも水の澱んだ場所が，しばしば疫病の感染源になっていた[23]。さらに明清時代の江南地方でも，伝染病は多発しており，「温病」と総称される急性伝染病が猛威をふるうことになった。傅維康氏によると，「とくに江南地方（揚子江下流以南の地域）は気候が温暖で，河川は網の目のごとくに流れ湿潤である上，人の往来が激しく人口稠密であるため，最も頻繁に温病が流行した。このため，これらの温病・疾病の流行をいかに抑え，発病した際はいかに治療するかが，医家たちによる重要な研究上および，実践上の課題となった。」（傅維康『中国医学の歴史』，東洋学術出版社，1997年，541頁）とされている。

こうした疫病への対応を含めて，さまざまな病気を治療し，また未然に防ぐため，江南地域は，宋代以後，医学の発達した地域となった。経済的に富裕な地域となり，文化的な水準が高かったことも，医学発達には有利に作用した。宋代の陳言らの永嘉医派[24]，元代の朱震亨らによる丹渓学派，清代の温熱学派などは，いずれもこの地域を主な活動範囲とした医学派であった[25]。

また，明清時代の寧波（浙江省）は，全国的薬業の拠点都市としても知られて

---

[22] 宋正海『中国古代自然災異動態分析』（安徽教育出版社，2002年）。

[23] 拙稿「疫病多発地帯としての南宋期両浙路——環境・医療・信仰と日宋交流——」（『東アジア海域交流史現地調査研究〜地域・環境・心性〜』第3号，2009年）。

[24] 陳言（陳無択）は南宋初期に温州にて実際に疫病の治療にあたっており，彼の著作である『三因極一病症方論』においても疫病への対応について詳述している。宋代には永嘉医派以外に明州・紹興府などでも名医が輩出している。『四明它山水利備覧』の著者として知られる明州の魏峴は，医学にも秀でた人物で，『魏氏家蔵方』を著し，その第1巻でやはり「瘧疾」への治療について論じている。

[25] 朱徳明『南宋時期浙江医薬的発展』（中医古籍出版社，2005年），同『元明清時期浙江医薬的変遷』（中医古籍出版社，2007年）。清代の「温病四大家」といわれる葉桂・薛雪は蘇州出身，呉瑭は淮陰出身，王士雄は銭塘出身であり，いずれも江蘇・浙江出身者である（余新忠『清代江南的瘟疫与社会——一項医療社会史的研究』，中国人民大学出版社，2003年）。

おり，この方面の全国的市場での寧波出身者の活躍は，近代における「寧波幇」発展の基礎になっていった[*26]。

（2）　日本列島・朝鮮半島における医学の展開

　平安時代から鎌倉時代の日本においても，疫病の発生はしばしば史料に登場し，人々は疫病や戦争を通して「死」と隣り合わせの日常生活を送っていた。宋代中国は医薬書の出版文化の開花した時期であり，日宋・日元交流により医薬書が日本にも大量に伝来した[*27]。栄西の『喫茶養生記』で知られるように，日本における茶の伝来・普及も，「仙薬」としての役割が強く意識されていた。室町時代には，竹田昌慶・田代三喜らが入明して医学を学び，曲直瀬道三が広める。江戸時代初期には，李時珍『本草綱目』が刺激を与え，日本でも貝原益軒『大和本草』が刊行されるなど，本草学に対する研究が進んだ。江戸時代の医学は，しだいに日本漢方が独自化の歩みを見せるようになり，江戸時代中期以後は蘭方の影響も受けるようになった[*28]。清末から民国期の中国では，中国の古医書をたよりに注釈・編集した日本漢籍が大量に中国に流入することになる[*29]。

　朝鮮半島においては，新羅統一時代以後，唐医学の影響を受けるようになり，高麗時代[*30]には宋医学・元医学の影響が強くなった。朝鮮王朝時代になると，唐薬（中国薬）からしだいに郷薬（朝鮮薬）へシフトするようになり，世宗朝（1419

[*26]　唐廷猷『中国薬業史（第2版）』（中国医薬科技出版社，2007年）。清末寧波の「薬行街」には，64家にものぼる薬業の店が集まっていた。北京で著名な同仁堂（1669年創立）も，寧波出身者によって経営されたものである。

[*27]　服部敏良『鎌倉時代医学史の研究』（吉川弘文館，1964年）によると，鎌倉時代の代表的な医書である梶原性全『頓医抄』には，『太平聖恵方』『太平恵民和剤局方』『千金方』といった唐宋時代の代表的な医薬書の引用と並んで，陳言『三因極一病証方論』を引用した箇所が191例にものぼっている。また，魏岘『魏氏家蔵方』も，その宋版が日本の宮内庁書陵部に残されており，両浙路と鎌倉日本との関係の深さを窺わせる。

[*28]　小曾戸洋『漢方の歴史――中国・日本の伝統医学』（大修館書店，1999年），同『中国医学古典と日本――書誌と伝承――』（塙書房，1996年）。

[*29]　王勇「「ブックロード」とは何か」（王勇・久保木秀夫編『奈良・平安期の日中文化交流』，農文協，2001年）。

～50年）の二大医書とされる『郷薬集成方』（1434年）・『医方類聚』（1445～77年），さらに朝鮮医学の最高峰とされる許浚『東医宝鑑』が刊行されるなど，日本よりも早く独自の医学開発による全盛時代をむかえていた。朝鮮におけるすぐれた医学書の存在は，日本人の間でもしだいに知られるようになり，豊臣秀吉による文禄・慶長の役で略奪され日本に持ち帰られた書籍のなかには医学書も多数含まれていた[31]。

　江戸時代の日本では，鎖国体制下の制約にもかかわらず，医薬に関わる朝鮮との交流は盛んであった。朝鮮半島からの窓口となっていた対馬藩は，とくに江戸時代前半に，医学書の入手，薬用人参の輸入，倭館への医師留学などを積極的におこなった。江戸時代中期になると，早くから朝鮮医薬に関心をもっていた8代将軍徳川吉宗は，朝鮮薬材調査を命じ，その成果は丹羽正伯が完成させた『庶物類纂』に結実した。『庶物類纂』は，漢字こそ当時の東アジア社会における共通言語（国際語）であることを強く意識して全文漢文で書かれており，その序文も朝鮮通信使や琉球国使節から得ており，田代和生氏は「日本の交隣国である朝鮮と琉球の使者の"お墨付き"をもって，ひろく東アジア世界へ向けて発信し，その存在を認知されたいとする，日本の本草学者の秘めたる自信と願望を感じ取ることができる」（田代和生『江戸時代朝鮮薬剤調査の研究』慶應義塾大学出版会，1999年，314頁）としている。

（3）　信仰の伝播と病気

　日本では平安時代から鎌倉時代にかけて，東アジア大陸部の信仰の伝来がさらに積極化する。たとえば，薬師如来や観音菩薩に対する信仰は，病気の治癒を願う当時の人々の願望とも関係の深いものであった[32]。また現在にまで伝わる京都

---

[30]　この時期，茶文化は盛行したが，茶の栽培は朝鮮半島の風土にむかないため，南西地方の智異山付近の一部地方で，小規模に行われただけであった。尹瑞石『韓国の食文化史』（ドメス出版，1995年）。

[31]　三木栄『補訂朝鮮医学史及疾病史』（思文閣出版，1991年），田代和生『江戸時代朝鮮薬剤調査の研究』（慶應義塾大学出版会，1999年），同『倭館――鎖国時代の日本人町』（文藝春秋，2002年）。

の祇園祭は，疫病除災神としての祇園信仰がもとになっており，これは牛頭天王信仰が日本に渡来して神仏習合化したものであった[*33]。鎌倉時代における禅宗伝来の過程において，羅漢信仰も日本に伝来し，羅漢は現在でもとくに禅宗寺院に多く残存している。治病伝説をもつ賓頭盧尊者（十八羅漢筆頭）は，「びんずる」信仰として民衆に親しまれる存在となり，とくに江戸時代には「なでぼとけ」として病気治癒を願う人々の身近な信仰の対象として広がった[*34]。

またこうした病気に対する民衆の意識は，年中行事にも色濃く反映している。たとえば，中国大陸部の端午節を例にとると，端午節のおこなわれる旧暦5月は，農耕にとって重要な時期であり，雨期は万物を育み盛んとするのだが，その一方で，悪疫をももたらすものであった。ことに湿潤な梅雨を有する長江流域以南では，『荊楚歳時記』に「五月を俗に悪月と称す」と記されているように，この観念が強かった。邪気を祓う行為はほとんどの年中行事に見られるものとはいえ，端午節はとくにこのことが重視される行事であった[*35]。端午節は，朝鮮半島や日本においても重要な年中行事としての地位を占め，各地の風習とまじりあいながら長く存続することになる。

[*32] 五來重編『薬師信仰』（『民衆宗教史叢書』第12巻，雄山閣出版，1986年），速水侑『観音信仰』（塙書房，1970年）。薬師如来は禅宗寺院で本尊とされている事例が多い。

[*33] 脇田晴子『中世京都と祇園祭』（中央公論社，1999年）。

[*34] 道端良秀『羅漢信仰史』（大東出版社，1983年）。

[*35] 中村喬『中国の年中行事』（平凡社，1988年）。南宋臨安府の都市生活を描いた呉自牧『夢粱録』の巻3「五月重午附」にも，「杭都風俗，自初一日端午日，家家買桃・柳・葵・榴・蒲葉・伏道，又幷市茭・粽・五色水糰・時果・五色瘟紙，当門供養。……（中略）……此日，探百草，或修製薬品，以為辟瘟疾等用。蔵之，果有霊験」と記されているように，瘟紙を買ったり，端午の日に百草を摘んだり，薬を調製するなど，疫病や疾病への対策と深く関わる風習があった。両浙における疫病はとくに春から夏にかけて多く，端午節の時期はちょうどこの時期に重なることになる。

おわりに——環境と日常文化

（１） 東アジア海域をとりまく地域の環境面での特色

　12世紀における日宋貿易に象徴されるように，東アジア海域における船の往来は，その頻度をしだいに増加させることになる。東アジア海域の経済が活力をもつ過程は，それをとりまく地域における開発の進行とも時期が重なっていた。その開発とは，主として水田稲作地帯の発展であり，地域としては，大陸部の江南地方が先導的な役割をになし，朝鮮半島とくにその南部，および西日本でも，しだいに同様の開発を進行させた。いずれの地域も共通して，沿海地域の沖積平野を有し，そこが開発の舞台となった。単位面積あたりの収穫が，粟や麦など他の主穀に比べて多い米は，これらの地域の人口増加をもたらし，その経済成長は海域交流を促進することとなった。

　ただし，安定した降水量のおかげで灌漑をほとんど必要としないヨーロッパの農業と異なり，東アジアでは，いかに灌漑・排水をおこなうかが農業にとって不可欠の問題であり，地域開発のためには環境システムの大規模な改変が必要とされた[*36]。とくに小規模な陂塘やため池による灌漑の段階から，低地開発が本格化するためには，いかに排水をおこなうかという課題が解決されなければならず，それにともなって開発の技術はさらに高度化した。

　これらの地域は，夏季高温多湿の気候のため，疫病をはじめとするさまざまな病気に罹患しやすい条件を有しており，開発が順調に進行するかどうかは，他方で医学的な対応がいかにとられているかにもかかっていた。また，この地域に暮らす人々にとって，信仰活動や年中行事にも病気との関係は多様にあらわれており，それらはいずれも人々の生活に密接な関係を有していた。

　江南地域，朝鮮半島南部，西日本を結んで，"東アジア夏季高温多湿トライアングル地域"《図２》として捉えるならば，ここには以上のような生態環境面における共通性を見出すことができるように思う。決してたやすく御すことのできる

[*36] 西山武一『アジア的農法と農業社会』前掲書では，「水に従う」のではなく「水と地を争う」ところの土地利用と表現している。

《図2》 "東アジア夏季高温多湿トライアングル地域"（江南、朝鮮半島南部、西日本）

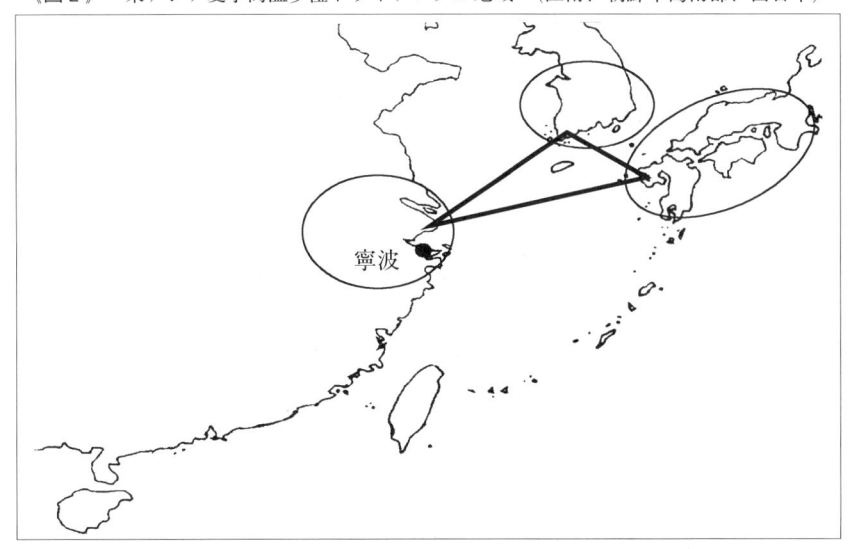

環境条件ではないが，それ故にこそ，これらの地域では，人々が共通の課題をもち，その課題をいかに解決するかについての知識・技術が，東アジア海域交流においても重要な要素を構成することになった。その交流の歴史的過程において，政治的関係が疎遠になったり，人の行き来自体が少なくなった時期が含まれているにせよ，農学・土木・医学などの高度な先端的技術・知識から，基層社会の日常的な活動にいたるまで，文化的には相互に深い影響関係を維持していた理由の一つとして，こうした環境の地域的共通性を認識しておく必要があろう。

（2） 東アジア海域と文化

ところで，農業の技術にせよ，医学の知識にせよ，東アジア諸地域においては，それらが高度の水準を維持していた。そして，農業・医学に関する技術・知識は，数多くの農書・医学書に著され，しだいにその刊行が盛んになるとともに，地域的にも広がりをもっていった。こうした技術や知識が書物の形で記録されることは，知識が「蓄積[*37]」されることにつながり，さまざまな戦争や饑饉・疫病などの社会的混乱を経たとしても，技術・知識の水準は長期的に維持され，また後の

時代に更に発展することにもつながった。また，印刷物を通して広く世に出回ることで，それらの技術・知識は普及度を増すことになった。しかも，大陸部と朝鮮半島・日本がともに漢字文化圏であったことは，鎖国的な政策によって人々の動きに制約があった時でさえ，書籍を通じて，各地域の人々は，貪欲に他地域の知識を学ぶことが可能であった。こうした高度な技術・知識の交流をささえた背景として，東アジア諸地域における高い教育・学習水準に注目しておく必要があろう。たとえば日本においては，鎌倉時代から室町時代にかけて文化伝播の主要な担い手となった僧たちは，漢字・漢文に対する高い理解力をもっていた。この時期の日本の医者には僧が多く，彼らは医学以外にも，土木・兵学など，多様な技術・知識を有するものも少なくなかった[38]。また，江戸時代における教育熱については，既に数多くの研究書で繰り返し論じられてきているところである[39]。こうした教育・学習水準の高さは，大陸部においても確認することができる。エヴリン・ロウスキ（Evelyn Rawski）氏の研究によると，18〜19世紀の中国における男性の識字率は30〜45％であったと見積もられている[40]。

　このように教育・学習水準の高さが東アジア諸地域に共通していたことにより，低地開発の進行などを通じて朝鮮半島，日本列島，琉球，台湾など，東アジアの半島・島嶼部地域の発展が見られるようになると，大陸部の優れた文化が周辺各地に伝播するあり方から，知識や技術が相互的なネットワークとしてやりとりさ

---

[37] Deng Gang（鄧鋼），*Development and Stagnation: Technological Continuity and Agricultural Progress in Premodern China*, Green-wood, 1993.

[38] 鎌倉時代から室町時代にかけて，日本各地への禅宗の普及は，こうした知識が地方に伝播することにつながった。室町時代に多数の僧が学んだ関東地方の足利学校では，中国の古典についての教育とあわせて，兵学・医学などの実用的な知識も講義されており，田代三喜・曲直瀬道三もここで学んでいる。川瀬一馬『増補新訂足利学校の研究』（講談社，1974年）。

[39] たとえば，高橋敏『江戸の教育力』（筑摩書房，2007年）。

[40] Evelyn Sakakida Rawski, *Education and Popular Literacy in Ch'ing China*, The University of Michigan Press, 1979. 同時期の中国の女性の識字率は2〜10％で，男性よりかなり低かったようだが，大陸部では識字率の地域差も大きく，清代に経済的活気のある地域であった広東を例にとると，1896年に広東からハワイに移住した女性たちの識字率は25％に達していた。

れる関係へと，しだいにシフトするようになった。本章では触れていないが，朝鮮半島や日本から漢籍が大陸部へと逆輸入されたことや，先に触れた江戸時代の朝鮮薬材調査などは，その事例と言える。

　ただし，東アジア諸地域におけるこうした教育・学習水準の高さにもかかわらず，技術・知識の交流は，国家権力のあり方によって，微妙な影響を被る場合もあった。もともと日本は海に囲まれ，平野・盆地が各地に分散し，山によって隔てられていたため，地域の独自性が高くなりやすい地形構造をしていた。江戸時代の日本も，幕府の将軍による支配によって統一国家の形をとるものの，実際の地方の運営は，数多くの藩にまかされる幕藩体制をとっていた。そして鎖国体制のもとでも，長崎・薩摩・対馬などには海外への独自の窓口が存在し，江戸時代末期には，そうした海外への窓口からの情報に敏感であった「西南雄藩」で，ヨーロッパの軍事・工学の技術吸収が急速に進み[*41]，明治維新の原動力となった。その一方で，幕末日本の学者文人たちは，ヨーロッパの事情について蘭学を通して学ぶと同時に，依然として中国の文献からも多くを学んでおり，アヘン戦争直後に著された魏源『海国図志』は，佐久間象山・横井小楠・吉田松陰・橋本左内ら幕末の思想家たちに強い影響を与え，さらに薩摩藩主島津斉彬は，この著の意義をいちはやく察知して，薩摩藩の藩校造士館で教材として活用した[*42]。これに対し，中央集権的な統一帝国が続いていた大陸部では，海域を利用した民間の活発な交易が見られた[*43]にもかかわらず，清朝の軍事体制は「重陸軽海」の方針が貫かれた[*44]。清朝による文字獄や禁書は，明代から続いていた自由な議論を展開させる場を漢人知識人たちから失わせることになり，海外情報への彼らの積極的な関心もしだいに低くなっていった[*45]。山田慶兒氏は，イエズス会士が漢文に翻訳した科学書の輸入を認めた1720年以降，日本が「知的開国」へと向かったとする

[*41] 幕末諸藩における西洋軍事技術の迅速な導入には，鋳造技術・窯業技術など，在来技術の水準が高かったこともプラスに作用した。大橋周治「近代鉄工業のあけぼの――反射炉・鋳砲と高炉法の導入――」（『講座・日本の技術の社会史　第5巻　採鉱と冶金』，日本評論社，1983年)，長野暹『佐賀藩と反射炉』（新日本出版社，2000年)。

[*42] 大谷敏夫『清代政治思想と阿片戦争』（同朋舎出版　1995年)。

[*43] 松浦章『清代海外交易史の研究』（朋友書店，2002年)。

のに対し，同時期の中国の学問状況が「知的鎖国」であったと指摘している[*46]。

しかし，近年の"Global History"の分野において，東アジアの経済的発展が注目されていることを視野に入れつつ，より長期的に考えるならば，むしろ本章においては，国家のあり方の相違よりも，東アジアにおける文化のあり方の共通性の方を強調しておきたい。困難な環境を克服するための高度な技術や知識は，人々の日常生活とも結びつきをもち，さまざまな書籍に記録されることによって維持・蓄積されていた。しかも，それらをささえた教育・学習水準の高さは，決して都市に限って見られるものではなく，江戸時代後期においては，蘭学が各地の農村にまで浸透していたこと[*47]に見られるように，ますますその広がりを見せていた。大陸部に関しても，前掲のロウスキ氏は，フランスの状況と比較させながら，中国においては農村にもエリートが居住していることから，村民たちにも儒教古典の教育を通してエリートに加わる回路が開かれていたことを強調している。

近年の経済史研究においては，経済発展に及ぼした「知識」の意味が重視されつつある[*48]。とりわけ東アジア海域においては，その環境的特色やそれと結びついた日常文化の特色から，とくに知識や技術のもつ意味は大きく，海域交流において重要な要素を構成していた。このことを理解してこそ，東アジア文明の長期的成長・持続の潜在的理由が認識可能であると言えよう。

[*44] 黄順力『海洋迷海――中国海洋観的伝統与変遷』（江西高校出版社，1999年）。なお，彭大成・韓秀珍『魏源与西学東漸――中国走向近代化的艱難歴程』（湖南師範大学出版社，2005年）が指摘しているように，魏源は，たとえば漕政改革において海上輸送を主張するなど，既にアヘン戦争前から海上重視の見解を述べていたが，既得利益集団の反対もあり，実現しなかった。

[*45] 岡本さえ『近世中国の比較思想――異文化との邂逅――』（東京大学出版会，2000年）。

[*46] 山田慶兒『中国医学の思想的風土』（潮出版社，1995年）。

[*47] 田崎哲郎『在村の蘭学』（名著出版，2002年）。

[*48] たとえば，Joel Mokyr, The Gifts of Athena: Historical Origins of the Knowledge Economy, Princeton University Press, 2002. は，ヨーロッパの産業革命の前提として，科学と技術を結びつけたヨーロッパの知的状況を分析している。

（吉尾寛編『海域世界の環境と文化』，東アジア海域叢書4，汲古書院，2011年）

第4部：地域社会と環境

第17章　南宋期浙東海港都市の停滞と森林環境

1．問題の所在

　筆者はこれまで主に宋代浙東の地域社会史について研究をおこなってきたが，本章ではやや角度をかえ，その地域社会が，中国経済史の流れの中でどのように位置づけられるかを考察するために，まずは手始めとして，浙東の海港都市をめぐる状況についての素描を試みたい[*1]。

　まず，宋代が，中国経済史の中でいかなる段階にあったと捉えられているかについて，斯波義信氏の宋代商業に関する研究〔斯波　1968〕から確認しておきたい。斯波氏によれば，唐宋変革を特徴づける「商業の繁栄」の指標が以下のように示されている。すなわち，①顕著な都市化現象（urbanization），②全国的市場圏の成立および農業の商品経済化，③私的土地所有の一般的成立および商品・貨幣経済の画期的な発展を前提とした経済体制の転換，の3点である。

　斯波氏は，その後さらに，宋代江南の経済史を論じる際に，「社会間比較」（crosssocietal comparison）よりも，まず「社会内比較」（intrasocietal comparison）を充実させる必要性を説き，生態系（ecosystem）の中における工学的適応・農学的適応の過程を通しての分析を提唱している〔斯波　1988〕。

　こうした斯波氏の分析視角は，長期的視点をも踏まえた意欲的なものとなっており，汲むべき点は多い。ただし，現代的あるいは現在的ともいうべき立場で考えた場合，両書での氏の視点には，多かれ少なかれ不十分に感じられる部分もある。それは，斯波氏の場合，主要な関心が「開発」の側面にあり，その開発によって生態系からいかなる報復を受けたのかという点については，これまで決して十分な考察をおこなっていないように思われる点である。

　このことに関して，最近の中国前近代史研究において注目され始めているのが，

[*1]　本章は，1997年度広島史学研究会大会シンポジウム「広域経済圏と中世都市」（於広島大学）において標題で報告した内容に，若干の加筆をおこなったものである。

「環境史」の視点である。現段階で主たる研究対象となっているのは明清時代であるが，その分析をおこなっている研究者の中からは，たとえば上田信氏が，中国は世界資本主義システムに組み込まれる以前から森林破壊などの生態系の破壊が社会問題となっており，その意味で，世界資本主義に組み込まれた後で生態系の破壊が問題となる東南アジアや南アジアの文明と異なる，といった観点を提示している〔上田 1989〕。また宮嶋洋一氏は，「自然と融和することによって生まれたアジア文明」という見方に対する批判をおこなう〔宮嶋 1994〕など，環境史に対する斬新な視角がいろいろと出され始めている。

　こうした新たな研究潮流に啓発されつつ，筆者が研究対象としてきた宋代，中でもその後半の南宋（1127～1276）という時期に目を移す時に思い起こされるのが，The Pattern of the Chinese Past と題したマーク・エルヴィン氏の中国経済史に関する著書である〔Elvin 1973〕。本書においては，斯波氏が示したのと同様の唐宋期における経済変革を "Medieval Economic Revolution"，すなわち中世経済革命として捉えていた。そして，エルヴィン氏の著書ではさらに，その "Medieval Economic Revolution" が終わった後の14世紀に，明清時代に向けての "quantiative growth, qualitative standstill"，つまり「量的な成長，質的な行き詰まり」への転換点が訪れたとしている。具体的には，農業・商業などの量的拡大にもかかわらず，農業の単位面積当たりの生産性が限界に近づきつつあったことなどが挙げられており，"the high-level equilibrium trap"（高位均衡のワナ）として図示されている[*2]。

　エルヴィン氏の論じる14世紀の転換には，中国における人口重心の長期的変化が深く関わっていた。氏が注目するのは，中国を南北に分けた場合の北と南の人口比率の変化である。周知のごとく古代から中国の人口は黄河を中心とした華北が多くを占め，初めは南方の人口は少なかったのであるが，徐々に増加を見，江南の開発が大きく進んだ "Medieval Economic Revolution" によって，逆に南方が多数を占めるようになる。ところが，元代を境に，再び北方の人口比率が増加に転じることとなった。エルヴィン氏によれば，これ以後の人口増大においては，

[*2] 一昨年に出された氏の論文集〔Elvin 1996〕では，こうした見解がさらに肉付けされている。

主たるフロンティアは華北となり，宋代に見られたような生産性の顕著な増加は伴わず，耕地面積などの量的な拡大過程であるとしている。

　このように人口割合の増加した地域が華北であったことの裏側には，江南の方でも，発展が何らかの限界を迎えていたと考えることもできようが，如上の転換点を念頭においたうえで，さらに注目されるのが，近年，程民生氏によって唱えられている南宋経済「衰退」論である。程氏は，戦争による破壊や税収不足による収奪強化，土地兼併の白熱化による階層分化などといった南宋期に対して既におこなわれがちなタイプの説明にとどまらず，水利施設の荒廃，生態バランスの崩壊，手工業の衰退など，従来あまり注目されてこなかった事実の掘り起こしをはかっている〔程民生 1989・1992〕。程氏の分析は，惜しむらくは羅列的であり，しかも長期的展望に乏しいのが難点ではある。だが，氏が列挙した南宋期の実態状況を踏まえるならば，上に示したエルヴィン氏の14世紀の転換点によって収束する"Medieval Economic Revolution"の，まさに収束の「前夜」とも言うべき時期に，本章で取り上げる南宋という時期が当たっているとも考え得るのである。

　以上のように，本章においては，経済発展の視点ではなく，環境の変化の中で様々な矛盾の表出し始めた場としての南宋浙東地域を取り上げようとするものである。なお，この地域に関して，シンポジウムのタイトルにも用いられている「広域経済圏」という言葉と絡めて説明をつけ加えておくならば，次のように言うことが可能であろう。すなわち，本章で言う「広域」とは，国境の枠を前提として海港都市を性格づけるのではなく，中国国内の遠距離間取引と対外貿易とを同時に捉える概念として用いようとするものである。とするならば，たとえば，南宋期中国の海港都市に関して常に語られてきたような繁栄した海港都市の像も，地域によってかなりの違いを見出すこともできる。実際，東南アジアを主要貿易相手にしていた広州・泉州とは異なり，対外的には日本や高麗を主要貿易相手としていた明州・温州など浙東の海港都市[*3]には，同じ南宋期においても，また異質な歩みをみせたのではなかろうか。しかも，その浙東海港都市は，首都機能を果たしていた臨安（杭州）に近接し，さらには農業生産量の多い長江下流域にも近かった。その意味では，南宋の経済状況を論じるうえで，より重要性は高いとも言い得るであろう。

このように国境を越えた「地域」，そして発展の裏側で進行していた「環境」の変化など，浙東海港都市がどのような状況に取り巻かれていたのかを，以下，探っていきたい[*4]。

2．浙東海港都市の成長と停滞

　本節では，先行研究も参照しながら，宋代において明州・温州といった浙東地域の代表的海港都市が，成長し次いで停滞へと向かっていった経過を概観しておきたい。

　その前提条件として，両都市において，どのような産業が盛んとなっていたかについて，まず明州については，斯波義信氏によると，米作・醸酒・養蚕製糸・陶磁器・海産物・金属木材加工・造船などが挙げられている。木材に関しては，明州城内に棺材を加工製作する「棺材巷」があったとされている。また海産物は全国的な市場を有する特産物となっていた〔斯波 1988〕。他に，官営の製塩もおこなわれていた。

　温州については，周夢江氏によると，漆器・高級絹織物・柑橘類・紙・海産物の生産が盛んで，温州産の漆器・柑橘類は都でも名を知られていた〔周夢江 1987〕。これ以外にも，造船・製塩もよく知られている。

　これらの生産を軸にして，地域内部の流通，国内他地域との間の流通，そして外国との流通が活発になっていったわけである。まず地域内部については，その様相が，市場町である鎮・市の分布に現れていた。明州の場合，再び斯波義信氏によると，宋代の鎮・市が，寧波平野を取り囲む山地と平野との境界線上や海岸

[*3] 本章では，たとえば温州・明州（寧波）などを「海港都市」という表現で用いている。両都市とも海に近いが，厳密に言えば，港自体は，海から川を少し入った場所に位置している。だが，機能としては，事実上「海港」と呼ぶにふさわしく，実際，たとえば林士民氏の著書〔林士民 1990〕のごとく，そのように慣用されているので，本章では「海港」という用語を使用したい。

[*4] なお宋代の環境史に関しては，従来，概説書においても取り上げられることは少なかったが，昨年出版された伊原弘氏執筆の概説〔伊原・梅村 1997〕には，人口や森林環境についての言及が比較的多く含まれている。併せて参照されたい。

線上に位置していることが指摘され，後の明代に至るまで，竹・木・柴・炭・蔬・果・筍のごとき山地の産物と平野の産物ないし海産物とが交換される定期市として存在していたとされている〔斯波 1988〕。

温州における市場町に関しては，宋代の地方志が現存しないので，市までは不明確であるが，国家による監督官が置かれる鎮については，『元豊九域志』巻5に平陽県の前倉・椣槽・泥山の3鎮，瑞安県の瑞安・永安の2鎮，楽清県の柳市・封市の2鎮の名が列挙されている。それ以外に，斯波氏が引用した史料であるが，『万暦温州府志』巻1・輿地志「隅廂郷都」に，「白沙鎮」の項の割注として「宋政和四年，白沙村は材木の経由する要処に係るを以て，官を差し監鎮せしむ」と記されているように，永嘉県の白沙村が木材の集散によって北宋末期に鎮へと昇格している〔斯波 1968〕。

また上記の泥山鎮は，柑橘類についての専著である宋代の韓彦直『橘録』の「序」に，温州4県がいずれも柑橘を栽培している中で，「泥山に出づる者，又た傑然として第一に推さる」と位置づけられている。鎮が，このように木材や柑橘類といった温州の産物の流通と密接な関係を持った場所に立地していたと言える。

つぎに，これらの地域内部，および他地域との流通の増大を示すものとして，宋代の商税統計の数字を見てみたい。まず《表1》は，北宋熙寧10年（1077）の明州・温州の商税額である。また，《表2》は，南宋宝慶元年（1225）の明州の商税額である。このデータを見ると，明州・温州ともに，州城の商税額が高いことが見てとれ，都市化の進行が窺えるわけであるが，同時に，明州について，商税額合計の推移に注目すると，『宋会要輯稿』食貨16・商税に記載の熙寧10年より以前のデータでは，1万7664貫であったのが，北宋の熙寧10年に2万7000貫近くに，そして南宋の宝慶元年には8万7000貫余に達している。仮にインフレーションなどの条件を差し引いたとしても，増加は明らかであろう。

さらに対外貿易に関しても，北宋から南宋にかけての発展が見られた。貿易を管轄した役所は市舶司・市舶務であるが，明州においては北宋初期に市舶司が置かれて以後，両浙路の主要貿易港としての機能を果たすこととなった。また温州には，南宋初期の紹興元年（1131）に市舶務が設置されている。

これらについては詳述を避けるが，筆者が貿易とは別に注目したいのは，明州・

第 4 部：地域社会と環境

《表 1 》熙寧10年（1077）商税額（明州・温州）

（『宋会要輯稿』食貨16・商税による）

州	税　　場	商　税　額	州内の割合
明　州	在　　城　（鄞　県）	2万0220貫500文	75.0%
	奉　化　場　（奉　化　県）	2934貫958文	10.9%
	慈　渓　場　（慈　渓　県）	2474貫423文	9.2%
	定　海　場　（定　海　県）	644貫293文	2.4%
	象　山　場　（象　山　県）	673貫130文	2.5%
	計	2万6947貫304文	
温　州	在　　城　（永　嘉　県）	2万5391貫006文	60.5%
	瑞　安　場　（瑞　安　県）	6287貫	15.0%
	永　安　場　（瑞　安　県）	4703貫999文	11.2%
	平　陽　場　（平　陽　県）	2041貫234文	4.9%
	前　倉　場　（平　陽　県）	1512貫130文	3.6%
	楽　清　場　（楽　清　県）	2049貫794文	4.9%
	計	4万1985貫163文	

《表 2 》宝慶元年（1225）商税額（明州）

（『宝慶四明志』巻 5・13・15・17・19による）

明　州	都　税　院（鄞県）	3万5662貫475文	40.9%
	諸門引鋪（鄞県）	1万0912貫005文	12.5%
	①西門引鋪	1726貫673文	(2.0%)
	②南門引鋪	2636貫667文	(3.0%)
	③沈店引鋪	2197貫056文	(2.5%)
	④宋招橋引鋪	690貫657文	(1.1%)
	⑤望春橋引鋪	748貫742文	(0.8%)
	⑥江東引鋪	2642貫210文	(3.0%)
	七　税　場	4万0530貫文	46.5%
	①小渓場　（鄞県）	1300貫文	(1.5%)
	②石碶場　（鄞県）	3800貫文	(4.4%)
	③宝幢場　（鄞県）	1800貫文	(2.1%)
	④奉化場　（奉化県）	1800貫文	(2.1%)
	⑤慈渓場　（慈渓県）	2700貫文	(3.1%)
	⑥定海場　（定海県）	2万7600貫文	(31.7%)
	⑦瀬浦場　（定海県）	1530貫文	(1.8%)
	計	8万7104貫480文	

温州の場合，南宋期に入って，他地域とは異なって，海港都市としてのもう一つの側面の重要性が格段に増したことである。それは，軍事との関連である。

　明州・温州ともに，北宋以来，造船業は主要産業の一つであったが，南宋建国当初，初代皇帝高宗が金国の南進のために浙東に逃れ，明州において海舟数千艘を募集したり〔楽 1995〕，また「温・台州に詔して，海船・土豪を募る」（『建炎以来繋年要録』巻54・紹興2年5月辛未の条）など，浙東の海船は南宋政権の急場をしのぐために不可欠の役割を果たすこととなった。以後も，南宋における水軍の整備が急ピッチで進められ，それにともなって，官船の需要は増大し，船材供給可能な好条件を備えた明州・温州の重要性はさらに高まることとなった〔斯波 1968〕。また，首都の周囲を固める水軍として，許浦水軍（平江府）・澉浦水軍（嘉興府）と共に明州の定海水軍も置かれた〔曾我部 1974〕。このように，水軍根拠地ないし造船基地としての色合いの濃さは，貿易都市としての側面と並んで，南宋期の明州・温州を特色づけるものであった。

　こうした軍事面，ひいては国家とのつながりは，明州・温州を基盤に活躍をしたエリート層の性格にも投影されていたように考えられる。明州について言えば，北宋以来，明州には高麗使館が置かれ，外交上の要地となっていた。このため，明州の代表的名門の出身である楼異が，北宋末期に高麗使節費用への充当のため，広徳湖を湖田にかえた〔寺地 1992〕こと，あるいは南宋前半に，楼異の孫である楼鑰や，楼氏の姻戚である汪大猷が，いずれも金国への使節として派遣される〔陳学霖 1988〕など，明州出身官僚で外交に深い関係を持つ場合の多かったことが窺える。

　さらに温州については，東南アジア方面諸国についての宋代の貴重な情報源となった『嶺外代答』を著した周去非が，温州の名族周氏に属する人物であることは筆者が既に触れたところである〔岡 1995〕。また，温州の有力者の中には，造船に携わっていたり，戦船を造ることによって官位を得る人物が見られ，あるいは，水戦を含めた軍事行動に才能を発揮する者も，とくに南宋に入ってから多く見出すことができる。温州を本拠地とした永嘉学派の思想家の多くが軍事面に長じていたことは，こうした人的資源との連関で捉える必要があり，薛季宣が「兵略において深し」（袁燮『絜斎集』巻11「資政殿大学士贈少師楼公行状」）と評価され

ていたことも偶然ではない。薛季宣の後を盛り立てた陳傅良は，中国で初の兵制の通史である『歴代兵制』を著している〔王・劉 1986〕。さらに永嘉学派の集大成者と言うべき葉適は，南宋中期の開禧用兵の失敗から金軍に攻め込まれた際に，沿江制置使・江淮制置使として対金防衛に功績を立てている[*5]。

さて，以上のように，宋代初期以来，明州・温州といった浙東海港都市の順調な発展が見られたのであるが，南宋期に入りしばらく経つと，伸び悩みの姿も同時に見てとれるようになってくる。

まず，海港都市としての繁栄を最も象徴づけるはずの海外貿易に関してであるが，乾道2年（1166）に両浙市舶司が廃止され，また慶元元年（1195）には温州の市舶務が廃止された。このため，以後，南宋末に至るまで，両浙には市舶司より格下の市舶務が明州1か所に置かれるにとどまった〔藤田 1932〕。しかもこの時，温州市舶務の廃止に当たっては，市舶収入の顕著な減少が判断材料にされており〔周厚才 1990〕，また市舶務が残された明州にしても，貿易額は泉州・広州にかなりの差をつけられていたものと見られる〔周慶南 1995〕[*6]。

つぎに，地域内の市場町についても，『宝慶四明志』巻5・叙賦上「商税」によれば，鄞県にあった大嵩・横渓，奉化県にあった公塘・白杜の税場が南宋中期の慶元4年（1198）に廃罷されている。その理由はいずれも，直接には度を過ぎた収奪のためであったとされている。だが，これらは山地と平野の境界線上に位置した税場であり，そうした場所での税場の数が，少なくとも，拡大する一方の時期ではなくなったことを示すとも考えられよう。

また，南宋期に特定できるわけではないが，温州においては，永嘉県の白沙鎮についての前掲の『万暦温州府志』の「白沙鎮」の項に，北宋の政和4年（1114）に鎮が置かれたことを記した割注の続きに，「今は廃す」と書かれている。また同様に，平陽県泥山鎮についても，『民国平陽県志』巻5・建置志「旧郷都表」の泥山の項に，「旧と鎮なり。元豊九域志に見ゆ。後に廃して市となる」と記さ

[*5] 温州の永嘉学派と軍事との関連性については，紙幅の関係からここでは簡単な記述にとどめておく。別稿にて論じたい。

[*6] また，明州にとって重要貿易相手国の一つであった高麗が，南宋中期以後，国勢が振るわなかったことも影響を与えた（〔寺地 1992〕,〔黄 1985〕）。

れている．いずれも時期は不明確であるものの，宋代温州の有名な特産品が流通していた場所は，長期的に繁盛していたわけではなかったことが窺えるであろう．

このように，海港都市やその周辺の市場町は，南宋の途中より以後，必ずしも順調な発展を示していたわけではなかった．こうした点については，従来必ずしも十分に検討されてきたわけではないため，その原因としてどのような経済的事情があったかについても，決して明確に整理されているわけではない．しかし，宋代経済史の先行研究の中で，浙東に言及した箇所の断片をつなぎ合わせてみると，おおむね，浙東における諸産業の行き詰まりと日宋貿易の停滞という2点の事情が浮かび上がってくるように思われる．

まず，浙東における産業の行き詰まりについてであるが，これについてはとくに温州に関して，周夢江氏が，漆器・紙・柑橘類などの生産が，南宋末期にはしだいに衰退していたことを指摘している[*7]〔周夢江 1987〕．また，南宋初期にとられた塩業復興策によって生産額の増した温州の塩場が，淳熙元年（1174）に19万4379石から13万8069石へと減額されており，塩業の後退も見られた[*8]〔吉田 1983〕．

さらに温州・明州が共通して，深刻な影響をこうむったのが，造船業の停滞である．既に斯波義信氏・曾我部静雄氏によって言及されている（〔斯波 1968〕，〔曾我部 1974〕）ように，温州造船場では，南宋初期に年100隻の船を造っていたのが，孝宗期[*9]には年10隻に減じていたとされている．その原因として注目されるのは，木材供給能力の枯渇であった．温州の場合，温州および甌江を遡った隣州の処州から木材を調達していたが，「今は則ち山林の大木絶えて少なし」（楼鑰『攻媿集』巻21「乞罷温州船場」）という状態となっていたのである．こうした状況のために，明州・台州・温州といった浙東沿岸地域では，民間の貿易船や漁船が

[*7] 衰退の理由として，周夢江氏は，権貴による収奪や税務機構の乱立，税吏の専横などを挙げているが，産業の内情まで探った分析はおこなっていない．今後の課題となろう．
[*8] この時，温州とともに隣の台州も減額されている．両州は浙東北部の杭州湾沿岸に比べて多雨であり，本来，塩業に十分適した気候条件ではなかった〔Worthy 1975〕．
[*9] 引用史料の楼鑰『攻媿集』巻21「乞罷温州船場」は，楼鑰が知温州として赴任した淳熙年間（1174～89）末期に書かれたものとみられる〔岡 1996〕．

官船に徴発されるなど，民間経済にも深刻な影響を及ぼしていた。

　つぎに，日宋貿易についてであるが，森克己氏の言葉を用いれば，日本側から見て，当初，「受動的」であった日宋貿易は，平安時代末期以後は，日本による「能動的貿易」へと転換していった〔森 1948〕。すなわち，中国で言えば南宋期に入ってからは，日本側が積極的な貿易体勢へと転じたわけであるが，その日本にとって最も重要な輸入品は銅銭であった。ところが，北宋期には比較的豊富であった中国の銅資源は，南宋になって不足を来すようになり，南宋期の銅銭生産額は激減してしまっていた。このため，南宋中期以後は日本等への銅銭輸出に対する禁令が繰り返し出されることとなった〔曾我部 1949〕。それにもかかわらず，倭船による銅銭の持ち出しは跡を絶たず，中国における「銭荒」は深刻化した。また，そうした倭船とともに，浙東での民間船・漁船の徴発によって増加した無頼者も増加し，彼らの「賊船」が浙東近辺の海域を横行するようにもなっていた。これによって，宋朝の下での自由貿易も，統制貿易へと転じざるを得なくなる。

　このように，銅銭がさまざまな手段で持ち出されていたのに対し，日本からの対貨は何であったのだろうか。意外にあまり注目されてこなかったが，中国が主に輸入した日本の産物は，硫黄と木材であった。中でも木材は，銅銭禁輸と表裏しつつ史料に登場することが多い。たとえば，日本からの木材は，中国では一つの用途として棺桶に用いられていた[*10]のであるが，包恢『敝帚藁署』巻1「禁銅銭申省状」に「板木は何等急切の用を済すを知らず。これ無しと雖も未だ棺木無くしての死を送るが如きに至らず。豈にその来たるを禁絶すべからざらんや」と述べられており，銅銭流出を招くような木材購入に対する厳しい批判がおこなわれている。

　中国が輸入した木材は，松・杉・檜などで，とくに南宋に入ってから盛んに輸入されたが，棺桶以外の例としては，建築材としてしばしば用いられ，南宋期には明州の天童寺千仏閣，同じく明州の阿育王寺舎利殿などの建立に使われている[*11]。さらには船材としても用いられており，造船用として浙東で不足していた

[*10] 棺桶をめぐる事情については，張隆義論文に詳しい〔張 1966〕。なお，宋代両浙では，仏教の影響などで庶民を中心に火葬が盛行していたが，士大夫などの間では，金銭をかけて土葬にする「厚葬」も依然として盛んであった〔徐 1992〕。

木材は，国内の広南・福建などと並んで日本もその供給地となっていたのである〔斯波 1968〕。

　こうして見てくると，明州・温州などの浙東海港都市の貿易・産業には，しばしば論じられるような銅銭のみの問題だけでなく，その裏側に，総じて木材の不足という南宋期になって急速に深刻化した事情も，深く関わっていたことになる。

　海港都市と木材との関連は，歴史上，南宋期浙東だけに固有の事例では決してない。たとえば西洋史では，都市国家ヴェネツィアでは16世紀末に地中海周辺での船材が不足していたのに対し，バルト海沿岸の木材を支配していたオランダが17世紀に海上覇権を手に入れる[12]など，都市そのものの盛衰に重大な影響を与えている事例も見られるのである。

　それでは，南宋期の浙東において，木材およびそれを産み出す森林は，どのような状況に置かれていたのであろうか。節を改めて，いよいよ本題に入っていきたい。

3．海港都市をめぐる環境変化

　さて，近年，環境問題に対する関心は，中国においても高まりをみせつつあるが，現代中国の環境問題を語る際にも必ず言及されるのが，人口の問題である[13]。宋代は，江南を中心にして人口が増加した時代として知られてはいるが，金国の南下によって北宋が滅亡し，流民が数多く南宋領に移動したことによって，人口の増加はさらに加速されることとなる。

---

[11]　乾道4年（1168），明州の天童寺千仏閣建設のために，日本僧栄西が巨木良材を輸送・寄進した〔林正秋 1989〕。また，南宋初期のこととして，日本僧重源が，東大寺再建にも用いられた周防国の木材を運び，明州阿育王寺舎利殿を建立した（〔森 1948〕，〔三坂 1971〕）。
[12]　プッラン氏のヴェネツィア経済史の編著書を参考にした〔Pullan 1968〕。なお，本書の入手に関しては，本シンポジウム研究委員でヴェネツィア史がご専門の中平希氏（広島大学大学院）に便宜をはかっていただいた。ここに記して謝意を表したい。
[13]　台湾で出版された程超沢氏の著書は，現代中国の環境問題の深刻さを論じたものであるが，歴史的背景としてエルヴィン氏の"the high-level equilibrium trap"にも言及している〔程超沢 1995〕。

《表3》宋代両浙路の戸口数　　　　　　　　　　　　（〔梁方仲 1980〕による）

	戸　数	増　減 （元豊3年基準）	口　数	増　減 （元豊3年基準）
元豊3年（1080）	183万0096	100.00%	322万3699	100.00%
崇寧元年（1102）	197万5041	107.92%	376万7441	116.87%
紹興32年（1162）	224万3548	122.59%	432万7322	134.23%
嘉定16年（1223）	222万0321	121.32%	402万9989	125.01%

しかし，南宋初期以後の人口を路別に追跡するならば，その推移は一様ではなかった。《表3》は，明州・温州も含む両浙路の戸口数である。北宋後半の元豊3年（1080）から崇寧元年（1102）を経て，南宋前半の紹興32年（1162）までは，戸数・口数ともに順調に増加を示している。ところが，南宋後期の嘉定16年（1223）を見ると，戸数でも口数でも僅かずつながら逆転現象が生じ，やや減少気味に転じている。同じ時期の他の地域の人口は，江南西路をはじめとして，多くの路が，南宋後半にかけても増加傾向を継続させている〔梁方仲 1980〕。

この点で，両浙路の人口は，他の地域と異なった推移を見せたわけであるが，その背景を探るうえで恰好の史料が，温州出身で南宋中期の人，葉適によって記されている。『水心別集』巻2「民事中」からの引用であるが，

> 夫れ呉越の地，銭氏の時より独り兵を被らず，又た四十年都邑の盛んなるを以て，四方の流徒は尽く千里の内に集まり，而して衣冠貴人は其の幾族なるかを知らず，故に十五州の衆を以て，今の天下の半ばに当たる。其の地を計るに以て其の半ばを居らしむに足らず，而して米粟布帛の直は旧より三倍なり，鶏豚菜茄，樵薪の贅は旧より五倍なり，田宅の価は旧より十倍なり，其の便利なる上腴にして争い取りて置かざる者は旧より数十百倍なり。蓋し秦制は万戸を県と為す。而して宋・斉の間，山陰は最大にして治め難く，然るに猶お三万を過ぎず。今，両浙の下県は，三万戸を以て率いる者は数えざるなり。

とあり，五代十国の呉越の地，すなわち宋代の両浙路は戦争の被害に遭うことがなく，多くの流民が移り住んだことが述べられている。しかも注目すべきであるのは，こうした人口増が，米や布といった必需品が以前の3倍の値段になり，鶏・豚・野菜や薪の値段が以前の5倍に，そして田や住宅の価格が10倍になるなどの

物価高騰と結びつけて考えられていることである。まさに，人口の飽和による諸物資の不足が，典型的な形で現れ，しかもそれが同時代人によって深刻な事態として認識されていたのである[*14]。

このように増加した人口を支えるための米は，既に南宋期の浙東は，他の地域からの移入に頼ることが多くなっており，主として広州から，また浙西からも移入していた〔斯波 1968〕。

そして，本章の注目する木材に関しても，人口の増加にともなう薪炭供給のために森林伐採が進み，また造船業など諸産業の材料として用いられ，あるいは都市で頻発する火事[*15]も建築材需要に拍車をかけたため，浙東の森林環境には，南宋期に大きな変化が現れるようになった。以下，その具体的な様相に関する史料を掲げていきたい。

まず，明州近辺の森林環境についてであるが，北宋期のこととして，都での土木事業のために，各地から木材が運ばれた中に，明州の杉も含まれていた[*16]。杉に関しては，『光緒鄞県志』巻71・物産上「木之属」に「松に似たり。江南に生え，以て船を為るべし」と記されており，造船にも用いられていたものと見られる。このように，北宋期に関しては，はるばる開封の都からの需要に見合う優良木が多く残っていたものと考えられる。

ところが，南宋期になると，魏峴『四明它山水利備覧』巻上「淘沙」に，この時期の明州の森林環境の変化を示した次のような記述がある。

---

*14　葉適は，『水心文集』巻9「酔楽亭記」の中でも，温州永嘉県について，「地狭くして専らなり，民多くして貧し」と記している。

*15　南宋の臨安府は人口増加によって家屋が密集し，火事が頻発した（〔梅原 1984〕，〔木良 1990〕）。同様の事態は，たとえば温州の中心地・永嘉県について，『光緒永嘉県志』巻36・襐志1「祥異」を見ると，南宋期だけで，紹興10年（1140），乾道4年（1168），同9年（1173），淳熙7年（1180），同12年（1185），紹熙元年（1190），紹定元年（1228），淳祐6年（1246），徳祐元年（1275）に大規模な火事の記載がある。具体的な民家の被害については，「民居千余」（紹興10年），「民居七千余家」（乾道9年），「四百余家」（淳熙12年），「六百余家」「五百余家」（ともに紹熙元年），「六百余家」「五百余家」（ともに紹定元年），「六百余家」（淳祐6年）などと記載されている。

*16　洪邁『容斎三筆』巻11「宮室土木」。

四明は水陸の勝，万山深秀にして，昔時は巨木高森あり，沿渓の平地は竹木も亦た甚だ茂密なり，暴水の湍激なるに遇うと雖も，沙土は木根の為に盤固たり，流れ下るは多からず，淤る所も亦た少なく，開淘は良易なり。近年以来，木植の価は穹まり，斧斤相い尋ぎ，山の童ならざるは靡し。而して平地の竹木も亦た之れが為に一に空たり，大水の時，既に林木無く，奔湍の勢を抑えること少なし。又た根纏の以て沙土の留めを固むるは無く，浮沙をして流れに随いて下らしむるに致り，渓流を淤塞し，高さ四五丈に至る。

　この史料は，南宋後半の淳祐2年（1242）に著されたものであるが，森林破壊と土砂の流出の関係について，因果関係の鋭い把握がなされている。すなわち，昔は巨木や高い森があったのが，近年以来，木材の値段が高くなり，多くの人が斧で木を切ったため，子供の剃った頭のように，木が伐採されていない山がない，と記している。またこの引用の後半部分では，木がないために，大水によって土砂が流出し，谷川の流れを塞ぐ，ということまで指摘されている。

　こうした森林破壊は，さらに河の下流や港にまで，深刻な影響を及ぼすこととなる。『同書』巻上「防砂」には，とくに，砂が港にたまる原因について，次のように3点を挙げている。

　　它山一径，其の地は皆な沙なり。内水の咽は既に窄く，引水の港も復た狭く，以て流沙は擁塞においで易きに致る。沙の港に入るは，凡そ三有り。七八月の間，山水暴漲し，極目海の如く，平地の上，水の深きは丈余，湍急迅疾にして，西岸の沙は逐ちに平地より横曼入港し，須臾にして淤満するは，一なり。或いは積潦に遇い，岸を没さずと雖も，而るに渓も亦た湍急にして，沙は急流に随いて迤邐入港し，日引月長，覚えずして淤塞するは，二なり。港口より馬家営に至る一帯は，両岸の沙，或いは霖雨の衝洗に因り，或いは両岸の坍損に因り，或いは木植に因り，衝激は久しきを積みて已まず，亦た能く填淤す。

すなわち，第一に，7，8月に山からの大水によって平地がおおわれてしまい，短時間のうちに砂が港に流れ込む場合，第二に，大水が河岸から溢れない場合でも，砂が急流を伝って港に入り，日々月々にしだいに溜まっていく場合，そして第三に，水路の両岸の砂が長雨その他によって削られることが積み重なって塞ぐ

場合, の三つの理由である。こうした現象は, 地域内流通にもしばしば影響を与えており,『同書』巻上「護隄」に,「実に堰に関係する者は利害細かからず, 沙港淤塞の時, 舟楫通じず, 竹木薪炭, 其の価は倍貴なり」といった事態も見られた。

このような砂の堆積の進行のために, 南宋後半以後の明州では, 浅くなった河や港の浚渫作業に常に追われるようになり, それに関する史料もたいへん多くなっている〔長瀬 1983〕。『開慶四明続志』巻3・水利「諸県浚河」にも, 宝祐5年 (1256) に, 諸県の「淤河浅港」の浚渫作業をおこなったことが記されている。

他方, 温州においても, 北宋期には明州と同様に, 雁蕩山の材木が開封の都まで運ばれ, 玉清宮の造営に用いられたことが沈括『夢渓筆談』巻24に記されている。ところが, 前節でも触れたように, 南宋半ばの淳熙年間末期には, 山林の大木が無くなり, 造船業に支障を来すに至っていた。

以上のような明州・温州における森林破壊の影響は, 災害の増加にもなって表れた。南宋期に入って森林破壊により水災・旱災の回数が増加したことは, 歴史地理学の大家である杭州大学の陳橋駅氏によって, 既に紹興府に関して注目されていることであるが, 筆者は明州・温州に関して, さらに, 明清時代をも含めた長期的統計をとることで, 南宋期の位置づけを鮮明にしてみたいと思う。

次に示す《表4》は, 西暦1000年から1900年までの明州 (寧波)・温州における水災・旱災の件数を, 50年ごとの期間内にどれだけ起こったかで示したものである。根拠となった記事は, 正史や浙江の地方志から災害関連の記述を収集・分類した陳橋駅氏の編書〔陳橋駅 1991〕により計算した。もちろん地方志の記事とは言っても, 時代を遡る程に情報量が少なくなりがちであり, 戦乱など他の要因によっても精粗に差はできたであろう。このため, 正確な増減を捉えるには難しさが伴うが, 全体的な流れとしてつかむことは決して無理ではなく, 少なくともこの表からも, 長期的に見て, 2度のピークがあるということは窺えるように思う。その1度目は, 1150年近辺を境に, つまり南宋以後, しばらく増加傾向が見られる。2度目は, 1500ないし1600年ごろ以後であり, 再び増加し, 以後1900年に至るまで, その傾向はやんでいない。

森林の機能のうち, 洪水調節機能は水災と, 渇水緩和機能は旱災と関係がある

《表4》1001～1900年の明州・温州における水災・旱災件数

	明州（寧波）		温　州	
	水　災	旱　災	水　災	旱　災
1001—1050	0	0	0	0
1051—1100	0	2	4	0
1101—1150	1	1	1	3
1151—1200	6	5	12	3
1201—1250	2	3	1	4
1251—1300	2	2	4	0
1301—1350	2	2	5	4
1351—1400	0	2	4	2
1401—1450	1	1	2	4
1451—1500	3	4	2	1
1501—1550	6	10	6	8
1551—1600	9	4	12	5
1601—1650	8	14	10	4
1651—1700	12	14	7	3
1701—1750	11	5	7	4
1751—1800	6	5	8	4
1801—1850	17	16	22	10
1851—1900	22	15	13	4
合　計	108	105	120	63
平　均	6.0	5.8	6.7	3.5

のだが，ここではとくに水災との関係について見てみたい。明清期の増加については後述するとして，南宋期における増加について史料を見ると，たとえば，『宋史』巻61・五行志「水上」には，淳熙11年（1184）の明州での水災が取り上げられ，「明州にて大風雨あり，山水暴かに出で，民市を浸し，民廬を圮り，舟を覆し人を殺す」と記されている。これ以外にも，やや後の史料になるが，『元史』巻51・五行志「水不潤下」に，慶元奉化州（宋代の明州奉化県）のこととして，「山は崩れ，水は平地に湧き出で，溺死せるもの甚だ衆し」と述べられており，山崩れによる水災の事例が見られる。先に引用した『四明它山水利備覧』にも「山水」のもたらす影響について認識が示されており，また陳橋駅氏の南宋期紹興の事例と併せ考えても，森林破壊による保水能力の低下が，水災の増加の大きな要因の一つとなっていたことは確実であると言えよう。

第17章　南宋期浙東海港都市の停滞と森林環境

　こうして森林環境の変化は，造船業の不振に直接結びついただけでなく，浚渫作業の必要性の高まりや災害の増加の原因ともなっていた。さらに，これに関連して，筆者が明州・温州およびその周辺の地方志を管見して窺うことができたのは，この地域の橋の材料の変化が，南宋期頃から明清時代にかけてしだいに多く見られるようになったことである。すなわち木から石の橋への変化である。

　地方志の橋についての記載は，材料が記されているものは決して多くはないが，材料，とくにその変更が記されている場合は，しばしば木から石へという変更が非常に多く見られる。とくに明州については，南宋後半に編纂された『宝慶四明志』に数例見出すことができる。以下，列挙すると，巻12・四明鄞県志・「橋梁」に，北宋後半に建てられた「林村市盤橋」が乾道6年（1170）に「木に易えるに石を以てす」と記されている。巻14・四明奉化県志「橋梁」には，北宋期に木で作られていた奉化県の「恵政橋」が，南宋中期の開禧初め（1205年か）に石橋に架け替えられたとの記述がある。また同巻同項にも，北宋期に木で作られていた同県の「広済橋」が，紹熙改元の年（1190）に石柱を梁とした橋へと変わったことが記されている。さらに，巻21・四明象山県志・「橋梁」によると，南宋初期の紹興年間（1131〜62）に木で作られた「恵政橋」が，南宋後半の嘉定13年（1220）には石に替えられている。

　明州（寧波）については，その後の明清時代の『寧波府志』や各県志をみると，元代以降明清にかけて，やはり同様に木橋から石橋へと架け替わった例が多数見られ，南宋期以後の架け替えについて，材料が特定できる事例のほとんどを同様のパターンが占めていると言える。温州については，宋代の地方志が現存していないので，宋代に関しては不明だが，明清時代については同様の傾向を，やはり見てとることができる。

　石橋は木橋に比べて頑丈であり，上記の架け替えの事例についても，史料には木橋の壊れやすさが指摘されているものもある。「経済成長の指標」として捉えること〔楊 1983〕も，可能であろう。しかし，日本と比較した場合，日本では，石橋の普及は江戸時代になってようやく盛んになったのである。その理由は，小山田了三氏によれば，日本が豊富な木材に恵まれており，木橋がしばしば流失する欠点があったにしても，石橋に比してはるかに経済的な建築物であったため

〔小山田 1991〕だとされている。中国はそれよりも数世紀早く，もともと森林が乏しくはなかった江南においても，南宋期以後は木橋から石橋への転換がしばしばおこなわれていたのである。こうした橋の材料の変化自体は，経済停滞とはほとんど結びつかないが，宋代の森林環境の変化が各方面に及ぼす影響の現れの一つと見ることは可能であろう。

4. 結　語

　第1節でも触れたように，南宋の海港都市は，決して一律に繁栄を見せていたのではない。以上に史料を挙げて述べたように，明州・温州は，人口の増加が直接・間接に引き起こした諸要因によって，海港を取り巻く環境は，しだいに変化を見せていた。この点を踏まえて，広州・泉州と浙東海港都市との比較を簡単にしておきたい。

　広州・泉州は，浙東最大の貿易港・明州に比べて，南海貿易の輸入品にもとづく利益によって，南宋期に繁栄を見せていた。しかも，国内の遠距離流通を同時に併せ考えても，とくに南宋期の広州は食糧移出基地として，その役割を増しつつあった。両広各地の米は広州に集められ，海路，福建や両浙に送られた。両浙の中でも，杭州と並んで明州・温州といった海港都市は，重要な移出先であった〔全 1991〕。また浙東で見られたような水災の増加は，広東の場合は明代以降のことであり〔梁必騏 1993〕，宋代の段階ではあまり見られず，造船能力の低下なども観察されない[*17]。

　これに対し，明州・温州は，人口の流入による薪炭・建築材需要・金軍に対抗するための造船数の増加などによって，森林破壊が進行し，そのことが逆に造船能力の低下を招き，民間貿易船や漁船の徴発がおこなわれるに至った。また木材等の輸入の見返りとしての日本への銅銭の流出のために，南宋政府は貿易制限をおこなわざるを得ず，このことがかえって海寇の発生をもたらし，その中には官

*17　ただし，泉州にも，宗室への銭米支給の負担や海賊の増加のために，南宋後半に一時的な停滞の時期が訪れており，同時期に依然活発であった広州とは異なった歩みを見せている（〔土肥 1980〕，〔李 1986〕，〔Clark 1991〕）。

船への徴発に苦しむ運船業者も含まれていた。さらに森林破壊による港・河川への土砂堆積は，浚渫作業の必要性を増大させ，また保水力の低下にともなう災害も増加した。このように，南宋期の明州・温州をめぐる条件は，海港都市としての繁栄を阻害する要因を様々な形で含有していたのである。

そして，造船能力の低下は，宋元交代にも微妙な関わりを持っていた。南宋末期，南下する元軍に対し，温州は文天祥が一時滞在するなど，宋朝側の反抗の拠点の一つとなっていた。しかし，宋朝は不足した船舶の数を補わんとして各地で強制的徴発に全力を尽くしたため，それを嫌った泉州の蒲寿庚の元への寝返りが，南宋崩壊への大きな打撃となったことは既によく知られている〔桑原 1935〕。

さらに，元朝の支配下に入った旧南宋水軍が，元寇の弘安の役に「江南軍」に編入されたが，弘安の役に先立って，元の世祖フビライは江南各地に艦船の新造も命じている。ところが，その場所は，「揚州・湖南・贛州・泉州」の4か所とされており〔池内 1931〕，南宋初期なら当然含まれたであろうはずの明州・温州が含まれていないことに気付かされる。南宋中期以後の造船能力の低下を考えると，これも決して偶然のこととは言えないであろう[*18]。

さて，こうした浙東海港都市をめぐる環境の変化は，その後，どのような推移をたどったであろうか。明清時代に入り，中国の人口はさらに増大するが，それを支えたのがとうもろこし・甘藷などの新来の作物であり，そのための耕地拡大がとくに清代に積極的におこなわれた。しかし，千葉徳爾氏によれば，森林破壊・山地開墾は土壌侵蝕を招き，ひいては生産力の低下をもたらした。とくに，地方志の記載をもとに土壌侵蝕の事例を見ると，広州―長沙―西安をつらぬく線より東部での分布が圧倒的であり，浙江省から福建省にかけての地域は，これに関する地方志の記事も非常に多く引用されている〔千葉 1991〕。

こうした森林破壊の影響については，他にも様々な面で見られ，明清社会経済史に関する先行研究や史料からも，断片的にうかがうことができる。浙東に関しては，たとえば，南宋期に既に明州においては浚渫の必要度が高まっていた。明清期における水利施設の建設・重修の増加〔松田 1981〕は，南宋期以後の環境

[*18] 太田弘毅氏は，元の第2次日本遠征にあたって，江南において艦船材が欠乏し，南宋の投降者を高麗に連行して造船させている例が見られることを指摘している〔太田 1997〕。

変化の中に位置づけるならば，水利機能の阻害の増加として捉えることも可能であろう[*19]。

　他方，以後の温州においても，数少ない基幹産業の一つである造船業は，南宋期と同様に，決して順調な歩みを見せてはいなかった。『乾隆温州府志』巻8・兵制「戦艦」には，やはり依然として木材不足に悩む清代温州の造船業の姿が窺える。すなわち，

　　取材は必ず樟樹を用い，従前，甌に在りて廠に辦ず。原（もと）より甌・栝両郡均しく樟を産すに因り，乃ち自ら経辦す。多年，水に近き地方は砍伐して殆ど尽く。十余年，均しく深山窮谷の中より取り，既に輓運に属して維れ艱（かた）し。銭糧は山客に分給して四路購辦せしむ。而るに一切の価脚盤費は部価よりも浮（す）ぎ，山客は已に力むれども支する能わず，已むを得ずして官は水脚を添給して始めて工に到るを得。

とあるように，船材に用いていた樟は，温州・処州（「甌」は温州，「栝」は処州を指す）の産物であり，自給していた。ところが，水路沿いの地域からは供給が困難になり，陸上輸送によって深山窮谷から運ぶようになった。しかしその場合，経費が高くついたため，運送費を官が上乗せすることで何とか船材を集めることができる，という状況に陥っていた。

　この記事には，続けてマスト用の木材についても述べており，

　　辦桅の難。向来，桅に用いるは倶に大建杉を購い，以て桅心を作り，外には幇桅を用い，配（なら）び竪（た）つ。近年，大桅心も亦た少なく，各廠は均しく厦門に赴き，番桅を購辦す。

[*19] 宋代の明州鄞県の水利問題を論じた長瀬守氏が，「松田吉郎「明清時代浙江鄞県の水利事業」（『中国水利史論集』所収）において，私の論をうけて明清の鄞県の状況を論じておられる。明清時代の経営構造を発展としての概念で把握できるかどうかは疑問として残る。水利施設が飛躍的に増加したことは，淤沙による施設の阻害という側面が大きいように思われる。士人・富戸，ついで郷紳による修築・管理は，既に宋代の魏峴や有力戸・寺観による修築にその萌芽があるように思われる。こうして明清時代の経営システムのすべてが宋代に出つくしていることだけは明確である。」〔長瀬 1983：355〜6〕と述べている。長瀬氏は，これ以上に詳しくは述べていないが，環境史の視点からすれば，こうした観点は再度注目される必要があるように思う。

とあるように，マストに用いた大建杉が少なくなってきたため，厦門に赴いて「番桅」，つまり外国産のマスト材を購入していたことがわかる。その分，輸送費もまた余分にかかっていたのである。

　清代前半温州の造船廠は，年間90隻を生産していたとされるが，内実はこのように木材の入手難を埋め合わせながら辛うじて存続していたのである。

　こうして，南宋期に始まった現象が，浙東において，依然として，あるいは更に深刻な形で表れているだけでなく，明清時代には，それが他の地域でも多く見られるようになった。たとえば，清代中期には，政府が反乱鎮圧のために造船を積極的におこなったため，木材伐採過多に陥ったとされており，清代道光年間（1821〜50）に，マスト用の木が不足して，福建の各造船場が操業停止に追い込まれたことがあった〔祝 1988〕。また，清代福建の海港都市興化府の衰退の過程で，森林伐採による土壌侵蝕や水利施設への土砂堆積の問題が表面化していたことも指摘されている〔Vermeer 1990〕。

　さらに，清代淮南の製塩業において主な燃料は葦草であったが，それさえも欠乏することが多く，塩価騰貴，ひいては塩政崩壊の原因ともなっていた。佐伯富氏は，それに関して，「中国は文明が古く山林の濫伐が行われ，植林があまり行われなかったため，近世中国ではとくに燃料が重要な問題であった」〔佐伯 1987：554〜5〕と述べているが，製塩業における燃料の柴薪の不足は，既に宋代にも見られていたことであり〔吉田 1983〕，木材だけでなく草までも含んだ広い意味での柴薪が，中国では慢性的な不足に陥るようになってきたと言えよう。

　以上のように，南宋期には華中・華南の沿岸の中では両浙路にかなり限定された形で見られていた現象が，明清時代になると地域的に拡大していたと見られるのである。

　しかも，明清時代の資源不足は，これら木材に関連した現象だけでなく，高コストのかかる金属，あるいは土地そのものについても同様に言えることであり，エルヴィン氏は，それが中国の技術発展の障害にもなっていたことを論じている〔Elvin 1973・1996〕。これに対し，最近の学界で注目されているように，同じ東アジアでも，実は日本は「持てる国」であったとされている。そのことは，銅に着目するとわかりやすい。中国の側から整理すると，北宋期は銅・銅銭ともに自

給していたが，南宋期になって銅産出が激減して，銅銭の輸出も制限せざるを得なくなる。明代に入ると銅を日本から多く輸入するようになり，銅銭の輸出は維持した。しかし，清代になって銅だけでなく銀も輸入するようになり，しかも江戸幕府が寛永通宝の公鋳によって銭貨統一を果たし，中国銭は日本から駆逐される。以上の移り変わりを川勝平太氏は，アジア経済史における貨幣素材の果たす役割の重要性を強調しつつ，「貨幣の輸入国から貨幣素材の供給国へ」と転換した日本と，その逆を歩んだ中国との対照性として浮かび上がらせている〔川勝1991〕。つまり，南宋期とは，銅・銅銭に関しても，中国が貨幣素材を自給できる時代の終わりとしての時期にあり，森林環境同様に，一つの転換期に位置していたと言えよう。

ただし，誤解を生じぬようにことわっておきたいのは，筆者自身は，こうした環境史的分析によって，中国のみを「停滞」に結びつけようと意図しているのではないということである。エルヴィン氏が中国経済史の転換期として位置づけた14世紀には，ヨーロッパ史においても同様に，イマニュエル・ウォーラーステイン氏の言う「14世紀の危機」なる停滞期が訪れていた。その危機脱出の鍵となった領土的拡大により，ヨーロッパは基礎商品(ステイプル)として食糧と燃料を世界各地から入手するようになる〔Wallerstein 1974〕。中国より遅れて，西ヨーロッパにおいても15世紀以後，木材の不足は次第に進行していたのだが，植民地での造船，植民地からの木材輸入に頼ることも可能であった〔Ponting 1991〕という点は，中国との相違であろう。したがって，自国内の森林資源に限れば，中国との差は，時期の相対的な違いに過ぎなかったとも言い得るのである。

最後につけ加えると，本章は，もともと宋代浙東の地域社会史，とくに温州のそれに関心を抱いていた筆者が，長期スパンでの経済史的位置づけを踏まえようとして，環境史の手法を取り入れたものである。環境史本来の手法から言えば，さらに分析すべき点も多々あろうが，枚数も尽きたので，もう一度，温州の地域社会史に立ち戻り，本章のしめくくりをしておきたい。

南宋期温州の代表的思想家・葉適は，嘉定10年（1217）12月，「温州社稷記」（『水心文集』巻11）を執筆している。社稷の土壇には，『周礼』にもとづき，その土地に適した木を植えて田主とするのであるが，葉適が，「永嘉の木，豫樟より

宜しきは莫し」と述べているように，温州に適した木としては，「豫樟」が選ばれていた。

　この「豫樟」とは，樟(くす)のことで，現在でも華南から華中にかけて分布しており，材質が強靭で耐湿性も強いため，造船・建築等に適した比較的高級な木材である[20]。『嘉慶瑞安県志』巻1・輿地「山川」に，「樟」の項があり，そこにも，「木大きくして，理(きめ)は細かく，香りは栴檀を逾(こ)ゆ。戦艦と為すべし」と記されている。まさに造船業の盛んであった温州にふさわしい木である。

　しかし，南宋期に「山林の大木絶えて少なし」という状況を経験し，また前掲『乾隆温州府志』に記されているように，清代において造船用として不足しがちであったのは，その樟であった。

　温州は，長期的に見た場合，海港都市として決して安定的な繁栄を築いたのではなかった。「永嘉」という地名を冠せられた学派がその独自性を発揮したのも，宋代の一定期間に過ぎなかった。限りある資源としての「樟」こそ，宋代以後の温州の盛衰を両義的に象徴していると言えるのかもしれない。

〔参考文献〕
◇日本語（50音順）
伊原弘・梅村坦　1997　『世界の歴史 7　宋と中央ユーラシア』（中央公論社）
池内　宏　1931　『元寇の新研究』（東洋文庫）
上田　信　1989　「観念・社会・自然──『清代の福建社会』補論──」（『中国―社会と文化』第 4 号）
梅原　郁　1984　「南宋の臨安」（同編『中国近世の都市と文化』，京都大学人文科学研究所）
太田　弘毅　1997　『蒙古襲来──その軍事史的研究──』（錦正社）
岡　元司　1995　「南宋期明州の名族と科挙」（『広島大学東洋史研究室報告』第17号）
　同　　　1996　「南宋期温州の地方行政をめぐる人的結合──永嘉学派との関連を中心に──」（『史学研究』第212号）
小山田了三　1991　『橋（ものと人間の文化史 66）』（法政大学出版局）
川勝　平太　1991　『日本文明と近代西洋 「鎖国」再考』（日本放送出版協会）

[20]　参考文献にあげた『中国農業百科全書林業巻下』，『浙江植物誌』第 2 巻，『中国古橋技術史』を参照した。

木良八洲雄	1990	「南宋臨安府における大火と火政」(『人文論究』第40巻第2号)
桑原　隲藏	1935	『蒲寿庚の事蹟』(岩波書店)
佐伯　　富	1987	『中国塩政史の研究』(法律文化社)
斯波　義信	1968	『宋代商業史研究』(風間書房)
同	1988	『宋代江南経済史の研究』(汲古書院)
同	1992	「港市論──寧波港と日中海事史──」(荒野泰典・石井正敏・村井章介編『アジアのなかの日本史Ⅲ　海上の道』、東京大学出版会)
曾我部静雄	1949	『日宋金貨幣交流史』(宝文館)
同	1974	『宋代政経史の研究』(吉川弘文館)
千葉　徳爾	1991	『(増補改訂) はげ山の研究』(そしえて)
張　　隆義	1966	「宋代における木材の消費と生産」(『待兼山論叢・史学篇』第9号)
寺地　　遵	1992	「地域発達史の視点──宋元代，明州をめぐって──」(今永清二『アジア史における地域自治の基礎的研究』、科研報告書)
土肥　祐子	1980	「南宋中期以後における泉州の海外貿易」(『お茶の水史学』第23号)
長瀬　　守	1983	『宋元水利史研究』(国書刊行会)
藤田　豊八	1932	『東西交渉史の研究　南海篇』(岡書院)
松田　吉郎	1981	「明清時代浙江鄞県の水利事業」(中国水利史研究会編『佐藤博士還暦記念中国水利史論集』、国書刊行会)
三坂　圭治	1971	『山口県の歴史』(山川出版社)
宮嵜　洋一	1994	「明清時代，森林資源政策の推移──中国における環境認識の変遷──」(『九州大学東洋史論集』22号)
森　　克己	1948	『日宋貿易の研究』(国立書院)
同	1975a	『続日宋貿易の研究』(国書刊行会)
同	1975b	『続々日宋貿易の研究』(国書刊行会)
吉田　　寅	1983	『元代製塩技術資料『熬波図』の研究』(汲古書院)

◇中国語（画数順）

王暁衛・劉昭祥	1986	『歴代兵制浅説』(解放軍出版社)
中国農業百科全書総編輯委員会林業巻編輯委員会編	1989	『中国農業百科全書　林業巻(上・下)』(農業出版社)
全漢昇	1991	「宋代広州的国内外貿易」(『中国経済史研究 (下)』、稲郷出版社)
李東華	1986	『泉州与我国中古的海上交通』(学生書局)
林士民	1990	『海上絲綢之路的著名海港──明州』(海洋出版社)
林正秋	1989	『浙江経済文化史研究』(浙江古籍出版社)
茅以升 (主編)	1986	『中国古橋技術史』(北京出版社)

周厚才（編著）　1990　『温州港史』（人民交通出版社）
周夢江　1983　「宋代温州鎮市的発展和商業的繁栄」（『杭州商学院学報』1983年第4期）
　同　　1987　「宋代温州城郷商品経済的発展与衰落」（『温州師院学報（社会科学版）』1987年第1期）
周慶南　1995　「御筆碑与宋代明州造船業及外貿」（董貽安主編『浙東文化論叢』，中央編訳出版社）
祝慈寿　1988　『中国古代工業史』（学林出版社）
徐吉軍　1992　「論両浙的火葬習俗」（鈴木満男主編『浙江民俗研究』，浙江人民出版社）
袁元龍・洪可高　1995　「寧波港考略」（董貽安主編『浙東文化論叢』，中央編訳出版社）
浙江森林編輯委員会　1993　『浙江森林』（中国林業出版社）
浙江植物誌編輯委員会　1992　『浙江植物誌　第2巻　木麻黄科──樟科』（浙江科学技術出版社）
陳学霖　1988　「楼鑰使金所見之華北城鎮──『北行日録』史料挙隅──」（『国際宋史研討会論文集』，中国文化大学）
陳橋駅　1965　「古代紹興地区天然森林的破壊及其対農業的影響」（『地理学報』第31巻第2期）
　同　　1983　「歴史上浙江省的山地墾殖与山林破壊」（『中国社会科学』1983年第4期）
　同　　1991　『浙江災異簡志』（浙江人民出版社）
黄寛重　1985　『南宋史研究集』（新文豊出版公司）
梁方仲（編著）　1980　『中国歴代戸口・田地・田賦統計』（上海人民出版社）
梁必騏（主編）　1993　『広東的自然災害』（広東人民出版社）
程民生　1989　「試論南宋経済的衰退」（『中国経済史研究』1989年第3期）
　同　　1992　『宋代地域経済』（河南大学出版社）
程超沢　1995　『中国大陸人口増長的多重危機』（時報文化出版）
傅宗文　1987　『宋代草市鎮研究』（福建人民出版社）
楊聯陞　1983　『国史探微』（聯経出版事業公司）
楽承耀　1995　『寧波古代史綱』（寧波出版社）
関履権　1994　『宋代広州的海外貿易』（広東人民出版社）

◇英語（アルファベット順）

Clark, Hugh R.（1991）*Community, Trade, and Networks : Southern Fujian Province from the Third to the Thirteenth Century*, Cambridge University Press.

Elvin, Mark（1973）*The Pattern of the Chinese Past*, Stanford University Press.

──（1996）*Another History: Essays on China from a European Perspective*, Wild Peony.

Ho, Ping-ti（1959）*Studies on the Population of China, 1368-1953*, Harvard University Press.

Ponting, Clive (1991) *A Green History of the World.* (石弘之・京都大学環境史研究会訳『緑の世界史』(上)・(下), 朝日新聞社, 1994年)

Pullan, Brian ed. (1968) *Crisis and Change in the Venetian Economy in the Sixteenth and Seventeenth Centuries.* Methuen & Co Ltd.

Vermeer, Eduard B. (1990) "The decline of Hsing-hua prefecture in the early Ch'ing," in *Development and Decline of Fukien Province in the 17th and 18th Centuries,* ed. Eduard B. Vermeer.E. J. Brill.

Wallerstein, Immanuel (1974) *The Modern World-System: Capitalist Agriculture and the Origins of the European in the Sixteenth Century.* Academic Press. (川北稔訳『近代世界システム』Ⅰ・Ⅱ, 岩波書店, 1981年)

Worthy, Edmund H. (1975) *"Regional Control in the Southern Sung Salt Administration,"* in *Crisis and Prosperity in Sung China,* ed. John Winthrop Haeger. The University of Arizona Press.

〔付記〕本稿は，平成10年度文部省科学研究費補助金（奨励研究A）および同年度和歌山工業高等専門学校研究補助金「東アジアにおける森林環境と地域経済の関係についての歴史的考察」（地域関連研究）による成果の一部である。

(和歌山工業高等専門学校一般教育科＝当時)

(広島史学研究会『史学研究』第220号，1998年)

第18章　周防から明州へ
――木材はなぜ運ばれたか――

1．プロローグ――寧波にて――

　いまこの原稿を中国浙江省寧波市にて書いている。科学研究費特定領域研究「東アジアの海域交流と日本伝統文化の形成――寧波を焦点とする学際的創生――」の海港地域班による現地調査で滞在しているためである。

　寧波は，源義経が生きた時代である平安時代後期に多くの宋商人が住んでいた博多まで直線距離にして約900キロメートルであるから，当時の博多から見ると，明州との距離と，日本の関東地方との距離は，ほぼ等しいことになる。明州から見ても，博多への距離は，長江をさかのぼって四川に行くよりも近い距離にあることになる。もちろん風向きの関係で航海に適した季節には限りがあるものの，既に多くの研究によって明らかにされているような僧や商人の頻繁な往来を考慮に入れると，こうした地域どうしの隔たりは，宋と日本という国レベルでみた場合にわれわれが想定しがちな隔たりほどに大きいものではなかったのではと思う。

　今回，寧波でわれわれが現地調査をおこなっている宋代史氏一族――南宋時代に3世代連続で宰相が輩出され，南宋政治史を語るうえできわめて重要な一族である――の墓群では，石像の材料の一種として明州西郊の梅園で採掘された石がしばしば用いられているのを見た。平安末期の東大寺の再建には多くの宋人石工が参加しており，風化しにくい良質な石材であるこの梅園石は，東大寺南大門の石造獅子像（伝陳和卿作）にも用いられたとされている。

　そして，こうして宋から日本に運ばれた流れとは逆に，明州での寺院修築のために日本から運ばれたものがある。それが周防の木材である。

2．周防の木材

　山口県の旧・佐波郡徳地町は，2005年10月に山口市に合併されたために独自の自治体ではなくなってしまったが，水系としては，別水系になる山口市ではなく，瀬戸内海に面する防府市から約20キロメートルほど佐波川を北東へとさかのぼったところにある。面積の90％近くを山林が占め，町の中心近くに森林組合の材木置き場もあるこの町は，かつて平 重衡による南都の焼き討ちによって焼失した東大寺を再建するため，勧進僧重源が大仏殿・南大門などの建立に用いる材木の供給地としたところである。その周防への巡見には宋人の陳和卿もともなわれていた。

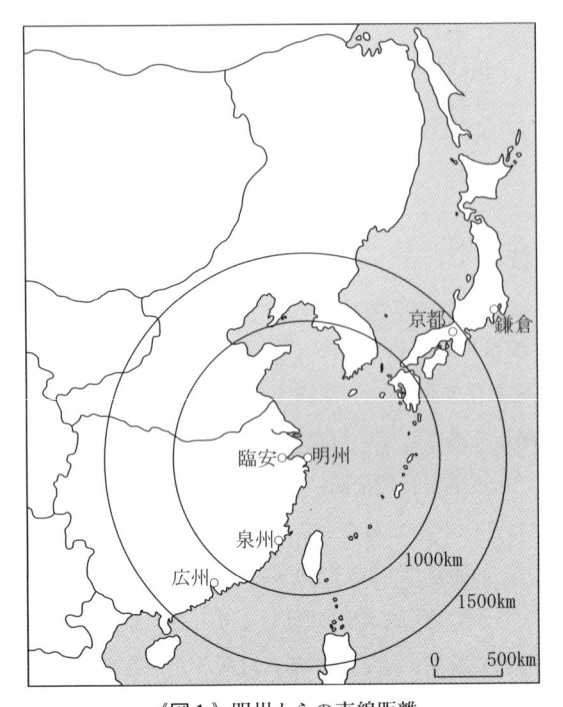

《図1》明州からの直線距離
(岸田裕之編『中国地域と対外関係』，山川出版社，2003年，30頁)

　ところで畿内に位置する東大寺の建築材に，なぜ周防の材木が用いられたのか。コンラッド・タットマン氏によれば，平安京が造営されるころまでに畿内周辺では建築用木材は既にほとんどなくなっていたようである。とりわけ寺院のように太い柱が用いられる建築物では，遠くまで出かけて大径木を探す必要が出てきていたとされている。中国史においても，上田信氏が明らかにされているように，秦代・漢代・唐代など，関中盆地に強大な中華帝国の首都が置かれたときに，その近くの秦嶺山脈の山林は荒廃していた。降水量などの気候条件に相違はあるものの，首都における巨大土木事業が周囲の森林環境に及ぼす影響という点では共

《写真1》僧取岩（山口県徳地）
重源の弟子蓮花坊が東大寺再建用材の大木を運ぶ途中に大岩に衝突して命を失ったとされる。

《写真2》木造阿弥陀如来坐像（同）
重源が建立した安養寺（現・法光寺）阿弥陀堂の本尊。

通している。

3．明州に運ばれた木材

　そして，建築物の多さという点では，杭州が南宋の行在（臨安）となり，また多数の大寺院を抱える両浙路も，日本でいう平安後期にはやはり相当の木材消費地帯となっていた。平安時代末期の日宋貿易で日本からの重要な輸出品の一つとなっていた木材については，周知のごとく日本の僧・商人が，南宋の寺院に寄進し，あるいは皇帝に献上したことが，史料にもしばしば見られている。とりわけ，明州の阿育王寺舎利殿修築のためには，周防の木材が用いられたとされている。では今度は，なぜ明州にわざわざ外国から海を渡って木材が送られたのであろうかということを考えてみたい。

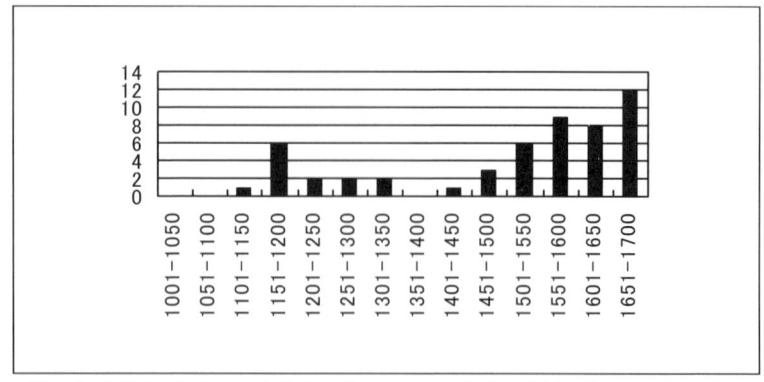

《図2》明州（のち慶元・寧波と改称）における水害の件数（〔岡 1998〕による）

《写真3》它山堰（寧波市）
明州・寧波の人々にとって水利事業は地域の重要な課題であった。

明州を含む浙江省沿岸部の地域史については，中国では陳橋駅氏，日本では斯波義信氏に代表されるように，歴史地理学的なアプローチが早くから導入されて，研究が進められている。なかでも陳橋駅氏は，「古代紹興地区天然森林的破壊及其対農業的影響」（『地理学報』第31巻第2期，1965年）という論文で，南宋になって水害が増加し，その背景に森林破壊が見られたことを夙に指摘し，近年注目されつつある森林史に関する先駆的な論文を発表していた。私も以前，明州（明代以降は寧波）について，同様に水害の起こった数を統計化してみたところ，唐代以後の人口増や地域開発がきわまった南宋時代のとくに前半頃，《図2》でいえば1151～1200年の間に，明州史上はじめて水害の数が顕著な増加を見せている（地域開発および水害増加のさらなるピークは，開発が成熟期に入る明代中期以降におとずれることとなる）。

《図3》宋代の子供の髪型
（周錫保『中国古代服飾史』中国戯劇出版社，1984年，308頁）

　こうした水害増加がなぜ起こったのかをわかりやすく説明してくれるのが，南宋の人で明州鄞県出身の魏峴による記述である。彼によれば，「明州は水陸の景色のすぐれた場所で，万山は深秀であり，昔は巨木高森があって，谷に沿った平地は竹木もはなはだ密にはえていた。このため，大水になったとしても，沙土は木の根のおかげでゆるむことはなく，流れ出してしまう量が多くはなく，たまってしまうこともまた少なく，水底を浚（さら）うのも容易であった。ところが近年になって，木材の価格が上がり，木があいついで伐られ，山は「童（わらべ）」のようにならないものはなかった。そして平地の竹木もこのためにみな無くなり，大水になったとしても林木がないため，水が溢れる勢いを抑えることができなくなってしまった。また根が沙土を留めることができずに砂を流してしまうことになり，渓流を大いに淤塞することとなった」（『四明它山水利備覧』巻上「淘沙」）という事態が生じていた。「童」というのは，はげ山の状態を，《図3》のような宋代の子供の頭にたとえた表現である。

　このような森林破壊の状態は明州や紹興以外に温州でも確認でき，浙東沿海地域に共通していたことからすれば，大寺院の柱に用いられるような大径木がそうした近い距離の範囲で入手できなかったとしても不思議ではないであろう。宋代の商業においては，斯波義信氏や張隆義氏がかつて明らかにしたように，建築用材・船材・棺材・治水材などとして，宋の国内だけでなく日本をも含めた比較的広範囲の地域が供給地となっていた。博多にも近い周防という木材産地は，単に日本国内向けでなく，丸木・板などの消費地である南宋を視野に入れた場合にも

有利な立地であったといえるのである。

4．エピローグ——環境と人間，そして信仰——

　2005年の秋にエチゼンクラゲが日本の沿岸各地で大量発生した原因として，長江河口地域の開発にともなう富栄養化や地球温暖化による水温上昇が指摘されている（広島大学生物圏科学研究科の上真一教授による）。また北部中国における砂漠化の進行にともなって，日本における近年の黄砂観測日数はしだいに増えている。「国境」はとりわけ近代国家にとって重要な関心の対象であろうが，長期的な歴史の流れはむしろそれを超えた「地域」どうしの関係や連鎖をさまざまな形で示してきたし，21世紀にはそれがさらに明確なかたちをとって表れつつあるように感じられる。

　最後に，こうした地域連鎖の中で，とくにこの時期において，信仰の果たした役割が重要であったことにあらためて注目しておきたい。明州は，「五山第三」の天童寺，「五山第五」の阿育王寺といった禅院はいうまでもなく，念仏結社などの活動もさかんな場所であった。また，地元寧波の研究者の協力を得て調査を開始している史氏一族墓群でも，石像の多くには仏教の強い影響を見てとることができる。また，山内晋次氏の研究のように，宋と日本とを往来した海商たちの信仰心にまで踏み込んだ興味深い分析もおこなわれている。

　多層的な信仰の場となった活気あふれる宋代の明州。そしてそこを拠点として往来する僧や商人たち。東アジアにおける自然環境や時代の転換期のなかで，そうした日常的な場がどのようなありようを示し，多様な人々がどのような姿を見せていたのか，その問題を考えることは，日本「国」民という鎧を捨てて，日本で暮らす「人」，日本語をしゃべる「人」へとわれわれの位置をシフトさせていくこととも重なるのかもしれない。

〔参考文献（著者五十音順）〕
上田　信　1994　「中国における生態システムと山区経済——秦嶺山脈の事例から」（溝口雄三他編『アジアから考える〔6〕長期社会変動』，東京大学出版会）

第18章　周防から明州へ　　　　　　　　　459

岡　　元司　　1998　「南宋期浙東海港都市の停滞と森林環境」(『史学研究』220号)
コンラッド・タットマン　1998　『日本人はどのように森をつくってきたのか』(築地書館、原著1989年刊)
斯波　義信　1968　『宋代商業史研究』(風間書房)
　　同　　　1988　『宋代江南経済史の研究』(汲古書院)
張　　隆義　1966　「宋代における木材の消費と生産──江南と華北の場合──」(『待兼山論叢・史学篇』第9号)
重源上人枘入り八〇〇年記念誌編集委員会　1986　『徳地の俊乗房重源』(徳地町)
中尾　堯編　2004　『旅の勧進僧　重源』(吉川弘文館)
麻承照・謝国旗　2003　『東銭湖石刻』(中国文聯出版社)
森　　克己　1975　『新訂 日宋貿易の研究』(国書刊行会)
山内　晋次　2003　『奈良平安期の日本とアジア』(吉川弘文館)
楊古城・曹厚徳　2002　『四明尋踪』(寧波出版社)

〔付記〕　写真は、いずれも筆者が撮影した。撮影・掲載を許可してくださった法光寺のみなさまに感謝したい。

(『アジア遊学』特別企画「義経から一豊へ」、勉誠出版、2006年)

第19章　中国の森林環境を考える旅

　大阪で育った私が，前は太平洋，後ろは紀伊山地という恵まれた自然環境のもとで暮らし始めたからかもしれない。あるいは，オール理系の学校に赴任し，学生さんたちの関心を持ちやすい分野まで自分の専門の幅を広げておく必要を感じたからかもしれない。そんな感情を漠然と抱き始めていた頃，たまたま，初参加した1996年の明清史夏合宿において，立教大学の上田信氏による「明清史の分水嶺——十八世紀中葉期の位置づけ——」と題した中国の森林についての口頭発表をじかに聴くことができたのは幸いであった。以後，南宋の地域エリートの問題と並んで，森林環境史についても興味を持つようになり，上田氏からご紹介いただいた「緑の地球ネットワーク（GEN）」という大阪のNGOの一員にまぜていただくようになり，98年春には，その黄土高原ワーキングツアーに私も参加させていただくこととなった。

　このワーキングツアーは，「黄土高原緑化協力団」として中国山西省の大同付近において植林活動をおこない，あわせて農家の人々との交流もはかるものである。この春は3月26日～4月4日におこなわれ，1981年生まれの高校生から，1931年生まれの年長の方まで，日本全国から34名の参加者があった。

　計10日間のワーキングツアーで，現地では2班に分かれて行動したが，私の属したA班について言えば，主な日程は以下の通りであった。

　　3月26日（木）関西空港に集合して北京へ。夜行列車で大同に向かう。
　　3月27日（金）朝，大同に到着し，バスで霊丘県へ移動。
　　3月28日（土）城関鎮韓家坊村で植樹作業。
　　3月29日（日）招柏郷腰站村で植樹作業。
　　3月30日（月）紅石塄郷上北泉村で植樹作業。
　　3月31日（火）地球環境林センター霊丘支部にて除幕式および作業。午後，
　　　　　　　　バスで大同へ移動（ここで上田信氏らのB班と合流する）。

《写真1》霊丘県招柏郷にて
（左から岡山大学4年廣田和紀君，日本大学生物資源学部4年岩間公義君，私）

《写真2》耕地として利用される斜面
（大同付近）

4月1日（水）雪のため作業ができず，大同観光。
4月2日（木）地球環境林センターにて作業。夜，歓送会。夜行列車で北京へ。
4月3日（金）北京にて自由行動。
4月4日（土）北京空港から関空へ。

私のいた班には，若い大学生が数名とジャスコ労働組合専従の方4名が入っていた。毎晩のように，いろいろな話や議論をした。大学生たちの中には，大阪外大の深尾葉子氏のゼミの院生や中国史を学ぶ岡大の学部生といった中国関連の勉強をしている人だけでなく，大学で林学を学んでいる人，農業を学んでいる人，大学院に入ってジャガイモの研究を目指そうとしている人，そして和歌山高専物質工学科生物工学コース5年の堂浦旭君などなど，多様な分野の若者達が集まっていた。また，近年，企業がボランティア活動に積極的に取り組む例は増えており，ジャスコは会社・組合ぐるみで植林活動を精力的におこなっている企業のようである（拙宅の近所のジャスコにも，そのような掲示がよく出ているのを思い出した）。私の同室は，3度くらいあった部屋替えにもかかわらず，奇しくも10日間すべてジャスコの桜井伸彦さんという方であり，仕事師であるとともに柔軟な発想をもった新たなタイプの企業人の姿を，間近で拝見できたのも楽しかった。

そうした集団と行動をしながら，じかに植林をしたり，あるいは農村にホームステイをしたりする中で，いろいろと感じることも多かった。たとえば，「黄土高原」などと言うと，広々とした大地ばかりをつい想像してしまうが，その中に

意外に集落は多く，その集落の人々が大地を耕し，少々急な斜面でも耕地として利用している。このため，植林のように金銭的利益にすぐにはつながらない目的のために使うことのできる土地など，そうそうあるわけではない。

また，当然のことだが，華北と言っても麦作の可能なところばかりではない。水が少なく，小麦の栽培ができない農村にも行った。3月29日の招柏郷がそうだが，そこでじゃがいも特集のような料理を食べた翌日，紅石堺郷で食べた小麦の麺がなんとおいしく感じられたことか。最近，研究対象の関係から，「中国に行く」＝「浙江省に行く」となっていて，経済発展の著しい沿海部にばかり行っていた私には，久しぶりに見た別なる中国の姿であった。

こうしたワーキングツアーについては，「そんな金があるなら，日本人がツアーで行くより，その金を寄付した方が，よほど緑化は進むのでは」といった疑問もあるだろう。確かにその方が効率的であるかもしれない。しかし，こと「環境問題」に関しては，以前の「公害問題」と異なり，被害者と加害者の区別をつけにくいのが一つの特徴と言われている。まずは実地に体験し，そして人と人とが顔をつきあわせて「ああでもない」「こうでもない」と議論することを通してこそ，本当の意味での環境意識は育つのではないだろうか。それこそ「効率」を至上命題としてきた近代文明を見直すことにもつながるのではという気がする。「このツアーに参加した人に，今後，どのようなことを望みますか？」と問いかけた私に対し，GENのあるスタッフの方が，「寄付金」とか「会員の増加の手助け」という回答――浅はかな私の予想であった――ではなく，「帰国してから日々の生活を見直すきっかけにしていただければ……。私もあまりできてないけど（笑）」とおっしゃったのが印象に残った。

ワーキングツアーの一行が北京から帰国した後，私は一泊だけ北京にとどまった。翌日の「人民日報」の一面トップの見出しは，「江沢民等参加首都全民義務植樹活動」となっており，江沢民・李鵬・李瑞環といった政府の要人が大きなスコップをもって子供たちと植樹に向かう写真がうつっていた。「植樹造林，緑化祖国，保護環境」という掛け声を，「どうせ下部ではうまく行かないんだから」などと，化石燃料大量消費文明の我々があざ笑えるようには思えなかった。明るくない裸電球の下，一家の唯一の娯楽設備ともいうべき小さなテレビで，夜7時

《写真3》緑色だが木は僅かな山々（金温鉄道の麗水―青田間にて）

の中央電視台のニュースを見る黄土高原の家族と夕食をともにした数日後のことなれば……。

　そして，帰国から3か月半して，史料調査のために再び中国を訪れた。今度はいつもよく行く浙江省の温州である。浙江省の金華から温州にかけては，金温鉄道が今年開通し，麗水付近を経由して甌江に沿って下るルートでは，車窓ごしに意識的に山の様子を観察した。この近辺は，南宋の時代に温州で盛んに造船がおこなわれたために，木々が非常に少なくなったとされる地域である。夏の山々は，一見すると緑豊かに思えるが，日本でよく見るような密生した林はきわめて僅かである。とくに交通の便のよい川のそばであるせいもあるかもしれないが，木のない山がかなり多く，また木が生えている場合でも，松が多く，どう見ても豊かな森林環境とはいいがたい。中国の国土面積に占める森林の割合は，1993年の統計で13.6％だとされるが，同じ「森林」に分類される土地でも，木々の密生の度合いには相違があり，国土の約3分の2が森林である日本との開きも数字以上にあるように思えた。

　なお，浙江省南部の温州から広東省のあたりにかけては，近年の東南沿岸部の経済発展のために，金持ちが花崗岩や大理石の立派な墓を，風水の関係から見晴らしのよい場所に建てるため，山林の伐採が進み，その現象は「白化山林」として社会問題にもなっている（莫邦富著『変貌する中国を読み解く新語事典』草思社，1996年，180～1頁）。私も温州滞在中に，山の中腹にたいへん多くの墓を目にした。この地域での環境問題は，今後，人々の観念との間でどのように折り合いがつけられていくのであろうか。

　最後になるが，先日，高専横の海岸で学生さんたちと浜掃除をしていると，ある子が「先生，これどこのん？」と拾って持ってきた錆びた空き缶は「花生牛奶 Peanut Milk」と書かれ，福建省で製造されたものであった。中国から海流に乗って和歌山に流れて来たと思われる缶を見ながら，思っているよりも意外に近い中

国の存在をふと実感した。

〔参考〕黄土高原での植林活動に興味のある方は，上田信著『黄砂の村をゆく～中国黄土高原の緑化に挑むNGO～』(緑の地球ネットワーク発行，500円) を参照されたい。申し込みは，緑の地球ネットワーク (htpp://homepage3.nifty.com/gentree/) まで。

(和歌山工業高等専門学校一般教育科＝当時)

(広島東洋史学研究会『広島東洋史学報』第3号，1998年)

第20章　地中海と東アジア海域の環境に関する覚書

はじめに

　ブローデル『地中海』第Ⅰ部「環境の役割」を読み，その範囲の中で，地中海と東アジア海域との間で共通している点，相違している点について，合宿でのコメントをもとにノート風にまとめてみたのが本章である。
　まず，その具体的比較に入る前に，今回，第Ⅰ部「環境の役割」を通読して，あらためてブローデル『地中海』から学んだ点について記しておきたい。それは一つには，とくに第Ⅰ部に色濃くあらわれている特色として，隣接学問との融合という手法である。なかでも地理学が，ブローデルの「長期」「中期」「短期」の時間軸のうちの「長期」の歴史を論じるうえで，大きな示唆を与えている。

>　本書を書くために，私は隣接学問に携わる民族誌学者，地理学者，植物学者，地質学者，科学技術者……によって書かれた，ある場合には純粋に歴史に関わる，また他の場合にはやはり興味深い，膨大な数の論文，報告書，書物，出版物，調査を用いた。　（序文〈初版〉17頁；なお，『地中海』からの引用は，いずれも藤原書店1991年初版の頁数による。以下同じ）

>　地理学は，構造的現実のなかで最も緩慢なものを見出すことや，長期持続の最も長い遠近線に従って見通しを立てることに役立つ。　（第Ⅰ部　31頁）

　そしてもう一点は，ブローデル『地中海』と聞くと，その題名から「海」に関して書かれた書物との印象を受けがちだが，けっして「海」だけを論じているのではないことである。むしろその研究対象は，第Ⅰ部の各章や各節のタイトルだけでも，「海原」「海路」「航海」といった海に直接かかわる言葉だけでなく，「半島」「山地」「高原」「台地」「丘陵」「平野」「移牧あるいは遊牧生活」「沿岸地帯」「島」「砂漠」「ヨーロッパ」「陸路」「都市」など，明らかに陸上に関する言葉も多数含まれており，ブローデルにとっての"地中海"とは，むしろ海と陸とを有機連関

的に捉えたものとして意識されていることを確認しておきたい。

1．地中海と東アジア海域の共通性

　本節では，まず，ブローデルの描いた地中海世界と，東アジア海域との間で，なんらかの共通的傾向として把握可能な点をあげてみたい。
　まず1点目として，地形に関して，ブローデルが「海峡」に注目している点である。

> 大陸の塊のさまざまな突き出た部分の間にある地中海の西と東の二つの大きな海盆において，一連の狭い海，つまり一連の海峡（narrow-seas）は個性を持っている。こうした世界のそれぞれは，それぞれの特徴，船の形式，習慣，固有の歴史法則を持っている。…（中略）…今日でもまだ，地中海世界は相変わらずローカルな生活を持ち続けている。
>
> （第2章「地中海の心臓部――海と沿岸地帯」173頁）

　そして興味深いのは，ブローデルが地中海のなかでも「狭い海」つまり海峡となっている場所に，地域性が色濃くあらわれていると捉えている点で，まさにそうした地域にこそ，「都市」の発展が顕著に見られたと考えられている。

> 地中海は都市で構成される地域であるという，この何度も言い古されてきた月並みな真実に我々は気づかないが，この真実とそのさまざまな結果とを結びつけなければならない。道路と都市の秩序はすぐれて地中海の人間的秩序である。…（中略）…都市ゆえに，貿易活動が他の活動よりも盛んである。地中海のどんな歴史も，どんな文明もすべて都市がつくり出したものである。
>
> （第4章「自然の単位――気候と歴史」465-6頁）

　こうした地中海の特色は，中華帝国体制が長く続いた東アジアとは，一見，大きく異なるようにみえるかもしれない。しかし，近年の中国史研究においては，地域史研究の進展にともなって，中国を一枚岩の存在としてよりも，中国の各地の地域性を重視し，それぞれ独自の発展サイクルに注目する傾向が強まっている。G・W・スキナー氏が中国を八つの"macroregion"（大地域）に分けて，それぞれの地域的特色を論じているのは，そうした傾向を最も代表する視角といってよ

い*1。その八つの"macroregion"のなかでも，台湾を対岸にもつ"Southeast Coast macroregion"（東南海岸大地域）は，ブローデルのいう「海峡」と地形的類似性の高い地域の一つと考えてよいであろう。この"Southeast Coast macroregion"は，福建省（福州・興化軍・泉州・漳州など）を中心として，北は浙江省南部（台州・温州）から南は広東省東部（潮州）までを範囲としており，ちょうど福建省の対岸に台湾が並び，その先は琉球へ，また台湾から南下すればフィリピンにもつながる海域に面していた。歴史的にも元末の方国珍，明末清初の鄭成功など，有力な海上勢力の主要根拠地ともなった地域である。スキナー氏は"Southeast Coast macroregion"の特色を次のように述べている。

> 強度の小地域化は南東沿岸の特徴であり，そこでは主要河川の各流域が山脈によってその隣人から明確に隔離されている。　〔スキナー 1989：38〕

つまり，中国の他地域に比べて，平野部が少なく，海岸の諸都市の一つ一つが地形上，隔離的に存在していることに"Southeast Coast macroregion"の特色があり，そのことが，地域内における一つの最重要都市が継続的に繁栄するパターンではなく，時代・時期によって最重要都市が交代していることを，スキナー氏は指摘している。この地域において，北宋期は福州・温州が繁栄し，その後，漳泉（漳州・泉州）亜地域へとしだいに繁栄がシフトし，1500年頃には泉州が衰退し，1840年代以降は福州・厦門が開港によって繁栄するといったような変化である*2。

こうした「海峡」地域の独自性は，"Southeast Coast macroregion"が接する台湾海峡だけでなく，たとえば朝鮮半島と日本の境界に位置する対馬をめぐる海域*3や，山東半島・遼東半島およびその周辺の海域などにも通じる特色と言えるように思う。

---

*1　スキナー（中島楽章訳）「中国史の構造」（2006年）では，「贛―長江大地域」が加えられ，9地域に区分されている（さらに満州を加えれば10地域）。
*2　この点についての詳細は，スキナー（中島楽章訳）「中国史の構造」（2006年）を参照されたい。こうした特色は文化のあり方にも影響を及ぼし，たとえば福建文化の多元性について，林拓氏の近著は地域空間の視点から興味深い分析をおこなっている〔林拓 2004〕。
*3　とくに近年の日本中世史研究においては，独自の立場を示した対馬に関連して，東アジア全体の視点から興味深い著書があいついで刊行されている。最新の成果としては，荒木和憲『中世対馬宗氏領国と朝鮮』（山川出版社，2007年）を挙げておきたい。

つぎに2点目として，沿海都市の盛衰に関わりのある森林環境についてである。ブローデルは，ヴェネツィアを例に，以下のように述べている。

> ヴェネツィアの史料やスペインの史料を読んで，推測できる木材の不足，森林乱伐は西欧や地中海中部で目立ち，特にシチリア島やナポリで指摘された（ナポリにはフェリーペ二世の海軍の造船業者のかなり大きな財政的努力が注がれた）。特に柏は不足している。船体は柏を使ってつくられるのである。十五世紀末から，柏の量は少なくなり，ヴェネツィアは自国の森のなかで残っているものを破壊から守るために一連のきわめて厳しい措置をとる。それでもイタリアには，かなりの森林が残っている。だが，十六世紀全体にわたって，イタリアでは大規模な伐採がおこなわれる。…（中略）…地中海の海軍は，自国の森林では見つけることができないものを，少しずつ，遠くへ探しに行くようになった。　　　　　　　　　（第2章「地中海の心臓部──海と沿岸地帯」235頁）

こうした森林破壊の問題を，ブローデルは地中海の気候的特色と関連づけて理解している。

> 地中海の気候は通常の樹木や森林の育成には有利に働かなかった。あるいは少なくともその保証をしなかった。早い時期に，地中海空間の原初の形である森林は人間に攻撃されて，大規模に，あまりにも大規模に伐採されてしまった。森林の再生はうまく行かなかったか，まったく進まなかった。それゆえ空間は森林の堕落した形態にほかならないガリッグ〔石灰質の乾燥地帯に散在する林〕や灌木地帯になった。したがって，地中海は，ヨーロッパの北方地域に比べて，非常に早い時期に荒涼とした地方になった。

　　　　　　　　　　　　　　　　（第4章「自然の単位──気候と歴史」397頁）

　地中海における森林資源の枯渇がヴェネツィアの造船能力の低下を招いたことについては，ブライアン・プッラン氏の著書に詳しい〔Pullan 1968〕が，こうした事態は，決して地中海のみの現象ではなく，中国沿海部においても起こっていた。既に拙稿において明らかにしたように，女真族の金国による華北占領の影響で，南宋時代前期の江南地方では華北から大量の移民が押し寄せ，人口急増を招いた。その結果，江南における森林破壊が進み，両浙路では水害の急増や造船能力の低下が見られた〔岡 1998〕。両浙路の降水量は，地中海沿岸地方に比べて多

いとはいえ，戦乱による大規模な人口移動は，生態環境の明らかな変化をもたらすに十分であった．こうした事態は，両浙路よりさらに降水量の多い福建の沿海部においても，その後見られたようであり，たとえば清代中期に反乱鎮圧の必要から造船を積極的におこなったことで木材伐採過多[*4]になり，道光年間に福建の造船場が操業停止となるなどの事例もあげることができる．

　最後にもう一点，地中海世界と東アジアの共通点として，国家権力の強大化の流れについての認識をあげておきたい．ブローデル『地中海』はフェリペ二世のいた16世紀を焦点としている著書であるが，その16世紀については，つぎのように述べている箇所がある．

> 十六世紀に，こうした都市とは別に，首都が出現するが，首都が決定的に目立つようになるのは，次の世紀のことである．おそらく，経済の後退の真っ最中に，近代国家は，流れに逆らってその価値を認めさせ，繁栄する唯一の事業であったからである．
>
> 　　　　　　　　　　（第5章「人間の単位——交通路と都市，都市と交通路」593頁）

　地域史の意味は，一見，国家から遠ざかったところで問題を論じているようにみえて，実は外側から国家の歴史的位置づけを逆照射する機能が含まれている．中国の場合は，海域史研究の盛んな厦門大学の黄順力氏が，中国の長期の歴史のなかでの海洋観の変遷において，元末明初（14世紀）に管理の方向へ大きく転換したことを明らかにしている〔黄順力 1999〕．「海」から歴史を見るということも，裏を返せば「陸」の権力の変化に密接に関わる問題であると言えるわけであり，単に「国家」から離れてものを見るというだけでなく，国家が権力を強めていく歴史的段階を，「海」という外の眼から時系列的に明らかにしていく作業が求められている．その意味では，こうした点の比較史も重要であろう[*5]．

＊4　福建の山間部は現在でも森林が比較的豊かであるが，沿海部の様相は異なっていたようである．清代の福建沿海部における森林伐採については，ヴァーミール氏の研究がある〔Vermeer 1990〕．

2．地中海と東アジア海域の相違性

　つぎに，ブローデル『地中海』を手がかりに，地中海と東アジア海域との相違性が顕著に見られる側面についてあげてみたい。
　まず，すぐ目につく大きな相違点として，

　　なにはともあれ，地中海は，山地の間にある海ではないか。
　　　　　　　　　　　　　　　（第1章「諸半島──山地，高原，平野」34頁）

とされるように，地中海は内海であるのに対して，東アジア海域は太平洋に大きく開かれている。そしてその構造により，北アジア史が専門の村上正二氏の整理を引用すれば，

　　巨大な大陸塊と巨大な海洋との相直面する東アジア地区では，大陸性気流と海洋性気流とが，はげしく交流し合って，いわゆるモンスーン現象をひき起し，多雨高温の地域を生じせしめたが，これに対して沿岸に縦走する諸山系によって海洋的気候から遮断された西アジア地区，さらにその北方にあってまったく海洋からの気流に接し得ぬ中央アジアの内陸地区は，乾燥度のきわめて高い高原，砂漠の地帯と化した。　　　　〔村上正二 1961：149〕

とあるように，東アジアは巨大な大陸塊と巨大な海洋によって成り立っている。この地形的特色は，風や降雨のパターンの相違と結びつき，航海のあり方にも違いを生じさせることになる。

　　冬には，というよりは正確には秋分から春分までは，大西洋の影響が他を圧倒する。…（中略）…それは冬の気候に大変な不安定をもたらす。雨を降らせ，風向きの急変を起こし，海を果てしなく苦しめる。海はミストラル〔南仏で地中海沿岸に向かって吹く北風〕や北西風やボラ〔アドリア海沿岸の北東の風〕に見舞われ，しばしば白い泡が立って，雪におおわれた広大な平原のようで，十六世紀のある旅行者は「灰を撒いた」ようだと言っている。…（中略）…春分

＊5　こうした問題意識については，たとえば橋本雄氏が中世日本の国際関係について論じるなかで，「《国家》は《地域》とどのように対峙していたのか」という課題提起をしており〔橋本雄 2005〕，東アジア海域でも具体的な考察が深められ始めている。

第20章　地中海と東アジア海域の環境に関する覚書　　　473

の頃，改めてすべてが変化する。…(中略)…したがって地中海空間の中心は酷熱の夏が異論の余地なく支配する。海は驚くほど穏やかである。七月八月の海は油のようだ。小舟は沖合に出て，海上のガレー船は心配事もなく港から港へと思い切って航行する。夏の三ヵ月は海上輸送，海賊，戦争の絶好の季節である。　　　　　　　(第4章「自然の単位――気候と歴史」387-8頁)

　海もまた悪意あるものになる。航海の仕事がなくなるほどである。ローマ時代には，十月から四月までは，船舶に対して冬ごもりの命令が出されていた。　　　　　　　　　　(第4章「自然の単位――気候と歴史」412頁)

つまり地中海においては，秋分から春分の頃までは航海に大きな制約があるものの，春から秋にかけては，かなり安定的に航海ができる状況にあったようである。このことは，ギリシアの観光シーズンである5月～10月が，エーゲ海の穏やかな時期にあたり，古代でいえば航海の季節，戦争の季節であったこととも重なる〔桜井万里子・本村凌二 1997〕。

参考までにインド洋の航海については，家島彦一氏の近著において，
　(1)北東モンスーン航海期
　　インド洋の北側をアジアの高山帯が取り巻いているため，冬季モンスーンのインド洋への吹き込みは弱い。南西モンスーンが弱まる九月下旬から翌年三月末までの長い航海期であって，この期間の海は比較的安定し，安全な航海がおこなわれる。…(以下略)
　(2)南西モンスーン前期の航海期
　　インド洋の南側には，南極大陸に至るまで陸地がないため，四月から八月までの期間，夏季の南西モンスーンが強く吹き込む。したがって，南西モンスーンの航海期はその前期(四月～五月末)と後期(八月末～九月上旬)の二つの時期に分かれる。五月末，六月上旬から八月半ば，後半にかけての約百日間は，南西風が強く卓越するために，インド西海岸，南アラビアやスリランカ西部などの，アラビア海の南側と西側に面した湊は閉鎖される。…(以下略)
　(3)南西モンスーン後期の航海期

第 4 部：地域社会と環境

> 南西モンスーンが弱まり始める八月後半から九月上旬までの短い航海期。
> 〔家島彦一 2006：59-60〕

と述べられており，9月下旬から翌年3月末までの長い期間に安全な航海が可能であったことが指摘されている。

これに対して，東アジア海域の状況は異なるようである。日中交流史の古典的な研究において，夙につぎのように指摘されている。森克己氏は，唐商人の航海について，

> 彼ら（唐商人）の本国出帆は春，四月，五月，六月，八月など季節風が南から吹くときに限られているのである。　　　　〔森克己 1975：46〕

と述べ，また木宮泰彦氏は，

> かく日宋の商舶は，我が博多と宋明州の間を来往したものであるが，その時期を考ふるに，日本から宋に向ふのは三四月，宋から日本に向ふのは五六月の頃が多かつたらしい。……想ふに晩春から初夏にかけて中国寄りに流行する東北季節風を利用して航海したものの如く，さうして宋から日本に向ふに，五六月の頃が多いのは夏期に中国寄りに流行する西南季節風を利用したものらしい。　　　　〔木宮泰彦 1955：326-7〕

と述べる。いずれも，地中海やインド洋とは異なり，東シナ海を横断するための航海の時期がかなり限定されていることが注目される。このことには，東アジア海域における台風の存在と関わりがあり，台風の発生について歴史的史料から統計的な整理をおこなった于運全氏の最近の成果によれば，

> 東海・南海是台風等熱帯風暴影響的主要海域。南海全年都会受台風影響，而台風影響東海的時間也長達九個月（農暦三～十月），其中六～八月是東海・南海台風的多発期。　　　　〔于運全 2005：201〕

とされ，南海（南シナ海）・東海（東シナ海）における台風の影響が，季節的に長期にわたることが指摘されている。

また，地形の特色は，他の面でも相違を生じさせている。そのうち，地中海沿岸の山については，

> 地中海には，中国，日本，インドシナ，インド，そしてマラッカ半島に至るまで，極東では当たり前の錠前をかけられたように閉鎖的な山というものは

第20章　地中海と東アジア海域の環境に関する覚書

> ない。そのような山は，平地とのコミュニケーションが一切ないから，それだけ自立した世界として構成せざるをえない。地中海の山は街道に開けていて，街道がいかに険しく，曲がりくねり，でこぼこであっても，人々はその街道を歩く。　　　　　　　　（第1章「諸半島――山地，高原，平野」59頁）

とブローデルが述べ，そうした山の性格によって，

> 地中海の交通路は，第一に，海の道であり，これはすでに述べたように主に海岸に沿ってできた。次に来るのは数多くの陸路である。…（中略）…交通路をあますことなく列挙するためには，しばしば地中海世界周辺にある河川交通路を付け加えれば十分であろう。
> 　　　　　（第5章「人間の単位――交通路と都市，都市と交通路」466・470頁）

> 都市は道路との連絡を絶たれれば，滅びるか大いに苦しめられる。…（中略）…物質的であれ非物質的であれ，すべての財は，道路を通って，都市に流れ込む。…（中略）…当然のことながら，都市の地図は，その全体ならびに細部において，道路地図に一致している。
> 　　　　　（第5章「人間の単位――交通路と都市，都市と交通路」528-9頁）

と記されているように，地中海沿岸部の交通路においては，陸路の役割もかなり高いものであった。それに対し，東アジア，とくに中国では，相対的にいえば，河川交通がより重要であり，"macroregion"の区分においても，山地・山脈によって隔てられた「流域」が大きな基準となっていた。スキナー氏はその点について，

> 最高位の地域単位は…（中略）…例外なく，流域によって境界が定められている。あらゆる地域の境界は分水界に従っており（河川と交差している数ヵ所を除いて），たいてい山脈の頂上に沿っている。　〔スキナー 1989：4〕

と述べている。

　また，こうした大陸部における水上交通のあり方は，運河の規模の相違にもあらわれている。ブローデルも地中海地域の「大運河」に言及する。

> 1179年に「大運河」の工事が始まり，1257年にベノ・ゴッツォディニにより完成した。こうしてティチーノ川の水が，灌漑と船舶の航行を目的につくられた約50キロメートルの長さの人工的な川によってミラノに達するようになった。…（中略）…1456年，フランチェスコ・スフォルツァは，長さ30キロメー

トル以上のマラテサナ運河を掘った。この運河はアッダ川の水をミラノに運んだ。1573年におこなわれた運河拡張により，この運河は船が航行できるようになった。　　　　　　　　　（第1章「諸半島——山地，高原，平野」114-5頁）

これによれば，長さ数十kmという数字が見られるが，中国の「大運河」は，北京から杭州の単純な直線距離でも約1200kmはあり，「大運河」でも桁が異なる。

　しかもその相違は単に長さだけでなく，中国の国家や経済がいかに運河に強く依存していたかという問題とも関わる。明清時代の水運史の先駆的業績ともいうべき星斌夫氏の研究によれば，中国史において，河運よりも海運が優越するのになぜ時間がかかったのかについて，つぎのように説明されている。

　しかしこのように，海運が順調な発達を遂げず，河運にたよらなければならなかった理由は，倭寇の患だけではないようである。やはり，もう一つ，航行中の海難事故も，重要な一原因としなければなるまい。明初の海運期においても，それは明らかであるが，江南水運に海難事故が伴うのは，むしろ当然であろう。というのは，元代に盛んに行われた海運も決して容易なものではなく，つねに海難に脅かされていたからである。一体，元代では，海運が一代の良法として用いられたとはいっても，それは当初からのものではなく，初めにやはり河運に依ろうと努力し，淮水・黄河などの本支流を利用して，数々の運道の確立を試みたが，ことごとく失敗し，会通河などもその努力の残骸であって，つねに信頼できる運道をつくることができないと観念したときに，はじめて海運にふみきったのであった。元代の海運は，いわばやむを得ぬ窮余の策であったのである。それは，海運による犠牲の大きさを予測して迷いぬいた姿を示すであろうし，事実，実施したのちにも海難が少なくなかったことは，航路が三度びも変えられた事実にも見ることができる。とくに山東半島の突端——成三角の外洋においての遭難が多かったので，これを避けようとして開鑿しようとしたのが，山東半島を南から北へと横断する膠萊河であったが，これも失敗に終わったのである。こうして元代では江南から大都まで，やむを得ず海上だけの航行の海運を，敢て行わねばならなかったのである。そして明初の海運は，これをうけついだのであるから，海難がにわかに少なくなったわけはないであろう。李朝実録に見える朝鮮半島への

第20章　地中海と東アジア海域の環境に関する覚書　　　477

漂着が多いほど，海中に消え失せたものもそれだけ多かったと見るのが至当
であろう。したがって明代にも海難が海運の障害の一つをなしていたことは
変りがないであろう。　　　　　　　　　　　　〔星斌夫 1963：386〕

　さきに和田清博士は，元代の海運が明代に至って河運に改められたのは，
交通発達の自然的方向に逆らうもので，その原因は倭寇にあったのではない
かと，疑いをもたれたことがある。たしかにそれは他に種々の原因があった
にしても，海難事故とともに有力な一因であったにちがいない。しかし河運
から海運への正しい方向には，倭寇の跳梁期が過ぎても，明代にはもちろん，
清代に入っても，容易には展開せず，清末に至ってようやく実現したものの，
その間四百数十年を閲している。しかも明清両代を通じて海運復活の論議は
絶えずつづけられていたのである。とすれば，そのような展開を阻んだのは
何か，その阻碍を排除したのは何か，二・三の疑問をもちつつ以下，清末の
漕運と河運と海運の関係を考えてみようと思う。…（中略）…清代に入って
からは，江南・江北間の航路をも含む海上輸送は，明代以来その発展に阻止
的にはたらいた海難事故が，すべて克服されたわけではないが，しかもそれ
を越えて，漸次，私的なものはもちろん，公的なものも，年を追うて発達し
つつあった事実に紛れはないようである。…（中略）…すなわち，これまで海
運にふみきれなかった理由は，河運に従事している旗丁（運軍）・水手の処理
と，海運の費用との問題であったようである…（中略）…つまり，少なくとも，
道光初ごろまでは，むしろ河運の続行が反清行動を助長し，ひいては社会不
安を激化したので，河運を廃罷することこそが，これを処理する有力な一つ
の手段であり得るという事情が明らかになるにつれて，清朝はその廃罷の方
向が利をもたらすものとして，これを積極的なかれらの撲滅手段として用い
ることとなり，ここに海運実施への意欲を強める結果をもたらしたのではな
いかと思われるのである。　　　　　　　　　　〔星斌夫 1971：363-8〕

　長い引用となってしまったが，中国沿海部の交通の重心が，なぜ海運へと円滑
にシフトしなかったのか，皇帝の構想力や国家の方針とは別に，構造的な要因を
見てとることが可能であろう。こうした点での地中海との相違は，両者の軍事体

制のあり方——とくに海軍の位置づけ——，ひいてはその後の両者の文明の興亡にも微妙な影響を及ぼすことになる。

　こうした地形的相違に加えて，気候的な相違は，生態環境の面での対照性を浮かび上がらせる。

> モンスーン型の気候は暑さと水の実りの多い出会いを整える。ところが地中海の気候はこの重要な生命の要素を分離させる。その結果は推して知るべしである。夏の三ヵ月の「栄光の空」は重い代償を払うことになる。至るところで乾燥のために流水や自然灌漑の節約や断水が必要になる。つまり地中海地方は「ワジ」と「フィウマラ」〔冬季急流河川〕の地帯なのである。乾燥のためにどんな植物の成長も止まる。

（第4章「自然の単位——気候と歴史」396頁）

まさにわれわれが中学校地理の授業以来，よく耳にした地中海性気候と東アジアの温暖湿潤気候との相違であるが，唐宋時代以降，江南地方をはじめとして，中国の沿海地域の農業生産力が向上・安定化し，近世・近代の中国において「沿海（littoral‐or coast）」文化圏が成長したとされ〔Cohen&Schrecker 1976〕，中国近代の独創的な思想家や政治家にこうした地域の出身者がきわめて多く含まれることになる。

　海の豊かさは陸上の生態環境とも密接な関わりがあり，ブローデルも地中海そのものについてつぎのように述べる。

> 事実，地中海には北海や大西洋のように海洋民族が多くいるわけではない。地中海は海洋民族を少数しか，しかもいくつかの限られた地域にしか生みださなかったのである。…（中略）…もちろん，地中海はそれ以上の多くの人々を養うことができないからである。地中海の水は陸地より豊かであるというほどでもない。自慢の種の〈海の幸〉は地中海ではほどほどの量であり，コマッキオ潟，チュニジア海岸，アンダルシア海岸（ここではマグロ漁はおこなわれる）……のようないくつかの例外的な場所を除くと，地中海の漁場の収穫高は芳しくない。深海，地盤崩壊によってできた海としての地中海にはかろうじて海のなかに沈んでいる砂州とか，水深二〇〇メートルまで海中生物が繁殖しているような大陸棚といったものがないのだ。ほとんどどこでも，岩

や砂でできた狭い斜面が沿岸から沖合の海溝に向かって通じている。地中海の水は，地質学的にはあまりにも古いので，海洋学者の言い草では，生物学的に痩せている。小舟の移動を伴う遠洋漁業は珊瑚採りしかなく，珊瑚採りは食糧生産の漁業ではない。……新大陸やアイスランド方面に向かう北の大移動や北海のニシン漁の浅海に比較できるものは何もないのだ。一六〇五年二月，ジェノヴァ政府は，魚不足に直面して，四旬節の間，魚の消費を制限しようとしたことがある。食糧の不足は漁師の不足，その結果として船乗りが不足していることの説明になる。船乗りの不足は地中海の支配者たちの大事業を知らないうちにつねに妨げてきた。政治の夢と現実の間には，いつもこの障害があった。つまり，船を建造し，船を艤装し，船団を操作することのできる人が少ないのだ。

(第2章「地中海の心臓部——海と沿岸地帯」225-6頁)

こうした一般的な地中海のイメージとは異なる海の姿については，日本でも和辻哲郎氏が夙に指摘していたこと〔和辻哲郎 1935〕と重なる。

3．『地中海』第Ⅰ部「環境の役割」からみた東アジア史・中国史研究にとっての課題

　ブローデルの言葉を手がかりに，地中海と東アジア海域の共通性・相違性として目についた点を列挙してきた。もとよりこれ以外の角度からの指摘も可能だと思うが，ここでは，以上ひとまず今回の合宿で指摘した点の提示にとどめておきたい。

　さて，こうした比較をもとに，今後の東アジア史ないし中国史の研究において，どのようなことが課題として浮かび上がってくるであろうか。以下，2点にしぼって論じておきたい。

　まず第一に，地域研究としての沿海地域研究を，さらに自然条件も意識するかたちで本格化させる必要である。日本での中国史研究における近年の地域史研究は，エリートの動向や人的結合・移民，あるいは都市内部の研究に新たな成果をあげてきたが，農業や生態環境など，地域の自然条件に関する研究とは，一部の

先駆的な研究をのぞくと乖離が進んでしまっているように思える。最近はむしろ，大陸において「沿海地域」「沿海文化」への関心が高まり，とりわけ廈門大学の楊国楨教授による「海洋与中国叢書」「海洋中国与世界叢書」（江西高校出版社）などの刊行は，生態環境についての分析も含めた総合的な沿海地域史を目指したものとなっている。今回，われわれの寧波プロジェクトにおいて，ブローデルの『地中海』に迫り，またそれをいかに乗り越えて，東アジア発の海域史理論を打ち立てるのかを考えるとき，地中海と東アジア海域の相違は当然，問題の前提として踏まえられるべきであり，そこからブローデルのイメージが及ばない問題を発掘していくことにもつながるであろう。

　そうした意味において，近年ようやく少しずつ業績のあらわれ始めている東アジアの森林史研究の成果とリンクさせて考察する必要があろうし，日本史が東アジア海域史でもった意味を考えるうえで，とりわけ天然資源についての研究も深める必要があろう。また，「海」そのものについては，理系の研究者との協力による海洋史研究，あるいは現地調査も含めた漁業史研究などの展開も，より意識的に進展させる必要があるように思う。

　第二に，宗教史とも関連の深い医療史・疫病史と環境との関連性である。地中海世界にせよ東アジア海域世界にせよ，文化交流において宗教は常に重要な焦点の一つとなるが，とりわけ東アジア世界において，宗教と医療（日常的な養生も含めて）との関係は深く，文化交流の重要な要素の一つとなっている。近年，マクニール『疫病と世界史』に代表される著作などによって，疫病が世界史にもたらした意義が注目されるようになっているが，氏の著作にもあらわれているように，疫病の発生条件は，各地の環境とも深い関わりのある問題であった。たとえば，

　　中国南部で，人びとが生命を維持していくのに必要な生物学的適応を達成するまでには，長い時間を要したと思われる。揚子江流域およびもっと南の諸地方に真に稠密な人口が出現したしるしは，八世紀まではっきりと認めることはできない。黄河の流域では古代からごく普通に見られた稠密な人口に近いものが，揚子江流域やその他南部中国の各地に存在するようになるのは，ようやく宋代に入ってからである。……けれども，中国の農民が南部でどのようにして生を保ち，かつ活動を続け，水田耕作の生活様式が許す限りの密

度に達したかについて，その詳細を知ることは不可能である。この適応が完成したのは七〇〇年以後であり，全面的な定住は一一〇〇年頃にならなければ実現しなかった事実を認識できれば充分としなくてはならない。…（中略）…中国の人びとは高温多湿の風土に生活できるようになるため，高い疾病罹患度の困難を克服していったのに反し，ヨーロッパでは，北方への進出は疾病罹患度の低い方向への移動であり，より寒冷な気候と冬の長い氷結期間のお陰で，感染病に曝される危険はむしろ減少したからである。

〔マクニール1985：128-9〕

とあるように，気候風土的に疫病のおこりやすい江南以南の地域にとって，いかにそれを克服していくかは，定住・人口増加の問題とも直接に関わる問題であった。同様に多湿地域であった東アジア沿海各地域——日本・琉球・台湾・朝鮮半島など——の環境条件を考えるとき，"Medical Network"としての海域交流の側面は，それぞれの地域の基層社会にとっての日常的な課題とも密接に連関しており[6]，またさらにはその先に「近代」をいかに位置づけていくかの問題ともつながる[7]。

以上の２点は，東アジア全体でみた場合の時代区分論とも関わりのある問題であると言えるかもしれない。「発展」「階級闘争」をキーワードとした時代区分論は，近年，話題にのぼることが少なくなった。だが，それを「発展」ととらえるのではなく，「環境変化」とそれへの対応という意味での時代の差異は，東アジア海域をめぐる各地域で連動もしくは分化しつつも明らかな変化を見せ，基層社会のあり方から国家の編成にまで，大きな影響を及ぼしている。環境史の射程は，そこまでも含む可能性を秘めたものであり，今後，東アジア海域史研究においても，

[6] 疫病と東アジア海域交流における"Medical Network"の役割について，筆者個人の考えかたは，財団法人東方学会第57回全国会員総会シンポジウム「都市・墓・環境をめぐる歴史的空間——文理融合による日中比較」においておこなった報告「疫病多発地帯としての南宋期両浙路——人口・環境・日中交流」にて一部示したが，この問題についてはさらに，寧波プロジェクト現地調査研究部門各班や他部門の医療関係班とも協力して取り組みたいと考えている。

[7] 東アジアにおける伝染病と近代社会・国家との関係については，飯島渉氏による一連の著作を参照されたい〔飯島 2000・2005〕。

こうした考察がさかんになることを望みたい。

　冒頭にも記したように本章は，今回の合宿でのコメントをもとにノート風に整理したものにすぎないが，筆者自身にとっても，今後の検討への端緒としたい。

〔参考文献〕
◇日本語

飯島　　渉　2000　『ペストと近代中国——衛生の「制度化」と社会変容』(研文出版)
　　同　　　　2005　『マラリアと帝国——植民地医学と東アジアの広域秩序』(東京大学出版会)
岡　　元司　1998　「南宋期浙東海港都市の停滞と森林環境」(『史学研究』220)
木宮　泰彦　1955　『日華文化交流史』(冨山房)
桜井万里子・本村凌二　1997　『世界の歴史5　ギリシアとローマ』(中央公論新社)
G・W・スキナー(今井清一訳)　1989　『中国王朝末期の都市——都市と地方組織の階層構造——』(晃洋書房)
　　同　　　(中島楽章訳)　2006　「中国史の構造」(宋代史研究会研究報告第8集『宋代の長江流域——社会経済史の視点から——』, 汲古書院)
橋本　　雄　2005　『中世日本の国際関係——東アジア通交圏と偽使問題——』(吉川弘文館)
星　　斌夫　1963　『明代漕運の研究』(丸善)
　　同　　　1971　『明清時代交通史の研究』(山川出版社)
W・H・マクニール(佐々木昭夫訳)　1985　『疫病と世界史』(新潮社)
村上　正二　1961　「征服王朝」(『世界の歴史6　東アジア世界の変貌』, 筑摩書房)
森　　克己　1975　『続日宋貿易の研究』(国書刊行会)
家島　彦一　2006　『海域から見た歴史』(名古屋大学出版会)
和辻　哲郎　1935　『風土：人間学的考察』(岩波書店)

◇中国語

于運全　2005　『海洋天災——中国歴史時期的海洋災害与沿海社会経済(海洋中国与世界叢書)』(江西高校出版社)
林　拓　2004　『文化的地理過程分析——福建文化的地域性考察』(上海書店出版社)
黄順力　1999　『海洋迷思——中国海洋観的伝統与変遷(海洋与中国叢書)』(江西高校出版社)

◇英語

Cohen, Paul A., and John E. Schrecker, *Reform in Nineteenth-Century China,* Harvard University Press, 1976.

Pullan, Brian, ed., *Crisis and Change in the Venetian Economy in the Sixteenth and Seventeenth Centuries,* Methuen, 1968.

Vermeer, Eduard B., "The decline of Hsing-hua prefecture in the early Ch'ing," in *Development and Decline of Fukien Province in the 17th and 18th Centuries,* E. J. Brill, 1990.

（「文部科学省科学研究費特定領域研究東アジアの海域交流と日本伝統文化の形成——寧波を焦点とする学際的創生——」現地調査研究部門報告書『東アジア海域交流史　現地調査研究〜地域・環境・心性〜』第2号，2007年）

第21章　環境問題の歴史からみた中国社会
——森林・伝染病・食文化——

はじめに：現代中国の環境問題

　府中のみなさん，こんにちは。私は普段，広島県の西の端に近い廿日市市というところに住んでおりますので，こちら府中市とは県内でも遠く離れているのですが，私の日々の生活にとりまして，実は府中市は切り離せない関係がございます。と申しますのが，まずうちでの朝食ですが，味噌汁は，必ず府中味噌でいただいております。味噌もいろいろ試してみたのですが，大量生産のものは口にあわず，いろいろたどって最後に府中味噌を愛用するに至っております。それから，もう一つお世話になっているのが，府中家具です。2年くらい前にマンションを買って住んでいるのですが，そのリビングには，府中でつくっていただいた欅の一枚板のテーブルを置いております。しっかりとした木目のあるテーブルは，部屋全体に落ち着きを与えてくれ，少し高くはございましたが，今でもいい買い物をさせていただいたと思っております。

　さて，そのように，良質な水などを産業に生かし，古くからの伝統の技を受け継いでおられる府中市は，私などにとりましてもたいへん魅力ある地域発展モデルを示されていると思うのですが，今日お話しさせていただきますのは，そうした「地域」の問題と縁の深い「環境」についてです。

　今回の「地域アカデミー」は，オリンピックが始まった直後ということで，中国がテーマとなっておりますが，みなさまもご存じのように，最近の中国については，この「環境」の問題と関連づけてマスコミなどでも取りあげられることが多くなってまいりました。

　日本とも関係の深い問題を中心に例をあげてまいりますと，たとえば，森林破壊にともなう大気汚染の問題がございまして，そのために砂漠化の進行から黄砂が舞い上がりやすくなり，近年の黄砂観測日数は増加の傾向にあり，とくに中国

北部の汚染物質を携えて飛来していることが、最近の調査でもわかってまいりました。また、中国が経済発展すること自体はもちろん喜ばしいことなのですが、その影響で、中国も車社会に突入し、石油消費が増加し、地球温暖化への悪影響も心配されています。さらに、戦後に四大公害裁判などを通して公害の恐ろしさが身にしみているわれわれ日本人にとって他人事でないのは、工業化にともなって河川・湖沼の汚染が進行していることでして、一部の報道によれば淮河流域などに"ガン村"とよばれるガン多発地帯ができてしまっているとのことです。国の体制のありかたから、中国ではこうした国内の"負"の側面についての問題がなかなか表面化しないことがあるわけですが、水俣病などの例からもわかるように、被害が拡大してからでは遅いわけですので、こうした面に、お隣の国ももう少し敏感になってほしいと思います。

　それから最後に、"毒ギョーザ"事件などで一気に中国からの輸入食料品の安全性への関心が高まっておりますが、野菜への農薬使用も見逃せない問題です。ただし、注意しておきたいのは、それが決して中国側のモラルだけの問題ではないことでございまして、こうした農薬野菜は、日本への輸出用の契約栽培も多いため、日本の消費者のニーズにあわせるため、日本商社が農薬使用を指導してきたという面も見落としてはなりません。

　いずれにせよ、こうした環境問題は、その及ぶ範囲がもはや一国ではおさまらない問題になりつつあり、つまり「国」の枠組みでは解決困難、したがって「東アジア地域」として解決策を見出していく必要がでてきている、そんな段階に既にわれわれは入っているのだということを認識しておくことが必要になっていると思います。

1．中国史における森林破壊の進行

　さて、こうした環境問題は、歴史的にみると、人口の増加と密接な関係がございます。

　たとえば、次に掲げた表は、台湾の研究者が、中国のおよその人口と環境との関係を示したものです。

第21章　環境問題の歴史からみた中国社会　　　　　　　　　　　487

周～春秋戦国		1000万人台	
秦代～前漢	B.C221（秦代）	2000万人	環境第1次悪化時期
	A.D2（前漢）	5959万人	
後漢～隋代	57（後漢）	4500万人	環境の相対的回復時期
	220～280（三国）	4000万人	
	606（隋代）	4601万人	
唐代～元代	755（唐代）	5291万人	環境第2次悪化時期
	1195～1223（南宋）	7681万人	
	1290（元代）	5883万人	
明清時代以後	1403（明代・永楽元年）	6659万人	環境厳重悪化時期
	1651（清代・順治8年）	5300万人	
	1684（同・康熙23年）	1億0170万人	
	1762（同・乾隆27年）	2億0047万人	
	1790（同・同　55年）	3億0148万人	
	1834（同・道光14年）	4億0100万人	
	1919（民国8年）	5億0600万人	
	1947（同36年）	5億4887万人	

※参照：程超沢『中国大陸人口増長的多重危機』（時報出版，1995年）

　高校の「世界史」教科書などで申しますと，人口の増えた時代というのは，一般的に経済発展の進んだ時代として，プラスのイメージでえがかれることが多いわけであります。しかし，この表では，人口の増えた秦代から漢代，唐代から宋代，そして清代から民国時代が，いずれも環境の「悪化」した時期として位置づけられています。

　では具体的に，どのような点で環境が悪化していたのでしょうか。まず大きなものとして挙げられるのは，現代にも問題になっている森林破壊です。たとえば，秦代から清代というのは，始皇帝の秦の咸陽，前漢の長安，後漢の洛陽など，首都の建設があいつぎ，近くの黄土高原や秦嶺山脈の森林はかなり破壊を受けたようであります。また，宋代になりますと，南宋時代に都が臨安（現在の杭州）に遷ることになりますが，この時期には江南の森林破壊が進むことになります。さらに明末清初以後になりますと，新大陸から伝播した作物（トウモロコシ・イモ類など）が導入されることになります。これらの作物は，饑饉への対策としてはありがたい作物であったのですが，そのおかげでこれまで開発が進んでいなかった山地・丘陵地の開発が進むこととなり，中国史上でも最も水害の多い時代へと突

入することになります。

　推定の数値ではありますが，紀元前に中国の森林被覆率は50％であったろうとされていますが，それが18世紀には25％であっただろうとされ，そして現在の中華人民共和国になってすぐの1950年代には8.6％にまで低下しております。

　では森林破壊がおこると，どのような事態が生じていたのでしょうか。南宋時代（1127〜1279）の浙江省を例に見てみたいと思います。この南宋という時代は，華北が女真族の金国に占領されたため。500万人ともいわれる大量の移民が南下し，華中における人口急増がおきていました。その南宋時代に現在でいう寧波（ニンポー），当時の明州（めいしゅう）の魏岘（ぎけん）という人物が残した記録を見てみましょう。

　……四明占水陸之勝，万山深秀，昔時巨木高森，沿渓平地，竹木亦甚茂密。雖遇暴水湍激，沙土為木根盤固，流下不多，所淤亦少，開淘良易。近年以来木植価高，斧斤相尋，靡山不童。而平地竹木亦為之一空，大水之時，既無林木，少抑奔湍之勢。又無根纏以固沙土之積，致使浮沙随流而下，淤塞渓流，……。

　【訳】明州は水陸の景色のすぐれた場所で，万山は深秀であり，昔は巨木高森があって，谷に沿った平地は竹木もはなはだ密にはえていた。このため，大水になったとしても，沙土は木の根のおかげでゆるむことはなく，流れ出してしまう量は多くはなく，たまってしまうことも少なく，水底を浚うのも容易であった。ところが近年になって，木材の価格が上がり，木があいついで伐られ，山は「童（わらべ）」のようにならないものはなかった。そして平地の竹木もこのためにみな無くなり，大水になったとしても林木もないため，水が溢れる勢いを抑えることができなくなってしまった。また根が沙土を留めることができずに砂を流してしまうことになり，渓流を大いに淤塞することとなった。

(魏岘『四明它山水利備覧』巻上)

　この史料に見られますように，この明州という地域では，以前は木々が鬱蒼と茂っていたため，水害がおこることはなかったのですが，（人口増によって）山から木が伐られて，まるで子どもの頭（伝統的に中国の子どもは，一部を残して多くの髪の毛を剃っていました）のようになってしまったとのことで，大水がよくおこるようになってしまったとされています。

第21章　環境問題の歴史からみた中国社会　　　　　489

《写真1》今でもはげ山が多い（浙江省）　　《写真2》斜面の墓も森林破壊の原因とされる（寧波市）

　こうした事態の影響は，寺院の建築にも影響を及ぼしました。浙江省という地域は，日本の僧が多数訪れた天台山や，観音信仰のメッカともいうべき普陀山があり，仏教のとても盛んな地域でした。ところが北宋から南宋にかわる時に，一時期，北から金軍が浙江省にも侵入するなど，社会の混乱がおきていました。そのため，多くの寺院も荒廃してしまい，各寺院では，壊れたままになっている建物の再建を急いでいました。しかし，由緒ある寺院ともなれば，たとえば柱にしても，一定以上の太さのある材木が必要となりますが，はげ山が多くなっていた南宋の浙江省では，そのような木が十分にはありません。そこで大きな役割を果たしたのが，実は日本から来ていた僧でした。
　南宋の有名寺院に材木を送った僧として知られる第一の人物は，重源（1121～1206）です。重源は，1121年に紀季重の子として京都で生まれ，13歳のときに京都山科の醍醐寺にて出家しました。その後，「入宋三度」と言われるように，大陸に3度わたったとされております。『南無阿弥陀仏作善集』によると，その重源が明州（現在の寧波）の阿育王寺舎利殿を建立したとされ，しかも修理のために柱4本と虹梁1支も渡していました。その際に用いられたのは，周防国の材木でした。実は，この重源は，1180年の平重衡による南都焼き討ちによって東大寺が焼失したあと，1181年に東大寺再建の宣旨がくだると，諸国勧進に乗り出していた僧です。そして東大寺再建のための材木を，現在でいえば防府市から佐波川を少しさかのぼったところにある徳地町（山口市）から伐りだしました。現在

でも，徳地町や防府市には，重源にゆかりの寺院がいくつかあり，また，材木を運び出す際につくられた水路や石風呂も残されています。中国に運ばれた材木も，徳地の材木であった可能性はあると思います。

《写真3》現在の阿育王寺舎利殿（寧波市）　　《写真4》佐波川（山口県）

また，臨済宗の開祖として知られる栄西（1141～1215）も，中国の材木を運ぶことに貢献した僧でした。栄西は，1141年に備中国の吉備津宮（現在の吉備津神社）神官賀陽氏の家に生まれ，1154年に比叡山延暦寺にて出家しています。そして，1168年に南宋に渡り，天台山万年寺，明州阿育王寺などをまわり，重源とともに帰国しました。1187年には再び南宋に渡り，天台山や明州の天童寺などで修行し，1191年に帰国しています。

この間に栄西は，天童寺千仏閣修築のために良材を取り寄せることを約束し，実際に送ったことが中国側の史料から確認することができます。

　　十六年，虚菴懐敞，自天台万年来，主是刹，百廃具挙。追跡二老，而千仏之閣，歳久寖圮。且将弗支。猶以前人規模，為未足以称上賜，欲従而振起，更出旧閣及前二閣之上。僉以為難，師之志不回也。先是，日本国僧千光法師栄西者，奮発願心，欲徃西域，求教外別伝之宗。若有告以天台万年，為可依者，航海而来，以師為帰。及遷天童，西亦随至，居歳余。聞師有改作之意，請曰，思報摂受之恩，糜軀所不憚。況下此者乎。吾忝国主近属。它日帰国，当致良材以為助。師曰，唯。未幾，遂帰。越二年，果致百囲之木，凡若干，挾大舶泛鯨波而至焉。千夫咸集，浮江蔽河，輦致山中。師笑曰，吾事済矣。於是鳩工度材，雲委山積，列楹四十，多日本所致。余則取於境内之山。

第21章　環境問題の歴史からみた中国社会　　491

【書き下し】十六年（1189），虚菴懐敞は，天台の万年より来りて，是の刹を主どり，百廃具に挙す。二老を追跡するに，千仏の閣は歳久しくして寖圮す。且つ将に支え弗からんとす。猶お前人の規模を以て，未だ以て上賜に称うに足らざるが為に，従いて振起せんとして，更に旧閣及び前二閣の上よりさんと欲う。僉な以て難しと為すも，師の志は回らざるなり。是より先に，日本国の僧の千光法師栄西なる者，発願心を奮いて，西域に往き，教外別伝の宗を求めんと欲す。有るが告るが若く，天台の万年を以て，依るべき者と為して，航海して来り，師を以て帰と為す。天童に遷るに及んで，(栄)西も亦た随い至り，居ること歳余なり。師の改作の意有るを聞いて，請うて曰く，摂受の恩に報いんと思い，糜軀して憚らざる所なり。況んや此の者に下さんや。吾れ国主の近属を忝くす。它日帰国して，当に良材を致して以て助と為さんとす。師曰，唯。未だ幾くならざるに，遂に帰る。二年を越えて，果して百囲の木を致し，凡そ若干は，大舶に挟めて鯨波に泛べて至る。千夫咸な集まり，江に浮かべ河を蔽い，輂にて山中に致す。師は笑いて曰く，吾が事は済れり。是に工を鳩め材を度し，雲委山積し，楹を列べること四十，多くは日本より致す所にして，余は則ち境内の山より取る。

(楼鑰『攻媿集』巻57「天童山千仏閣記」；書き下しは石井修道氏による)

　この史料は南宋時代の明州出身の官僚である楼鑰という人物が書いたものでありまして，天童寺の住持が，再建は難しいという周囲の声にもかかわらず堅く再建の意志をもち，栄西がそれに協力するために，「良材」を日本から送ることを約束したこと，そして栄西の帰国後に実際に材木が東シナ海をこえて運ばれ，立てられた40本の柱の多くは日本からのものであったことが明確に示されています。
　このように，南宋で森林破壊により材木が不足していれば，はるばる日本から運ぶということが見られたわけです。いわば環境破壊によって生じた事態に，日本からも援助の手をさしのべていたということになります。

2．中国の環境と疫病——江南地域を中心に

　さて，中国史における環境問題というのは，森林破壊に限られることではあり

ません。人口が増加することによって，都市などでは疫病，すなわち各種の伝染病もおこることになります。

　秦代から唐代にいたるまでの中国は，都はすべて華北に置かれ，経済的な中心地も，初期的な土木技術で開発のしやすかった黄河流域にありました。しかし，しだいに土木技術が高度化し，これまで敬遠されていた江南地域にも開発の手が及ぶようになり，隋唐時代以後になると，その開発も本格化するようになります。

　ただし，この華北地域と江南地域は，同じ中国とは言っても，風土に大きな違いがありました。ウィリアム・H・マクニール氏が『疫病と世界史』(中公文庫，2007年) で指摘しているように，華北では，厳しい冬の寒さがあるために，寄生生物は長時間氷点下の気温に耐えられず，生存が許されないことになります。ところが華中，そしてさらにその南の華南では，夏はかなりの高温多湿になります。この点は，韓国南部や日本とも共通しています。そしてそのような気候のもとでは，「瘧」(マラリア) をはじめとして，流行性熱病などが発生しやすい環境にあります。

　三国時代の呉の時期から唐代にかけて，しだいにそうした環境にも人々が少しずつ適応し，徐々に江南の人口は増えてきたわけですが，かといって疫病が発生したという記録は，むしろ人口が急増した南宋時代に激増することになります。

　再び南宋時代の浙江省に焦点をしぼってみますと，いろいろな記録を調べたところ，当時とくに疫病がはやりやすかったのは，人口の増えた都市において，水が澱んで不衛生な場所でした。南宋中期の政治家・思想家で浙江省温州出身の葉適 (1150～1223) という人物が次のように記しています。

　　其後承国家生養之盛，市里充満，至於橋水隠岸而為屋，其故河亦狭矣，而河政又以不修。長吏歳発閭伍之民以濬之，或慢不能応，反取河濱之積実之淵中。故大川浅不勝舟，而小者納汗蔵穢，流泉不来，感為癘疫，民之病此，積四五十年矣。

　　【訳】その後，国家が繁栄するにともなって，都市には人が充満し，橋・運河・堤・川岸に家が建てられ，川幅は狭くなってしまい，川の管理もなおざりにされた。役人が毎年地元の人々にこれを浚わせようとするが，怠慢で対応せず，かえって川岸に積まれたものを水の中に入れてしまうありさまだ。

そのため，大きな川は浅くなって舟が通行できなくなり，小さい川もゴミを溜め込んでしまい，水は流れず，ひどい疫病に感染してしまう。民衆がこのことの弊害に苦しむようになって，4,50年を重ねてしまっている。

(葉適『水心文集』巻10「東嘉開河記」)

すなわちこの温州では，都市に人口が多くなったため，運河やその岸に家を建てる人が増えてしまい，水が濁み不衛生になったため，疫病に感染しやすくなったことが指摘されています。同様の記述は，時間の関係でここでは紹介しませんが，同じく浙江省の現在の慈渓市についても詳しく記されています。

《写真5》温州中心部近くの運河（1996年）

《写真6》慈渓市の水路（2005年）

さて，中国の人々も長く文明を維持してきた人々です。不都合な事態が生じてしまったからといって，手をこまねいてばかりいる人々ではありません。こうした疫病の多発する江南地域では，とくに医学が発達することになります。もちろんその背景には，宋代のこの地域が，科挙合格者も多いなど，教育水準・知識水準の高い地域であったことも理由に挙げられるでしょう。そうした中で，当地の知識人のなかには，単に科挙のための勉強ばかりでなく，医学の研究に優れた成果を示す者もあらわれるようになってきました。たとえば，さきほど疫病の発生の原因の史料を挙げた温州地域では，"永嘉医派"と呼ばれることになる医学者のグループが登場し，『三因極一病証方論』を著した陳言をはじめとする多数の医師たちが，実際の疫病対策にあたるとともに，医学一般についても，新たな次元の知識を見出していっておりました。

こうして書かれた医書は日宋貿易・日元貿易により鎌倉時代から南北朝時代に

かけての日本にも多数伝来しています。吉田兼好が『徒然草』のなかで，「唐の物は，薬の外に，なくとも事欠くまじ。」(第120段)と述べているのは，当時の人々が中国から伝来する薬をいかに重要なものと考えていたかが伝わってまいります。また，栄西の『喫茶養生記』に，茶が「養生の仙薬」として論じられるなど，鎌倉時代から日本でも盛んになった飲茶の風習は，当時の生活における養生とも深く関係しておりました。

3．食文化と環境——養生を中心に

さて，前節の最後に出てまいりました「養生」についてですが，養生思想は，とくに宋代以後の文人の間でしだいに盛んに意識されるようになってまいりました。病気になってからどのような治療を施すか，あるいはどのような投薬をするかだけでなく，日々の暮らしの中で長生きのためにはどのような生活をするべきかが，関心を集めるようになってきたわけです。これも，周囲の環境とのつりあいのなかで，どのように過ごすか，そしてとくに何をどのように食べるかを考えるわけですから，当時の人々なりに環境にどう向き合うかの問題に広い意味で含まれてくることかと思います。

ここで，そうした養生に関心をもった文人として取りあげたいのは，詩人として有名な陸游(りくゆう)(1125〜1210)という人物です。南宋時代のやはり浙江省出身の人物になります。この陸游は，科挙試験に優秀な成績で合格して官僚になった人物でしたが，権力者に対しても物怖じしない政治的態度を示すことが多く，たびたび免官もされるなどしており，事なかれの官僚人生を送った人物ではありませんでした。50歳代なかばで最後に免官されてからは，故郷にて30年をすごすことになります。

ただ，陸游は，若い頃から病気にも苦しんでいましたので，中年になって反省し，種々の養生法では体質改善につとめました。彼の生没年をご覧いただいてもわかるように，85歳まで生きているわけですから，その養生法は，確かに効果をあげたのだろうと思われます。

彼は具体的に，日々の食生活において，次のようなことを重んじていました。

放翁年来不肉食。　　　　　　　　　　　　　　　　（「素食」）

　【訳】私（「放翁」は陸游の号）は数年来，肉食をしていない。

　つまり肉食を避けて粗食を重んじていたわけです。中華料理というと，われわれ日本人は肉料理が中心というイメージを抱きがちですが，中国の国土面積はヨーロッパ全体の面積にも匹敵しますから，地域差はかなり大きいものがあります。とくに北部では，肉食が多いですが，中国はどこでもそうだというわけではありません。陸游の出身地である華中地域の浙江省に私もよくまいりますが，遊牧民族の暮らすモンゴルからは遠く離れ，逆に海に面した省だけあって，肉よりはむしろ魚が多く，それ以外では豆腐やちまき・餅などもよく出てまいります。

　さらに彼は過食についても戒めており，

　朝晡に 粥 飯・湯餅の属を食するに，皆な当に腹中に余地有らしむべし。魚肉は僅かに以って飯を下すべし。酒を按ずるに即ち已に多ければ尤も害を為す。若し偶たま一物を食して多ければ，則ち当に一物を減じて以って之を乗除す。如し湯餅稍や多ければ則ち飯を減ず。飯稍や多ければ則ち肉を減ず。要は此の数に過ぎず。食罷わらば行くこと五七十歩にして，然る後に襟を解げ帯を褫き，枕を低くして少しく臥すべし。此れ養生の最急事なり。

　　　　　　　　　　（陸游『斎居紀事』；書き下しは村上哲見氏による）

とくにここでも，魚や肉を僅かにすること，酒が多いと害をなすことも指摘しています。

　こうした養生思想は，さらに明代になって，多くの文人によって語られるようになります。そうした中国における養生思想は，実は日本の文人にも影響を与えていました。すこし後の時代になりますが，江戸時代前期の福岡藩の儒学者である貝原益軒が著した『養生訓』は，その最も典型的なものでしょう。貝原益軒は，福岡藩による長崎警備のため長崎に滞在し，唐書書籍商や唐通事，蘭通詞らと交流し，漂着した朝鮮船の漂流人との筆談交渉役もつとめるなど，海外との交流を自ら体験していた人でした。ただし，彼の場合も，生まれつき弱い体質で，痔などの持病ももっていましたが，絶えず健康に注意を払い，中国医学とともに西洋医学にも関心をもっていました。彼が著した『養生訓』は，中国の書籍から多くを学ぶとともに，日本の独自性も踏まえた内容となっています。

貝原益軒（伊藤友信訳）『養生訓　全現代語訳』（講談社学術文庫，1982年）によって，おもな主張を見てみますと，

> 養生の道なければ，生れ付つよく，わかく，さかんなる人も，天年をたもたずして早世する人多し，是天のなせる禍にあらず，みづからなせる禍也。天年とは云がたし。つよき人はつよきをたのみてつゝしまざる故に，よはき人よりかへつて早く死す。又，体気よほく，飲食すくなく，常に病多くして，短命ならんと思ふ人，かへつて長生する人多し。是よはきをおそれて，つゝしむによれり。この故に命の長短は身の強弱によらず，慎と不慎とによれり。白楽天が語に，福と禍とは，慎と慎まざるにあり，といへるが如し。
> 　　　　　　　　　　　　　　　　　　　　　　　　　　　　（巻1）
>
> 【訳】養生の道を無視すると，生まれつき健康で，若く元気旺盛なひとも，天寿をたもたないで早世するものが多い。これは天からの禍ではなく，みずからがまねいた禍である。天寿とはいえない。健康なひとは，健康ということにたよって注意しないから，弱いひとよりかえって早く世を去る。これに対して，体力なく，飲食は少なく，つねに病気がちで短命であろうと思われるひとが，かえって長生きするのである。これは弱いことを畏れて生活を慎むからである。こうしてみると，命が長いか短いかは身の強弱によるのではなく，生活を慎むか慎まないかによる。白楽天の言葉に，「福と禍とは，慎むと慎まざるにあり」とあるが，その通りであろう。

とあるように，体力のない人でも養生につとめれば長生きすることを，唐代の詩人・白居易（楽天）の言葉も引きながら強調しています。

そして，『養生訓』においても，

> 凡の食，淡薄なる物を好むべし。肥濃油膩の物多く食ふべからず。生冷堅硬なる物を禁ずべし。あつ物，只一によろし。肉も一品なるべし。酊は一二品に止るべし。肉を二かさぬべからず。又，肉多くくらふべからず。生肉をつゞけて食ふべからず，滞りやすし。羹に肉あらば，酊には肉なきが宜し。
> 　　　　　　　　　　　　　　　　　　　　　　　　　　　　（巻3）
>
> 【訳】すべての食事はあっさりした薄味のものを好むのがよい。味こく脂っこいものを多く食べてはならない。生ものや冷えたもの，そして堅いものは

第21章　環境問題の歴史からみた中国社会　　　497

> 禁物である。吸物は一椀でよく，肉も一品でよい。副食は一，二品にとどめるのがよい。肉も二品食べるのはよくない。また肉をたくさん食べてはいけない。生肉をつづけて食べてはいけない。胃にとどこおりやすいからである。吸物に肉を入れたならば，副食物には肉類をそえないのがよい。

とあるように，脂っこいもの，とくに肉の多食は大いに戒められています。このことは，貝原益軒においては，とくに日本人が注意すべきこととして認識されているようで，

> 諸獣の肉は，日本の人，腸胃薄弱なる故に宜しからず，多く食ふべからず。
> 　　　　　　　　　　　　　　　　　　　　　　　　　　　　（巻3）
>
> 【訳】さまざまな獣肉を食べることは日本人には適当ではない。日本人は胃腸の弱い者が多いからである。

と指摘されており，とくにこのことは，

> 中華，朝鮮の人は，脾胃つよし。飯多く食し，六畜の肉を多く食つても害なし。日本の人は是にことなり，多く穀物を食すれば，やぶられやすし。是日本人の異国の人より体気よはき故なり。　　　　　　　　　　（巻4）
>
> 【訳】中国や朝鮮のひとは，脾胃が強い。飯を多く食べ，六畜（馬，牛，羊，犬，豚，鳥）の肉を食べても害にはならない。日本人は彼らと違って，穀物や肉を多く食べると身体をわるくする。これは日本人が他国の人びとよりも体気が弱いからである。

と述べられているように，同じ東アジアの中国・朝鮮の人と比べても，日本人がとくに注意すべきこととして認識されているのは興味深いところです。

おわりに

　以上，環境問題と中国の歴史の関わりを，森林破壊，疫病の流行，養生思想の発達という3点から見てまいりました。

　この歴史からなにが学べるのか，それは，一言でいえば，環境をめぐる問題は，常に周囲の地域とも関係しているということです。初めに見たように，現代の大気汚染その他の問題が，一つの「国」だけでは解決が困難であるのと同様に，過

去の環境問題においても，森林破壊に対しては日本から僧が材木を運ばせたり，疫病に対する医療の技術・知識はすぐに日本にも伝播したり，また養生思想においても，日本と中国の違いを意識しつつも積極的に参照されていたりしていました。

つまり，こと環境問題に関しては，「国」をこえた「東アジア地域」相互の影響関係があり，それへの対応も「東アジア」全体として考えていかなければならないということを，21世紀のこれからを考えるうえで踏まえておかねばならないのだと思います。

ところで，ここからは本日の話の「付録」部分にあたるのですが，さきほど，貝原益軒の『養生訓』を例に出して，中国から日本への養生思想の伝播について紹介しました。この『養生訓』という本，現代のわれわれにとっても，いろいろなヒントのある本なのですが，その『養生訓』をもとに考えると，府中市，ないしは備後地方の食生活というのは，どのように位置づけられるだろうかということを，最後にお話ししておきたいと思います。

今日の冒頭に，私自身も府中味噌のファンで毎日いただいているということを申しましたが，実は『養生訓』において，味噌というのはたいへん高い評価を与えられている食品なのです。

　　味噌，性 和(やわらか)にして腸胃を補ふ。　　　　　　　　　　　(巻3)

　　【訳】味噌は性（成分）がやわらかで脾胃の働きをおぎなうものである。

みなさまもご存じのように，味噌のような発酵食品が体によいというのは，腸が西洋人などに比べて格段に長い日本人にとって，善玉菌を養ううえで欠かせないことのようです。総じて西洋に比べて日本を含む東アジアに発酵食品が多いのは，こうした身体的特徴とも無縁ではないと思います。

また，

　　水は清く甘きを好むべし。清らかならざると味あしきとは用ゆべからず。郷土の水の味によつて，人の 性(うまれつき)かはる理なれば，水は 尤(もっとも)ゑらぶべし。又，悪水のもり入(いり)たる水のむべからず。薬と茶を 煎(せん)ずる水，尤もよきをゑらぶべし。　　　　　　　　　　　(巻3)

　　【訳】水は清らかで甘いのを好むべきである。清くなく味のわるい水は使っ

第21章　環境問題の歴史からみた中国社会　　　　　　　　　　　　　499

てはいけない。郷土の水の味によってひとの性質は変わるといわれるくらいであるから，水は大いに選んで使用しなければならない。また悪水が漏れ入った水は飲んではいけない。薬と茶とを煎ずる水は，とくに清らかなものを選ばなければならない。

と記されておりますように，普段よく口にする「水」についても貝原益軒は気を使っていたようです。これも幸いなことに，われわれが暮らす瀬戸内海沿岸地域は，地質の関係で良質な水が多いことで知られています。水がその産業の生命線というべき醸造業の名産地が，たとえば龍野（兵庫県）や小豆島（香川県）の醤油，西条（広島県）のお酒，そして府中の味噌など，この地域に多いことは偶然ではなく，その意味でわれわれは良質の水を口にしやすい生活環境に暮らしているわけです。

さらには，

大魚は小魚より油多くつかえやすし。脾虚の人は多食すべからず。

（巻3）

【訳】大きな魚は小魚より脂肪が多くて消化しにくい。脾虚(ひきょ)のひとは多食してはならない。

とあるように，大きな魚より小魚のほうが体によいというのは，福山の対岸の走島のちりめんじゃこなど，小魚の多い瀬戸内にとってはまさに「おまかせください」の世界でありますし，大根についても，

蘿蔔(らふく)は菜中の上品也。つねに食ふべし。葉のこはきをさり，やはらかなる葉と根と，豆豉(みそ)にて煮熟して食ふ。脾を補ひ痰を去り，気をめぐらす。

（巻4）

【訳】大根は野菜の中でもっとも上等なものである。つねに食べるのがよい。葉っぱの堅いところをすててやわらかな葉と根を味噌でよく煮て食べる。そうすると，脾臓(ひぞう)を助けて痰を取り去り，気の循環をよくする。

と絶賛されております。大根もこの近くでも「うやまの大根まつり」というお祭りがあるそうで，名産地がございますようですし，広島県内北部でも大根生産は盛んであります。

こうして見てまいりますと，府中市で暮らすということは，味噌，良質の水に

恵まれているだけでなく，小魚や大根もすぐ気軽に新鮮なものが入手でき，『養生訓』の観点から見ると，最高レベルの優れた環境にあるということが言えるのではないでしょうか。

ちなみに調べてみますと，市町村別の平均寿命（平成17年の統計）で，府中市の男性の平均年齢は79.2歳，女性の平均年齢は86.5歳です。この数字は，全国平均の男性78.8歳，女性85.8歳に比べるとかなり高いほうの部類に入りまして，府中市のこうした恵まれた環境とは決して無縁ではないであろうと思います。

というわけで，"環境"の時代とも言うべきこの21世紀において，府中で暮らすということは，実はいろいろ生かすことのできる種(シーズ)に隣り合って生活していることを意味するのではないかというメッセージを以て，本日の拙い講演を終わらせていただきます。ご静聴ありがとうございました。

（広島大学大学院文学研究科歴史文化学講座
『地域アカデミー2008　公開講座報告書』）

岡元司略歴・業績目録

岡元司略歴

1962年12月	岡山県児島市（現・倉敷市）に生まれる。
1981年3月	大阪府立豊中高等学校卒業。
1985年3月	広島大学文学部史学科東洋史学専攻卒業。
1989年3月	広島大学大学院文学研究科東洋史学専攻博士課程前期修了。
1990年9月	杭州大学（現・浙江大学）に留学。91年3月まで。
1995年9月	広島大学大学院文学研究科東洋史学専攻博士課程後期単位修得退学。
1996年4月	和歌山工業高等専門学校一般教育科講師。
1998年7月	和歌山工業高等専門学校一般教育科助教授。
2001年4月	広島大学大学院文学研究科助教授。
2007年4月	広島大学大学院文学研究科准教授。
2009年10月3日	上咽頭癌のため逝去（享年48）。

2008年11月　東銭湖史詔墓にて
「足置きが快適」

岡元司業績目録

〈単著〉
・『宋代沿海地域社会史研究』（汲古書院，全530頁，2012年5月）

〈編著〉

・平田茂樹・遠藤隆俊・岡元司編『宋代社会の空間とコミュニケーション』
（汲古書院，全410頁，2006年6月）
・平田茂樹・遠藤隆俊・岡元司編『宋代社会的空間与交流』（河南大学出版社，全375頁，2008年12月）

〈論文〉

・「葉適の宋代財政観と財政改革案」（『史学研究』第197号，35～55頁，1992年7月）
＊「南宋期温州の名族と科挙」（『広島大学東洋史研究室報告』第17号，1～23頁，1995年10月）→ 第5章
＊「南宋期温州の地方行政をめぐる人的結合――永嘉学派との関連を中心に――」（『史学研究』第212号　シンポジウム「人的結合と支配の論理」，25～48頁，1996年6月）→ 第6章
＊「南宋期科挙の試官をめぐる地域性――浙東出身者の位置づけを中心に――」（宋代史研究会編『宋代史研究会研究報告第6集　宋代社会のネットワーク』，汲古書院，233～273頁，1998年3月）→ 第4章
＊「南宋期浙東海港都市の停滞と森林環境」（『史学研究』第220号　シンポジウム「広域経済圏と中世都市」，40～60頁，1998年5月）→ 第17章
・「南宋温州士大夫的相互関係」（杭州大学古籍研究所・杭州大学中文系古漢語教研室編『古典文献与文化論叢』第2輯，杭州大学出版社，283～300頁，1999年5月）

・「宋代地域社会における人的結合——Public Sphereの再検討を手がかりとして——」(『アジア遊学』第7号 特集「宋代知識人の諸相——比較の手法による問題提起」,勉誠出版,41～55頁,1999年8月)

・"Openness and Exclusiveness: Personal Ties among the Elite of Southern Song Wenzhou," *Middle Period Chinese History and Its Future*, The Research Group of Historical Materials in Song China, pp.23-52, September, 2000.

・「〔総論〕相互性と日常空間」(勝山稔・小島毅・須江隆・早坂俊廣と共同執筆)(宋代史研究会編『宋代史研究会研究報告第7集 宋代人の認識——相互性と日常空間——』,汲古書院,1～26頁,2001年3月)

＊「南宋期の地域社会における知の能力の形成と家庭環境——水心文集墓誌銘の分析から——」(同上,299～336頁)→ 第7章

＊「宋代の地域社会と知——学際的視点からみた課題——」(伊原弘・小島毅編『知識人の諸相——中国宋代を基点として——』,勉誠出版,20～30頁,2001年4月)
→ 第2章

＊「南宋期の地域社会における「友」」(『東洋史研究』第61巻第4号,36～75頁,2003年3月)→ 第8章

＊「南宋期浙東における墓と地域社会」(岸田裕之編『中国地域と対外関係』,山川出版社,29～61頁,2003年10月)→ 第10章

・"Elite Families and Graves in Wenzhou during the Southern Song: From the Viewpoint of Local Society," *Chinese Society and Its Significance after the Tang-Song Reformation: With Focus on the Civil Service Examination, Urbanization, and Lineage Systems*, paper for 37th ICANAS, pp.87-96, August, 2004.

＊「宋代における沿海周縁県の文化的成長——温州平陽県を事例として——」(『歴史評論』第663号 特集「中国地域社会史研究の展開」,2～11頁,2005年6月)
→ 第12章

＊「〔問題の所在〕宋代地域社会史研究と空間・コミュニケーション」(平田・遠藤・岡編『宋代社会の空間とコミュニケーション』,汲古書院,251～258頁,2006年6月)
→ 第3章

＊「南宋期温州の思想家と日常空間――東南沿海社会における地域文化の多層性――」（同上，281～313頁）→ 第9章
＊「疫病多発地帯としての南宋期両浙路――環境・医療・信仰と日宋交流――」（『東アジア海域交流史 現地調査研究～地域・環境・心性～』第3号，45～64頁，2009年1月）→ 第14章
＊「宋代明州の史氏一族と東銭湖墓群」（東アジア美術文化交流研究会編『寧波の美術と海域交流』，中国書店，2009年9月）→ 第11章
＊「地域社会史研究」（遠藤隆俊・平田茂樹・浅見洋二編『日本宋史研究の現状と課題――1980年代以降を中心に――』，汲古書院，83～104頁，2010年5月）→ 第1章
＊「海をとりまく日常性の構造」（吉尾寛編『東アジア海域叢書4 海域世界の環境と文化』，汲古書院，5～32頁，2011年3月）→ 第16章

〈学界動向〉

・「宋代財政史研究の動向」（『広島大学東洋史研究室報告』第10号，33～42頁，1988年10月）
・「2000年の歴史学界――回顧と展望――中国 五代・宋・元」（『史学雑誌』第110編第5号，237～245頁，2001年5月）
・"Updates on Song History Studies in Japan: Social History (by ENDO Takatoshi, OKA Motoshi & SUE Takashi)," *Journal of Sung-Yuan Studies,* 31, pp.172-182, 2001.

〈史料紹介〉

・「宋代明州史師仲墓誌調査」（『広島東洋史学報』第13号，94～98頁，2008年12月）

〈翻訳など〉

・蔡罕「宋代四明史氏墓葬遺跡について」【解題・訳・写真】(井上徹・遠藤隆俊編『宋―明宗族の研究』,汲古書院,245～270頁,2005年3月)

〈書評〉

・梁庚堯著『南宋的農村経済』(聯經出版事業公司,1984年)(『広島大学東洋史研究室報告』第7号,46～48頁,1985年9月)
・古林森廣著『宋代産業経済史研究』(国書刊行会,1987年)(『史学研究』第176号,68～75頁,1987年7月)
・横山英・寺地遵編『中国社会史の諸相』(勁草書房,1988年)(『広島大学東洋史研究室報告』第11号,54～57頁,1989年10月)
・葉坦著『富国富民論――立足于宋代的考察』(北京出版社,1991年)(『広島大学東洋史研究室報告』第14号,33～36頁,1992年10月)
・周夢江著『葉適与永嘉学派』(浙江古籍出版社,1992年)(『広島大学東洋史研究室報告』第15号,41～45頁,1993年10月)
・James T. C. Liu, *China Turning Inward: Intellectual-Political Changes in the Early Twelfth Century,* Harvard University Press, 1988.(『広島大学東洋史研究室報告』第16号,35～38頁,1994年10月)
・今堀誠二著『中国史の位相』(勁草書房,1995年)(『史学研究』第215号,88～93頁,1997年3月)
・Billy K. L. So, *Prosperity, Region, and Institutions in Maritime China: The South Fukien Pattern, 946-1368,* Harvard University Press, 2000.(『広島東洋史学報』第8号,43～47頁,2003年11月)
・Anne Gerritsen, *Ji'an Literati and the Local in Song-Yuan-Ming China,* Leiden, Brill, 2007, *Journal of Sung-Yuan Studies,* 39 pp.252-257, 2009.

〈新刊紹介〉

・藤田勝久『項羽と劉邦の時代　秦漢帝国興亡史』（講談社選書メチエ370，講談社，2006年）（『中国四国歴史学地理学協会年報』第3号，23～26頁，2007年3月）

〈教育関係論文〉

・「高等専門学校におけるボランティア活動に関する一考察――和歌山高専環境・福祉ボランティアサークル「アメーバ」の活動を通して――」（伊藤雅・岸本昇・河地貴利・三岩敬孝・山吹巧一と共同執筆）（『高専教育』第24号，381～386頁，2001年）

〈科学研究費研究成果報告書〉

・『宋代以降の中国における集団とコミュニケーション』（平成14年度～平成16年度科学研究費補助金（基盤研究（B）(1)）研究成果報告書，全116頁，2005年5月）

〈その他〉

・【研究室だより】「杭州大学との交流について」（『広島大学東洋史研究室報告』第12号，32～33頁，1990年12月）
・【研究室だより】「杭州大学での留学を終えて――中国の大学院生との対話」（『広島大学東洋史研究室報告』第13号，55～57頁，1991年10月）
＊【海外短訊】「中国の森林環境を考える旅」（『広島東洋史学報』第3号，125～127頁，1998年12月）　→　第19章
・「中川報告に対するコメント」（中川鮮氏「中国における環境・災害調査について」に対して）（『現代中国研究』第6号　特集「現代中国における貧困と開発」，37～39頁，2000年）

・【参加記】1999年度広島史学研究会大会シンポジウム「社会構造の変容と傭兵」〔東洋史〕(『史学研究』第228号, 70～73頁, 2000年6月)

・【海外短訊】「ICANASおよび米国での宋代史シンポジウムに参加して」(『広島東洋史学報』第5号, 75～79頁, 2000年11月)

・【付記】ヒュー・クラーク氏講演「福建路興化軍木蘭渓と周辺地域におけるエリート宗族間の婚姻関係 (Marriage Connections among Elite Kin Groups in the Mulan River Valley and Adjacent Regions)」(『広島東洋史学報』第7号, 109～110頁, 2002年11月)

・【研究フォーラム】「伝統中国社会における「友」――中国社会史のひとこま」(『歴史と地理』No.566〔世界史の研究196〕, 山川出版社, 55～58頁, 2003年8月)

・「中国宋代明州史氏墓葬遺跡」(『文化交流史比較プロジェクト研究センター報告書』1, 29～32頁, 2004年)

＊「沿海地域社会を歩く――南宋時代温州の地域文化が育まれた空間――」(『アジア遊学』第70号 特集「波騒ぐ東アジア」, 勉誠出版, 174～185頁, 2004年12月)
　→ 第13章

・「中国のみかん産地・温州の歴史と現代」(『地域アカデミー2004 公開講座報告書』, 広島大学大学院文学研究科歴史文化学講座・中国四国歴史学地理学協会, 43～50頁, 2005年5月)

＊「周防から明州へ――木材はなぜ運ばれたか」(小島毅編『アジア遊学特別企画 義経から一豊へ――大河ドラマを海域に開く』, 勉誠出版, 30～36頁, 2006年1月)
　→ 第18章

＊「地中海と東アジア海域の環境に関する覚書」(『東アジア海域交流史 現地調査研究～地域・環境・心性～』第2号, 文部科学省特定領域研究「東アジアの海域交流と日本伝統文化の形成――寧波を焦点とする学際的創生――」現地調査研究部門, 162～172頁, 2007年12月) → 第20章

＊「中世日本における疫病・信仰と宋文化――"海の道"がつなぐ東アジア――」(『地域アカデミー2008 公開講座報告書』, 広島大学大学院文学研究科歴史文化学講座, 5～16頁, 2009年3月) → 第15章

*「環境問題の歴史からみた中国社会——森林・伝染病・食文化——」(同上, 35～48頁) → 第21章

〈広島大学内小文〉

・【コメント】「文学研究科における親密圏 (intimate sphere) の成立!?」(平成17 (2005) 年度『専攻 (必修) 科目共通科目「総合人間学」(集中講義) 実施報告書』, 広島大学大学院文学研究科総合人間学講座, 46～47頁, 2005年)
・「中国を歩く——現地調査の楽しさ——」(広島大学大学院文学研究科教務委員会編『人文学へのいざない』, 広島大学大学院文学研究科, 64～68頁, 2006年2月)
・【座談会記録・中国語版】「日本的中国社会史研究動向——以宋元明清時代為中心」(平成17年度 (2005年度) 学長裁量経費 (研究) 実施報告書『蘇州大学における学術講演会及び教育研究相談会』, 広島大学大学院文学研究科, 19～21頁, 2006年3月)
・「海外研究交流・調査報告書II」(『文化交流史比較プロジェクト研究センター報告書』III, 33～34頁, 2006年3月)
・「研究交流・調査報告書 (東アジア海域交流史に関する学術交流／中国沿海地域史跡巡見——福建省泉州および浙江省寧海・天台——)」(『文化交流史比較プロジェクト研究センター報告書』V, 41～42頁, 2008年3月)
・「大学院ミニコアカリキュラム授業概要V 中国前近代史研究の現状と課題——英語圏における近年の明清時代女性史・教育史研究を中心に——」(同上, 50～51頁)

1 以上の業績のうち, 本書に収録した文章には「」を付し, 該当の章を記した。
*2 本業績目録は, 『広島東洋史学報』第14号 (2009年12月, 109～112頁) を補訂して作成した。

後序　一
追悼　岡先生
山根直生

　2009年10月初めの某日，とある研究会の後の宴席へ1本の電話が入り，岡先生の死を知った。その場では平静を保ったつもりだったが，私の様子を察した某先生との二人酒となった3次会では，相当深酒をしてしまい帰宅後したたかに吐くはめになった。某先生と何をお話したか，翌朝記憶がなかったので，さぞかしご迷惑をおかけしたに違いない。

　今年初めにご体調の悪化について耳にし，さらに今夏の宋代史研究会合宿で尋常ならざるご様子を目の当たりにして以来，いつか岡先生の凶報に接するであろうことを，心の片隅で覚悟していた。それでもこのように突然とは思わず，またご自身もかくも早く最後の時を迎えるとは思っておられなかったはずと聞き，今も心の整理がつかない。寺地遵先生の門下としては岡先生の弟弟子(おとうとでし)に当たり，また，2001年に岡先生が広島大学に赴任されて以降はその指導学生であった者として，ここに追悼の一文を記させていただく。

　私と先生の学生としての時間は重なっていない。1996年，博士課程前期から私が広大に入ったその年，ちょうど岡先生は和歌山工業高等専門学校へ赴任されていった。いわば入れ違いだったわけだが，合宿や研究会などの折々，お会いするたびに言葉をかけていただき，やがて当時使い始めたばかりの電子メールでやりとりするようになった。いかなる原因か，ある時期広島大からのメールが2行分しか送れなくなった際には，長文の相談内容を何通ものメールに細分してお送りした記憶がある。このように，岡先生の気さくな人柄に接し，励まされたという学生は私だけではないだろう。だが私の場合には，兄弟子としての「岡さん」にすがりたくなる特別な理由があった。

　今となっては想像しがたいことかと思うが，院生時代の先生は決して順風満帆に研究を進められたわけではなかった。なかなか方向性の見出せぬ劣等生であったと，自ら率直にふりかえり語ってくださったものである。無論こ

の間の苦闘こそ，後の先生の研究に厚みを与えたものであったろうが，寺地先生からゼミのたびにお叱りを受けていた紛れもない劣等生の私には，そうした経験それ自体，そしてそれを語ってくれる親しさこそがありがたかった。

「自分がどういう研究をしたいか，ハイムズ（Robert Hymes）の研究に接するまでどうにも展望を持てなかった」，「35歳までに就職できなければ研究をあきらめるつもりだった」……。教育・校務で多忙を極めながら研究に邁進された和歌山高専での日々は，先生にとって苦境の後の充実した時間だったのだと思う。お会いする際のエネルギッシュなご様子，続々と発表されるご研究の数々が，後輩の私にもそれを知らしめた。博士課程後期への進学に惹かれながらも迷っていた私に，「山根君も悔いのない人生を送りましょう！」と，激励の一文を送ってくださったのもこの頃である。

2001年4月，寺地先生の後任として母校に戻られて以降は，その活力にいっそうの拍車がかかったかのようだった。岡先生の指導の特色は，「ネットワーク」「人的結合」といったキーワードをかかげるその宋代史研究さながら，読書会，研究会，あるいは野球観戦会などといった様々な交流の場を設け，そこに学生を積極的に引き込んでいくことにあった。当時の私はと言えば，自分では岡研究室の番頭たろうと気負っていたが，弟弟子から指導下の学生になったという経緯からしても，岡先生にしてみれば扱いにくい学生に違いなかった。研究のあり方や門下の学生との関係をめぐって，教員の苦労を知らぬ故の勢いで議論をふっかけたことも一度や二度ではない。

それでも受け入れ続けてくださったのは，ひとえに岡先生の寛容の故であり，現在の勤務校への就職を後押ししてくださったのも先生であった。大学の教壇に立ってみると，いまさらに先生からのご教授の意義深さを知ることがあり，とある再会の折，やや改まって感謝の意を表した。ご自分の胸に手をあてて何度もうなずくいつもの仕草とともに破顔され，「そう言ってもらえて，素直にうれしい」とおっしゃられていた岡先生の姿が，今も思い出される。

広島大学，宋代史研究会，そして「にんぷろ（平成17年度〜21年度 文部科学省特定領域研究　東アジアの海域交流と日本伝統文化の形成——寧波を焦点とする学

際的創生——）」にとってなくてはならぬ人物となられていた先生は，それらの膨大な業務を日々こなされていた。とりわけ中国への渡航については，私が耳にするだけでも隔週かと思うほど頻繁だった。広島大を卒業し「にんぷろ」にも参加していない私としては，それら以外の雑音はなるべくお耳に入れまいと思い，また，いつまでも弟弟子・学生の立場に甘えていてはならないと，意識して先生との連絡を減らした。

　今から思えばまたしても無益無用の気負いであった。それまで通り，あるいはより密にご連絡を図っておくべきだったかも知れない。立場がどうのと躊躇する前に，先生の仕事の一端なりと手助けすることを，なぜ申し出なかったか。

　2007年5月，ご発病の後に初めて再会し，ご様子から癌であろうと悟った。08年1月，一度は快癒された先生と久々の酒をご一緒した。そして今夏に至るまで，お会いするたびにご自愛くださいと言わぬ時はなかったが，年初の再発直前まで中国に足を運ぶことに努められ，最近ではご病気をきっかけに「疾病史」に着手さえされていた。

　岡先生らしい，と思う。和歌山で道を切り拓かれて以来，もたらされる務めの一切に対し，先生は常に全力で，前向きに応える態度を貫かれた。「岡先生は歴史研究に殉じた」。どなたかがそのように称えても，まったく異論はないだろう。

　しかし。

　研究に殉じること，自らを犠牲にすることは，岡先生の意思のすべてではなかったし，他方，一私人としての幸福を求めるお気持ちも当然に有った。我々学生との何気ない会話のなかには，岡先生のこのような言葉もあったことをご記憶いただきたい。

　「山根君の子と僕の子が同じ年くらいになって，僕の子がいじめられたりするようになったらイヤだなぁ」「将来，息子とキャッチボールをするのが夢だ」

　こうした先生の願いが，研究に邁進することと同時に果たされてはならな

いという道理はない。そのための手助けをすることは余人にはできなかったのだろうか。進み続けたことは先生のご意志であり，また決して周囲の助けなど先生は求められなかったろうが，我々はそれに頼りすぎてはいなかったか。今，先生を歴史研究の聖人のように美化することには，あえて言えば一抹の欺瞞があるように思われてならない――

　以上，文字通りの乱文となったこと，どうかお許しいただきたく思う。今はこのようなものより他に何を書きようもない心境である。英語・中国語に堪能であった先生が，天上では様々な偉人と議論されていることを夢想しつつ，改めて，心よりご冥福をお祈りします。

（2009年12月）

（福岡大学人文学部准教授）

後序　二
悼詞断章
寺地　遵

　昨年の天皇誕生日祝日休日，彼は大学に出たついでだといって，拙稿「賈似道の対蒙防衛構想」の掲載誌と別刷り，約百部をわざわざ拙宅に持参してくれた。有難く受取り，私の南宋政治史研究最終論文を謹呈した。これが岡元司君との最後の面談となった。

　その折，年末正月休みはコペンハーゲンで過ごすといっていた。何でそんな寒い処にわざわざ行くのかと聞くと，逆に人気の少ない閑かな処で本を読むのだとのこと。何せ新婚旅行先のタイ・プーケットで，フェルナン・ブローデルの大著『地中海』全5冊を読みあげたという人物であるから，何か寧波科研のとりまとめ，或いは先行きのために必要なものだろうと思いこみ，何を読むのか，殊更にたずねなかった。いまとなっては，いささか心のこりである。またこれからは疾病史，病気の社会史をやりたいとも言っており，この人にしては少し弱気になっているな，とも感じた。

　1990年8月29日，当時滞在中の杭州大学外国人老専家楼で，蔡徳栄・丸田孝志両君と共に岡君を迎えた。翌日には丸田君は北京に向けて出発予定であり，来る人，去る人，あわただしかった。前年の秋，杭州大学の何忠礼さんに広島大学で集中講義をお願いした。その縁で岡君を杭州大学で指導してもらうこととした。彼，90年9月から91年3月末日までの留学生活のスタートであった。

　その時にびっくりしたのは，普通ではみない大きな旅行鞄2個を携行してきたことであった。彼によると飛行機のエコノミークラスは携帯小荷物は20kg（或いは30kgか）が制限重量だが，ファーストクラスは90kgまでOKなので，それでファーストにしたといっていた。

　2〜3日後，女子学生寮に取巻かれている外国人学生寮の彼の居室をたずねた。当時，杭州大の外国人留学生は北朝鮮の人ばかりで，日本人は全く見

かけなかった。また数人の相部屋を通例とした。ところが何忠礼さんの特別の配慮なのか，彼のいた部屋は個室で，天井も高く広びろとしていた。既に巨大鞄の中身は拡げてあった。見ると図書ばっかりで，しかも日本で刊行されていた宋代史研究書がほとんど網羅されていた。なかでも当時，日本における宋代社会経済史研究を圧倒していた周藤吉之氏の著書がずらりと揃っていた。

これは一寸と，気になって，私が君を何忠礼さんにあずける最大の目的は，中国語を学ぶこと，南宋の旧都でさまざまな土地勘をやしなって宋代史研究の基礎の基礎を身につけるためであって，周藤さんの本はどこででも読める。隙があれば杭州の辻つじを歩くなり，自転車で徘徊することが今は一番大事だと，ちょっぴり小言めいたことを言った。彼はすこし気色ばんでいたけれども，しばらくして中国人学生につれてもらって天台山旅行に始まり，浙東沿海地域・山間小都市訪問の便りが頻々と届くようになり，大いに安心した。

何せ当時は，中国の地方都市への外国人開放は枠が拡げられたとはいえ，なお相当に制限されていて，勝手に訪ねることは許されていなかった。とくに当局は浙江省の山地民族畬族(シャ)との接触可能性を嫌い，加えて海辺地区では台湾からの密入国に神経をとがらせていたからである。

それに浙江省内のほとんどの地区・市・県の文物管理者，実務担当者は例外なく杭州大学徐規さんの教え子で占められていたから，徐規さん，歴史地理学の権威，陳橋駅さんの紹介状はまるで水戸黄門の印籠のようなもので，中国人学生につれてもらった省内旅行には絶大な効き目があったに違いなかった。

そしてこうした夜行バス，沿海都市まわり連絡船による浙東地区旅行こそが，後年の彼の浙東沿海地域，特に温州研究の出発点となり，近年の寧波科研のトップリーダーとしての知識・常識・見識の基(もとい)をつちかったといって間違いないであろう。

今，私の手元に台州地区文物管理委員会・台州地区文化局編『台州墓志集録』，という小型の本（Ｂ６判，総266頁）がある。1988年10月の刊行，無論，「内部資料」である。1991年4月，彼が杭州大学留学を終えて帰広した際に，

おみやげとしていただいたものである。何でも台州臨海県で手に入れたもので，日本にはこの2部しかないはずだという──1部は私に，1部は本人。手にして驚いた。天台県で近年発見された賈似道の父，賈渉の墓誌が収録されていたからである。これは後に徐規さんが，雑誌『考古』，1993年第12期に「浙江天台県発現賈渉墓誌」として報告されるまでは学界に知られていなかったのではないか。率直に言って，私の1990年代，台州黄岩県研究3部作は，このおみやげに一大刺激をうけて始まったものである。

　しかし，今となってはいささかの悔いが残る。91年に賈渉他の必要部分をコピーして，本は彼にもどすべきだったといまは思う。なぜなら温州・台州・明州の浙東沿海地区は相違性を含みつつも，一体関係をもって南宋時代に急速に発展を遂げた地域であった。だが私が台州を切取ったかたちで研究をすすめ，彼は温州・明州研究をすすめるということに結果的になってしまったからである。手短かに言えば，彼は台州を含めた研究を遠慮したのではないか。南宋時代は南隣りの福建からの大量の移住民によって開発がすすんだことにおいて温州・台州は同じで，いわば双子関係であった。彼の早すぎる死は，私に遠慮することなどは全くないと了解する機会を奪ってしまった。まことに残念としか言いようがない。

　1998年ごろ，彼が和歌山・御坊に居たころ，柳田節子さんから便りをもらった。その言の端に，今の若手の中で最も将来を嘱望する人は岡さんです，とあって，驚きもし，うれしかった。氏は当時，島居（一康）さん，高橋（芳郎）さんからかみつかれてはいるが，年寄りとしては有難い限りとも言っておられた。私には柳田さんは斯学の高等裁判所のような存在と思っていたので，岡君も認めてもらったか，という想いが強かった。

　爾来十余年，彼が遺ししごと，彼の今日における存在感が柳田さんの期待に応えるものであるのか，どうか。お釣りが出るほどだという答えもあろうし，道半ばだという返事もあるであろう。周知のように彼はネットワーク，人的結合，空間，コミュニケーション等々をキーワードとして学界をリードしてきた。しかし2005年7月の『歴史評論』掲載論文（「宋代における沿海周

縁県の文化的成長」）あたりから，地域史を考える眼の変化の兆しがあらわれていた。私は，近年の多忙をきわめた寧波科研のお世話が終了すれば，彼が浙東地域史研究においてその内在的歴史的論理をたどって，新しい地平を切開いてくれるものと確信していた。具体的には，研究対象地域は温州・台州・明州に拡大されるはずであり，考察時期は南宋から明初までを一区切りとし，最終的には方国珍（温・台・明州），張士誠（揚州・平江府＝蘇州），朱元璋（集慶路＝応天府＝南京）らの闘争と角逐の地域的構造に分析が進められ，加えて思想文化レベルでは劉基・宋濂らの思想と行動の検討が含められ，こうした諸面或いは諸軸の綜合化としての浙東地域史の記述である。もしこうした地域史記述があるとすれば，1990年以来それ一途に邁進してきた彼をおいて他に人はなかったとおもう。

　今は天が時を仮してくれなかったことを悼み，ただただ冥福を祈るのみである。最後に与謝蕪村の名句に因んで
　　教え子の　ことのみ浮ぶ　秋のくれ
　これをもって逆縁の悼詞の結びとしたい。

(2009年11月某日　識)

(広島大学名誉教授)

あ と が き

　本書は，新進気鋭の研究者として将来を嘱望されながら，2009年10月3日，上咽頭癌で逝去された岡元司氏の業績を可能なかぎり収集・整理した研究書である。
　周知のとおり，岡氏は生前より宋代史研究に精力を傾け，広島大学大学院文学研究科などにおいて教鞭を執られてきた。宋代史研究に対する氏の熱意は2007年に発病された後も全く変わりなく，特に2005年～2009年の文部科学省特別領域研究「東アジアの海域交流と日本伝統文化の形成——寧波を焦点とする学際的創生——」，通称「にんぷろ」では，闘病生活を続けながらも，最後まで代表者の一人としての責務を見事に全うされた。われわれは同じ研究者仲間として岡氏を誇りに思うと同時に，責任感の強さに頭の下がる想いである。
　しかしながら，かような多忙と闘病のせいか，岡氏は専著をまとめられる機会を得ぬまま他界されてしまった。多数の極めて興味深い研究論文を発表されながら，それを1冊の研究書というかたちで世に問うことがなかったのは，至極残念なことであった。そこで八尾隆生（広島大学），津坂貢政（広島大学院生），佐藤仁史（一橋大学），小島毅（東京大学）および太田（広島大学，当時兵庫県立大学）が一橋大学に集まり，岡氏の著書の構成・出版などについて話し合いの機会をもった。その際には，学術的価値の高い研究論文以外に，岡氏が積極的に取り組んで来られた中国の森林・環境問題に関する雑文を収載するか否かが議論となった。当然ながら，故人の遺志を確認することは不可能であるが，中国の植林に熱心に参加されてきた氏の想いを考慮すれば，可能なかぎり範囲を広げて収載する方がよいのではないかという結論に至った。かかる結論は，岡氏と懇意にされ，生前から様々なかたちで研究成果の出版に協力されてきた汲古書院社長の石坂叡志氏と編集部の小林詔子氏のほか，岡氏の両親である岡光弘・従子様からも積極的な支持を受けることができた。それが本書・第4部である。
　そして編集を始めるにあたって，以下の方々から成る編集委員会・実行委員会

が立ち上げられた（以下，五十音順，敬称略）。

編集委員会
　　市來津由彦，伊原弘，上田信，遠藤隆俊，近藤一成，斯波義信，須江隆，
　　妹尾達彦，曾田三郎，高津孝，寺地遵，早坂俊廣，平田茂樹
実行委員会
　　青木敦，太田出，面迫祥子，金本隆嗣，川合康浩，小島毅，佐藤仁史，
　　津坂貢政，中島楽章，美馬芳江，八尾隆生，山田信兵衛，山根直生

　実際に，研究論文を集め，1冊の研究書として整理しはじめると，岡氏が宋代の文献史料のみならず，東銭湖墓群に代表されるような現地調査（フィールドワーク）をも積極的に展開されていたこと，また欧米の研究を貪欲に吸収し，自らの研究に取り入れていたことなどをあらためて認識させられた。岡氏の博識さの一端をうかがうことができた想いである。

　ただし，校正や索引作りの段階に至ると，さすがに実行委員会のメンバーでは判断に困る場面に何度か出会した。特に用語の統一性や，索引の項目選びにはメンバーも四苦八苦し，できるかぎり岡氏の遺志に沿うよう心がけた。もし違うところあるならば，天上の岡氏の御海容を願うのみである。また，このように必ずしも順調な道程ではなかったが，こうして本書の出版を見ることができたのは委員会の御協力の賜物である。

　最後に，本書の出版を積極的に薦めていただいた汲古書院の石坂叡志社長と小林詔子氏にあらためて感謝の意を申し上げたい。また本書の校正には実行委員会の方々，索引作りには津坂貢政君の手を煩わせた。ここにあわせて御礼を述べさせていただく。

　本書の内容が宋代史のみならず，中国史の学界に貢献するところが少なくないことは間違いないであろう。本書の編集方針などが故岡元司氏の遺志に適うものであるか否かは判断しかねるが，本書が若手研究者を中心に刺激を与え，宋代史研究の進展に寄与することを，心より期待してやまない。

　　　　　　　　　　　　　　　　　　　　　　　　（文責　太田　出）

索　引

地名……523
人名……529
語彙……539

地名索引

ア行

阿育王山	258
廈門	447, 469
安州	407
安平港	230
壱岐	407
烏青鎮	12
烏鎮	374
永安鎮	431
永嘉（永嘉県）	67, 71, 82, 90〜93, 97〜101, 104, 106, 109〜113, 115, 125, 130〜133, 137〜140, 142, 147, 153, 163, 167〜169, 172〜177, 188, 201, 202, 205, 209, 220, 227, 231, 232, 237, 239, 248, 250, 272〜275, 280, 284, 315, 316, 318, 331, 336, 337, 340, 370, 373, 374, 393, 431, 434
永康（永康県）	210, 211, 239, 340
永寧	240
永豊県	170
炎亭	248, 322, 335, 336, 345
塩亭	322
塩亭山	277
燕雲十六州	93
横街村	300
横渓	434
甌江	228, 239, 329, 347, 435, 464
大輪田の泊	390
温州	8, 12, 48, 54, 67, 70, 71, 75, 76, 78〜82, 87〜93, 96〜99, 101, 104, 105, 107〜111, 113〜119, 122〜127, 129〜153, 159, 160, 163, 165, 167〜169, 171〜179, 185, 187, 188, 195, 200, 202, 204, 205〜207, 210〜212, 214, 215, 217, 219〜221, 223〜232, 234〜245, 247〜250, 258〜260, 264, 272, 273, 275, 277, 278, 280, 281, 283, 284, 287, 290, 309, 314〜316, 319, 322, 323, 327〜338, 340〜344, 347, 361, 363, 367, 369, 370, 373〜375, 377〜380, 382, 392, 406, 429〜431, 433〜435, 437, 438, 441, 443〜449, 457, 464, 469, 492, 493

カ行

河北東路	14
華表山	341
嘉興	227, 229
嘉興府	12, 366, 370, 382, 433
嘉興路	379
瓦市巷	244
瓦市殿巷	244
会稽県	171
会昌湖	243
開城	407

開封	11, 13, 105, 228, 290, 384, 439, 441	
郭公山	242	
括山郷	334, 336	
滑州	14	
広東	227, 299, 404, 406	
咸陽	487	
棺材巷	259	
漢江	406	
漢城	407	
贛州	13, 445	
雁池坊	106, 234	
雁蕩山	179, 382, 441	
帰仁郷	318, 319, 321	
徽州	13, 299	
夔州路	56	
宜興県	171, 175	
義烏県	163, 210, 212, 216	
義州	407	
吉州	13, 31, 54	
吉祥安楽山	280, 293	
京西南路	56	
京東東路	14	
京東路	7	
橋頭鎮	336	
金華（金華県）	12, 45, 83, 151, 212, 229, 340	
金渓県	83, 250	
金舟郷	245, 246, 321～323, 345, 346	
金鍾之原	281	
鄞県	67, 71, 78, 79, 82, 141, 143, 170, 218, 262, 272, 277, 303, 304, 307～340, 434, 457	
衢州	229	
荊湖	56, 226	
荊湖南北路	7, 13	
景徳鎮	228	
慶元	245, 309, 341, 347, 348	
慶元府	11, 71, 140, 229, 290, 291, 298, 299, 305, 307, 338, 343, 374, 378, 382	
慶元奉化州	442	
慶元路	379	
月港	230	
建牙郷	101	
建康府	240	
建州	14, 323	
建昌軍	176	
建寧府	83, 149, 170	
厳州	229	
湖広	409	
湖州	13, 229, 240, 363, 369, 370, 374, 377	
湖南	8, 445	
五台山	376	
五馬街	238	
呉県	169	
呉興（呉興県）	364, 369	
呉平山	273	
公塘村	434	
広化廂	241	
広州	14, 15, 429, 434, 439, 444, 445	
広徳軍	13	
広徳湖	307, 433	
広南	15, 56, 258, 437	
広南西路	15, 330	
広南東路	14	
江陰軍	177	
江心山	258	
江西（江西路，江南西路）	6, 7, 9, 13, 29, 31, 54, 67, 75, 83, 87, 121, 151, 244, 250, 251, 313, 323, 409, 438	
江東（江南東路）	75, 244, 333	
江南	227, 290, 314, 360	
江南デルタ	7, 8	
江南東西路	13, 56, 67	
孝義郷	273	
杭嘉湖平原	379	
杭州	7, 11, 119, 226, 229, 237, 240, 243, 244, 290, 298, 327, 341, 361, 382, 384, 391, 429, 444, 455, 476, 487	
杭州湾	360, 383	
侯官県	78	
黄河	225, 290	
黄河流域	360, 384	
黄巌県	8, 12, 54, 163, 164, 169, 170, 176, 179, 200, 202, 203, 209, 210, 218, 279, 375	
興化軍	14, 67, 70, 139, 169, 177, 469	

興化府	447		374, 378, 441	崇政郷	321
鰲江	321, 322, 334	湘潭	13	崇泰郷	235, 236
		漳州	230, 469	瀬戸内海	390, 398, 407, 454, 499
サ行		漳浦県	207		
薩摩	421	浄光山	236, 330	西安	445
山陰県	178	城南廂	234, 235, 239, 241	成山角	405
山東	290	常州	12, 54, 171, 175, 240, 366, 370	成都府路	56, 287
山東半島	405, 469			青鎮	244
四川	7, 13, 56, 58, 215, 219, 287, 404, 409	嵊県	378	青田県	83, 340, 373
		信州	170	清涼山	280
慈渓県	141, 304, 305, 309, 340, 343, 371	晋江県	230, 341	浙江	347
		真定府	14	浙西（浙西路）	12, 54, 75, 362〜365, 370, 439
七聖殿巷	237	真里富国	263, 297		
謝池巷	234	真臘（真臘国）	297, 337	浙東（浙東路）	54, 60, 70, 75, 80〜82, 118, 140, 144, 148, 151, 159, 163, 165, 220, 248, 257〜262, 264, 272, 273, 276, 278, 279, 281, 284〜287, 314, 338, 340, 341, 347, 361, 363, 364, 370, 427, 429, 430, 433〜437, 439, 444, 445, 447, 448, 457
珠江デルタ	409	新昌（新昌県）	11, 218, 300		
舟山列島	376	親仁郷	321, 346		
秀州	370	仁美坊	238		
集雲廂	241	周防	258, 388, 453〜455, 457, 489		
順州	93				
潤州	240	水心村	188, 209, 231, 237, 239		
処州	71, 82, 83, 173, 225, 229, 373, 435, 446				
		吹台郷	275		
松山	319	瑞安県	90, 91, 93, 98〜101, 104, 114, 115, 125, 130, 133, 134, 137, 163, 169, 176, 178, 205, 207, 218, 220, 232, 234〜237, 239, 240, 245, 248, 275, 278, 315, 316, 321, 323, 330〜332, 334, 336, 340, 367, 374, 431	雪竇山	258
松台山	99, 174, 236〜330			仙巌	134, 135, 331, 332
昌国県	144			仙巌山	331
相州	14			仙居県	200
紹興	119, 229, 321, 327, 442, 457			泉州	146, 230, 322, 328, 341, 347, 429, 434, 444, 445, 469
紹興府	8, 11, 81, 141, 144, 146, 159, 171, 178, 179, 204, 216, 218, 259, 260, 262, 274, 278, 285, 300, 309, 314, 361, 363, 370			陝州	14
		瑞安鎮	431	銭塘	93
		崇安県	55, 149, 170	銭塘江	204

前倉鎮	431	
蘇州	7, 12, 212, 227, 240	
曹村	248	
蒼南県	334, 335, 344	

タ行

タイ（暹羅）	337
大崮山	335
太湖	244
台州	8, 12, 54, 125, 127, 132, 159, 163～165, 169, 170, 174, 176, 178, 179, 200, 202, 203, 209, 210, 212, 218, 225, 229, 240, 244, 258, 260, 275, 276, 279, 284, 285, 306, 327, 333, 341, 343, 375, 379, 406, 435, 469
台湾	15, 46, 290, 402, 406, 408, 411, 420, 469, 481, 486
泰順県	319, 323
大嵩	434
潭州	13
チャンパ（占城）	337
忠義郷	277
長安	290, 382, 487
長渓県	91, 175, 319
長江	225, 227
長江下流（長江下流域、長江下流デルタ）	7, 8, 12, 228, 230, 240, 314, 359～361, 383, 408, 429
長江中流域	409
長沙	445
長楽県	78
朝鮮半島	420, 421, 469, 481
潮州	225, 406, 469
鎮江	280
対馬	407, 421, 469
通州	13
通道橋	234
定海県	340
梯雲坊	237
泥山鎮	431, 434
天台	179
天台山	258, 376, 382, 394～397, 489, 490
天童山	257, 258, 287
東銭湖	279, 280, 289～291, 293, 294, 296, 297, 300, 303, 304, 306, 308
東陽県	179, 210
桃源郷	272
潼川府路	56
徳清県	244
鞆の浦	392, 399

ナ行

長崎	407, 421
南雁蕩山	208
南康軍	13
南城県	176
南潯鎮	13
南西諸島	407
寧波	8, 11, 119, 226, 229, 237, 305, 307～309, 328, 347, 414, 415, 430, 441, 443, 458, 488, 489
寧海県	306, 340

ハ行

梅州	225
博多	258, 390, 453, 457
白沙村	431
白沙鎮	434
白石	209
白石巷	321
白杜村	434
亳州	104
帆游（帆遊郷）	234～236, 239, 331
万全郷	316, 321, 346
比叡山	490
梶槽鎮	431
東シナ海	387, 388, 390, 402, 407, 474, 491
閩県	67
閩南	48, 230
閩北	338, 347
普陀山	376, 489
武義県	168, 177, 210
婺州	7, 8, 12, 13, 31, 45, 70, 71, 80, 82, 83, 93, 151, 159, 163～165, 168, 175, 177, 179, 210, 211, 212, 216, 239, 262, 338, 340
撫州	9, 29, 31, 54, 83, 87, 121, 151, 250, 251, 313,

地名索引　フク～リン

福州　323, 338
福州　14, 67, 70, 78, 91, 175, 229, 237, 290, 315, 319, 328, 347, 469
福建　8, 9, 45, 56, 93, 96, 101, 127, 225, 226, 245, 246, 251, 285, 299, 314, 319, 322, 333, 334, 336, 341, 406, 437, 444, 447, 471
福建路　7, 14, 55, 60, 67, 70, 71, 75, 81, 83, 130, 139, 146, 149, 214, 226, 250, 298, 323
ベトナム　15
北京　290, 476
平江府　144, 169, 175, 212～214, 218, 362, 363, 370, 433
平壌　407
平陽（平陽県）　90, 93, 99, 104, 108, 109, 111, 130, 137, 163, 164, 171, 177, 179, 226, 227, 232, 245, 248, 263, 272, 277, 283, 284, 314～316, 318～323, 334～336, 345, 346, 431, 434
浦江県　340
莆田県　14, 55, 67, 139, 140, 169, 177
墓林巷　242
慕賢西郷　321, 346
慕賢東郷　321, 346

奉化県　141, 277, 281, 308, 340, 434, 442, 443
封市鎮　431
彭家山　322, 334
浦村　240
望京廂　241

マ行

南シナ海　474
明州　7, 8, 11, 67, 70, 71, 75, 76, 78～82, 88, 105, 118, 132, 140～146, 149, 150, 170, 215, 218, 226, 228, 229, 237, 240, 244, 245, 257～260, 262～264, 272, 274, 277～281, 286, 287, 289～291, 297～300, 303～307, 309, 314, 328, 338, 340, 341, 343, 361, 371, 374, 376, 378, 382, 388, 390, 391, 393, 412, 429～431, 433～439, 441～445, 453, 455～458, 488～491
明招山　210, 340
蒙城県　104

ヤ行

余姚県　141～143, 146, 147, 179, 274, 285, 309
余姚江　307, 371
揚州　445

ラ行

洛陽　14, 290, 487
楽清県　90, 93, 97～99, 101, 106, 115, 117, 131, 137, 138, 163, 167～169, 171, 176, 203, 205, 207, 209, 210, 220, 232, 281, 315, 431
利州路　56
溧陽　279, 303
柳市鎮　106, 431
琉球　402, 407, 420, 469, 481
両浙（両浙路，両浙東西路）　6～8, 11, 13, 31, 56, 67, 70, 81, 89, 107, 122, 140, 159, 225, 226, 229, 244, 259, 284, 286, 287, 298, 314, 327, 333, 336, 341, 359～362, 369, 370, 372～375, 378～384, 391～393, 395, 414, 431, 438, 444, 447, 455, 470, 471
両浙西路　60, 67
両浙東路　60, 67, 70, 71, 79, 80, 82, 159, 200, 212
遼東半島　469
臨安　11, 159, 165, 175, 204, 228, 237, 244, 258, 263, 279, 290, 298, 300, 329, 333, 391, 429, 455, 487
臨安府　258, 361, 365～367, 369, 370, 372, 379, 382, 384

臨海県	169, 174, 176, 178, 276, 279, 284, 285, 379	**ワ行**	
臨川県	83	淮南	56, 447
		淮南東西路	13

人名索引

ア行

足立啓二	8
相田洋	127
青木敦	10, 13
青山定雄	7, 9, 29, 31
荒木敏一	57, 59
安藤智信	275
イーブリー（パトリシア・イーブリー）	55
井手誠之輔	391
井上進	219
井原今朝男	389
伊藤正彦	12
伊原弘	7, 9, 11～14, 29, 31, 54, 88
飯山知保	11, 13
池田静夫	7
石川重雄	15
石田肇	11
石田浩	54
市來津由彦	9, 14, 32, 55, 56, 116
ウォーラーステイン（イマニュエル・ウォーラーステイン）	448
于運全	474
上真一	458
上田信	9, 360, 428, 454, 461
上西泰之	13
梅原郁	60
エルヴィン（マーク・エルヴィン）	323, 428, 429, 447, 448
エルマン（ベンジャミン・エルマン）	31, 35, 166
恵蕚	376
栄西	257, 286, 380, 382, 390, 391, 393, 396, 415, 490, 491, 494
英宗	104, 135, 168, 174
衛沂	213
衛季敏	213
衛涇	213
衛洽	213
衛時敏	213
衛洙	213
衛湜	212, 213, 218
衛闓	213
衛樸	213
榎本渉	258
袁甯	216
袁章	263
袁韶	79, 291
袁燮	78, 79, 117, 135, 142, 272, 273, 291, 294, 340, 367, 433
袁文	273, 274
袁甫	79
遠藤隆俊	12
閻安中	215
オング（ウォルター・J・オング）	35
小川晴久	186
小川快之	10, 13
小野和子	186
小野泰	8, 11～13, 308
小山田了三	443
織田信長	388
王安石	13
王開祖	98, 234
王格	205
王希呂	78
王季	283
王謙	216
王克明	374
王之望	367
王師心	363
王次翁	71, 78, 143
王自中	272, 318
王十朋	90, 97, 99, 115, 117, 168, 176, 188, 195, 200, 201, 203～205, 207, 214～217, 219, 220, 247, 281
王叔簡	216
王恕	145
王碩	373, 380
王大受	212
王梓	97, 98, 101, 144, 146, 176, 216
王致遠	99

王禎	408, 412	何執芸	131	木宮泰彦	474
王度	171	何俊	344	季歷	283
王同軍	185	何大猷	212	徽宗	58, 389
王伯庠	141, 143	何忠礼	166	冀朝鼎	404
王百娘	376	何伯益	115	魏杞	144
王百朋	205	何伯謹	98, 115	魏恵憲王	105
王蘋	140	何博	163, 164, 168, 201, 242	魏峴	374, 393, 439, 457, 488
王棻	92	何溥	75, 111, 115	魏源	421
王聞詩	99	夏承	300, 303	魏了翁	219, 221
王聞礼	99, 101	賈思勰	408	菊池秀明	9
王輔	176, 205	貝原益軒	415, 495〜499	衣川強	7, 88, 112
王墨卿	113	郭江	179	紀季重	489
王逨	142, 143, 147	郭良顕	210	丘崈	177, 217
汪応辰	176, 363	郭良臣	179, 210	居広	138
汪君巌	276	霍箎	376	許及之	118
汪大定	143	岳飛	110	許景衡	98, 99, 101, 110, 111, 138
汪大有	143	岳甫	216	許浚	416
汪大猷	291, 433	梶原性全	380, 381, 393	鞏嶸	132, 138, 140, 177
欧陽脩	14, 189, 195	葛自得	163, 164, 176, 375	鞏湘	211
翁巻	167, 242	金井徳幸	12, 15	鞏庭芝	177, 211
翁忱	168, 201	川勝平太	448	鞏豊	168, 177, 210, 211
大崎富士夫	14	川上恭司	39	久保田和男	11, 13
大澤正昭	8, 10	川村康	10	瞿同祖	53, 123
大島立子	10	河原正博	15	桑原隲蔵	49, 230
大塚秀高	15	韓億	14	恵哲	171, 175
大林太良	383	韓琦	14	コール（ジェームズ・コール）	81
岡田宏二	15	韓毅	362	小島毅	14, 55, 388
岡部明子	399	韓彦直	129〜131, 140, 240, 371, 431	小林義廣	12〜14, 31, 54, 55
愛宕元	7	韓侂冑	89, 118, 144, 188, 231, 316	小松恵子	13
カ行		韓愈	189	胡安国	109
加藤繁	6	木田知生	13, 14		
何岳	322				

胡衛	142, 146, 215	侯迺慧	39		
胡衍	132, 138, 142, 146	洪邁	364	サ行	
胡拱	144	高元之	262	佐伯富	447
胡三省	305	高皇后	104, 135, 168, 174	佐久間象山	421
胡時	80	高閌	291	佐竹靖彦	13, 14, 314
胡守	117	高子潤	105, 168	佐野公治	36, 172
胡襄	99	高子莫	105, 106, 135, 273	崔敦礼	144
胡衰	110	高子溶	105	斎藤忠	265
胡宗	108	高松	175	蔡戡	216
胡撙	132, 142, 179, 215	高世則	105	蔡京	282
顧炎武	57	高世定	105	蔡鎬	174, 209, 210
五味文彦	387	高宗	105, 109～111, 230, 294, 315, 328, 433	蔡襄	14
呉鎰	216			蔡瑞	218, 279
呉泳	130	高百之	105	蔡待時	209
呉亀年	100, 115, 147	高不倚	105, 174	蔡必勝	316, 321
呉輝	275, 276	高文虎	291	蔡幼学	80, 98, 104, 115, 117, 118, 146, 169, 231, 239, 241, 242
呉儆	300	康王	105		
呉子良	117	康執権	105		
呉自牧	369, 391	黄艾	216	ショッテンハンマー（アンゲラ・ショッテンハンマー）	45
呉邵年	115	黄寛重	290, 304		
呉松弟	93, 241, 370	黄榦	14		
呉松年	100, 108	黄洽	78	司馬光	14
呉潜	308	黄順力	471	史宇之	297
呉大年	115	黄震	154, 305, 341	史簡	303, 304
呉表臣	99, 100, 109～112	黄仁静	218	史浩	140, 144, 145, 259, 279, 280, 289, 290, 291, 293, 294, 296, 300, 304
孔元忠	212, 213, 218	黄正己	179, 319		
孔克表	248, 322, 334, 344	黄石	318		
孔子	344, 347	黄宗羲	309	史才	259, 304
孔道	213	黄度	217, 218, 367	史師仲	293, 294, 300, 303
勾昌泰	216	黄中	319	史詔	303, 304
光宗	316	項安世	216	史嵩之	71, 140, 259, 289, 291, 299, 305
孝宗	105, 145, 147, 279, 294, 297, 316, 435	近藤一成	9, 11, 13, 14, 153, 305		
				史漸	277, 299, 300, 303, 304

史伯璿 248	周貴妃 105	243, 244, 329
史彌遠 71, 140, 146, 258, 259, 289, 291, 294, 296, 297, 304, 308	周去非 228, 236, 330, 433	徐沖 104
	周行己 98〜101, 104, 107, 108, 110, 111, 124〜126, 134, 168, 174, 206, 234, 236	徐兆昺 304
史彌応 300		徐迪哲 208
史彌鞏 300		舒杲 170
史彌堅 145, 296, 297, 304	周恵 296	舒璘 141, 142, 144, 216, 340
史彌大 294	周公 283	正覚 257, 287
史彌忠 300, 304	周行己 329, 332, 340	邵持正 104, 202
史彌恣 300	周之翰 114	章頴 216
史彌忞 300	周達観 228, 337	章陞 208
施発 374	周端朝 117, 118, 231	蒋偉 138
斯波義信 6, 8, 11, 17, 237, 240, 308, 314, 359, 372, 427, 430, 435, 456, 457	周鼎臣 99, 168, 174, 236, 329	蒋渙 101
		蒋行簡 101
	周南 169, 212〜214	蒋湛 101
	周必大 96, 211, 216, 363	葉景通 276
塩卓悟 12	周武孫 284	葉公済 173
島津斉彬 421	周夢江 88, 142, 154, 171, 248, 335, 430, 435	葉光祖 173
謝雩 134, 137		葉衡 80
謝開 276		葉国良 189
謝天錫 134	祝亜 276	葉士寧 163, 164, 171
朱熹 14, 36, 40, 55, 83, 146, 149, 170, 180, 181, 210, 220, 224, 230, 249, 250, 264, 278, 285, 300, 319, 322, 323, 329, 338	祝環 216	葉適 79, 80, 91, 98, 99, 104〜107, 115, 116, 118, 126, 132, 135, 137〜140, 144〜146, 152〜154, 159, 160, 164〜174, 176, 178〜181, 188, 189, 195, 201, 202, 204〜220, 226, 230〜232, 234〜238, 240〜242, 247〜250, 273, 278, 294, 299, 315, 316, 318, 319, 322, 323, 329, 332, 340, 370, 374, 375, 434, 438, 448, 492
	祝潜 275	
	諸葛説 272	
	徐璣 167, 242	
	徐誼 104, 115, 116, 118, 144, 208, 216, 217, 231, 316, 319, 321	
朱元璋 322		
朱舜水 309	徐吉軍 166	
朱勝非 76	徐元德 144, 216	
朱震亨 414	徐儀夫 316	
朱黼 208, 284	徐光啓 413	
周泳 99	徐時乂 274	
周希祖 284		
周泊 169, 178	徐照 163, 164, 167, 202, 242,	

蕭振	109～111		433, 434	ソー（ビリー・ソー）	45, 48
成尋	395	薛亀従	92	曾我部静雄	7, 435
辛押陀羅	14	薛徽言	91, 100, 110, 205	蘇軾	406
沈括	441	薛居宝	364	宋允修	284, 285
秦檜	71, 78, 89, 105, 109～115, 143, 146, 231, 320	薛強立	91	宋希孟	163
		薛嵎	92, 107, 168, 237, 243	宋之珍	99
秦熺	113	薛朅	92	宋晉之	169, 284
秦塤	105	薛洽	92, 117	宋正海	361, 413
真徳秀	297	薛師憲	106	宋敦書	104
仁宗	105	薛師謙	101	宋敦樸	113
スキナー（G・W・Skinner, G・W・スキナー）	6, 225, 226, 313, 404, 406, 468, 469, 475	薛師石	91, 92, 98, 101, 107, 168, 243	宋藻	140
				宋濂	83, 248, 322, 340, 344, 347
		薛師旦	91		
		薛師董	100	荘季裕	245
周藤吉之	6, 7, 54, 121	薛師武	107	荘綽	336, 341
須江隆	10, 12～15	薛師雍	100	曾国藩	186
盛奕修	131	薛叔淵	91	曾漸	176
石介	7	薛叔似	80, 91, 100, 106, 116～118, 145, 294	曾逮	140
石宗昭	144, 216, 218, 294			曹叔遠	98, 247, 248
石斗文	144, 216, 218, 300	薛峻	92, 107	曹圖	247, 321
薛汓	92	薛紹	91, 92, 101, 237, 280	孫応時	274
薛嘉言	91	薛埴	92	孫介	274
薛開	247	薛嵩	117	孫元卿	116, 117
薛懐仁	91	薛沢	100	孫志寧	373
薛季宣	80, 91, 96, 98～101, 104, 107, 108, 110, 124, 126, 135, 145, 147, 152, 153, 174, 188, 195, 201, 204～206, 211, 214, 217, 219, 230, 232, 234, 235, 237, 243, 247, 249, 280, 315, 316, 320, 323, 328, 329, 332, 337, 340, 374,	薛弼	91, 100, 101, 108, 110, 243, 247	孫叔特	207
				孫汝翼	101
		薛岷	117	孫仲鰲	113
		薛揚祖	277		
		薛良朋	100, 101, 115, 147	**タ行**	
		薛令之	91, 139, 237		
		詹夬	131	タットマン（コンラッド・タットマン）	388, 454
		詹体仁	170		
		銭易直	168	ダン（チェイス・ダン）	

人名索引　タ〜チン

	383
田代和生	416
田代三喜	415
太祖	143, 285
太宗	389
戴厚	93
戴闇之	101
戴桷	104
戴咸弼	105
戴忱	96
戴亀朋	170, 203, 209
戴栩	93, 98, 137
戴渓	98, 144, 216, 217, 374
戴若氷	93
戴述	98, 99, 104, 234
戴舜欽	209
戴表元	305
平清盛	297, 390
平重衡	388, 454, 489
高津孝	80
高橋芳郎	10
竹田昌慶	415
譚嗣同	40
チェーフィー（ジョン・チェーフィー）	55〜58, 67, 76, 89, 117, 149
千葉徳爾	445
竺沙雅章	15, 126, 264, 272, 278, 333
仲参	138
仲長統	171
重源	388, 454, 489, 490
張燡	107
張熿	107
張季樗	98, 107, 173
張煇	104, 185, 234, 241
張九成	137, 139
張恭	96
張孝愷	104, 185
張俊	213
張浚	99
張淳	137, 202
張忱	96
張声道	374
張積	96
張闡	96, 111, 112, 114, 134, 137, 147, 173
張仲梓	101, 134
張東野	104
張隆義	457
趙愷	105, 299
趙机	207
趙耆孫	207
趙師秀	98, 167, 242
趙師龍	142, 143, 285, 367, 369
趙汝愚	316
趙汝鐸	98
趙汝讜	188
趙善誉	144
趙鼎	71, 109〜111, 230
趙敦臨	141, 142
趙伯圭	145, 263, 297, 299
趙伯昌	105
趙不忌	175
趙抃	207
趙立夫	93
沈煥	142, 144, 216, 340
沈佃	202, 273
沈躬行	137, 206, 234
沈枢	130, 133, 134, 137, 140, 240, 331
沈体仁	137, 206, 207
沈大経	206
沈大廉	137, 206
陳安行	376
陳懿	99
陳一鶚	137
陳桷	93, 99, 111, 112
陳巌	108, 163, 164, 171
陳季雅	207
陳起	243
陳耆卿	176
陳宜中	337
陳橋駅	441, 442, 456
陳堯英	163, 164
陳瑾	104, 163, 164
陳峴	104, 118
陳塤	79
陳謙	80, 96, 100, 117, 118, 145, 208, 238, 294
陳言	363, 372〜374, 380, 381, 392, 393, 414, 493
陳昂	164
陳高	248, 322, 335, 345
陳志崇	108
陳師轍	144
陳師魯	275
陳自修	137
陳守仁	108

陳垍	202, 273	丁希亮	202	豊臣秀吉	388, 416
陳説	100	丁昌期	98, 126, 234		
陳祖受	131	丁世雄	179	**ナ行**	
陳損之	216	丁仲修	126	中島楽章	13
陳敦化	96, 208	程民生	45, 287, 429	中砂明徳	14, 55, 188
陳長方	362	鄭耕老	177	長瀬守	7
陳天璽	33	鄭士元	279	二宮宏之	33
陳和卿	453, 454	鄭成功	469	丹羽正伯	416
陳勇	408	鄭清之	71, 141	西岡弘晃	8, 308
陳傅良	80, 93, 96, 98〜100, 104, 107, 108, 115, 117, 118, 133, 135, 137, 140, 144, 145, 152, 163, 164, 169, 171, 172, 177, 178, 185, 188, 189, 195, 201, 204〜208, 211, 214〜221, 230〜232, 234, 235, 238〜242, 247〜250, 272, 275, 283, 315, 316, 318, 320, 323, 329, 331, 332, 340, 374, 434	鄭邦彦	138	寧宗	58, 231, 294, 316
		鄭伯英	104, 144, 216, 217, 242	**ハ行**	
		鄭伯熊	104, 116, 137, 147, 211, 217, 234	ハートウェル（Robert Hartwell, ロバート・ハートウェル）	6, 45, 87, 225, 313, 314, 323, 359
		鄭丙	78		
		哲宗	214		
		寺地遵	8, 11, 12, 17, 54, 56, 141	ハーバーマス（ユルゲン・ハーバーマス）	38
		寺田隆信	166	ハイムズ（Robert Hymes, ロバート・ハイムズ）	9, 29, 31, 32, 45, 54, 87, 88, 121, 123, 150, 151, 207, 223, 313
		戸田裕司	10, 12, 13		
		杜滸	209		
陳武	80, 116〜118	杜公謹	131		
陳文儁	322	杜椿	169, 209		
陳鵬飛	169, 170	杜範	209		
陳蹋	275	唐琢	147	バートン（ロバート・バートン）	383
陳裕	208	唐仲友	12		
陳燁	273	陶晉生	261	馬大同	216
陳亮	80, 181, 210〜212, 216, 218, 239, 300, 318, 329, 340	湯鵬挙	57, 70, 78	馬端臨	116
		滕戉	212, 213	馬兆祥	300
		道元	382, 391, 393	白居易	496
鶴間和幸	360	徳川家康	388	莫子純	178
デービス（リチャード・デービス）	87, 88, 289, 290	徳川吉宗	416	橋本左内	421
		徳橋曜	34	服部敏良	380, 393

早坂俊廣	12, 344	ボル（ピーター・ボル） 45	源義経	453
范汝為	14	蒲寿庚	445	宮崎市定	6, 173
范仲淹	12	方孝孺	340	宮崎安貞	413
范仲黼	216	方国珍	347, 469	宮嵜洋一	428
潘景憲	216	方臘	244	宮澤知之	11, 250
潘美月	218	包恢	436	村上正二	472
日比野丈夫	7	包汝嘉	106	毛漢光	265
平田茂樹	14, 46, 154	包拯	106	毛子中	163, 164, 176
ファリス	381	包履常	106, 206	毛窑	318
ブルック（Timothy Brook） 307	法程	377	孟皇后	214
	豊誼	144, 216	孟子	40
ブルデュー（ピエール・ブルデュー） 31, 55, 152	鮑潚	80, 175	孟忠厚	214
	星斌夫	476	孟導	212, 214
ブローデル（フェルナン・ブローデル） 398, 401, 402, 467〜472, 475, 478〜480	本田治	8, 12, 309, 321	孟猷	212, 214
		木思川	101
	マ行	木待問	101, 115, 118
	マクデモット（ジョセフ・マクデモット） 186	森克己	436, 474
ブロック（マルク・ブロック） 402		森田健太郎	14, 15
	マクニール（W・H・マクニール, ウィリアム・H・マクニール） 360, 389, 480, 492	森田憲司	11, 13, 34, 107
プッラン（ブライアン・プッラン） 470		
		ヤ行
傅維康	414		家島彦一	473
武王	283	曲直瀬道三	415	柳田節子	7
深尾葉子	462	前野直彬	35	山内晋次	458
藤川正數	201	前村佳幸	12	山口徹	398
古林森廣	15	牧野修二	175, 176	山口智哉	11, 17
文天祥	445	増淵龍夫	185	山崎覚士	11
文王	283	松井秀一	7	山田慶兒	421
辺友益	272	松田吉郎	308	山根直生	13
ホール	383	松本浩一	15	山本英史	29
ボズラー（ビバリー・ボズラー） 31, 32, 151, 154, 188, 290	三浦徹	34, 53	兪寛	175
	水越知	16, 48	兪道安	125, 333
	道端良秀	382, 394	喩良能	216

游九言 216	李心伝 78, 109	劉彌正 214, 215
余新忠 369	李大性 278	劉富 14
姚穎 170	李伯重 8, 227	劉鑰 216
姚献可 163, 164, 210, 211	理宗 308	劉愈 126, 137, 147, 247
姚茂 131	陸学 104	呂夷簡 212
陽羨 101	陸九淵 36, 83, 142, 144, 151,	呂頤浩 109, 110
楊簡 79, 130〜132, 138〜	179〜181, 216, 224, 230,	呂恭問 131
144, 216, 294, 340	249, 250, 287, 294, 300,	呂公著 212
	316, 323, 329, 338	呂公弼 212
楊圭 209	陸象山 122, 132, 150	呂師囊 125, 333
楊彦通 285	陸静之 282	呂祖儉 216, 217
楊愿 175	陸棠 14	呂祖謙 40, 80, 116, 117, 132,
楊興宗 263	陸游 262, 282, 341, 494, 495	140, 177, 210, 211, 212,
楊国楨 480	留元剛 146	216, 217, 338, 340
楊時 14, 142	劉安上 98, 104	呂蒙正 212
楊翠微 88	劉安節 98, 126	梁介 215
楊璉真加 321	劉安礼 126	梁庚堯 239
横井小楠 421	劉允廸 178	廖德明 216
吉岡義信 7	劉起晦 215	林頤叔 178
吉川幸次郎 36, 166	劉基 83, 340	林杞 136, 263, 320
吉田兼好 380, 390, 494	劉克荘 14, 108	林季仲 99, 104, 109, 110
吉田松陰 421	劉宰 297	林季狸 99
	劉朔 139, 140, 214, 215	林居雅 321
ラ行	劉士英 126, 245	林居実 219
ラピダス 53	劉子健 57	林景熙 248, 321, 322
ランキン（メアリー・ランキン） 119	劉嗣明 185	林元章 178, 235, 239, 332
頼祺一 399	劉夙 140, 169, 214, 215	林鼐 209, 210
リー（トーマス・H・C・リー） 87	劉春 80, 104, 172, 216, 275	林士尹 101
	劉清之 216	林子燕 104
リード（アンソニー・リード） 402	劉銓 203, 207	林思学 321
	劉大中 111	林思誠 104
李顕忠 379	劉仲光 208	林叔豹 99, 109
李時珍 415	劉鎮 203, 207	林順道 246, 334, 335

林松孫	278	ロウスキ（エヴリン・ロウスキ）	420, 422		218, 228, 257, 258, 274, 278, 281, 286, 287, 291, 293, 296, 304, 340, 364, 367, 371, 433, 491
林浞	319	盧檀	374		
林斉	322	楼异	433		
林石	234, 278	楼館	281		
林善補	177, 277, 322	楼弄	262	**ワ行**	
林待聘	109, 111, 320	楼璩	281	和辻哲郎	479
林鼐	179, 210, 216, 217	楼錫	281	脇田晴子	392
林仲損	278	楼鑰	79, 80, 93, 116, 117, 125, 132, 135, 136, 141～146, 148, 169, 215, 217,	渡辺紘良	8, 13, 14
林仲熊	99			宏智禅師	257
林定	278				
林伯生	322				

語彙索引

ア行

阿育王寺　289, 296, 308, 391, 436, 455, 458, 489, 490
行在　144, 455
伊派　413
医僧　389
囲田　8
韋公堤　89
移住　8, 9, 12, 91, 93, 96, 205, 226, 259, 303
移民　226, 383
厳島神社　397
淫祠　131
陰均大塘　321
陰均斗門　321, 322
陰陽家　272, 275～277, 283～287
右丞相　216, 279
圩田　8
エリート層　188, 223, 245～247, 304, 323, 335, 337, 343
エリート文化 (elite culture)　5, 15, 48, 246, 347
永嘉医派　414, 493
永嘉学　36
永嘉学派　80, 87～91, 96, 98～101, 104, 107, 115～119, 122, 124～126, 130, 133～135, 137

～139, 142, 145, 148～150, 153, 163, 164, 166, 168, 171, 177, 180, 181, 185, 187, 206, 211, 215, 216, 283, 287, 328, 335, 338, 433, 434
永嘉四霊　98, 164, 167, 168, 202, 242～244, 249
永嘉書院　99
永嘉之学　221, 244, 246, 248, 316, 318, 319
永明寺　379
瀛洲三傑　322
疫病　341, 359～367, 369～374, 379, 383, 384, 387, 389, 391～395, 414, 415, 417～419, 480, 492, 493, 497, 498
円通妙智教院　378
沿江制置使　188, 231, 434
延慶寺　382
延暦寺　490
堰田　412
甌窯　228
恩蔭　55, 90, 104, 105, 107, 134, 135, 149, 167, 174
温元帥　379
温元帥信仰　244, 249, 341
温熱学派　414
温病　373, 414

カ行

下第士人　204
火葬　259, 260, 272, 284～286, 288
加持祈禱　381
科挙　7, 9, 11, 13, 14, 35, 36, 44, 55～58, 60, 67, 71, 75, 78～81, 89, 96, 97, 107～109, 111, 114～116, 118, 119, 122, 124, 125, 140, 146～149, 151, 152, 154, 164～169, 173, 175, 181, 200, 203～205, 207, 209, 210, 213, 217, 220, 231, 234, 237, 241, 242, 249, 250, 276, 287, 289～291, 296, 298～300, 303～305, 309, 314～316, 320, 323, 328, 332, 333, 335, 340, 347, 375, 493, 494
華僑・華人　33, 337
鵝湖の会　37
会試　81
海禁政策　327
海寇　131, 444
海商　458
海塘　412
開禧用兵　118, 153, 231, 329,

	434	羈縻政策	15	月波寺	280, 289
開元寺	131, 138	義役	12	県学	141, 146
解額	81, 117	義塾	36	県丞	131, 175
解試	56, 76, 81, 107, 117,	義荘	141	県城	228, 237, 239, 240, 245,
	167, 276	義倉	290		248, 249, 321, 323, 333,
外戚	104〜106, 218, 241	義塚	278		379
学官	116, 117, 119, 122	義民	321	県令	131, 209
学塾	178	義門	13	健訟	6, 13
学田	141	喫菜事魔	127	絢珠龍祠	379
学侶	201	給事中	110, 111	遣隋使	382
官戸	7, 11, 12, 29, 54, 121,	挙人	75, 138, 212, 276	遣唐使	382
	141, 143, 239, 259	許浦水軍	433	萱竹堂	207
官箴書	133	郷飲酒礼	39	権兵部侍郎	118, 296
圩田	409	郷貢進士	138, 207, 276	権礼部侍郎	93, 111, 118
勧学文	125	郷約	12, 17, 149	顕応廟	378
勧農文	131	玉清宮	441	元寇	445
監察御史	109〜111, 113,	金華学派	83	元豊太学九先生	206, 234,
	206	金軍	109, 188, 230, 315, 328,		241
翰林医官院	373		434, 444, 489	元祐系士人	110
翰林医痊	374	金山寺	280	元祐党	14
観音院	376	功徳院	278	湖田	8, 11, 433
観音信仰	376, 379, 489	百済	406	五山十刹	258, 341
観音菩薩	393, 416	刑法科	167	牛頭天王信仰	417
観音霊場	381, 382	恵民局	373	伍子胥信仰	48
澉浦水軍	433	渓峒蛮	13	工部尚書	134, 140, 147, 173,
祇園信仰	393, 417	経義	169, 203		185
祇園祭	392, 417	経義科	167, 168	公共圏	40
耆英会	14	経書	172, 201, 262	広利禅寺	258
耆艾	149	経総制銭	130, 147	弘安の役	445
基層社会	15, 17, 43, 46, 314,	景徳禅寺	258	江口斗門	321
	336, 359, 376, 378, 379,	慶元の党禁	116, 118, 231,	光孝寺	277
	380, 383, 419, 481		237, 329	考官	58, 59, 76, 80, 116
貴族制	54, 55, 186	迎神会	127	考試官	58

語彙索引　コウ〜ショウ　　　541

江湖詩派　242, 243, 249
江西詩派　242
江心寺　239, 244, 249
江淮制置使　231, 434
皇祐三先生　234
高麗　6, 207, 415, 429, 433
黄海　406, 412
講学　212, 213, 318
講友　104, 206, 216
国子監　58, 117
国子監解試　56, 58, 60
国清教忠禅寺　258
国清寺　395

サ行

沙田　409
沙塘斗門　321
再生産　31, 55, 56, 71, 81, 82, 107, 118, 119, 152, 174
西国三十三所観音巡礼　382
宰相　109, 110, 140, 143, 147, 230, 290, 291, 293, 294, 296, 297, 299, 305
在郷士大夫　248
在地社会　12, 13
索度王廟　379
薩摩藩　407
参詳官　58, 59, 79, 146
参知政事　78, 111, 118, 143
士子　58, 115
士人　14, 36, 166, 239, 243, 261, 279

士大夫　5, 8〜10, 12, 14, 15, 47, 54, 79, 122, 123, 125, 133, 135, 140, 142, 143, 147, 148, 153, 166, 186, 188, 219, 221, 232, 236, 237, 240, 243, 244, 247〜249, 257, 261, 264, 281, 284, 288, 289, 294, 300, 304, 305, 320, 329, 333, 336, 373, 375, 382, 383
史氏一族墓群　458
史氏祠堂　303
四世宰執　259
四川類省試　58, 60
四明学派　142, 287, 338
市舶司　347, 431, 434
市舶務　228, 327, 431, 434
祠山張王行祠　379
祠廟　13, 48, 131, 132, 139
試官　57, 58, 60, 67, 70, 71, 76, 78, 79, 81〜83
詩社　39, 167
詩賦　167, 203
詩賦科　168
資聖禅寺　258
賜額　131, 132, 139
賜号　131, 132, 139
地蔵菩薩　393
地主─佃戸　6, 7, 54, 121
侍御史　80, 110, 111
事功派　305
慈湖学案　79
慈幼局　373

疾病　376〜378, 380〜382, 413
社稷　132, 138〜140, 142, 146, 448
社倉　12, 13, 17, 149
主山昭応廟　379
主簿　131, 144, 207
守湖派　11
朱子学　9, 36, 122, 150, 181, 287
寿聖接待寺　375
儒学　108, 323
儒教　14, 36, 39, 108, 126, 127, 148, 165, 245, 262, 282, 285, 333, 422
州学　14, 146
州学教授　135, 145, 214, 215, 245
州県学　39
州城　14, 228, 232, 234〜240, 242〜246, 249, 315, 316, 323, 333, 379
周縁地域　314
修政局　109
14世紀の転換点　323
潤筆　153
胥吏　250
書院　36, 39, 40, 178, 239
書林　247
女真族　391, 470, 488
徐偃王廟　12
省元　70, 71, 75, 79, 80, 111, 115, 178

省試	56, 58〜60, 76, 79〜81, 117, 167, 203	
省試考官	114〜116, 146	
上舎釈褐	321	
上舎同出身	171	
状元	70, 71, 79, 115, 176, 200, 212, 213, 215, 247, 316	
浄光禅寺	237	
城隍廟	378	
城西塾	234	
城南茶院	235, 318, 332	
常平倉	130, 147	
新庵	234	
新羅	415	
心学	316	
真言宗	382	
真率会	237	
進士	57, 58, 67, 70, 71, 75, 76, 78, 81, 90〜93, 97, 98, 101, 104〜107, 109, 113〜115, 117, 134, 135, 137, 138, 143, 167〜172, 174〜179, 181, 185, 203〜216, 229〜232, 237, 238, 248, 275, 276, 303〜305, 314〜316, 318, 320〜322, 329, 334, 335, 344, 345	
森林破壊	226, 228, 259, 286	
新法系	148	
親密圏	40	
水田開発	360	
水田耕作	360	
水利	7, 8, 11, 12, 16, 29, 89, 90, 96, 122, 129〜133, 141, 142, 147, 164, 226, 308, 321, 346, 347, 370, 374, 393, 412, 429, 445〜447	
水陸道場	289	
崇寿宮	343	
崇徳寺	237	
生態環境	16, 259	
成功した路	56	
清涼院	378	
石庵	279	
薛公祠	237	
薛補闕祠	139	
千仏閣	257	
仙巌書院	135, 235, 331	
占城稲	8	
先聖廟	132	
銭荒	436	
潜光院	245, 246, 322, 335, 336, 345	
選真寺	246, 334〜336, 344	
禅宗	257, 393, 397, 417	
宋版	374, 393	
宗室	93, 98, 105, 106, 143, 167, 175, 189, 195, 263, 285, 297〜299	
宗族	12, 13, 101, 305, 313	
曹洞宗	382, 391, 397	
僧医	381	
葬送儀礼	260	
漕試	106, 117, 211	
蔵書	174, 176, 177, 181, 210, 213, 218, 219	
蔵書家	213, 218, 219	
村社	12	
村塾	36	

タ行

它山堰	308	
太湖周辺	341	
太学	56, 80, 81, 104, 117, 118, 146, 164, 173, 185, 206, 208, 279, 300, 321	
太学解試	56	
太学上舎	204	
太学上舎生	205	
太学正	113, 117	
太常少卿	109, 111	
太常博士	116, 144	
大運河	290, 404〜406, 475, 476	
大願寺	397	
大慈寺	296	
大地域	225, 226, 313	
大土地所有	7, 121	
大雄宝殿	395	
醍醐寺	489	
丹渓学派	414	
探花	215	
端午	370	
地域社会	5, 6, 9〜12, 14〜18, 29〜34, 36, 40, 43〜49, 54, 83, 87, 88, 119, 121〜123, 148, 150〜152,	

語彙索引　チ〜ノウ　　　543

153, 165, 167, 171, 172, 175, 176, 180〜182, 185, 187, 188, 204〜208, 214, 217〜219, 223, 224, 232, 242, 248〜250, 257, 259, 260, 262, 272, 284〜286, 288, 290, 304, 305, 309, 313, 323, 324, 328, 336, 338〜341, 343, 344, 373, 374, 378, 382, 427, 448

地方神　12

知　34〜36, 152, 153, 165〜167, 171〜173, 175, 176, 178, 180〜182

知永嘉県　132, 142, 146

知温州　105, 110, 129〜133, 135, 137, 140〜143, 146, 178, 214, 230, 240, 367, 369, 371

知貢挙　58, 59, 78, 146

知明州　145, 263, 297, 308

知臨安府　116, 296

茶　90, 124, 225, 380, 382, 384, 389, 390, 415, 494

中核地域　314

中間領域　17

中書舎人　111, 115

朝鮮王朝　402, 406〜409, 411〜413, 415〜418

朝鮮通信使　416

牒試　76

徴信　186

潮音洞　376

対馬藩　407, 416

通俗文化（popular culture）　5, 12, 15, 16, 48, 223, 244, 246, 314, 347

通判　133, 207, 215

定海水軍　433

程学　115, 116, 231

提挙両浙東路常平茶塩公事　105, 210

鄭氏台湾　408

天后宮　335

天台教学　382

天台寺院　280

天台宗　382

天台六観音信仰　376

天童寺　289, 308, 391, 436, 458, 490, 491

天寧寺　397

点検試巻官　58, 59, 115

殿試　57

殿試考官　211

殿中侍御史　57, 146

土地神　12

土葬　272

度牒　147

東大寺　388, 453, 454, 489

東林党　40, 186

唐宋八大家　189

唐宋変革　9, 13, 226, 427

塘壆塾　234

謄録官　59

同郷　54, 214, 303

同知貢挙　58, 78, 80, 118, 146

同調　98, 195, 201

同年　17, 135, 137, 143, 200, 206, 214〜216, 220, 238, 275, 316

道学　14, 45, 118, 231, 247

道教　15, 46, 285, 341

銅銭　436, 437, 444, 447, 448

友　17, 40, 204, 206〜221, 273, 284

ナ行

内蔵庫　129, 130, 147

南海神廟　15

南戯　12, 48, 244, 246, 247, 249

南塘　130, 133〜135, 140, 234〜236, 240, 330〜332, 340

二程　124

日本僧　289, 376

入宋僧　259, 381, 382, 395, 397

日元貿易　493

日常空間　330

日宋交流　380

日宋貿易　257, 259, 286, 297, 418, 435, 436, 455, 493

任侠的紐帯　185

念仏結社　341, 382, 391, 458

農書　408, 411〜413, 419

ハ行

坡南塘	321
廃湖派	11
梅園石	453
白石浄慧院	138
白象塔	330, 331
白鶴寺	131, 138
幕友	81, 186
八股文	35
八行科	303, 304
万全塘	321
蕃坊	14
秘書省校書郎	109, 111
秘書郎	109, 111
東アジア海域	16, 384, 402, 403, 408, 411, 413, 418, 419, 422, 467, 468, 472, 474, 479〜481
白衣礼仏会	127, 245
賓頭盧尊者	382, 394, 395, 417
賓度羅跋羅惰闍羅漢	395
閩学	14
不成功の路	56
浮沚書院	236
普覚瑜珈寺	237
武挙	209, 316
婺学	12, 36
風水	275, 277, 281, 282, 285, 293, 308, 464
風水思想	273, 284, 287
風水師	282
封彌官	59
復社	40
福岡藩	495
仏教	15, 131, 259, 280, 282, 285, 307, 391, 489
仏教結社	249
仏通寺	397
墳庵	279
墳寺	278, 279, 285, 296, 306, 308
文人	39, 166, 242, 248, 288, 297, 322, 374, 421, 494, 495
文禄・慶長の役	416
別試所考試官	58
別試所点検試巻官	58
別頭試	56, 76, 81
方広寺	395
方臘の乱	125, 126, 148, 333, 343
宝華寺	296
朋友	39〜41, 185, 201, 202
報忠福禅寺	278
榜眼	115, 211, 215
北曲雑劇	244
本草学	415

マ行

macroregion	6, 225, 226, 313, 404, 406, 468, 469, 475
マニ教	12, 48, 126, 127, 131, 244〜249, 314, 322, 333〜336, 338, 341〜344
媽祖信仰	335
万年寺	382, 395, 490
水戸学	309
明教寺	248, 336
明教瑜珈寺	336
民間信仰	15, 46, 244, 248, 341, 382, 394
民衆反乱	123, 125〜127, 333
無量寿庵	304
猛将廟	379
門人	79, 98〜100, 104, 110, 132, 137, 140, 142, 144, 150, 164, 169, 170, 176, 179, 188, 201, 202, 206, 208, 210, 212〜214, 219, 239, 247, 248, 284
門生	57

ヤ行

薬師如来	416
薬師如来信仰	393
陽明学	36, 172
養済院	373
養生	373, 383, 494〜498

ラ行

裸葬	127, 333
羅漢信仰	382, 393〜395, 417
洛学	98, 101, 110
蘭学	422
吏部侍郎	105, 115, 140

吏部尚書	111, 147	両宋交代	229	鹿鳴宴	220
理学	211	臨済宗	382, 390, 391, 397, 490	**ワ行**	
陸学	144, 150				
琉球王朝	408	礼部侍郎	78, 111, 118	和剤局	373
琉球国使節	416	霊応七聖廟	139	倭館	416
龍翔禅寺	258	霊輝廟	378	倭寇	323, 347
龍泉窯	228, 327, 347	ローカル・エリート	31	倭船	323, 436
両浙転運司	75, 76, 112	漏沢園	278, 365, 373		

宋代沿海地域社会史研究
——ネットワークと地域文化——

2012（平成24）年5月28日　発行

著　者　岡　元　司
発行者　石　坂　叡　志
製版印刷　富士リプロ㈱

発行所　汲　古　書　院
〒102-0072　東京都千代田区飯田橋2-5-4
電話03（3265）9764　FAX03（3222）1845

ISBN978-4-7629-2963-2　C3022
Motoshi OKA ©2012
KYUKO-SHOIN, Co., Ltd. Tokyo.

● 「流動する宋代社会を"つなぐ"なにか」に迫る、共同研究の成果

宋代社会の空間とコミュニケーション

平田茂樹　遠藤隆俊　岡　元司　編

　本書は、日本学術振興会の三つの科学研究費（基盤研究）による合同で、財団法人東方学会および中国社会文化学会の協賛を得て、2005年1月8日・9日に東京大学文学部において開催されたシンポジウム「伝統中国の日常空間」のうち、第2部「宋代以降の集団とコミュニケーション」での報告をもとに、成果として結実したものである。

【内容目次】

総　論 …………………………………………………………平田茂樹　遠藤隆俊　岡　元司
第1部　宋代の政治空間とコミュニケーション
　問題の所在：宋代政治史研究の新しい可能性
　　――政治空間とコミュニケーションを手掛かりにして――……………………平田　茂樹
　宋代の日記史料から見た政治構造 ……………………………………………………平田　茂樹
　北宋の皇帝行幸について――首都空間における行幸を中心として――………久保田和男
　多面的な政治業績調査と宋代の情報処理システム ……………鄧　　小南（山口智哉 訳）
第2部　宋代の宗族と空間，コミュニケーション
　問題の所在：宋代の宗族研究と空間，コミュニケーション ……………………遠藤　隆俊
　宋代初期の閩南における家譜伝統の出現 …………ヒュー・R．クラーク（遠藤隆俊 訳）
　北宋士大夫の寄居と宗族――郷里と移住者のコミュニケーション――………遠藤　隆俊
　朱熹逸文より見た『家礼』祠堂篇と宋代の祠廟祭祖 ……………常　建華（山崎覚士 訳）
　累世同居から宗族形成へ――宋代徽州の地域開発と同族結合――……………中島　楽章
第3部　宋代の地域社会における空間とコミュニケーション
　問題の所在：宋代地域社会史研究と空間・コミュニケーション ………………岡　元司
　地域のコミュニケーションと地域の統合
　　――南宋代の福建南部におけるコミュニケーション――……蘇　　基朗（水口拓寿 訳）
　南宋期温州の思想家と日常空間
　　――東南沿海社会における地域文化の多層性――…………………………………岡　元司
　伍子胥信仰と江南地域社会――信仰圏の構造分析――………………………………水越　知
コメント
　宋代史研究の最前線に接して ……………………………………………………………妹尾　達彦
　宗族の生成・発達と現代の華人同姓団体 ………………………………………………吉原　和男
　日宋交流史への一視角 ……………………………………………………………………五味　文彦
執筆者紹介／英文要旨

◇A5判上製箱入416頁　定価10,500円　ISBN4-7629-2739-2 C3022　06年6月刊